SOYEZ: Ressourcenverknappung und Konflikt

Arbeiten aus dem Geographischen Institut
der Universität des Saarlandes

Herausgegeben von:
W. Brücher, D. Fliedner, E. Löffler, P. Müller,
H. Quasten, C. Rathjens, D. Soyez

Schriftleitung:
D. Soyez

Band 35

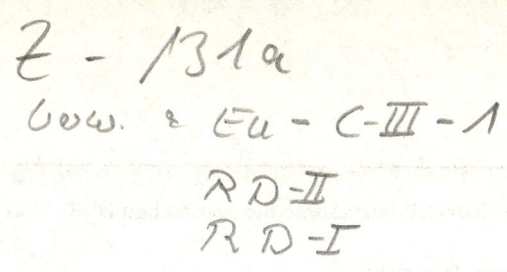

Dietrich Soyez

Ressourcenverknappung und Konflikt

Entstehung und Raumwirksamkeit mit Beispielen aus dem mittelschwedischen Industriegebiet

Selbstverlag des Geographischen Instituts
der Universität des Saarlandes

Saarbrücken 1985

CIP-Kurztitelaufnahme der Deutschen Bibliothek

Soyez, Dietrich:
Ressourcenverknappung und Konflikt: Entstehung und Raumwirksamkeit mit Beispielen aus d. mittelschwed. Industriegebiet/Dietrich Soyez. — Saarbrücken: Geograph. Inst. d. Univ. d. Saarlandes, 1985.
(Arbeiten aus dem Geographischen Institut der Universität des Saarlandes; Bd. 35)

ISBN 3-924525-35-8

NE: Geographisches Institut Saarbrücken:
Arbeiten aus dem . . .

ISBN: 3—924525—35—8
ISSN: 0563—1491
Als Habilitationsschrift auf Empfehlung der Philosophischen Fakultät der Universität des Saarlandes gedruckt mit Unterstützung der Deutschen Forschungsgemeinschaft
© Alle Rechte vorbehalten
Universität des Saarlandes 1985
Imprimé en Allemagne
Printed in Germany
Gesamtherstellung: Union Druck GmbH, Saarbrücken

Vorwort

Die industriegeographische Forschung hat seit ihren Anfängen darunter gelitten, daß aussagekräftige Daten in der Regel nicht mit den üblichen Erhebungsmethoden gewonnen werden können. Zudem sind die Industrieunternehmen selbst vielfach aus den verschiedensten Gründen nicht bereit, detaillierte Informationen zur Verfügung zu stellen. Dies gilt oft schon bei einfachen Daten über Rohstoffeinsatz, Produktion oder Lieferbeziehungen. Erst recht ist dies aber der Fall bei solchen Informationen, die es erlauben, das Agieren eines Unternehmens in umstrittenen Problembereichen zu analysieren. Genau hierauf zielt jedoch der Ansatz der vorliegenden Arbeit.

Es ist deshalb festzustellen, daß ohne die offene Informationspolitik des im Mittelpunkt stehenden Unternehmens die Untersuchung in der nun vorliegenden Form unmöglich gewesen wäre. Der Dank an die Stora Kopparbergs Bergslags AB (Falun) sei hier stellvertretend an Herrn Direktor Sven Rydberg gerichtet, den damaligen Leiter der Informationsabteilung, dessen eigenes Interesse an wissenschaftlichen Fragestellungen für mich vor allem in der Anfangsphase der Arbeiten sehr hilfreich gewesen ist. Er stellte in den einzelnen Werken oder Abteilungen des Unternehmens die Verbindung zu den Kontaktpersonen her, die dann in der Folge meine häufigen Besuche und ein nie endenwollendes Fragen geduldig ertrugen. Sie beschafften mir nicht nur die aufschlußreichen Originalunterlagen, sondern wiesen mich oft auch — ohne daß es ihnen immer bewußt geworden sein mag — auf so manche zum Ansatz gehörende Fragestellung hin, die ich selbst noch garnicht gesehen hatte. Auch von diesen freundlichen Helfern kann ich hier nur stellvertretend einige nennen: Överingenjör Lennart Lindskog (Domnarvets Jernverk), Överingenjör Eddie Eriksson (Kvarnsvedens Pappersbruk), Förvaltningschef Rune Nelzén mit seinen Mitarbeitern Per Inge Henriksson, Yngve Knutsson und Olof Söderman (Falu skogsförvaltning), Kjell Andersson (Skogsavdelningen bei der Unternehmenshauptverwaltung) und schließlich Rune Ferling und seine Mitarbeiter im Zentralarchiv des Unternehmens.

Auf ein ebenso großes Entgegenkommen wie im Unternehmensbereich von Stora Kopparberg traf ich bei der Stadt Borlänge. Hier waren es vor allem Exploateringschef Erik Drake und sein Mitarbeiter Bo Andersson sowie die Inspektoren des Gesundheitsamtes, die als Ansprechpartner, Materialbeschaffer und Kontaktvermittler zur Verfügung standen.

Der dritte große Erhebungsschwerpunkt bei der Geländearbeit war die Bezirksregierung (Länsstyrelsen i Kopparbergs län) in Falun, hier vor allem die Natur- und Umweltschutzabteilung, wo mir in erster Linie mein Studienfreund Naturvårdsintendent Björn Ströberg sowie Sune Benjaminsson und Sven Göthlin behilflich waren.

Großer Dank gebührt auch meinen Freunden und Kollegen in den Geographischen Instituten der Universität Stockholm. Sie haben mich in mehreren Studien- und Berufsjahren, die ich in Schweden verbringen konnte, geprägt und mit ihrem Land vertraut gemacht. Dadurch waren überhaupt erst die Voraussetzungen geschaffen, die Untersuchung durchzuführen. Stellvertretend für alle diejenigen, denen ich zu Dank verpflichtet bin, seien hier genannt die Professoren Staffan Helmfrid, Gunnar Hoppe und Leif Wastenson, die Univ.-Dozenten Thomas Lundén und Bo Strömberg sowie Olle Melander, jetzt Fjällchef der Svenska Turistföreningen.

Eine vergleichbare Unterstützung habe ich auch über alle Jahre hinweg von allen Freunden und Kollegen in der Fachrichtung Geographie der Universität des Saarlandes erfahren. Besonders nennen möchte ich hier zunächst Prof. Heinz Quasten: Der Ansatz der vorliegenden Arbeit nämlich ist aus dem gemeinsam mit ihm bearbeiteten Projekt im Saarland über ,,Industriell bewirkte Flächennutzungskonkurrenzen'' hervorgewachsen. Seine Kompetenz und Begeisterung für industriegeographische Fragestellungen erst weckten mein Interesse und führten mich bald dazu, wesentliche Problemfelder industrieller Ressourcennutzung auf der Nahtstelle zwischen der Physio- und der Anthropogeographie zu erkennen. Ihm — und später auch Herrn Prof. Wolfgang Brücher — verdanke ich im Laufe der Jahre sehr wesentliche Anregungen, mit letzterem konnte ich spezielle Probleme sogar vor Ort in Schweden diskutieren.

Ein besonderer Dank gilt schließlich Prof. Carl Rathjens. Er hat mir in vielen Jahren guter Zusammenarbeit nicht nur ausreichend Freiraum gegeben, meinen eigenen wissenschaftlichen Interessen nachzugehen. Als sehr wesentlich habe ich auch die Ermunterung und Hilfestellung gerade in der schwierigen Phase der späten 70er Jahre empfunden, als ich die gewiß ungewöhnliche Schwerpunktverlagerung von der Glazialmorphologie zur Industriegeographie vollzog.

Dankbar bin ich auch für die sorgfältige Arbeit, die beim Zustandekommen dieser Schrift an der Schreibmaschine von Frau Margot Riebeling und Frau Anastasia Konzmann, über dem Zeichentisch von Herrn Walter Paulus und Herrn Herbert Bergmann sowie schließlich im Fotolabor von Frau Christine Scholl geleistet wurde.

Für wertvolle Hilfe bei der Abfassung der englischen Zusammenfassung danke ich Frau Dr. Mary L. Barker (Karlsruhe).

Die vorliegende Arbeit hat im Jahre 1981 der Philosophischen Fakultät der Universität des Saarlandes als Habilitationsschrift vorgelegen. Das stark verzögerte Erscheinen geht überwiegend zu meinen Lasten: ich habe mich zu intensiv mit neuen, anderen Aufgaben und Interessenfeldern beschäftigt. Trotz dieses langen zeitlichen Abstands zwischen Fertigstellung und Erscheinen ist die Arbeit — abgesehen von einer beträchtlichen Kürzung — inhaltlich nur unwesentlich verändert und auch in ihren deskriptiven und konzeptionellen Teilen nicht fortgeführt worden. Allerdings habe ich versucht, auf wichtige Anregungen der Gutachter einzugehen, wo immer dies möglich und sinnvoll erschien.

Ich stehe somit bewußt zu meinem ursprünglichen Erkenntnisstand: Ziel der Arbeit war damals wie heute nicht eine möglichst aktuelle Darstellung der als Beispielsgrundlage verwendeten industriellen Systeme, sondern das Herausarbeiten verallgemeinerungsfähiger verknappungs- und konfliktinduzierter räumlicher Wirkungen. Die gezogenen Schlußfolgerungen erscheinen mir heute noch genauso berechtigt, ihre empirische Grundlage nützlich auch für andere Perspektiven, gerade auch vor dem Hintergrund der sich in den letzten Jahren intensivierenden methodologischen Diskussion über konfliktorientierte Ansätze in der Geographie des In- und Auslandes.

Es bleibt mir schließlich die angenehme Pflicht, der Deutschen Forschungsgemeinschaft für die großzügige finanzielle Unterstützung sowohl der Geländearbeiten als auch der Drucklegung dieser Schrift sehr herzlich zu danken.

Saarbrücken, im Dezember 1985

Inhaltsverzeichnis

	Seite
1. Untersuchungsgrundlagen	17
1.1. Untersuchungsansatz	17
1.1.1. Einleitung	17
1.1.2. Problemstellung und spezielle Zielsetzung	18
1.1.2.1. Verknappung als Impuls 18 1.1.2.2. Zielsetzung 23	
1.1.3. Zur Entstehung ressourcenbezogener Konflikte	24
1.1.4. Zum Forschungsstand	29
1.1.5. Methodenauswahl und Stellung der vorliegenden Arbeit	36
1.1.6. Zum Inhalt zentraler Begriffe	42
1.1.6.1. Natürliche Ressourcen 42	
1.1.6.2. Verknappung 43 1.1.6.3. Konflikt 43	
1.1.6.4. Raumwirksamkeit 49	
1.1.7. Abriß der ressourcenbezogenen Gesetzgebung in Schweden seit 1945	50
1.2. Der Untersuchungsraum und das Unternehmen Stora Kopparbergs Bergslags AB	
1.2.1. Das mittelschwedische Industriegebiet	56
1.2.2. Die raumbeherrschende Bedeutung des Unternehmens Stora Kopparbergs Bergslags AB und seine Ressourceninanspruchnahme	61
2. Ressourcenverknappung und Konflikt — dargestellt am Beispiel der Papierfabrik Kvarnsveden und ihrem Rohstoffraum	70
2.1. Die Papierfabrik Kvarnsveden — Entwicklung und Wechselbeziehungen mit dem umgebenden Raum	71
2.1.1. Ausgangslage und Entwicklungsstand zum Ende der 70er Jahre	71
2.1.2. Inanspruchnahme des umgebenden Raums durch prozeßbedingte Emissionen	91
2.1.2.1. Produktionsprozeß und innere funktionale Differenzierung 91 2.1.2.2. Funktionsbereiche und Rohstoffströme 98 2.1.2.3. Emissionstypen und ihre Entwicklung 103 2.1.2.3.1. Wässrige Emissionen 104 2.1.2.3.2. Staub- und gasförmige Emissionen 107 2.1.2.3.3. Übrige Emissionen 107 2.1.2.3.4. Anlagenerzeugter Verkehr 109 2.1.2.4. Emissionshöhe und Immissionswirkung 111	

2.1.3. Wachstums- und auswirkungsbedingtes Konfliktpotential und seine Aktualisierung 116
2.1.3.1. Externe Reaktionen und werksinterne Anpassung 116 2.1.3.1.1. Akteure und Ebenen der Auseinandersetzungen mit einem Exkurs zum Verfahrensrecht 116 2.1.3.1.2. Konfliktbereich „Fläche" 119 2.1.3.1.3. Konfliktbereich „Wasser" 126 2.1.3.1.4. Konfliktbereich „Luft/ Lärm" 147 2.1.3.1.5. Konfliktbereich „Transport/ Verkehr" 149 2.1.3.1.6. Konfliktbereich „Rohstoffe/ Energie" 153 2.1.3.1.7. Konfliktbereich „Abfallbeseitigung" 159 2.1.3.2. Räumliche Aspekte der Nicht-Aktualisierung gegebener Konfliktpotentiale 160

2.1.4. Die Raumwirksamkeit der standortnahen Konflikte und ihrer Regelung 163
2.1.4.1. Veränderung von Verknüpfungs- und Beziehungsgefügen 164 2.1.4.2. Veränderung werksinterner Prozeß- und Organisationsabläufe 171 2.1.4.3. Veränderung von Standort- und Standraumbeeinflussung 172 2.1.4.4. Veränderung von Raumstrukturen, -funktionen und -potentialen 175 2.1.4.5. Veränderungen der Landschaftsphysiognomie 179

2.2. Der Rohstoffraum der Papierfabrik Kvarnsveden 180

2.2.1. Überlegungen zum spezifischen Einzugsbereich der Anlage 180

2.2.2. Entwicklung und Austragung von Konflikten im Spannungsfeld zwischen forstlichen und anderen Ansprüchen 181
2.2.2.1. Systematische Übersicht über die umstrittenen forstlichen Praktiken 181 2.2.2.1.1. Mechanisierung 181 2.2.2.1.2. Verjüngung 184 2.2.2.1.3. Einführung fremder Arten 186 2.2.2.1.4. Bodenbearbeitung 187 2.2.2.1.5. Düngung 188 2.2.2.1.6. Kahlhiebe 189 2.2.2.1.7. Ganzbaumausnutzung 191 2.2.2.1.8. Einsatz von Bioziden 192

2.2.3. Konfliktpotential und -aktualisierung im Waldland des Unternehmens Stora Kopparberg (unter besonderer Berücksichtigung der Forstverwaltung Falun) 199
2.2.3.1. Zur unternehmensspezifischen Haltung in den umstrittenen Sachbereichen 199 2.2.3.2. Externe Reaktionen und interne Anpassung 202 2.2.3.2.1. Überblick über den Verwaltungsbereich 202 2.2.3.2.2. Konfliktbereich „Hiebsarten" 207 2.2.3.2.3. Konfliktbereich „Bestandsbegründung/ Insektizide" 219 2.2.3.2.4. Konfliktbereich

„Herbizidanwendung" 235   2.2.3.3. Räumliche Aspekte der Nicht-Aktualisierung potentieller Konfliktbereiche 258

2.2.4. Die Raumwirksamkeit der im Rohstoffraum ablaufenden Konflikte und ihrer Regelung ... 261

2.2.4.1. Veränderung von Verknüpfungs- und Beziehungsgefügen 261   2.2.4.2. Veränderung von Verursacher- und Nutzungsverhalten 262   2.2.4.3. Veränderung der Standraumbeeinflussung 265   2.2.4.4. Veränderung von Raumstrukturen, -funktionen und -potentialen 266   2.2.4.5. Veränderung der Landschaftsphysiognomie 272

2.2.5. Zusammenfassende Wertung der Konflikte zwischen Forstwirtschaft und externen Nutzern ... 272

3. Ressourcenverknappung und Konflikt am Standort der Eisen- und Stahlwerke Domnarvet ... 277

3.1. Vorbemerkung und Strukturskizze des Betriebs ... 277
3.2. Entstehung und Entwicklung der stahlwerksbezogenen Konflikte ... 279
3.3. Die Raumwirksamkeit der standortnahen Konflikte und ihrer Regelung ... 283

3.3.1. Veränderung von Verknüpfungs- und Beziehungsgefügen ... 283
3.3.2. Veränderung werksinterner Prozeß- und Organisationsabläufe ... 295
3.3.3. Veränderung von Standort- und Standraumbeeinflussung ... 301
3.3.4. Veränderung von Raumstrukturen, -funktionen und -potentialen ... 303
3.3.5. Veränderung der Landschaftsphysiognomie ... 320

4. Zusammenfassende Schlußbetrachtung ... 322

Summary ... 329

Literaturverzeichnis ... 333

Verzeichnis der Abbildungen

1 Vereinfachte Darstellung des themenrelevanten Beziehungsgefüges — 20
2 Ressourcenverknappung und Konflikt: Beziehungen und wichtige Einflußgrößen — 37
3 Anlagen und Waldbesitz der Stora Kopparbergs Bergslags AB um 1975 — 57
4 Struktur der Stora Kopparbergs Bergslags AB um 1945 — 64
5 Die Ressourceninanspruchnahme durch das Unternehmen Stora Kopparbergs Bergslags AB im Spiegel ausgewählter Produktionsdaten 1950 und 1974 — 66
6 Die Papierfabrik Kvarnsveden in Borlänge 1970 (Schrägluftbild) — 68
7 Die Eisen- und Stahlwerke Domnarvet in Borlänge 1973 (Schrägluftbild) — 69
8 Papierfabrik Kvarnsveden: Innere funktionale Differenzierung um 1950 — 75
9 Holzstau auf dem Dalälven (Luftbild 1959) — 76
10 Papierfabrik Kvarnsveden: Halbstoffproduktion 1945-1977 — 77
11 Papierfabrik Kvarnsveden: Papierproduktion 1945-1977 — 77
12 Papierfabrik Kvarnsveden: Wesentliche technische und organisatorische Änderungen 1956-1964 — 80
13 Papierfabrik Kvarnsveden: Nach Sortimenten differenzierte Halbstoffproduktion 1966-1977 — 82
14 Papierfabrik Kvarnsveden: Nach Sortimenten differenzierte Papierproduktion 1966-1977 — 83
15 Holztransport auf dem Schienenweg: Terminals und Strecken der AB Trätåg (mit dem Holzdurchsatz Jan. — Nov. 1977) — 87
16 Der Standort der Papierfabrik Kvarnsveden (Luftbildskizze) — 88
17 Papierfabrik Kvarnsveden: Schema des Produktionsganges — 93
18 Papierfabrik Kvarnsveden: Gemeinsame und getrennte Verarbeitungsstufen der verschiedenen Produktionsstränge — 96
19 Papierfabrik Kvarnsveden: Lage der wichtigsten Werksteile und innere funktionale Differenzierung um 1975 — 99
20 Papierfabrik Kvarnsveden: Rohstoff- und Energieströme — 101
21 Jahresmittelwerte wichtiger physikalischer und chemischer Wasserqualitätsparameter des Dalälven in Borlänge — 114
22 Konfliktpotential und -aktualisierung am Standort der Papierfabrik Kvarnsveden 1950-1980 — 161

23 Papierfabrik Kvarnsveden: Raumwirksame Verknüpfungs- und Beziehungsgefüge als Folge ressourcenbezogener Konflikte	168
24 Forstliche Maßnahmen in der kritischen Diskussion 1950-1980	183
25 Forstverwaltung Falun: Lage der Wirtschaftsflächen und Gliederung in Verwaltungsunterbezirke	203
26 Forstverwaltung Falun: Flächenanteile der Altersklassen	206
27 Forstverwaltung Falun: Absolute Häufigkeit der Kahlhiebsgrößen 1971-1978	208
28 Forstverwaltung Falun: Anteile der Kahlhiebsgrößenklassen am gesamten Kahlhiebsareal 1971-1978	209
29 Forstverwaltung Falun: Räumliche Verteilung der Kahlhiebe nach Größenklassen 1971-1978	211
30 Forstverwaltung Falun: Kahlhiebe und Überhalt in einem Teilbereich des VUB 1 und 2 (1971-1978)	213
31 Forstverwaltung Falun: Kahlhiebe und Überhalt in einem Teilbereich des VUB 3 (1971-1978)	215
32 Forstverwaltung Falun: Kahlhiebe und gesicherte Verjüngung 1969-1978	221
33 Forstverwaltung Falun: Bestandsbegründung 1971-1978, differenziert nach Erstpflanzungen sowie Wiederholungspflanzungen/Nachbesserungen	222
34 Forstverwaltung Falun: Räumliche Verteilung der Bestandsbegründungen nach Größenklassen 1971-1978 (Erstpflanzungen)	224
35 Forstverwaltung Falun: Räumliche Verteilung von Wiederholungspflanzungen/Nachbesserungen nach Größenklassen 1971-1978	225
36 Forstverwaltung Falun: Wandel des räumlichen Musters von Ernte und Bestandsbegründung nach Einführung des DDT-Verbots (dargestellt am Beispiel eines Teilbereichs der VUB 1 und 2)	228
37 Forstverwaltung Falun: Bestandesgliederung und forstliche Eingriffe zwischen 1964 und 1978 südlich des Spaksjön (VUB 2)	231
38 Herbizidanwendung in den Forsten von Stora Kopparberg 1977 und 1978: durchgeführte und unterlassene Applikationen	241
39 Herbizidanwendung in einem Teilbereich der Forstverwaltung Ludvika 1977	247
40 Quantitative Textanalyse der Zeitungsberichterstattung über Herbizidanwendung im August 1977 (am Beispiel sämtlicher Ausgaben zweier Tageszeitungen mit regionaler Verbreitung)	248

41 Systemzusammenhänge im Problemkomplex „Herbizidanwendung" 255
42 Der Wandel von Informations- und Kontaktgefügen im Problemkomplex „Herbizidanwendung" vor 1970 und nach 1975 257
43 Modellhafte Darstellung: Restriktionen in der schwedischen Forstwirtschaft 267
44 Nutzungsschema: Intensitätszonen forstlicher Bewirtschaftung 1950 und 1980 273
45 Interdependenzen, Verstärkungseffekte und wichtige Konfliktbereiche aktueller forstlicher Maßnahmen 275
46 Der Standort der Eisen- und Stahlwerke Domnarvet (Luftbildskizze) 284
47 Eisen- und Stahlwerke Domnarvet: Lage der wichtigsten Werksteile und innere funktionale Differenzierung um 1975 287
48 Eisen- und Stahlwerke Domnarvet: Entwicklung der Rohstahlproduktion nach Stahltypen 1960-1976 289
49 Eisen- und Stahlwerke Domnarvet: Auflagen im Rahmen der Kontrollprogramme nach dem Umweltschutzgesetz 296
50 Eisen- und Stahlwerke Domnarvet: Entwicklung der absoluten und spezifischen Staubemissionen sowie der Investitionskosten für wichtige emissionsvermindernde Maßnahmen 1971-1976 299
51 Eisen- und Stahlwerke Domnarvet: Entwicklung des spezifischen Wasserverbrauchs, der absoluten Verunreinigungsmengen in den Abwässern und der Investitionskosten für wichtige emissionsvermindernde Maßnahmen 1971-1976 300
52 Eisen- und Stahlwerke Domnarvet: Räumliche Verteilung und Entwicklung der Staubemissionen 1970 und 1976 nach Hauptemittenten (in kg/Tag) 305
53 Eisen- und Stahlwerke Domnarvet: Räumliche Verteilung und Entwicklung wichtiger Verunreinigungen in den Abwässern 1970 und 1976 nach Haupteinleitern (in kg/Tag) 307
54 Entwicklung der Immissionsbelastung in Werksnähe 1965-1976 (Jahresmittelwerte in g/100 m² u. 30 Tage) 309
55 Eisen- und Stahlwerke Domnarvet: Immissionsfeld bei vorherrschenden West- und Nordwestwinden (in g/100 m² u. 30 Tage) 310
56 Eisen- und Stahlwerke Domnarvet: Immissionsfeld bei vorherrschenden Ostwinden (in g/100 m² u. 30 Tage) 311
57 Borlänge-Islingby: Grundstücksverkäufe und Abriß von Wohnhäusern seit 1968 315
58 Eisen- und Stahlwerke Domnarvet: Raum-Zeit-Diagramm 1860-1980 321

Verzeichnis der Tabellen

Seite

1 Erwerbsstruktur in Borlänge 1970   60

2 Papierfabrik Kvarnsveden: Anlieferung von Rundholz 1947 — 1957   79

3 Papierfabrik Kvarnsveden: Wichtige Verunreinigungen in den Abwässern zwischen 1956 und 1979   105

4 Papierfabrik Kvarnsveden: Schwefelbilanz der Sulfitfabrik im ersten Halbjahr 1974   106

5 Papierfabrik Kvarnsveden: Materialtransporte der Papierfabrik 1971   110

6 Papierfabrik Kvarnsveden: Nach Hauptgruppen differenzierte Mittelwerte der in den Dalälven geleiteten Abwässer im Dezember 1977   137

7 Papierfabrik Kvarnsveden: Investitionskosten für umweltschützende und rohstoffsparende Maßnahmen 1960 — 1975   144

8 Die Mechanisierung in der schwedischen Forstwirtschaft: Maschinentypen und Trends 1970 — 1978   182

9 Forstverwaltung Falun: Kahlhiebs- und Verjüngungsareale in den Verwaltungsbezirken 1 — 5 von 1969 — 1976   220

10 Inventuren zur Kontrolle des Verjüngungserfolgs im Unternehmensbereich von 1974 — 1977   229

11 Herbizidbehandelte Areale im Unternehmensbereich von Stora Kopparberg 1968 — 1978   236

1. Untersuchungsgrundlagen

1.1. Untersuchungsansatz

1.1.1. Einleitung

Ziel dieser Arbeit ist es, am Beispiel landschaftsprägender Industrien zu untersuchen, welche Raumwirksamkeit solche Konflikte und ihre Regelung haben können, die aus einer steigenden Inanspruchnahme natürlicher Ressourcen und dadurch ausgelöster Verknappungssituationen entstehen.

Im Mittelpunkt der Betrachtung stehen zwei der größten Industriebetriebe Skandinaviens mitsamt ihren Rohstoffräumen, nämlich die Zeitungspapierfabrik Kvarnsveden (Kvarnsvedens Pappersbruk) und die Eisen- und Stahlwerke Domnarvet (Domnarvets Jernverk) in Mittelschweden, beide im hier gewählten Untersuchungszeitraum zwischen 1945 und 1975 zum Unternehmen Stora Kopparbergs Bergslags AB gehörig. Die Wahl so gegensätzlicher Industrietypen ist bewußt erfolgt, damit abschließend generalisierende Schlußfolgerungen möglich werden.

Die Bewältigung der gewählten Aufgabe setzt als Grundlage ein weitgehendes Verständnis von Struktur und Funktion der behandelten industriellen Systeme voraus. Wenn in der Folge teilweise *sehr* detailliert verschiedene technische Aspekte des industriellen Prozesses selbst oder der Verfahren der Rohstoffgewinnung beschrieben werden, so wird damit nicht nur ein *allgemeines* industriegeographisches Ziel angestrebt. Das Vorgehen ist auch eine notwendige Folge des *speziellen* Untersuchungsansatzes: Einmal werden die industrielle Betätigung an sich und insbesondere ihre prozeßbedingten Auswirkungen als auslösender Impuls der zu untersuchenden Wirkungskette aufgefaßt. Sie sind somit überall dort detailliert zu schildern, wo spezifische Reaktionen der externen Umwelt zu verzeichnen sind, also etwa von Behörden und Bürgern. Auf der anderen Seite aber sind sie auch dort sehr genau zu behandeln, wo sich gerade aus dem *Mißverhältnis* zwischen der *Bedeutung einer Prozeßfolge und dem Umfang der sozialen Reaktion darauf* grundlegende Prinzipien von Konfliktpotential und Konfliktaktualisierung herausarbeiten lassen. Nur durch eine Detailanalyse dieser Reaktionen und ihrer Hintergründe kann ein angemessener Erklärungsansatz für die Zusammenhänge zwischen Impuls und Folgewirkung gewonnen werden. Insofern werden die teilweise sehr ins einzelne gehenden Erläuterungen aus dem Ansatz der Arbeit heraus für unbedingt notwendig gehalten. Alle diese Aspekte werden am Beispiel der Papierfabrik und ihres Rohstoffraumes eingehend behandelt. Auf eine vergleichbare Darstellung des deskriptiven Materials von den Eisen- und Stahlwerken wird aber verzichtet, da nicht *mehr* an Grundlagen dokumentiert werden soll, als zum Verständnis von Untersuchungsansatz, methodischem Vorgehen und Ergebnisbegründung notwendig erscheint. Stattdessen sollen die aus dem Studium der Papierfabrik und ihres Rohstoffraums gewonnenen Erkenntnisse mit den Schlußfolgerungen verglichen werden, die sich aus dem bis zum gleichen Abstraktionsniveau aufgearbeiteten Materialien über die Eisen- und Stahlwerke ziehen lassen.

Vor diesem Hintergrund ergibt sich die Gliederung der Arbeit: Nach einem einleitenden Hauptabschnitt über die Untersuchungsgrundlagen ist es erforderlich, die wichtigsten *Strukturelemente und Prozesse der behandelten Systeme „Papierfabrik" und „Rohstoffgewinnung" sowie die technischen Voraussetzungen und die Problematik ihres Funktionierens im Raum* darzustellen. Erst auf dieser Grundlage ist die detaillierte *Konfliktanalyse* möglich, die in die zusammenfassende Beurteilung der *Raumwirksamkeit* ausmündet. Die Leitlinien daraus gewonnener Erkenntnisse werden dann anhand der Analyseergebnisse bezüglich der Eisenhütte geprüft und ergänzt.

Die abschließenden Folgerungen können somit aus den Untersuchungsergebnissen über *beide* Industrietypen abgeleitet werden. Es sei hier aber ganz deutlich unterstrichen, daß die beiden Industrien nicht als — gewiß interessante — „Individuen" in den Mittelpunkt der Betrachtung gestellt worden sind, sondern als *Fallbeispiele einer regional relevanten Größenordnung, an denen sich wichtige Prinzipien des zentralen Themas, nämlich eines letztlich verknappungsinduzierten räumlichen Wandels, belegen lassen.*

Die Auswahl der Industrietypen, deren Lage in einem für weite Teile Schwedens charakteristischen Landschaftsraum und schließlich die prägende Wirkung einer im ganzen Lande gültigen raumbedeutsamen Gesetzgebung machen wesentliche Schlußfolgerungen der vorliegenden Arbeit auf andere Regionen und Sachbereiche übertragbar.

1.1.2. Problemstellung und spezielle Zielsetzung

1.1.2.1. Verknappung als Impuls

Die Verknappung natürlicher Ressourcen ist eines der wichtigsten Probleme unserer Zeit. [1] Zwar hat es örtlich oder zeitlich begrenzte Verknappungssituationen zu jeder Epoche gegeben. Die Entwicklung der letzten Jahre aber — und der kommenden Jahrzehnte — erscheint als besonders bedrohlich. Dies gilt natürlich speziell für Beispiele globaler Tragweite, von denen die absehbare Erschöpfung bestimmter fossiler Energieträger nur das spektakulärste ist. Aber auch auf regionaler und lokaler Ebene treten zunehmende Probleme auf. Sie entstehen einmal durch eine echte Verknappung der für bestimmte Nutzungen geeigneten Flächen oder anderer Ressourcen (z. B. Rohstoffe). Alltäglicher aber

---

[1] Der Inhalt der für die vorliegende Arbeit zentralen Begriffe wird in einem späteren Abschnitt genauer umrissen (S. 42 ff.).

ist, daß *nicht die Flächen selbst fehlen, sondern andere an sie gebundene Ressourcen durch nutzungsspezifische Auswirkungen eine Qualitätsminderung erleiden.*[2]

Im Grunde liegt hier eine für unsere Zeit besonders typische Variante der „Auffüllung eines begrenzten Raumes" vor, die zu einer mit „bremsenden Regulativen" wirkenden „Dichte der Raumfülle" führt (WIRTH, 1979, S. 283). WIRTH bezeichnet an gleicher Stelle die Untersuchung solcher Problemfelder, die dem von ihm unterschiedenen fünften „Axiom der Geographie" zuzuordnen sind [3], als „nicht nur für den systemtheoretischen Ansatz, sondern für die Geographie überhaupt besonders lohnend...".

Alle erwähnten Verknappungssituationen entstehen durch die *Inwertsetzung* (Ausbeutung oder nachhaltige Nutzung) vorhandener Ressourcen durch den Menschen, sei es durch wirtschaftliche oder andere Aktivitäten (vgl. Abb. 1).

Die *Verknappung* selbst oder auch deren räumliche Wirkungen wiederum führen zu charakteristischen *Reaktionen* der direkt Betroffenen (Personen, Organisationen u. a.), die z. B. je nach Impulsstärke oder Auswirkungssensibilität sehr unterschiedlich ausfallen können. Das im Rahmen des soeben genannten Axioms postulierte „Ausweichen" in Raum und Zeit ist dabei — zumindest, wenn es in seinem eigentlichen Wortsinn genommen wird — lediglich eine *extreme* Reaktion, sich dem übermächtig gewordenen Druck zu entziehen.

Aus räumlicher Sicht wichtiger, weil alltäglich, sind die *unterhalb* dieser Schwelle liegenden Reaktionen. Sie können zunächst in *Form aktiver oder passiver Anpassung* innerhalb bestimmter Bandbreiten erfolgen.

Dies ist für Verursacher wie auch andere Betroffene charakteristisch. Steigt aber das objektiv gegebene oder subjektiv empfundene Maß der Verknappung weiter an, so steigt bei den Nutzern die Wahrscheinlichkeit einer *Reaktion in Form von Widerstand,* was in der Regel zu Konflikten mit dem Verursacher führt. Als Träger des Widerstandes können Einzelpersonen ebenso auftreten wie Gruppen der unterschiedlichsten Zusammensetzung, Organisationen oder auch die für bestimmte Sachbereiche verantwortlichen Behörden. Die Gründe für die Konflikte liegen oft in den Beharrungstendenzen, die sich für die Betroffenen z. B. aus psychosozial, wirtschaftlich, organisatorisch und raumstrukturell

---

[2] In den stark von der Nationalökonomie beeinflußten Regionalwissenschaften und auch der Geographie der englischsprachigen Länder wird der gleiche Sachverhalt unter dem Ansatz nutzungsspezifischer „Externalitäten" behandelt (etwa COX, REYNOLDS, u. ROKKAN 1974, vgl. dazu auch SIEBERT, 1979). COX (1978, S. 110) spricht mit Bezug auf die Arbeiten von DEAR (1976) und HARVEY (1973) sehr anschaulich vom „Muster räumlicher Externalitätenfelder", aus dem „locational conflicts" erklärbar werden (zu diesem Begriff vgl. S. 29).

[3] Das Axiom lautet: „Das Flächenangebot im Bereich der erdräumlichen Dimension ist begrenzt. Diese Kapazitätsbeschränkung kann entweder zum Ausweichen auf andere Räume oder zum Ausweichen auf andere Zeiten führen" (WIRTH, 1979, S. 282). Es wird zu prüfen sein, ob es nicht zweckmäßig ist, „Flächenangebot" durch „Ressourcenangebot" zu ersetzen.

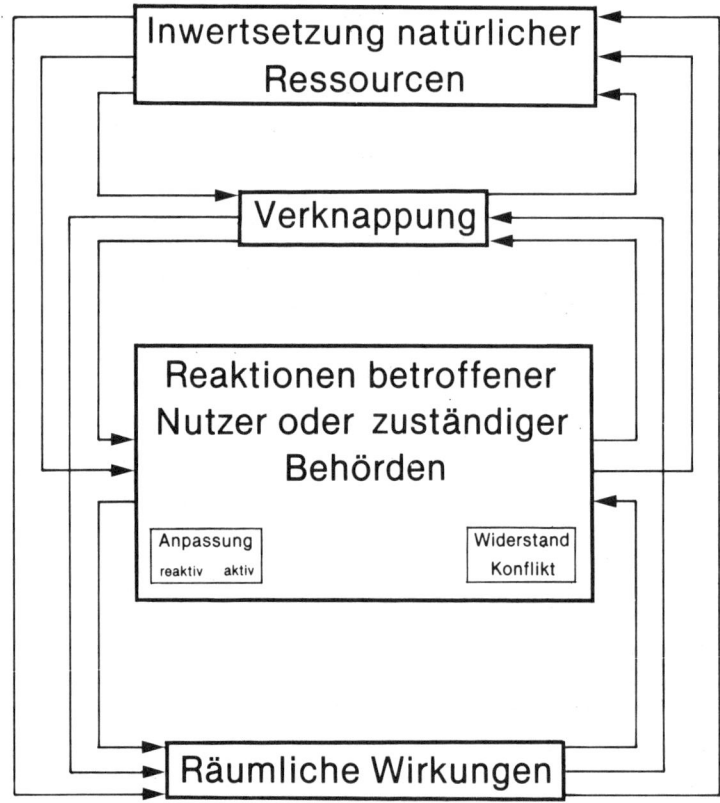

Abb. 1: Vereinfachte Darstellung des themenrelevanten Beziehungsgefüges

wirksamen Zwängen ergeben. Aktiver Widerstand gegen wahrgenommene Mißstände erscheint den meisten Betroffenen natürlich nicht nur legitim, sondern vor allem auch erfolgversprechender und weniger aufwendig als das „Ausweichen" in einen unbekannten Raum mit ungewisser Zukunft.

Sowohl *Anpassung* als auch *Widerstand* und dadurch bewirkte Auseinandersetzungen können ihrerseits direkt oder indirekt *räumliche Prozesse und Wirkungen* auslösen und auf die *Art der ursprünglichen Nutzung zurückzuwirken*.

Bei Inwertsetzung, Verknappung, Reaktion und räumlichen Wirkungen handelt es sich somit um hier zwar willkürlich abgegrenzte, aber der Fragestellung zweckdienliche Merkmale der realen Welt. Sie weisen spezifische funktionale Beziehungen zueinander auf und können folglich als System betrachtet werden, oder exakter und im Sinne des Vorschlags von WIRTH (1979, S. 106), als ein *System mit räumlichen Aspekten*. Abb. 1 verdeutlicht auf schematische Weise die zwischen den genannten Merkmalen bestehenden Wechselbeziehungen.

Die verschiedenen Teile des gezeigten Beziehungsgefüges sind seit langem traditionelle Forschungsgegenstände der verschiedensten Wissenschaften, was hier nicht im einzelnen belegt werden muß.

Für die *Geographie* z. B. sind die Wirkungszusammenhänge zwischen Inwertsetzung und räumlichen Auswirkungen oder zwischen Inwertsetzung, Verknappung und Anpassungsreaktionen zugleich klassische und auch heute noch aktuelle Fragestellungen.

Für die *Wirtschaftswissenschaften* ist das Problem der Verknappung von Gütern und daraus resultierender Preismechanismen stets ein zentrales Thema gewesen. Die Verknappung von Rohstoffen oder ,,Umweltgütern" im weiteren Sinne aber ist erst in jüngster Zeit wieder verstärkt aufgegriffen worden (vgl. etwa SIEBERT, 1979 sowie die von ihm besorgte Zusammenstellung wichtiger Arbeiten).

Die Reaktionen betroffener Nutzergruppen auf Verknappungssituationen sind zunächst einmal aus der Sicht der *Sozial- und Verhaltenswissenschaften* interessant. Eine umfangreiche Literatur liegt über Entstehungsbedingungen und Abläufe der verschiedensten sozialen Konflikttypen vor. Von ihnen ist im hier aktuellen Zusammenhang vor allem die Konzeption des ,,Verteilungskonfliktes" von Bedeutung (s. u.)

In keiner der vorgehend genannten Disziplinen ist aber bisher den über ihren jeweiligen Bereich hinausreichenden Gefügeteilen in Abb. 1 größere Aufmerksamkeit gewidmet worden, wenn auch Ansätze einer solchen Betrachtungsweise vorliegen (vgl. dazu im einzelnen S. 29 ff.).

Unter Verteilungskonflikten versteht man solche Auseinandersetzungen, die aus der Unverträglichkeit der Auffassungen verschiedener Gesellschaftsmitglieder über die zweckmäßige Verteilung knapper Güter entstehen (vgl. etwa GIESEN, 1975 sowie die ausführliche Erörterung S. 44 ff.).

Es erscheint sinnvoll, Konflikte um die zweckmäßige Inwertsetzung natürlicher Ressourcen ebenfalls dem Oberbegriff der Verteilungskonflikte zuzuordnen, da hier verschiedene gesellschaftliche Gruppen um aus ihrer Sicht angemessene quantitative und qualitative Anteile kämpfen.[4] Im Sinne der in Abb. 1 gezeigten Systembeziehungen bewirkt die immer intensivere Nutzung vorhandener Ressourcen in der Nachkriegszeit ein wesentlich erhöhtes Reaktions*potential* betroffener Gruppen, Organisationen oder Behörden. Spezifische Rahmenbedingungen trugen schließlich zur Aktualisierung dieses Potentials bei.

Aus Gründen, die im folgenden noch zu erläutern sein werden, erfolgten die Reaktionen direkt betroffener Bürger in den letzten Jahren jedoch zunehmend nicht mehr als unreflektierte, bewußte oder resignative *Anpassung*, sondern in Form immer häufigerer und intensiverer *Auseinandersetzungen*. Verteilungskonflikte dieses neuen Typus prägen seit einiger Zeit viele Bereiche unseres politischen Alltags. Das Maß der Beeinträchtigung tatsächlicher oder als legitim empfundener Inter-

---

[4] Es wird hier somit nicht der begrifflichen Trennung zwischen klassischen Verteilungskonflikten (etwa interne Konflikte des Erwerbssektors, wie Tarifkonflikte) und ,,neuen" Wachstums- und Umweltkonflikten gefolgt, die JÄNICKE (1978, S. 27, 30) vornimmt.

essen hat offensichtlich vielfach die Schwelle der „Leidensfähigkeit" (HOLM, 1970) überschritten, wenn auch andere Bestimmungsgründe ebenfalls von Bedeutung sind (z. B. politische Machtkämpfe). Spektakulärster Ausdruck dieser Entwicklung — und teilweise ihre stärkste Triebkraft — ist die Bürgerinitiativbewegung (siehe dazu auch S. 24 ff.)[5]

Das bisher vorliegende empirische Material über Bürgerinitiativen läßt noch zu wünschen übrig. Es steht aber dennoch fest, daß ein beträchtlicher Anteil von ihnen ressourcenbezogene Probleme aufgreift (vgl. hier etwa KEMPF, 1978, KÖSER, 1978 und die von ihnen aufbereitete Literatur).[6] Die Reaktion der Vertreter von Wirtschaft, Parteien und Verwaltung auf die Bürgerinitiativbewegung hat in den letzten Jahren von absoluter Hilflosigkeit über aktive Kooperation bis hin zu heftigem Widerstand die gesamte Spannbreite möglicher Einstellungen und Interaktionsformen umfaßt (zahlreiche Beispiele finden sich etwa bei DORAN, HINZ u. MAYER-TASCH, 1974, MAYER-TASCH, 1976, GUGGENBERGER u. KEMPF, 1978).

Weniger spektakulär, aber sehr bedeutsam, war in der gleichen Zeit der Anpassungsprozeß im administrativen und politisch-verfahrensrechtlichen Bereich, durch den eine bessere Steuerung der Entwicklung angestrebt wurde. Die Verabschiedung spezieller Umweltschutzgesetze, der Ausbau bestehener Behörden, die Verschärfung oder Neufassung gültiger Verordnungen oder Verwaltungsvorschriften und schließlich auch das Bemühen um eine bessere Transparenz des Entscheidungsprozesses müssen hierzu gezählt werden.

Trotz der offensichtlichen gesellschaftspolitischen Brisanz und wirtschaftlichen Bedeutung der geschilderten Entwicklungslinien sind viele diesbezügliche Problemfelder noch ungenügend erforscht. Dies gilt insbesondere für hiermit zusammenhängende *räumliche Aspekte*, ein Sachverhalt, auf den sogar Vertreter von nicht raumbezogen arbeitenden Disziplinen hinweisen.[7]

Umso erstaunlicher ist das relativ geringe Interesse, das z. B. die Geographie derartigen Fragen entgegengebracht hat, denn die Raumwirksamkeit der genannten verknappungsinduzierten Reaktionen ist nur zu offenkundig.

Dies gilt sowohl für eine *resignative* oder *aktive Anpassung* — letztere wurde jüngst am Beispiel der Rohstoffverknappung in der schwedischen Holzindustrie belegt (SOYEZ, 1979, 1980a,e) — als auch für die *unter Konflikten ablaufenden Reaktionen*: Ob sich die Anlieger einer Aluminiumhütte gegen eine zunehmende Immissionsbelastung wehren, ob

---

[5] Obwohl gerade Bürgerinitiativen ein deutliches Indiz auch für raumbezogene Spannungsverhältnisse oder Strukturdefekte sind (vgl. etwa QUASTEN u. SOYEZ, 1976, S. 267), haben die Raumwissenschaften in Europa ihnen nur erstaunlich wenig Aufmerksamkeit gewidmet.
Die Ergiebigkeit eines solchen Ansatzes kann mit den Ergebnissen einschlägiger Arbeiten aus anderen Ländern gut belegt werden (vgl. etwa SEWALL, 1971 und später).

[6] Eine umfassende Analyse über Bürgerinitiativen mit umweltbezogener Zielsetzung haben ANDRITZKY u. WAHL-TERLINDEN (1978) vorgelegt.

[7] „Die räumliche Dimension der Politik ist häufig unterschätzt worden" (JÄNICKE, 1978, S. 30).

eine Behörde den Bau einer Autobahn gegen den Widerstand anderer Interessen durchzusetzen sucht oder ob schließlich eine Kommune die Ansiedlung eines Kraftwerks verhindern will — *immer ist ein solcher ressourcenbezogener Konflikt von räumlichen Gegebenheiten beeinflußt, immer löst er raumrelevante Prozesse aus und nahezu immer verursacht er räumliche Wirkungen.*

Jeder dieser Konflikte bindet bei allen Beteiligten nicht nur Personal, sondern auch Zeit und Kapital, zum Teil in beträchtlichem Umfang. Aufgrund der spezifischen Merkmale eines Konfliktes, in dem prestigebetonte Machtentfaltung, sozialer Druck und irrationale Vorurteile, kurz: Konfrontation statt Kooperation, eine große Rolle spielen können, ist ein Ausgang mit angemessenen Optimierungslösungen der umstrittenen Sachverhalte kaum die Regel. Konflikte sind in komplizierte Systeme mit teilweise unüberschaubaren Verflechtungen sowie unkontrollierbaren Informations- und Wahrnehmungsprozessen eingebunden. Es liegt deswegen auf der Hand, daß wie immer geartete Eingriffe, sei es während des Konfliktablaufs oder erst durch erreichte Regelungen, zu nicht vorausgesehenen oder nicht voraussehbaren Resultaten führen können. Es liegt somit im Interesse aller, die Zahl der Konflikte gering zu halten oder zumindest Ablauf und Wirkungen besser beherrschen zu lernen. Eine solche Einstellung braucht nicht aus einer — unter Umständen sehr fragwürdigen — Konfliktscheu zu resultieren. Es gibt viele gute Gründe, manche Konflikte als unvermeidbare Impulse des sozialen Interessenausgleiches zu akzeptieren. Nur gilt es, deren unerwünschte oder unkontrollierbare Nebenwirkungen zu minimieren.

1.1.2.2. Zielsetzung

Was über Konflikte ganz allgemein gesagt wurde, trifft für ihre verschiedenen räumlichen Bezüge oder Merkmale ebenso zu, seien sie nun deren Voraussetzungen, Prozesse oder Wirkungen. Es ist vor diesem Hintergrund das *Ziel der vorliegenden Arbeit, an konkreten Beispielen das in Abb. 1 gezeigte Beziehungsgefüge zwischen Verknappung, Konflikt und Auswirkungen unter räumlichen Gesichtspunkten zu untersuchen und damit einen Beitrag zu einer geographischen Konfliktanalyse zu leisten.*

„Konflikt" steht dabei im Mittelpunkt als eine spezielle, bisher nur ungenügend beachtete Ausprägung reaktiven Verhaltens auf Verknappungssituationen. Eine eindeutige Abgrenzung zu „konfliktfreien" Anpassungsreaktionen wird jedoch nicht immer möglich sein.[8]

---

[8] Es muß an dieser Stelle unterstrichen werden, daß der gewählte Untersuchungsansatz zwar dort die Einbeziehung ökologischer Sachverhalte oder Zusammenhänge beinhaltet, wo diese als Auslöser oder Folgewirkung der in Abb. 1 gezeigten Beziehungen zu betrachten sind oder auch dort, wo es gilt, das Mißverhältnis zwischen einer gegebenen Belastung und der Art der darauf erfolgenden Reaktion aufzuzeigen. In keinem der behandelten ökologischen Bereiche konnte aber im Rahmen dieser Arbeit Grundlagenforschung betrieben werden. Es werden immer nur die in verschiedensten Formen vorliegenden Daten aufgearbeitet.

Ausgehend von dem einleitend gezeigten Schema läßt sich ableiten, daß sich weder Beschreibung noch Erklärung wichtiger Sachverhalte auf die einfache Beziehung zwischen Ursache und Wirkung reduzieren lassen.

Das geographische Interesse des Problemkomplexes liegt vor allem im Nachvollziehen der die verschiedenen Bereiche prägenden Wechselbeziehungen, soweit sich klare räumliche Bezüge herstellen lassen.

Mit dieser Auffassung soll keine modische Anleihe bei der Systemtheorie gemacht, sondern lediglich eine *Denkweise* übernommen werden, die das Aufdecken wichtiger Wirkungszusammenhänge wesentlich erleichtert.[9] Darüber hinaus werden jedoch in der vorliegenden Arbeit keine Versuche gemacht, systemtheoretische Konzeptionen als Strukturierungsprinzip zu verwenden.

Auf der anderen Seite ist es denkbar, daß sich gerade aus der hier aktuellen Fragestellung in engeren Teilbereichen wichtige Hinweise auf Nützlichkeit oder Grenzen eines von der Systemkonzeption beeinflußten Ansatzes ergeben. Dies gilt insbesondere deswegen, weil sich in der vorliegenden Arbeit vielfach physisch-geographische und kulturgeographische Aspekte erheblich enger miteinander verflechten als dies bei der heute gegebenen Spezialisierung geographischer Arbeiten die Regel ist.

1.1.3. Zur Entstehung ressourcenbezogener Konflikte

Konflikte, also Auseinandersetzungen zwischen verschiedenen Kontrahenten (Individuen, Gruppen, Organisationen, Gemeinwesen) um die zweckmäßige Inwertsetzung oder Verteilung natürlicher Ressourcen, hat es stets gegeben. Sie sind vor allem dann festzustellen, wenn durch Verknappungssituationen die legitimen oder für legitim gehaltenen Ansprüche wichtiger Nutzergruppen geschädigt werden.

Häufigkeit und Intensität ressourcenbezogener Konflikte haben in den letzten Jahren aber so zugenommen, daß unser politisches Leben von ihnen stark geprägt, teilweise sogar eindeutig gesteuert wird, *obwohl viele dieser Prozesse abseits der traditionellen Instanzen und Kanäle unserer parlamentarischen Systeme ablaufen.*[10]

Wichtigster Ausdruck offensichtlich bestehender Systemmängel ist das Auftreten zahlreicher Bürgerinitiativen. Ernstzunehmenden Schätzun-

---

[9] „*Reduktion* und *Akzentuierung* zugunsten intellektueller *Transparenz*" (HARD, 1973, S. 125).
Die in den Abb. 1, 23, 41, 42 und 45 dargestellten Beziehungsgefüge sind aber nicht als Systemmodelle gedacht (dazu fehlen ihnen wichtige Merkmale), sondern als Anschauungshilfen. Soweit sich bei den hier jeweils dargestellten Sachverhalten und Problembereichen Aussagen über die Art der bestehenden Beziehungen machen lassen, ist dies durch differenziertere Legenden angedeutet (Abb. 42, 45).

[10] Politik- und Rechtswissenschaftler sprechen vor diesem Hintergrund teilweise von einer „Legitimationskrise" unseres politischen Systems, da es einen echten Interessenausgleich im gesellschaftlichen Sinn nur noch schwer zulasse (vgl. etwa JÄNICKE, 1978, S. 19).

gen nach sind heute in ihnen mindestens ebensoviele Menschen politisch engagiert wie in den etablierten Parteien (vgl. dazu etwa die zusammenfassende Darstellung von MAYER-TASCH, 1976). Die Auseinandersetzungen vor allem um Kernkraftwerke haben jüngst gezeigt, zu welchen Entladungen die hier gegebenen Spannungen führen können. MAYER-TASCH hat sich dadurch sogar veranlaßt gefühlt, das Wort vom „ökologischen Bürgerkrieg" zu prägen (nach GUGGENBERGER u. KEMPF, 1978, S. 37). Natürlich ist bei solchen Gelegenheiten auch von politisch extremen Gruppen versucht worden, die sich hier artikulierende Unzufriedenheit vieler Bürger zum Vehikel eigener Interessen zu machen. Wer aber hierin ausschließlich oder auch nur überwiegend „ferngesteuerte" Aktionen politischer Hintergrundakteure mit zweifelhaften Zielsetzungen sieht, nimmt sich gleichzeitig die Möglichkeit, Ansatzpunkte für kooperative Lösungswege zu finden.[11]

Die Gründe für die ständig zunehmenden ressourcenbezogenen Konflikte der letzten Jahre sind vielfältig. Einige Ursachenschwerpunkte seien angesprochen, da nur vor ihrem Hintergrund die anschließenden Ausführungen ihren Sinn erhalten.

Aus *ökologischer* Sicht entscheidend für ressourcenbezogene Konflikte ist eine früher nicht gekannte Inanspruchnahme und Belastung der natürlichen wie auch der vom Menschen geprägten Umwelt durch die Industrie als unserem größten Ressourcenkonsumenten.[12] Dies gilt sowohl für den eigentlichen *Verbrauch* natürlicher Ressourcen als auch für die mit der industriellen Produktion zwangsläufig verbundenen *Nebenwirkungen*, etwa in Form der Schadstoffverbreitung. In den letzten Jahren sind schließlich auch viele der *Produkte selbst*, vor allem der chemischen Industrie, zu einer in ihren Konsequenzen noch unübersehbaren Belastung des Naturhaushalts geworden.[13]

Die negativen Auswirkungen des Ressourcenverbrauchs, der an den Produktionsprozeß gebundenen Nebenwirkungen und gewisser Produkttypen sind in diesem Maße spürbar geworden durch eine beispiellose *Expansion* industrieller Tätigkeiten und die damit verbundene Produktionserhöhung, durch die vielerorts zu beobachtende *Konzentration* auf immer weniger und immer größere betriebliche Einheiten und schließlich durch die häufige *Neulokalisierung* großer industrieller Komplexe in zuvor industriell kaum geprägte Räume.

Parallel zu dieser wachsenden und auch immer spürbareren (was nicht notwendigerweise das gleiche ist) *ökologischen* Belastung hat die *soziale Entwicklung* mit dem Anstieg von Wohlstand, Freizeit und Mobilität dazu geführt, daß immer mehr Menschen immer höhere Ansprüche an die Qualität ihrer Umwelt stellen. Gleichzeitig begannen sie, in einem vorher nicht gekannten Ausmaß selber zu Nutzern und auch zu Belastern spezifischer natürlicher Ressourcen zu werden. Die Tatsache, daß

---

[11] Zu den diesbezüglichen Ungereimtheiten der Reaktionen exponierter Vertreter unseres politischen Systems vgl. etwa MAYER-TASCH (1976, S. 18 ff.).

[12] Andere Verbraucher- und Belastergruppen (z. B. der private Autoverkehr) werden erst seit kurzem beachtet. Die Probleme sind jedoch teilweise identisch.

[13] Eine engagierte Probleminventur hierüber ist z. B. von KOCH u. VAHRENHOLT (1978) vorgelegt worden.

die Umwelt das Aufnahmemedium für alle produzierten Schadstoffe ist, wurde von einer breiten Öffentlichkeit aber erst als problematisch empfunden, als sie selber begann, Umweltgüter bewußt als allgemeines Konsumgut zu betrachten und deutliche Qualitätsanforderungen zu stellen.

Die ökologischen und sozialen Entwicklungen waren schon deutlich auf eine Kollision angelegt. Vollends aktualisiert wurden ressourcenbezogene Konflikte aber erst von dem Zeitpunkt an, als deutlich wurde, daß die überkommenen *politischen* und *wirtschaftlichen Machtstrukturen und Einflußmöglichkeiten einen angemessenen Interessenausgleich nicht zuließen oder stark erschwerten*. Auch dafür gibt es, wie der umfangreichen politologischen, rechts- und sozialwissenschaftlichen Literatur zu entnehmen ist, viele Gründe. Konflikte können Ausdruck sowohl von Macht wie auch von Ohnmacht sein. Beides ist, wenn auch in unterschiedlichem Grade, für alle Kontrahenten der ressourcenbezogenen Auseinandersetzungen der letzten Jahre zutreffend.

Die *Macht der Industrie* beruht, wie JÄNICKE (1978) in seiner kritischen Analyse zusammenfassend darstellt, im wesentlichen auf folgenden Merkmalen:

1. Wirtschaftliche Wachstums-, staatliche Steuer- und gewerkschaftliche Einkommensinteressen sind weitgehend parallel.
2. Die ,,Organisationsmacht'' der einzelnen Industriekomplexe ist sehr stark. Sie resultiert aus der überall gegebenen Interessenverflechtung zwischen Industrie und öffentlicher Verwaltung aller Ebenen (,,industriell-bürokratischer Komplex'' im Sinne von JÄNICKE, 1978, S. 17).
3. Das Konflikt- und Verweigerungspotential industrieller Interessen ist sehr hoch. Es äußert sich vor allem in der Entscheidungsfreiheit, nur dort zu investieren, wo die eigenen Bedingungen am besten erfüllt werden.
4. Die Kontrolle über Technologie und relevante Information ist umfassender als in nahezu allen anderen Bereichen.

Diesen hochorganisierten, mit Sachverstand, Geldmitteln und vielfältigen Einflußmöglichkeiten ausgestatteten industriellen Erwerbsinteressen stehen *Kontrahenten* gegenüber, deren *Ohnmacht* nahezu spiegelbildlich erscheint, da sie hochwirksame ,,Interessenartikulationsbarrieren'' (JÄNICKE, 1978, S. 27) zu überwinden haben: Über die objektive Interessenschädigung ist oft nichts oder nur wenig bekannt; die subjektive Betroffenheit fehlt häufig und kann — wenn sie schließlich vorliegt — nur reaktiv und nachträglich in Handlungen umgesetzt werden; der räumliche und zeitliche Abstand zwischen Ursache und Schadenswirkung kann beträchtlich sein; die notwendige Kompetenz zur Beurteilung oft hochkomplizierter technologischer Sachverhalte und ihrer Auswirkungen fehlt ganz oder muß erst mühsam aufgebaut werden; Zeit und Mittel für eine sachgerechte Interessenwahrnehmung sind kaum vorhanden, und schließlich muß in der Regel aus einer Vielzahl divergierender Interessen und Betroffenheitsgrade ein angemessener Organisationszusammenhang hergestellt werden.

Schon die vorgehend genannten Gründe sind unter bestimmten Rahmenbedingungen völlig ausreichend, um aus einem allgemeinen Gefühl der Hilfslosigkeit und des Ausgeliefertseins deutliche, auch aggressive Reaktionen hervorzurufen. Nochmals erhöht und schließlich aktualisiert wurde das Konfliktpotential aber von dem Zeitpunkt an, zu dem realisiert wurde, in wie unvollkommener Weise nur das zur Verfügung stehende rechtliche und administrative Instrumentarium die Interessen betroffener Bürger oder Gemeinwesen zu garantieren vermochte.

MAYER-TASCH (1978, S. 9/10), der das Umweltrecht der frühen Nachkriegszeit mit den Worten „normative Insuffizienz und exekutive Ineffizienz" charakterisiert, spricht hier sicher zu Recht vom „Schlüsselerlebnis des ökologisch bewußt gewordenen Initiativbürgers". An begründenden Stichworten seien hier lediglich genannt die rechtspolitisch fragwürdig gewordene Priorität von Eigentums- vor Persönlichkeitsschutz, das aus den verschiedensten Ursachen resultierende Vollzugsdefizit der Aufsichtsbehörden bei — zumindest sektoral — schon zufriedenstellender Gesetzesgrundlage, die vielfältige Auslegungsmöglichkeiten eröffnenden Formeln wie „Stand der Technik" oder „wirtschaftliche Vertretbarkeit" wichtiger Verwaltungsvorschriften, das auch für neuere Gesetze typische Prinzip des „peripheren Eingriffs" (DORAN, HINZ u. MAYER-TASCH, 1978) statt der Ursachenbekämpfung und schließlich die unzulänglichen Partizipations-, Informations- und Einspruchsmöglichkeiten von Bürgern und Gemeinwesen bei Genehmigungsverfahren u. a.[14]

Vollends befremdlich mußte es schließlich für den kritischen Bürger sein, daß die etablierten Parteien seine umweltbezogenen Wünsche, Bedenken und Ängste in der Regel kaum zur Kenntnis nahmen. Die Möglichkeiten einer direkten Einflußnahme oder auch nur die Hoffnung auf baldige Abstellung offensichtlicher Mißstände waren dadurch gering. Die etablierten Parteien haben hier lange, so sehen es manche Politikwissenschaftler, ihre „Transmissionsfunktion" vernachlässigt, sie „eignen sich Themen und Meinungen erst an, wenn diese mehrheitsfähig sind" (GUGGENBERGER u. KEMPF, 1978, S. 11).

Es wäre verwunderlich, ja geradezu ein bedenkliches Zeichen für die Erneuerungsfähigkeit unseres politischen Systems, wenn in dieser Situation *keine* ressourcenbezogenen Konflikte, *keine* Bürgerinitiativen und *keine* Reformbestrebungen entstanden wären. Es liegt nämlich auf der anderen Seite gerade in der Struktur unseres Systems begründet, daß aus der zunächst gegebenen *Ohnmacht* der „residualen Interessen" (JÄNICKE, 1978, S. 25) eine *Gegenmacht* erwächst, die — wenn auch langsam — größeren Einfluß gewinnt und sich damit immer häufiger in ressourcenbezogenen Konflikten zu behaupten vermag. *Damit ist jedoch*

---

[14] Sämtliche vorgehend genannten Strukturschwächen lassen sich z. B. an der Industrieansiedlungsgeschichte im Völklinger Stadtteil Fenne exemplarisch belegen, vgl. QUASTEN u. SOYEZ (1976).

ebensowenig wie bei einer Dominanz industrieller Interessen immer eine gesamtgesellschaftliche Lösungsoptimierung erreicht.

Die Ursachen für diese zunehmend erfolgreichen Gegenaktionen der unmittelbar betroffenen Bürger sind vielfältig. Mitbestimmend ist zunächst einmal das zielstrebigere Ausnutzen gegebener Rechtsmittel. Langfristig gewichtiger ist jedoch sicher der zunehmende Abbau ökologiebezogener „Sozialisations- und Ausbildungsdefizite" (MAYER-TASCH, 1978, S. 14) bei Bürgern wie Entscheidungsträgern. Daraus haben sich und werden sich auch weiter angemessenere legislative und administrative Lösungen ergeben. Unerheblich für den Ausgang dieses Prozesses ist dabei, daß er zunächst nicht überall durch bessere Einsicht, sondern eher durch Konfliktdruck und seine wirklichen oder vermuteten Folgen ausgelöst worden ist. So ist in der Bundesrepublik Deutschland deutlich zu beobachten, daß die etablierten Parteien sich mit größerem Ernst um ökologische Fragen erst bemühen, seit die Gefahr wahlentscheidender Stimmentzüge durch spezielle Umweltparteien („Grüne") und ein verstärktes Umweltengagement breiterer Schichten offenkundig ist.

Einem ähnlichen Konkurrenzdruck sind, worauf JÄNICKE (1978, S. 24) zu Recht hinweist, die Massenmedien ausgesetzt. Da auch sie um Leser-, Hörer- und Zuschaueranteile ringen, räumen sie umweltpolitischen Gegenartikulationen der Residualinteressen häufig einen größeren Platz ein, als er ihrem zur Zeit noch ausgeprägten Minoritätscharakter entspricht. Schließlich sind heute nicht mehr nur einige wenige Individuen, sondern immer größere und einflußreichere Gruppen und Gemeinwesen von Beeinträchtigungen ihrer Umweltsituation betroffen. Dies vermag zumindest teilweise die eingangs erwähnten Organisations- und Sachverstandsvorteile der industriellen Interessen auszugleichen, zumal sich auch der Staat zunehmend zum Anwalt früher Benachteiligter gemacht hat.

In diesem Zusammenhang sind vor allem die angedeuteten Änderungen im umweltpolitischen und gesetzlichen Bereich mit ihren Folgen für die Verwaltung von Bedeutung. War es früher wegen der häufigen Interessenverflechtung des „industriell bürokratischen Komplexes" eine Seltenheit, daß eine Behörde gegen den erklärten Willen einer bedeutenden Industrie kostentreibende Auflagen durchsetzte, so ist dies ab Ende der 60er Jahre schon eher möglich (wenn auch nicht die Regel). Wille und Möglichkeit von Aufsichts- und Genehmigungsbehörden, die Ansprüche auch anderer als der wirtschaftlich stärksten Ressourcennutzer zu berücksichtigen, sind somit trotz der verbleibenden Stärke industrieller Positionen gewachsen. Für die jüngste Zeit ist allerdings charakteristisch, daß die Sicherung der Arbeitsplätze oft höher bewertet wird als eine angemessene Umweltgütesicherung.

Die geschilderten Rahmenbedingungen und das daraus resultierende Konfliktpotential sind prinzipiell in den meisten hochentwickelten Industriestaaten gegeben. Dennoch gibt es natürlich charakteristische Unterschiede, aus denen ergiebige Ansätze einer vergleichenden Betrachtung entwickelt werden können.

1.1.4. Zum Forschungsstand [15]

Es ist mehrfach darauf verwiesen worden, daß die im Mittelpunkt der Arbeit stehende Problematik (und zahlreiche ihrer Teilaspekte) von einer Reihe wissenschaftlicher Disziplinen erkannt worden ist. Dies gilt besonders für solche, die in einem engen Bezug zur Planungspraxis stehen, sowie natürlich für die Planung oder die planende Verwaltung selbst. Es ist deswegen zu klären, welche Vorarbeit geleistet worden ist und wie sie im Hinblick auf die Zielsetzung dieser Arbeit bewertet werden kann.

Räumliche Planung ist Folge der Erkenntnis, daß eine unkontrollierte Besetzung des verfügbaren Raumes durch verschiedene Nutzungen zu unerwünschten Wirkungen und Folgelasten in vielen Bereichen führt. Insbesondere dort, wo offensichtlich miteinander unverträgliche Nutzungen zusammentreffen, ist räumliche Planung deswegen seit langem als Steuerungsinstrument zur Vermeidung von Nutzungskonflikten verstanden und angewendet worden. FÖRSTER (1979) hat dies jüngst am Beispiel des Rheinischen Braunkohlereviers mit seiner bis zum Anfang der 50er Jahre zurückgehenden Gesetzgebung ausgeführt. Auch die Entwicklung des Baurechts überhaupt, vor allem aber der Bauleitplanung, ist unter diesem Blickwinkel zu verstehen.

Dennoch ist in der Bundesrepublik Deutschland wie auch in vielen anderen Industriestaaten ein spezielles wissenschaftliches Interesse an der Problematik miteinander konkurrierender Nutzungen erst in den späten 60er Jahren erwacht. Erst seit Anfang der 70er Jahre sind entsprechende Arbeiten häufiger zu finden. Während man allgemein von den „konkurrierenden Ansprüchen verschiedener Nutzungen an den Raum" spricht, sind die benutzten Termini für den Sachverhalt selbst oder wichtige seiner Teilaspekte sehr unterschiedlich. Es seien hier genannt „Funktionsüberlagerungen" (NEEF, 1973, LANDER, 1973 u. a.), „Störfunktionen" (SCHMIDT-RENNER, 1972), „Umweltstörungen" (NEEF, 1974) [16], „Nutzungskonflikte", „ökologische Konflikte" oder auch „ökologische Nutzungskonflikte" (etwa BIERHALS, KIEMSTEDT u. SCHARPF, 1974 und die spätere landespflegerische Literatur), „Nutzungsinterferenzen" (GROSCH, MÜHLINGHAUS u. STILLGER, 1978), „Arealkonflikte" (GLÄSSER, 1970, HELMFRID, 1978), „Ressourcenkonflikte" [17]

---

[15] Wie im Vorwort erläutert, ist die Arbeit nicht über den Diskussionsstand von 1981 fortgeführt worden. Es sei aber an dieser Stelle ausdrücklich auf die wesentliche Vertiefung konfliktorientierter Ansätze in der deutschsprachigen Geographie hingewiesen, die in jüngster Zeit durch die Arbeiten etwa von BUTZIN (1982), NUHN U. OSSENBRÜGGE (1982) und OSSENBRÜGGE (1982) erfolgt ist.

[16] Das Erkennen von „Umweltstörungen" oder „-belastungen" muß vielfach als Ausgangspunkt dieser Forschungsrichtung gesehen werden. Die Konzeption der konkurrierenden Nutzungsansprüche geht jedoch weit über derartige „Sonderfälle" hinaus.

[17] Der entsprechende Terminus „resource conflict" ist auch in der englischsprachigen Literatur nachzuweisen (vgl. HAMMOND, MACINKO u. FAIRCHILD, 1978, S. 48), scheint sich jedoch nicht allgemein durchgesetzt zu haben. Häufiger ist dagegen der Ausdruck „locational conflict", worunter Auseinandersetzungen über die Lokalisierung verschiedener Flächennutzungen oder öffentlicher Einrichtungen verstanden werden (vgl. hierzu COX, 1978, S. 2 und die umfangreiche im Sammelband verarbeitete Literatur). Dieser Ansatz ist anders

(SOYEZ, 1978), „Zielkonflikte" (FÖRSTER, 1979), „Interessenkonflikte" (KOHLHEPP, 1977), „Verwendungskonkurrenz" (SIEBERT, 1979), „Flächenkonkurrenz" (LANDER, 1973), „Flächennutzungskonkurrenz" (QUASTEN u. SOYEZ, 1975), „Konkurrenz von Nutzungsformen" (HAASE u. LÜDEMANN, 1972) und „Raumnutzungskonkurrenz" (PREUSSER, 1979). In den gleichen sachlichen Zusammenhang sind auch die Arbeiten über die mögliche „Mehrfachnutzung" von Flächen zu stellen (vgl. neben der umfangreichen oben genannten Arbeit von GROSCH, MÜHLINGHAUS u. STILLGER, 1978, vor allem SPITZER, 1971 und später).

Entsprechende Ansätze lassen sich in vielen anderen Ländern nachweisen, jedoch muß an dieser Stelle auf eine umfassende Dokumentation verzichtet werden. Für das hier besonders interessierende Schweden sei jedoch erwähnt, daß das Erkennen konkurrierender Nutzungsansprüche und daraus entstehender Konflikte der Ausgangspunkt für die landesumfassende Raumplanung (schwed. „fysisk riksplanering") gewesen ist.

Sie hat seit dem ersten programmatischen Bericht von 1971 (SOU 1971: 75), dessen Vorarbeiten bis 1967 zurückreichen, eine starke raumprägende Wirkung entfaltet und ist bewußt zur Vermeidung von Nutzungskonflikten oder zumindest ihrer sachbezogenen Austragung angelegt. (vgl. auch „Haushalten mit Boden und Wasser II" SOU 1979: 54/55).

Die soeben erfolgte Aufzählung der in der Literatur benutzten Termini legt den Eindruck nahe, als seien von den verschiedensten Disziplinen und unter unterschiedlichsten Blickwinkeln umfassende Materialien zur hier interessierenden Problematik erarbeitet worden. Ein näherer Blick zeigt jedoch aus hier aktueller Sicht gravierende Lücken, nicht nur im Grad der sachlichen oder regionalen Abdeckung, sondern vor allem auch im Hinblick auf den methodischen Ansatz.

Die zur Zeit umfassendste, von der Idee der konkurrierenden Nutzungsansprüche ausgehende Konzeption ist die vor allem in der Landespflege entwickelte „ökologische Wirkungsanalyse" oder — umfassender noch — die „ökologische Planung" (vgl. dazu KIEMSTEDT, 1971, BIERHALS, KIEMSTEDT u. SCHARPF, 1974, HEIDTMANN u. SCHNELL, 1976, BACHFISCHER et al., 1977, AULIG et al., 1978, HÖRTH, 1978, SCHEMEL, 1978, ABEL u. BOUKAL, 1979, u. a. m. [18]. Erreichte Fortschritte wie auch immer noch bestehende Defizite lassen sich an diesem Konzept beispielhaft ableiten.

Kern der ökologischen Planung („Grundmuster" nach BIERHALS, KIEMSTEDT u. SCHARPF, 1974, S. 77) ist die auf den Beziehungen zwischen „verursachender Nutzungsanspruch — ausgelöste Folgewirkung — davon betroffene Nutzungsansprüche" (kürzer: „Verursacher — Folgewirkung — Betroffener") aufzubauende Auswirkungsmatrix und die dar-

gewichtet als der hier verfolgte, da der ganze Bereich von sozialen und fiskalischen Ungleichgewichten hineingenommen wird, der viele amerikanische Städte prägt. Dagegen sind Konflikte um die Verknappung von Rohstoffen nicht miteinbegriffen.

[18] Die genannten Autoren konnten ihrerseits natürlich auf andere wichtige Vorarbeiten zurückgreifen, v. a. aus dem US-amerikanischen Schrifttum (vgl. dazu im einzelnen etwa die Übersicht bei BACHFISCHER, 1978).

aus ersichtlichen „Nutzungskonflikte" (zum speziellen Begriffsinhalt vgl. 1.1.6.3.). Das Konzept ist in den letzten Jahren weiterentwickelt worden, wobei vor allem die Operationalisierungsansätze bemerkenswert sind (insbesondere die „ökologische Risikoanalyse", vgl. AULIG et al.,1977, BACHFISCHER et al., 1977, BACHFISCHER, 1978) [19]. Rückblickend wird deutlich, welche Fortschritte hier in wenigen Jahren gegenüber den Ausgangspositionen gemacht worden sind. Ursprünglich war charakteristisch, daß man sich entweder auf die Erfassung einzelner „Störfaktoren" und „Landschaftsschäden" oder aber auf Eignungsbewertungen mit Aussagen über spezifische ökologische Folgewirkungen beschränkte. Man blieb folglich spätestens bei der Beziehung zwischen „Verursacher-Folgewirkung" stehen (vgl. hierzu auch die kritischen Anmerkungen BIERHALS, KIEMSTEDT u. SCHARPF, 1974, SCHEMEL, 1978). Demgegenüber ist natürlich die Konzeption der ökologischen Wechselwirkungen unter Einbeziehung auch der betroffenen Nutzungen nicht nur komplexer und damit wirklichkeitsnäher, sondern aus praxisbezogener Sicht wesentlich ergiebiger. Erstmals werden in einer solchen Sichtweise nämlich die spezifischen Fachplanungsgrenzen übersprungen. Insofern ist es zu begrüßen, daß derartige Ansätze (zu denen auch die dem US-amerikanischen „Environmental Impact Statement" nachempfundene „Umweltverträglichkeitsprüfung" gerechnet werden muß, vgl. dazu BMI, 1974) in die Planungspraxis Eingang zu finden beginnen.

Dies ist auch das explizite Ziel des von den Vertretern der Landespflege entwickelten Verfahrensansatzes:

Er ist für den *Planungsfall* gedacht und bezieht sich damit in der Regel auf *potentielle* oder in der *Zukunft liegende Funktionsüberlagerungen und Konflikte*. Die Auswirkungsmatrix soll Entscheidungshilfen bei der *zukünftigen Gestaltung des Raumes* oder bei der Analyse von *Konsequenzen beliebiger raumrelevanter Maßnahmen* geben. So sollen Konfliktminimierung und damit ein Höchstmaß an konfliktfreier Mehrfachnutzung erreicht werden. Dies ist eine sehr anspruchsvolle Zielsetzung, und es muß gefragt werden, wie der besprochene Verfahrensansatz ihr gerecht werden kann.

Ein geeigneter Ausgangspunkt für eine kritische Analyse ist der *Konfliktbegriff* der ökologischen Wirkungsanalyse, der selbstverständlich vor dem Hintergrund des Bezugs auf zukünftige Ergebnisse eine besondere Ausprägung erfahren mußte. Nach BIERHALS, KIEMSTEDT u. SCHARPF (1974, S. 81) liegt ein „Nutzungskonflikt" bei der Beeinträchtigung einer Nutzung durch andere Nutzungsansprüche vor, etwa durch negative Auswirkungen bestimmter planerischer Maßnahmen. Mustert man unter diesem Aspekt die landespflegerische „konfliktbezogene" Literatur durch, so ist festzustellen, daß überwiegend im genannten Sinne von *„Nutzungskonflikten"* gesprochen wird, wenn eine *Funktionsüberlagerung sich potentiell beeinträchtigender Nutzungen* vorliegt. (vgl. auch GROSCH, MÜHLINGHAUS u. STILLER, 1978).

---

[19] Die Bedeutung eines solchen Ansatzes auch aus geographischer Sicht ist von HARD (1976) eindringlich unterstrichen worden.

Wenn also in der ökologischen Auswirkungsmatrix von den Beeinträchtigungen des „Betroffenen" oder der „betroffenen Nutzung" die Rede ist, so nur in dem Sinne, daß der *Wissenschaftler oder Planer sozusagen kraft seines Informationsvorsprungs bestehende oder potentielle Belastungen feststellt.* Völlig außer acht bleiben bei dieser Vorgehensweise die *Problemwahrnehmung der Betroffenen, die von ihnen zu artikulierenden Interessen und schließlich ihre möglichen Reaktionen.* Insofern spricht es auch für eine sehr selektive Sichtweise, wenn SCHEMEL (1978) in seiner Klassifizierung von Verfahren zur Belastungsanalyse ausgerechnet den Ansatz von BIERHALS, KIEMSTEDT u. SCHARPF als „interessenanalytisch" bezeichnet.

Er ist es nur insoweit, als die nach ihm vorgehenden Wissenschaftler oder Planer *selbst* die Interessen anderer Nutzer zu berücksichtigen suchen, und zwar in der Regel ohne Kontakt zu diesen. Es liegt auf der Hand, daß damit den eigentlichen Interessen der Betroffenen nicht notwendigerweise gedient ist: real ausgetragene Nutzungskonflikte, also mit verschiedenen Mitteln geführte Auseinandersetzungen zwischen unterschiedlichen Interessengruppen, werden trotzdem dort entstehen können, wo man sie nicht voraussah. Umgekehrt brauchen sie nicht überall dort realisiert zu werden, wo an sich ein ausreichendes Konfliktpotential gegeben ist. Die Frage nach der Angemessenheit des vorgehend genannten umfassenden Anspruchs der ökologischen Planung und ihrer Anwendbarkeit im hier aktuellen Zusammenhang stellt sich damit umso dringlicher.

Im hier einleitend skizzierten Modell plausibler Beziehungen zwischen *Inwertsetzung, Verknappung, Konflikt* und *Raumwirksamkeit* ist dagegen implizit von einer Verflechtungsmatrix ausgegangen worden, die wie folgt zu formulieren wäre:
„Verursacher — Folgewirkung — Betroffener — Reaktion — Folgewirkung — Verursacher — Reaktion — Folgewirkung . . ." usw.

Damit ist klar, daß der Ansatz der „ökologischen Planung" dem hier angestrebten Ziel nicht gerecht werden kann. Zum einen bricht sie die Untersuchung schon nach dem dritten Schritt ab. Zum anderen ist der verwendete Konfliktbegriff unzweckmäßig, da die Interessenlage der Betroffenen nur aus der Sicht des Wissenschaftlers oder Planers beurteilt wird und soziale Reaktionen des Betroffenen mit allen Rückwirkungsmöglichkeiten auf den Verursacher folglich auch nicht berücksichtigt werden können. *Dadurch ist gleichzeitig der Blick auf die hier besonders interessierenden räumlichen Wirkungsgefüge verstellt.* Die Kritik kann aber noch grundsätzlicher formuliert werden. Die in den vorangegangenen Abschnitten gemachten Ausführungen sollten gezeigt haben, in welcher Weise Verknappung und Konflikte um Ressourcen von den verschiedensten politischen, sozialen, wirtschaftlichen und psychologischen Rahmenbedingungen beeinflußt werden (vgl. dazu auch Abb. 2). Vor diesem Hintergrund ist es völlig unrealistisch anzunehmen, man könne gegebene oder auch künftige Nutzungskonflikte — seien sie nun lediglich Funktionsüberlagerungen oder reale Auseinandersetzungen — mit den verschiedenen Verfahrensansätzen ökologischer Planung *allein* minimieren. Eine solche Auffassung wäre auf eine naive Weise technokratisch, d. h. losgelöst von allen übrigen gesellschaftlichen Rahmenbedingungen. Aus der Landespflege selbst sind hiermit zusammenhängende Schwachstellen der ökologischen Planung inzwischen sehr prägnant aufgezeigt worden (vgl. dazu im einzelnen BECHMANN, 1977, 1978).

Es ist somit offensichtlich, daß es neben den streng sach- oder nutzerbezogenen Ansätzen, wie sie die ökologische Planung repräsentiert, auch Analysen geben muß, die wichtige andere Rahmenbedingungen ressourcenbezogener Konflikte aufgreifen. Die beste Anschauung darüber, wie solche Auseinandersetzungen entstehen, ablaufen, geregelt werden oder ungelöst bleiben, vermitteln aber die schon aktualisierten Konflikte in unserer Alltagsumwelt. Ihre ständig wachsende Zahl ebenso wie unser gut dokumentiertes Unvermögen, sie frühzeitig zu erkennen oder angemessen zu regeln, hängen offensichtlich auch damit zusammen, daß wir zu wenig über solche Konflikte wissen. Eine große Zahl gezielter Fallstudien sollte deswegen *parallel* zur Weiterentwicklung der beschriebenen ökologischen Verfahrensansätze betrieben werden, um besseres empirisches Material über diese hochkomplexen Systemgefüge an der Schnittstelle zwischen Natur und Gesellschaft zu erhalten.

Entsprechende Ansätze sind vor allem in der im engeren Sinne geographischen Literatur festzustellen. Die Wichtigkeit der Abkehr von einer als zu einseitig empfundenen Kartierung von industriell verursachten „Umweltstörungen" (vgl. dazu etwa LESCZYCKI, 1972, NEEF, 1972, SKAWINA, 1972, BILLWITZ, 1973, u. a.) haben etwa QUASTEN u. SOYEZ (1975, S. 189) unterstrichen und auf die Notwendigkeit der Erfassung der möglichen *gegenseitigen* „Störung" verwiesen: Die Industrie zum Beispiel beeinträchtigt nicht nur andere Nutzungen (z. B. durch Lärmemissionen), sondern sie kann auch durch deren Ansprüche belastet werden, etwa durch die Forderung einer immissionsarmen Nachbarschaft. Entsprechendes gilt natürlich — wie auch aus den „Auswirkungsmatrizen" etwa der Landespflege hervorgeht — für alle anderen möglichen Nutzungstypen. Dies ist kein neuer Gesichtspunkt. In den klassischen methodologischen Arbeiten der Industriegeographie etwa (z. B. WINKLER, 1941, KOLB, 1951, OTREMBA, 1953, u. a.) ist immer wieder auf die Bedeutung der *Wechselbeziehungen* zwischen Industrie und umgebendem Raum *und* den sich daraus ergebenden räumlichen Folgen hingewiesen worden (vgl. dazu auch die kritischen Stellungnahmen von RATHJENS, 1973, und KÜPPER u. WOLF, 1974); aber in den empirischen Studien ist dann diese theoretische Forderung in der Regel nur unvollkommen berücksichtigt worden. Die wissenschaftliche Analyse des gesamten räumlichen Wirkungsgefüges vom Verursacher bestimmter Auswirkungen über den Betroffenen bis hin zurück zum Verursacher ist folglich zumindest dem Ansatz nach eine klassische Richtung geographischer Forschung.

Durchmustert man die in den letzten Jahren erschienenen konfliktbezogenen Fallstudien, so wird aber deutlich, daß auch hier nur in Ausnahmefällen mehr oder weniger explizit im Sinne einer solchen Fragestellung gearbeitet worden ist (QUASTEN u. SOYEZ, 1976, SEDLACEK, 1976, SOYEZ, 1978, HELLER, 1979).

Für die Mehrzahl der Beiträge gilt außerdem, daß der Problemkreis nur in ausgewählten Teilbereichen angegangen wird, sei es aus historisch-, sozial-, politisch-, wirtschafts- oder planerisch-geographischer Sicht (vgl. etwa LOB, 1977, KOHLHEPP, 1977, FÖRSTER, 1979, PREUSSER, 1979, sowie als Beispiele einschlägiger Arbeiten aus Schweden ARELL, 1977, BYLUND, 1977, LUNDÉN, 1977, WAHLSTRÖM, 1977 und — aus nichtgeographischen Disziplinen — ENGSÅS, 1975, SCHEYNIUS 1976, MAUNSBACH u. MÅRTENSSON, 1978). Dies ist oft zweckmäßig, läßt aber naturgemäß immer nur engere fachspezifische Aspekte eines Konfliktes aufscheinen.

Wie schon bei der besprochenen landespflegerischen Literatur läßt sich auch bei den meisten genannten geographischen Beiträgen feststellen, daß die Analyse der Wirkungskette in der Regel zu früh abgebrochen oder in den letzten Gliedern zu summarisch behandelt wird: Konflikte oder Konkurrenzen werden festgestellt, Art wie Umfang der Überlagerung sich beeinträchtigender Ansprüche werden „verortet", kartiert und analysiert. Nur geringes Interesse dagegen ist bisher den *in einem Zusammenhang mit einem Konflikt stehenden raumrelevanten Prozessen und ihren Wirkungen* gewidmet worden[20]. So interessant schon der Konflikt allein durch seine Raumgebundenheit oder Raumbedingtheit auch für die Geographie ist: *die eigentliche geographische Problematik liegt doch in dem über raumrelevante Prozesse realisierten Einfluß auf Struktur, Potential, Physiognomie und Funktionsfähigkeit unserer Umwelt (im weitesten Sinne).*

Schließlich ist für nahezu alle genannten konfliktbezogenen Studien, auch der Geographie, eine *Aspektauswahl* charakteristisch, die einen ganz wesentlichen Bereich ausblendet: Selbst in solchen Beiträgen, in denen etwa Genehmigungsverfahren und Interessengruppen näher analysiert werden (z. B. HELLER, 1979), könnte ein unbefangener Leser den Eindruck gewinnen, als handele es sich hier grundsätzlich um ein im wesentlichen sachbezogenes Aushandeln zweckmäßiger Lösungen nach feststehenden Verfahrensregeln. Gerade dies aber ist — wie entweder offensichtlich ist oder in entsprechenden Randbemerkungen angedeutet wird — nicht der normale Verlauf ressourcenbezogener Konflikte. Wesentliche Einflußgrößen des in solchen Situationen typischen sozialen Verhaltens („soziale Determinanten" räumlichen Verhaltens im Sinne von WIRTH, 1979, S. 244, wie etwa Gewohnheit, Sozialprestige oder auch einfach krasses Machtverhalten) werden nicht oder nur unzureichend behandelt, wobei hier offen bleiben mag, ob solche Aspekte nicht gesehen oder bewußt beiseite gelassen werden. Zahlreiche Belege für die Bedeutung derartiger Determinanten im hier interessierenden Problemkreis finden sich dagegen in der englischsprachigen Literatur (z. B. AUSTIN, SMITH u. WOLPERT, 1970, COX, 1973, COX, REYNOLDS u. ROKKAN, 1974, MITCHELL, 1979).

---

[20] Unter „raumrelevanten Prozessen" werden im Sinne von WIRTH (1979, S. 186) sowohl „räumliche", also im Raum ablaufende und diesen direkt verändernde, als auch "raumwirksame" Abläufe verstanden, die erst über die Veränderung anderer Systeme indirekt raumdifferenzierend wirken.

Insgesamt ist festzustellen, daß dort die Problematik der Ressourcenverknappung und daraus resultierender Konflikte (im Sinne echter Verteilungskämpfe) besser erkannt und eingehender bearbeitet worden ist als in Europa. Einige der bei uns deutlich vernachlässigten Implikationen dieses Problemkreises sind hier wesentlich vertieft worden, so z. B. bezüglich der Entscheidungsprozesse, des Einflusses politischer und anderer „pressure groups", der Bedeutung ausgewählter sozialer Determinanten räumlichen Verhaltens bis hinunter auf die individuelle Ebene [21] und schließlich im Hinblick auf perzeptionsabhängige Folgen.

Ähnlich wie bei der vorgehend besprochenen kontinental-europäischen Literatur ist aber auch in der englischsprachigen Literatur eine konsequente Verfolgung der Wirkungskette im Sinne von Abb. 1 nicht festzustellen.

Auch wenn mit dem vorstehenden Überblick kein Anspruch auf Vollständigkeit erhoben wird, so ist doch deutlich, daß die Zahl konfliktbezogener geographisch orientierter Arbeiten insgesamt niedrig ist. Auffällig daran ist nun der geringe Anteil industriebezogener Studien, vor allem, wenn man das seit Jahren gegebene und noch wachsende Konfliktpotential im Umfeld expandierender Industrien bedenkt. Obwohl gerade die damit zusammenhängenden Probleme für Qualität, Struktur und Entwicklung unseres Lebensraumes eine besondere Bedeutung haben, liegt hier auch aus speziell geographischer Sicht ein empfindliches Theorie- und Empiriedefizit vor [22].

Der Überblick über die einschlägige Literatur ist natürlich weder vollständig noch konnte er im Detail einer jeden Arbeit gerecht werden. Es sind jedoch Forschungslücken deutlich geworden, aus denen Ansatz und Zielsetzung der vorliegenden Arbeit nicht nur verständlich zu machen, sondern auch sinnvoll zu begründen sind.

Wünschenswert ist demnach
— die konfliktbezogene Analyse umfangreicherer räumlicher, insbesondere industrieller Systeme über einen längeren Zeitraum hinweg,
— die sektorübergreifende Behandlung ausgewählter Konfliktsituationen im Bestreben, auch wichtige ergänzende Determinanten des

---

[21] „Regarding the relative success of resource management practices, ongoing research indicates that *individual* idiosyncrasies may be a significant independent variable... This aspect draws attention to such elusive concepts as interpersonal relationship, communication networks and personalities. In simple terms it focuses upon the antagonisms, power struggles, stubbornness, perseverence and determination often encountered in human relations." (MITCHELL, 1979, S. 342).

[22] Insofern ist der hier speziell interessierende Bereich nur das Spiegelbild der allgemeinen Lage der Industriegeographie im Verhältnis zu den übrigen Teildisziplinen der Geographie. Zu Recht ist in den einschlägigen Arbeiten immer wieder auf das Phänomen verwiesen worden, daß die Industriegeographie im Gesamtgebäude des Fachs im Grunde bis heute nicht die Bedeutung erlangt hat, die ihr in Anbetracht der überragenden Rolle der Industrie in unserer Gesellschaft eigentlich zukommen könnte und müßte. Es liegt nahe, dies vor allem mit dem Hinweis auf die Schwierigkeiten der Datenbeschaffung und der Komplexität etwa der wirtschaftlichen und technologischen Zusammenhänge zu erklären (vgl. dazu zuletzt OTREMBA, 1975, MIKUS, 1978). Dem kann aber auch entgegengehalten werden, daß solche Probleme in anderen Bereichen die wissenschaftliche Neugier und den Erkenntnisfortschritt eher stimuliert haben.

räumlichen Verhaltens unterschiedlicher Nutzergruppen zu berücksichtigen und schließlich
— die Verfolgung der gesamten Wirkungskette im Sinne von Abb. 1 unter besonderer Betonung damit zusammenhängender räumlicher Aspekte [23].

Die vorliegende Arbeit stellt sich zum Ziel, diese Fragestellungen am Beispiel raumprägender, stark ressourcenbeanspruchender und im Untersuchungszeitraum 1945 — 1975 kräftig expandierender Industriebetriebe zu analysieren.

1.1.5. Methodenauswahl und Stellung der vorliegenden Arbeit

Es ist in den vorgehenden Abschnitten deutlich geworden, welche Aspektvielfalt die hier im Mittelpunkt stehende Problematik auszeichnet.

In Abb. 2 ist der Versuch unternommen worden, einige der für die vorliegende Arbeit wichtigeren Einflußgrößen übersichtlich zusammenzustellen und gleichzeitig zwischen zentralen und peripheren Untersuchungsgegenständen zu unterscheiden. Bei letzteren deutet die Auswahl einiger Bestimmungsgründe raumwirksamen Handelns den allgemeinen Rahmen an, auf der anderen Seite stehen die innerhalb dieses Raumes agierenden Interessengruppen, die sich bei ressourcenbezogenen Auseinandersetzungen für kürzere oder längere Zeit, freiwillig oder aus dienstlichen Erfordernissen heraus, mit oder ohne echte Interaktionen zu gemeinsamem Handeln zusammenfinden können.

Diese Interessengruppen sind in der Regel die „Konfliktgegner" im Sinne des hier benutzten Konfliktbegriffs (vgl. S. 46). Die Pfeile des Diagramms sollen verdeutlichen, daß zwischen allen dargestellten Größen ein Beziehungsgefüge vorliegt, in dem gegenseitige Einfluß- oder Austauschprozesse, etwa bezüglich von Informationen und politischem, sozialem oder wirtschaftlichem Druck, nahezu jederzeit und in jeder Richtung möglich sind. Jede Analyse dieses Gefüge kann nur selektiv sein, jedoch ist, wie auch zuvor ausgeführt, die Grundidee der vorliegenden Arbeit, die Selektion nicht fachspezifisch, sondern vom Problem ausgehend sachübergreifend vorzunehmen. Daraus ergibt sich zwangsläufig eine ungewöhnliche Heterogenität der zu verwendenden Untersuchungsansätze oder Methodenkombinationen. Sie müssen den jeweils aktuellen Sachbereichen und Fragestellungen angepaßt sein und sind in der Regel dem klassischen Instrumentarium vor allem der jeweils angesprochenen geographischen Teildisziplinen entnommen, sei es nun der Industrie-, Stadt- oder Forstgeographie. Verschiedene Aspekte machen es zudem erforderlich, mit diesen und anderen Methoden Daten aus zunächst „geographiefern" erscheinenden Bereichen zu

---

[23] Selbstverständlich ist mit diesem umfassenderen Ansatz keine „Vollständigkeit" der Wirklichkeitserfassung angestrebt. Er erlaubt nach Ansicht des Verf. lediglich ein der Problematik besser angepaßtes Freilegen relevanter Realitätsbereiche und -beziehungen.

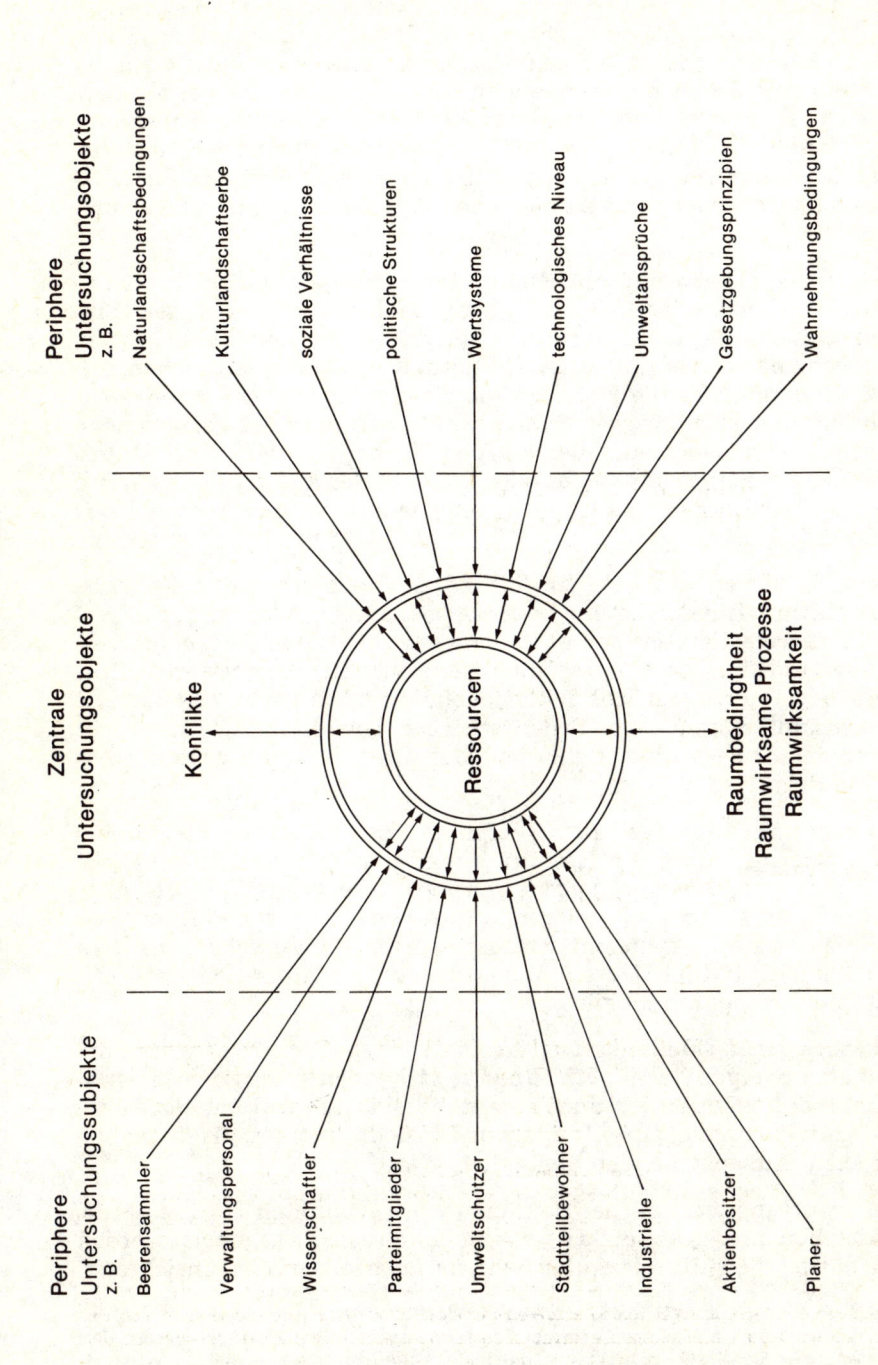

Periphere Untersuchungsobjekte z. B.

- Naturlandschaftsbedingungen
- Kulturlandschaftserbe
- soziale Verhältnisse
- politische Strukturen
- Wertsysteme
- technologisches Niveau
- Umweltansprüche
- Gesetzgebungsprinzipien
- Wahrnehmungsbedingungen

Zentrale Untersuchungsobjekte

Konflikte — Ressourcen — Raumbedingtheit / Raumwirksame Prozesse / Raumwirksamkeit

Periphere Untersuchungssubjekte z. B.

- Beerensammler
- Verwaltungspersonal
- Wissenschaftler
- Parteimitglieder
- Umweltschützer
- Stadtteilbewohner
- Industrielle
- Aktienbesitzer
- Planer

„Interessengruppen"   „Rahmenbedingungen"

Abb. 2: Ressourcenverknappung und Konflikt: Beziehungen und wichtige Einflußgrößen

erfassen, aufzubereiten und darzustellen, etwa bezüglich technologischer oder administrativer Sachverhalte. Solange ein derartiger Rückgriff zur Erklärung spezifisch räumlicher Aspekte verwendet wird, ist die in einem solchen Zusammenhang immer aktuelle Frage, ob denn das noch Geographie sei, gegenstandslos. Wo in solchen Fällen der Schnitt bei der Verfolgung erkennbarer Zusammenhänge auch in andere Bereiche hinein zu machen ist, bleibt immer eine Zweckmäßigkeitsfrage und wird sicher von verschiedenen Personen verschieden gehandhabt.

Wie es die Regel bei geographischen Untersuchungen ist, basiert die folgende Darstellung auf der Auswertung von Literatur im weitesten Sinne (einschl. sog. ‚graue' Literatur) und Statistiken, auf Geländebeobachtungen und -kartierungen, Luftbildern, Karten und Gesprächen. Damit zusammenhängende Probleme sind bekannt und brauchen nicht diskutiert zu werden. Wesentliche Schlußfolgerungen der vorliegenden Arbeit beruhen jedoch auf Quellentypen, die bei vergleichbaren Untersuchungen normalerweise nicht oder kaum in der hier aktuellen Weise zugänglich sein dürften. Es ist deswegen angebracht, ihre Aussagekraft zu charakterisieren.

Anders als in nahezu allen vergleichbaren Industriestaaten der Erde (vielleicht mit Ausnahme der USA seit dem Inkrafttreten des ,,Freedom of Information Act'') ist es in Schweden eine über 200jährige Verwaltungstradition, dem betroffenen oder auch nur interessierten Bürger einen weitgehenden Einblick in jeden Verwaltungsvorgang und alle damit zusammenhängenden Schriftstücke zu gewähren.[24] Dies ist nicht etwa in das Ermessen der Behörden oder ihrer Vertreter gestellt, sondern ein Recht des Bürgers.

Auch kann man zu festgelegten Gebührensätzen Ablichtungen in beliebigem Umfang anfordern. Hierdurch war es z. B. möglich, *sämtliche Unterlagen von Genehmigungsverfahren* — die ja als Versuch eines Ausgleichs zwischen konkurrierenden oder konfligierenden Interessen zu betrachten sind — systematisch auszuwerten, ein Vorgehen, das etwa in der Bundesrepublik Deutschland noch heute auf große Schwierigkeiten stößt oder sogar unmöglich ist.

Der zweite große Quellenbereich für die vorliegende Arbeit waren die *Originalunterlagen der im Mittelpunkt stehenden Industrien*. Sowohl an Archivdokumenten wie auch an aktuellen Daten wurden hier Materialien zur Verfügung gestellt oder zur Einsicht geöffnet, die in der Regel keinem Außenstehenden zugänglich sind.

Die Auswertung schriftlicher Dokumente des genannten Typs ist naturgemäß schon deswegen selektiv, weil nicht davon ausgegangen werden kann, daß alle jeweils relevanten Schriftstücke am Ort der Einsichtnah-

---

[24] Einschränkungen dieses Prinzips erfolgen nur dort, wo vitale Interessen etwa von Privatpersonen und Unternehmen oder aber der Landesverteidigung berührt werden. Die Auslegung ist jedoch sehr restriktiv, so daß nahezu alle Unterlagen zugänglich sind (vgl. hierzu im einzelnen Tryckfrihetsförordningen, SFS 1949: 105 und WENNERGREN 1976, S. 10 - 11).

me vorliegen. Aus quellenkritischer Sicht schwerwiegender ist aber, daß die schriftlichen Unterlagen naturgemäß nur Teilbereiche jeweils aktueller Sachverhalte wiedergeben. Zwar dürfte man in der Regel davon ausgehen können, daß Originalschriftstücke der genannten Art nicht in irgendeiner Weise ‚geschönt' sind. Die Hintergründe einer Entscheidung aber, später verworfene Vorüberlegungen, der tatsächliche Ablauf der Entscheidungsprozesse oder die wahren Entscheidungsmotivationen *können, müssen* jedoch nicht aus den schriftlichen Unterlagen ersichtlich sein, zumal heute ein großer Teil der Entscheidungsvorbereitungen telefonisch geschieht. Auf dem gleichen Weg oder in direktem persönlichen Kontakt dürften in der Regel auch alle etwaigen Versuche einer externen Einflußnahme geschehen. Derartige Vorgänge sind natürlich nicht immer eindeutig zu rekonstruieren. Das aus schriftlichen Unterlagen gewonnene Bild wurde deshalb soweit möglich durch ausführliche Gespräche mit den Beteiligten oder Betroffenen kontrolliert und vervollständigt. Entsprechende Schlußfolgerungen sind mit Rücksicht auf Unwägbarkeiten und Erkenntnislücken der genannten Art formuliert.

Schließlich sei eine Problematik angesprochen, die aus *rein sachbezogener Sicht unerheblich*[25]*, aus der Sicht der methodologischen Diskussion über Aufgaben und Organisationsplan der Geographie aber ohne Zweifel reizvoll ist*, nämlich *die Frage nach der Stellung der vorliegenden Arbeit* innerhalb des Faches.

Es ist einleitend betont worden, daß die vorliegende Arbeit aus einem industriegeographischen Ansatz heraus entstanden ist (vgl. auch Vorwort). Die bisherigen Erläuterungen — und noch mehr die folgenden zwei Hauptabschnitte — könnten diesen Ansatz aber über weite Strecken hinweg vergessen machen, so sehr wird völlig anderen als im klassischen Sinne industriegeographischen Fragestellungen und Hintergründen nachgegangen. Gleichzeitig ist die Wahrscheinlichkeit dafür hoch, daß der Techniker oder Forstmann — und noch mehr die Vertreter anderer jeweils angesprochener Disziplinen — seinen Spezialbereich ungenügend angeleuchtet findet. An dieser Stelle ist daher der Hinweis auf die in jüngerer Zeit vor allem von WEICHHART (1975) herausgestellte Unterscheidung von ,,Realobjekt" und ,,Erkenntnisobjekt" einer wissenschaftlichen Disziplin von Bedeutung: Die genannten realen Sachbereiche dieser Arbeit, wie etwa die Industrien, sind nicht die Untersuchungsgegenstände an sich, sondern an ihnen werden für die Erhellung des Erkenntnisobjektes — nämlich die Raumwirksamkeit spezifischer Verknappungssituationen — geeignete Sachverhalte demonstriert.

In der Vielzahl angesprochener Bereiche liegt *kein Anspruch auf eine* ,,*ganzheitliche" Betrachtungsweise* im Sinne der klassischen Landschaftsforschung (vgl. hierzu vor allem die Arbeiten von SCHMITHÜSEN, 1964, 1974, u. a.), wohl aber das *Bemühen um die Integration unterschiedlicher Aspekte im Umfeld eines wichtigen Problems an der Naht-*

---

[25] Mit dieser etwas kategorisch klingenden Aussage soll lediglich angedeutet werden, daß vom Verf. eine wissenschaftliche Problematik als solche für wesentlicher gehalten wird als die Frage ihrer Einordnung gemäß dem augenblicklich vorherrschenden Selbstverständnis einer Disziplin.

stelle zwischen Gesellschaft und natürlicher Umwelt. Diese erste Standortbestimmung ist jedoch noch nicht ausreichend.

Die Beziehungen und Abhängigkeiten nämlich zwischen diesen beiden letztgenannten Bereichen sind immer schon als wichtige Forschungsgegenstände der Geographie aufgefaßt worden, wenn auch aus sehr verschiedenen Ansätzen heraus (etwa Determinismus, Landschaftskonzept u. a.). Eine Intensivierung dieser Forschungsrichtung wurde jedoch ganz offensichtlich durch die sich in den ausgehenden 60er Jahren abzeichnende Umweltproblematik im Sinne der Umweltbelastung bewirkt. Neben die von TROLL schon in den 30er Jahren begründete Landschaftsökologie, um deren zeitgemäße Fortführung und Ausbau sich in jüngster Zeit vor allem LESER (1978) bemüht hat, trat mit wesentlich spezielleren Zielsetzungen im Bereich „Bioindikation/Raumbewertung" die Biogeographie der Saarbrücker Schule (vgl. etwa MÜLLER, 1977a, 1977b, 1980). Während diese beiden zuletzt genannten Forschungseinrichtungen sich aber nicht nur terminologisch, sondern in vielem auch methodisch auf die klassische Ökologie der reinen Biowissenschaften berufen, ist das Ökologiekonzept vielfach auch dort übernommen worden, wo biologische Sachverhalte nur eine untergeordnete oder überhaupt keine Rolle spielen.

Hier wird „ökologischer Ansatz" oft gleichbedeutend mit „systemtheoretischer Vorgehens-" oder „funktional-physiologischer Betrachtungsweise" verwendet.[26] Dies ist natürlich insbesondere dort fragwürdig, wo ungenaue Ausdrucksweise oder sogar kalkulierte Anleihebemühungen bei einer als progressiv betrachteten Forschungsrichtung der wahre Grund sind.

Sehr deutlich hebt sich hiervon der Versuch WEICHHART's (1975) ab, eine „Ökogeographie" wissenschaftstheoretisch zu begründen und gleichzeitig eine der wesentlichen Dichotomien der Geographie zu überwinden, nämlich die Trennung zwischen Physio- und Anthropogeographie. Indem er die zwischen Mensch und Umwelt bestehenden Systembeziehungen als den wesentlichen Erkenntnisbereich auffaßt (vgl. dazu zur gleichen Zeit HÄGERSTRAND, 1976), nimmt er bewußt auch solche nichtbiologischen Aspekte und Wirkungszusammenhänge in seinen Ansatz hinein, die von den im engeren Sinne ökologisch arbeitenden Forschungsrichtungen ebenso bewußt ausgeschlossen werden. Damit setzt WEICHHART seinen Ansatz auf die Nahtstelle zwischen der traditionellen Physio- und Anthropogeographie (vgl. auch seine Abb. 8, a.a.O., S. 104), eine Konzeption, die auch die ausführliche Begründung eines modifizierten Organisationsplans der Geographie von LESER (1980) entscheidend prägt.[27]

---

[26] Vgl. die kritischen Anmerkungen etwa von MÜLLER, 1974, S. 80, LESER, 1980, S. 14 und 51.

[27] „Die geistige Dimension der Mensch-Umwelt-Beziehungen wird vor allem im Bereich jener Entscheidungsprozesse wirksam, welche die Auseinandersetzung menschlicher Gruppen mit ihrer konkreten physischen Umwelt steuern" (a.a.O., S. 92) und weiter: „Für die Untersuchung und Erklärung konkreter regionaler Gesellschafts-Umwelt-Systeme müssen aber jene Hauptleitmotive gesucht und aufgezeigt werden, die für die empirisch erkennbare Inwertsetzung der physischen Umwelt verantwortlich sind" (a.a.O., S. 94).

An konkreten Beispielen sind die methodologischen Ausführungen dieser beiden exponiertesten Vertreter einer Arbeitsrichtung „Ökogeographie" nicht besonders reichhaltig, so daß nicht immer klar ist, wie die Postulate im einzelnen aufzufassen sind. Aus den verschiedensten Textstellen geht aber hervor, daß der Ansatz auch solche Fragestellungen beinhaltet, die im Mittelpunkt der vorliegenden Arbeit stehen, so z. B. die Stoffwechselproblematik industrieller Systeme oder die „limitierende und lenkende Kraft des Flächendargebots" (WEICHHART, 1975, S. 121, vgl. dazu auch LESER, 1980, S. 76).

Vor diesem Hintergrund erheben sich die Fragen, ob die vorliegende Arbeit im Sinne der Überlegungen WEICHHART's einer im Entstehen begriffenen Arbeitsrichtung „Ökogeographie" zugeordnet werden könnte und, wenn ja, ob dies zweckmäßig ist.[28]

Die erste Frage kann für wichtige Teilbereiche mit Sicherheit bejaht werden, da der Erkenntnisbereich identisch ist: Im Mittelpunkt der vorliegenden Arbeit stehen weder ökologische, technologische oder forstliche Fragestellungen als solche — auch wenn ihre Aufbereitung einen großen Teil der Arbeit einnimmt —, sondern die Wirkungsgefüge, die die Auseinandersetzung des Menschen mit solchen Sachbereichen prägen oder sich in ihrem Verlauf bilden. Dennoch wird ein wichtiger Unterschied deutlich. Die Raumwirksamkeit dieser Wirkungsgefüge wird offensichtlich von WEICHHART und auch LESER in erster Linie bezüglich der *physiogeographischen Umwelt* und den sie konstituierenden Geofaktoren beurteilt[29]. Die Aspektgewichtung der vorliegenden Arbeit dagegen liegt im anthropogeographischen Bereich, oder genauer: im Bereich industriell ausgelöster Impulse und deren Raumwirksamkeit. Nach Ansicht des Verf. ist es damit zweckmäßig, die Arbeit in erster Linie der *Industriegeographie* zuzuordnen, auch wenn Ansatz und Beweisführung teilweise stark von der traditionellen industriegeographischen Forschung abweichen.

---

[28] Ungeachtet der Frage, ob der Terminus „Ökogeographie" Bestand haben wird, dürfte heute schon feststehen, daß die *Thematisierung des hier im Mittelpunkt stehenden Erkenntnisbereichs* innerhalb des Faches eine immer breitere *Zustimmung* findet (vgl. auch die zahlreichen Hinweise LESER's auf jüngeres Schrifttum, in dem mehr oder weniger explizit in diesem Sinn gearbeitet wird), nicht zuletzt auch bei Vertretern der im engeren Sinne ökologisch arbeitenden Richtungen. Ein deutliches Zeichen hierfür sind auch die Kontakte zwischen Geographen, Ökologen und Psychologen, deren Ziel es u. a. ist, die Klammer zwischen dem natur- und verhaltenswissenschaftlichen Bereich zu verstärken, vgl. ECKENSBERGER u. BURGARD, 1976, und dort vor allem die Diskussionsbemerkungen von MÜLLER, S. 50, 55 und MÜLLER und ECKENSBERGER, S. 62/63.

[29] „Eine zentrale Stellung innerhalb der auf Strukturen und Systemzusammenhänge ausgerichteten Komplexen Geographie nimmt die *Ökogeographie* ein. Zentral insofern, als in ihr sowohl abiotische und biotische als auch geistbestimmte Geofaktoren auf ihren Systemzusammenhang untersucht werden. *Ihre physiogeographische Gewichtung bleibt jedoch ... im Vordergrund*" (LESER, 1980, S. 76, letzte Hervorhebung nicht im Original).

1.1.6. Zum Inhalt zentraler Begriffe

Im Mittelpunkt der Arbeit stehen die *Nutzung natürlicher Ressourcen*, daraus resultierende *Verknappungssituationen*, die durch sie ausgelösten *Konflikte* und schließlich ihre *Raumwirksamkeit*.

1.1.6.1. Natürliche Ressourcen

Dem im angelsächsischen Sprachraum seit langem verwendeten Begriff „natural resources" hat im Deutschen zunächst kein einheitlicher Terminus entsprochen. „Naturschätze", „natürliche Reichtümer" und — vor allem Ende der 60er Jahre — „natürliche Hilfsquellen" waren die meistgebrauchten Ausdrücke (vgl. hierzu etwa die entsprechenden Jahrgänge der Zeitschrift „Natur und Landschaft"). Seit Anfang der 70er Jahre wurde jedoch die direkte Übertragung „natürliche Ressourcen" immer häufiger verwendet und kann heute als endgültig etabliert angesehen werden.

Im Alltagsgebrauch werden unter „Ressourcen" normalerweise konkrete Substanzen (etwa Rohstoffe) und Hilfsmittel, seltener Personen oder Eigenschaften, verstanden, die zur Erreichung bestimmter — meist wirtschaftlicher — Ziele notwendig sind. Eine klassische Einteilung in verschiedene Kategorien ist die in *erneuerbare* und *nicht erneuerbare* Ressourcen. Fragt man hier nach, unter welchen Umständen eine Ressource als „erneuerbar" gelten kann, so wird offensichtlich, daß die Eigenschaft der Erneuerbarkeit in der Regel nicht (oder nur in Ausnahmefällen) von der Substanz an sich abhängt. Wichtiger noch können bestimmte gesellschaftliche oder technologische Rahmenbedingungen sein.

W.H. ZIMMERMANN (1951) hat in einer heute klassischen Arbeit damit zusammenhängende Fragen untersucht und mit gewichtigen Argumenten einen zweckmäßigeren Ressourcenbegriff entwickelt. Danach ist eine gegebene Substanz allein zunächst nur eine potentielle Ressource. Eine Ressource im eigentlichen Sinne wird sie erst von dem Augenblick an, zu dem ihre Inwertsetzung unter spezifischen Rahmenbedingungen beginnt und sie somit eine Funktion erfüllt.[30] Schlagwortartig faßt ZIMMERMANN (1951, S. 15) diese Auffassung in dem Satz zusammen: „Resources are not, they become".

Dies gilt auch für natürliche Ressourcen. Unter ihnen seien alle von der natürlichen Umwelt bereitgestellten Naturgüter (z. B. Luft, Wasser, Grundnahrungsmittel) verstanden, derer der Mensch zur Aufrechterhaltung seiner vitalen Funktionen bedarf oder auch zur Befriedigung darüberhinausgehender Bedürfnisse benutzt (v. a. übrige Rohstoffe der verschiedensten Arten, aber etwa auch ‚scenery' u.a.m.).

---

[30] „The word ‚resource' does not refer to a thing or to a substance but to a function which a thing or a substance may perform or to an operation in which it may take part" (ZIMMERMANN, 1951, S. 7).

Setzt man ein arterhaltendes Dargebot an Luft, Wasser und Nahrung voraus, so ist festzustellen, daß der Wert aller sonstigen genannten Ressourcen nicht konstant ist, sondern von den jeweils aktuellen Bedürfnissen und Wertungen der betroffenen Gesellschaft ebenso abhängt wie vom jeweils erreichten technologischen Niveau und Organisationsgrad.

Berücksichtigt man, welche Vielfalt unterschiedlicher räumlicher, gesellschaftlicher, politischer und technischer Rahmenbedingungen möglich ist, so wird verständlich, welche Bewertungs- und auch Inwertsetzungsunterschiede für ein und dieselbe Ressource zu verschiedenen Zeiten und an verschiedenen Orten möglich sind.

In der vorliegenden Arbeit wird der Begriffsinhalt des Terminus ,,Ressource" in Anlehnung an die Auffassung ZIMMERMANN's in dem geschilderten funktionalen und dynamischen Sinne verstanden: *Natürliche Ressourcen sind demnach Naturgüter von je nach Rahmenbedingungen unterschiedlichem Wert.*

In einem entsprechenden Sinne müssen vor diesem Hintergrund auch Wortprägungen wie ,,Ressourcenverknappung" oder ,,-überfluß" gesehen werden. Veränderte Ansprüche, neue Technologien oder Wertungen können allmählich oder auch plötzlich Überfluß in Verknappung oder Verknappung in Überfluß verwandeln.

1.1.6.2. Verknappung

Die Verknappung einer Ressource entsteht in der Regel durch den direkten *Verbrauch* oder aber durch eine wie immer geartete *Einschränkung ihrer allgemeinen Verfügbarkeit*. Letzteres liegt im Sinne der vorliegenden Arbeit auch bei einer *Qualitätsminderung* von natürlichen Ressourcen vor. ,,Qualität" sei dabei immer aus der Sicht spezifischer Nutzer oder Verbraucher definiert. Es ist also gleichgültig, ob sich die Qualität einer Ressource durch einen im naturwissenschaftlichen Sinne meßbaren Belastungsfaktor ändert oder lediglich Bewertungsunterschiede aus der Sicht betroffener Nutzer vorliegen.

Durch Qualitätsminderung verursachte Verknappungssituationen können demnach etwa gegeben sein, wenn Luft oder Wasser durch industrielle Emissionen beeinträchtigt werden oder auch der Zustand eines Waldgebietes durch Chemikalieneinsatz oder Kahlhiebe verändert wird. Im ersten Fall werden die Ressourcen ,,saubere Luft" und ,,reines Wasser", im zweiten die Ressourcen ,,natürlicher Wald" und ,,erholungsfördernde Umgebung" knapper.

1.1.6.3. Konflikt

Eine wie immer geartete Verknappung von Ressourcen führt häufig zu sozialen Auseinandersetzungen, ,,Verteilungskämpfen", die in der vorliegenden Arbeit als ,,Konflikte" bezeichnet werden. Da dieser Begriff in den Sozialwissenschaften eine wichtige Rolle spielt, muß er hier ausführlicher behandelt und im Hinblick auf die speziellen Ziele dieser Arbeit genauer umrissen werden.

Im Mittelpunkt des sozialwissenschaftlichen Interesses stehen die durch eine *Verknappung ausgelösten sozialen Konflikte*. Sie entstehen — wie schon erwähnt — aus der Unverträglichkeit der Auffassungen verschiedener Gesellschaftsmitglieder über eine zweckmäßige Erzeugung, Verteilung oder Bewertung knapper Güter. Es handelt sich dabei in der soziologischen Terminologie (vgl. etwa GIESEN, 1975) entweder um *Verteilungskonflikte* im engeren Sinne (z. B. bei dinglichen Ressourcen oder Produktionsgütern) oder auch um *kulturelle Konflikte*, falls nicht Güter als solche, sondern mehr ihre Bewertung oder Inwertsetzung umstritten sind.

Bedeutung und Alltäglichkeit derartiger sozialer Konflikte sind offensichtlich, wobei es hier zunächst gleichgültig ist, ob diese *negativ* als dysfunktionale Unfälle in einem ansonsten gut funktionierenden Sozialgefüge oder *positiv* als entscheidende Motoren eines wie immer beurteilten sozialen Wandels betrachtet werden (vgl. hierzu etwa COSER, 1968).

Vor diesem Hintergrund ist es verständlich, daß innerhalb der Sozialwissenschaften zahlreiche Deskriptionsschemata und Theorien entwickelt worden sind, um Erscheinungsformen, Ursachen, Folgen und Funktionen sozialer Konflikte zu erfassen.

Aus Gründen, die hier nicht aufgeführt zu werden brauchen — sie sind im einzelnen der speziellen soziologischen Literatur zu entnehmen — ist aber bis heute noch keine ,,einheitliche Soziologie des Konflikts" (KRYSMANSKI, 1972, S. 7) entstanden. Auch in der Psychologie gibt es eine Reihe von sehr unterschiedlichen Ansätzen (vgl. z. B. die kurze Übersicht bei BENESCH, 1981). Es besteht somit in den in dieser Frage spezialisierten Wissenschaften kein allgemein anerkanntes Theoriegebäude, dessen Aufbau auch eine weder soziologisch noch psychologisch orientierte Arbeit wie die vorliegende (in der dennoch der Konfliktbegriff eine wichtige Rolle spielt) zwingend hätte strukturieren können. Vielmehr gilt es zu prüfen, welche Vorstellungen, Begriffe und Ergebnisse der Konfliktforschung den speziellen Untersuchungszielen der vorliegenden Arbeit dienlich sein und somit in ihren Grundansatz übernommen werden könnten. Wichtig ist dabei, von einem Konfliktbegriff ausgehen zu können, der in seinem Umfang einen den Erfordernissen dieser Arbeit angemessenen Kompromiß darstellt und gleichzeitig den Zugang zu den hier besonders interessierenden räumlichen Aspekten erlaubt. [31]

---

[31] So können solche Konfliktdefinitionen von vornherein unberücksichtigt bleiben, in denen etwa intrapersonale, internationale oder ethnologische Konflikte im Vordergrund stehen oder unter ein gemeinsames — und zwangsläufig umfassendes — begriffliches Dach gebracht werden.

Eine der einfachsten, in ihrem Aussagewert aber bestechenden Definitionen ist die von BOULDING (1962, S. 5). Er versteht unter Konflikt: „a situation of competition in which parties are *aware* of the incompatibility of potential future positions and in which each party *wishes* to occupy a position that is incompatible with the wishes of the other".

Aus geographischer Sicht vorteilhaft ist an dieser Definition insbesondere die sprachliche Doppeldeutigkeit des Begriffes „position". Zwar wird er hier offensichtlich rein soziologisch verstanden, jedoch kann man ihm auch den sehr konkreten Inhalt eines „Standortes im Raum" geben, womit sofort ein Begriff wie „Flächennutzungskonkurrenz" oder „-konflikt" oder auch Auseinandersetzungen um örtlich gebundene Ressourcen und örtlich zu fixierende Ansprüche verschiedener Kontrahenten in den Deckungsbereich der Definition fallen. Wie im einzelnen belegt werden wird, handelt es sich bei den im folgenden beschriebenen Konflikten vielfach um konkrete „Positionskämpfe" verschiedener Ressourcennutzer des gleichen Raumes. Mit dem Wort „Positionskampf" ist jedoch gleichzeitig ein wichtiger Aspekt berührt, den die Definition BOULDING's unberücksichtigt läßt: Die Kontrahenten eines Konfliktes *wünschen* nicht nur, unverträgliche Positionen einzunehmen, sondern sie *handeln* auch entsprechend. Und gerade in diesem Bereich konfliktgesteuerter sozialer Interaktion liegt eine Reihe aufschlußreicher Aspekte, die nicht nur zur besseren Konfliktcharakterisierung geeignet sind, sondern auch das Verständnis für spezifisch geographische Sachverhalte erhöhen können, etwa die Raumabhängigkeit verschiedener Handlungsaktivitäten oder ihre jeweils spezifischen räumlichen Folgen.

Mit Rücksicht auf die so angesprochenen geographischen Ansprüche an eine auch im engeren sozialwissenschaftlichen Sinne akzeptable Konfliktdefinition erscheinen deswegen die schon von MACK u. SNYDER (1957) formulierten *konstitutiven Merkmale sozialer Konflikte* als eine gute Grundlage.[32]

In enger Anlehnung an diese Kriterien wird in der vorliegenden Arbeit von „Konflikt" gesprochen (auch bei Wortverbindungen wie etwa „Nutzungskonflikt"), wenn die folgenden Merkmale gegeben sind:

---

[32] — mindestens zwei Parteien, die ein Minimum an Kontakt und gegenseitiger „Sichtbarkeit" besitzen;
— sich gegenseitig ausschließende und/oder schwer miteinander vereinbare „Werte", die entweder auf der Knappheit von Ressourcen oder den unterschiedlichen Auffassungen über deren Inwertsetzung beruhen und von den Kontrahenten klar erkannt werden;
— Verhaltensweisen, die darauf ausgerichtet sind, die andere Seite zu kontrollieren oder zu beeinflussen und dazu in einer sozialen Beziehung aufzutreten, in die die Parteien nur auf Kosten der anderen relative Gewinne erzielen können. Zu diesem Zweck versuchen die Kontrahenten in der Regel, sich Machtpositionen (d. h. Kontrolle über knappe Ressourcen und Positionen) zu verschaffen bzw. Macht auszuüben, um das Verhalten des Kontrahenten in gewünschte Richtungen lenken zu können; daraus resultieren schließlich
— gegensätzliche Aktionen und Gegenaktionen.

- eine räumliche Überlagerung unterschiedlicher Funktionen oder Ansprüche;
- die Überlagerung wird von den Betroffenen erkannt und als unverträglich beurteilt, wodurch diese zu Kontrahenten mit gegensätzlichen Positionen und Zielen werden;
- jeder Kontrahent versucht, durch zielgerichtete Aktionen und Gegenaktionen eine solche Macht aufzubauen, daß er in der Lage ist, das Verhalten des Gegners in einer gewünschten Richtung zu beeinflussen oder ganz zu kontrollieren, um so die allein für richtig gehaltene Nutzung durchzusetzen.

Aus der Sicht der Kulturgeographie erscheint die so vorgenommene Präzisierung angemessen, weil die *räumliche* Voraussetzung der Nutzungsüberlagerung, die *psychologische* Notwendigkeit von Wahrnehmung und Bewertung (unabhängig von den tatsächlich gegebenen Verhältnissen) und die *soziale* Wirklichkeit der Interaktion miteinander verknüpft sind.

Trotz der hierdurch gegebenen Verzahnung unterschiedlicher Perspektiven geht mit der Wahl dieses Konfliktbegriffs natürlich auch eine „Abwahl" anderer Alternativen einher. So ist mit dem zweiten Punkt etwa ein Aspekt angesprochen, der aus dem Blickwinkel der Psychologie vielfach mit „Werturteilen" einhergehen muß, da gruppenspezifische Werte tangiert oder beeinträchtigt werden („Wertkonflikte", vgl. hierzu DEUTSCH, 1976, S. 23). Es wäre vor diesem Hintergrund auch möglich gewesen, in den diese Arbeit steuernden Konfliktbegriff sehr viel stärker solche Sachverhalte und Fragestellungen einfließen zu lassen, die in den psychologischen Konflikttheorien herausgearbeitet worden sind.[33]

Damit wäre der Komplex möglicher Konfliktlösungs*vorstellungen* und Konfliktlösungs*strategien* stärker in den Vordergrund getreten, die etwa in der psychologischen Forschung zum „Moralischen Urteil" sehr differenziert diskutiert werden (vgl. hierzu ECKENSBERGER u. REINSHAGEN, 1980, DEUTSCH, 1976). Zwar werden im folgenden immer wieder Aspekte herausgearbeitet, die in einem solchen Rahmen von Bedeutung sind, also Fragen der Wahrnehmung, der kooperativen Konfliktlösung oder der eskalierenden Wirkung destruktiver Strategien. Dennoch richtet sich das Hauptinteresse der Arbeit auf Konflikte, bei denen Handlungen der Kontrahenten zur gegenseitigen Kontrolle ein wichtiges Merkmal sind, weil gerade sie für umweltbezogene Auseinandersetzungen im Untersuchungszeitraum eine besondere Rolle spielen.

Konflikte im oben präzisierten Sinne können natürlich sehr unterschiedlich ausgeprägt sein und auf den verschiedensten Ebenen ausge-

---

[33] Wertvolle Hinweise verdanke ich hier L.H. ECKENSBERGER, der sich aus dieser Perspektive mit der ungekürzten Fassung der vorliegenden Arbeit sehr intensiv auseinandergesetzt hat. Seiner Anregung, rein theoretisch müsse eigentlich für das „Phänomen Konflikt" ein ähnlich feines Analyseraster entwickelt werden, wie es etwa im Hinblick auf die technischen Prozeßabläufe in den Werken geschehen ist, kann ich zwar beipflichten, jedoch wäre eine solche Durchdringung der Problematik nur in enger Zusammenarbeit mit einem Psychologen zu leisten.

fochten werden. Nicht immer handelt es sich um spektakuläre Auseinandersetzungen etwa zwischen einer militanten Bürgerinitiative und einer Stadtverwaltung. Ebenso gehören institutionalisierte „Machtkämpfe" zwischen einer Industrie und der zuständigen Aufsichtsbehörde dazu, sofern gegensätzliche Positionen bezogen und verteidigt werden und die übrigen genannten Merkmale gegeben sind. Die Rolle von Behörden oder Institutionen kann dabei je nach ihrer Aufgabe oder dem (richtig oder falsch verstandenen) Engagement ihrer Vertreter sowohl die des *ausgleichenden unparteiischen Dritten* als auch die des *direkten Konfliktgegners* oder *-verursachers* sein.

Ohne in den genannten Merkmalsbereichen immer explizit angesprochen zu sein, lassen sich in ihnen eine Reihe wichtiger, teils miteinander zusammenhängender konfliktbezogener Kategorien erkennen. Sie werden in der vorliegenden Arbeit wie folgt gebraucht:

— *Konfliktgegner* (oder Kontrahenten, Konfliktträger): Individuen, Gruppen verschiedener Integrationsstärke, Organisationen und Institutionen, die durch die oben genannten Unverträglichkeiten gekennzeichnet sind.

— *Konfliktursache/-gegenstand:* Umstritten sein können z. B. „Sachen" (etwa eine natürliche Ressource), „Methoden" (etwa der „Kahlschlagbetrieb") oder „Werte" bzw. „Inwertsetzungen" (Nutzung eines glazialen Formenkomplexes als wissenschaftliches Demonstrationsobjekt oder als Kiesgrube).

— *Konfliktbereich:* Sachliche Bereiche unterschiedlicher Größenordnung, in denen Konflikte ganz unterschiedlicher Art vorkommen können. Die hier verwendete Einteilung folgt pragmatischen Erfordernissen und ist entweder ressourcenbezogen („Luft", „Wasser") oder problembezogen („Abfallbeseitigung").

— *Konfliktziel:* Das Erkennen unverträglicher Auffassungen führt zwangsläufig dazu, daß jeder Konfliktgegner sich über die Diskrepanz zwischen tatsächlicher und eigentlich gewünschter Situation klar wird. Vor diesem Hintergrund werden — mehr oder weniger bewußt oder explizit — Konfliktziele formuliert, die es durchzusetzen gilt. Sie können in ihrem Anspruch alle Zwischenstufen zwischen dem jeweils gewünschten Idealzustand oder einer gerade noch als durchsetzbar angesehenen Minimalforderung einnehmen. Je nach der Entwicklung der Auseinandersetzungen können sich die Konfliktziele im Laufe der Zeit stark ändern.

— *Konfliktformen:* Ausgehend von dem Konfliktziel und unter Berücksichtigung u. a. der Stärke, „Leidensfähigkeit" (HOLM, 1970, S. 88) und Ziele des Gegners werden für angemessen erachtete Formen der Konfliktaustragung gewählt (Leserbriefe, Beschwerden bei Behörden, gerichtliche Klage, Demonstration, Mobilisierung der Massenmedien u.a.m.). Schon die genannten Beispiele zeigen, daß die Konfliktformen — *formal* lediglich eine *Art* der Konfliktaustragung — *funktional* auch als unterschiedliche *Intensitätsstufen* der Entfaltung von Machtmitteln anzusehen sind, mit deren Hilfe der Gegner zur Aufgabe gehaltener und Einnahme neuer Positionen gezwungen werden soll. Die Anwendung der zur Verfügung stehenden Machtmittel ist nicht immer offen, noch müssen diese konkret sein (etwa Geld). Es kann auch das ganze Instrumentarium verborgener oder subtiler Einflußnahme mit wirtschaftlichen, politischen, sozialen und psychologischen Mitteln angewendet werden. Zu diesem nur schwer zu erfassenden Bereich gehört auch der bewußte „non-decision making" einflußreicher Entscheidungsträger im Sinne von CRENSON (1971).

— *Konfliktraum:* Die im folgenden beschriebenen Konflikte sind an raumbeanspruchende Ressourcen gebunden, laufen in räumlich fixierten Prozessen ab und bewirken räumliche Folgen teils sichtbarer, teils unsichtbarer Art. Der in dieser Weise benutzte und beeinflußte Raum sei als Konfliktraum bezeichnet.

— *Konfliktregelung:* Die unterschiedlichen Formen der Konfliktaustragung bewirken normalerweise eine wie auch immer geartete Entwicklung, jedoch dürfte es auch Fälle geben, bei denen am Ende der Auseinandersetzung die Ausgangslage unverändert bestehen bleibt. In beiden Fällen erscheint der gängige Ausdruck „Konfliktlösung" als Überbegriff unangebracht, weil er zu stark in positivem Sinne wertbesetzt ist. Besser erscheint hier der Terminus „Konfliktregelung": darunter seien jeweils die Möglichkeiten der Spanne zwischen negativen und positiven „Lösungen" verstanden, und zwar sowohl aus der Sicht der Konfliktgegner, als auch aus übergeordneten Gesichtspunkten heraus (etwa aus regionaler oder gesamtgesellschaftlicher Sicht). Erst in einer zusätzlichen Wertung ist dann festzustellen, ob und für wen eine Konfliktregelung positiv oder negativ ist.

In der hier verwendeten Definition sowie der anschließenden Zusammenstellung sind die konstitutiven Merkmale eines Konflikts im Grunde beziehungslos nebeneinandergestellt. Ein näherer Blick zeigt jedoch sofort, daß zwischen allen diesen Elementen vielfältige Interdependenzen bestehen müssen, die aufzudecken von großem prinzipiellen Interesse ist.

Der bisher wohl umfassendste Versuch, alle diese Merkmale eines Verteilungskonfliktes in unabhängige, intervenierende und abhängige Variable zu gliedern und in ihrem komplizierten Netz von Abhängigkeiten und Rückkopplungen durchschaubar zu machen, stammt von HOLM (1970, vgl. insbes. die drei zusammenfassenden Flußdiagramme ebendort S. 34, 40/41 und 76/77).

Es kann hier weder das Ziel sein, dieses mit großem Einfühlungsvermögen und formaler Strenge abgeleitete Modell in seinem ganzen Detailreichtum für die vorliegende Arbeit zu nutzen noch an den im engeren Sinne soziologischen Überlegungen Veränderungen anbringen zu wollen. Es könnte jedoch später reizvoll sein zu untersuchen, ob das Grundmuster dieses Modells insbesondere dort um die aus geographischer Sicht wichtigen Aspekte sinnvoll zu erweitern ist, wo die professionelle Neugier des Soziologen naturgemäß nachläßt.

1.1.6.4. Raumwirksamkeit

Auffallend häufig wird in der jüngeren geographischen und überhaupt raumwissenschaftlichen Literatur der Begriff „Raumwirksamkeit" oder, meist synonym, „Raumbedeutsamkeit" und „Raumrelevanz" benutzt.

Es ist hier nicht der Ort, die Rezipierung dieses Begriffes im einzelnen nachzuprüfen, obwohl sich damit sicher auch aufschlußreiche methodologische Überlegungen verbinden ließen. Hier sei nur vermerkt, daß ein entscheidender Anstoß für die stärkere Verwendung der genannten Termini offensichtlich aus der Regionalpolitik und den sie tragenden Disziplinen ausgegangen ist und früh auch in der einschlägigen Gesetzgebung bzw. den sie begleitenden schriftlichen Dokumenten benutzt wurde (vgl. etwa ISENBERG, 1956/57, Presse- und Informationsamt der Bundesregierung 1962, Bundesraumordnungsgesetz 1965). Hieraus ist auch die besonders enge Verknüpfung mit den regionalpolitischen Steuerungsinstrumenten par excellence, nämlich den „raumwirksamen Ausgaben" oder der regionalpolitischen Tätigkeit als solcher, nämlich der „raumwirksamen Staatstätigkeit" zu erklären.[34]

Trotz des vereinzelt formulierten Bedauerns über die Unschärfe dieser Termini (vgl. etwa BECKER u. REUTER, 1975, TIMMER u. TÖPFER, 1975) werden sie heute offensichtlich als so selbstverständlich empfunden, daß man genaue Inhaltsbestimmungen auch in solchen Werken nicht findet, in denen das Begriffsfeld in den verschiedensten Zusammenhängen genannt und immer wieder mit zentralen Aufgaben der Geographie verbunden wird (MAIER et al., 1977, WIRTH, 1979, LESER, 1980).[35]

Einen für die vorliegende Arbeit zweckmäßigen Ansatz erlaubt die von WIRTH (1979, S. 269) vorgenommene Gliederung in „Geographische Kategorien im Sinne von Grundbegriffen mit fachspezifisch-empirischem Gehalt". Es sei deswegen in der vorliegenden Arbeit versucht, die „Raumwirksamkeit" von ressourcenbezogenen Auseinandersetzungen im Hinblick auf die im folgenden genannten Grundbegriffsgruppen anzusprechen:

— räumliche Verbreitungs-, Verknüpfungs- und Beziehungsmuster
— räumliche Felder
— räumliche Dichte/Intensität und
— Raum- und Grenzbildungen

Hinzu treten solche Aspekte wie das Potential und die Physiognomie der behandelten Räume.

Der anzulegende Aspekt kann dabei ein *struktureller* (Gefüge zu einem gegebenen Zeitschnitt) oder ein *prozessualer* (Gefügeveränderungen in einem gegebenen Zeitraum) sein.

---

[34] Der letztgenannte Begriff hat spätestens seit der Arbeit von BOESLER (1969) einen festen Platz in der Geographie, wenn auch vergleichbare Problemfelder schon früher Gegenstand geographischer Forschung gewesen sind (vgl. die bei BOESLER selbst angegebene Literatur).

[35] WIRTH (1979, S. 185/86) macht allerdings eine nützliche Unterscheidung zwischen raumrelevanten, räumlichen und raumwirksamen Prozessen, der auch in der vorliegenden Arbeit gefolgt wird.

1.1.7. Abriß der ressourcenbezogenen Gesetzgebung in Schweden seit 1945

Die meisten der in den folgenden Hauptabschnitten behandelten Problemkreise werden in hohem Maße von der jeweils gültigen Gesetzgebung beeinflußt und sind teilweise sogar nur durch die Herstellung eines Bezugs bis hin zu Detailbestimmungen verständlich. Der folgende Abschnitt soll einen ersten Überblick über die wichtigsten Gesetze sowie einige Prinzipien ihrer Entstehung und Weiterentwicklung vermitteln. Wo es später notwendig erscheint, werden spezielle Aspekte noch vertieft. Die Ausführungen basieren auf den einschlägigen schwedischen Übersichtdarstellungen, Regierungsvorlagen und Gesetzestexten, die allerdings nur dort genannt sind, wo es erforderlich erscheint.[36]

Aus rechtlicher Sicht läßt sich der überwiegende Teil der in der vorliegenden Arbeit behandelten Fragestellungen auf das klassische Problem des *Verfügungsrechts über ein Grundstück* reduzieren; auf die Frage also, welche Rechte und Pflichten ein Eigentümer bei der Nutzung seines Grundstücks hat oder — in der Aspektumkehr — welche von diesem Grundstück ausgehenden Auswirkungen die Umgebung zu ertragen hat und in welchen Fällen dem Eigner Verfügungsbeschränkungen auferlegt werden können, um Schaden für Dritte abzuwenden.

Charakteristisch für die schwedische Gesetzgebung zu Beginn des hier interessierenden Zeitraums, also die Nachkriegszeit, sind zwei Prinzipien: Erstens die Tendenz, dem Grundstückseigner die *größtmögliche Freiheit bei der gewinnbringenden Nutzung* zuzubilligen (und damit gleichzeitig die Interessen der Umgebung relativ gering zu schätzen); zweitens der Grundsatz, nahezu alle *Nachbarschaftsprobleme* mit Ausnahme der schwerwiegendsten Fälle auf *zivilrechtlicher Basis* zu lösen.

Lediglich im Bereich des Wasserrechts — und sehr eingeschränkt auch im Baurecht — galten schon früher andere Prinzipien und teilweise sehr differenzierte Abwägungsgrundsätze (s. u.).

Welcher rechts-, gesellschafts- und wirtschaftspolitische Hintergrund hier im übrigen bestimmend war, geht auch aus den wenigen Spezialgesetzen hervor, die die Rechte eines Grundstückseigentümers einschränkten (so zwang etwa das Waldgesetz von 1948 jeden Waldbesitzer zu einer pfleglichen Nutzung unter Beachtung des Nachhaltigkeitsprinzips). Leitgebend war also immer die Zielvorstellung einer möglichst gewinnbringenden Inwertsetzung vorhandener Ressourcen aus einer engen volks- oder betriebswirtschaftlichen Sicht *ohne Berücksichtigung* der externen Effekte. Im engeren Sinn umweltrechtliche oder -politische Gesichtspunkte waren nur in der damaligen Naturschutzgesetzgebung vertreten, wenn auch auf eine im Vergleich zu heute sehr eingeschränkte Weise.

Im einzelnen waren in der frühen Nachkriegszeit die folgenden Gesetze für die in der vorliegenden Arbeit behandelten Fragestellungen von Bedeutung:

---

[36] Eine gute Einführung in die Problematik vermitteln insbesondere BRINCK et al. (1971), LUNDQVIST (1971), BENGTSSON (1975), Statens Lantmäteriverk (1975) und OECD (1977).

Den umfangreichsten sachlichen Geltungsbereich hatte die *Baugesetzgebung* mit dem Baugesetz (schwed. „Byggnadslagen", Abk. BL) in der Fassung von 1947, deren Intentionen in einer detaillierten Form aber erst 1959 mit der zugehörigen Bauverordnung (schwed. „Byggnadsstadga", Abk. BS) geregelt wurden. Zwei Sachverhalte sind herauszustellen: Einmal die Einführung der *obligatorischen Bebauungsplanung* im Bereich „verdichteter" Bebauung (schwed. „tätbebyggelse")[37], zum anderen die Präzisierung von *Übersichts-* und *Detailplantypen* für den Innen- und Außenbereich (wie Regionplan, Generalplan, Stadtplan, Bebauungsplan).

Von größter Bedeutung für die weitere Entwicklung sind die Schwächen genau dieser 1947 eingeführten Bestimmungen gewesen. Die vagen Grundsätze und Plantypen für den Außenbereich ließen in den folgenden Jahren mit ihrer zunehmenden Inanspruchnahme vor allem der freien Natur eine lange unkontrollierte Vermischung und Intensität von Nutzungen zu, die zu spürbaren ökologischen Belastungen und auch gegenseitigen Beeinträchtigungen führte. Genau aus den hier ansetzenden Fehlentwicklungen sind denn auch viele Nutzungskonflikte und die späteren Eingriffe des Gesetzgebers zu verstehen. Als eines der wichtigsten Beispiele hierfür sei die unkontrollierte Expansion der Ferienhausbebauung genannt. Sie nahm bald nicht nur die attraktivsten Bereiche des Landes, vor allem in Gewässernähe, ein. Durch ihre Streuung gerade im vorher unbewohnten Waldland wurden auch die Konflikte mit der Forstwirtschaft vorprogrammiert und die späteren Restriktionen für diese ausgelöst.

Das wichtigste zu Beginn der Nachkriegszeit gültige Spezialgesetz war ohne Zweifel das *Wassergesetz* in der Fassung von 1941. Damals wurde erstmals zwischen sanitären und industriellen Abwässern unterschieden, wobei letztere nur nach einer besonderen Genehmigung durch das „Wassergericht" in das nächstliegende Gewässer (also den „Vorfluter" im technischen Sinne) geleitet werden durften. Für eine große Zahl genau bezeichneter Anlagetypen, u. a. auch Halbstoff- und Papierfabriken (nicht aber Stahlwerke!), war in einer speziellen Vorprüfungsverordnung eine Art Konzessionsverfahren für jeden Neubau oder jede wesentliche Änderung bestehender Verhältnisse eingeführt worden (schwed. „Förprövningsförordning", SFS 1941:844). Auflagen zur Reinigung oder Verminderung der Emissionen konnten dem Verursacher jedoch nur gemacht werden, wenn sie ihn wirtschaftlich nicht allzu sehr belasteten. Hierbei wurde sowohl der „Allgemeinnutzen"der jeweiligen Industrie (etwa im Hinblick auf den lokalen Arbeitsmarkt), als auch die Selbstreinigungskraft des Vorfluters berücksichtigt. Jedem von den verbleibenden Verunreinigungen Geschädigten blieb es allerdings unbenommen, in einem neuen wasserrechtlichen Verfahren Schadenersatzzahlungen einzuklagen.

---

[37] Darunter wird eine solche Bebauungsdichte verstanden, die besondere Gemeinschaftsanlagen erfordert, wie etwa Abwasserleitungen. Schon eine Ansammlung von wenigen Häusern kann „tätbebyggelse" sein — der Begriff hat also überhaupt nichts mit dem deutschen „Verdichtungsraum" zu tun.

Für den zweiten großen Bereich industrieller Auswirkungstypen, nämlich Luftverunreinigungen, Lärm und Erschütterungen, gab es lange keine Spezialgesetzgebung. Auftretende Probleme sollten durch die Bestimmungen des *Nachbarschaftsrechts* gelöst werden. Dies bedeutete also, daß im Normalfall lediglich ein direkt betroffener Sacheigner, etwa ein Anlieger einer emittierenden Industrie, gegen den Verursacher vorgehen konnte. Dazu mußte vor einem ordentlichen Gericht Klage erhoben werden. Zwar gab es theoretisch auch die Möglichkeit, daß die lokale Gesundheitsbehörde, gestützt auf die allgemeinen Bestimmungen der „Gesundheitsverordnung" (schwed. „Hälsovårdsstadgan"), gegen einen industriellen Verursacher vorgehen konnte, jedoch ist solches nur in sehr wenigen Fällen belegt.

Schließlich war 1952 auch noch das *Naturschutzgesetz* aus dem Jahr 1909 durch ein zeitgemäßeres Gesetz ersetzt worden, jedoch waren damals sowohl die rechtlichen als auch die finanziellen Möglichkeiten gering, gegen erkannte Übelstände vorzugehen.

Insgesamt ist die rechtliche Situation der frühen Nachkriegszeit so zu beurteilen, daß die Inwertsetzung der natürlichen Ressourcen des Landes nahezu ausschließlich von den als vorrangig betrachteten wirtschaftlichen Interessen bestimmt wird. Nicht in wirtschaftlichen Kategorien zu messende Ansprüche konnten nur in Ausnahmefällen durchgesetzt werden.

Die immer intensivere Inanspruchnahme aller natürlichen Ressourcen schon während der 50er Jahre bewirkte allerdings bald einen erst langsamen, dann immer schnelleren Meinungsumschwung.

Die 60er Jahre sind als ausgesprochene Umbruchzeit zu betrachten. Öffentlichkeit und Gesetzgeber, Massenmedien und politische Parteien, Wissenschaft und Verwaltung werden sich der wachsenden Probleme bewußt und beeinflussen sich gegenseitig in ihren Wertungen, Prognosen und Forderungen. Als charakteristisch für das Umdenken in diesen entscheidenden Jahren seien hier nur die wichtigsten der in staatlichem Auftrag erstellten Denkschriften aus dem hier interessierenden Bereich genannt (Titel jeweils ins Deutsche übertragen):

— „Fluglärm als Gesellschaftsproblem" (SOU 1961:25)
— „Natur und Gesellschaft" (SOU 1962:36)
— „Freizeitleben in Schweden" (SOU 1964:47, 1965:19, 1966:63)
— „Organisation des Gewässerschutzes" (SOU 1964:60)
— „Luftverunreinigungen, Lärm und andere Immissionen"
  (SOU 1966:65)
— „Umweltschutzforschung" (SOU 1967:43, 1967:44).

Die beiden wichtigsten Gesetze zum Schutz von Natur und Umwelt, nämlich das Naturschutzgesetz von 1964 und das Umweltschutzgesetz von 1969, sind aus diesem Kontext heraus entstanden. Ebenso ist die Bildung des Staatlichen Naturschutzamts (schwed. „Statens naturvårdsverk", Abk. SNV), in dem zahlreiche bis dahin nebeneinander stehende Behörden zusammengefaßt wurden[38], nur vor diesem Hintergrund zu verstehen.

Durch die genannten Änderungen waren sowohl rechtlich wie auch adminstrativ die Leitlinien für die 70er Jahre vorgegeben. Von besonderer Bedeutung ist dabei das *Umweltschutzgesetz* (schwed. ,,Miljöskyddslagen'', Abk. ML) mit der gleichzeitig in Kraft getretenen Umweltschutzverordnung (schwed. ,,Miljöskyddskungörelse'', Abk. MK). Es ist in erster Linie als ein Immissionsschutzgesetz für Wasser und Luft zu betrachten. Die Zuständigkeit für den erstgenannten Bereich wurde aus der Wassergesetzgebung herausgenommen, die für den zweiten wurde in enger Anlehnung an die Vorschläge der diesbezüglichen Denkschrift (SOU 1966:65) erstmals dem Verantwortungsbereich des öffentlichen Rechts unterstellt.

Mit dem Umweltschutzgesetz wurde eine umfassende und einheitliche *Konzessionspflicht* für umweltbelastende Anlagen begründet. Hierfür wurde ein spezieller ,,Konzessionsausschuß für Umweltschutz'' (schwed. ,,Koncessionsnämnd för miljöskydd'', Abk. KN) eingerichtet. Seine Arbeitsweise ähnelt der eines ordentlichen Gerichts mit einer Art ,,Beweisaufnahme'' (nämlich umfassenden Dokumentationen des Antragstellers), Anhörungen, Ortsterminen, Einholen von Sondergutachten u. a. m.. Und auch den Bescheiden des KN kommt eine ähnliche formelle Rechtskraft wie einem Urteil zu.

Die Genehmigung für eine umweltbelastende Tätigkeit ist in der Regel mit eingreifenden Auflagen verbunden, die der Antragsteller aber anfechten kann. Sind diese erfüllt, genießt der Verursacher eine hohe Rechtssicherheit. Eine Genehmigung des Konzessionsausschusses ist nämlich innerhalb der festgesetzten Laufzeit für alle Behörden verbindlich und weder durch diese noch durch Privatklagen ohne weiteres zu ändern.

Für alle genehmigungspflichtigen Aktivitäten kann aber auch eine Befreiung von diesem *Normalverfahren* beantragt werden. Ein solches *Dispensverfahren* ist durch einen Antrag bei der Bezirksregierung oder dem Staatlichen Naturschutzamt einzuleiten. Mit einer solchen Bewilligung wird nicht etwa eine Befreiung von der Pflicht erreicht, die Umweltwirkung einer Aktivität so gering wie möglich zu halten. Es ist nur, vor allem für Probleme geringerer Größenordnung, ein etwas flexibleres und schnelleres Verfahren, etwa bei kleineren Umbauten oder Kapazitätserhöhungen. Dafür muß der Betreiber aber in Kauf nehmen, daß dem Dispensbescheid nicht die gleiche Rechtskraft zukommt wie der Normalkonzession. Er kann zunächst einmal seitens des Antragstellers nicht angefochten werden. Auch kann unter Umständen eine lokale Aufsichtsbehörde, etwa ein Gesundheitsamt, in ihren Auflagen über die Regeln des Dispensbescheides hinausgehen.

Auch für die Verfahren nach dem neuen Umweltschutzgesetz gilt weiterhin das rechtspolitische Prinzip der Abwägung unterschiedlicher In-

---

[38] Wie etwa die ,,Staatliche Wasserinspektion'' (schwed. ,,Statens Vatteninspektion''), der ,,Staatliche Luftpflegeausschuß'' (schwed. ,,Statens Luftvårdsnämnd'' und der ,,Staatliche Naturschutzausschuß'' (schwed. ,,Statens Naturvårdsnämnd'').

teressen; in der Regel ist nicht ein bestimmter Schadstofftyp oder dessen Konzentration für sich allein genommen unzulässig, sondern umwelthygienische und betriebswirtschaftliche Erwägungen werden ebenso miteinbezogen wie solche zur Belastungsempfindlichkeit der Aufnahmemedien. Allerdings werden — schon allein durch das Gewicht der am Verfahren beteiligten Fachbehörden — die Ansprüche anderer als der wirtschaftlich stärksten Nutzer wesentlich besser berücksichtigt als dies früher der Fall war.

Mit dem Umweltschutzgesetz war zweifelsohne ein wichtiger Schritt getan. Seit den ausgehenden 60er Jahren war aber auch deutlich geworden, daß die immer offensichtlicheren Fehlentwicklungen in verschiedenen Bereichen hierdurch allein nicht beherrschbar waren. Einige landesweit beachtete Auseinandersetzungen um die Neulokalisierung von Industrien hatten gezeigt, daß immer mehr verschiedene Nutzergruppen auf die gleichen Flächen Ansprüche geltend machten. Mit dem Ziel, hier auch langfristig zu einer sinnvollen Ressourcenplanung zu kommen, wurde deshalb ab 1967 das Instrument der sog. ,,Physischen Reichsplanung" (schwed. ,,Fysisk riksplanering", Abk. FRP) entwickelt, also einer landesumfassenden Raumplanung. Erste Bestandsaufnahmen sowohl von Ressourcen als auch von Ansprüchen sowie die wesentlichen Zielsetzungen wurden 1971 einer breiten Öffentlichkeit vorgestellt (SOU 1971:75) und bildeten wenig später die Grundlage einer wegweisenden regional- und ressourcenpolitischen Regierungsvorlage (Prop. 1972:111)[39]. Sie kann ihrerseits als Ausgangspunkt einer *umfassenden Neuordnung raumbedeutsamer Gesetze* angesehen werden, die bis 1976 weitgehend abgeschlossen war. Es seien hier nur genannt (vgl. im einzelnen die Zusammenstellung in Statens Lantmäteriverk, 1975):

— umfassende Novellierung des Naturschutzgesetzes mit wesentlich schärfer gefaßten Bestimmungen über u. a. Strandschutz, Einvernehmenspflicht und Zugänglichkeit der Natur,

— Novellierung des Waldgesetzes: Ergänzung des § 1 durch ein Gebot zur Rücksichtnahme auf die Belange des Naturschutzes, Anmeldungspflicht für Kahlschläge über 0,5 ha,

— wesentlich veränderte Bestimmungen über Schadenersatz und Enteignung in der Bau-, Expropriations- und Naturschutzgesetzgebung,

— Einführung einer besonderen Konzessionsbestimmung im Baugesetz (§ 136a BL) bezüglich der Lokalisierung, später auch der Erweiterung sowie des Rohstoff- und Energieverbrauchs bestimmter Industrietypen,

— Verschärfung der Planungs- und Baubestimmungen im Innen- und Außenbereich,

[39] Prämissen und Zielvorstellungen der FRP sind nicht unumstritten gewesen, zumal die Industriebranchen ihre Ansprüche wesentlich früher geltend machen konnten als zum Beispiel Naturschutz und Erholungsplanung (vgl. dazu etwa STRÖMDAHL u. SVENSSON, 1972). Eine umfassende ideologiekritische Analyse dieser ersten Zielformulierungsphase ist jedoch noch nicht vorgelegt worden.

— Schaffung gesetzlicher Grundlagen für die Einschränkung der Zugänglichkeit von Gewässern (für Motorboote) und Gebirgen (für snow-mobiles"),
— Bemühen um eine größere Durchsichtigkeit von Planungs- und Genehmigungsverfahren mit weitgehenden Einspruchs- und Beteiligungsmöglichkeiten für interessierte oder betroffene Bürger.

Zu diesen Änderungen kam in den gleichen Jahren eine zunehmend restriktive Haltung gegenüber den verschiedensten Umweltchemikalien, die sich z. B. im endgültigen Verbot der DDT-Anwendung auch in der Forstwirtschaft (ab 1975) und im temporären Verbot der Anwendung von Herbiziden aus der Luft äußerte (1972-1975).

Innerhalb eines knappen Jahrzehnts haben somit die genannten Änderungen und natürlich auch der mit ihnen einhergehende Bewußtseinswandel dazu geführt, daß die *Handlungsfreiheit der primären Ressourcennutzer* (Industrien, Forst-, Land- und Energiewirtschaft) *wesentlich eingeschränkt, die Stellung anderer Nutzergruppen dagegen erheblich gestärkt wurde.* Es ist das Ziel der vorliegenden Arbeit, die Folgen dieser Entwicklung unter dem besonderen Aspekt von Konfliktentstehung, -austragung -und regelung zu belegen.

1.2. Der Untersuchungsraum und das Unternehmen Stora Kopparbergs Bergslags AB

1.2.1. Das mittelschwedische Industriegebiet

Der überwiegende Teil der folgenden Ausführungen bezieht sich auf den *engeren Raum* der Industriestadt Borlänge im Regierungsbezirk „Kopparberg" (schwed. „Kopparbergs län"). Durch die engen funktionalen Bindungen der beiden im Mittelpunkt stehenden Großbetriebe — die Papierfabrik Kvarnsveden (Abb. 6) und die Eisen- und Stahlwerke Domnarvet (Abb. 7) — mit den übrigen unternehmenseigenen Produktionsstätten und -flächen müssen jedoch große Teile Mittelschwedens als *Untersuchungsraum im weiteren Sinne* betrachtet werden, also etwa der Bereich zwischen 60° und 62° nördlicher Breite (vgl. Abb. 3).

Eine prägnante, einheitlich verwendete Bezeichnung für diesen Großraum, der einige der am dichtesten besiedelten Ackerbauebenen Schwedens ebenso umfaßt wie menschenleeres Waldland und Gebirge, gibt es nicht. Verwaltungsmäßig hat er Anteil an mehreren Regierungsbezirken (vor allem Kopparbergs län, Gävleborgs län, Västmanlands län, Jämtlands län, Örebro län, Uppsala län). Der Unternehmensschwerpunkt liegt jedoch eindeutig im Regierungsbezirk Kopparberg.

Um eine sachlich und räumlich angemessene Bezeichnung für den weiteren Untersuchungsraum zu verwenden, wird im Titel der vorliegenden Arbeit vom „mittelschwedischen Industriegebiet" gesprochen.

Obwohl sich dieser Landschaftsraum physiognomisch sehr stark von den Industrielandschaften Mitteleuropas unterscheidet, ist der Terminus aus folgenden Gründen berechtigt (zur terminologischen Diskussion vgl. HOTTES, 1967, QUASTEN, 1979):

— der Grad der Durchdringung dieses Raumes durch funktional mit der Industrie zusammenhängende Einflüsse ist außerordentlich hoch, etwa im Hinblick auf die Erwerbsstruktur (mehr als 50 % aller Erwerbstätigen im sekundären Bereich), den Industriebesatz (134 für den gesamten Großraum) und den Lebensstil (selbst die in der Forstwirtschaft oder im Transportgewerbe tätigen Personen sind — soweit sie in die zu beschreibenden industriellen Systeme eingebunden sind — von einer in Stil und Rhythmus völlig den industriellen Erfordernissen angepaßten Arbeitswelt geprägt, wie etwa Schichtbetrieb, Arbeit in und an Maschinen, Pendeln zum Arbeitsplatz u.a.m.).

— der hier vorliegende Raum ist durch eine Industriegeschichte geprägt, wie sie weltweit nur für wenige Gebiete belegt werden kann: Die Kommunen Borlänge und Falun liegen am Nordrand jenes industrie-, wirtschafts- und sozialgeschichtlich bedeutsamen Raumes, der traditionell als „Bergslagen" bezeichnet wird und über Jahrhunderte hinweg eines der wichtigsten Verhüttungsgebiete für Kupfer, Silber und Eisen gewesen ist.[40]

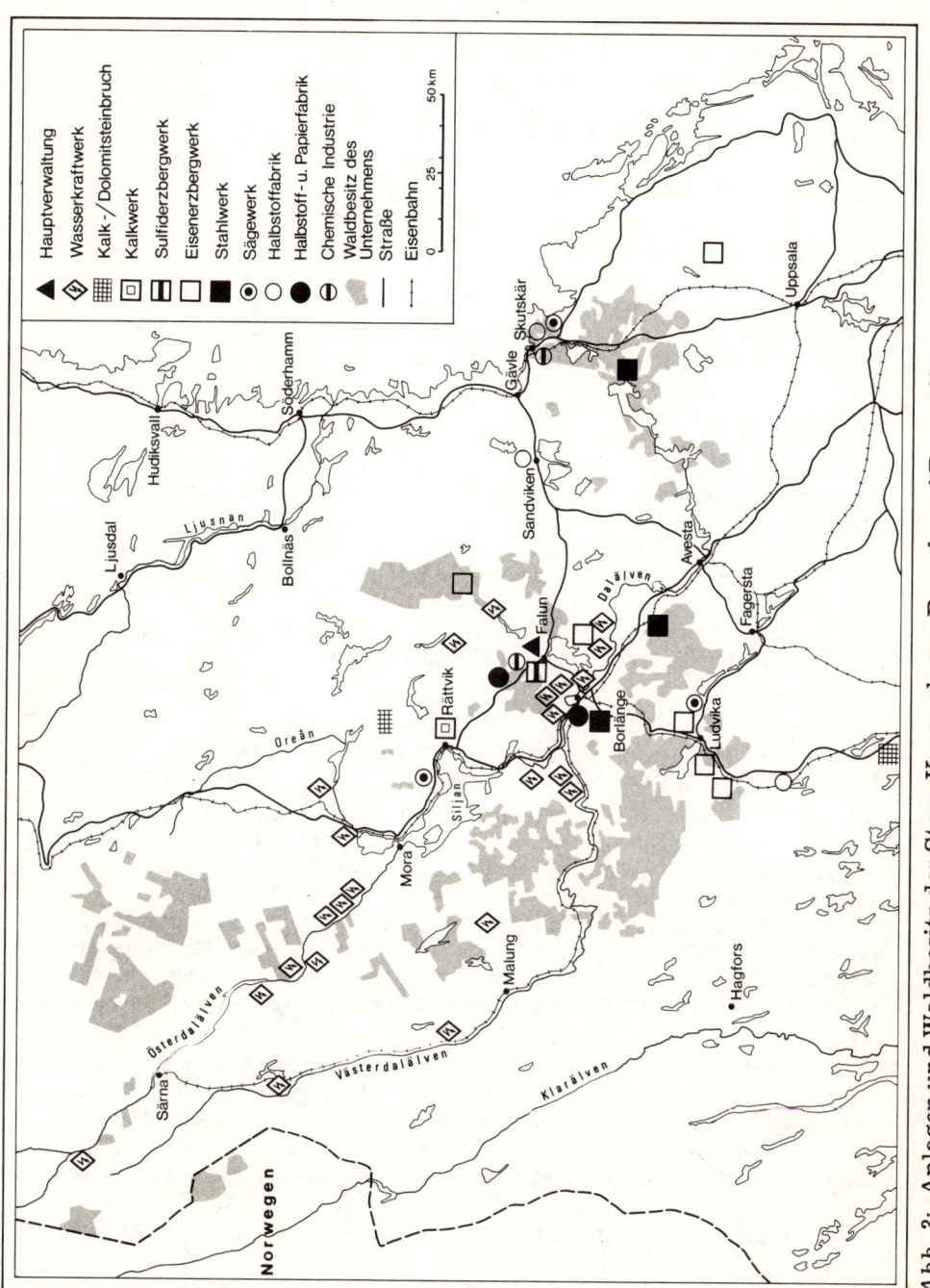

Abb. 3: Anlagen und Waldbesitz der Stora Kopparbergs Bergslags AB um 1975
(Quelle: nach unternehmensinternen Karten)

Die Erze des Grundgebirges, die glaziale Überformung mit den daraus resultierenden Charakteristika von Relief, Gewässernetz und Bodenarten und schließlich die klimatischen und vegetationsgeographischen Merkmale des borealen Nadelwalds prägen die physisch-geographische Grundausstattung und setzen damit die Rahmenbedingungen für die möglichen Wirtschaftsformen (für die Einzelheiten des Naturraumes und seines Potentials sei vewiesen auf den schwedischen Nationalatlas „Atlas över Sverige").

Es ist schwer, sich heute in der Landschaft vorzustellen, wie intensiv Bergslagen von diesen frühindustriellen Ansätzen durchdrungen wurde. Bei aufmerksamen Geländebegehungen (und Beachtung der Toponymie) sind aber bis heute zahlreiche Spuren dieser Wirtschaftsform zu erkennen, die ihren Höhepunkt Mitte des 19. Jahrhunderts erreicht hatte: Schlackenhalden, Pingen, Stollen, Meilerstellen, Kunstbauten im Gewässernetz (Wehre, Überleitungen, Kanäle), Fundamente und Mauern von Förderanlagen, Röstöfen, Hochöfen und Hammerwerke sowie schließlich die entsprechenden Wohn- und Wirtschaftsgebäude bis hin zu repräsentativen Herrenhäusern und Parkanlagen. Dies alles ist zwar nicht physiognomisch landschaftsprägend, aber quasi ubiquitär anzutreffen (vgl. hier etwa die detaillierten Inventuren von LUNDÉN u. SPORRONG, 1975, im Bereich der Eisenwerke Engelsberg östlich von Fagersta). Zu den auch optisch eindrucksvollsten Darstellungen über die vergangene Prägung dieses Raumes durch Hütten und Hammerwerke gehört die Kartenserie von ERIKSSON, in der Lage und Schicksal von mehr als 600 Anlagen dieser Art seit 1850 festgehalten sind (ERIKSSON, 1955, Pl. I).

Nur aus dieser Vergangenheit heraus sind die strukturellen Leitlinien und auch Probleme des heutigen industriellen Gefüges im Untersuchungsraum zu verstehen (vgl. dazu auch S. 61 ff).

CREDNER (1926, S. 117/118) bezeichnet den hier betrachteten Raum als das „Bergbau- und Eisenverarbeitungsgebiet Mittelschwedens". Da die jüngere Industriestruktur und die von ihr auf die Rohstoffräume ausgehenden Einflüsse aber zusätzlich noch stark von den Holzindustrien geprägt werden, ist diese Raumbezeichnung heute nicht mehr zutreffend. Sowohl aus Gründen der Industriegeschichte als auch der aktuellen Industriestruktur wird deswegen der größere Untersuchungsraum der vorliegenden Arbeit als „mittelschwedisches Industriegebiet" bezeichnet.

Die klassische Eisenhüttenindustrie dieses Raums erlebte ab Mitte des letzten Jahrhunderts einen dramatischen Niedergang. Er wurde, wie ERIKSSON (1955) in seiner Arbeit über das „Hüttensterben" (schwed. „bruksdöden") sehr detailliert nachgezeichnet hat, nicht nur durch die Konkurrenz des koksbasierten Massenstahls englischer und kontinentaleuropäischer Hütten bewirkt. Ebenso wichtig war, daß die bestehenden Werke überwiegend nicht zu kostensenkenden Produktions-

---

[40] Auf die verschiedenen Versuche, diesen Raum abzugrenzen, sei hier nicht weiter eingegangen.

steigerungen in der Lage waren, da Holzrohstoff und Wasserkraft nicht beliebig vermehrt werden konnten. Die optimalen Standortfaktoren der einen Epoche erwiesen sich nach dem Wandel der Außenbedingungen somit als unüberwindbare Hindernisse für den Übergang in die nächste.

Für die weitere industrielle Entwicklung des Großraums war jedoch gerade die Tatsache von Bedeutung, daß zahlreiche Eisenwerke zur Sicherung ihrer Rohstoffversorgung einen großen Waldbesitz angesammelt hatten. Viele dieser Besitztümer wechselten ab der zweiten Hälfte des vergangenen Jahrhunderts bis in die jüngste Zeit hinein mehrfach den Eigentümer. Sie waren in den 70er Jahren in der Hand solcher Unternehmen konzentriert, die die Umbruchszeit durch angemessene technologische und organisatorische Anpassung überlebten und die großen Mengen an Holzrohstoffen zum Aufbau großer holzverarbeitender Industrien nutzten (Uddeholm, Billerud, Bergvik och Ala, Stora Kopparberg u.a.).

Die in der zweiten Hälfte des letzten Jahrhunderts erfolgte Übernutzung der Wälder oder auch die wiederholt erfolgten sog. Dimensionshiebe zur Gewinnung von Schnittholz hatten zu teilweise beträchtlichen Wald-Devastierungen geführt. Gerade die in solchen Perioden aufgetretenen Verknappungen sowie das wachsende Interesse für Industrieholz bewirkten jedoch, daß sich der Gedanke einer nachhaltig betriebenen Forstwirtschaft endgültig durchsetzen konnte. Die um und kurz vor der Jahrhundertwende erfolgten großflächigen Aufforstungen stellen heute den problematisch hohen Anteil überalterter Bestände in der nördlichen Landeshälfte. Ihre großflächige Ernte mit den ab Ende der 60er Jahre verfügbaren hochmechanisierten Hiebsystemen war einer der Auslöser solcher forstbezogener Auseinandersetzungen, die im zweiten Teil der Arbeit ausführlich behandelt werden.

Das *engere* Arbeitsgebiet umfaßt im wesentlichen den Bereich der Stadt Borlänge. Die spezielle Zielsetzung verlangt keine ausführliche Darstellung von Entwicklung und Struktur der Stadt, jedoch seien einige Angaben gemacht.

Borlänge, bis über die Mitte des vergangenen Jahrhunderts hinaus ein kleines Straßendorf mit wenigen Bauernhöfen, verdankt seine Entwicklung der 1871 gefällten unternehmerischen Entscheidung von Stora Kopparberg, am Übergangspunkt der neuen Eisenbahnlinie Gävle-Göteborg über den Dalälven eine Eisenhütte anzulegen. Am selben Platz war von diesem Unternehmen auf der östlichen Seite des Flusses schon 1862 ein großes Sägewerk errichtet worden, die sog. ,,Domnarvs-Säge''. Seit der Produktionsaufnahme des neuen ,,Domnarfvets Jernverk''[41] — in der Folge als Eisen- und Stahlwerke Domnarvet oder einfach ,,Hütte'' bezeichnet — im Jahre 1878 ist die Entwicklung von Werk und Stadt in großen Züge zu parallelisieren. Schon um die Jahrhundert-

---

[41] Diese ursprüngliche Schreibweise des Flurnamens mit ,,fv'' ist seit langem nicht mehr üblich.

wende waren die verschiedenen Siedlungsansätze (Dorf, Bahnhofsbereich, Hütte/Sägewerk) zwar nahezu zusammengewachsen, administrativ aber noch getrennt (zur älteren Entwicklung vgl. vor allem die aufschlußreiche volkskundliche Untersuchung von HELLSPONG, 1973). Danach lebten damals zwischen 5000 und 6000 Menschen im engeren Einzugsbereich der Hütte. Einen weiteren Siedlungskern bildete um die gleiche Zeit der Bereich der einige Kilometer nördlich am Kvarnsvedsforsen errichteten Papierfabrik, die im Jahre 1900 ihre Produktion aufnahm. Noch 1916 nannte der Geograph E. GRANLUND die auf mehrere Siedlungsansätze und administrative Räume verteilte Ortschaft einen „eigenartigen schwedischen Stadttyp".

Am 1. 1. 1944 schlossen sich „Borlänge köping" (2935 Einwohner) und „Domnarvet kommun" (15 898 Einwohner) zusammen und erhielten als Gemeinwesen „Borlänge" die Stadtrechte. Bei Kriegsende betrug die Einwohnerzahl knapp 20 000 Personen. Die kräftige Expansion von Papierfabrik und Hütte (vgl. dazu S. 78 ff. und 279 ff.) ließ die Bevölkerung bis 1970 um weitere 15 000 Menschen steigen.

Tab. 1 Erwerbsstruktur in Borlänge 1970

Wirtschaftszweig (nach der schwedischen Einteilung)	Zahl der Erwerbstätigen	%
Landwirtschaft	629	3,8
Forstwirtschaft	99	
Verarbeitende Industrie		
Eisen/Stahl	4 644	
Maschinenbau	813	
Holz/Papier	1 478	
Textil/Bekleidung/Leder	350	55,1
Bergbau	67	
Lebensmittel	743	
Bauindustrie	2 000	
Handel/Dienstleistungen	7 910	41,1
Insgesamt	19 234	100,0

Im Jahre 1971 schließlich wurde durch Vereinigung der Stadt mit der südlich gelegenen Gemeinde Stora Tuna „Borlänge kommun" gebildet, ein Gemeinwesen mit (1975) 46 208 Personen und einer Gesamtfläche von annähernd 600 Quadratkilometern.

Größter Arbeitgeber der Stadt ist zu dieser Zeit das Unternehmen Stora Kopparberg mit (1975) 7 450 Arbeitern und Angestellten, also 36 % aller Erwerbstätigen. Es braucht nicht besonders betont zu werden, welche besonderen Probleme sich aus einer solchen Abhängigkeit von einem einzigen Unternehmen ergeben können.

Wenn auch Borlänge somit unbestreitbar eine Industriestadt ist (vgl. Tab. 1) so sollte doch in diesem Zusammenhang betont werden, daß dies für den Beobachter aus Mitteleuropa dann nicht mehr offensichtlich ist, wenn der visuelle Kontakt zu Hütte oder Papierfabrik nicht mehr gegeben ist (vgl. hierzu schon CREDNER, 1926, S. 28).

1.2.2. Die raumbeherrschende Bedeutung des Unternehmens Stora Kopparbergs Bergslags AB und seine Ressourceninanspruchnahme

Das Unternehmen — frei übersetzt: die Aktiengesellschaft der Bergleute des Großen Kupferberges — gilt gemeinhin als das älteste und lange Zeit auch größte Industrieunternehmen Schwedens, dazu vielfach, wenn auch nicht im eigentlichen Wortsinn korrekt, als „älteste Aktiengesellschaft" der Welt (siehe dazu unten).[42]

Nach einem kurzen historischen Überblick werden die strukturellen Leitlinien des Unternehmens um 1945 und 1975 dargestellt.

Der Abbau der Kupfererze im Bergwerk von Falun ist mit Sicherheit schon im 11. Jahrhundert erfolgt, wahrscheinlich aber noch früher. Die „Bergleute", zunächst Bauern der näheren Umgebung, später immer mehr Adlige, Beamte und Kaufleute, nicht zuletzt auch aus Deutschland, konnten Gesellschaftsanteile (Kuxe) an der Grube erwerben und entsprechende Mengen Erz abbauen (in der Regel: abbauen lassen) und verhütten. Spätestens seit dem Privilegienbrief von Magnus Eriksson aus dem Jahre 1347 geschah die Ausbeutung unter der Ober- und Steueraufsicht der Krone (bis 1862). Über Jahrhunderte hinweg änderten sich Organisationsform und Arbeitstechniken nur unbedeutend. Reichtum und Großmachtstellung des Landes vor allem im 17. Jahrhundert gründeten sich wesentlich auf die Erträge aus dem Kupferbergwerk in Falun.

Ende des 18. Jahrhunderts begann die Produktion jedoch nach einigen Rekordjahren deutlich zu sinken. Bewußt, jedoch zunächst ohne klare

---

[42] Kaum eine Gesellschaft in Schweden dürfte vor allem in ihrer älteren Geschichte so gut erforscht sein wie Stora Kopparberg (vgl. etwa HILDEBRAND, 1970 und die dort zusammengestellte Literatur sowie die jüngste auf solchen Arbeiten aufbauende Übersicht von RYDBERG, 1979). Dies liegt nicht nur an der historischen Bedeutung des Unternehmens selbst im Landesrahmen, sondern sicher auch an der Zugänglichkeit vieler Quellen im größten Industriearchiv Schwedens.

Zielsetzung, begann man mit dem Aufkauf und auch der Neugründung von Eisenhütten und Hammerwerken. In den 1860er Jahren war die Gesamtproduktion in zwölf Anlagen auf durchschnittlich 6 625 t Roheisen und 4 740 t Stabeisen gestiegen. Die Mengen erscheinen heute gering, jedoch gehörte das Unternehmen damit schon zu den größten Eisenproduzenten im Lande (HILDEBRAND, 1970, S. 29). In die gleiche Zeit fielen die ersten zögernden Schritte zum Erwerb oder zur Langzeitpacht von Waldland, und zwar weniger für die eigene Holzkohlenerzeugung als für die Rohstoffsicherung des Sägewerks Domnarvet.

Noch um 1870 gab es keine klare Strategie für den weiteren Weg des Unternehmens. Erst im Zusammenhang mit den Plänen für die Eisenbahnlinie zwischen Gävle und Göteborg begann man, an eine umfassende Reorganisation und Neuorientierung zu denken — die ersten Entwürfe für Schwedens größtes Eisenwerk bei Domnarvet wurden vorgelegt. Der Baubeginn war 1872, die Aufnahme der Produktion erfolgte 1878. Aufbau und erste Betriebsjahre der neuen Großanlage[43] fielen in eine schwierige konjunkturelle und technologische Umbruchszeit und waren, wie HILDEBRAND im einzelnen herausgearbeitet hat, von großer Dramatik.

Erst nach einigen Jahren gelang es unter dem neuen Disponenten Erik Johan Ljungberg (ab 1875) die Lage zu stabilisieren[44]. 1883 wurde in der Eisenhütte Domnarvet schon doppelt so viel Roheisen hergestellt wie in allen immer noch bestehenden älteren Hochöfen zusammen. Von diesem Zeitpunkt an stieg die Produktion fast ununterbrochen; die alten in den Wäldern verstreuten Hochöfen wurden zu Überbleibseln einer vergangenen Epoche und sanken zur Bedeutungslosigkeit herab: der Übergang zur großindustriellen Fertigung war auch in Schweden gelungen.

Während Domnarvet expandierte, waren auch im Bereich der Holzverarbeitung entscheidende Beschlüsse gefaßt worden: 1886 erwarb das Unternehmen das Küsten- und damit Export-Sägewerk Skutskär; zur Verwertung der Sägeabfälle wurde dort 1895 noch eine Sulfatfabrik errichtet. Aus dem gleichen Jahr stammt der erste Entwurf für die Papierfabrik Kvarnsveden, auch hier mit dem ausdrücklichen Ziel, eine Restholzsorte, nämlich das Fichtenschwachholz, gewinnbringend zu verarbeiten. Baubeginn der Papierfabrik war 1897, drei Jahre später nahm sie ihre Produktion auf.

---

[43] Sie war auf eine Produktion von 30 000 t/Jahr ausgelegt, womit die Durchschnittskapazität der seinerzeit existierenden Anlagen um bis zum 100fachen überschritten wurde.

[44] Auch langfristig wurden wichtige Weichen gestellt: Nach direkten Kontakten mit Sidney Gilchrist Thomas begann Ljungberg trotz erheblicher Widerstände im Aufsichtsrat mit dem Erwerb von Beteiligungen an den Apatiterzen des Grängesbergfeldes. Erst 1891 aber begann die Produktion von Thomas-Stahl in kleinem Maßstab und glückte zunächst nicht. Ein deutscher Vorarbeiter aus Völklingen/Saar scheint durch seine Sachkenntnis den entscheidenden Durchbruch ermöglicht zu haben (vgl. hierzu HILDEBRAND, 1970, S. 276), und ab 1894 wird Thomas-Stahl auf der Basis der Grängesberg-Erze für Jahrzehnte der wichtigste Stahltyp des Werks.

Im gleichen Jahr trat neben Sägewerk und Sulfatfabrik in Skutskär noch eine Sulfitfabrik. Damit waren wichtige Schritte auch für die Forstwirtschaft getan, denn eine systematische Schwachholzernte zur Versorgung von Papier- und Sulfitfabrik erforderte gleichzeitig auch den Übergang zu einer nachhaltig betriebenen Waldwirtschaft.

Nachdem durch diese Investitionen der künftige Kurs des Unternehmens festgelegt war, ging man zur selben Zeit auch systematisch daran, den Waldbesitz durch Kauf oder Langzeitpacht zu vergrößern und durch den entsprechenden Grunderwerb auch die Rechte zur Ausnutzung der Wasserkraft des Dalälv-Systems zu erhalten.

Die Einzelheiten der zwischenkriegszeitlichen Entwicklung von Stora Kopparberg können hier übersprungen werden — sie ist geprägt von einer steten Ausweitung der schon beschriebenen Aktivitäten.

Nach Ende des Zweiten Weltkrieges bietet der Konzern ein Musterbeispiel für ein breit diversifiziertes, auf klassische Weise vertikal integriertes Industrieunternehmen, das die wesentlichen natürlichen Ressourcen seines Einflußbereichs inwertsetzen konnte (Abb. 4). Zugleich — und hier liegt ein aus geographischer Sicht besonders wichtiger Aspekt — war das Unternehmen vor allem im Regierungsbezirk Kopparberg im eigentlichen Sinne des Wortes raumbeherrschend geworden. In guten wie in schlechten Zeiten hat dies Struktur und Physiognomie des mittelschwedischen Industriegebiets und der nördlich anschließenden Waldlandschaften entscheidend geprägt. Während Entwicklung und Wandel des Unternehmens von den historischen Wissenschaften eingehend untersucht worden sind, ist die raumprägende Kraft aus geographischer Sicht nie eingehender belegt und analysiert worden[45]. Bei der Wertung dieser um 1945 gegebenen Struktur sollte noch einmal bedacht werden, welche Merkmale von Stora Kopparberg 100 Jahre zuvor von Bedeutung waren. Alle Bereiche außerhalb des Kupferbergbaues waren, wie HILDEBRAND im einzelnen belegt hat, ursprünglich nur „Notlösungen", etwa — wie die Holzverarbeitung — sog. „Konjunkturinvestitionen", bei denen vielfach das Streben nach kurzfristig zu realisierendem Gewinn eine stärkere Antriebskraft war als rationale Strategieüberlegungen über die Zukunft des Unternehmens. Jetzt waren die „Notlösungen" zu Grundpfeilern des Unternehmens geworden. Dem Bergwerk in Falun dagegen kam nur noch eine randliche Bedeutung zu, und dies auch nicht mehr als Kupfer-, sondern als Blei- und Zinkproduzent.

Die Nachkriegsgeschichte des Unternehmens ist bis Mitte der 70er Jahre durch ein fast ununterbrochenes Wachstum und durch das Bemühen um einen höheren Veredelungsgrad gekennzeichnet.

In mehreren Investitionsschüben, die noch ausführlicher erläutert werden, wurden die Kapazitäten der großen auch schon 1945 bestehenden

---

[45] WINDHORST (1975) hat am Beispiel eines ähnlich strukturierten Unternehmens zu Recht auf die große Bedeutung solcher „Mischkonzerne" für eine auf funktionale Zusammenhänge abhebende Kulturgeographie hingewiesen.
Einer der wenigen geographischen Beiträge über Stora Kopparberg aus jüngerer Zeit (PINARD, 1975) kommt über eine bloße, im wesentlichen den einschlägigen Firmenprospekten entnommene Aufzählung von Fakten nicht hinaus.

STORA KOPPARBERGS BERGSLAGS AB

Hauptverwaltung (Falun)

Kraftwerksabteilung (Falun)
- Forshuvud
- Bullerforsen
- Domnarvet
- Långhag
- Tänger und weitere kleine Anlagen
- Mockfjärd (Anteil)
- Älvkarleby (Anteil)

Abt. für Eisenerzbergwerke (Falun)
- Blötberget
- Tuna Hästberg
- Vinjärn, Ramhäll
- Grängesberg (Anteil)
- Dannemora (Anteil)
- Långgruvan (Anteil)
- Quarzsteinbruch Mejdåsen
- Kalksteinbruch Säter
- Dolomitsteinbruch Mårdshyttan (Anteil)

Forstabteilung (Falun)
Forstverwaltungen in
- Älvdalen
- Mora
- Näs
- Falun
- Svärdsjö
- Strömsberg
- Söderfors

Landwirtschaftsabteilung (Strömsberg)
49 selbstbewirtschaftete Bauernhöfe, hauptsächlich in Uppland, Gästrikland und Dalarna

Eisen- und Stahlwerke Donnarvet

Eisenwerk Älvkarleö

Edelstahlwerk Söderfors

Kupferbergwerk Falun (mit angeschlossenen Industrien)

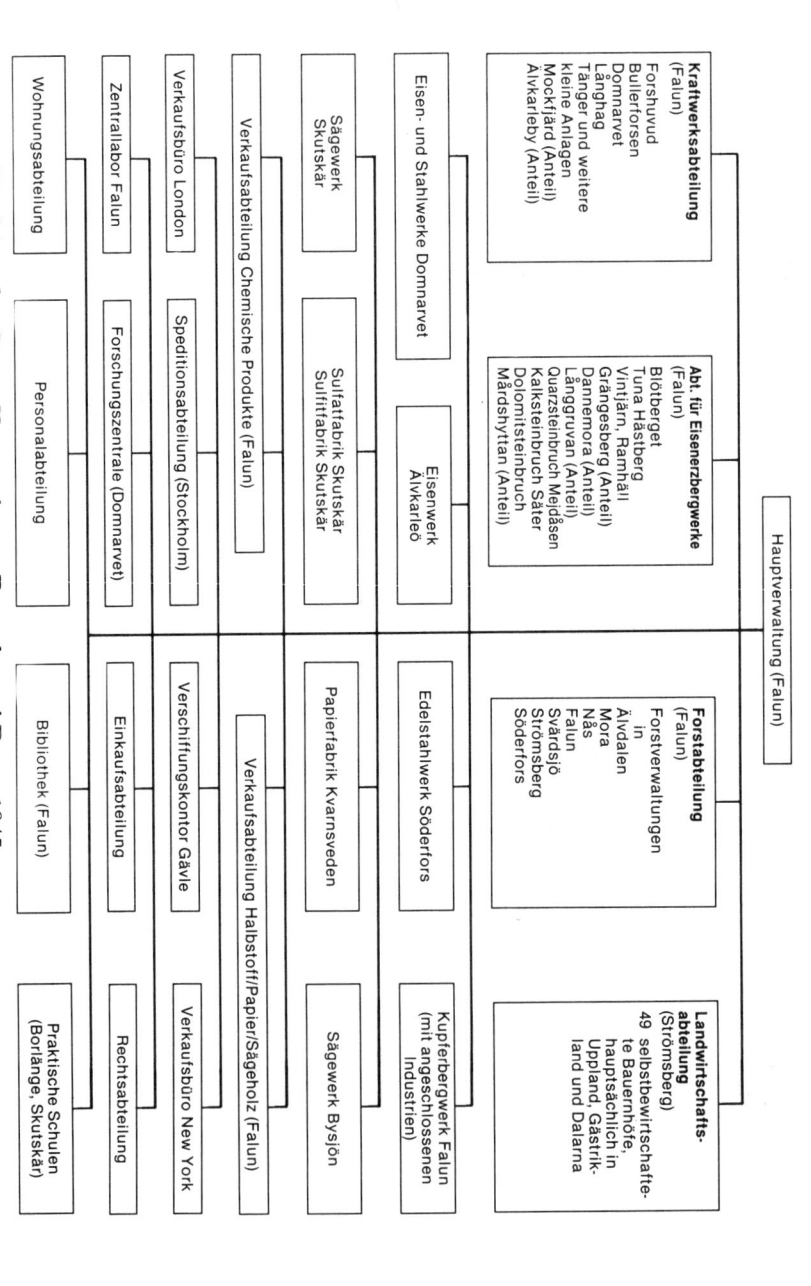

Sägewerk Skutskär

Sulfatfabrik Skutskär
Sulfitfabrik Skutskär

Papierfabrik Kvarnsveden

Sägewerk Bysjön

Verkaufsabteilung Chemische Produkte (Falun)

Verkaufsabteilung Halbstoff/Papier/Sägeholz (Falun)

Verkaufsbüro London

Speditionsabteilung (Stockholm)

Verschiffungskontor Gävle

Verkaufsbüro New York

Zentrallabor Falun

Forschungszentrale (Donnarvet)

Einkaufsabteilung

Rechtsabteilung

Wohnungsabteilung

Personalabteilung

Bibliothek (Falun)

Praktische Schulen (Borlänge, Skutskär)

Abb. 4: Struktur der Stora Kopparbergs Bergslags AB um 1945
(Quelle: unternehmensinterne Unterlagen)

Betriebe auf das Drei- bis Sechsfache gesteigert. Dies hatte natürlich auch eine entsprechende Erhöhung des Rohstoffverbrauchs zur Folge, was die Übersicht in Abb. 5 deutlich belegt. Gleichzeitig stieg auch die Zahl der im Unternehmensbereich beschäftigten Personen von knapp 6 000 auf etwa 15 000.

Der immer schon charakteristisch hohe Selbstversorgungsgrad bezüglich der benötigten Rohstoffe — lediglich der Hochofenkoks wurde unternehmensextern bezogen — konnte durch umfangreiche Erwerbungen beibehalten oder sogar noch gesteigert werden (vgl. hierzu Abb. 3). Nur die wichtigsten Veränderungen seien genannt:

Der wachsende Energieverbrauch aller Industrien wurde zunächst durch den systematischen Ausbau des Österdalälven zu einer nahezu kompletten Kraftwerkstreppe befriedigt[46]. Markstein der Entwicklung war hier der Bau des Kraftwerks Trängslet mit zunächst 200 MW, später durch eine dritte Turbine auf 330 MW gesteigert. Die sich flußabwärts anschließenden Kraftwerke Åsen, Väsa, Blyberg und Spjutmo waren nur die logische Konsequenz des ersten Schrittes. Später kamen noch Beteiligungen an zwei Wärmekraftwerken (Västerås und Karlshamn) und einem Kernkraftwerk (Oskarshamn) hinzu.

Die neuerworbenen Bergwerke Håksberg und Dannemora (letzteres nahezu ebenso traditionsreich wie das in Falun) deckten den zusätzlichen Eisenerzbedarf. Auch die Versorgung der Eisenindustrie (zu Domnarvet und Söderfors war noch das Edelstahlwerk Vikmanshyttan hinzugekommen) mit Zuschlagstoffen wurde auf eine völlig neue Grundlage gestellt (Kalksteinbruch Osmundsberget, Kalkwerk Rättvik, Dolomitsteinbruch Dyrkatorp).

Der Zellstoff- und Papierbereich war durch den Kauf der Werke Mackmyra, Ställdalen und Grycksbo vergrößert und diversifiziert worden. Durch Vergrößerung und Arrondierung des produktiven Forstareals auf annähernd 420 000 ha konnte dennoch der Selbstversorgungsgrad bei Holzrohstoff auf knapp 50 % gehalten werden[47].

Schließlich ist das Unternehmen Ende der 50er Jahre vor allem mit einer Auslandsinvestition[48] ein großes Wagnis eingegangen, nämlich mit dem Bau einer Zellstoffabrik in Kanada (Port Hawkesbury, Neu-Schottland).

Die hier in wenigen Zügen angedeutete Struktur Mitte der 70er Jahre stellt den Höhepunkt des Unternehmens als „Mischkonzern" dar. Um die Verbindung zur heutigen Situation zu schaffen, sei noch kurz der seitdem erfolgte Strukturwandel angedeutet.

---

[46] Der ebenfalls vorgesehene Ausbau des Västerdalälven in den 70er Jahren dagegen konnte von anderen Interessengruppen bisher verhindert werden.

[47] Hier sind vor allem die langwierigen Tauschverfahren mit der Staatsforstverwaltung und den Holzwirtschaftsunternehmen Korsnäs-Marma und Billerud zu erwähnen, bei denen zwischen 1950 und 1969 etwa 140 000 ha Waldland den Eigentümer wechselten (vgl. GREÉN, 1969). Hierdurch waren für alle Beteiligten im Hinblick auf die jetzt ernsthaft einsetzende Mechanisierung in der Forstwirtschaft erhebliche Rationalisierungseffekte möglich.

[48] 1975 bestanden insgesamt 28 ausländische Tochtergesellschaften.

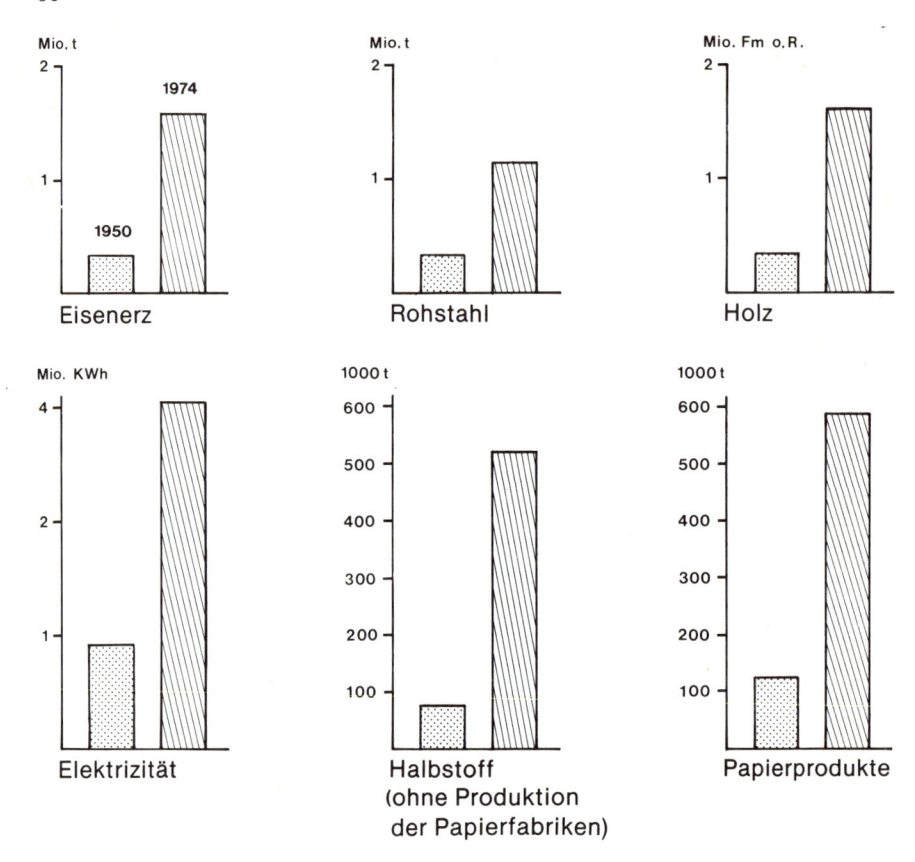

[Bar charts showing resource data for 1950 and 1974:
- Eisenerz (Mio. t): 1950 ~0.3, 1974 ~1.6
- Rohstahl (Mio. t): 1950 ~0.3, 1974 ~1.2
- Holz (Mio. Fm o.R.): 1950 ~0.3, 1974 ~1.6
- Elektrizität (Mio. KWh): 1950 ~0.8, 1974 ~4.1
- Halbstoff (1000 t): 1950 ~80, 1974 ~520
- Papierprodukte (1000 t): 1950 ~120, 1974 ~580]

Abb. 5: Ressourceninanspruchnahme durch die Stora Kopparbergs Bergslags AB im Spiegel ausgewählter Produktionsdaten 1950 und 1974
(Quelle: nach unternehmensinternen Statistiken)

1976 schloß sich Stora Kopparberg mit dem Holz- und Energiewirtschaftsunternehmen „Bergvik och Ala" zusammen, das für den sich nördlich anschließenden Bereich vor allem an der Küste im Großraum Söderhamn (vgl. Abb. 3) eine ähnlich raumprägende Kraft hat wie Stora Kopparberg in Dalarna. Das produktive Forstareal der neuen Unternehmensgruppe betrug damit etwa 780 000 ha, womit sie zu den größten Waldbesitzern Schwedens gehörte.

Bedingt durch die sich drastisch verschlechternde Lage der gesamten Eisen- und Stahlindustrie waren zur gleichen Zeit Überlegungen zu ihrer völligen Neuordnung in Gang gekommen. Langwierige Verhandlungen zwischen dem Schwedischen Staat (vertreten durch AB Statsföretag) und den drei größten Massenstahlherstellern Schwedens („Norrbottens Järnverk" in Luleå, Gränges in Oxelösund und Stora Kopparberg) führten 1977 zur Bildung der neuen Einheitsgesellschaft SSAB (schwed. ,,Svenskt Stål Aktiebolaget", schwedische Stahl-Aktiengesellschaft), in die die genannten Partner ihre Stahlwerke und Gruben einbrachten.

Ab 1. 1. 1978 ist Stora Kopparberg dadurch ein reines Holz- und Energiewirtschaftsunternehmen geworden und änderte schließlich auch seine Benennung in Stora Kopparberg-Bergvik.[49]

Gleichzeitig begann für den ganzen Raum ein schmerzhafter und in seinen Folgen noch nicht überschaubarer Umstrukturierungsprozeß, da das neue Stahlunternehmen die Flüssigphase im Binnenwerk Domnarvet aufgeben mußte und damit auch die Existenz nahezu aller Eisenerzbergwerke in Mittelschweden in Frage gestellt wurde. Dadurch eröffnen sich vor allem für den nahezu ausschließlich vom Bergbau abhängigen Raum Ludvika-Grängesberg sehr düstere Zukunftsperspektiven.[49]

Mit diesen letzten Bemerkungen sei der erste Teil der Arbeit abgeschlossen[50]. Im nun folgenden Hauptteil wird am Beispiel der Papierfabrik und ihres Rohstoffraums belegt, zu welchen Konflikten die zunehmende Inanspruchnahme natürlicher Ressourcen in der Nachkriegszeit geführt hat und welche Raumwirksamkeit solchen Auseinandersetzungen zukommt.

---

[49] Nachtrag 1985: das ähnlich strukturierte Unternehmen Billerud (mit Auslandstöchtern in Österreich, Großbritannien, der Bundesrepublik, Portugal und Brasilien) wurde 1984 übernommen. ,,STORA" — so der neue Logotype der Unternehmensgruppe seit 1985 — konnte damit sowohl seine Rohstoffbasis wesentlich erweitern (mit einem Waldbesitz von jetzt über 1,4 Mio. ha allein in Schweden) als auch im industriellen Bereich diversifizieren (Übernahme vor allem bedeutender Spezial- und Kraftpapierkapazitäten).

[50] Eine kritische Wertung der hier angesprochenen Umstrukturierungsprozesse und ihrer Hintergründe unterbleibt absichtlich, da die Zielsetzung der vorliegenden Arbeit eine andere ist und sinnvolle Aussagen nur nach einer gründlichen Analyse möglich sind.

Abb. 6: Die Papierfabrik Kvarnsveden in Borlänge 1970 (mit freundl. Genehmigung der Stora Kopparbergs Bergslags AB)

Abb. 7:
Die Eisen- und Stahlwerke Domnarvet in Borlänge 1973 (mit freundl. Genehmigung der Stora Kopparbergs Bergslags AB)

2. Ressourcenverknappung und Konflikt — dargestellt am Beispiel der Papierfabrik Kvarnsveden und ihrem Rohstoffraum

Im folgenden soll der zentrale Ansatz der vorliegenden Arbeit an konkreten Beispielen belegt werden. Gerade weil das vorstehende erste Hauptkapitel über die Untersuchungsgrundlagen durch recht theoretische oder doch sehr allgemein gehaltene Ausführungen gekennzeichnet ist, wirkt der Kontrast zur jetzt folgenden Datenfülle und dem Detaillierungsgrad bis hinunter auf die lokale Ebene und einzelne Produktionsprozeßschritte sehr stark. Es sei hier aber noch einmal unterstrichen, daß nach Ansicht des Verfassers nur so die Möglichkeit gegeben ist, den Erklärungshintergrund des in Abb. 1 gezeigten Beziehungsgefüges auszuleuchten.

Wenn die Ursache einer raumrelevanten industriellen Auswirkung ein unzulänglich funktionierender Filter oder ein bestimmtes chemisches Präparat ist und die Hintergründe einer raumwirksamen sozialen Reaktion darauf in den speziellen Kenntnissen eines Bürgers oder in den Machtverhältnissen eines kommunalpolitischen Ausschusses liegen, so sind auch in einer geographischen Arbeit solche Erklärungsansätze zu verfolgen, wenn die Möglichkeit dazu besteht. Das Abbrechen der Analyse auf einer höheren Ebene führt zwangsläufig zu unschärferen Aussagen. Diese sollten aber nur dort akzeptiert werden, wo aus Gründen der Materialbeschaffung eine weitergehende Analyse unmöglich ist.

Das Ziel der vorliegenden Arbeit ist dabei natürlich nicht die Darstellung der Details an sich. Angestrebt wird vielmehr eine Art Beweisaufnahme aller der empirischen Belege, die abschließend generalisierende Schlüsse über die Raumwirksamkeit hier aktueller Zusammenhänge zulassen.

Diese Aussage gilt sowohl für die aus dem industriellen und forstwirtschaftlichen Bereich kommenden Impulse als auch für den Gesamtkomplex darauf erfolgender Reaktionen der unmittelbar betroffenen Bürger, Behörden oder Organisationen.

Schließlich werden, wie einleitend auch schon angedeutet wurde, mit der detaillierten Schilderung der Verhältnisse in der Papierfabrik und in deren Rohstoffraum auch ganz spezifische *fachsektorale* Ziele verfolgt. So sind z. B. sowohl die innerbetrieblichen Wirkungszusammenhänge als auch die Wechselbeziehungen der Anlage mit ihrer näheren und weiteren Umgebung für die *Industriegeographie* von hohem Interesse. Aus der Sicht der *Geographie der Wald- und Forstwirtschaft*, die sich erst in jüngster Zeit als eigene Teildisziplin zu etablieren beginnt (vgl. hierzu vor allem die erste umfassende Darstellung von WINDHORST, 1978, und die von ihm herausgestellten Aufgaben, a.a.O., S. 14-16 u. 183/184), ist es wichtig, auch solche Problemfelder zu thematisieren, die etwa mit den Umweltwirkungen gängiger forstlicher Praktiken oder auch den Ansprüchen forstexterner Ressourcennutzer zusammenhängen — Themenbereiche, die in der vorliegenden Arbeit aufgrund des speziellen Ansatzes sogar miteinander verknüpft und im Hinblick auf ihre Raumwirksamkeit untersucht werden.

2.1. Die Papierfabrik Kvarnsveden: Entwicklung und Wechselbeziehungen mit dem umgebenden Raum

2.1.1. Ausgangslage und Entwicklungsstand zum Ende der 70er Jahre

Den äußeren Anstoß zum Bau der Papierfabrik gab paradoxerweise der wachsende Energiebedarf des Eisenwerks Domnarvet (vgl. hierzu etwa BYWALL, 1949, HILDEBRAND, 1970, S. 414 ff. u.a.). Dort benötigte man im letzten Jahrzehnt des vorigen Jahrhunderts für geplante Erweiterungen die vergleichsweise geringe Leistungssteigerung um 3000 PS. Der sich anbietende Bau eines weiteren Wasserkraftwerks nördlich der Hütte an den Stromschnellen bei Kvarnsveden (Kvarnsvedsforsen) — dessen Fallrechte das Unternehmen sich schon einige Jahre zuvor gesichert hatte — sollte jedoch etwa 15000 PS ergeben. Dadurch wurde die Lokalisierung eines weiteren Energiegroßverbrauchers am gleichen Ort möglich. Schon um 1895 hatte der damalige Disponent E. J. Ljungberg dem Aufsichtsrat Vorschläge zur Errichtung einer Zellstoffabrik am Kvarnsvedsforsen unterbreitet, um vor allem die Quantitäten an Fichtenschwachholz verwerten zu können, die durch die Stillegung älterer Eisenhütten frei wurden (ca. 10000 t/Jahr, bis dahin zur Holzkohleerzeugung eingesetzt). Mit der Kraftwerksplanung wurden auch diese Vorschläge wieder aufgegriffen.

In einer Mischung von praktischer Vernunft, technischem Weitblick und reiner Intuition plädierte Ljungberg dann unter Abwägung von Standortvorteilen und Marktchancen für die Produktion von mechanischem Hochausbeute-Holzschliff (Warmschliff), der an Ort und Stelle zu Zeitungspapier verarbeitet werden sollte[51]). Holzschliff allein ist allerdings für die Papierherstellung nicht gut geeignet, so daß von An-

---

[51] Dieser Vorschlag war, wie HILDEBRAND im einzelnen herausgearbeitet hat, bemerkenswert: Der *chemische* Zellstoff erlebte gerade seinen großen Durchbruch (Stora Kopparberg selbst hatte in Skutskär für eine Pionierleistung ersten Ranges gesorgt), der bis dahin dominierende *Kaltschliffrohstoff* war als Ausgangsmaterial für das in den Rotationspressen mit hohen Geschwindigkeiten transportierte Zeitungspapier weniger geeignet und die Technik des *Warmschliffs* und einer darauf aufbauenden Papierproduktion konnte trotz erster Erfahrungen in den USA und Norwegen noch keineswegs als ausgereift gelten.

fang an der Transport einiger tausend Tonnen Sulfitzellstoff aus Skutskär in die Kalkulation miteinbezogen wurde [52].

Wie schon bei den Eisen- und Stahlwerken Domnarvet wurde dann bei fortschreitender Planung mit einer Jahreskapazität von etwa 30 000 t auch bei der Papierfabrik eine Größenordnung anvisiert, die die Durchschnittskapazität damaliger vergleichbarer Anlagen um mehr als das Zehnfache überstieg[53]. Am 1. November 1900 nahm die Papierfabrik Kvarnsveden mit zwei Papiermaschinen (PM 1 und 2) offiziell die Produktion auf. Schon 1904 waren vier weitere Papiermaschinen (PM 3-6) installiert, mit denen wenige Jahre später die angestrebten 30 000 t/Jahr erreicht wurden. Durch weitere, in den Jahren 1913 (PM 7) und 1931 (PM 8) in Betrieb genommene Papiermaschinen wurde die nominale Kapazität auf etwa 100 000 t/Jahr gesteigert und gleichzeitig Rohstoffausnutzung sowie Sortimentsdifferenzierung erhöht[54]. Faktisch wurde diese Kapazität trotz der 1935 erfolgten Stillegung von PM 1 Mitte der 30er Jahre erreicht und durch ständige technische Verbesserungen bis auf über 120 000 t in 1953 gesteigert.

Mit der Aufzählung der neuen Papiermaschinen sind allerdings nur die Meilensteine der technischen Entwicklung einer solchen Anlage genannt. In Wirklichkeit geschieht ein nahezu permanenter Umbau von Maschinen und Hilfsbetrieben, auf den hier nicht näher eingegangen werden soll (einen Eindruck solcher Veränderungen in einer kurzen Nachkriegsperiode vermittelt die Abb. 12).

Das hauptsächliche Wirtschaftsziel der Fabrik, die *Produktion von Zeitungspapier auf der Basis von Fichtenholz im wesentlichen für den Export*[55], ist in der heute über 80jährigen Geschichte völlig gleich geblieben. Stark verändert haben sich dagegen die Rahmenbedingungen, etwa bezüglich Rohstofftransport, Anlagen- und Prozeßtechnik, Energieverbrauch und Personal. Dies soll angesichts der hier verfolgten speziellen Fragestellung für die Zeit bis 1945 nicht näher ausgeführt werden (wichtige Daten und aufschlußreiches Bildmaterial auch zur Vorkriegsgeschichte sind der zum 75jährigen Bestehen des Werks herausgegebenen Broschüre zu entnehmen, vgl. „Kvarnsveden 75 år"). Wichtiger für die vorliegende Arbeit sind die prägenden Entwicklungsphasen der Nachkriegszeit. Als Ausgangspunkt sei zunächst auf der Basis verschiedener Materialien (Luftbildern, Archivunterlagen u.a.m.) versucht, eine Strukturskizze der Situation um 1950 zu entwerfen.

[52] Die zu hohen Transport- und Wiederauflösungskosten erzwangen dann später doch noch die Errichtung einer Sulfitfabrik in Kvarnsveden, die 1906 ihren Betrieb aufnahm. Deren Nebenprodukt, die Sulfitlauge, wurde ab 1909 in einer weiteren Anlage zu Alkohol aufbereitet.

[53] Die von vornherein diesen Ausbauplänen genügende Maschinenhalle wurde von der Stockholmer Ausstellung 1897 gekauft und ist heute noch im Gesamtkomplex der Anlage deutlich zu erkennen (vgl. Abb. 6)

[54] PM 7 ist eine Maschine des sog. Yankee-Typs. Auf ihr können die in anderen Produktionsgängen aussortierten Abfälle (engl. „rejects") weiterverarbeitet werden.

[55] Bedingt durch die Exportunterbrechung während des Zweiten Weltkriegs geschah in dieser Zeit eine verstärkte Umstellung auf hochwertiges Illustrationsdruckpapier u. a. für den einheimischen Zeitschriftenmarkt. Dieser Sortimentszweig hat dann auch in der Nachkriegszeit immer noch eine gewisse Bedeutung behalten (vgl. Abb. 14).

In dieser Zeit hatte die Produktion 100 000 t/Jahr erstmals wieder überschritten, die Zahl der Beschäftigten lag bei knapp 1000 Personen. Das Betriebsgelände war noch nicht wesentlich größer als bei der Inbetriebnahme fünfzig Jahre zuvor, allerdings war die Flächeninanspruchnahme durch die PM 8 und verschiedene Hilfsbetriebe gesteigert. Eine funktionale Einheit auf dem eigentlichen Betriebsgelände bildeten die folgenden größeren Strukturelemente (Abb. 8):

— *Energieversorgung* mit Staudamm und Wasserkraftwerk am Dalälven sowie dem Kesselhaus

— *Rohstoffvor- und -aufbereitung*[56] mit der Entrindungsanlage, der Holzschleiferei und der Sulfitfabrik

— *Papiermaschinenhallen*

— *Papierlager und Versand*

— *Emmissionsdämpfung und Kupplungsproduktverwertung* (Anlage zur Aufbereitung des Rückwassers) und schließlich

— *Hilfsbetriebe, Verwaltung, Werkstätten* u. ä.

Räumlich getrennt, aber in engem funktionalem Zusammenhang mit der Papierfabrik lagen die Anlagen zur Rohstoffsortierung und -lagerung etwa 2 km nördlich: In der großen Schlinge des Dalälven östlich des Bysjön befand sich das Sortierwerk (schwed. ,,skiljeställe'') Tägten, in dem aus den jährlich bis über 20 Millionen den Fluß heruntertreibenden Baumstämmen die für die Papierfabrik und für das Sägewerk Bysjön bestimmten Stöcke herausgesucht wurden. Alle Sortimente durchliefen dann Hebe- und Zählwerke und wurden je nach Bestimmungszweck oder Weiterverarbeitungsdatum gelagert. Das für die Schleiferei und auch für das Sägewerk vorgesehene Holz wurde zu Bündeln gepackt und überwiegend in den verschiedenen ,,Magazinen'' des Sees gelagert, teilweise auch in der östlich folgenden Flußschlinge.

Dadurch wurde ohne großen Aufwand der für den Holzschliff vorteilhafte Feuchtigkeitsgehalt von 30-40 % beibehalten. Das Holz für die Sulfitfabrik mußte hingegen aus anderen prozeßtechnischen Erfordernissen heraus zum Trocknen etwa ein Jahr auf Land liegen.

Die geringen, damals mit Lastwagen angelieferten Holzmengen wurden häufig ebenfalls in den Fluß gekippt und durchliefen dann die geschilderte Prozedur. Die verschiedenen Naß- und Trockenlager bei Tägten, im Dalälven und im Bysjön sowie am Bahnhof Kvarnsveden erreichten während der 50er Jahre eine Kapazität von ca. eine Million Festmeter, also etwa den damaligen Jahresbedarf der Papierfabrik. Dabei entfielen — den jeweiligen Prozeßanteilen entsprechend — etwa zwei Drittel auf die Wassermagazine und ein Drittel auf die Rundholzstapel an Land. Den Transport in das eigentliche Betriebsgelände be-

---

[56] Darunter wird hier nur die Vor- und Aufbereitung der Faserrohstoffe, also des Haupteinsatzstoffs, verstanden. Die entsprechenden Anlagen für andere Rohstoffe (Schwefelkies, Kaolin u. a.) sind nicht gesondert dargestellt, sondern den ihnen funktional zuzuordnenden größeren Werksteilen oder entsprechenden Hilfsbetrieben zugewiesen.

sorgte eine Schmalspurbahn[57]. Die Fertigprodukte wurden durch einen Anschluß an die Hauptlinie der Schwedischen Staatsbahnen in Borlänge hauptsächlich zum Exporthafen Gävle verfrachtet.

Ausgehend von Produktionszahlen und -differenzierung seien die wichtigsten Entwicklungsphasen seit Kriegsende mitsamt ihren raumprägenden Ereignissen ausführlicher geschildert. Die in ihnen reflektierte Dynamik gab bei sich gleichzeitig ändernden gesamtgesellschaftlichen Rahmenbedingungen den äußeren Anstoß zu den ressourcenbezogenen Konflikten der 60er und 70er Jahre.

Abb. 10 und 11 zeigen für die Jahre 1945 bis 1977 die Gesamtproduktion an Halbstoff und Papier. Abgesehen von kleineren Schwankungen sind zwei Charakteristika zu erkennen: Einmal die ingesamt stetige Aufwärtsentwicklug (allerdings mit einem markanten Einbruch Mitte der 70er Jahre)[58], zum anderen zwei deutliche Anstiege in den Jahren 1956 und 1969. Letztere sind mit der Inbetriebnahme jeweils neuer Papiermaschinen in Verbindung zu bringen. In beiden Fällen bedeutete dies eine schlagartige Erhöhung bis dahin bestehender Kapazitäten um ca. 50 %, was ein bezeichnendes Licht auf die wirtschaftliche (Rentabilitätszwänge!) und technische Entwicklung dieser Jahre wirft. Die Papierfabrik Kvarnsveden hat also in den rund 25 Jahren nach Kriegsende ihre Kapazität mehr als verdreifacht und steht damit der einleitend kurz beschriebenen Entwicklung des Eisenwerks Domnarvet kaum nach.

Was für den Außenstehenden lediglich als Hinzufügen jeweils einer neuen langen Halle westlich des alten Fabrikkomplexes erschienen sein mag, bedeutete in Wirklichkeit erhebliche werksinterne und -externe Umgestaltungen bezüglich Maschinenpark, Prozeßtechnik, Organisationsabläufen, Rohstoffbeschaffung, Umweltwirkung u.v.a.m. Die vom Endglied des hier aktuellen industriellen Systems — der Papiermaschine — ausgehenden Sachzwänge bewirkten oder beschleunigten somit strukturelle Wandlungen im gesamten Funktionsraum der Anlage.

Es liegt daher nahe, die nachkriegszeitliche Entwicklung der Papierfabrik unter Bezug auf die genannten einschneidenden technischen Ver-

---

[57] Räumliche Verteilung und funktionale Zusammenhänge der wichtigsten dieser Strukturelemente sind aus einer sehr frühen synoptischen Darstellung, dem luftbildbasierten Generalplanentwurf über Borlänge und Domnarvet von 1935 ersichtlich (zugleich auch eine der ersten Luftbildkarten Schwedens, erstellt von dem Architekten G. LIDEN). Leider erlaubt die schlechte Qualität des Schwarz-Weiß-Drucks keine aussagekräftige Reproduktion. Der dargestellte Augenblickszustand, wahrscheinlich aus dem Sommer 1934 stammend, zeigt eindrucksvoll eine der über Jahrzehnte hinweg wichtigsten Standortvoraussetzungen der Papierfabrik, nämlich ihre Lage an einem großen flößbaren Flußsystem inmitten einer Waldlandschaft mit einer scheinbar unerschöpflichen Produktionskraft: Oberhalb des Sortierwerks von Tägten ist der Dalälven auf mehr als fünf Kilometern Länge völlig durch die auf dem Wasser treibenden Baumstämme verdeckt, wie es ähnlich auch in einem kleineren Ausschnitt das in Abb. 9 reproduzierte Luftbild von 1959 zeigt. Standortgebundenheit und -funktionen sowie wie Standrauminwertsetzung sind in diesen Momentaufnahmen eindrücklich festgehalten.

[58] Der Grund liegt hauptsächlich in der konjunkturellen Entwicklung und damit derschwierigen Absatzlage in diesen Jahren. 1974 wurde allerdings auch die seit 1900 arbeitende PM 2 ausrangiert.

① **Holzputzerei**   ⑤ **Papiermaschinen**

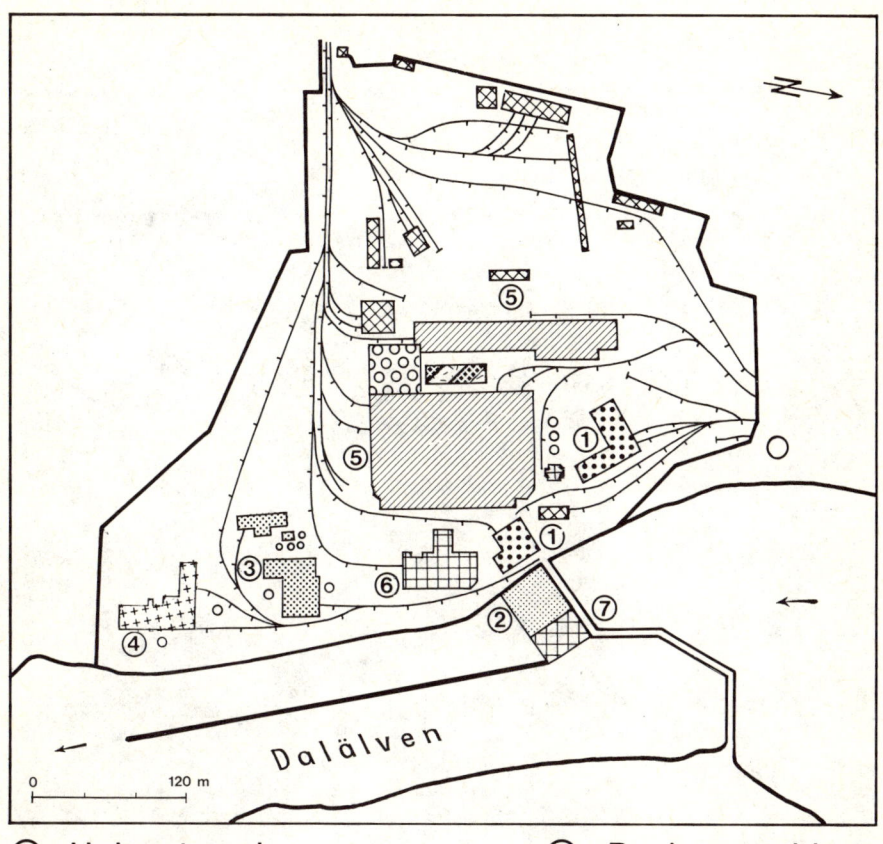

② **Schleiferei**   ⑥ **Kesselhaus**

③ **Sulfitfabrik**   ⑦ **Kraftwerk**

④ **Methylalkoholfabrik**

- Rohstoffvorbereitung (nur Faserrohstoffe)
- Rohstoffaufbereitung (nur Faserrohstoffe) a. Holzschliff b. Sulfitzellstoff
- Papiermaschinenhallen
- Papierlager und Versand
- Energieversorgung
- Emissionsdämpfung
- Kuppelproduktverwertung
- Hilfsbetriebe und Verwaltung
- Stillgelegte Anlagenteile

Abb. 8: Papierfabrik Kvarnsveden: Innere funktionale Differenzierung um 1950
(Quelle: nach werkseigenen Unterlagen und Plänen)

76

Abb. 9: Holzstau auf dem Dalälven 1959 (Luftbild-Nr. Wfd 59 15 03, Freigabe durch Statens Lantmäteriverk 1980-06-27, Norden an der rechten Bildkante)

77

— Halbstoff (insgesamt)

------ Zellstoff (chem. u. halbchem. und Altfaserstoff)

Abb. 10: Papierfabrik Kvarnsveden: Halbstoffproduktion 1945 — 1977
(Quelle: nach werksinternen Statistiken)

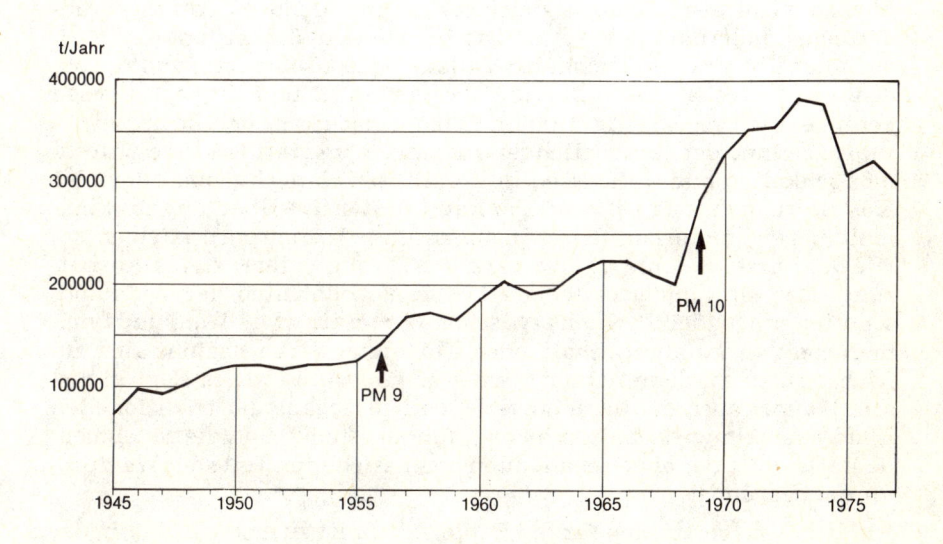

Abb. 11: Papierfabrik Kvarnsveden: Papierproduktion 1945 — 1977
(Quelle: nach werksinternen Statistiken)

änderungen zu gliedern. Drei Phasen seien hier unterschieden und wichtige ihrer Aspekte insbesondere unter dem Gesichtspunkt der Raumwirksamkeit näher besprochen.

Die *erste Phase* (1945-1955) ist durch die zunehmende Ausschöpfung der vor dem Kriege installierten Anlagekapazitäten charakterisiert. Wichtige technische Änderungen innerhalb der Fabrik waren etwa:

— Verbesserung der Wärmerückgewinnung an den Papiermaschinen PM 2-5 (1946)

— Inbetriebnahme erster elektrischer Schleifer (1950), um von der Wasserführung des Dalälven unabhängiger zu werden (bis dahin wurden alle Schleifer direkt über Wasserturbinen angetrieben)

— Modernisierung der Energieversorgung durch ein neues Kessel- und Dampfturbinenhaus (1952) und nicht zuletzt

— ständiges Hochtrimmen der vorhandenen Papiermaschinen auf höheren Durchsatz.

Ab 1954 (Bestellung der neuen PM 9) beginnen aber die direkten Vorbereitungen auf die kommenden Produktionserhöhungen: Die Kapazität der Sulfitfabrik wird von 25 000 t/Jahr auf 35 000 t/Jahr erhöht (u. a. durch den Einbau eines neuen Kochers); eine neue Schleiferei (die sog. „obere" Schleiferei) im Anschluß an die Halle der Papiermaschine mit einer wesentlich höheren Kapazität wird errichtet, und der Bau eines neuen leistungsfähigen Bahnanschlusses und eines großen Papiermagazins (überbaute Fläche 18 000 m²) wird beschlossen (Inbetriebnahme 1957). Immer noch geschieht diese Expansion aber im wesentlichen innerhalb des jahrzehntealten Betriebsgeländes.

Ebenso wichtig sind die zur gleichen Zeit ablaufenden Strukturveränderungen außerhalb des Werks: Die industrielle Expansion (natürlich auch der übrigen vergleichbaren Anlagen des Großraums) und die zunehmende Mechanisierung von Forstwirtschaft und Transportwesen bedingen sich gegenseitig. Höhere Rohstoffnachfrage und Rationalisierungsgewinne der verarbeitenden Industrien verstärkten Investitionsmöglichkeiten und -interessen im forstlichen Bereich, zumal dort der Kostendruck kräftig ansteigt. Der kapitalintensive Übergang zu Handmotorsägen, motorisierten Bringungs- und Abtransportsystemen sowie der Forststraßenbau verstärken den Zwang zu ihrer steten Ausnutzung. Der jahrhundertealte, die Lebensgewohnheiten der Waldlandschaften prägende Rhythmus zwischen Winterarbeit im Wald und Sommerarbeit in Landwirtschaft oder Flößereigewerbe beginnt sich zunächst langsam, dann immer rascher zu ändern. Letztlich liegt in diesem Wandel auch der dann einsetzende Niedergang der traditionellen Land- und Almwirtschaft (schwed. „fäbodsystem") und die zunehmende Entleerung der ohnehin am dünnsten besiedelten Teile der Waldprovinzen begründet.

An den Transportzahlen für die Papierfabrik ist zu ersehen, daß in der hier aktuellen Phase zwischen 1945 und 1955 entscheidende Weichen für die weitere Entwicklung gestellt wurden (Tab. 2). Während der geflößte Anteil der in die Fabrik gelangenden Holzrohstoffe noch im Jahre 1947

Tab. 2: Papierfabrik Kvarnsveden: Anlieferung von Rundholz 1947 — 1957 (in Raummetern)
(Quelle: LINDE, 1958, S. 20)

	Geflößt	Landtransport	Insgesamt	Anteil des Flößholzes in %
1947	378 117	18 899	397 016	95,2
1948	373 825	20 222	394 047	94,9
1949	425 901	28 051	453 952	93,8
1950	305 829	56 741	362 570	84,4
1951	375 342	73 849	449 191	83,6
1952	403 589	76 918	480 507	84,0
1953	383 068	46 618	429 686	89,1
1954	366 305	245 148	611 453	59,9
1955	303 606	419 717	723 323	41,9
1956	236 522	297 623	534 145	44,2
1957	462 205	259 337	721 542	64,1

etwa 95 % betrug, war er Mitte der 50er Jahre schon fast auf die Hälfte gesunken[59].

Die *zweite Phase* der Nachkriegsentwicklung (1956 — 1969) ist eng an Inbetriebnahme und Hochtrimmen der ersten neuen Papiermaschine seit nahezu 25 Jahren, die PM 9, gebunden. Die Nominalkapazität des Werks erhöhte sich damit schlagartig um etwa 50 % und wurde auch zwei Jahre später erreicht. Wie aus Abb. 11 hervorgeht, steigt die Produktion jedoch bis Mitte der 60er Jahre stetig an. Dies ist das Resultat von ständigen Veränderungen von Anlagen, Prozeßtechnik und Organisationsabläufen, die den Alltag eines solchen Werks kennzeichnen. Abb. 12 gibt einen groben Überblick über diesen steten Wandel, der oft auf eindrucksvolle Weise raumwirksam werden kann, in der Regel aber schwer zu erfassen ist.

Für die hier aktuelle Phase seien einige Leitlinien hervorgehoben. Von großer Bedeutung für Aus- und Abnutzung des Maschinenparks, Rohstoffausbeute und Gesamtorganisation (Rohstofffluß, Schichtbetrieb u.a.m.) ist die Einführung des kontinuierlichen Betriebs an allen Papiermaschinen und wichtigen vorgeschalteten Einheiten zwischen 1957 und 1960. Auch die steil ansteigenden Produktionskurven dieser Periode sind überwiegend darauf zurückzuführen. Aus technischer Sicht

[59] Es ist unmöglich, in wenigen Zeilen ein hinreichend differenziertes Bild von Ursachen und Folgen des Strukturwandels zu zeichnen. Es können nur einige hier wesentlich erscheinende Leitlinien angesprochen werden. Für nähere Informationen sei insbesondere auf zahlreiche Artikel in den entscheidenden Jahrgängen etwa der Forstzeitschrift „Skogen" zwischen 1955 und 1965, auf die Jahresberichte der Flößereivereinigung (schwed. „Flottledsförbundet") und die entsprechenden Gutachten staatlicher Untersuchungskommissionen verweisen (z. B. der 1955 eingesetzten „Skogsbrukets Transportutredning", vgl. etwa v. HEIDEKEN, 1959).

	1956	1957	1958	1959	1960	1961	1962	1963	1964
Rohstoffhantierung (Betriebsgelände und externe Läger)					●				●
Energieversorgung					●	●	●		●
Rohstoffvorbereitung				●		●			
Holzschleifereien		▲●				●			
Sulfitfabrik		▲●							●
Prozeßtechnische Neuerungen			●			●		●	●
Hilfsbetriebe		●							
PM 2						▲			●
PM 3				●	▲●				
PM 4					▲●				
PM 5				▲			●		
PM 6					▲●		●		
PM 7				▲	●				
PM 8				▲	●		●	●	
PM 9	●		▲					●	

● Neuanlagen, wesentliche Umbauten und Verbesserungen, entscheidende Neuerungen technischer und organisatorischer Abläufe (außer Konti-Betrieb)

▲ Konti-Betrieb

Abb. 12: Papierfabrik Kvarnsveden: Wesentliche technische und organisatorische Änderungen 1956 — 1964
(Quelle: nach werksinternen Unterlagen)

wichtig sind weiter die Herstellung von Hochausbeute-Sulfitzellstoff (ab 1958), die erfolgreichen Versuche zur Produktion von Birkenzellstoff (ab 1958), das Bleichen von Holzschliff (1963) sowie die Sulfitlaugeneindampfung, deren Dicklauge fortan als wesentlicher Brennstoffanteil in den werksinternen Kesselanlagen eingesetzt wurde (ab 1964).

Außerhalb des Werks ist eine Verstärkung der Tendenzen festzustellen, auf die schon in der ersten Phase hingewiesen worden war. Der Rohstoffbedarf des Werks stieg, aber die parallel erfolgende Mechanisierung von Holzeinschlag, -transport und -sortierung hielt Schritt. Die 60er Jahre brachten den endgültigen Durchbruch von Handmotorsägen und der ganzen Spanne spezialisierter Maschinen für Ernten, Entästen, Ablängen und Transport des eingeschlagenen Holzes.

Zunächst war es der Flößerei noch möglich, den steigenden Holzanfall durch systeminterne Anpassung aufzufangen: Auf schwierigen Nebenstrecken wurde die Flößerei eingestellt (zwischen 1954 und 1964 sank die Gesamtlänge beflößter Gewässer im Dalälvsystem von ca. 3400 auf 2300 km, HELLSTRAND, 1965), die räumliche Anordnung und das Fassungsvermögen wichtiger Ganterplätze verändert sowie Transport- und Ablagearbeiten stärker mechanisiert. Ein immer größer werdendes Problem stellten dagegen die sich an jedem Sortierwerk bildenden Holzstaus von einer Million Stämme und mehr dar (vgl. auch Abb. 9). Sie konnten nur langsam aufgearbeitet werden und hatten naturgemäß eine spätere Ankunft des Holzes an den weiter flußabwärts liegenden Industrien zur Folge. Im hier aktuellen Bereich wurde schließlich das Sortierwerk Tägten im Jahre 1960 automatisiert und konnte seine Durchsatzgeschwindigkeit beträchtlich erhöhen.

Zur Rationalisierung der werksnahen Rohstoffhantierung schließlich wurde 1960 der Lagerplatz am Bahnhof Kvarnsveden, 1965 der im Bysjön aufgegeben und Tägten zum zentralen Holzplatz ausgebaut. Gleichzeitig wurden Schmalspurbahn und Laufkräne durch starke Fahrkräne und Trucks ersetzt. Die Landstraße wurde nach Westen verlegt und eine kreuzungsfreie Verbindung zwischen Werk und Tägten geschaffen, auf der jetzt alle Transporte zwischen Lagerplatz und Anlage betriebsgeländeintern erfolgen konnten. Hierzu war es nötig, das Industriegelände am Fluß entlang nach Norden zu erweitern — die erste nennenswerte räumliche Expansion der Fabrik seit dem Beginn des Jahrhunderts. Eine direkte Inanspruchnahme des hinzugekommenen Areals erfolgte allerdings nur bis etwa in die Höhe der Ortsmitte von Övermora (vgl. dazu schon Abb. 16).

Durch die geschilderte Anpassung war das traditionelle Transportsystem auch Mitte der 60er Jahre noch in der Lage, die rohstoffverbrauchenden Industrien zu einem wesentlichen Teil stetig zu versorgen (1966 lieferte der Dalälven noch 40 % des in der Papierfabrik benötigten Holzrohstoffs). Die zunehmende Konkurrenz der Landtransporte ließ jedoch die Zukunft der Flößereiwirtschaft als sehr unsicher erscheinen, auch wenn dies zum damaligen Zeitpunkt von der Flößereivereinigung und ihren Vertretern bestritten wurde (vgl. etwa HELLSTRAND, 1965).

Die *dritte Phase* der Nachkriegsentwicklung (ab 1969) nimmt wie die vorhergehende ihren Anfang mit einer neuen Papiermaschine und den von ihr ausgehenden Sachzwängen. PM 10 mit einer nominellen Kapazität von knapp 200 000 t/Jahr wurde 1967 bestellt und erhöhte Rohstoffbedarf wie Produktion des Werks abermals um 60 %. Auch die vorgeschalteten Produktionskapazitäten für die Halbfertigprodukte mußten

t/Jahr

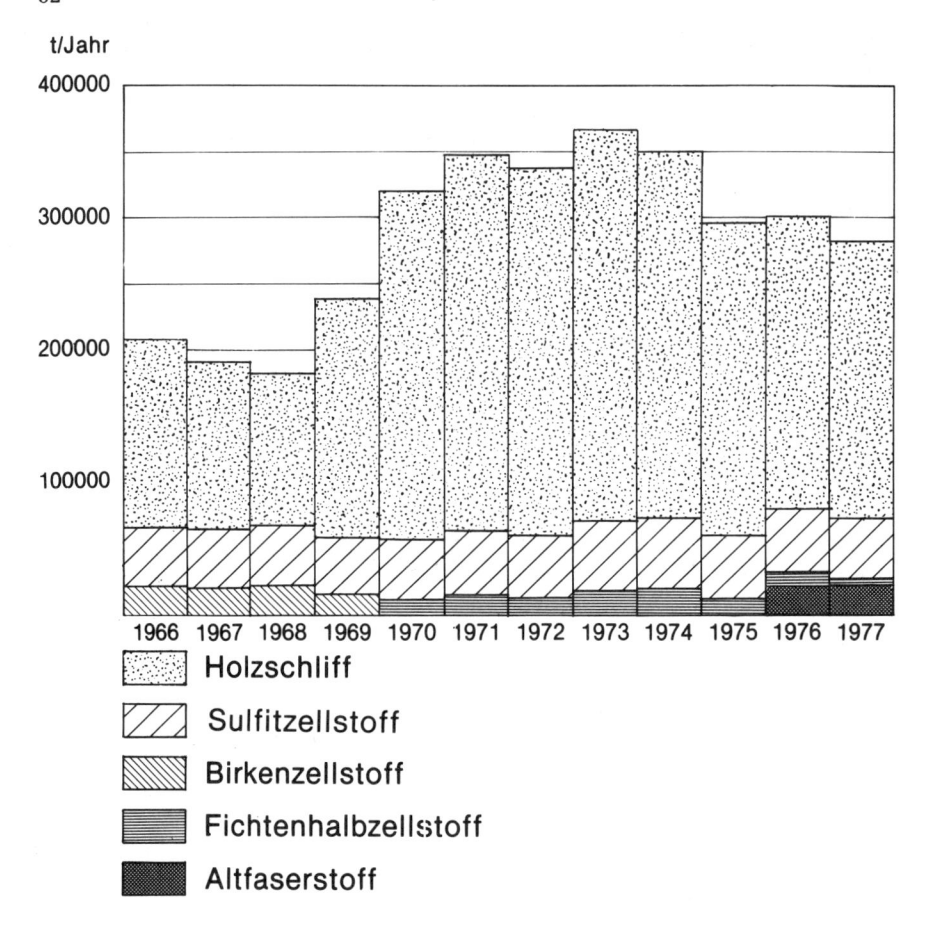

[Bar chart showing annual production 1966-1977 with scale 100000, 200000, 300000, 400000]

- Holzschliff
- Sulfitzellstoff
- Birkenzellstoff
- Fichtenhalbzellstoff
- Altfaserstoff

Abb. 13: Papierfabrik Kvarnsveden: Nach Sortimenten differenzierte
Halbstoffproduktion 1966 — 1977
(Quelle: nach werksinternen Statistiken)

entsprechend dimensioniert werden. Zur besseren Charakterisierung gerade der Periode, die auch in den folgenden Abschnitten im Mittelpunkt stehen wird, ist in den Abb. 13 und 14 die Zellstoff- und Papierproduktion der Jahre 1966 — 1977 differenzierter als für die anderen beiden Phasen dargestellt. Abb. 13 zeigt, daß die absolute Menge der durch verschiedene chemische Verfahren hergestellten Zellstoffe nur wenig schwankt, wenn sich auch ihre Anteile untereinander auf charakteristische Weise ändern (s.u.). Das für die Versorgung der neuen PM 10 notwendige Halbfabrikat lieferte im wesentlichen die abermals erweiterte obere Schleiferei. Gegenüber der Ausgangsposition von 1968 erhöhte sich der Rohstoffbedarf der Fabrik an Fichtenholz nochmals beträchtlich, wodurch eine stärkere Inspruchnahme solcher Waldbe-

t/Jahr

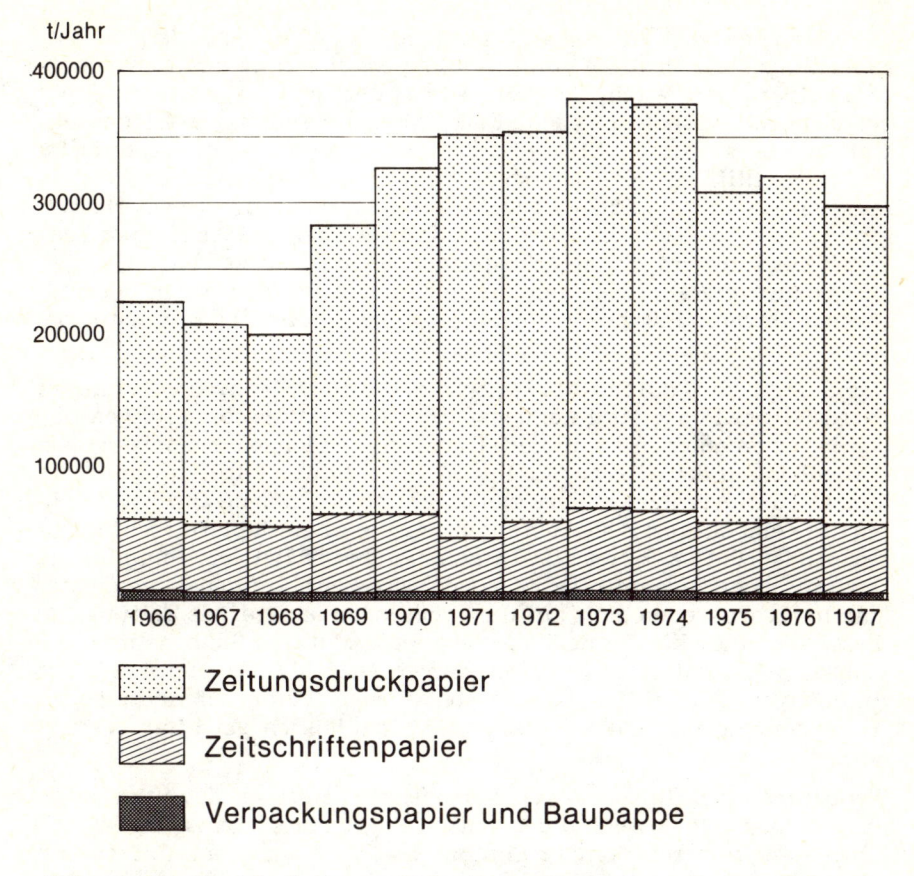

```
Zeitungsdruckpapier
Zeitschriftenpapier
Verpackungspapier und Baupappe
```

Abb. 14: Papierfabrik Kvarnsveden: Nach Sortimenten differenzierte
Papierproduktion 1966 — 1977
(Quelle: nach werksinternen Statistiken)

stände erfolgte, in denen diese Holzart bei Pflege- und Endhieben überproportional anfällt[60].

In der alleinigen Steigerung der Holzschliffproduktion — zusätzlich benötigter Zellstoff wird aus anderen unternehmenseigenen Werken übernommen — spiegeln sich wichtige unternehmerische Entscheidungen wider[61]. Einmal wurde mit einer baldigen Stillegung der im nationalen wie internationalen Vergleich zu kleinen, trotz aller Verbesserungen technologisch veralteten Sulfitzellstoffabrik gerechnet. Auch war schon Ende der 60er Jahre abzusehen, daß die zu erwartenden Umweltschutzauflagen die Rentabilität drastisch verschlechtern würden oder teilweise gar nicht zu erfüllen waren. Zum anderen lag offensichtlich

---

[60] Dies ist vor allem in der Forstverwaltung Falun der Fall, die auch aus diesem Grund für eine detaillierte Analyse des Rohstoffraums der Papierfabrik ausgewählt wurde (vgl. S. 204 ff.).

[61] Bei der Installation von PM 9 war noch, wie geschildert, die Produktion des Sulfitzellstoffs anteilig erhöht worden.

das Bestreben vor, durch die Konzentration auf die jeweils geeignetsten Anlagen die Vorteile von Produktspezialisierung und Massenausstoß voll auszuschöpfen. Dies führte trotz der an sich geglückten Großversuche mit halbchemischem Fichten- und chemischem Birkenzellstoff zur langfristigen Strategie des Unternehmens, die Produktion von Holzschliff auf Kvarnsveden, die der chemischen Zellstoffsorten hingegen auf Skutskär zu konzentrieren. Gerade vor diesem Hintergrund aber ist aufschlußreich, daß in Kvarnsveden ab 1976 ein beträchtlicher Zuschuß von altpapierbasiertem Zellstoff zu verzeichnen ist[62]. Dies ist nur verständlich, wenn man weiß, daß hier die Absicht bestand, in einer längeren Perspektive einen erheblichen Anteil des Rohstoffbedarfs durch Altpapier zu decken (vgl. S. 153 ff.).

Das Gesagte wird durch Abb. 14 noch verdeutlicht: Während der ganzen dargestellten Phase sind nennenswerte Produktionssteigerungen nur bei Zeitungspapier festzustellen. Die absolute Menge der übrigen, ausschließlich auf den älteren Maschinen hergestellten Papierprodukte ist über alle Jahre hinweg nahezu gleich geblieben. Da in den nächsten Jahren mit einer sukzessiven Ausrangierung der alten Papiermaschinen zu rechnen ist (PM 3 z. B. war 1980 schon 77 Jahre in Betrieb!), sind für die Zukunft zwei Lösungsmöglichkeiten gegeben: Entweder verzichtet man in Kvarnsveden ganz auf die Produktion anderer als Zeitungspapiersorten oder eine der neuen Maschinen (PM 8 oder 9) übernimmt die Zeitschriftenqualitäten. Es wird ganz von den Marktchancen und der zukünftigen Produktionspalette der übrigen unternehmenseigenen Werke abhängen, welche Entscheidung schließlich getroffen werden wird.

Wendet man den Blick von der Papierfabrik selbst auf den Standraum insgesamt, so ist zu Beginn der dritten Phase ein Ereignis von historischem Rang zu vermerken: im Sommer 1970 wird auf dem Dalälven zum letzten Mal Holz geflößt. Die Papierfabrik erhielt schon ab Sommer 1969, also mit der Inbetriebnahme von PM 10, sämtliche Rohstoffe auf dem Landwege. Genaue Angaben über den Beginn der systematischen Flößerei auf dem Fluß sind nicht verfügbar, jedoch ist es mit Sicherheit eine vielhundertjährige Tradition gewesen[63].

Das zeitliche Zusammentreffen mit der Inbetriebnahme der neuen Papiermaschine ist nicht zufällig, wenn auch die gesamtgesellschaftlichen und wirtschaftlichen Rahmenbedingungen der späten 60er Jahre den eigentlichen Erklärungshintergrund bilden.

---

[62] Die Beimischung von besseren Altpapiersorten (Zeitungs- und Zeitschriftenpapier) unter ungebleichte und grobe Papierprodukte wie Wellpappe oder Packpapier war zwar schon lange üblich, wenn auch seltener als in Mitteleuropa. Ihre Verwendung aber für bessere Papierqualitäten war lange für unrentabel gehalten worden. Die Papierfabrik Kvarnsveden hat hier mit ihrer Pilotanlage von ca. 30 000 t/Jahr für Schweden echte Vorreiterfunktionen erfüllt.

[63] Der erste königliche Privilegienbrief für eine „Västerdals-Wede-Compagnie" stammt aus dem Jahre 1649, jedoch wurde die Transportkraft des Flusses mit Sicherheit schon lange vorher zur Deckung des Holzbedarfs des Kupferbergwerks in Falun ausgenutzt (vgl. zur Flößereigeschichte etwa RYDBERG u. LILJEROTH, 1960, HELLSTRAND, 1965, RYDBERG, 1979).

Die abermalige kräftige Steigerung des Rohstoffbedarfs der Anlage setzte entsprechend höhere Einschläge im Waldland voraus. Diese wiederum waren Ende der 60er Jahre aus sozialen wie aus technischen Gründen, nämlich der kontinuierlichen Beschäftigung von Arbeitskraft und Maschinenpark, nicht mehr im Sinne des früheren Saisonrhythmus zu bewältigen, sondern mußten gleichmäßig über das ganze Jahr verteilt werden. Das gleiche galt für die zu leistende Transportarbeit. Weder die Lagerplätze am Fluß und in Werksnähe noch die Sortierwerke waren jetzt für die während eines kurzen Sommers anfallenden Holzmengen dimensioniert. Es bot sich also an, die Zusatzquantitäten sofort über Land in die Industrie zu schaffen. *Die Übernahme jedes weiteren Anteils durch Straße oder Schiene aber verringerte die Rentabilität der Flößerei pro Tonnenkilometer, da deren feste Kosten nahezu unabhängig von der Menge der durchgesetzten Stämme waren.*

Die mit der vollständigen Umstellung auf den Landtransport erfolgende Einbeziehung der Bahn muß als entscheidendes Element des Strukturwandels hervorgehoben werden. Schon aus entsprechenden Untersuchungen der späten 50er Jahre war deutlich geworden, daß die Schiene, bezogen auf die reinen Transportkosten, wettbewerbsfähig mit der Flößerei war. Die schwerwiegendsten Kosten jedoch waren immer schon Entrindung am Einschlagsort oder Ablageplatz, Markierung, Transport an das flößbare Gewässer und Hantieren bei der Ankunft (Sortieren, an Land bringen, Lagern). Gerade diese Kostenpunkte aber konnten durch hochmechanisierte Hantierungsarbeit in Verbindung mit Schienentransport ausgeschaltet oder minimiert werden.

Zumindest aus der Sicht der Papierfabrik kam mit dem Anfahren der neuen PM 10 jedoch noch ein weiterer ganz wesentlicher Gesichtspunkt hinzu. Wegen der hohen Siebgeschwindigkeit (mehr als 800 m/Minute) müssen an Qualität und Homogenität des eingesetzten Zellstoffs außerordentlich hohe Anforderungen gestellt werden. Günstigste Ausgangsvoraussetzungen aber für einen entsprechenden Holzschliff bietet frisch geschlagenes, unbeschädigtes, erst im Werk entrindetes Fichtenholz. Eine entsprechende Qualität ist mit geflößtem Holz kaum zu erreichen. Es benötigt in der Regel vom Einschlag bis zur Verarbeitung ein halbes, oft mehr als ein ganzes Jahr[64], und selbst mit der in den 60er Jahren eingeführten aufwendigen Lagerung auf Land mit permanenter Wasserbesprühung (ab 1966) war der optimale Feuchtegehalt nur annäherungsweise zu erreichen[65].

Das Ende der Flößereiwirtschaft 1969/70 ist somit sowohl aus allgemeinen wie auch aus spezifischen, auf die Papierfabrik bezogenen Überlegungen zu begründen. An ihre Stelle trat im gleichen Jahr eine charak-

[64] Die durch die Kraftwerkstreppen der stark ausgebauten nordschwedischen Flüsse verursachten Verzögerungen bewirkten mancherorts sogar eine zweijährige Transportdauer vom Einschlag bis zum Eintreffen in der Verarbeitungsindustrie.

[65] Weitere Vorteile des Landtransports sind: bessere Kapitalverzinsung durch rasche Veredelung, keine Sinkverluste, weniger Transportschäden, geringere Kosten für Zwischenlager, Entrindung, Trocknen, Markierung und schließlich Verbesserung der werksinternen Energiebilanzen durch Einsatz der Rinde in den Kesselhäusern u.a.m.

teristische, überwiegend aus räumlichen Parametern abzuleitende Transportorganisation, in der die Beweglichkeit des LKW-Einsatzes mit den Kostenvorteilen des Schienenverkehrs verbunden wurde. Umfangreiche Untersuchungen über die kostengünstigste räumliche Organisationsstruktur und langwierige Frachttarifverhandlungen mit den Schwedischen Staatsbahnen waren der Entscheidung vorausgegangen.

Sie wurde getragen von den beiden Unternehmen Stora Kopparberg und Korsnäs-Marma, deren größte holzverbrauchende Anlagen sich am Dalälven und seinem Mündungsbereich in die Ostsee befinden (Großraum Gävle). Mit der Durchführung wurde eine zu diesem Zweck gegründete gemeinsame Tochter mit dem bezeichnenden Namen „AB Trätåg" („Holzzug AG") betraut.

Rückgrat des neuen Systems sind vorhandene Inlandbahnstrecken, auf denen das Holz binnen weniger Stunden vom nordwestlichen Dalarna bis an die Küste transportiert werden kann (Abb. 15). Kopfpunkte im Waldland sind acht „Holz-Terminals" (schwed. „Virkesterminaler"), deren Lokalisierung sorgfältig nach dem zu erwartenden Holzaufkommen bestimmt wurde. Für den Rohstofffluß gelten — von Ausnahmesituationen abgesehen — folgende Prinzipien: Im engeren Einzugsbereich der rohstoffverbrauchenden Anlagen (Radius von ca. 100 km) wird das Holz vom Einschlagplatz mit LKW's direkt in die Fabrik oder auf ihre werksnahen Zwischenlager gefahren. Alles übrige Holz wird mit LKW's zunächst an einen der Terminals gebracht, von wo aus täglich jeweils ein bis zwei Züge nach Borlänge abgehen. Dort werden die Waggons nach Sortiment und Bestimmungsort neu zusammengestellt und direkt in die weiterverarbeitenden Industrien geschickt. Der Lagerplatz Tägten in Kvarnsveden nimmt aufgrund seiner Doppelfunktion als Terminal *und* Zwischenlager der Papierfabrik eine Sonderstellung ein.

Jeder Terminal weist einen Holzlagerplatz von zwischen 4 ha und 12 ha Größe auf, um ungefähr ein Zehntel des Jahresaufkommens (200 000 — 700 000 m³) als Puffer zwischenlagern zu können. Dies sichert vor allem in der kritischen Periode frostwechselbedingter Straßenschäden die stetige Versorgung der Prozeßindustrien. Insgesamt bewältigt die Organisation der „AB Trätåg" ein Transportvolumen von rund 250 Millionen Tonnenkilometern pro Jahr, von dem auch bei einem partiellen Fortbestehen der Flößerei sicher ein großer Teil das Straßennetz belastet hätte. Im engeren Einzugsbereich des nordwestlichen Terminals hat sich gegenüber den späten 60er Jahren bezüglich der Inanspruchnahme des öffentlichen Straßennetzes keine gravierende Änderung ergeben, da auch damals schon der überwiegende Teil des eingeschlagenen Holzes mit Lastkraftwagen und Forsttraktoren zu den Ablageplätzen am Flußufer transportiert wurde. Allerdings ist aufgrund der relativ südlichen Lage des Terminals die durchschnittliche Anfahrtsstrecke größer als zur Zeit der Flößereiwirtschaft.

Der Entwicklungsstand der Papierfabrik um 1970 ist bezüglich Rohstofftransport, Anlagentechnik, Kapazitäten, Sortimente der Halbfertig- und Fertigprodukte bis Anfang der 80er Jahre nahezu unverändert

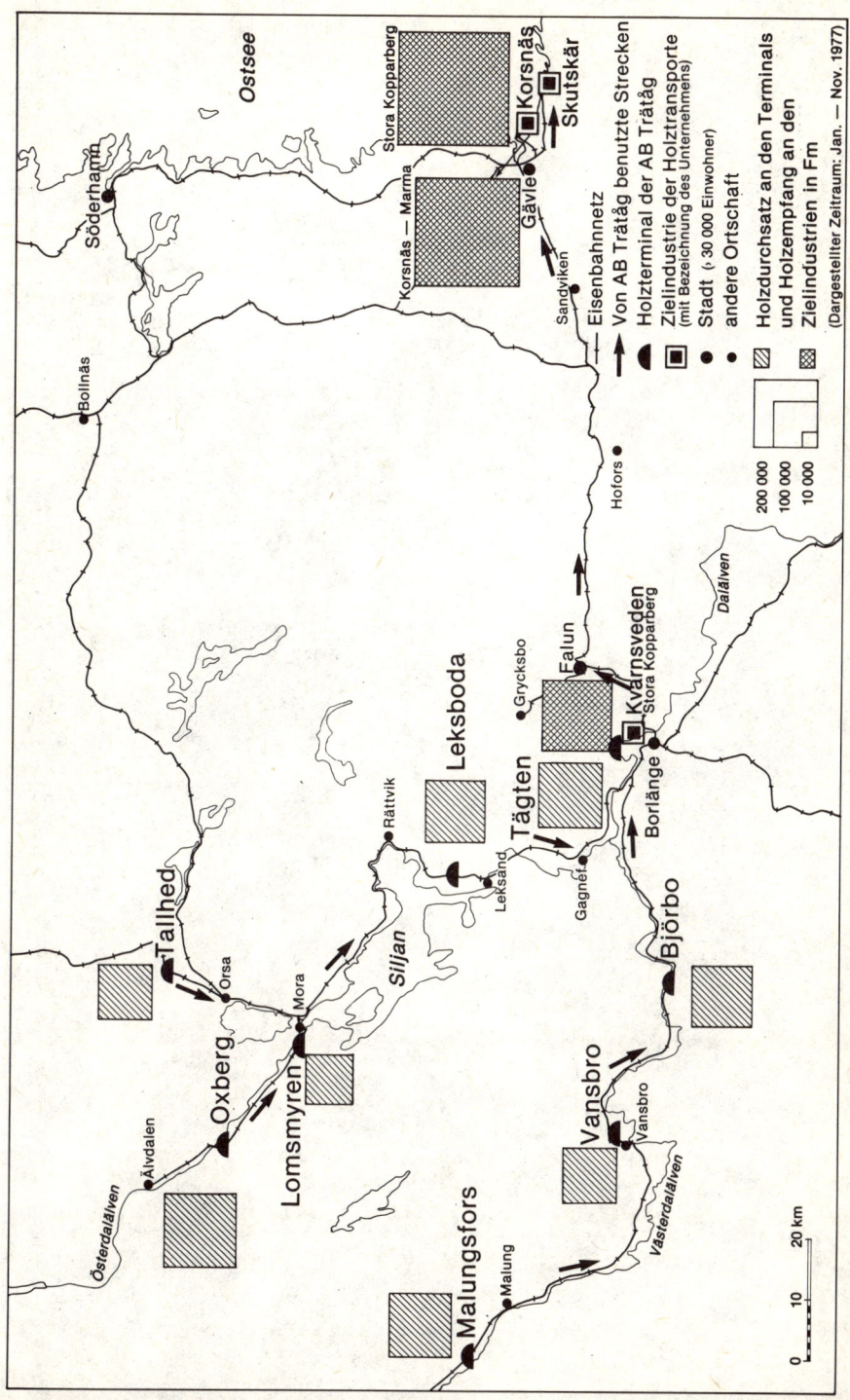

Abb. 15: Holztransport auf dem Schienenweg: Terminals und Strecken der AB Trätåg (mit dem Holzdurchsatz Jan. – Nov. 1977)
(Quelle: nach werksinternen Statistiken)

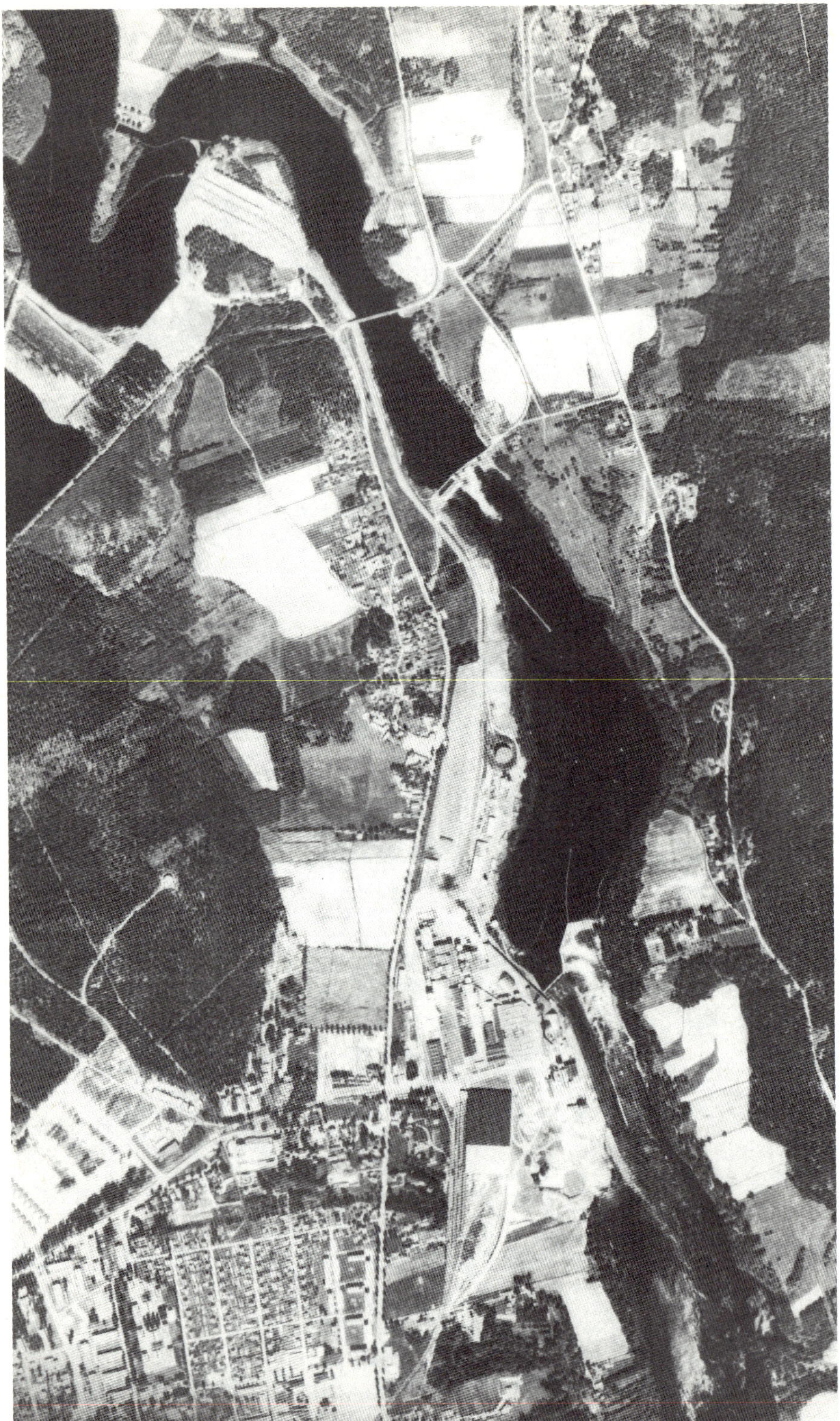

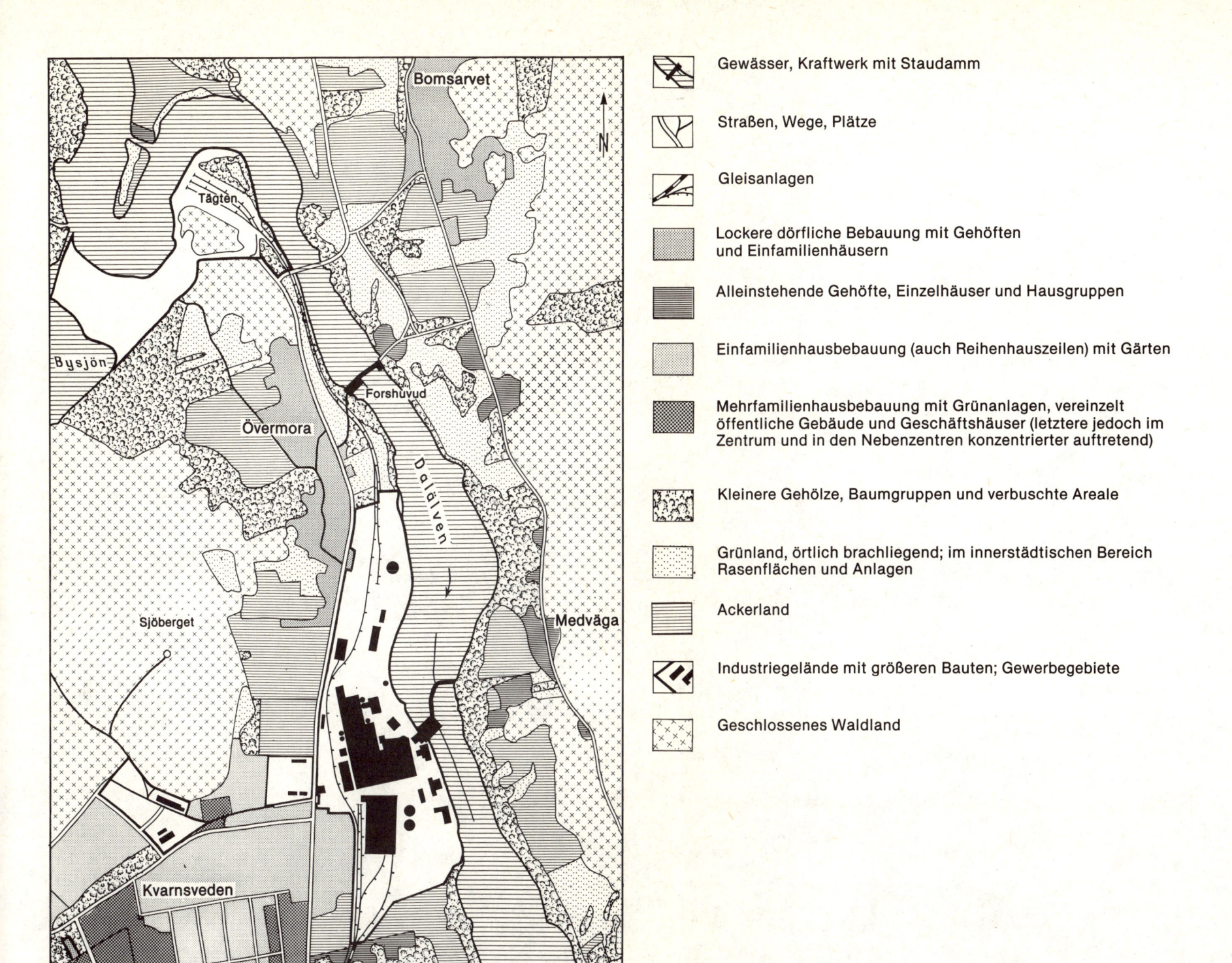

Symbol	Description
	Gewässer, Kraftwerk mit Staudamm
	Straßen, Wege, Plätze
	Gleisanlagen
	Lockere dörfliche Bebauung mit Gehöften und Einfamilienhäusern
	Alleinstehende Gehöfte, Einzelhäuser und Hausgruppen
	Einfamilienhausbebauung (auch Reihenhauszeilen) mit Gärten
	Mehrfamilienhausbebauung mit Grünanlagen, vereinzelt öffentliche Gebäude und Geschäftshäuser (letztere jedoch im Zentrum und in den Nebenzentren konzentrierter auftretend)
	Kleinere Gehölze, Baumgruppen und verbuschte Areale
	Grünland, örtlich brachliegend; im innerstädtischen Bereich Rasenflächen und Anlagen
	Ackerland
	Industriegelände mit größeren Bauten; Gewerbegebiete
	Geschlossenes Waldland

Abb. 16: Der Standort der Papierfabrik Kvarnsveden
(Quelle: eigene Erhebungen, Skizze auf der Grundlage der Luftbilder Nr. 73 Ff 108 44-46, Freigabe durch Statens Lantmäteriverk 1980-03-06)

geblieben. Lediglich mit der Altpapierverwertung ab 1976 ist ein wesentliches neues Element hinzugetreten.[66] Der Überblick über die wichtigsten Entwicklungsphasen der Papierfabrik Kvarnsveden kann damit abgeschlossen werden. Er bildet den Hintergrund für die im nächsten Kapitel folgende Analyse der mit der Expansion zusammenhängenden Auswirkungen, dadurch ausgelöster Ressourcenkonflikte und ihrer Raumwirksamkeit.

Deren Verständnis allerdings wird erleichtert, wenn man sich ein wirklichkeitsnahes Bild von der Papierfabrik und ihrem engeren Standortsbereich machen kann. Hierzu dient die generalisierte Luftbildskizze mit dem entsprechenden Luftbildausschnitt, aus der die wesentlichen Flächennutzungen im Umfeld der Anlage zu Beginn der 70er Jahre ersichtlich sind (Abb. 16). Der überwiegende Teil der im folgenden genannten Ortsangaben aus der näheren Umgebung der Papierfabrik Kvarnsveden kann der Skizze entnommen werden.

2.1.2. Inanspruchnahme des umgebenden Raums durch prozeßbedingte Emissionen

2.1.2.1. Produktionsprozeß und innere funktionale Differenzierung

Die sektorale industriegeographische Forschung hat sich bisher in einer erstaunlichen Weise auf die Montanindustrie konzentriert (vgl. MIKUS, 1978). Die Zellstoff- und Papierindustrie nimmt dagegen einen sehr untergeordneten Rang ein, obwohl in jüngster Zeit ein verstärktes Interesse festzustellen ist. Zu nennen sind hier etwa die vergleichende Arbeit über die nordischen Länder von LÖTTGERS (1974) oder die nordamerikanischen Fallstudien von WINDHORST (1979).[67] Noch ausgeprägter als bei der kohleorientierten Schwerindustrie ist hier aber das Forschungsdefizit bezüglich einer prozeßbezogenen funktionalen Differenzierung aus geographischer Sicht. Sie aber ist die Grundlage einer jeden *auswirkungsbezogenen* Beurteilung der Wechselbeziehungen zwischen Industrie und umgebendem Raum. Als Basis der spezifisch konfliktorientierten Analyse der folgenden Abschnitte ist somit eine solche funktionale Strukturskizze erforderlich. Ausgangspunkt ist der Ist-Zustand des Werks, als der hier die Verhältnisse um die Mitte der 70er Jahre bezeichnet werden sollen.

---

[66] Vor einigen Jahren allerdings schien es, als stünden nahezu unmittelbar weitere eingreifende Veränderungen bevor. Die Hochkonjunktur Anfang der 70er Jahre und die einsetzende Umstrukturierung im Unternehmensbereich führten dazu, daß schon wenige Jahre nach Inbetriebnahme der PM 10 eine weitere Maschine der gleichen Größenordnung (PM 11) in die Vorplanung ging. Der Konjunktureinbruch ab 1975 und die Unsicherheit bezüglich der zukünftigen Rohstoffversorgung der holzverbrauchenden Industrien — mit einschneidenden staatlichen Investitionsbeschränkungen als Folge — führten aber dazu, daß bis Anfang 1980 keine weitreichenden Beschlüsse gefaßt wurden (vgl. dazu im einzelnen noch S. 153 ff.).

[67] Die klassische Arbeit von O. LINDBERG (1951) ist völlig auf die traditionelle Lokalisierungsproblematik gerichtet.

Papierherstellung auf der Grundlage des Rohstoffs Holz basiert auf dem Prinzip, durch mechanische, chemische oder kombinierte Verfahren die Zellulosefasern aus dem Holzverband zu lösen (Zellstoffherstellung) und nach Zusatz verschiedener Hilfsstoffe (Leim, Farben, Kaolin, Ton) aus dem Gemisch das Endprodukt anzufertigen. Auf mechanischem Weg hergestellter Halbstoff (Holzschliff oder Holzstoff) ist zwar relativ billig und ergibt eine hohe Ausbeute, d. h. ein hoher Anteil der Holzmasse wird zu Zellstoff, jedoch ist das damit produzierte Papier wegen des hohen Restgehaltes an Lignin (d. h. der unvollständigen Freilegung der Faser) und der kurzen Faserlänge von geringer Haltbarkeit und Stärke. Die teureren chemischen Verfahren ergeben in der Regel eine wesentlich niedrigere Ausbeute, aber einen Zellstoff höherer Qualität infolge der besseren Freilegung und geringeren mechanischen Beanspruchung der Faser. Je nach gewünschtem Endprodukt, spezifischer Kostenstruktur der Anlage, verfügbaren Rohstoffen oder besonderen Standortvoraussetzungen kann jedes der genannten Verfahren oder ihre Kombination zu wirtschaftlich und qualitativ zufriedenstellenden Ergebnissen führen.

Wie im einleitenden Abschnitt schon unterstrichen wurde, basiert die Zeitungspapierherstellung der Papierfabrik Kvarnsveden überwiegend auf mechanisch gewonnenem Holzschliff, dem zur Qualitätsverbesserung geringe Anteile von chemischer Zellulose, v. a. Sulfitzellstoff, beigesetzt werden.

Im folgenden seien die innerbetrieblichen Vorgänge eingehender behandelt, wobei sich die parallele Betrachtung der Abb. 17 - 20 empfiehlt.

Folgende Funktionsbereiche sind von Bedeutung:

— *Rohstoffhantierung* (in Abb. 19 nicht differenziert, da überwiegend außerhalb des gezeigten Ausschnitts aktuell).

Hierzu gehören einige feste sowie nach Bedarf wechselnde Lager im Betriebsgelände. Die eventuell notwendige längere Zwischenlagerung von Rundholz erfolgt auf dem Lagerplatz Tägten nördlich der Fabrik (vgl. Abb 16). Ein Lager mit etwa dem Tagesverbrauch der Anlage befindet sich unmittelbar nördlich von PM 9 und 10. Es wird in der Regel aus den ständig vorfahrenden Rundholz-LKW's nachgefüllt. Vor allem im Winter und während der frühjährlichen Frostwechselperioden, wenn große Teile des Forststraßennetzes u. U. für Wochen unbefahrbar sind, werden auf den Freiflächen nördlich der Fabrik weitere Rundholzstapel aufgeschichtet. Dort befindet sich auch das unter Planen gelagerte Altpapier. Die Verladung erfolgt durch mobile Kräne, der Transport durch schwere Trucks. Nur am Tagespuffer westlich und nördlich von PM 10 befinden sich feste Laufkräne. Sie arbeiten dem Prozeßcharakter der Anlage entsprechend ohne Unterbrechung.

Die übrigen Lager, etwa der Hilfsstoffe Kaolin und Leim, sind von quantitativ und physiognomisch untergeordneter Bedeutung, so daß sie hier nicht differenziert werden.

93

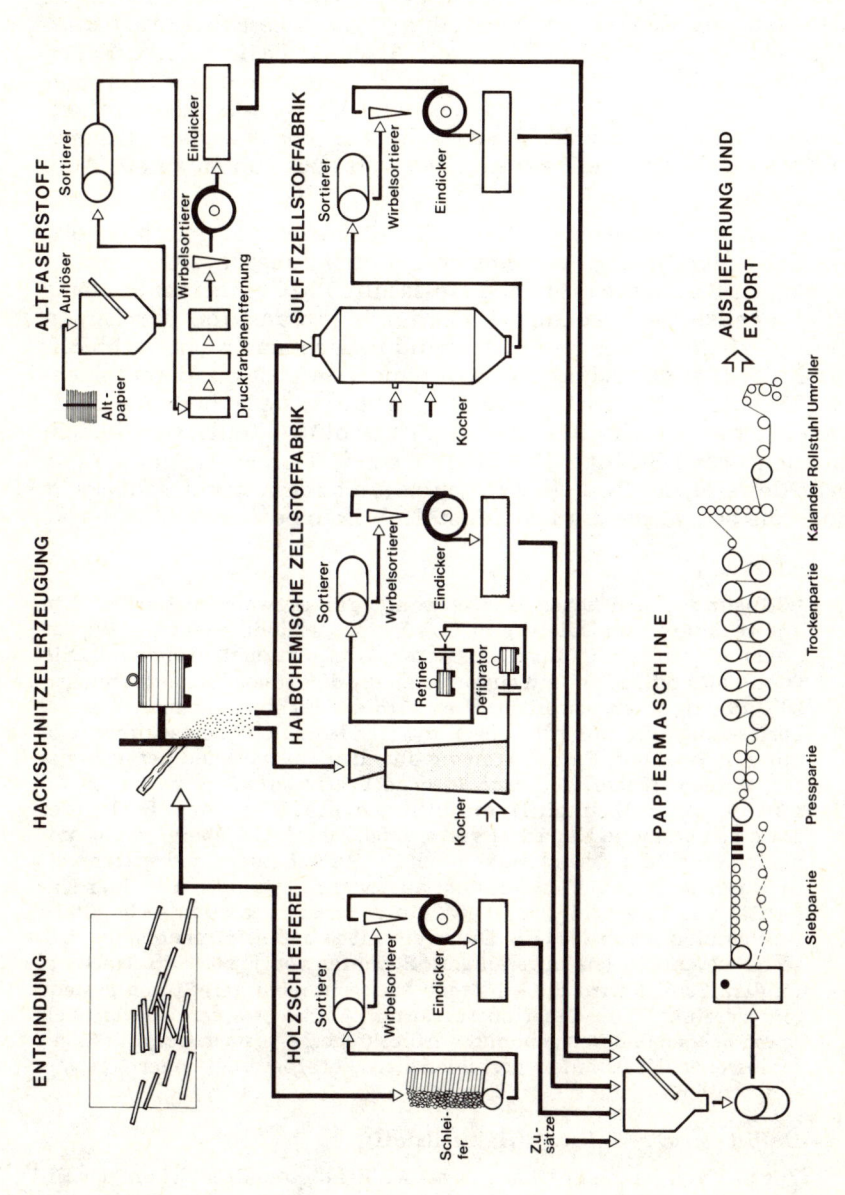

Abb. 17: Papierfabrik Kvarnsveden: Schema des Produktionsganges
(Quelle: nach werksinternen Unterlagen)

— *Rohstoffvor- und -aufbereitung*

Hier können vier wichtige *Produktionsstränge* für Halbfabrikate (Halbstoffe) unterschieden werden, die im Grunde eigene Fabriken darstellen. Sie dienen der Herstellung von *Holzschliff, Sulfitzellstoff, Halbzellstoff* und *Zellstoff auf Altpapierbasis*.[68] Diese Fabriken arbeiten jedoch nicht völlig isoliert nebeneinander, da immer wieder Produktions-, Verarbeitungs- oder Verwertungsschritte zwischengeschaltet sind, in denen aus technischen oder wirtschaftlichen Gründen zwei oder mehr Stränge zeitweise zusammenlaufen (Abb. 18).

Das in Längen von 3 m angelieferte Fichtenholz wird im für alle holzverarbeitenden Stränge gemeinsamen Entrindungshaus (Holzputzerei) zunächst auf einen (für den Holzschliff) bzw. eineinhalb Meter (für alle Zellstoffe) abgelängt. Dann durchläuft das Holz vier Linien kontinuierlich arbeitender Naßentrindungstrommeln unterschiedlicher Größe (Länge bis über 20 m, Durchmesser bis 5 m). Beim folgenden Verarbeitungsschritt, der Zerkleinerung — sie ist beim mechanischen Zellstoff gleichzeitig schon der Aufschluß — teilen sich die beiden wichtigsten Stränge: Der überwiegende Teil des Holzes geht in die Schleiferei, der Rest wird zu ,,chips", also Schnitzeln, gehäckselt und in die beiden chemischen Zellstoffabriken befördert.

—*Holzschliff*

Wie beim geschichtlichen Abriß erwähnt, gibt es zwei Schleifereien. Die untere (ältere), am Dalälven im Kraftwerksgebäude gelegen, stellt vor allem den Holzschliff für die besseren Zeitschriftenqualitäten her. Sie ist mit elf Stetigschleifern ausgerüstet, die direkt von Wasserturbinen à 2000 PS angetrieben werden. Hier wird das Fichtenholz unter Wasserberieselung kontinuierlich gegen rotierende Schleifsteine gepreßt, wodurch Fasern und Faserfragmente aus dem Holzverband herausgerissen werden. Dieser Holzstoff wird nachraffiniert, d. h. weiter entfasert, und schließlich mit Hydrosulfit gebleicht. Die untere Schleiferei hat eine nominelle Kapazität von ca. 100 000 t/a. Die obere, im Zusammenhang mit der Erweiterung durch PM 9 entstandene und später weiter ausgebaute Schleiferei besteht aus zwei Abteilungen mit einer Kapazität von insgesamt 250 000 t/a. In der ersten arbeiten sechs ältere Stetigschleifer von 2800 PS. Die zweite, 1969 in Betrieb genommen, hat sechs wesentlich leistungsfähigere Schleifer von je 8000 PS. Nach erfolgtem Schliff wird die erhaltene Masse in mehreren Stufen gesiebt und gereinigt. Die dabei aussortierten Abfälle werden — wie auch schon bei den anderen genannten Abteilungen — je nach Qualität in geschlossenen Kreisläufen verschiedenen Verarbeitungs- oder Verwertungsstufen zugeführt.

—*Halbchemischer Zellstoff* (Halbzellstoff)

Wie der Name andeutet, handelt es sich bei diesem Produkt um das Ergebnis eines kombiniert mechanisch-chemischen Aufschlusses. In einer ebenfalls eigenen Fabrik zwischen oberer Schleiferei und PM 9 gelegen, wird das gehäckselte Holz zunächst zwecks einer ersten Strukturauf-

---

[68] Zusätzlich wird je nach Anfall oder Bedarf auch betriebsexterner Schnitzel- oder Sägemehlrohstoff eingesetzt, jedoch ist er von quantitativ untergeordneter Bedeutung.

lockerung mit Dampf vorbehandelt, danach mit Natriumsulfit als Kochflüssigkeit imprägniert und kontinuierlich gekocht. Anschließend geschieht unter Druck noch eine zusätzliche mechanische Entfaserung im Defibrator mit nachfolgender Raffinierung. Die Ausbeute bei diesem Verfahren liegt mit ca. 75 % zwischen der von chemischem Zellstoff und Holzschliff. Die gesamte Anlage ist so weit automatisiert, daß sie von einer Person pro Schicht bedient werden kann.

—*Sulfitzellstoff*

Die Produktion von Zellstoff nach dem Sulfitverfahren ist wesentlich aufwendiger als die von Holzschliff, zumal dem eigentlichen chemischen Aufschluß weitere Produktionseinheiten vorgeschaltet sein müssen. Sie sind in der Papierfabrik Kvarnsveden sämtlich vorhanden. Es wird nach dem traditionellen Calciumbisulfitverfahren gearbeitet, allerdings in einer speziellen Hochausbeute-Variante, die eine Nachraffinierung in Scheibenmühlen voraussetzt.

Das zerhäckselte Fichtenholz wird unter einem Druck von mehreren Atmosphären und bei einer Temperatur von 110-150° C mit einer $Ca(HSO_3)_2$-Säure einige Stunden lang gekocht und dadurch aufgeschlossen. Das Lignin und andere Nichtzellulose-Bestandteile werden dabei weitgehend in sog. Lignosulfonsäuren gebunden und als Ablauge aus dem Kocher herausgespült. Je nach Kochdauer, Druck, Temperatur, Waschintensität usw. kann dabei die Ausbeute gesteuert werden. 1973 lag sie bei durchschnittlich 62 %. Der Rest der organischen Bestandteile ist also in der Ablauge gelöst.

Auch die Kochsäureproduktion erfolgt werksintern in der Sulfitfabrik. Zunächst wird Schwefelkies aus dem unternehmenseigenen Bergwerk in Falun in einem Wirbelschichtofen im unmittelbar westlich der Sulfitfabrik gelegenen Kieshaus geröstet. Das dabei entstehende SO_2-Gas-Luftgemisch wird gewaschen und gekühlt. Anschließend wird es im Gegenstromprinzip durch die beiden kalkgefüllten Säuretürme geleitet, in denen es auf von oben eingespritztes Wasser trifft. Hierdurch wird das SO_2 im Wasser gelöst, es entsteht schweflige Säure, die ihrerseits den Kalkstein angreift. Die dadurch gebildete Lösung — Calciumbisulfit — wird als Kochsäure im Turmunterteil abgezogen.

Die für alle Sulfitfabriken charakteristischen Säuretürme sind auch in Kvarnsveden ein physiognomisch sehr auffälliges Element (vgl. Abb. 6).

—*Altfaserstoff*

Der vierte, seit 1975 bestehende Produktionsstrang von Papierausgangsprodukten ist die Altpapieraufbereitung. Die eigentliche Stoffauflösung unter Chemikalienzusatz ist technisch unproblematisch. Ein eigener, komplizierter Prozeßblock ist jedoch notwendig, um die im Altpapier immer enthaltenen folgenden Fremdstoffe, wie Heftklammern, Klebestreifen usw. sowie vor allem die Druckfarben auszuscheiden[69]. Verschiedene hintereinandergeschaltete Sieb- und Flotationsschritte sorgen für eine zufriedenstellende Reinigung.

[69] Diese sog. Entschwärzung ist in Anbetracht der Vielfalt verwendeter Typen und Bindemittel, wie resistenten Klebstoffen u.a.m., technisch äußerst aufwendig. Sie ist aber notwendig, da von manchen solcher „Verunreinigungen" ein halber Kubikzentimeter genügt, um eine Tagesproduktion unbrauchbar zu machen oder auch die Funktionsfähigkeit der empfindlichen Papiermaschine nachhaltig zu gefährden. Diese Probleme haben bisher den Einsatz von Altpapier für die besseren Papierqualitäten in holzreichen Ländern unrentabel gemacht.

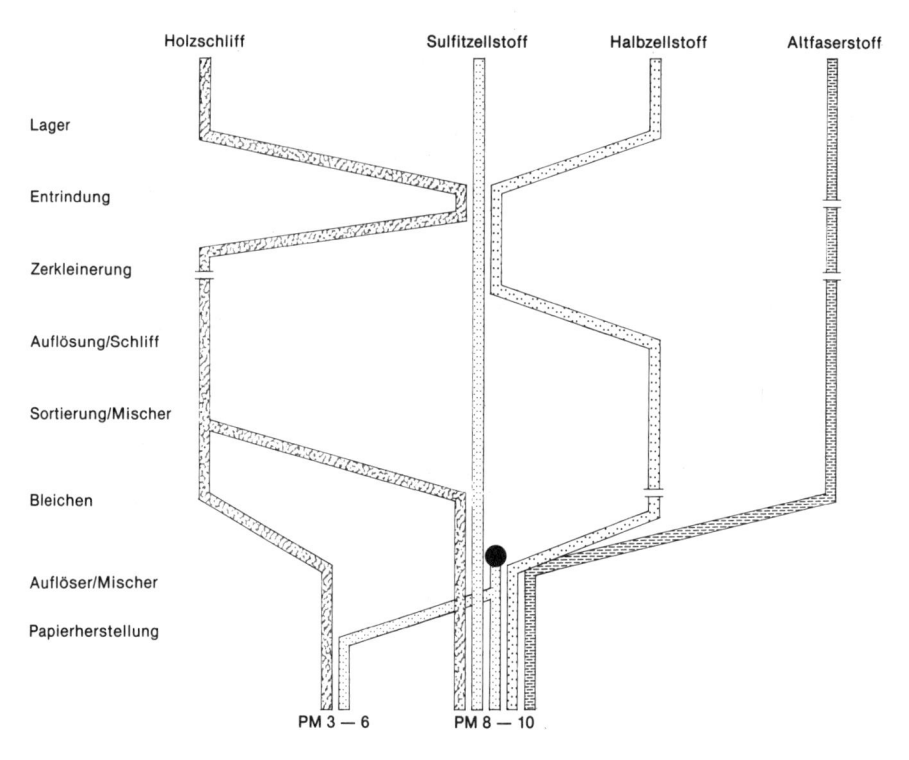

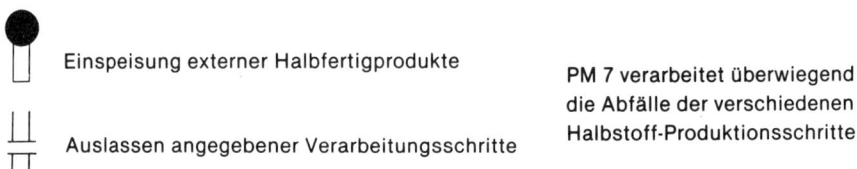

Abb. 18: Papierfabrik Kvarnsveden: Gemeinsame und getrennte
Verarbeitungsstufen der verschiedenen Produktionsstränge
(Quelle: nach werksinternen Unterlagen und Plänen)

Dabei ist aber ein massiver und differenzierter Chemikalieneinsatz nötig, z. B. von Wasserglas, Natriumhydroxid, Fettsäure, Calciumchlorid, oberflächenaktiven Mitteln und Komplexbildnern, die sowohl den Prozeßwasserkreislauf als auch die Abwässer belasten (vgl. dazu im einzelnen ERIKSSON, 1974 sowie S. 140 ff.)

Der aus Altpapier gewonnene Altfaserstoff wird in den westlich der PM 10 gelegenen Hochtanks gelagert und nach Bedarf in die Einlaufkästen der Papiermaschinen eingepumpt.

— *Papiermaschinenhallen (Fertigproduktherstellung)*

Die verschiedenen Papierqualitäten werden in der Regel auf folgenden Maschinen hergestellt:

Arbeitsbreite		Qualität
PM 3	3450 mm	Zeitungspapier
PM 4	3450 mm	Spezialqualitäten
PM 5	3200 mm	Illustrationsdruckpapier
PM 6	3680 mm	Illustrationsdruckpapier
PM 7	3100 mm	Packpapier
PM 8	5530 mm	Zeitungspapier
PM 9	6310 mm	Zeitungspapier
PM 10	8550 mm	Zeitungspapier

Der in den vorgeschalteten Produktionssträngen hergestellte und von außen gelieferte Zellstoff wird entweder direkt in Papiermaschinen gepumpt oder — falls Eindickung und Zwischenlagerung vorangegangen sind — im Pulper, d. i. ein Stofflöser, wieder verflüssigt. Nach Zusatz der jeweils notwendigen Hilfsstoffe (Kaolin, Alaun, Leim — jedoch nicht bei Zeitungspapier —, Farbe u. a.) durchläuft die Masse noch einmal Scheiben- oder Kegelmühlen und Reiniger und wird dann über den Einlaufkasten auf das Sieb der Papiermaschine gebracht. In der Siebpartie erfolgt die hauptsächliche Entwässerung. Nachentwässert wird in der Pressenpartie, in der der Wassergehalt bis auf 50 % gesenkt wird. Gleichzeitig werden durch die hier möglichen Druckunterschiede entscheidende Qualitätseigenschaften des Papiers vorbestimmt, z. B. Glätte, Festigkeit, Dicke und spezifisches Gewicht. In der dampfbeheizten Trockenpartie wird der Feuchtigkeitsgehalt des Papiers auf den gewünschten Grad gebracht. Außerdem können auch hier noch durch die Wahl des Zylindersystems bestimmte Oberflächeneigenschaften des Papiers erreicht werden. An die Trockenpartie schließt sich das Glättwerk, bei hochglatten Papieren auch noch der Superkalander an, mit denen die endgültige Oberfläche des Papiers festgelegt wird.

Während die innere Strukturierung der Fabrik an der Halle von PM 3-7 äußerlich nicht ersichtlich ist, prägen die großen Papiermaschinen 8-10 mit ihren jeweils eigenen langgestreckten Hallen wesentlich das äußere Erscheinungsbild der Anlage. Funktion ist hier aufgrund technischer Sachzwänge zu Form geworden, wobei gleichzeitig die wichtigsten Expansionsphasen seit 1931 dokumentiert sind.

— *Papierlager und Versand*

Umrollen, Schnitt und Verpackung der Papierrollen erfolgen in drei Abteilungen noch im unmittelbaren Anschluß an die Papiermaschinen. Dann werden die Fertigprodukte automatisch in das Papierlager südlich der Papiermaschinenhallen transportiert, in dem etwa eine Monatsproduktion Platz findet. Von hier aus geschieht der Versand, entweder direkt durch LKW's oder mit der Bahn.

— *Energieversorgung*

Die Fabrik hat zwei Dampfzentralen, deren Kessel eine Kapazität von 60 t/h und 150 t/h (bei 50 atü und 480°C) haben. Angeschlossen sind eine Gegendruckturbine sowie eine Kondensationsturbine als Trockenjahrreserve von 15 MW bzw. 34 MW Leistung. Die eingesetzten Energieträger sind in erster Linie schweres Heizöl (zu 2/3), Holzabfall, i. w. Rinde aus den Entrindungstrommeln und bei den anderen Produktionsschritten entstehende Abfälle, sowie die Ablauge der Sulfitfabrik (zusammen ca. 1/3 des Bedarfs). Letztere wird in einer Vakuum-Eindampfungsanlage so weit verdickt, daß sie im neueren Kessel als Brennstoff eingesetzt werden kann.

Bevor der erzeugte Dampf für Koch-, Heiz- und Trockenzwecke in den verschiedenen Werksteilen verwendet wird, kann seine Energie zur Stromerzeugung genutzt werden. Hinzu kommt ein eigenes Wasserkraftwerk mit einer Leistung von 6 MW sowie weiteren 16 MW zum Direktantrieb der elf Stetigschleifer in der unteren Schleiferei. Als Notreserve sind weiter zwei elektrische Dampfkessel mit einer Leistung von zusammen 75 MW installiert. Die restliche benötigte elektrische Energie, ca. 2/3 des Gesamtbedarfs, wird über eine 130 kV- Leitung von den unternehmenseigenen Wasserkraftwerken geliefert. Eine Umspannstation befindet sich nördlich des neuen Kesselhauses. Noch weiter nördlich steht am Ufer des Dalälven der Öltank für schweres Heizöl mit ca. 15 000 m³ Fassungsvermögen; das entspricht etwa einem Viertel des Jahresbedarfs.

— *Hilfsbetriebe und Verwaltung*

Die verbleibenden Gebäude fallen nahezu sämtlich unter diese Kategorie, die hier nicht differenziert werden soll.

— *Emissionsdämpfung und Kuppelproduktverwertung*

Als Anlagen direkt sichtbar sind lediglich die beiden kreisrunden Sedimentationsbecken (∅ 36 m) für faserbelastete Abwässer sowie die Aschengrube. Das von den Becken in den Vorfluter abgehende Wasser enthält insbesondere bei Betriebsstörungen noch erhebliche Mengen an Fasermaterial. Die sedimentierten organischen Rückstände werden entwässert, gepreßt, getrocknet und in den Dampfzentralen verfeuert.

— *Stillgelegte Betriebseinheiten*

Als einzige größere Gebäude stillgelegter Einheiten bestehen heute noch die ehemalige Sulfitspritfabrik, die zwischen 1911 und 1964 in Betrieb war, sowie das alte Kesselhaus.

2.1.2.2. Funktionsbereiche und Rohstoffströme

Wichtige Beziehungen zwischen den Funktionsbereichen sind teilweise schon genannt worden. Abb. 20 zeigt sie noch einmal im Zusammenhang, wobei versucht wird, die einzelnen Güter- und Energieströme zumindest größenordnungsmäßig zu quantifizieren (Stichjahr 1975, für die Energieversorgung 1973).

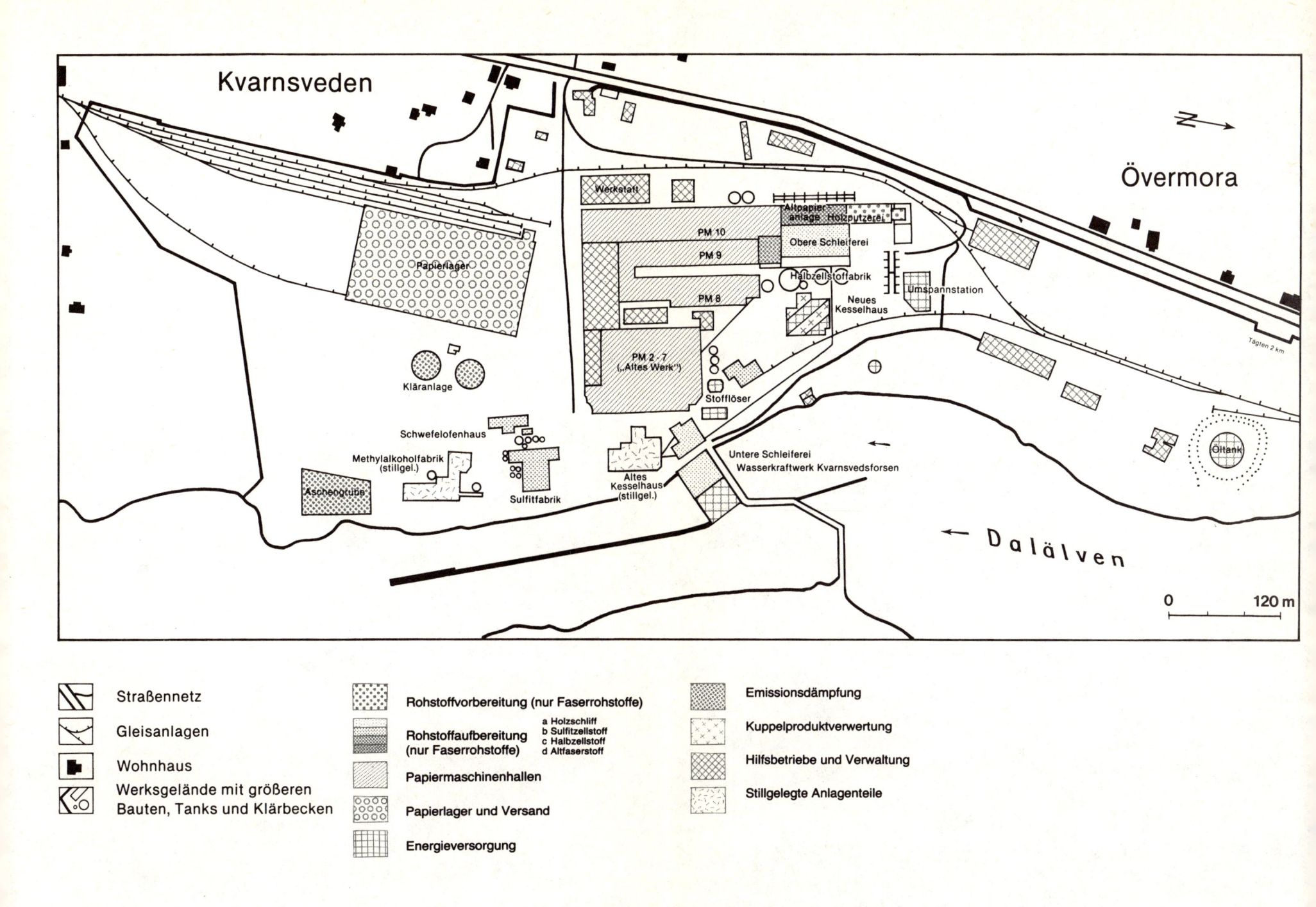

Abb. 19: Papierfabrik Kvarnsveden: Lage der wichtigsten Werksteile und innere funktionale Differenzierung um 1975
(Quelle: nach werksinternen Unterlagen und Plänen)

Geographisches Institut
der Universität Kiel
23 K i e l, Olshausenstraße

Abb. 20: Papierfabrik Kvarnsveden: Rohstoff- und Energieströme
(Quelle: nach werksinternen Unterlagen, Plänen und Statistiken)

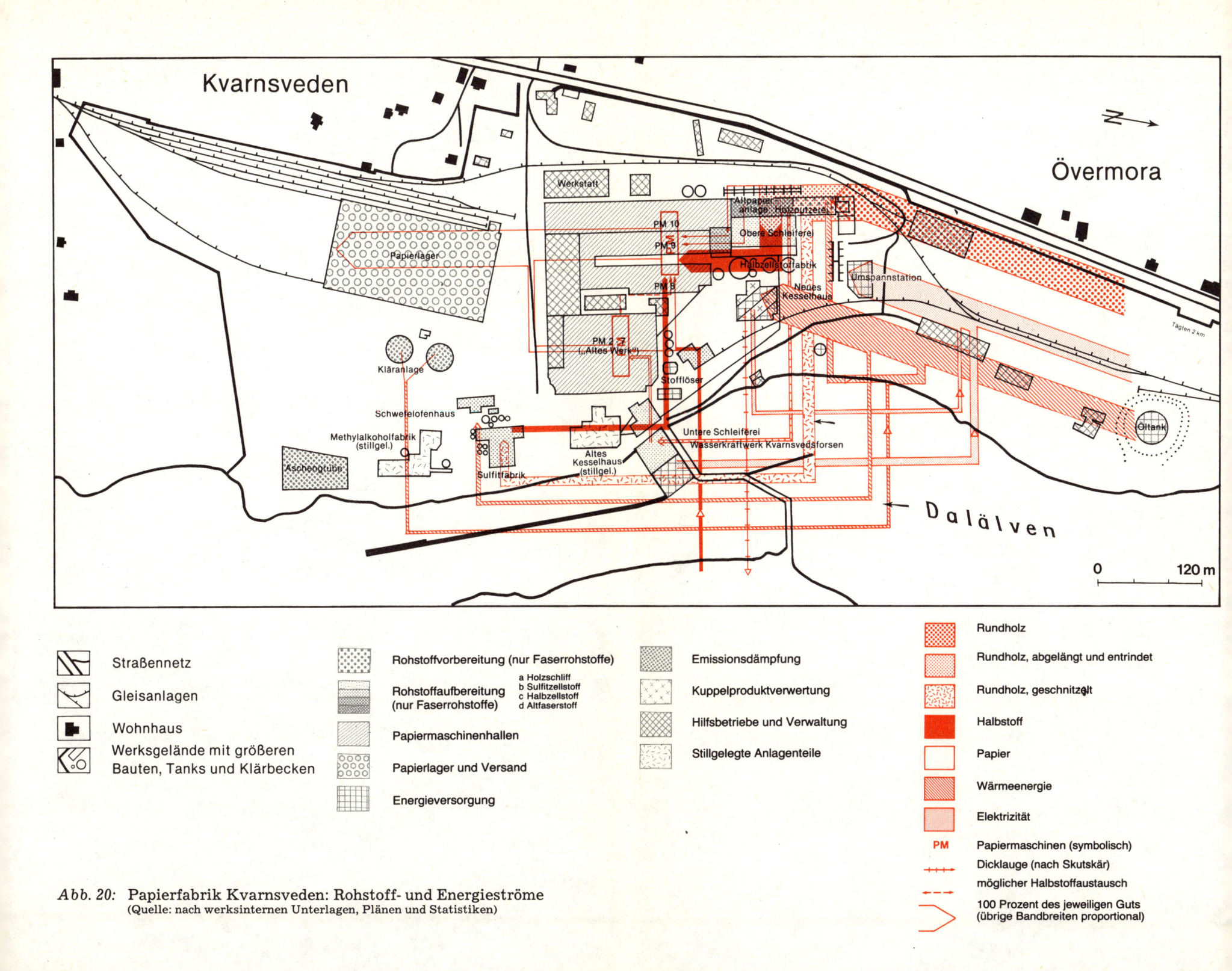

Die *Rohholzannahme* ist auf den nördlichsten Ausläufer des Anlagenkomplexes konzentriert, wo die vier Entrindungslinien ansetzen. Im Stichjahr wurden hier ca. 752 000 Fm o.R. Fichtenholz eingebracht, ca. 3/4 der nominellen Kapazität.

Das *abgelängte entrindete Rundholz* wurde überwiegend in der oberen Schleiferei verarbeitet, ca. 485 000 Fm o.R., aus weiteren 600 000 Fm o.R. wurde in der unteren Schleiferei Holzschliff hergestellt.

Die restlichen Rundholzmengen von etwa 207 000 Fm o.R. wurden zu *Schnitzeln* zerhackt und gingen in die Sulfitfabrik (ca. 174 000 Fm o.R.) und in die halbchemische Zellstoffabrik (ca. 34 000 Fm o.R.). Etwa 7 600 t *Altpapier* wurden in der Altpapieranlage aufbereitet.

Der Fluß der in den genannten Anlagen hergestellten und von außen gelieferten *Zellstoffsorten* in die Papiermaschinen ist quantitativ nicht mehr so differenziert darzustellen, da er sich je nach innerbetrieblichen und produktbezogenen Erfordernissen ändern kann. Dies ist in Abb. 20 durch die getrichelten Linien angedeutet, wobei die jeweiligen Bandbreiten nur schematisch eine Vorstellung von den Liefermengen vermitteln sollen. Auch ist es nicht möglich, jeden Einlaufkasten der Papiermaschinen darzustellen. Stattdessen ist ein solcher jeweils symbolisch für die älteren und die neuen Papiermaschinen eingezeichnet.

Das prinzipielle Verteilungsschema der Halbstoffe ist in Abb. 18 dargestellt. Es geht daraus hervor, daß nur PM 8-10 von allen sechs halbstoffliefernden Strängen beschickt werden, die übrigen verarbeiten nur drei verschiedene Halbstoffsorten. Lediglich der von außen bezogene chemische Zellstoff wird in allen Maschinen eingesetzt.

Die Darstellung der erzeugten *Papiermengen* in Abb. 20 schließlich zeigt die überragende Bedeutung der drei neuen mit 260 900 t/a Produktion gegenüber den sechs älteren Papiermaschinen mit 60 100 t/a.

Die innerhalb des Werks benötigte *Wärmeenergie* wird überwiegend durch ,,Schweres Heizöl" erzeugt (59 000 m^3 Verbrauch in 1973), jedoch wird immerhin noch ein Drittel der Gesamtproduktion durch Abfall- und Kuppelprodukte gedeckt (entwässerte Rinde und Klärschlamm, Sulfitdicklaugen).

Ähnliches gilt für die *Elektrizitätsversorgung*. Zwei Drittel der 1973 benötigten 765 GWh kamen aus den externen Kraftwerken des Unternehmens, etwa ein Drittel wurde durch eigene Wasserkraft und die Gegendruckturbine erzeugt.

Schließlich sei noch erwähnt, daß die *Ablauge der halbchemischen Zellstoffabrik* ebenfalls im Kesselhaus eingedampft, dann aber zur Verfeuerung in das Skutskär-Werk transportiert wird.

2.1.2.3. Emissionstypen und ihre Entwicklung

Sämtliche im folgenden genannten Emissionsdaten sind den wasser-, umwelt- und baurechtlichen Verfahren von 1956, 1961, 1966, 1974 und 1976 sowie diesbezüglichen unternehmensinternen Unterlagen entnommen. Nur für diese Stichjahre liegen relativ präzise, wenn auch nicht immer widerspruchsfreie Durchschnittsangaben vor. Die Emissionen *zwischen* diesen Zeitpunkten können je nach vorgenommenen Umbauten, Prozeßänderungen, Störfällen u.a.m. stark schwanken und sind praktisch nicht mehr rekonstruierbar. Aus diesem Grund wird im folgenden auf eine kontinuierliche Darstellung der Emissionsentwicklung in Kurvenform verzichtet. Sie wird lediglich tabellarisch für die genannten Stichjahre gezeigt. Dazu ist noch folgendes anzumerken: Weder Zielsetzung noch Genauigkeit der bis zu den frühen 60er Jahren herrschenden Meß- und Analyseverfahren lassen einen im naturwissenschaftlichen Sinne exakten Vergleich mit jüngeren Daten zu. Da jedoch offensichtlich ist, daß eine Reihe wichtiger Emissionsquellen und -typen früher nicht erfaßt wurden [70], erscheint — ganz abgesehen von möglichen verfahrenstaktischen Überlegungen seitens des Anlagenbetreibers — die Vermutung berechtigt, daß die *tatsächliche Emissionshöhe eher unter- als überschätzt* wurde. Selbst wenn somit nicht jede einzelne Zahl früherer Unterlagen völlig korrekt sein sollte, dürfte die Analyse wichtiger Trends möglich sein.

Aus der geschilderten rechtlichen Zuständigkeitszuordnung nach Wasser- und Umweltschutzgesetz ist schließlich auch verständlich, warum für die frühen Verfahren lediglich Angaben über wässrige Emissionen in den Vorfluter vorliegen. Erst seit den 70er Jahren wurden Daten über Luftverunreinigungen, Lärm u.ä. erhoben.

2.1.2.3.1. Wässrige Emissionen

Die Mengen der wässrigen — also der wassergebundenen — Verunreinigungen in den wichtigsten Stichjahren gehen aus Tab. 3 hervor.[71]

Vor dem Hintergrund der vorstehenden Erläuterungen der Prozeßzusammenhänge ergibt sich ein deutliches Bild von Emissionstypen und -entwicklung, das jedoch in Anbetracht der genannten Unsicherheitsfaktoren mit Vorbehalten zu interpretieren ist.

Die größte verunreinigende Wirkung hat über alle Jahre hinweg die chemische Zellstoffherstellung gehabt. Bemerkenswert ist vor allem der zwischen 1956 und 1961 erfolgte Sprung bei den in den Vorfluter geleiteten gelösten Holzsubstanzen, i. w. Lignosulfonsäuren, von ca.

---

[70] z. B. wurde die gelöste organische Substanz von Rohstoffaufbereitung und Schleifereien oft nicht oder nicht angemessen berücksichtigt. Auch wurde bei den filtrierbaren Substanzen nicht immer zwischen Fasern und verschiedenen festen Zuschlagstoffen unterschieden. Schließlich gab es vor Beginn kontinuierlicher Messungen keine Möglichkeit, Art und Umfang ephemerer Emissionen zu erfassen.

[71] Sie sind nicht über den ganzen Zeitraum hinweg eindeutig ihren verschiedenen werksinternen Quellen zuzuordnen, da nach 1966 die ursprünglich getrennten Abwässer zunehmend auf einige wenige Leitungen konzentriert wurden, in denen allein dann auch Emissionsmessungen kontinuierlich erfolgten. So ist z. B. der drastische Anstieg der internen Emissionen bei der Rohstoffvorbereitung ab 1973 darauf zurückzuführen, daß früher anders verlaufende Abwasserströme nun hierher geleitet werden.

Tab. 3 Papierfabrik Kvarnsveden: Wichtige Verunreinigungen in den Abwässern[72] zwischen 1956 und 1979 (in t/Jahr)
(Quellen: Wassergericht, Unternehmenshauptverwaltung, Papierfabrik)
350: Filtrierbare Substanzen
4 200: Gelöste organische Substanzen (im wesentlichen Ablaugen)

Werksteil	Stichjahr					
	1956	1961	1966	1973	1975	1979
Rohstoffvor-	350	2 400	2 400	5 800	7 910	6 345
bereitung	NB	NB	NB	NB	NB	NB
Sulfitfabrik	NB	81	NB	105	70	105
	13 600	27 500	10 500	6 150	4 265	4 200
Halbchemische	—	NB	NB	NB	NB	NB
Zellstoffabrik	—	3 500	3 900	2 198	1 251	—
Papiermaschinen						
PM 2-7[73]	1 575	1 925	1 925	1 715	630	1 405
	NB	NB	NB	NB	NB	NB
PM 8-10[74]	—	—	—	5 250	5 075	5 845
	NB	NB	NB	NB	NB	NB

Davon gelangten in den Vorfluter:

	1956	1961	1966	1973	1975	1979
Gesamtmenge filtrierbarer Substanzen	1 925	4 406	4 325	6 160	4 445	5 565
Gesamtmenge gelöster organischer Substanzen	13 600	31 000	14 400	8 348	5 516	4 200

13 000 t/Jahr auf 31 000 t/Jahr. Wenn auch die zwischenzeitlich erbaute halbchemische Zellstoffabrik daran einen deutlichen Anteil hat, so sind doch vor allem die Verunreinigungen durch die Sulfitfabrik bedeutend. 1966 aber schon ist die Emission wieder auf etwa die Hälfte gesunken, da 1964 eine Laugeneindampfungsanlage in Betrieb genommen worden war. Die Verbrennung der Dicklauge im Kesselhaus P 6 verlagerte je-

---

[72] Die Werte für Rohstoffvorbereitung und PM 8-10 betreffen ab 1973 die Gesamtmengen *vor* der Klärung. „NB" bedeutet, daß die Emissionsmengen nicht bekannt oder sehr gering sind.
[73] PM 2 wurde 1974 aus der Produktion genommen.
[74] Einschließlich Obere Schleiferei.

doch die Problematik in einen anderen Bereich: statt der Einleitung hochgradig sauerstoffverbrauchender und saurer Substanzen in den Fluß erfolgte eine ökologisch nicht weniger kritische Abgabe von großen Schwefeldioxidmengen in die Luft (vgl. dazu Tab. 4).

Auch bezüglich der Emission von Rinden- und Faserstoffen aus Rohstoffvor- und Aufbereitung und den Papiermaschinenhallen ist eine Verlagerung festzustellen, jedoch ist sie hier ökologisch unbedenklicher als im vorgehenden Fall. Trotz großer Produktionssteigerungen konnte zwar die Einleitung in den Dalälven relativ konstant gehalten werden, jedoch bewirkte die Verfeuerung der in den Sedimentationsbecken abgefilterten Holzsubstanzen in den Kesselhäusern sowohl ei-

Tab. 4 Papierfabrik Kvarnsveden: Schwefelbilanz der Sulfitfabrik im ersten Halbjahr 1974
(Quelle: Antrag des Werks an den Konzessionsausschuß für Umweltschutz vom 19. 12. 1974)

Die Durchschnittsverluste von 63 kg Schwefel pro Tonne produziertem Zellstoff im Stichzeitraum verteilen sich wie folgt:

Werksteil	Verluste in kg		
	Vorfluter	Luft	Sonstiges
Säureturm		3	
Waschwasser Säureherstellung	2		
Waschverluste in der Kocherei	6		
Verkaufte Straßenlauge	1[75]	3[75]	
Zellstoff			8[76]
Eindampfung Kondensat Waschen	9[77] 1		
Kesselhaus Rauchgase Aschen		21	8[78]
Insgesamt	19	27	17

[75] Geschätzte Werte (diffuse oder zufällige Emissionen)
[76] Zum größten Teil im Lignin chemisch gebundener Schwefel
[77] Beim Eindampfen sinkt der Schwefelgehalt der Lauge um etwa 23 %. Es wird angenommen, daß dieser Anteil im Kondensatwasser gelöst ist.
[78] Die Schwefelmenge in der Asche beträgt ca. 28 % des Schwefels in der Dicklauge.

nen kräftig erhöhten Staubauswurf als auch ein Deponieproblem von Kessel- und Filteraschen.

Auch bezüglich der spezifischen Emissionen sind deutliche Verbesserungen festzustellen. So ist etwa der Ausstoß BSB-relevanter Mengen von ca. 50 kg/t Fertigprodukt im Jahr auf ca. 20 kg/t gesunken. Nach Inbetriebnahme einer biologischen Kläranlage hofft man, diesen Wert auf ca. 7 kg/t Fertigprodukt senken zu können.

Schließlich ist zur Zusammenstellung in Tab. 3 noch zu sagen, daß die Globalwerte bei einer genauen Analyse natürlich nach den Anteilen von organischen und nichtorganischen Substanzen zu differenzieren sind.

Vor dem Hintergrund der Gesamtausstoßzahlen wird verständlich, warum die Abwasserprobleme praktisch von dem Augenblick an gelöst waren, an dem die Sulfitfabrik stillgelegt und die biologische Kläranlage in Betrieb genommen wurde (1982).

2.1.2.3.2. Staub- und gasförmige Emissionen

Nennenswerte Punktquellen für *Staubauswurf* sind lediglich die beiden Schornsteine der Kesselhäuser, in denen schweres Heizöl, Sulfitablauge, Rinden und abgefiltertes Fasermaterial verbrannt werden. Ihr Staubausstoß betrug 1976 0,3 bzw. 1,7 t/Tag, also zusammengenommen etwa 700 t/Jahr. Dies ist absolut gesehen zwar ein relativ niedriger Betrag. Er muß jedoch im Vergleich zu den zahlreichen stauberzeugenden Quellen in den Eisen- und Stahlwerken der Stadt als beträchtlich angesehen werden (dort war der Staubauswurf 1976 nur etwa gut doppelt so hoch, vgl. Abb. 50).

Die diffusen Staubquellen, etwa die Lagerplätze u. ä., sind nicht quantifizierbar, dürften aber in speziellen Situationen ein beträchtliches Ausmaß annehmen, etwa in längeren Trockenperioden.

Von den gasförmigen Verunreinigungen sind nur die *Schwefeldioxidemissionen* von Bedeutung. Sie sind überwiegend im Zusammenhang mit der Sulfitfabrik zu sehen. Der kleinere Anteil entfällt dabei auf die Anlage selbst, v. a. auf die Kochsäurebereitung. Das meiste SO_2-Gas entsteht jedoch beim Verbrennen von Heizöl und Ablauge in den Kesselhäusern. Die Gesamtemission an Schwefeldioxid betrug 1976 etwa 5 400 t.

2.1.2.3.3. Übrige Emissionen

Unter dieser Gruppe seien hier feste Abfälle, Prozeßchemikalien, Schwermetalle, sanitäre Abwässer und Lärm verstanden. Angaben hierüber sind aufgrund der geschilderten Daten- und Rechtslage ebenfalls nur für die jüngste Zeit verfügbar.

Nach Berechnungen des Werks fielen Mitte der 70er Jahre durchschnittlich 440 000 m³ *feste Abfälle* pro Jahr an (Rinde, Reststücke, Aschen, Müll). Etwa 386 000 m³ ($\geqq$ 88 %) wurden davon in den Kesseln verbrannt. Etwa 55 000 m³ wurden teils auf einer werksinternen, teils auf der kommunalen Deponie am Bysjön abgelagert, weitere ca. 1 500 t aufgeschlämmte Kessel- und Filteraschen in ein natürliches Sedimentationsbecken auf dem Werksgelände eingeschwemmt.

Von den bisher nicht genannten *Prozeßchemikalien*, die den Vorfluter erreichen, sind vor allem die Mittel zur Schleimbekämpfung [79] und Komplexbildner mit etwa 20 t/Jahr sowie die zum Bleichen bestimmter Zellstoffsorten benötigten Stoffe, z. B. *Natriumperoxid*, mit etwa 250 t/Jahr anzuführen.

Die *sanitären Abwässer* der durchschnittlich 1 200 Beschäftigten im Werk wurden bis Ende der 50er Jahre ungereinigt in den Vorfluter eingelassen, dann jedoch mechanisch gereinigt. Erst 1970 war die zentrale Kläranlage der Stadt fertiggestellt, in die seitdem auch die sanitären Abwässer der Papierfabrik gepumpt werden.

Die *Metallemissionen* des Werks wurden lange nicht beachtet. Erst im Zusammenhang mit dem Bau der Altpapieranlage führte man erste Untersuchungen von Klärschlamm, Rinden, Sulfitablauge, Aschen, Rauchgasen und Altpapier durch. Da man den Druckfarbenschlamm aus der Entschwärzungsanlage zwecks Wärmegewinnung verbrennen und damit gleichzeitig ein Deponieproblem lösen wollte, war insbesondere dem Schwermetallgehalt der Farben besondere Aufmerksamkeit zu widmen.

Es stellte sich heraus, daß eine zuverlässige Bestimmung von Durchschnittswerten wegen der großen Variationen in den Ausgangsmaterialien und an den Probeentnahmestellen nur schwer möglich ist. Es wurde aber deutlich, daß die Rinden den größten Anteil an Metallen liefern, z. B. einige Milligramm Blei pro Kilogramm. Die zusätzlich durch das Altpapier in den Produktionsgang eingebrachten Metalle lagen dagegen mit durchschnittlich einigen Kilogramm pro Tag deutlich innerhalb der Variationsbreite der verwendeten Standardbrennstoffe. Über die Gesamtemission des Werks liegen keine zuverlässigen Werte vor, jedoch wird seitens des Betreibers und offensichtlich auch der Aufsichtsbehörden der Ausstoß vor allem an Schwermetallen durch Rauchgase, Abwässer und feste Abfälle für unbedenklich gehalten.

---

[79] Der Einsatz solcher Mittel (z. B. Slimacide V-10, Slimetron K 20) ist insbesondere seit dem zunehmenden Schließen der Prozeßwasserkreisläufe unvermeidbar. Die früher üblichen Quecksilberpräparate dürfen seit 1970 nicht mehr verwendet werden. In besonders schwerwiegenden Fällen wurde jedoch Anfang der 70er Jahre ein Präparat auf Pentachlorphenolbasis verwendet (Xylophene NA), 1972 insgesamt 6 150 kg. Von den Komplexbildnern — sie haben die Aufgabe, die Bleichchemikalien zu stabilisieren und an verschiedenen Anlagenteilen ausgefällte Salze zu binden — sind vor allem EDTA, DTPA u. NTA zu nennen.

Als letzte meßbare Emission sei schließlich der *Lärm* genannt, über den allerdings nur Punktmessungen vorliegen. Für ein relativ hohes Grundniveau sorgen die ständig laufenden Maschinen und Ventilatoren. Lärmspitzen werden einmal durch den Transport und die Hantierung des Rohstoffes innerhalb und außerhalb des Betriebsgeländes sowie durch außergewöhnliche prozeßtechnische Vorgänge verursacht.

Vorgreifend auf das nächste Kapitel sei hier schon im Zusammenhang vermerkt, daß an den der Fabrik am nächsten liegenden Wohnhäusern in Övermora, Medväga und Kvarnsveden nächtliche Wirkpegeldurchschnitte von 47-51 dB (A) erreicht werden. Tagsüber sind aber insbesondere beim Vorbeifahren von Lastkraftwagen Lärmspitzen bis zu 80 dB(A) nachgewiesen.

2.1.2.3.4. Anlagenerzeugter Verkehr

Eine der wesentlichsten über das Betriebsgelände hinausreichenden Auswirkungen ist der anlagenerzeugte Verkehr auf Straße und Schiene. Er trägt zwar auch zur schon angesprochenen Lärmbelästigung bei, sei hier jedoch kurz in einem eigenen Abschnitt aufgegriffen, da seine Gesamtwirkung durch Schallimmissionen allein nicht ausreichend charakterisiert ist. Ebenso wichtig für andere Nutzer, seien es nun Anlieger oder Verkehrsteilnehmer, sind die Erschütterungen durch die 18 m langen Holzlaster und Behinderungen im Straßenverkehr. Erwähnenswert ist schließlich auch die erhöhte Langzeitwirkung durch die hohe Beanspruchung von Straßendecke und Unterbau. Alle zuletzt genannten Folgen sind zumindest im Rahmen der vorliegenden Arbeit nicht zu quantifizieren, stellen jedoch für die Anlieger von Werk, Holzterminals und Durchgangsstraßen eine erhebliche Belastung dar. Wesentlich unproblematischer ist dagegen der Schienenverkehr, der durch die eigene Trasse und das hohe Transportvolumen eines einzigen Zuges die Zahl der Belastungsgelegenheiten stark verringert. Dazu seien im folgenden noch einige Daten angeführt.

Wie vorstehend geschildert, hatte der Transport von Rohholz durch LKW's in der Nachkriegszeit ständig zugenommen und Mitte der 60er Jahre etwa 60 % des Gesamtvolumens von ca. 1 Mio. Fm erreicht. Mit der Inbetriebnahme der PM 10 in 1969 erhöhte sich nicht nur der Rohstoffbedarf um etwa eine halbe Million Festmeter, sondern gleichzeitig wurde auch die Flößerei eingestellt.

Dadurch wurde größenordnungsmäßig die Zahl der straßengebundenen Transporte in die Fabrik verdoppelt. Für das Jahr 1971, das als ziemlich repräsentativ für die 70er Jahre gelten kann, liegen überschlägige Transportbilanzen für den materialbezogenen Quell- und Zielverkehr der Anlage vor (vgl. Kvarnsvedens Pappersbruk 1977, Abschn. 3.6 im Generalplanentwurf). Sie sind in Tab. 5 dargestellt. Daraus wird deutlich, welche überragende Bedeutung dem LKW-Transport zukommt. Beim Zielverkehr, dessen größter Posten natürlich die Rohholzanliefe-

Tab. 5 Papierfabrik Kvarnsveden: Materialtransporte der Papierfabrik 1971 (in 1 000 t)
(Quelle: Kvarnsveden Pappersbruk, 1977, S. 3.6)

Zur Fabrik	Straße	Schiene
Rohholz	1 000	10
Zellstoff	14	—
Kaolin	12	—
Chemikalien	12	1
Heizöl	—	51
Sonstiges	10	1
Insgesamt	1 048	63
Aus der Fabrik		
Rohholz	—	216
Papier	22	330
Laugenkondensat	14	—
Abfall	11	—
Sonstiges	1	—
Insgesamt	48	546

rung ist, macht der LKW-Transport nahezu 95 % aus. Bei den das Werksgelände verlassenden Materialmengen ist es genau umgekehrt, nurmehr 8,7 % werden mit LKW's abtransportiert.

Schlüsselt man hier nach jeweils aktuellen Fahrzeugeinheiten auf, so ergeben sich auf der Schiene im Durchschnitt nur wenige Züge, beim Schwerlastverkehr hingegen bis zu einigen hundert Wagen pro Tag (vgl. a.a.O. Abb. 7). Letztere sind darüberhinaus noch sehr ungleich verteilt: Während im Spätwinter der Schwerlastverkehr wegen der Frostaufbruchsgefahr wochenlang ganz aussetzen kann (ebenso während der Sommerferien), fahren im Frühsommer in Spitzenzeiten allein bis zu 100 Rohholzlaster pro Tag in die Fabrik.

Völlig untergeordnet und höchstens beim Schichtwechsel für einige Minuten problematisch ist dagegen der Quell- und Zielverkehr der rund 1 300 Werksangehörigen.

2.1.2.4. Emissionshöhe und Immissionswirkung

Unter „Immissionswirkung" wird in diesem Abschnitt der Effekt der im Werk ausgestoßenen Emissionen auf die natürliche Umwelt des engeren Standortbereichs verstanden.

Quantitative Angaben in längeren Zeitreihen liegen allerdings nur für den Vorfluter, also den Dalälven vor. Dies ist aber auch, wie aus dem vergangenen Abschnitt hervorgegangen ist, der mit Abstand wichtigste Auswirkungsbereich standortnaher Emissionen.

Die Höhe der in den Vorfluter eingeleiteten Verunreinigungsmengen in fester und gelöster Form ist seit den frühen 60er Jahren von durchschnittlich 30 000 t/Jahr und mehr auf knapp 10 000 t/Jahr in jüngster Zeit gesunken.

Absolut gesehen sind diese Quantitäten beträchtlich. Die Immissionswirkung muß jedoch immer auch in Verbindung mit den Aufnahmemedien gesehen werden. Aus dieser Sicht ist die Lage des Werks an einem der größten Inlandflüsse Schwedens für den Betreiber außerordentlich vorteilhaft, da in der Regel eine wirksame Verdünnung der eingeleiteten Verunreinigungen erfolgt. Die mittlere Wasserführung am Dalälven betrug in den letzten Jahrzehnten knapp 300 m³/s. Selbst der normale Niedrigwasserwert sinkt selten unter 100 m³/s. Daraus ergibt sich bei ca. 10 000 t Verunreinigungsmenge im Jahr eine theoretische mögliche Verdünnung pro Tonne Schmutzstoff um den Faktor 10^{-6} und mehr. Auch bei einer zunächst noch nicht völligen Vermischung der Abwasserfahne mit dem Flußwasser nehmen somit die Konzentrationsgrade der eingeleiteten Stoffe im Vorfluter rasch ab.

Eine solche Überlegung ist natürlich eine Zahlenspielerei, solange die Toxizität mancher Emissionsbestandteile unberücksichtigt bleibt, vermittelt aber dennoch einen Eindruck von den hier aktuellen Größenordnungen. Außerdem kann noch davon ausgegangen werden, daß die Vorbelastung des am Werk ankommenden Wassers nach mitteleuropäischen Maßstäben relativ gering ist, da es flußaufwärts nur noch wenige größere Industrien und Städte gibt. Im Hinblick auf eine möglichst kostenneutrale Beseitigung anfallender Abwässer hätte die Lokalisierung des Werks seitens des Betreibers kaum günstiger gewählt werden können. Aus dieser Sachlage erklärt sich auch wesentlich der jahrzehntelang geringe Aktualisierungsgrad hier vorliegender Konfliktpotentiale (vgl. folgenden Abschnitt). Das Gesagte läßt sich anhand jahrelang gemessener physikalischer und chemischer Parameter der Wasserqualität verdeutlichen.

Die umfassendste frühe Untersuchung mit dem Ziel, einen Überblick über den Gesamtlauf des Stroms einschließlich seiner beiden Quellflüsse Väster- und Österdalälven zu erhalten, stammt aus dem Jahre 1957/58 (Vattenbyggnadsbyrån, 1958). Sie ist als Reaktion auf die zunehmende Verunreinigung des Dalälven in der ersten Hälfte der 50er Jahre anzusehen. Als Warnzeichen hatte eine Gelbsucht-Epidemie in Smedby im Jahre 1956 gedient, auch wenn ein eindeutiger ursächlicher Zusammenhang zur Wasserverschmutzung nicht hergestellt werden konnte (vgl. das Sondergutachten von W. JANSSON, Vattenbyggnadsbyrån, 1958, Anl. 6).[80] Noch Ende der 50er Jahre deckten dort zahlreiche Haushalte mit zusammen knapp 100 Personen ihren Wasserbedarf ohne zuverlässige Reinigung direkt aus dem Fluß.

Die Verfasser der Studie kommen zu dem Schluß, daß der Dalälven in seinem gesamten Lauf vor allem bakteriologisch deutlich verschmutzt ist und ohne zusätzliche Reinigung weder für die direkte Wasserentnahme noch — vor allem unterhalb größerer Ortschaften — zum Baden zu empfehlen ist. Die Wirkung der Papierfabrik Kvarnsveden, unterhalb der eine der Probenentnahmestellen gelegen war, ist zwar bei den meisten untersuchten Parametern deutlich, nimmt jedoch keinen wesentlichen Einfluß auf die immer noch geringe Größenordnung der schon oberhalb gegebenen Vorbelastung, wenn man von den spezifischen Faserverunreinigungen absieht.[81] Die Verschmutzung des Flußwassers ist danach zum damaligen Zeitpunkt in erster Linie auf ungeklärte kommunale und private Abwassereinleitungen zurückzuführen. Im Vergleich zu einer schon in den Jahren 1954-1956 am unteren Dalälven durchgeführten Untersuchung haben sich aus bakteriologisch-hygienischer Sicht keine wesentlichen Änderungen ergeben.

Auch bei den ab 1961 kontinuierlich vorgenommenen Messungen ist der Effekt der Verunreinigungen durch das Werk bei fast allen Kurven festzustellen (vgl. z. B. in Abb. 21 bei Sichttiefe, Schwebstoffgehalt und BSB-Werten). Die spezifischen Verunreinigungswerte sind jedoch nicht besonders bedenklich, zumal der hohe Sauerstoffgehalt des Wassers eine starke Selbstreinigungskraft für biologisch abbaubare Substanzen dokumentiert. Deutlich spiegelt sich in den spezifischen Werten wider, daß sowohl der Gesamtausstoß belastender Werksemissionen als auch die Vorbelastung durch die flußaufwärts gelegenen Einleiter während des gezeigten Zeitraums zurückgegangen sind. Diese Entwicklung hat sich auch in den letzten Jahren fortgesetzt, wie aus den entsprechenden Unterlagen des Kontrollprogramms zu ersehen ist.

Schließlich gibt es noch einen deutlichen Beleg dafür, daß hier nicht etwa wegen des Mangels an entsprechenden Daten oder einer unzweckmäßigen Wahl von Parametern ein beschönigendes Bild von den Verhältnissen um die Papierfabrik gezeichnet worden ist: Ein größeres Fischsterben, wie es flußabwärts der Eisen- und Stahlwerke Domnarvet mehrfach geschehen ist, hat es direkt unterhalb der Papierfabrik anscheinend noch nicht gegeben. Dies spricht zwar nicht für die absolute Harmlosigkeit hier aktueller Emissionen, zumindest aber für relativ

---

[80] L. LUNDQUIST (1971, S. 68) macht eine Paratyphus-Epidemie 1953 für die verstärkten Bemühungen um die Reinhaltung der Oberflächengewässer auch auf Landesebene verantwortlich.

[81] „Die Belastung des Wassers mit organischer Substanz ist mäßig, und der Sauerstoffgehalt des Wasserlaufs ist durchgehend zufriedenstellend. Aus dieser Sicht geben die jetzigen Verhältnisse keinen Anlaß, Schäden für den Fischbestand oder hygienische Belästigungen durch verdorbenes Wasser zu befürchten. Solche Probleme sind jedoch vorauszusehen, wenn die Zufuhr von organischer Substanz beträchtlich steigt, z. B. verdoppelt wird" (Vattenbyggnadsbyrån, 1958, S. 15).

geringe Konzentrationsgrade. Die mögliche Langzeitwirkung subakuter Toxizitätszustände oder spezifischer Substanzanreicherungen (Hg, Pb, PCB, Pentachlorphenol etc.) in pflanzlichen und tierischen Organismen des Vorfluters soll damit nicht verharmlost werden. So dürfte es mit ziemlicher Sicherheit einen ursächlichen Zusammenhang zwischen den bis weit in die 60er Jahre hinein üblichen Quecksilberpräparaten zur Schleimbekämpfung und dem Aussterben oder Ausdünnen vieler früher vorkommener Fischarten im Dalälven geben. Genauere Untersuchungen darüber sind aber anscheinend nicht durchgeführt worden.

Unterlagen über die ökologische Wirkung der Gas- und Staubemissionen der Papierfabrik, also etwa Rauchgasschäden in benachbarten Nadelholzbeständen, oder des anlagenerzeugten Verkehrs liegen nicht vor.[82]

Ebensowenig ist über an sich denkbare Effekte der auf den verschiedenen Deponien abgelagerten festen Abfallstoffe bekannt.

Insgesamt ist aus dem Gesagten zu folgern, daß die Umweltwirkung der Papierfabrik in speziellen ökologischen Bereichen ein ausreichendes Konfliktpotential beinhaltet — falls sich ein Anwalt solcher Interessen findet oder eine ausreichende Sensibilisierung direkt Betroffener gegeben ist.

---

[82] Bezüglich der Schwefeldioxidkonzentration in der Luft sind allerdings einige Einzelwerte bekannt (damals gemessen in ,,Parts per Hundred Million", Abk. ,,pphm"). Bei der Untersuchung von BROSSET (1969) wurden im SSW und NE der Papierfabrik in insgesamt sechs jeweils mehrwöchigen Meßperioden Mittelwerte zwischen 1,0 und 2,5 pphm (Kvarnsveden) bzw. 0,9 und 1,7 pphm (Medvåga) gemessen. Die entsprechenden Tagesmittelwerte lagen zwischen 2,8 und 5,3 pphm bzw. 2,1 und 4,5 pphm. Unter Zugrundelegung eines Umrechnungsfaktors von 30 sind diese Werte fast sämtlich unter den heute angestrebten Grenzwerten von 100 bzw. 60 $\mu g/m^3$ als Winterhalbjahrmittelwert bzw. 300 bzw. 200 $\mu g/m^3$ als 24-Stunden-Mittelwert.

In der 1976/77 vom städt. Gesundheitsamt durchgeführten Meßserie ergibt sich mit 65 $\mu g/m^3$ bei Bullerforsen ein größenordnungsmäßig vergleichbarer Wert (Tageswert bis zu 220 $\mu g/m^3$). In Övermora wurde ein höchster Tagesmittelwert von 214 $\mu g/m^3$ gemessen, alle anderen lagen wesentlich niedriger (Borlänge kommun, Hälsovardsbyrån, 1978). Soweit solche Einzelmessungen Schlüsse zulassen, scheinen um die Papierfabrik herum keine bedenklichen SO_2-Konzentrationen erreicht zu werden, auch wenn im Winterhalbjahr bei austauscharmen Wetterlagen die Grenzwerte kurz und geringfügig überschritten werden.

114

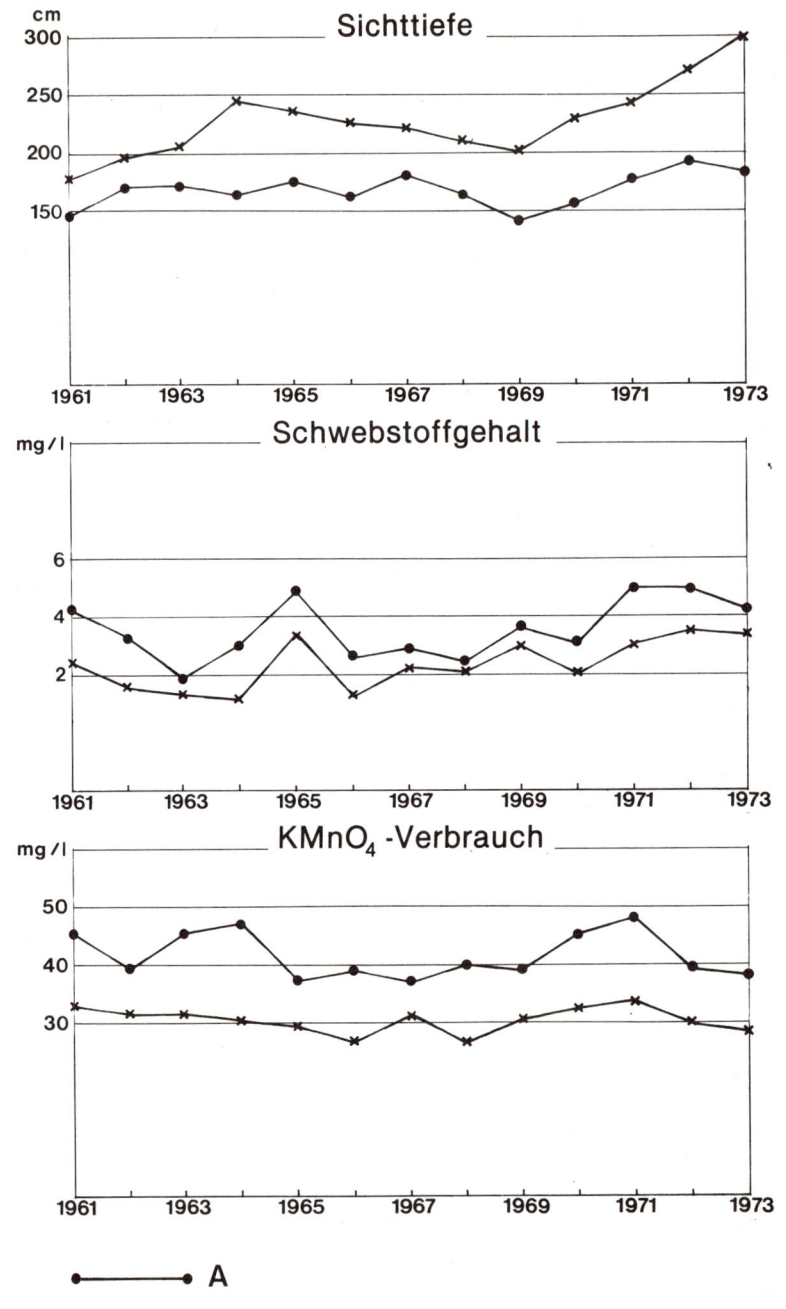

Sichttiefe

Schwebstoffgehalt

KMnO₄-Verbrauch

●────● A

Meßstelle unterhalb des Werks (Staudamm Bullerforsen)

×────× B

Meßstelle oberhalb des Werks (Staudamm Kvarnsvedsforsen)

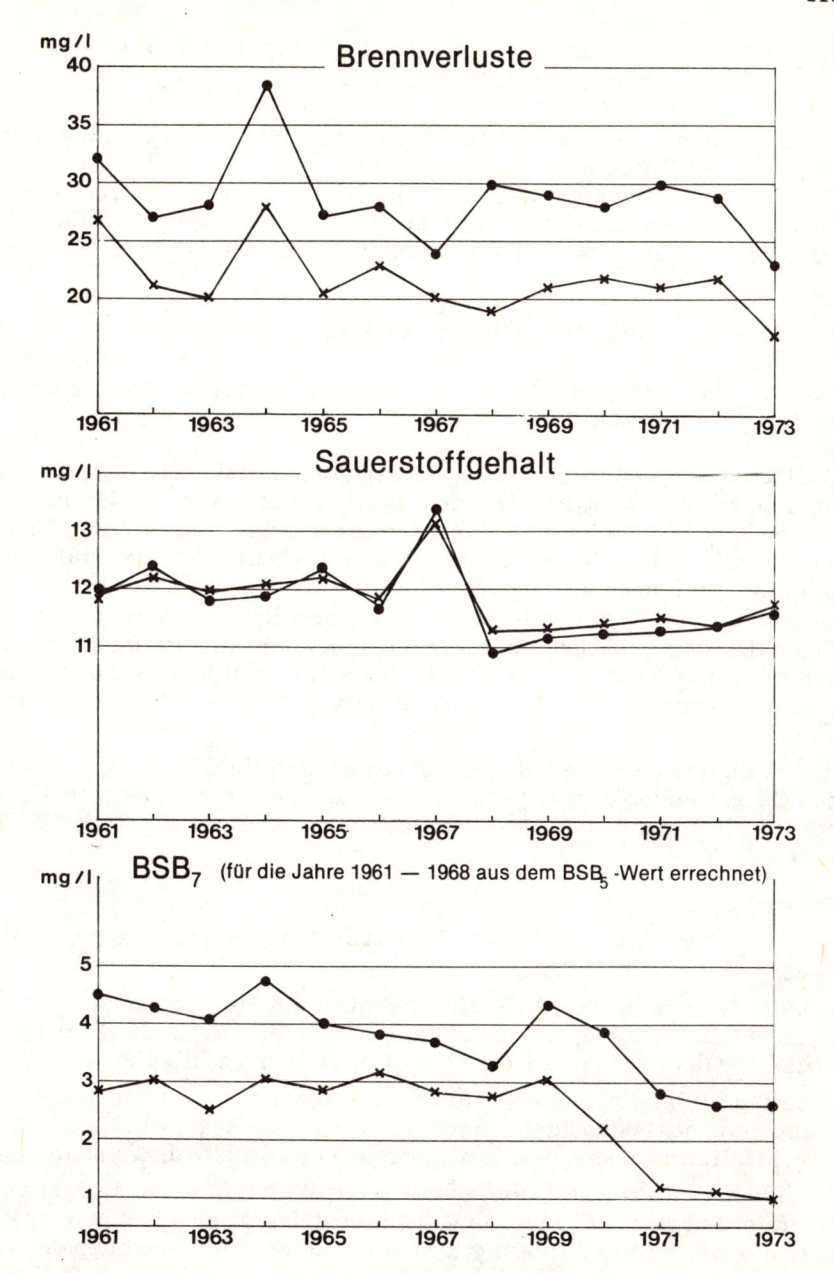

Abb. 21: Jahresmittelwerte wichtiger physikalischer und chemischer Wasserqualitätsparameter des Dalälven in Borlänge
(Quelle: nach internen Unterlagen der Papierfabrik)

2.1.3. Wachstums- und auswirkungsbedingtes Konfliktpotential und seine Aktualisierung

In den vorstehenden Abschnitten wurden zunächst ganz bewußt nur die wesentlichen Tatsachen der Entwicklung der Papierfabrik und der Standortbeeinflussung durch sie dargestellt. Im folgenden werden nun die auf diese Impulse feststellbaren Reaktionen der unmittelbar Betroffenen, hier im wesentlichen Bürger und Behörden, näher erläutert.

2.1.3.1. Externe Reaktionen und werksinterne Anpassung

2.1.3.1.1. Akteure und Ebenen der Auseinandersetzungen mit einem Exkurs zum Verfahrensrecht

Die Durchsicht des bezüglich der Papierfabrik erhobenen Gesamtmaterials belegt überdeutlich, daß der Interessenausgleich bei konkurrierenden Ansprüchen in diesem Bereich fast ausnahmslos auf der Ebene der formalisierten Genehmigungsverfahren stattfindet. Hauptakteure sind dort, wie noch zu zeigen sein wird, die Fachleute des Unternehmens sowie der übergeordneten Bezirks- und Reichsbehörden und Gerichte. Dies sei zunächst ohne Wertung und auch ohne Bezug auf räumlich relevante Aspekte festgestellt. Erst später soll im Zusammenhang diskutiert werden, welche Ursachen dafür verantwortlich sein könnten.

Innerhalb und außerhalb dieser Verfahren sind Reaktionen von einzelnen Bürgern oder Bürgergruppen (und auch der unteren Behördenebene) auf die zunehmende Ressourceninanspruchnahme durch das Werk selten.[83]

Sie sind zudem

— *begrenzt* in ihrer sachlichen Zielsetzung (wie Proteste gegen Lärm vorbeifahrender Holzzüge);
— *unvollständig* in der Ausschöpfung auch am Ort gegebener Ansprachemöglichkeiten (selten nur werden auch das Werk, die Bezirksregierung oder die Presse direkt kontaktiert) und schließlich
— *gering* in Protestintensität und Erfolgskontrolle (eine einmalige Anmeldung des beobachteten Sachverhalts ist die Regel, ein Nachfassen bei Weiterbestehen der beanstandeten Verhältnisse die Ausnahme).

Lediglich eine Protestaktion, nämlich der Widerstand der Bürger von Övermora nach der Erweiterung des Industriegeländes 1964 (s.u.), geht über alle diese Einschränkungen hinaus. Sie wird im folgenden deswegen auch als einziges und relativ frühes Beispiel eines etwas hartnäckigeren Gruppenprotests ausführlicher besprochen.

---

[83] Insgesamt konnten von 1951 bis 1973 nur zehn solcher verfahrensexterner Protestaktionen ausführlicher dokumentiert werden. Es sei aber noch einmal darauf verwiesen, daß hier nur aktenkundige Vorgänge erfaßt werden konnten. Insofern spiegelt sich in den aufgenommenen Materialien sicher nicht die ganze Breite tatsächlich erfolgter Reaktionen wider.

Von den aufgenommenen verfahrensexternen Protestaktionen beziehen sich vier auf die Verunreinigung des Dalälven, drei auf den Prozeß- oder Verkehrslärm, je eine auf Geruchs- und Deponieprobleme, sowie die letzte schließlich auf ein ganzes Bündel von Problemen (vgl. den folgenden Abschnitt). Von wenigen Ansätzen abgesehen, wird die Problematik allerdings auf einem so allgemeinen Niveau diskutiert, daß den Experten des Werks ausweichende Antworten nicht schwer fallen.

In der Regel handelt es sich bei den die Initiative ergreifenden Bürgern um direkte Anlieger des Werks, der Transportwege oder des Flusses. Eine Beschwerde fällt jedoch völlig aus dem Rahmen, weil hier seitens der ebenfalls zum Unternehmen gehörigen Kraftwerksverwaltung über Emissionen der Papierfabrik und ihre funktionsbehindernden Effekte auf Turbinen und Leitungssysteme geklagt wird. Auch wenn dies seitens des Werks in scharfem Ton bestritten wird (Schreiben vom 10. 4. 64), so gibt es doch auch aus der frühen Nachkriegszeit Belege, daß dies häufiger der Fall gewesen sein muß (BOLIN, 1949, S. 214).

Aus dem insgesamt geringen Protestvolumen auf idyllische Verhältnisse um das Werk schließen zu wollen, verbieten nicht nur die Erkenntnisse der prozeßbezogenen Ausführungen, sondern auch der in zahlreichen persönlichen Gesprächen mit Anliegern festgestellte Unmut über ganz konkrete Belästigungen. Ebenso zeigt der Inhalt der während des Protests in Övermora entstandenen Schriftstücke (s.u.), daß eine Reihe sonst latenter Anschuldigungen artikuliert werden, wenn erst einmal die „Protestschwelle" überschritten ist. Auch aus neueren Unterlagen des Gesundheitsamtes geht hervor, daß über Lärmbelästigungen um die Fabrik geklagt wird (z. B. Sitzungsprotokoll vom 8. 11. 77). Immerhin ist es aber bezeichnend, daß die Auswirkungen der Anlage keine häufigen und heftigen Beschwerden im werksnahen Anliegerbereich bewirkt haben.

Auffällig ist im ganzen hier behandelten Zeitraum die geringe Initiativkraft der lokalen Gesundheitsbehörde. Auch darauf wird noch zurückzukommen sein.

In deutlichem Kontrast zu den kurz geschilderten Verhältnissen der verfahrens*externen* Protestaktionen stehen die Auseinandersetzungen in den Genehmigungsverfahren. Da sich Erfolge und Mißerfolge aller bei diesem Interessenausgleich beteiligten Kontrahenten fast ausschließlich auf dieser Ebene fassen lassen, werden die entsprechenden Unterlagen in den Abschnitten über die sachlich wichtigsten Konfliktbereiche ausführlicher analysiert. Je nach Ergiebigkeit und Schwerpunktproblematik des aufgenommenen Materials werden dabei folgende Problemkreise in unterschiedlicher Gewichtung beachtet:

— räumliche Bezüge der Konfliktursachen (Raumbedingtheit),
— Leitlinien der Auseinandersetzungen mit den wesentlichen Argumenten und Aktionen der Kontrahenten (Konfliktanalyse)
   und
— ausgehandelte oder aufgezwungene Lösungen (Konfliktregelung).

Um den Überblick zu erleichtern, wird die Darstellung nach den wichtigsten Konfliktbereichen gegliedert. Dabei sind Überschneidungen unvermeidbar, insbesondere mit der zuerst behandelten Flächenproblematik — alle Auswirkungen betreffen einen dreidimensionalen Raum, und es ist eine Zweckmäßigkeitsfrage, wann man die Emission selbst oder die betroffene Fläche in den Vordergrund stellt. Der Problemkreis „Raumwirksamkeit", also die feststellbaren oder zu erwartenden Effekte des gesamten Konfliktablaufs auf räumliche Elemente und Prozesse, wird anschließend unter Zusammenfassung der Erkenntnisse aus allen Konfliktbereichen in einem eigenen Abschnitt behandelt.

Vor der systematischen Behandlung der Konfliktbereiche ist es angebracht, in einem kurzen Abriß die Grundlagen des Verfahrensrechts in der Nachkriegszeit eingehender zu schildern, als dies im einführenden Abschnitt möglich war. Es spiegelt deutlich das Heranwachsen neuer gesellschaftlicher Problembereiche und ihre Lösungsversuche wider.

Anders als Hüttenwerke gehörten Halbstoff- und Papierfabriken seit 1941 zu den Industrien, deren Anlage, Erweiterung oder wesentliche Änderung einer *abwasserbezogenen* wasserrechtlichen Genehmigung bedurfte (lt. sog. „Vorprüfungsverordnung", schwed. „Förprövningsförordning", SFS 1941: 844, später ersetzt durch SFS 1946: 684).

Das erste dieser Genehmigungsverfahren der Papierfabrik wurde im Jahre 1956 beim Wassergericht wegen der vorgesehenen Erweiterung durch die PM 9 eingeleitet. Die verwaltungsmäßige Aufsichtsbehörde war zunächst die sog. „Fisketillsynsmyndigheten", eine unter der Fischereidirektion ressortierende Abteilung, in deren Zuständigkeit auch allgemeine Naturschutzfragen fielen. Bestandteil des ersten Genehmigungsbescheids (formalrechtlich ein echtes Urteil) war es, die Auflagen nach Ablauf von fünf Jahren erneut in einem förmlichen Verfahren prüfen zu lassen. Der neue Genehmigungsbescheid, an dessen Ausformung die inzwischen aus der Fischereiaufsichtsbehörde hervorgegangene „Staatl. Wasserinspektion" (schwed. „Statens Vatteninspektion", in der Folge kurz „Wasserinspektion" genannt) erheblichen Anteil hatte, erging im Jahre 1962. Mit der Vorplanung für die PM 10 wurde das dritte und letzte wasserrechtliche Verfahren eingeleitet, das 1966 abgeschlossen wurde.

Am 1. 7. 1967 ging die Wasserinspektion im neugeschaffenen Staatlichen Naturschutzamt auf, ab 1. 7. 1969 fielen Abwasserfragen ebenso wie nahezu alle anderen Umweltprobleme unter das neue Umweltschutzgesetz (schwed. „Miljöskyddslagen", Abk. ML). Genehmigungsbehörde war fortan der „Konzessionsausschuß für Umweltschutz".

Von der Möglichkeit eines Dispensverfahrens machte die Papierfabrik einige wenige Male Gebrauch (s.u.), einen Antrag auf Genehmigung der gesamten industriellen Aktivitäten und des weiteren Ausbaus (PM 11) reichte das Unternehmen am 19. 12. 74 beim Konzessionsausschuß ein. Kurz vor Abschluß des Verfahrens war jedoch am 1. 1. 76 die neuerliche Änderung des § 136a des Baugesetzes in Kraft getreten, die auch jede größere Erweiterung einer faserrohstoffverbrauchenden Industrie von einer Regierungsgenehmigung abhängig machte.

Da ein Verfahren nach dem Umweltschutzgesetz erst dann abgeschlossen werden konnte, wenn die grundsätzliche Genehmigung nach dem § 136a erfolgt war, reichte das Unternehmen am 12. 4. 76 einen diesbezüglichen Antrag beim zuständigen Ministerium ein. Er wurde wegen der unklaren Rohstofflage in ganz Schweden und in Erwartung einer grundsätzlichen Neuregelung der zukünftigen Forstpolitik (und des aus ihr resultierenden Rohstoffaufkommens) jahrelang nicht bearbeitet, obwohl das Unternehmen in mehreren Zusatzanträgen unterschiedliche Rohstoffbeschaffungs- und -verwertungsalternativen entwickelte (vgl. dazu S. 153 ff.). Erst Ende 1979 erging ein positiver Bescheid über die Zulässigkeit des Ausbaus der Produktionskapazität nach dem § 136a.

2.1.3.1.2. Konfliktbereich „Fläche"

Die einzige nennenswerte flächenhafte Expansion der Papierfabrik in der Nachkriegszeit *Mitte der 60er Jahre* ist weder in den vorbereitenden Phasen noch bei der Realisierung auf Widerstand gestoßen. Die Wachstumsrichtung nach Norden war nicht nur aus technischen und besitzrechtlichen Gründen naheliegend, sondern auch in den ersten Generalplänen der Stadt schon vorgesehen und rechtlich wie zeichnerisch festgehalten (vgl. dazu die Generalplanentwürfe von 1935 und 1958). Umstritten war dagegen — wenn auch aus einer heterogenen Mischung von rechtlichen und anderen Gründen — die *Nutzung* des neu einverleibten Geländes. Da hierbei aber schutzabstands- und eigentumsbezogene Argumente eine große Rolle spielten (s.u.), ist die Darstellung unter dem Konfliktbereich „Fläche" am sinnvollsten.

In einem früheren Abschnitt (2.1.1.) waren die Veränderungen angesprochen worden, die sich aus dem während der 60er Jahre stark zunehmenden Landtransport des Rohstoffes ergeben hatten. Eines der wichtigsten Ergebnisse im engeren Werksbereich war die Erweiterung des Industriegeländes zwischen Landstraße und Fluß bis etwa in die Höhe von Övermora und die Lagerung des angelieferten Holzes auf verschiedenen Stapelplätzen an Land. Fortan sollten die benötigten Rohstoffmengen nicht mehr mit der schmalspurigen Bahn von Tägten ins Werksgelände geliefert, sondern mit Hilfe von Spezialgreifern und Radfahrzeugen zur Rohstoffvorbereitung transportiert werden. Bis zur Fertigstellung der neuen werksinternen Straße nach Tägten diente der östlich von Övermora angelegte Stapelplatz als wichtigster Puffer. Diese Veränderungen, die ohne große Relevanz bezüglich ihrer Auswirkung auf die Werksumgebung erscheinen, führten zu einer der langwierigsten, sogar im Landesrahmen beachteten Auseinandersetzungen zwischen betroffenen Anliegern und dem Werk im gesamten hier behandelten Zeitraum überhaupt.

Der sachliche und rechtliche Hintergrund war folgender: Im Jahre 1962 hatte Stora Kopparberg gemäß § 54, Abs. 3 der „Bauverordnung" bei der Bezirksregierung die Befreiung von normalen Baugenehmigungsverfahren für solche bauliche Maßnahmen innerhalb des Industriegeländes beantragt, die im Zusammenhang mit dem Wandel der Transportorganisation notwendig geworden waren.[84]

Da der von der Bezirksregierung zunächst gehörte zuständige Bauausschuß der Stadt Borlänge keine Einwände hatte, wurde dem Antrag mit Schreiben vom 11. 6. 1964 stattgegeben. Noch im gleichen Sommer wurde nach einer Benachrichtigung und Unbedenklichkeitserklärung des Bauausschusses (letztere wurde jedoch kurz darauf widerrufen!) östlich von Övermora, vom Ortsrand nur durch die Straße getrennt, ein Holzlagerplatz mit Stapeln von mehreren Metern Höhe angelegt, die bei trockener Witterung mit Wasser berieselt wurden. Große Radfahrzeuge besorgten unter beträchtlicher Lärmentwicklung den Transport zum und vom Lagerplatz.

Die Einwohner von Övermora, vertreten durch zwei ihrer Mitbürger, legten unter Berufung auf Wortlaut und Sinn des genannten Paragraphen die verfügbaren Rechtsmittel ein und wandten sich im August 1965 auch noch mit einer Art von Dienstaufsichtsbeschwerde an den Justizombudsmann in Stockholm. In den bei den Behörden eingereichten Schriftstücken wie auch im Kontakt mit der Presse wurde der Widerstand gegen die getroffenen Entscheidungen wie folgt begründet:

Formalrechtlich sei die Befreiung vom Baugenehmigungsverfahren aus der Sicht der Anlieger nicht rechtens, weil einmal das südliche der beiden aktuellen Gebiete in unmittelbarer Nachbarschaft von „anderer Bebauung" lag, nämlich des Orts Övermora, zum anderen, weil die Eigentums- und Nutzungsverhältnisse beider Gebiete hinsichtlich historisch überkommener, aber lange nicht beanspruchter dörflicher Gemeinschaftsrechte nicht völlig geklärt erschienen. So wurde z. B. auf den gewohnheitsrechtlich benutzten Weg zum Dalälven verwiesen, der jetzt plötzlich durch die Einzäunung des neuen Werksbereichs versperrt war.

Aus *Umweltschutzgründen* wurden von den Bewohnern Övermoras beanstandet:

— die visuelle Beeinträchtigung durch hohe Holzstapel,

— der Lärm durch 24-stündigen Betrieb der Transportfahrzeuge und schließlich

— die Abdrift der Berieselungsnebel über Teile der Ortschaft bei entsprechenden Windrichtungen.

Schließlich wurden — ohne einen direkten Bezug zur aktuellen Problematik — auch noch länger zurückliegende Ereignisse, wie die Einlei-

---

[84] Es heißt dort u. a.: „Eine Befreiung von der Pflicht, eine Baugenehmigung zu beantragen, kann durch die Regierung gewährt werden bei einem Industriegelände, das *abseits von anderer Bebauung liegt* und sich *in der Hand eines einzigen Eigentümers befindet* . . . (BS, § 54, mom. 3, vgl. SFS 1976:678, zitiert nach Kommunförbundet, 1977, Hervorhebung v. Verf.). Beide Bedingungen waren nach Ansicht der Einspruchserheber nicht erfüllt (s.u.).

tung von Abwässern in die Seen nördlich von Övermora u.a.m., geltend gemacht.[85]

In einer mehrjährigen Auseinandersetzung, an der als Konfliktpartner neben dem Unternehmen und Teilen der Ortsbevölkerung sowohl lokale als auch regionale und überregionale Institutionen teilnahmen, wurden schließlich (ohne eindeutige Klärung der Rechtslage) Kompromisse ausgehandelt, die für beide Seiten tragfähig waren. Vor allem die umweltbezogenen Beanstandungen waren durch den Druck der Behörden auf das Unternehmen oder dessen freiwillige Vorgaben bald gegenstandslos geworden (nächtliches Fahrverbot im Rohstofflager, Verwendung anderer Fahrzeugtypen, zusätzlicher Einbau von Spezialschalldämpfern, Verbot der Holzberieselung bei östlichen Winden, Mindestabstand zwischen Holzstapel und Wohnbebauung von 50 m . . .). In der Rückschau ist deutlich, daß sowohl die Lokalbehörden als auch das Unternehmen im Verlaufe der Auseinandersetzung ein zunehmen größeres Verständnis für die Ansprüche der Anlieger aufbrachten und die anfängliche Strategie einer allein formalrechtlich orientierten Argumentation deutlich modifizierten. Ein erheblicher Konfliktdruck ist dabei von der Berichterstattung der Massenmedien ausgegangen, wobei einer Sendung des Schwedischen Fernsehens (10. 8. 65) anscheinend eine besondere Bedeutung zukam.

Mitte der 70er Jahre wurde die Flächenproblematik in der direkten Umgebung des Werks, und damit vor allem auch in Övermora, durch die Vorplanung zur PM 11 erneut aktualisiert.[86] Selbst nach der Stillegung der PM 4-7 (PM 3 ist 1980 verkauft worden) sollte durch die neue Papiermaschine mit einer Kapazität von 170 000 t/Jahr die Gesamtproduktion des Werks auf 530 000 t/Jahr gesteigert werden. Wegen des Umfangs und der räumlichen Effekte eines solchen Vorhabens kamen Kommune und Unternehmen überein, für den Bereich des Industriegebietes und seiner näheren Umgebung einen Generalplan aufzustellen. Ein erster Entwurf, ganz wesentlich in der Regie des Werks erarbeitet, wurde im Mai 1977 vorgelegt (Kvarnsvedens Pappersbruk, 1977). Parallel zur achtwöchigen Offenlegung im Herbst des gleichen Jahres erfolgte die Anhörung der Träger öffentlicher Belange sowie wichtiger Gewerkschaften, Interessenverbände und Grundeigentümer. Das Werk nahm dann mit Schreiben vom 3. 2. 78 zu den im Verfahren vorgebrachten Vorschlägen und kritischen Äußerungen Stellung.

Jede Erweiterung der Papierfabrik muß sich heute, falls nicht radikale und damit sehr kostspielige oder politisch schwierige Lösungen angestrebt werden, dem Korsett der vorgegebenen Raumstruktur anpassen.

---

[85] Alle Angaben nach Originalunterlagen des städt. Gesundheitsamts, der Bezirksregierung, der Informationsabteilung und des Zentralarchivs von Stora Kopparberg (insbes. Disponentens Årsber. 1965, Avd. 20, S. 8-10), sowie der damaligen Zeitungsberichterstattung.

[86] Schon mitten im Ausbau für die Inbetriebnahme der PM 10 waren allerdings im Hinblick auf eine weitere mögliche Expansion Vorüberlegungen für eine Umlegung der Landstraße westlich des Werks angestellt worden (vgl. etwa Schreiben des Werks vom 15. 8. 1968 an den Stadtarchitekten).

Untergrund, Relief, Gewässer, Eigentumsverhältnisse und Bebauung bilden ein Restriktionsnetz, das bestimmte Lösungen für eine neuerliche Ausdehnung des Werks nahelegt, wenn nicht sogar erzwingt.

In Anbetracht der heutigen Mindestgröße einer neuen Papiermaschine sind vor allem die folgenden Zwänge offensichtlich: Allein vom Platzbedarf her gesehen kommt eigentlich nur der fast unbebaute Bereich westlich des Werks in Frage (vgl. Abb. 16). Da es für alle Beteiligten unvorteilhaft ist, wenn eine große Industrie von einer öffentlichen Straße durchquert wird, muß diese westlich eines jeden Erweiterungsschritts verlaufen. Die dadurch erfolgende Steuerung auch des nochmals gesteigerten Schwerlastverkehrs legt die Umgehung des Dorfes Övermora nahe. Schließlich kann eine nennenswerte Vergrößerung von Lagerflächen u.ä. am leichtesten nördlich des bestehenden Holzplatzes Tägten erfolgen.

Der vorgelegte Generalplan orientiert sich dann auch nahezu zwangsläufig an diesen aus der räumlichen Situation abgeleiteten Prämissen, wobei die folgenden Aspekte hervorgehoben werden müssen (vgl. Abb. 16):

— Im Hinblick auf mögliche Entwicklungen in den nächsten Jahrzehnten wird aller im Westen bis zum Sjöberget verfügbare Platz beansprucht, um bis zu drei neue Papiermaschinen unterbringen zu können.[87] Die Landstraße ist in der Planung an den Fuß des Bergs verlegt worden und umläuft Övermora im Westen und Norden.

— Unter Bezug auf den geplanten Übergang zu ,,fallenden Längen" (vgl. dazu S. 155) und den dadurch zusätzlich verursachten Platzbedarf wird eine Vergrößerung des Rohstofflagers Tägten in das Äxuln-Gebiet nördlich des Bysjön vorgeschlagen.

— Übrige Arrondierungen sind im Süden, Südwesten und Norden des bisherigen Industriegeländes vorgesehen. Schließlich sind um die beiden Kraftwerke herum auf dem Ostufer des Dalälven etwa je 50 ha in den Planungsraum miteinbezogen worden, ohne daß aber in Karte oder Text eine Planungsabsicht präzisiert ist.

Aus diesen Leitlinien des Vorschlags ergeben sich aus flächenbezogener Sicht drei wesentliche Problemkreise, die im Rahmen des Anhörungsverfahrens sehr unterschiedliche Beachtung erfahren haben.

Die offensichtlichste räumliche Wirkung des Planentwurfs ist der *Flächenverbrauch*. Er ist, bis auf die Erweiterung nördlich des Bysjön (s.u.), aus der Sicht fast aller am Verfahren Beteiligter unproblematisch. Dazu trägt sicher auch bei, daß sich das gesamte Erweiterungsgebiet in den Händen des Unternehmens befindet, wenn man von einigen kleineren Bereichen mit unklaren Gemeinschaftsrechts-Verhältnissen

---

[87] Im Planvorschlag ist nur das Gebäude von PM 11 flächenhaft eingezeichnet. Die Kartengrundlagen der Verkehrsmengenübersichten (Bild 3 und 4) zeigen jedoch bei genauerem Hinsehen die Umrisse von insgesamt drei neuen Papiermaschinenhallen (Kvarnsvedens Pappersbruk, 1977, S. 5.2).

absieht. Auch aus den Wohnhäusern, die laut Plan in den neue Werksbereich einverleibt werden sollen, sind deshalb keine Reaktionen zu verzeichnen.

Gewichtige Instanzen im Anhörungsverfahren sprechen sich jedoch mit unterschiedlichem Nachdruck gegen die nach Norden gerichtete Expansion in den Äxuln hinein aus.[88]

Diese nahezu vollständig von Wasser umgebene Landzunge ist unterschiedlichen Naturevaluierungen nach vor allem wegen ihrer Wasservogel- und Bibervorkommen von hohem Schutzwert (nach einer Inventur der Naturschutzabteilung der Bezirksregierung sogar „von Reichsinteresse") und hat als Ausflugs- und Erholungsgebiet steigende Bedeutung.

Ein zweiter wichtiger Problemkreis ist der *Schutzabstand* zwischen Werk und anderen Nutzflächen, insbesondere den Wohnbauflächen. Betrachtet man lediglich den absoluten Wert durchschnittlicher Abstände zwischen auswirkungsintensiven Anlagen, z.B. Papiermaschinen oder Rohstoffannahme, so sind gegenüber der heutigen Situation keine wesentlichen Änderungen festzustellen (Wert und Wirkung der großflächig ausgewiesenen Immissionsschutzstreifen dürfen bisherigen Erfahrungen nach nicht allzu hoch eingeschätzt werden). Ein *entscheidender* Unterschied besteht jedoch: Die heutigen Kontaktflächen mit dem Werk sind seit Jahrzehnten stabil, man hat sich sozusagen trotz auftretender Probleme aneinander gewöhnt. Bei der einzigen nennenswerten Veränderung kam es bezeichnenderweise erst nach heftigen Auseinandersetzungen zu einem Konfliktausgleich. Die geplante Erweiterung aber vergrößert nicht nur die Kontaktflächen, sondern verlagert sie vor allem in die Nähe solcher Wohnsiedlungsbereiche, die bisher relativ weit entfernt von auswirkungsintensiven Anlageteilen gelegen haben (Teile von Kvarnsveden im Westen und von Övermora im Norden des Werks). Mit großer Sicherheit wird dies selbst dann zu Problemen führen, wenn beeinträchtigende Auswirkungen, vor allem Lärm, auch nur im heute akzeptierten Umfang die Werksgrenze überschreiten.

Diese Problematik wird von einigen Stellen sehr deutlich angesprochen (Naturschutzabt., s.o.; Regionalwirtschaftsabteilung der Provinzialregierung, 7. 12. 77; Mietervereinigung in Dalarna, 14. 11. 77). Es werden aber keine alternativen Vorschläge unterbreitet. Bezweifelt wird jedoch, ob die in Schweden inzwischen akzeptierten Richtwerte für Industrielärm von 40 dB (A) bei Nacht erreicht werden können — heute ist die Lärmintensität um das Werk im Schnitt doppelt so hoch. Zur gleichen Problematik gehören im Grunde auch die Beeinträchtigungen durch den zukünftigen anlagenerzeugten Verkehr, soweit sie die unmittelbar am Werk gelegenen Bereiche betreffen. Mehrere der am Verfahren Beteiligten bringen hierzu Einwände und Vorschläge, die teilweise auch im Kommentar des Werks beachtet werden. Insgesamt gewinnt man hier aber den Eindruck, daß dem Werk an der Diskussion

---

[88] Naturschutzabt. der Bezirksregierung, 9. 11. 1977; Stadt-Gesundheitsamt, 8. 11. 1977; Städt. Park-Freizeit-Kulturverwaltung, 2. 11. 1977; Freizeitausschuß, 23. 11. 1977; „Tunabygdens Naturschutzvereinigung", 18. 12. 1977.

entsprechender Fragen nur wenig gelegen ist und auch die Anhörungsinstanzen nicht mit dem eigentlich gebotenen Nachdruck insistieren.[89]

Noch weniger gilt dies für den dritten Problemkreis, der nur noch von zwei an der Anhörung beteiligten Behörden mehr oder weniger direkt angesprochen wird, nämlich die *Bildung von Wohnsiedlungsenklaven*, die durch auswirkungsbeeinträchtigte Flächen praktisch eingeschlossen werden. Dies ist nach dem Planvorschlag für einige Häuser südwestlich des Papiermagazins und, wesentlich bedeutender, für ganz Övermora der Fall. Dieser Ortsteil würde im Süden und Osten auf ca. 1,5 km Länge durch eingezäuntes Industriegelände, im Westen und Norden durch eine sehr wesentlich vom anlagenerzeugten Schwerlastverkehr benutzte Landstraße umfaßt. Unabhängig von der Windrichtung könnten die Bewohner von Övermora dann in jeder Lage von werksbezogenen Punkt- oder Flächenquellen beschallt werden, wobei jedoch der südliche Teil wegen seiner Nähe zur geplanten neuen Rohstoffannahme mit berechneten 290 Lastkraftwagen pro Tag besonders exponiert wäre. Die physische Zugänglichkeit würde sich gegenüber heute nicht wesentlich ändern. Jedoch ist zu fragen, inwieweit sich psychologisch nicht ein nachteiliger Isolationseffekt einstellen könnte. Während im Schreiben der Naturschutzabteilung die Frage nach dem Weiterbestehen der angesprochenen Wohnsiedlungsenklaven nur sehr vorsichtig anklingt, gibt die Regionalwirtschaftliche Abteilung der Bezirksregierung offen zu bedenken, ob nicht der gesamte Bereich nördlich der vorgesehenen Erweiterung einschließlich des Siedlungsbereiches als „Reservegebiet für den zukünftigen Ausbau schwererer Industrie" ausgewiesen werden soll.[90]

Damit wird — klugerweise nicht vom Unternehmen selbst, sondern von einer Bezirksbehörde — die alte Frage nach der Existenz des Ortsteils Övermora neu gestellt.[91] Obwohl der Vorschlag natürlich längerfristig im Interesse des Werks ist — und zwar sowohl im Hinblick auf freie Expansionsmöglichkeiten als auch auf eine endgültige Konfliktminimierung — ist die Reaktion sehr zurückhaltend. So läßt man sich aber für die Zukunft alle Möglichkeiten offen.[92]

[89] Dies gilt selbst unter Berücksichtigung der Rechtslage, nach der diesbezügliche Umweltaspekte endgültig erst in einem Verfahren nach dem einschlägigen Gesetz beurteilt werden können. Man sollte sich aber darüber im klaren sein, daß die später ebenfalls wieder gehörten Instanzen dann in eine schwierige Lage kommen, wenn sie in einem vorgeschalteten Verfahren entsprechende Problempunkte nicht aufgenommen haben.

[90] Es heißt in dem Schreiben vom 7. 12. 1977 weiter: „... mit der neuen Trassenführung des Kvarnsvedsvägen und im Hinblick auf die Nähe der Papierfabrik ist das Gebiet für Wohnzwecke weniger geeignet".

[91] So äußerte der Stadtarchitekt lt. „Dala-Demokraten" vom 6. 6. 1970 etwas widersprüchlich: „Es ist klar, daß Övermora erhalten bleiben soll... Natürlich ist es Bestandteil der Zukunftsprognosen für die Stadt, daß das Dorf eventuell ein Industriegebiet werden soll — aber das würde dann wohl erst im Jahre 2050 aktuell werden...".

[92] „Bezüglich des Gebiets westlich von Övermora ist es unsere Auffassung, daß das Gelände unmittelbar nördlich der Rohstoffannahme weiter als „Grünanlage" bestehen bleiben soll... Wir haben dagegen keine feste Meinung darüber, wie der Rest dieses Geländes in Zukunft genutzt werden sollte" (Schreiben der Papierfabrik an die Kommune vom 3. 2. 1978).

Erstaunlich ist schließlich, daß von den unmittelbar betroffenen Wohnsiedlungen nur je eine Reaktion aus Kvarnsveden und Övermora zu verzeichnen ist. In ihnen werden für die zukünftige Entwicklung der am stärksten betroffenen Ortsteile ganz ähnliche Befürchtungen ausgesprochen, wie sie oben genannt wurden. Ohne eine Befragung ist hier nicht zu entscheiden, ob bei den übrigen Anliegern Optimismus, Gleichgültigkeit oder Resignation bezüglich der Zukunft ihres Ortsteils vorherrschen.

Das Verfahren gibt Anlaß zu folgenden zusammenfassenden Bemerkungen:

— Das beabsichtigte Flächenwachstum der Papierfabrik hat keine heftigen Konflikte bewirkt, sondern nur den nach der Baugesetzgebung vorgesehenen Interessenausgleich in Form eines Generalplanverfahrens in Gang gesetzt.

— Der vorgelegte Entwurf ist in wichtigen grundsätzlichen Zügen aus der aktuellen Raumstruktur zu begründen, entspricht aber in wesentlichen Punkten — nicht zuletzt auch dort, wo eindeutige Aussagen vermieden werden[93] — den unmittelbaren wie langfristigen Interessen des Werks.

— In nur einem Punkt — der vorgesehenen Erweiterung in das Äxuln-Gebiet hinein — setzen sich die Anhörungsinstanzen so zur Wehr, daß das Werk (zunächst) auf die Durchsetzung verzichtet. Im übrigen wurden weder eine die Prinzipien des Ausbaus infragestellende Kritik noch präzise Alternativskizzen vorgelegt. Hier tritt, wie auch bei der entsprechenden Planung der Hütte, eine offensichtliche, aber kaum zu beseitigende Strukturschwäche der Generalplanverfahren zutage: Wegen der starken von der Technik ausgehenden Sachzwänge genießt das Werk den Vorzug, beim Entwurf federführend zu sein, wobei aber natürlich die kommunalen Behörden einbezogen sind. Von dem ersten Vorschlag geht dann eine solche normative Kraft aus, daß die angehörten Instanzen trotz der recht langen Antwortfristen nur selten in der Lage oder willens sein werden, alternative Vorschläge zu entwickeln.

— Diese bezüglich des zukünftigen Innengeländes der Industrie zumindest verständliche Zurückhaltung ist aber auch hinsichtlich des neuen engeren Externbereiches festzustellen[94]. Die Problematik von Schutzabständen und Wohnsiedlungsenklaven wird zwar gesehen, aber nicht mit der gebotenen Konsequenz und Offenheit zu Ende gedacht. Insbesondere fehlt eine Diskussion über die Zukunft von

---

[93] Im Vorwort heißt es bezeichnenderweise über das Ziel des Generalplanes: „Die Absicht mit dem Planentwurf ist es, daß er eine Entscheidungsgrundlage für den Aus- und Umbau bestehender Anlagen bieten und gleichzeitig *garantieren* soll, daß die Beschlüsse die zukünftige *Handlungsfreiheit* für die Entwicklung des Werks *nicht mehr als nötig einschränken*" (Kvarnsvedens Pappersbruk, 1977, S. 1.12, Hervorh. v. Verf.).

[94] Im Schreiben der Projektabteilung der Bezirksregierung vom 1. 12. 1977 heißt es dazu trocken, daß der Generalplanentwurf nach Auffassung der Abteilung „am ehesten als ein Ausbauplan für die Papierfabrik" aufzufassen ist, da nutzungssteuernde Vorschriften für den Außenbereich fehlen.

Övermora. Denn aus rein sachbezogener Sicht gibt es nur zwei klare Lösungen: Entweder sind die Auswirkungen des Werks nicht mit Sicherheit auf das angestrebte Maß zu senken — dann muß zielstrebig die Auflösung der Wohnsiedlungen in den Enklaven betrieben werden. Oder man will auf jeden Fall den heutigen Wohnwert der betroffenen Anliegerbereiche sichern — dann muß dem Werk von vornherein gesagt werden, welcher Immissionsstandard noch akzeptiert wird, worauf entsprechend differenzierte Modellberechnungen und Planmodifizierungen vorzunehmen wären.

Hier zeigt sich, daß die Trennung in ein u.U. präjudizierendes Generalplanverfahren einerseits und ein unabhängig davon ablaufendes Konzessionsverfahren nach dem Umweltschutzgesetz andererseits einer sachgerechten Lösung abträglich ist.

Es ist verständlich, daß seitens des Werks die Tendenz besteht, solche Fragen nicht eingehender zu diskutieren, als es im Augenblick opportun erscheint.[95] Es muß aber klar ausgesprochen werden, daß im hier gegebenen Fall die Risiken einer solchen Politik der „non-decisions", des „Laufenlassens", sowohl bei der Industrie als auch bei der Stadt liegen. Diese muß für den Fall von später als unzumutbar empfundenen Belastungen dem Niedergang eines ganzen Ortsteils entgegensehen, jene kann die Möglichkeit eines unnachgiebigen nachträglichen Durchsetzens beschwerlicher Emissionswerte oder sonstiger kostentreibender Eingriffe (etwa Nachtfahrverbote o.ä.) nicht ausschließen.

2.1.3.1.3. Konfliktbereich „Wasser"

Oberhalb der Papierfabrik ist der Dalälven mit seinen Nebenflüssen jahrzehntelang das wichtigste Transportsystem für den Rohstoff gewesen, unterhalb stellte der Fluß ebenso lange die Sammelader für die wesentlichsten „Stoffwechselprodukte" (s.u.) der Rohstoffveredelung dar. Vor diesem Hintergrund ist es natürlich, daß der Konfliktbereich „Wasser" seit Bestehen der Anlage die größte Bedeutung hat.

Die Problematik des Rohstofftransports[96] durch die Flößerei ist dabei wegen teilweise anders gearteter Konfliktstrukturen wesentlich schwieriger zu analysieren als die Abwasserproblematik.

Während sich bei letzterer voneinander unabhängige Kontrahenten (Unternehmen auf der einen, Wassergericht, Behörden und Privatpersonen auf der anderen Seite) gegenüberstehen, sind wichtige beim Rohstofftransport auftretende Probleme quasi als *unternehmensintern* zu

---

[95] Vgl. das schon genannte Schreiben des Werks vom 3. 2. 1978, in dem es heißt: „Gleichzeitig ist versucht worden, in die Interessensphäre der Betroffenen so kleine Eingriffe wie möglich vorzunehmen, was sich u.a. darin äußert, daß man bestrebt war, bestehende Wohnsiedlungsbereiche beizubehalten".

[96] Sie wird hier wegen des untrennbaren Zusammenhangs zum Fluß schon aufgenommen, obwohl sie aus anderer Sicht ebenso im Konfliktbereich „Transport/Verkehr" behandelt werden könnte.

betrachten, wenn auch die Flößereiwirtschaft formal durch eine entsprechende Vereinigung vertreten ist. Daraus ergibt sich eine wesentlich unübersichtlichere Materiallage, die es im Rahmen der vorliegenden Arbeit nicht erlaubt hat, aussagekräftige Daten und Fallbeispiele zu erheben. Wegen des prinzipiellen Interesses sei jedoch wenigstens auf das vorhandene Konfliktpotential und seine Raumwirksamkeit hingewiesen. Mustert man die Forstzeitschriften der hier entscheidenden Jahre durch, so sind hin und wieder sehr allgemeine Überlegungen über den *Zielkonflikt zwischen Flößerei- und Kraftwirtschaft* zu finden (z.B.: ,,Skogen", 1955, S. 121; 1956, S. 365; 1958, S. 377). Beide Nutzungsformen beeinträchtigen sich gegenseitig in nicht unerheblichem Maße. Vor allem der nach dem Zweiten Weltkrieg einsetzende Ausbau der schwedischen Flüsse zu in weiten Teilen nahezu vollständigen Kraftwerkstreppen bewirkte erhebliche Behinderungen der Flößereiwirtschaft. Zu nennen sind hier etwa die Verringerung der durchschnittlichen Strömungsgeschwindigkeit, das Überstauen zahlreicher Hilfseinrichtungen der Flößerei an den Ufern, die durch wechselnde Wasserstände während des Winters bewirkten ufernahen Eisbrüche, die ein problemloses Ausbringen der Baumstämme in den Stromstrich verhinderten, die Staus an den Kraftwerksdämmen und Sortierwerken (vgl. Abb. 9) u.a.m. Umgekehrt entstanden der Kraftwirtschaft beträchtliche Zusatzkosten und Erlöseinbußen durch Entschädigungszahlungen sowie Ersatz- und Zusatzbauten, z.B. Flößrinnen an jedem Damm. Die größte negative Bedeutung besaß für die Energiewirtschaft aber der *Wasser- und damit Energieverlust*. Millionen von Kubikmetern mußten jedes Jahr an den Turbinen vorbeigeleitet werden, um den Weitertransport der Baumstämme sicherzustellen.

Alle — teilweise auch vor dem Wassergericht — noch so detailliert ausgehandelten Regelungen konnten diesen prinzipiellen Interessenkonflikt nur dämpfen, nicht aber beilegen. Im Dalälven dürfte vor allem der Bau des größten unternehmenseigenen Wasserkraftwerks Trängslet (Inbetriebnahme 1959) mit einem nahezu 150 km langen Stausee sowie der sich flußabwärts anschließenden Kurzzeitregulierungsbecken und Kraftwerke Åsen, Väsa, Blyberg und Spjutmo die durch gegenseitige Rücksichtnahme verursachten Lasten noch vergrößert haben. Vor diesem Hintergrund wäre es nur zu naheliegend anzunehmen, daß die Interessen der Energiewirtschaft — hier vertreten durch die Kraftwerksabteilung des Unternehmens selbst — die endgültige Aufgabe der Flößerei mitbewirkt haben.[97] Es ist jedoch zum gegebenen Zeitpunkt nicht möglich, den Stellenwert dieses strukturellen Interessenkonflikts im Gesamtgefüge der früher besprochenen Gründe für den Übergang zum Landtransport zu beurteilen (nach Aussagen von Unternehmensvertretern hat dieser an anderen Flüssen wichtige Grund am Dalälven keine Rolle gespielt).

[97] Eine bezeichnende Formulierung findet sich in einem Artikel von TERNSTEDT (1956, S. 313). Er hält es für wahrscheinlich, daß die Hauptflößstrecken in einer überschaubaren Zukunft ihre Konkurrenzkraft gegenüber der Straße und Schiene beibehalten werden, schließt aber dann mit dem Satz: ,, . . . oder mindestens solange, wie die Wasserkraftinteressen nicht noch weitere Hindernisse in den Weg legen."

Falls aufgrund interner und nicht zugänglicher Kosten-Nutzen-Analysen in der Behinderung der Energiewirtschaft auch nur ein gewisser Anteil am Ursachenbündel für die Umstellung der Transportorganisation gegeben gewesen sein sollte, liegt hier eine der *bedeutendsten Konfliktregelungen mit struktur-, prozeß- und landschaftsverändernder Wirkung vor, die im Untersuchungszeitraum nachzuweisen ist.*
Ein anderer, durch die Flößerei mitverursachter Konfliktstoff war die Schädigung der Fischereiinteressen durch den Transport der Stämme selbst (physische und biologische Wirkung) als auch vor allem durch die für diesen erforderlichen wasserbaulichen Eingriffe, nämlich Begradigungen, Umleitungen, Aufstauen, Säubern des Stromstrichs u.a.m. Diese Problemkreise sollen hier jedoch nicht mehr behandelt werden, da der prinzipielle Interessenausgleich schon Jahrzehnte zurückliegt und während des Untersuchungszeitraumes nicht in nennenswerter Weise aktualisiert wurde.[98]

Schließlich sei bezüglich der Flößerei im Dalälven noch ein drittes Konfliktpotential genannt, nämlich die Entstehung von stammholzverursachten Stauungen im Flußlauf. Sie entstehen vorzugsweise an Engstellen (etwa Brücken) oder Stromschnellen, oft im Frühjahr zur Zeit des Eisaufbruchs, wenn sich Eisschollen, unterkühltes Wasser und Stämme zu einem nur schwer aufzulösenden Gewirr verbinden (vgl. Meldungen in der Regionalpresse Ende April 1952).

Örtlich und zeitlich hat dies zu Hochwässern und anderen Schadwirkungen geführt. Oft wußte man sich nicht anders zu helfen, als den entstandenen Pfropfen mit Dynamit zu sprengen. In der eisfreien Zeit wurde durch entsprechende Störungen örtlich auch der Bootsverkehr stark beeinträchtigt oder ganz verhindert, z.B. in den Monaten August/September 1969, als sich am Unterlauf des Dalälven bei Folkärna mehr als zwei Millionen Stämme ineinander verhakten (Borlänge Tidning vom 4. 9. 1969).

Im *Abwasserbereich* sind nicht nur das Konfliktpotential, sondern auch seine Aktualisierung wesentlich besser zu erfassen. Beim Abriß der verfahrensrechtlichen Grundlagen (S. 116 ff.) war schon deutlich geworden, daß die Zuständigkeiten von Genehmigungs- und Aufsichtsbehörden seit Kriegsende mehrfach gewechselt haben.[99]

---

[98] Hier liegt aber der interessante Sachverhalt vor, daß bei der Aufgabe der Flößerei (schwed. „avlysning") die Konfliktregelung zwischen diesen konträren Interessen darin bestand, den ursprünglichen Zustand *nicht* überall wiederherzustellen, da vor dem Hintergrund des jetzt erreichten Gleichgewichts jeder neue Eingriff bedenklicher ist als seine Unterlassung.

[99] Wie LUNDQVIST (1971) überzeugend nachgewiesen hat, spiegelt sich darin die Krise eines politischen und administrativen Systems wider, das zunächst weder in der Lage noch willens ist, sich rasch verändernden Erfordernissen in neu auftretenden Problembereichen anzupassen. Dieses Unvermögen beruhte jedoch weniger auf der Neuartigkeit der Problematik, sondern ganz wesentlich auf den politischen Machtkämpfen zwischen Gruppen unterschiedlicher Problemauffassungen und Zielsetzungen. Obwohl eine zentrale Wasseraufsichtsbehörde mit weitreichenden Kompetenzen von einigen Expertenkommissionen und — zumindest seit den späten 50er Jahren — praktisch allen Parteien gefordert worden war, konnte darüber jahrzehntelang keine Einigkeit erzielt werden.

Während die Genehmigungsverfahren für Anlagen mit wasserverschmutzender Wirkung seit 1941 und bis zum Inkrafttreten des Umweltschutzgesetzes im Jahre 1969 vom Wassergericht durchgeführt wurden, bildeten bis 1957 die „Fischereiaufsichtsbehörde" und ab 1958 die „Staatl. Wasserinspektion" die zentralen Aufsichtsorgane des Staates. Ihnen oblag es, sowohl den Genehmigungsbehörden als auch den regionalen und kommunalen Behörden *ratgebend* zur Seite zu stehen. Ihnen fehlte aber *nicht nur* jede *Entscheidungsbefugnis;* zeit ihres Bestehens spiegelte sich auch in ihrer personellen Ausstattung wider, welche Bedeutung der Gesetzgeber dem Problembereich zunächst beimaß: Die „Fischereiaufsichtsbehörde" war 1937 als zentrale „Ein-Mann-Behörde" gegründet worden, wuchs nach Inkrafttreten der Vorprüfungsverordnung bis 1950 auf sieben, bis 1954 auf zehn Beamte an; ihre Zahl erhöhte sich dann bei Bildung der „Staatl. Wasserinspektion" kontinuierlich bis auf 33 Personen im Jahre 1964/65.[100]

Der damalige Stellenwert der staatlichen Behörden auf diesem Sektor wird noch deutlicher, wenn man bedenkt, daß die von ihnen zu beaufsichtigenden Unternehmen demgegenüber ein Vielfaches an qualifiziertem Personal besaßen, wobei hier insbesondere auf den konzentrierten Sachverstand der sektoral oder übergreifend arbeitenden Forschungsinstitute hinzuweisen ist, die von den Branchen unterhalten oder maßgeblich unterstützt wurden (z.B. Svenska Träforskningsinstitutet, Stiftelsen Skogsindustriernas Vatten- och Luftvårdsforskning u.a.m.).

Vor diesem Hintergrund wird die markante *strukturelle Unterlegenheit der staatlichen Behörden* bis weit in die 60er Jahre hinein offenbar. Sie hatte selbstverständlich ihre Auswirkungen auf die Art des Konfliktausgleichs, so wie er sich bei der Analyse der verschiedenen Genehmigungsverfahren darstellt.

Der Interessen- und Konfliktausgleich in der Abwasserproblematik spielt sich fast ausschließlich auf der Ebene formalisierter Verfahren ab. Im Unterschied zu den vielen anderen geschilderten Fällen, in denen ein räumlich wirksam werdender Impuls die Gegenreaktion von Betroffenen herbeiführt, sind die wasserrechtlichen Verfahren nicht durch eine direkte Initiative der Aufsichts- oder Genehmigungsbehörden zustandegekommen,[101] etwa durch eine als unerträglich empfundene Höhe von Emissionen oder Immissionen. Ausschlaggebend waren die Ausbaupläne der Fabrik im Hinblick auf die Papiermaschine 9 (PM 9), die automatisch die Vorprüfung nach der Verordnung vom 1.11.1946 auslösten.

_{Der sektoralen Zersplitterung und damit der politischen Beherrschbarkeit wurde hier lange die Priorität vor der sachbezogenen Effizienz gegeben. Als Beispiel sei nur genannt, daß trotz klarer Analyse der Problemstruktur schon in den 30er und 40er Jahren noch um 1950 nicht weniger als vier verschiedene Ministerien und zwanzig weitere staatliche Behörden für unterschiedliche Aspekte der Wasserverschmutzung zuständig waren.}

[100] Alle Zahlenangaben nach LUNDQVIST (1971, S. 55/56, 67-69 und 80), der Wachstum, Aufgaben und Problematik dieser Behörden detailliert untersucht hat. Vgl. hierzu auch den von einer Expertenkommission vorgelegten Bericht in SOU 1964:66.

[101] LUNDQVIST (1971, S. 83) führt die geringe Initiativkraft von Fischereiaufsichtsbehörde und Staatlicher Wasserinspektion auf Arbeitsüberlastung zurück.

Zwar hatte schon im Jahr 1949 ein Ingenieur des Werks in einer Fachzeitschrift die Ansicht vertreten, man könne aufgrund der bis dahin vorgenommenen Maßnahmen zur Abwasserreinigung jedweder Prüfung in Ruhe entgegensehen (BOLIN, 1949, S. 216); dennoch ist aus internen Unterlagen ersichtlich, daß man seitens des Werks das Verfahren mit einer gewissen Spannung erwartete. Gerade die Tatsache, daß es noch keine festen Emissions- oder Immissionsrichtwerte gab, barg doch einige Unsicherheitsfaktoren, wie die lokalen Verhältnisse von Behörde und Gericht bewertet werden würden.

Wohl um hiermit zusammenhängende Risiken zu vermindern, wurde schon vor der Einleitung des förmlichen Verfahrens Kontakt mit der zuständigen Aufsichtsabteilung der Fischereidirektion aufgenommen. Aus einem Protokoll über ein Treffen zwischen Vertretern des Werks und der Aufsichtsbehörde vom 29. 8. 1955 geht aber deutlich hervor, daß keine Konfrontation mit ungewissem Ausgang bevorstand, sondern vor allem seitens der Aufsichtsbehörde mit großer Vorsicht vorgegangen wurde.[102] Wenn auch so das Agieren der wichtigsten Aufsichtsbehörde kalkulierbar geworden war, müssen aber noch Zweifel über die Haltung des Wassergerichts bestanden haben. Jedenfalls ist aus internen Unterlagen ersichtlich, daß bei der Werksleitung nach Abschluß des Verfahrens deutliche Genugtuung darüber bestand, mit so geringen Auflagen davongekommen zu sein.

Im einzelnen verdienen folgende Sachverhalte des Verfahrens von 1956 festgehalten zu werden:

— Die prinzipielle Statthaftigkeit der aktuellen wie auch geplanten Abwassereinleitung wird mit Rücksicht auf die Belastungsfähigkeit des Vorfluters beurteilt, nicht aber im Hinblick auf die absolute Höhe der Emissionen.[103]

— Auch die bedeutenden Abwassermengen der Sulfitfabrik werden unter der Voraussetzung gebilligt, daß durch die Umstellung auf ein Hochausbeuteverfahren (von 48 % auf 65 %) sogar nach erfolgter Produktionserhöhung von 20 000 auf 30 000 t/a Sulfitzellstoff die in den Vorfluter geleiteten Substanzen um 35 % vermindert werden können. Mögliche technische Schwierigkeiten, auch den neuen Lau-

---

[102] Unterstellt man eine korrekte Protokollführung, so sah es die Aufsichtsbehörde offensichtlich nicht als ihre Aufgabe an, gewisse Maßnahmen zu *fordern*, sondern man „*äußerte den Wunsch*", „*stellte sich die Frage, ob . . .*" oder fand höchstens irgend etwas „*ungeeignet*". Es wurden sogar den Werksvertretern noch verfahrenstechnische Ratschläge erteilt. Ob entsprechende Kontakte auch mit der Genehmigungsbehörde selbst bestanden haben, ist aus den dem Verf. vorliegenden Materialien nicht zu ersehen.

[103] In der Begründung heißt es: Die somit reichliche Wasserführung bringt es mit sich, daß die Abwässer trotz der großen Mengen organischer Substanzen nur eine lokal begrenzte Verschmutzung des Flusses verursachen. Es muß jedoch mit Rücksicht auch auf andere Verunreinigungsquellen als wünschenswert angesehen werden, daß der Ausstoß verunreinigender Stoffe vermindert wird und deshalb weitere Schritte in dieser Richtung unternommen werden, die für das Unternehmen nicht „übermäßig erschwerend" (schwed. „oskäligt betungande") sind.

gentyp in der alten Eindampfungsanlage verwerten zu können, werden angedeutet.[104]
— Außer der Aufsichtsbehörde, die sich aber nur schriftlich äußert (s.u.) und bei der Hauptverhandlung nicht zugegen war, gab es keine sonstigen Einwendungen Dritter, weder von Behörden noch Privatpersonen.
— An konkreten emissionsdämpfenden Maßnahmen und weiteren Auflagen ist im Genehmigungsbescheid lediglich festgelegt:
  - Bau eines Klärbeckens für sanitäre Abwässer innerhalb von zwei Jahren
  - neuerliches Genehmigungsverfahren nach fünf Jahren
  - Ausgleichsgebühr für das Fischereiwesen von jährlich SEK 500,— (rückwirkend ab 1947).

Auffällig ist am Verfahren insbesondere, daß sich das Wassergericht mit der *bloßen Absichtserklärung* des Unternehmens zufrieden gab, dem Abwasserproblem „fortgesetzte Aufmerksamkeit zu widmen und später unter Beachtung der reinigungstechnischen Fortschritte Vorschläge für verbesserte Klärmaßnahmen zu unterbreiten, vor allem mit dem Ziel, die Einleitung von Ablauge zu vermindern" (zitiert aus der Urteilsbegründung, Urteil vom 7. 4. 1956, S. 6). Allen beteiligten Fachleuten muß klar gewesen sein, daß diese wenig verbindliche Aussage dem Unternehmen vor allem für den Fall freie Hand ließ, daß die großtechnisch noch nicht erprobte Eindampfung von Hochausbeuteablauge mißlingen würde.

Im Grunde wird hier die Verantwortung für ein eventuelles Scheitern auf die Genehmigungsbehörde verlagert, die trotz der sehr deutlichen, auch während der Hauptverhandlung noch einmal vorgebrachten Bedenken des Unternehmens auf einem Fortbestand von Methylalkoholfabrik und Eindampfungsanlage auch nach der Prozeßumstellung besteht.

Genau in diesem Bereich haben sich dann in den folgenden Jahren auch die größten Probleme ergeben. Ebenso folgenschwer war, daß im Genehmigungsbescheid keine ausdrückliche Höchstproduktionsgrenze enthalten war (s.u.).

Die aus heutiger Sicht außerordentlich gering erscheinende Ausgleichsgebühr von SEK 500,— für Fischereizwecke entsprach den seinerzeit üblichen Bemessenssätzen (zuletzt geregelt in SFS 1954:24).[105]

Auch wenn der Schaden durch die Abwässer des Werks nicht quantifizierbar war, so steht doch außer Zweifel, daß die erhobene Summe in keinem Verhältnis zu den im Werk zunächst vermiedenen Kosten stand.

---

[104] Auch die Aufsichtsabteilung der Fischereidirektion hält den Einfluß der Ablauge auf den Vorfluter für gering, will aber im Hinblick auf mögliche Beeinträchtigungen von Laichplätzen durch Fasern und Rindenabfall eine nach dem Wassergesetz zulässige Ausgleichsgebühr für Fischereizwecke erheben (s.u.).

[105] Die auf diese Weise landesweit zusammenkommenden Beträge ermöglichen dennoch über alle Jahre hinweg eine erhebliche Förderung der binnenfischereibezogenen Forschung, Organisation und Bestandserneuerung (vgl. hier etwa aus jüngster Zeit die Zusammenstellung über die Verwendung der Beträge in den Jahren 1967/68 — 1969/70, SOU 1972:14, Anl. 3b).

Schließlich sei auch noch das geringe Interesse unterstrichen, das dem Verfahren, über das in der Presse selbstverständlich berichtet wurde, von der Öffentlichkeit oder anderen Behörden entgegengebracht wurde. Ein wichtiger Grund für die Passivität des örtlichen Gesundheitsamtes ist sicher gewesen, daß jede Kritik an der Papierfabrik schwierig war, solange die Stadt ihre eigenen Abwässer ungeklärt in den Dalälven leitete. Insgesamt ist somit das Wassergerichtsverfahren von 1956 als erste Bestandsaufnahme zu werten, auf deren Grundlage dem Werk mit reichlich bemessenen Fristen — und ohne jede Sanktionsmöglichkeit — erste Maßnahmen zu einer effektiveren Abwasserreinigung nahegelegt wurden. Dabei blieben die Experten unter sich, und in den vorliegenden Unterlagen gibt es keine Andeutung dafür, daß tiefgreifendere Meinungsgegensätze vorhanden gewesen sein könnten. Da somit am Status quo wenig gerüttelt wurde, ist auch die Raumwirksamkeit dieses ersten Interessenausgleichs gering, wenn man von ganz speziellen Aspekten absieht.

Das zweite wasserrechtliche Verfahren der Papierfabrik wurde entsprechend der 1956 ausgesprochenen Auflage fünf Jahre später eingeleitet. Es fällt in eine Zeit, in der die immer noch ansteigende Verunreinigung der Oberflächengewässer sowohl Politiker wie auch Behörden, Massenmedien und Privatpersonen zunehmend sensibilisiert. Die Wasserinspektion war jetzt zwar endgültig etabliert, aber — selbst nach langem parlamentarischen Tauziehen mit erstaunlich heftigen Auseinandersetzungen insbesondere 1957 — immer noch nicht zu einer selbständigen Behörde geworden, sondern weiter der Fischereidirektion unterstellt. Immerhin beginnt sich Anfang der 60er Jahre auch die Personalsituation zu verbessern. Und schließlich dürfte es nicht ohne Folgen für das Selbstverständnis und die Handlungsweisen dieser Behörde gewesen sein, in der Öffentlichkeit einen immer stärkeren Rückhalt zu spüren. In dieser Situation nun reichte Stora Kopparberg einen Antrag für die Papierfabrik ein, der aus einer Reihe von Gründen bemerkenswert ist.

Reduziert man nämlich seinen Inhalt auf das Wesentliche, so wurde von der Genehmigungsbehörde nicht weniger verlangt, als eine gegenüber 1956 verdoppelte Produktion mit einer mehr als verdoppelten Gesamtemission gutzuheißen.

Beim genauen Vergleich mit den Unterlagen von 1956 tritt das Ungewöhnliche dieses Ansinnens hervor: Nicht nur war die damals genehmigte Menge der Sulfitzellstoffproduktion um nahezu 30 % (12 000 t/a) überschritten worden, sondern es war außerdem eine völlig neue Halbstofflinie, nämlich die halbchemische Fabrik, mit einer Kapazität von 20 000 t/a errichtet worden — beides „ohne vorhergehende Mitteilung an das Wassergericht oder die Wasserinspektion", wie letztere in einem von deutlicher Irritation geprägten Schreiben vom 15. 5. 61 an die Genehmigungsbehörde anmerkt. Die Abwassersituation hatte sich durch diese Produktionssteigerungen vor allem deswegen drastisch verschlechtert, weil die fünf Jahre zuvor ins Auge gefaßte völlige Umstellung auf Hochausbeute-Sulfitzellstoff aus technischen Gründen ebensowenig gelungen war wie die vorgesehene Aufbereitung der Ablauge in einer Naßverbrennungsanlage. Statt der angestrebten 8 800 t gelöster organischer Substanzen pro Jahr gingen deswegen jetzt etwa 31 000 t in den Vorfluter (vgl. auch Tab. 3). Vor diesem Hintergrund wurden die zwischenzeitlich erreichten systemtechnischen Verbesserungen, etwa des Halbstoff- oder Rückwasserflusses, kaum noch registriert.

Wohl als Zeichen des guten Willens teilte jedoch das Unternehmen die Ergebnisse einer eigens in Auftrag gegebenen Expertise mit, wonach die Probleme mit einer Vakuumeindampfungsanlage lösbar erschienen. Bei der Bestellung des neuen Heizkessels P 6 (Inbetriebnahme 1962) habe man außerdem Zusatzeinrichtungen bestellt, die auch eine zukünftige Verfeuerung von eingedickten Ablaugen ermöglichen würden.

Trotz der sehr wesentlichen Überschreitungen der 1956 vereinbarten Werte versuchte Stora Kopparberg im Antrag zunächst, den Bau auswirkungsdämpfender Anlagen mit dem Hinweis auf die voraussichtlich nur noch kurze Betriebsdauer der Sulfitfabrik zu umgehen.[106] Damit war man jedoch offensichtlich zu weit gegangen. Die Reaktion der Wasserinspektion vom 15. 5. 1961 ließ nämlich an Deutlichkeit nichts zu wünschen übrig[107] und wurde auch vom Unternehmen als Warnsignal aufgefaßt. Zwar versuchte man auf offizieller Ebene die Vorwürfe zu entkräften, wobei die formalen und inhaltlichen Schwächen des Urteils von 1956 dieses Vorhaben erleichterten.

Aus internen Unterlagen geht aber hervor, daß man seitens des Werks und auch der Rechtsabteilung des Unternehmens die ursprüngliche Verhandlungslinie für nicht mehr durchführbar hielt (ihre Erfolgsaussichten waren offenbar vorher auch schon gering eingeschätzt worden).

Um scharfe Auflagen bezüglich der Laugenrückgewinnung *und* -vernichtung zu vermeiden, wurde deswegen mit Schreiben vom 12. 6. 1961 die vorzeitige Errichtung einer Vakuumeindampfungsanlage angeboten. Durch sie hoffte man, die stark gesteigerten Ablaugenemissionen wieder um etwa 50 %, also auf ca. 15 000 t/Jahr, senken zu können. Offensichtlich stand hierbei auch die strategische Überlegung im Hintergrund, das traditionell gute Verhältnis zum Wassergericht nicht zu belasten.

Der sich hierauf entspannende Schriftwechsel sei nur noch in den Leitlinien charakterisiert. Seitens der Wasserinspektion wurde u. a. darauf hingewiesen, daß es aufgrund der vorgesehenen Auslegung der Ein-

---

[106] Es heißt in dem Antrag wörtlich: „Es ist aus unserer Sicht in höchstem Grade wünschenswert, daß wir uns jetzt nicht auf die Durchführung eines neuen Klärverfahrens in der Sulfitfabrik festlegen müssen. Diese Fabrik ist nämlich so nahe am Fluß gelegen, daß sie bei einem geplanten Ausbau des Kraftwerks Bullerforsen unterhalb des Werks, mit dessen Abschluß innerhalb der nächsten zehn Jahre gerechnet wird, unter die Wasserlinie gerät und deswegen durch eine neue Anlage ersetzt werden muß".

[107] „Die Wasserinspektion ist der Auffassung, daß der Ausstoß verunreinigender Substanzen erheblich verringert werden muß und schlägt vor, daß der Antragsteller eine Untersuchung über die Möglichkeit einreicht, diese Maßnahmen früher als im Antrag vorgesehen durchzuführen".

dampfung auch möglich sein werde, die bisher in ihrer Gesamtheit in den Vorfluter geleitete Neutralsulfitablauge aus der halbchemischen Zellstofffabrik zu behandeln. Auf den Einwand des Werks, eine gemeinsame Verfeuerung der eingedickten Laugen würde schwer beherrschbare Betriebsstörungen hervorrufen, schlug die Inspektion den Transport der eingedickten Neutralsulfitablauge zur Verwertung in eine Sulfatfabrik vor, was wiederum vom Werk aus Kostengründen als unzumutbar abgelehnt wurde. Auffällig ist an dem Schriftwechsel auch das hartnäckige Insistieren der Wasserinspektion auf einer wesentlich verbesserten Reinigung der faserbelasteten Prozeßwässer aus Rohstoffvorbereitung und Papiermaschinen, für die ein zentrales Klärbecken als abschließender Reinigungschritt vorgeschlagen wurde (Schreiben der Inspektion an das Wassergericht vom 28. 7., 15. 9. 1961 sowie vom Unternehmen vom 17. 8. und 5. 10. 1961).

Das Problem der Neutralsulfitablauge und der mit filtrierbaren Schwebstoffen belasteten Abwässer stand schließlich auch im Mittelpunkt der Hauptverhandlung des Wassergerichts, wobei jedoch deutlich wurde, daß die Wasserinspektion nicht auf einem sofortigen Bau entsprechender Anlagen bestand, sondern dies als den nächsten dringlichen Schritt betrachtete.

Mit dem Urteil vom 14. 2. 1962 (Reg. Nr. A 12/1962) erteilte das Wassergericht dann dem Unternehmen die Genehmigung, die bei einer Jahreshöchstproduktion von 225 000 t Papier anfallenden Abwässer unter Realisierung der vorgeschlagenen Eindampfungsanlage und weiterer, vorwiegend systemtechnischer Maßnahmen in den Vorfluter einzuleiten. Es wurde zur Auflage gemacht, alle Verbesserungen binnen dreier Jahre auszuführen. Ausdrücklich wurde weiter verlangt, daß rechtzeitig vor dem geplanten Umbau des Kraftwerks Bullerforsen eine neue Genehmigung eingeholt werden müsse. Dabei sollten ein in Zusammenarbeit mit der Aufsichtsbehörde ausgearbeiteter Plan für ein zentrales Klärbecken für faserbelastete Prozeßwässer sowie konkrete Vorschläge für die Unschädlichmachung der Neutralsulfitablauge vorgelegt werden.

Insgesamt ist aus der Analyse deutlich geworden, daß die Unverbindlichkeit des ersten Interessenausgleichs von 1956 eine erhebliche Steigerung der Auswirkungsintensität des Werks ermöglichte, ihr wahrscheinlich sogar Vorschub leistete. Zwar sind, wie geschildert, technische Gründe die Hauptursache für diese Entwicklung gewesen. Es ist jedoch unwahrscheinlich, daß das Unternehmen gegenüber einer mit starken Sanktionsmöglichkeiten und -absichten ausgestatteten Aufsichtsbehörde die gleiche Haltung an den Tag gelegt hätte. Man muß sich recht sicher gefühlt haben, im Konfliktfall die eigenen Interessen ohne nachhaltigen Schaden durchsetzen zu können. Dies war, soweit man die Aufsichts- und Genehmigungsbehörden 1961 vor vollendete Tatsachen gestellt hatte, auch der Fall. Die Tatsache, daß man offensichtlich diese Linie zunächst weiterzuführen beabsichtigte, hat aber anscheinend erheblich dazu beigetragen, daß im Verfahren von 1961 klare Grenzen gesetzt wurden. War die Aufsichtsbehörde 1956 noch die insgeheim belächelte „Fiskhälsan" (eine etwas despektierliche, damals aber übliche und auch in internen Unterlagen anzutreffende Bezeichnung für die „Fischereiaufsichtsbehörde"), so war bis 1961 in der Wasserinspektion ein ernsthafter Kontrahent herangewachsen. Sie wußte mit Nachdruck, Sachkenntnis und Augenmaß gegenteilige Positionen zu vertreten. Insofern ist das Verfahren von 1961 als Wendepunkt in den Beziehungen zwischen Werk und Aufsichtsbehörde zu betrachten, auch wenn deren strukturell bedingte Benachteiligung zeit ihres Bestehens nicht behoben wird. Die von der Wasserinspektion verlangte, 1964 in Betrieb genommene Eindampfungsanlage für Sulfitablauge ist im Rahmen der hier im Mittelpunkt stehenden Beziehungen zwischen Werk und „Außenwelt" *die erste große emissionsvermindernde Anlage, die von externen Interessen durchgesetzt wurde.*

Immer noch aber wurden diese nahezu ausschließlich von einer Behörde vertreten, eine stärkere Mitwirkung anderer Institutionen oder Personen ist nicht dokumentiert. *Der Konfliktausgleich ist ausschließlich eine Sache der Experten von Werk und Aufsichtsbehörde.*

Ab 1964 stabilisiert sich die vom Werk in den Vorfluter geleitete Menge an gelösten Substanzen etwa auf dem immer noch hohen Niveau, das schon zehn Jahre zuvor gegeben war (Tab. 3).

Der Ausstoß an filtrierbaren Faser- und Rindensubstanzen lag hingegen mehr als doppelt so hoch wie Mitte der 50er Jahre. Damit waren die Schwerpunkte des dritten und letzten Wasserrechtsverfahrens vorgegeben. Es wird 1966 von der Papierfabrik mit dem Ziel eingeleitet, die Emissionsgenehmigung für eine Produktion von 365 000 t/Jahr zu erhalten (Installation von PM 10). Die wesentlichen vom Unternehmen schon im Antrag angebotenen auswirkungsdämpfenden Maßnahmen sind:

— völliger Übergang von Normal- auf Hochausbeute-Sulfitzellstoff,
— Verzicht auf weiteren Ausbau der Sulfitfabrik (ihre Stillegung war immer noch nicht in Sicht), Deckung des zusätzlichen Bedarfs durch externen Bezug,
— Zusammenfassung der faserhaltigen Prozeßabwässer von Rohstoffvorbereitung, PM 8, PM 9 und der geplanten PM 10 zur Einleitung in zwei neu zu errichtende Klärbecken,
— Verfeuerung des dort zurückgehaltenen Materials in den Kesselhäusern,
— wesentliche Erhöhung der vorhandenen Lager- und Pufferkapazitäten für Halbstoffe, Ausschußqualitäten und Rückwasser, dadurch Verminderung des Emissionsrisikos bei Betriebsstörungen,
— Eindampfung auch der Neutralsulfitablauge, Transport ins Sulfatzellstoffwerk Skutskär zur Wiederaufbereitung.

Ohne weitere Einwände seitens des Werks wurden schließlich die Vorschläge von Wasserinspektion und kommunaler Gesundheitsbehörde akzeptiert, alle Vorkehrungen zu treffen, daß sie sanitären Abwässer der Fabrik später in das noch fertigzustellende städtische Klärwerk geleitet werden könnten.

Diese zunächst imponierend anmutende Liste muß jedoch vor dem Hintergrund der geplanten Produktionserhöhung um nicht weniger als 140 000 t/Jahr gesehen werden, also um zwei Drittel der bisherigen Kapazität. Ein Blick auf die berechnete (und später erreichte, vgl. Tab. 6) Emission zeigt, daß mit diesen recht eingreifenden Maßnahmen zwar eine deutliche, keineswegs aber eine zufriedenstellende Verbesserung der Gesamtemission eintritt.[108] Dies liegt im wesentlichen an der ungenügenden Reinigung der faserhaltigen Prozeßabwässer aus dem „alten Werk" (PM 2-7), an der seit Jahren unveränderten Quote der Laugenrückgewinnung in der Sulfitfabrik (immer noch gehen 30 % direkt in den Vorfluter) und schließlich am neuen Problem des ebenfalls ungereinigt abgelassenen Kondensats der Ablaugeneindampfung.

Offensichtlich aufgrund der vom Unternehmen angebotenen Vorleistungen besteht die Wasserinspektion aber nicht auf sofortigen Maßnahmen in diesen noch verbleibenden Problembereichen, zumal eine baldige Stillegung der PM 2-7 angekündigt wird. Um allen Eventualitäten zu begegnen, schlägt die Aufsichtsbehörde aber eine neuerliche Überprüfung der Einleitungsbedingungen vor, wenn die alten Papiermaschinen binnen fünf Jahren noch nicht außer Betrieb gesetzt sein sollten.

Das Wassergericht schließt sich in seiner Urteilsbegründung (Urteil vom 17. 10. 1966, Reg. Nr. A 93/1966) im wesentlichen dem Standpunkt der Wasserinspektion an. Die Gesamtemission an organischen Substanzen wird für „allzu hoch" und nur in Anbetracht der Selbstreinigungskraft des Vorfluters während einer Übergangszeit für vertretbar gehalten. Für die Verwirklichung der angebotenen dämpfenden Maßnahmen wird eine Frist von fünf Jahren gesetzt. Nach der gleichen Zeit können sowohl die Anlageneigner als auch die Aufsichtsbehörde eine erneute Überprüfung der Emissionsbedingungen beantragen.

Zusammenfassend läßt sich sagen, daß der Interessenausgleich im Verfahren 1966 im Gegensatz zu dem von 1961 ohne größere Auseinandersetzungen zwischen den Kontrahenten erfolgte. Hier hat ganz offensichtlich eine Rolle gespielt, daß der Anlagenbetreiber durch die deutlichen Stellungnahmen der Aufsichtsbehörde einige Jahre zuvor (und wohl auch durch neuere informelle Kontakte) über deren Erwartungshorizont gut informiert war und sich diesem weitgehend anpaßte.

Der Vergleich der Unterlagen beider Stichjahre zeigt, daß die vom Unternehmen im vorangegangenen Verfahren angebotenen Vorleistungen zur Auswirkungsdämpfung in nahezu identischer Form von der Wasserinspektion verlangt worden waren. Diese wiederum stellt anläßlich des neuen Verfahrens keine weiteren Forderungen, sondern präzisiert stattdessen die nächsten Schwerpunktbereiche und Verbesserungs-

---

[108] Im Schreiben der Wasserinspektion an das Gericht vom 9. 8. 1966 heißt es auch: „Durch die geplante Vergrößerung der Produktionskapazität von sowohl Halbstoff als auch Papier wird den Berechnungen nach die Gesamtemission an biochemisch-sauerstoffverbrauchender Substanz um nur etwa eine Tonne pro Tag verringert. Der Ausstoß von organischen Stoffen wird also auch in Zukunft *höchst bedeutend* sein" (Hervorh. v. Verf.).

Tab. 6 Papierfabrik Kvarnsveden: Nach Hauptgruppen differenzierte Mittelwerte der in den Dalälven geleiteten Abwässer im Dezember 1977
(Quelle: Kontrollprogramm, Monatsbericht an die Naturschutzabteilung der Bezirksregierung in Falun vom 19. 1. 1978)

	Abfluß (in m³/min)	Schwebstoffgehalt		Schwebstoffmenge/Tag			BSB_7 (in t/Tag)	pH
		Insges. (in mg/l)	Davon Asche (in %)	Org. Substanz (in t)	Anorg. Substanz (in t)	Insges.		
Kläranlage	29,9	139	15,0	5,1	0,9	6,0	14,1	5,3
PM 3 – 7	4,3	161	40,0	0,6	0,4	1,0	0,9	4,7
Sulfitfabrik	0,3	799	–	0,3	–	0,3	0,1	4,9
Laugeneindampfung (Kondensat)	0,5	–	–	–	–	–	3,7	2,4
Davon gelangen insgesamt in den Vorfluter	35,0	145	17,8	6,0	1,3	7,3	18,8	

schritte im Hinblick auf die fortgesetzte Planung. Damit ist zwar aus rein ökologischer Sicht der Idealzustand nicht auf einen Schlag erreicht, immerhin aber gelingt es, die Auswirkungen des Werks trotz bedeutender Kapazitätsausbauten kontinuierlich zu vermindern.

Schließlich bleibt bezüglich des Verfahrens von 1966 noch anzumerken, daß erstmals eine Stellungnahme der kommunalen Gesundheitsbehörde in Borlänge aktenkundig wird. Sie ist allerdings noch sehr allgemein gehalten.

Mit dem Inkrafttreten des neuen Umweltschutzgesetzes von 1969 hatte das Unternehmen die Möglichkeit, eine formelle Konzession für den Betrieb der Fabrik zu erhalten.

Am 6. 3. 1973 reichte das Unternehmen den ersten Antrag nach dem neuen Umweltschutzgesetz ein. Da es sich aber nur um eine Kapazitätserhöhung von ca. 10 % handelte (von 365 000 auf 400 000 t), die nicht durch wesentliche Umbauten, sondern nur durch kleinere technische Veränderungen und durch die Einführung des Ganzjahresbetriebes erreicht werden sollte, stellte man einen Dispensantrag nach § 20 der Umweltschutzverordnung.[109]

Aus den detaillierten technischen Beschreibungen ist ersichtlich, daß die im Rahmen des wasserrechtlichen Verfahrens von 1966 verordneten Auflagen bei der Erweiterung durch die PM 10 und den damit verbundenen Einrichtungen im wesentlichen erfüllt wurden. So arbeiteten die beiden Klärbecken, über die jetzt 80 % aller Prozeßabwässer laufen (außer denen von Sulfitfabrik und ,,altem Werk"), wie vorgesehen, d. h. mit einem Wirkungsgrad von über 70 % für filtrierbare organische und zwischen 60 % und 70 % für alle filtrierbaren Substanzen. Auch sind inzwischen die sanitären Abwässer wie geplant an das kommunale Netz angeschlossen und werden im chemisch-biologischen Klärwerk der Stadt zu über 90 % gereinigt. Schließlich wird die Neutralsulfitablauge in der Eindampfung verdickt und in das Sulfatzellstoffwerk in Skutskär transportiert. Der Reinigungsgrad des ,,alten Werks" hat sich aber kaum verbessert.

Als direkte Folge des weiteren Schließens der Prozeßwasserkreisläufe sind allerdings Betriebsstörungen häufiger geworden, die durch das schnelle Wachstum schleimbildender Mikroorganismen verursacht werden. Dagegen werden zunehmend Präparate der Toxizitätsklasse II eingesetzt (s. u.). Als wichtigste emissionsdämpfende Maßnahme im Zusammenhang mit der geplanten Produktionserhöhung bietet das Unternehmen ein weiteres Schließen des Wasserkreislaufs an.[110]

[109] Ein Antrag auf Gesamtprüfung des Werks wurde im gleichen Schreiben für das Ende der 70er Jahre, der für eine Teilprüfung der Sulfitfabrik für 1974 in Aussicht gestellt.
Die Veränderung der rechtlichen Zuständigkeiten hat aber anscheinend dazu geführt, daß die Auflagen der letzten Genehmigung bezüglich des ,,alten Werks" vergessen worden sind. Zwar ist auch Mitte der 70er Jahre noch von einer baldigen Stillegung der alten Papiermaschinen die Rede, aber auch 1980 arbeiten sie noch (außer der 1980 verkauften PM 3).

[110] Im einzelnen waren vorgesehen:
1. Bau von Leitungen für Papiermaschinen-Stoffwasser zur Verdünnung des Sulfitzellstoffs vor dem Transport in die Einlaufkästen.

Dadurch soll der Zufluß zu den Klärbecken um etwa 20 % sinken, wodurch sich natürlich deren Wirkungsgrad erhöht. Ein zusätzlicher Weg, die Effizienz zu steigern, wird mit systematischen Versuchen zur chemischen Flockung kolloider Substanzen angeboten.

Die Reaktion des Naturschutzamtes (Schreiben vom 15. 3. 1973) *ist bezeichnend für den seit den 60er Jahren eingetretenen Wandel in den Beziehungen zwischen Industrie und Genehmigungsbehörde:* in sieben Punkten werden wesentlich detailliertere Ausführungen zu Aspekten verlangt, die im Antrag nicht oder nur oberflächlich angesprochen worden sind. Dies gilt insbesondere bezüglich wichtiger Prozeßchemikalien wie Komplexbildnern, Bleich- und Schleimbekämpfungsmitteln. Entsprechende Daten werden vom Unternehmen in einer ausführlichen Dokumentation nachgereicht (11. 4. 1973).

Mit Schreiben vom 27. 6. 1973 an das Naturschutzamt bietet Stora Kopparberg dann überraschend an, schon 1974 einen Antrag auf Prüfung des gesamten Werks nach dem Umweltschutzgesetz einzureichen und die Versuche mit chemischer Flockung in den Klärbecken zu intensivieren.[111]

Ende Oktober wurde daraufhin der Dispensbescheid unter sehr präzisen Bedingungen erteilt (29. 10. 1973, Nr. 186/1973). Neben der Ausführung der ohnehin angebotenen Maßnahmen (einschließlich des Antrags auf Gesamtprüfung des Werkes noch in 1974) wurde zur Auflage gemacht, die bisher verwendeten Schleimbekämpfungsmittel auf Pentachlorphenolbasis nicht weiter zu verwenden und den Gesamtausstoß an Komplexbildnern nicht zu vergrößern. Abschließend wird deutlich gemacht, daß die Umweltbelastung durch die Anlage als zu hoch angesehen wird und die Anforderungen an das Werk erhöht werden müssen. Für den noch 1974 einzureichenden Antrag auf Gesamtprüfung der Anlage im Konzessionsausschuß wird erstmals auch gefordert, die Möglichkeiten einer *biologischen* Klärung der Prozeßabwässer zu untersuchen.

Der Einfluß der angehörten Behörden in diesem Verfahren ist deutlich. Vor allem die teilweise gleichlautenden Forderungen von Bezirksregierung, Gesundheitsamt und dem „Ausschuß für toxische Mittel" (schwed. „Giftnämnden") spiegeln sich im Bescheid wider.[112]

---

2. Einbau von Wärmetauschern in der Schleiferei, wo durch die zunehmende Benutzung von Papiermaschinen-Stoffwasser die Prozeßwassertemperaturen zu sehr angestiegen waren. Für die Investitionskosten in Höhe von ca. 1,7 Mio SEK war vom Naturschutzamt am 24. 11. 1972 schon eine staatliche Beihilfe von 50 % gewährt worden (vgl. Tab. 7).

111 Die Gründe für diese geänderte Taktik sind nicht eindeutig. Es scheint aber, als ob dadurch der Genehmigungsbehörde die Entscheidung für einen schnellen Dispensbeschluß erleichtert werden sollte. Offensichtlich bestanden hier seitens der Behörde Bedenken, mit einer Gesamtprüfung der totalen Emissionslage bis Ende der 70er Jahre zu warten. Es könnte aber auch sein, daß man im Unternehmen die Nachteile einer baldigen Gesamtprüfung jetzt geringer einschätzte als die Vorteile der mit einem Konzessionsbeschluß verbundenen Rechtssicherheit.

112 Aus dem Rahmen fällt die Äußerung des zuständigen Fischereiintendenten: Nachdem man jahrzehntelang die schädlichen Auswirkungen der Emissionen auf die Fischbestän-

Am 9. April 1974 reicht das Unternehmen beim Naturschutzamt für die Anlage zur Druckfarbenentfernung (oder Entschwärzung) der geplanten Altpapierlinie einen weiteren Dispensantrag ein. Sie ist — wie geschildert — wegen des hohen Einsatzes der verschiedensten Chemikalien umweltrelevant. Das besondere Interesse von der Genehmigungsbehörde und den übrigen am Verfahren Beteiligten konzentriert sich dabei auf die Komplexbildner, die biologisch teilweise schwer oder überhaupt nicht abbaubar sind oder bei Vorhandensein anderer Substanzen eine bedenkliche synergetische Wirkung entfalten (z. B. Mobilisierung von Schwermetallen in Boden-Sedimenten mit neuen Anreicherungsmöglichkeiten in Nahrungsketten!). Entsprechend sind auch die Auflagen des Dispensbescheids formuliert, der — wie auch der vorhergehende — als Übergangslösung aufgefaßt und vorbehaltlich anderer Beschlüsse bei der Gesamtprüfung der Anlage ausgesprochen wird.[113]

Zwei Jahre später wird die Problematik wieder aktualisiert. Der kontinuierliche Betrieb der Druckfarbenentfernung hatte nämlich gezeigt, daß ohne Komplexbildner in manchen Teilen der Anlage eine Anreicherung von Calciumsalzen, Seifen und Druckfarbenresten erfolgte. Deswegen beantragt das Unternehmen beim Naturschutzamt die Erlaubnis, die im Rahmen des 1974 eingeleiteten Konzessionsverfahrens (s. u.) vorgeschlagene Versuchsreihe mit verschiedenen auch biologisch nicht abbaubaren Komplexbildnern durchzuführen.[114]

Trotz der ablehnenden Stellungnahme von Bezirksregierung, Fischereiintendent und Gesundheitsamt erlaubt die Genehmigungsbehörde schließlich die probeweise Anwendung von NTA, EDTA und DTPA für jeweils einen Monat. Dabei erfolgt mit dem Hinweis auf die zunehmende Rohstoffverknappung (vgl. S. 153 ff.), eine aufschlußreiche Güterabwägung, da man hier offensichtlich eine Möglichkeit sieht, die noch unbekannten Umweltwirkungen eines an sich ressourcenschonenderen Produktionsprozesses genauer abschätzen zu können.[115]

de unter Auflage lächerlich geringer Entschädigungen hingenommen hatte, wird nun — nach der doch schon recht drastischen Verringerung der Emissionen — gesagt: „Bezüglich der Abwässer hat es bisher keine effektive Reinigung gegeben . . . Die Ortsbevölkerung kann mit Recht fordern, für die Fangausfälle durch den Kraftwerkbau wirklich entschädigt zu werden, was . . . bisher die Wasserbeschaffenheit verhindert hat" (Schreiben vom 5. 6. 1973).

Aus dem gleichen Schreiben geht hervor, daß noch 1973 die Wasserqualität eine ausreichende Reproduktion des Fischbestands nicht zuließ. Die daraus abgeleiteten Forderungen nach Verminderung der Emissionen sind allerdings völlig pauschal und ohne den Versuch, irgendwelche fischereibezogenen Emissions- oder Immissionsgrenzwerte zu begründen.

[113] So wurde u. a. vorgeschrieben, daß der Betrieb der Entschwärzungsanlage im wesentlichen ohne Komplexbildner zu geschehen hat, bei kontinuierlicher Anwendung von NTA vor Ablauf des Jahres 1977 eine biologische Reinigung des Abwassers der Altpapieraufbereitung zu erfolgen hat und schließlich andere Komplexbildner nicht ohne ausdrückliche Genehmigung verwendet werden dürfen.

[114] Hintergrund dieses Antrages ist anscheinend, daß man die im Dispensbescheid von 1974 ausgesprochene Auflage vermeiden will, eine biologische Kläranlage zu bauen, wenn das biologisch abbaubare NTA längere Zeit benutzt werden würde.

[115] In der Dispensbegründung des Naturschutzamtes vom 24. 1. 1977 heißt es u. a.: „Es ist von allgemeinem Interesse, daß Faserrohstoffe wiederverwendet werden, und dafür müssen sie natürlich entschwärzt werden. Es ist deshalb berechtigt, diesbezügliche Akti-

Die genannten Dispensbeschlüsse betreffen die letzten noch im Untersuchungszeitraum bis etwa Mitte der 70er Jahre abgeschlossenen Genehmigungsverfahren. Um dennoch einen Vergleich zur Ausgangssituation der 50er Jahre zu ermöglichen, seien noch einige Angaben zu den zwei wichtigen Verfahren gemacht, die aufgrund der landesweiten Entwicklung des Rohstoffaufkommens jahrelang nicht entschieden wurden.

Der Antrag auf Gesamtprüfung der Anlage beim Konzessionsausschuß von 1974 war — wie schon erwähnt — bis Anfang der 80er Jahre nicht abgeschlossen. Die wichtigsten, im Antrag vom Werk angebotenen Verbesserungen bezüglich der Abwasserproblematik waren ein weiteres Schließen des Prozeßwasserkreislaufs bei gleichzeitiger Verringerung des Frischwasserbedarfs, eine stärkere Rückgewinnung von Fasern *vor* dem Einleiten in die Klärbecken, der Anschluß weiterer Stoffwässer der alten Papiermaschinen an die Klärung und schließlich, sozusagen als Schlußpunkt der jahrzehntelangen Bemühungen, eine biologische Reinigungsstufe mit einem Wirkungsgrad von 75 % für die am stärksten mit organischen Substanzen belasteten Abwässer.[116] Auch sollten die Voraussetzungen für eine Trockenentrindung untersucht werden.

Eine Durchführung aller genannten Maßnahmen würde den BSB_7-Ausstoß des Werks auf 12 t/Tag (spezif. Wert: 8 kg/t Papier) und den der filtrierbaren Substanzen auf 8 — 10 t/Tag senken, was gegenüber der Lage in 1975 nochmals eine beachtliche Reduktion der Gesamtemissionen um größenordnungsmäßig 50 % bewirken würde.

Diese wesentlichen Schritte zur Auswirkungsdämpfung werden auch im 1976 eingereichten Antrag gemäß § 136a nicht mehr modifiziert. Sie dürften in Anbetracht der zwischenzeitlich gemachten Fortschritte der Reinigungstechnik beim weiteren Ausbau der Anlage wohl das Mindestmaß der zukünftigen Verbesserungen darstellen.

Der Überblick über die Genehmigungsverfahren nach dem Umweltschutzgesetz zeigt deutlich, daß sich die schon im letzten wasserrechtlichen Verfahren von 1966 nachweisbaren positiven Tendenzen fortgesetzt haben.

Zum einen ist deutlich, daß die früher markante strukturelle Benachteiligung der Aufsichts- und Genehmigungsbehörden weitgehend behoben ist. Es ist nun offensichtlich genügend kompetentes Personal vorhanden, um auch komplizierte technische Zusammenhänge zu analysieren und gegebenenfalls in kritischen Punkten initiativ nachzufassen. Der zentralen Orts versammelte technische Sachverstand wird fachkundig

---

vitäten zu unterstützen, und das Naturschutzamt hält es für das Unternehmen für wichtig, Versuche mit sämtlichen Komplexbildnern durchführen zu können. Weiter muß es auch als relativ wichtig angesehen werden, Informationen darüber zu erhalten, wie die Komplexbildner sich auf Stoffwasser, Zellstoff und Druckfarbenschlamm verteilen. Solche Daten wären zu gewinnen, wenn das Unternehmen bei einem positiven Bescheid über den Antrag entsprechende Untersuchungen anstellen ließe".

[116] Zwischenzeitlich war auch schon die Laugenrückgewinnungsquote in der Sulfitfabrik von (in 1966) angestrebten 80 % auf 88 % gestiegen, in der halbchemischen Zellstoffabrik immerhin auf 70 %.

unterstützt von den untergeordneten Aufsichtsbehörden auf der Ebene von Regierungsbezirk und Kommune. Sie bringen nachweisbar Probleme zur Sprache, die ohne genaue Ortskenntnis wahrscheinlich übersehen worden wären. Auch verfahrensmäßig sind sie im Rahmen der üblichen Anhörung stärker eingebunden als dies früher der Fall war.

Wichtig ist schließlich, daß die mit dem größten Sachverstand ausgestattete Fachinstanz nicht mehr lediglich beratende Funktion hat (wie früher die Wasserinspektion), sondern Kraft ihrer Entscheidungsbefugnis auch klare Sanktionsmöglichkeiten besitzt. Wo für diese der gesetzliche Spielraum fehlt, scheut man sich offensichtlich nicht, den Kontrahenten durch verfahrenstaktische Züge zum Einlenken zu bewegen.

Auf der anderen Seite verfehlen diese neuen Machtverhältnisse ihren Effekt auf das Verhalten des Unternehmens nicht, zumal durch den jetzt vergleichbaren technischen Informationsstand Ziele und Handlungsweisen des anderen kalkulierbar werden. Die detaillierten Antragsunterlagen und die von vornherein angebotenen emissionsdämpfenden Maßnahmen tragen dieser neuen Lage Rechnung. Wo mit oder ohne Absicht auswirkungsrelevante Fragen offen bleiben, stößt die Behörde sehr gezielt nach.

Im Vergleich zu früheren Jahren auffällig, wenn auch nur dem allgemeinen Trend entsprechend, ist das große Interesse der Behörden an Umweltchemikalien und früher übersehenen Systemzusammenhängen. Es wird von vornherein klarer gesehen — teilweise aber auch schon vom Antragsteller unterstrichen —, daß die Maßnahmen zur Vermeidung *einer* spezifischen Auswirkung unangenehme Folgen an ganz *anderen* Stellen haben können (vgl. etwa die Problematik des Schließens der Wasserkreisläufe und des dadurch notwendigen Einsatzes von Chemikalien und deren Folgen).

Schließlich werden auch von Behörden und Werk die festgelegten Kontrollmaßnahmen, wie laufende Messungen oder erste Betriebsbesichtigungen, ernster genommen, wodurch eine kontinuierliche Überwachung der Umweltwirkung der Anlage möglich wird (vgl. als Beispiel den Standardbericht an die Aufsichtsbehörde, Tab. 6).[117]

Bis zum Ende des hier betrachteten Zeitraumes unverändert ist die Beschränkung der am Konfliktausgleich Beteiligten auf die Experten von Werk und Behörden. Dies steht in krassem Gegensatz zu nahezu allen anderen aktualisierten Konfliktpotentialen der 70er Jahre und dürfte sehr wesentlich auf die „Unsichtbarkeit" und die hohe technische Komplexität der Problematik zurückzuführen sein.

---

[117] Schon im ersten wasserrechtlichen Urteil von 1956 heißt es: „Zur Kontrolle der Reinigungsmaßnahmen sowie der Wirkung der Emissionen auf den Fluß obliegt es dem Anlagen eigner, die kontinuierlichen Untersuchungen durchzuführen, die von der zentralen Gewässerbehörde gefordert werden, und den Behörden die Ergebnisse der Untersuchungen zuzustellen". Aus den Unterlagen ist nicht ersichtlich, daß ein solches Kontrollprogramm damals schon festgelegt worden wäre. Längere, aus Einzelwerten gemittelte Meßserien liegen erst seit 1961 vor, scheinen aber von den Behörden jahrelang nicht sehr wesentlich zur Entscheidungsfindung benutzt worden zu sein. Erst Ende der 60er Jahre beginnen standardisierte Kontrollprogramme, wesentlich erleichtert natürlich durch die zwischenzeitlich erzielten Fortschritte der Meßtechnik.

Nahezu alle in diesen Ausführungen genannten Maßnahmen zur besseren Beherrschung der Abwassersituationen haben Kosten verursacht. Manche haben aber sicher auch Einbußen vermindert, so z. B. die zunehmende Faserrückhaltung. Es ist hier nicht in allen Fällen möglich, dazu genaue quantitative Angaben zu machen, zumal ein auswirkungsdämpfender Eingriff vielfach auch aus betriebs- oder prozeßtechnischer Sicht ohnehin geboten war. Auch muß unterstrichen werden, daß die schon recht detailliert wirkende Schilderung mancher prozeßtechnischer Zusammenhänge notwendigerweise oberflächlich geblieben ist, so etwa die mehrfach erfolgten Hinweise auf ein weiteres „Schließen der Stoffwasserkreisläufe". Dahinter hat sich aufgrund der in einer alten Anlage lange gewachsenen Struktur (etwa Verlauf oder Auslegung der Leitungen), die ohne Not nicht radikal verändert wird, jeweils eine Fülle von technischen Einzelmaßnahmen verborgen, die zu schildern nicht im Sinn einer geographischen Arbeit liegen kann. Um dennoch in diesen beiden angedeuteten Problembereichen eine gewisse Vorstellung von Details und Größenordnungen zu vermitteln, seien hier abschließend noch einige genauere Angaben gemacht. Tabelle 7 zeigt eine Übersicht über größere Investitionen und tatsächliche oder geschätzte Umweltkostenanteile der Papierfabrik in den Jahren 1960 - 75. Die Tabelle erlaubt mehrere Hinweise.

Zum einen wird noch einmal deutlich, daß die Umweltproblematik der Anlage fast ausschließlich auf der Abwasserseite liegt. Zum anderen ist offensichtlich, daß auch außerhalb von Genehmigungsverfahren (aber sicher zur besseren Vorbereitung auf diese!) emissionsdämpfende Maßnahmen verwirklicht wurden. Hierin dürfte sich die Gewißheit des Unternehmens widerspiegeln, viele Eingriffe früher oder später ohnehin durchführen zu müssen. Schließlich zeigt die Tabelle, daß im Gegensatz zur später noch erläuterten Situation in der Hütte (vgl. dazu Abb. 51) der Anteil der staatlichen Investitionsbeihilfen wesentlich geringer ist. Dies ist eine Folge der Tatsache, daß in der Papierfabrik wichtige Maßnahmen schon vor Inkrafttreten der nur für eine Übergangszeit geltenden Bestimmungen realisiert waren. Auch die noch bevorstehende größte Investition, die biologische Kläranlage, wird das Unternehmen voll zu tragen haben. Ihre Kosten wurden 1975 auf etwa 12 Mio. SEK geschätzt, das waren damals allein etwa 50 % aller bis 1980 noch geplanten Umweltschutzinvestitionen im Abwasserbereich.

Der Überblick über die nachkriegszeitliche Entwicklung der Abwasserproblematik hat gezeigt, daß die von den Kontrahenten angestrebten, jeweils entgegengesetzten Konfliktziele nach jahrzehntelangem Ringen in Form tragfähiger Kompromisse erreicht wurden.

Dem Ziel der zu Anwälten des Gewässerschutzes bestellten Behörden — sauberes Wasser durch Emissionsminimierung — ist man Anfang der 80er Jahre relativ nahe gekommen. Das Ziel des Anlagenbetreibers — die Minimierung der durch Emissionsverminderung bewirkten Kosten — ist durch die zeitliche Staffelung in offensichtlich erträglichem Maße erreicht worden. Die jeweils wirksamen Rahmenbedingungen, etwa Behördenstruktur, verfügbare Technologien, Umweltbewußtsein

Tab. 7 Papierfabrik Kvarnsveden: Investitionskosten für umweltschützende und rohstoffsparende Maßnahmen 1960 – 1975 (ohne Betriebskosten)
(Quellen: Kvarnsveden Pappersbruk, 1972, werksinterne Unterlagen)

Maßnahme und Jahr	Umweltschutzeffekt	Investitionskosten in 1000 SEK (in Klammern: geschätzter Umweltanteil, falls von angegebenem Betrag abweichend)	Davon Staatl. Invest.-Hilfe
Laugenverfeuerungsanlage im Kessel P 6 (1962)	Verringerung der Vorfluterbelastung (wirksam ab 1964), Energiegewinn	200	—
Rindenverfeuerungsanlage im Kessel P 6 (1962)	Verringerung der Deponiemengen und der Vorfluterbelastung durch Fasern, Energiegewinn	210	—
Filteranlage am Kessel P 6 (1962)	Senkung der Staubemissionen	400	—
Laugenrückgewinnungsanlage einschl. Dünnlaugenbehälter und Laugenfilter (1964)	Verringerung der Vorfluterbelastung, Energiegewinn	455	—
Laugeneindampfungsanlage (1964)	Verringerung der Vorfluterbelastung, Energiegewinn	4500	—
Klärbecken einschl. Zusatzanlagen (1969)	Wesentlich erhöhter Faserrückhaltung, Energiegewinn	4346	—
Meß- und Kontrollausrüstung für Abwasserleitungen (1969)	Bessere Emissionsüberwachung	90	—
Anlage für Entwässerung und Pressen von Rindenabfällen einschl. Transportvorrichtungen (1969)	Verringerung der Vorfluterbelastung, erhöhter Wirkungsgrad bei der Verfeuerung	1275	—
Vakuumfilter für Entwässerung des Klärschlamms	Verringerung der Faseremissionen in den Vorfluter, Rohstoffeinsparung	445	—

Forts. Tab. 7

Rindenverfeuerungsanlage im Kessel P 5 mit Transportvorrichtungen (1969)	Verringerung der Deponiemengen und der Vorfluterbelastung, Energiegewinn	998
Nutzung des Dichtungswassers von Pumpen anstelle von Frischwasser (1969)	Verringerung des Frischwasserbedarfs, dadurch auch Erhöhung des Wirkungsgrades der Klärbecken	245
Schließen des Rückwassersystems, Verwendung von Rückwasser anstelle von Frischwasser (1969)	sowie Rohstoffeinsparung	100
Zellstoffilter für Rückwasserüberlauf (1969)	Verringerung des Faseranteils schon im internen Kreislauf, dadurch Rohstoffrückhaltung und Wirkungserhöhung der Kläranlagen	125
Vergrößerung der Behältervolumina für Halbstoffe, Fertigungsausschuß und Rückwasser (1969)	Verringertes Risiko plötzlicher Emissionen bei Betriebsstörungen	200
Filterpressen (1970)	Erhöhte Faserrückhaltung, Wirkungserhöhung beim Verfeuern	283
Wärmetauscher für Laugendampf (1970)	Bessere Energieausnutzung	75
Anschluß der sanitären Abwässer an kommunale Kläranlage (1970)	Verringerung der Vorfluterbelastung	461
Pumpsystem und Sedimentationsbecken für Kessel- und Filteraschen (1970)	Verringerung der Deponiemengen	120
Behälter für Dünnlauge (1970)	Erhöhung der Pufferkapazität, Verminderung der Risiken bei Störfällen	447
Wirbelreiniger für Abfallrückgewinnung (1971)	Bessere Rohstoffausnutzung	210 (100)

Forts. Tab. 7

Veränderte Siebbleche in Holzputzerei (1972)	Geringere Belastung der Klärbecken, Wirkungderhöhung	70	—
Spülwasser für Schlammpumpen (1972)	Erhöhte Betriebssicherheit der Klärbecken	42	—
Rauchgasfilter am Kessel P 5 (1972)	Verminderter Staubausstoß	742	556
Kontrollinstrumente für Abwasserleitungen (1972-74)	Bessere Überwachung	54	—
Weiteres Schließen der Rückwasserkreisläufe (1972)	Geringerer Frischwasserverbrauch, Wirkungserhöhung der Klärbecken	1632	816
Umbau des Sedimentfilters (1973)	Erhöhte Betriebssicherheit der Kläranlage	50	—
Dünnlaugenbehälter zur Erhöhung der Pufferkapazität (1974)	Geringere Laugenverluste in den Vorfluter	162	—
Hochdruckspritzrohre (1972-1975)	Geringerer Frischwasserverbrauch	353 (150)	—
Trennung verschiedener Abwassertypen (1973-75)	Erhöhter Wirkungsgrad der Klärbecken	82	—
Abfall- und Klärschlammbehandlung (1975)	Verringerung des Deponiebedarfs	3706 (2000)	556
Fernsehüberwachung des Hauptemittenten (1976)	Bessere Überwachung	40	—

Hinzu kommen Kartierungs- und Planungsarbeiten in einer Gesamthöhe von SEK 405 000,—.

und dadurch insgesamt bewirkter Druck, haben allerdings dazu geführt, daß die jeweils als Minimalaufwand akzeptierten Kosten bei ständig zunehmender Tendenz eine beträchtliche Höhe erreicht haben. Dies gilt insbesondere für den seit Mitte der 60er Jahre betriebenen Aufwand. Die Kosten der hier getätigten Investitionen sind als der *direkte Preis*, ihre raumwirksamen Folgen als das *direkte Ergebnis* der von externen Interessen durchgesetzen Konfliktregelung zu betrachten. Diese ist durch einen auf engem Raum konzentrierten, zeitlich aber weit auseinandergezogenen iterativen Prozeß bewirkt worden, in dem raumgebundene industrielle Tätigkeit, deren raumwirksame Folgen und die dadurch provozierten Reaktionen anderer betroffener Nutzungen (oder deren Anwälte) das entscheidende raumrelevante Ursachengefüge darstellen.

2.1.3.1.4. Konfliktbereich „Luft/Lärm"

Im Vergleich zur Abwasserproblematik ist die anlagenbewirkte Belastung des Mediums „Luft", einschließlich Lärm, immer von untergeordneter Rolle gewesen. Einmal wurden die Auswirkungen, von Ausnahmen abgesehen (vgl. S. 121), nicht als störend empfunden, zum anderen gab es bis 1969 keine hierauf bezogene Gesetzgebung, die einen Konfliktausgleich hätte erleichtern können. Entsprechende Probleme fielen unter das nur selten bemühte Nachbarschaftsrecht.

Aus älteren Unterlagen ist ersichtlich, daß 1951 ein Staubfilter im Kesselhaus installiert wurde, jedoch scheint hier ein irgendwie gearteter externer Druck keine Rolle gespielt zu haben. Dies gilt auch für die 1962 im Kesselhaus P 6 errichtete Rauchgasentstaubung, die einen damals beachtlichen Wirkungsgrad von 90 % aufwies. Die Problematik der gasförmigen SO_2-Emissionen aus Sulfitfabrik (einschließlich Kochsäurebereitung), Laugeneindampfung und der Verfeuerung von Heizöl wird zunächst nicht gesehen oder für nicht erwähnenswert gehalten. Eine aus heutiger Sicht wesentliche Verschlechterung der lufthygienischen Situation setzte ab 1964 mit der Verfeuerung der Sulfitablauge ein.

Weder vom Werk noch von den zuständigen Behörden scheint beachtet worden zu sein, daß hiermit aus gesamtökologischer Sicht lediglich eine Verlagerung des Problems erfolgt war. Zu sehr war man wohl auf die Abwasserproblematik konzentriert, und außerdem lag alles andere außerhalb der Zuständigkeit der damaligen obersten Aufsichtsbehörden. Die unteren Behörden hingegen, etwa das Gesundheitsamt, hätten wahrscheinlich auch nicht agieren können, bevor nicht die Emissionen eine im Sinne der geltenden Verordnungen aufzufassende „sanitäre Belästigung" dargestellt hätten. Schließlich wurde die Zumutbarkeit der vom Werk ausgehenden Geräuschemissionen von keiner Seite grundsätzlich in Frage gestellt, auch wenn Einzelklagen belegt sind (vgl. dazu insbesondere S. 121 ff.).

Für die Zeit bis 1969 kann somit festgestellt werden, daß zwar ein ausreichendes Konfliktpotential gegeben war, es aber aufgrund zeittypischer Rahmenbedingungen nicht aktualisiert wurde. Dies gilt aber in annähernd gleichem Maße auch für die Zeit nach dem Inkrafttreten des neuen Umweltschutzgesetzes.

Eine erste wesentliche Verbesserung[125] erfolgte 1972 durch den Einbau eines modernen Multizyklonfilters am Kessel P 5, wodurch die spezifischen Emissionen von einigen Gramm pro Normkubikmeter auf durchschnittlich 200 mg/Nm³ sanken. Auch hier aber war es nicht etwa externer Druck, jedenfalls kein unmittelbarer, sondern äußere ,,Verlokkung", die diese Maßnahme letztlich bewirkt hat, nämlich die Möglichkeit der Investitionsbeihilfe. Sie betrug hier nicht weniger als 75 % der Gesamtkosten. Bestandteil des Bewilligungsbescheides war, wie in allen diesen Fällen üblich, die Aufstellung eines Kontrollprogramms in Zusammenarbeit mit der Bezirksregierung als unterer Aufsichtsbehörde sowie regelmäßige Betriebsprüfungen im Dreijahresturnus.

Sie zeigen, daß die Emissionsauflagen im wesentlichen eingehalten wurden. Im Jahre 1974, also etwa gleichzeitig mit entsprechenden Untersuchungen im Nahbereich der Eisenhütte, wurde vom Naturschutzamt die Problematik der Schwermetallemissionen der Papierfabrik angesprochen. Sie war aktualisiert worden durch die Überlegung, daß sich eventuell im Druckfarbenschlamm der Altpapieraufbereitung Schwermetalle anreichern könnten, die dann beim Verfeuern sowohl die Rauchgase als auch die Aschenschlacke kontaminieren würden. Als die diesbezüglich geforderten Spezialanalysen keine beunruhigenden Ergebnisse erbracht hatten, verlangten die Aufsichtsbehörden keine speziellen Vorkehrungen mehr.

Im übrigen ist auf den Anlagenbetreiber wegen der staub- und gasförmigen Emissionen auch während der dann folgenden Jahre kein größerer Druck ausgeübt worden. Die Ende der 60er und Mitte der 70er Jahre durchgeführten Immissionsmessungen (vgl. BROSSET, 1969, Borlänge kommun, 1978) hatten im wesentlichen das Ziel, einen besseren Überblick über die Auswirkungen der Hütte zu bekommen. Die Daten über die Umgebung der Papierfabrik scheinen eher als Nebenprodukt aufgefaßt worden zu sein und gaben auch keinen wesentlichen Anlaß zur Beunruhigung. Die baldige Stillegung der Sulfitfabrik stellte zudem auch eine wesentliche Verringerung der SO_2-Emissionen in Aussicht. Eine Rauchgasentschwefelung ist den vorliegenden Unterlagen nach nie gefordert worden.

Schließlich ist erwähnenswert, daß die Alarm- und Kontrollmöglichkeiten bei nicht zufriedenstellenden Emissionsbedingungen durch die Installation einer Fernsehkamera wesentlich verbessert wurden.

Das ohne Zweifel schwächste Glied der Bemühungen um eine stete Auswirkungsdämpfung ist die *Lärmbekämpfung*. Zwar ist der Wirkpegel

---

[125] Der spezifische Staubausstoß war erst mit dem zunehmenden Anteil des LKW-transportierten, nicht entrindeten Rohholzes stark gestiegen — die Rinde der geflößten Stämme dagegen war zur Verbesserung der Schwimmeigenschaften spätestens am Ganterplatz entfernt worden.

der Anlage bei den nächstgelegenen Wohnhäusern in Kvarnsveden, Övermora und Medväga geringer als bei anderen vergleichbaren Industrien. Er übersteigt jedoch beträchtlich die inzwischen in Schweden angestrebten Grenzwerte und kann ohne sehr aufwendige Maßnahmen nicht wesentlich gesenkt werden. Die anscheinend hohe Gewöhnungsschwelle der direkt betroffenen Anlieger hat große Auseinandersetzungen bisher nicht entstehen lassen (mit Ausnahme des Övermora-Konflikts, S. 119 ff.).

Auf der Ebene der formalisierten Verfahren ist im Untersuchungszeitraum ein deutliches Konfliktpotential nicht aktualisiert worden, weil die Gesamtprüfung der Anlage nach dem Umweltschutzgesetz noch nicht abgeschlossen wurde. Die bislang bekannten Grundzüge der Planung für weitere Papiermaschinen scheinen jedoch die Vermutung zuzulassen, daß man die zur Zeit aktuellen Immissionshöhen für zumutbar hält und eine wesentliche Verbesserung nicht anstrebt.

2.1.3.1.5. Konfliktbereich „Transport/Verkehr"

Die während des Untersuchungszeitraumes immer stärkere Inanspruchnahme der jeweils zeitspezifischen Transport- und Verkehrssysteme hat ein erhebliches Konfliktpotential zur Folge gehabt, wurde jedoch nur in geringem Maße aktualisiert.

Was straßengebundene[126] Transporte und den durch sie entstehenden Verkehr angeht, vor allem also die Anlieferung des Rohholzes, müssen zwei verschiedene Aspektebenen unterschieden werden.

Die eine ist konkret auf den aktuellen Raum bezogen, die andere liegt im Bereich verkehrs- und steuerpolitischer Entscheidungen auf Reichsebene, die aber wiederum die Entwicklung auch im Untersuchungsraum steuern.

Zu den direkten Auswirkungen im Einzugsbereich der Papierfabrik gehören die Lärmbelästigungen der direkten Straßen- und Werksanlieger sowie die zumindest potentiellen Behinderungen für die übrigen Verkehrsteilnehmer (Störung des Verkehrsflusses, erhöhte Unfallgefahr u.a.m.). Beides steigt naturgemäß in Richtung auf die Anlage an und erreicht schließlich auf Grund der zunehmenden Bündelung der Verkehrsströme in unmittelbarer Nähe des Werks seine größte Intensität. Sekundäre Bündelungspole sind die acht Holz-Terminals im nur dünn besiedelten Waldland, wo der Rohstoff auf die Bahn verladen wird (Abb. 15).

Von ganz wenigen Ausnahmen abgesehen hat dies auch nach der 1969 erfolgten völligen Umstellung auf LKW- und Bahntransport keine größeren Reaktionen der direkt betroffenen Bevölkerung bewirkt. Belegt sind Einzelklagen über Lärm beim Zugverkehr oder auch durch die Rohstoffanlieferung beim Werk. Vereinzelt sind auch Zeitungsmeldungen über Behinderungen des Touristenverkehrs durch die Holztransporte zu finden, was örtlich sogar zu temporären Fahrverboten für Lastkraftwagen führte (vgl. etwa Dala-Demokraten, 6. 4. 1971).

[126] Auf die Problematik der Flößereiwirtschaft in diesem Zusammenhang ist in einem früheren Abschnitt schon eingegangen worden (S. 84 ff.).

Während die immerhin erhebliche verkehrstechnische Umstellung in den 50er und 60er Jahren somit im am meisten betroffenen Raum keine größeren Reaktionen hervorrief, spielten sich auf Landesebene erhebliche Auseinandersetzungen ab. Einige der wichtigsten Punkte seien genannt, können aber nicht weiter ausgeführt werden, da für eine ausreichend differenzierte Darstellung der gesamte verkehrs- und steuerpolitische Hintergrund der Nachkriegszeit analysiert werden müßte.

Kern der Problematik ist, ob durch die Verlagerung der Transporte vom Gewässernetz auf die Straße wesentliche, sonst betriebsintern entstehende Kosten auf die öffentliche Hand und damit den Steuerzahler abgewälzt werden — und damit dessen Umweltbedingungen eine wesentliche Beeinträchtigung erfahren — oder ob die Unternehmen lediglich eine selbstverständliche Infrastrukturleistung des Staates in Anspruch nehmen, für deren Gestehungs- und Unterhaltskosten sie durch ihre Steuerleistung ebenso aufkommen wie andere Nutzer. Diese Frage läßt sich nur dann etwas differenzierter betrachten, wenn man sich über die Entwicklung des Forststraßennetzes besser im klaren ist.

Der Anteil spezieller, von LKW's zu befahrenden *Forststraßen* am Gesamtstraßennetz des Landes war bei Kriegsende gering. Die technische Entwicklung auf dem Fahrzeug- und Baumaschinensektor, die Rentabilitätslage der Unternehmen und die zunehmend günstige Treibstoffsituation führten innerhalb weniger Jahre dazu, daß der motorisierte Holztransport immer attraktiver wurde. Bis 1956 war, überwiegend noch ohne Hilfe der öffentlichen Hand, schon ein Forststraßennetz von etwa 28 000 Kilometern Gesamtlänge entstanden, das waren immerhin ca. 25 % des gesamten damaligen öffentlichen Netzes (TERNSTEDT, 1956). Dem Staat kam diese Initiative von Forst- und Holzwirtschaft sehr gelegen, wurden doch dadurch die Straßen- und indirekt auch die Lebensverhältnisse in bisher nur ungenügend erschlossenen Landesteilen wesentlich verbessert. Anfangs war kaum eine dieser Foststraßen auf Achslasten von mehr als 5 t ausgelegt. Ab 1955 wurde jedoch der Standardtyp in der Regel für Achslasten bis zu 8 t gebaut. Damit war ein entscheidender Schritt getan: Der überwiegende Teil des öffentlichen Straßennetzes, insbesondere die zahlreichen Brückenbauwerke, waren für derartige Lasten nicht konstruiert und somit — bei Einhaltung der Bestimmungen — für den voll ausgelasteten forstlichen Schwerverkehr nicht benutzbar. Wenn somit in der Fachpresse die provozierende Frage gestellt wurde: ,,Was ist überdimensioniert: die Fahrzeuge oder die Verbote?'' (FREDÉN, 1956, S. 314), so ist die Antwort aus forstlicher Sicht eindeutig: die Verbote nämlich.[127] Aus dieser Situation ergibt sich für Forst- und Holzwirtschaft ein handfester Katalog von Forderungen an den Staat, deren wichtigste waren (vgl. hierzu TERNSTEDT, 1956):

— Ausbau des gesamten öffentlichen Straßennetzes für Achslasten von mindestens 8 t und entsprechende Drehgestellasten,

---

[127] Vgl. den Leitartikel in der Zeitschrift Skogen (1957, Nr. 11, S. 377) mit dem Titel ,,Der Wald und die Straßen'', wo es im letzten Absatz heißt: ,,Alles deutet darauf hin, daß die Forstwirtschaft immer größere Ansprüche an das öffentliche Straßennetz stellen wird. Mit Rücksicht auf die Bedeutung der Forstwirtschaft für die Wirtschaft des Landes ist es wohl kaum übertrieben zu sagen, daß diese Forderungen berechtigt sind''.

— Verstärkung, auch provisorischer Art, der Brückenbauwerke aller öffentlicher Straßen,

— Zugrundelegung eines Last-Normalwertes in der Straßenverkehrsordnung, der sich an der Tragfähigkeit der Straßen in trockenem oder gefrorenem Zustand orientiert.

Sie wurden auch im Straßenausbauplan von 1957 und in den 1963 formulierten verkehrspolitischen Zielvorstellungen grundsätzlich berücksichtigt. Gleichzeitig erfolgte ein Abbau bis dahin gültiger schwerverkehrsbezogener Restriktionen.

Unterdessen — und bis in die heutige Zeit — wurden pro Jahr bis teilweise weit über 3000 km Forststraßen neu gebaut und auch, soweit sie die von der Forstaufsichtsbehörde erstellten Pläne berücksichtigen, staatlicherseits subventioniert.

Ein wichtiger Aspekt war dabei wohl von Anfang an, auf diese Weise sicherzustellen, daß die so erbauten Wege der Allgemeinheit in der Regel geöffnet blieben. Der Anteil der für eine Achs- und Drehgestellast von 10/16 t ausgelegten Wege stieg ab Ende der 60er Jahre kräftig an.

Der Rahmen der diesbezüglichen Mittelzuweisungen aus dem Haushalt beleuchtet diese Entwicklung (nach Skogsstatistisk Årsbok 1976, Tab. 64). Während von 1951 bis 1957 für den Forst- *und* Floßwegebau zwischen 1,7 und 2,8 Mio SEK bewilligt wurden, sprang die Zuweisung 1957 allein für den Forststraßenbau auf 7,5 Mio und stieg bis Mitte der 70er Jahre auf knapp 20 Mio SEK pro Jahr an (heute 30 Mio).[128]

Die Gesamtlänge der zwischen 1945 und 1975 neuerbauten Forststraßen beträgt über 80 000 Kilometer. Es ist offensichtlich, daß sich aus dieser Infrastrukturverbesserung faktisch und mit Rücksicht auf die getätigten Investitionssummen von über einer Milliarde Kronen starke Impulse für die Umlegung der Holztransporte vom Wasser auf die Straße ergeben haben.

Insgesamt ist also festzustellen, daß es der Forst- und Holzwirtschaft auf sehr eindrucksvolle Weise gelungen ist, den Staat für ihre spezifischen Interessen in die Pflicht zu nehmen, wenn auch diese auf schwer zu trennende Weise mit denen vieler anderer Nutzer verflochten sind. Einige der Rahmenbedingungen waren allerdings über längere Zeit hinweg sehr heftig umstritten, so z. B. die zulässige Gesamtlänge für Holztransporter (erst Ende der 60er Jahre auf maximal 18 m festgesetzt und später immer wieder in Frage gestellt), das zulässige Gesamtgewicht und die Höchstgeschwindigkeiten für verschiedene Fahrzeugkombinationen, die Ausnahmeverordnungen für gefrorene oder trockene Wege, die besonderen Überlast-, Benzin-, Anhänger- und Kilometersteuern und schließlich die temporären Fahrver- oder -gebote (v. a. während der Auftauperioden). In dem sich hier über Jahre hinweg abspielenden politischen Tauziehen auf höchster Ebene spiegelt sich das außerhalb von Forst- und Holzwirtschaft weit verbreitete Unbehagen darüber, ob

---

[128] Ab 1965/66 sind dabei Sonderzuschläge für den Bau solcher Strecken enthalten, denen eine besondere Bedeutung für Freizeit und Erholung zukommt, ab 1974/75 auch erheblich steigende Mittel für Baumaßnahmen im sog. „Inneren Stützungsgebiet", also mit einer eindeutigen regionalpolitischen Zielsetzung bezüglich der strukturschwachen nördlichen Peripherräume Schwedens.

man nicht aus gesamtgesellschaftlicher und auch ressourcenpolitischer Sicht den falschen Weg eingeschlagen hatte (vgl. hierzu auch FRITZELL u. TÖNNERVIK, 1977, S. 116-121).[129] Die drastische Steuererhöhung für Anhänger (ab 1. 1. 1970, vgl. Prop. 1969:10), die kostentreibenden Überlastbestimmungen (ab 1. 4. 1973) und der Abbau einiger anderer jahrelang gewährter Steuervorteile können als kleinere Korrekturen aufgefaßt werden, ohne daß man aber in der Lage oder willens war, den eingeschlagenen Weg grundsätzlich infragezustellen.

Zusammenfassend läßt sich somit sagen, daß durch den raschen Ausbau des Forststraßennetzes — 1970 umfaßt es einschließlich übriger nichtöffentlicher Wege mit 163 000 km Gesamtlänge mehr als zwei Drittel aller Straßen im Lande — ein ganz wesentlicher Beitrag zur Landeserschließung und damit auch zur Verbesserung der Lebensbedingungen vor allem in den nördlichen Landesteilen geleistet wurde. Die negativen Folgen der gleichzeitigen sehr wesentlichen Inanspruchnahme des öffentlichen Straßennetzes durch den forstbezogenen Schwerlastverkehr sind jedoch mit Sicherheit beträchtlich.[130] Die politische Grundsatzentscheidung, dies im gesellschaftlichen Gesamtinteresse — so wie man es damals sah — zu akzeptieren, ist unter dem Druck der Verhältnisse im Grunde schon in den frühen 50er Jahren gefallen und kurzfristig schwerlich revidierbar. Bis heute gibt es aber keine ernstzunehmende gesamtgesellschaftliche Kosten-Nutzen-Analyse, die deutliche Hinweise darauf zu geben vermag, ob größere Kurskorrekturen erwogen werden sollten. Dies ist wohl weniger auf die recht hoch einzuschätzenden Einflußmöglichkeiten der betroffenen Branchen als auf den für die Analyse solcher hochkomplexen Systeme noch nicht ausreichend wissenschaftlichen Methodenstand zurückzuführen.

Eine weitergehende Konfliktanalyse dieses Bereichs ist im Rahmen der vorliegenden Arbeit nicht möglich. Es dürfte aber deutlich geworden sein, welches Konfliktpotential hier durch die verstärkte Ressourceninanspruchnahme entstanden ist, ohne daß es auf grundsätzliche Weise aktualisiert worden wäre. Die nachweisbaren Auseinandersetzungen in diesem Bereich haben jedoch immerhin zu gewissen Modifikationen vor allem von Organisationstypen und -abläufen des hauptsächlichen Ressourcennutzers geführt, also zu Änderungen von Handlungsweisen im Raum.

[129] In einem Leitartikel der auflagenstärksten schwedischen Tageszeitung „Dagens Nyheter" vom 1. 3. 1969 heißt es angesichts der beschleunigten Stillegung von traditionellen Flößstrecken:
„... die schweren Fahrzeuge nutzen schon jetzt die Straßen stark ab, und eine Umlegung großen Stils der Ferntransporte von den Flößgewässern auf die Landstraße macht Neuinvestitionen bei Fahrzeugpark, Wegen und Unterhalt des Straßennetzes erforderlich, die in einer gesamtgesellschaftlichen Kalkulation die Bahnalternative rentabler machen ... Durch die Zurücknahme der indirekten Subventionierung des Lastwagenverkehrs über die Aufwendungen für den Straßenunterhalt sollte der Staat die betriebswirtschaftlichen Abwägungen in eine rationale Richtung korrigieren."

[130] Aus der von FRITZELL u. TÖNNERVIK (1977) durchgeführten Umfrage geht hervor, daß im Teilkomplex „Transport des Holzrohstoffes durch Lastkraftwagen" den erhöhten Straßen- und Verkehrssicherheitsproblemen größte Bedeutung beigemessen wird. Nicht weniger als 24 Organisationen (höchste Teilbereichsnennung) sprechen diese Problematik an, während bezeichnenderweise dazu kein einziger Literaturtitel angeführt ist (a.a.O., S. 119/120).

2.1.3.1.6. Konfliktbereich „Rohstoffe/Energie"

Im Mittelpunkt der folgenden Ausführungen stehen nicht die Auseinandersetzungen um wichtige Rahmenbedingungen der Ressource*ninwertsetzung* im Rohstoffraum (wie Produktion, Ernte), sondern um die *Substanz* der Ressource an sich. Ausgelöst wurden sie durch die sich in den 70er Jahren abzeichnende zunehmende Verknappung von Faserrohstoff, die Forstwirtschaft, Industrie und Gesetzgeber zu charakteristischen Anpassungsreaktionen veranlaßte. Hiermit zusammenhängende Probleme im Landesrahmen wurden früher schon in verschiedenen Arbeiten unter wechselnden Aspekten im Überblick behandelt (SOYEZ, 1980 a, b, c). Vor allem in der Industrie sind während eines Jahrzehnts eine Fülle von Maßnahmen nachzuweisen, die zwar als Reaktion auf die Verknappung, nicht aber primär als Resultat verknappungsbewirkter Konflikte aufzufassen sind (etwa bezüglich Prozeßtechnik, Rohstoffeinsatz und -mobilisierung, Strukturverbesserung, vgl. dazu SOYEZ, 1980 b). Der entscheidende Impuls dürfte dabei in der Regel von rein betriebswirtschaftlichen Kostenüberlegungen ausgegangen sein. Solche Fragen bleiben hier außer acht.

Die verknappungsinduzierten, drastischen Steuerungsmaßnahmen des Gesetzgebers aber haben zu neuen konfliktgeprägten Beziehungen zwischen Staat und Unternehmen geführt, deren Folgen hier ganz besonders interessieren. Sie seien am Beispiel der Ausbauplanung für die Papierfabrik Kvarnsveden erläutert, wobei einige Hinweise zu den allgemeinen Rahmenbedingungen notwendig sind.

Die zunehmende Inanspruchnahme der Ressourcen des Landes vor allem durch industrielle Nutzungen gab Ende der 60er Jahre den entscheidenden Impuls für die sog. „Physische Reichsplanung" (vgl. S. 54).

Die Erkenntnisse der ersten Phase dieser Arbeiten fanden im Herbst 1972 ihren Niederschlag in einer umfänglichen Regierungsvorlage (Prop. 1972:111 mit Anlagen) mit Änderungsvorschlägen für eine Reihe raumbedeutsamer Gesetze. Unter anderem wurde für alle Neuetablierungen, die von „wesentlicher Bedeutung für das Haushalten mit den gesamten Boden- und Wasserressourcen des Landes" sind, eine Genehmigungspflicht vorgeschlagen (§ 136a des Baugesetzes, in diesem Sinne novelliert durch SFS 1972:781). Dieser Paragraph wurde bis Mitte 1976 noch mehrfach ergänzt und gilt heute nicht nur für Neulokalisierungen, sondern auch für Erweiterungen bestehender Anlagen über gewisse Schwellenwerte hinaus sowie unter ausdrücklicher Einbeziehung auch des Verbrauchs von Energie und Faserrohstoffen (SFS 1976:213).

Letzteres ist vor dem Hintergrund der Entwicklung während der 70er Jahre zu sehen, als erstmals der Verbrauch an Faserrohstoffen den nachhaltigen Zuwachs des schwedischen Waldlandes erreichte und die angekündigten Erweiterungen der Holzindustrie in Anbetracht der unausgeglichenen Altersstruktur des Waldes eine bedrohliche Bedarfslücke auf Jahrzehnte hinaus wahrscheinlich machten (vgl. hierzu etwa Jordbruksdepartementet, 1975). Ein weiterer Ausbau der industriellen Kapazitäten setzte somit entweder die Erschließung *neuer* oder die bessere Ausnutzung *bestehender* Rohstoffquellen voraus. In diesen Zusammenhang sind auch die Bemühungen der Forstwirtschaft zu stellen, die Möglichkeiten der sog. „Ganzbaumausnutzung" vom Stumpf bis zur Nadel zu untersuchen (vgl. dazu S. 191 ff.).

Bei Stora Kopparberg fielen schon in der ersten Hälfte der 70er Jahre wichtige Vorentscheidungen, indem die eigenen Entwicklungsarbeiten bezüglich der Verwertung von Altpapier und Baumstümpfen forciert wurden.[131] Diese frühen und sehr konkreten *Reaktionen auf den Verknappungsimpuls* sind insofern bemerkenswert, als man bei einem Selbstversorgungsgrad von annähernd 50 % den eigenen Rohstoffzufluß wesentlich besser zu steuern vermag als andere Unternehmen. Auf der anderen Seite war man sich aufgrund der unternehmensinternen Taxation natürlich darüber im klaren, daß die Altersstruktur auch der eigenen Forste mit einem hohen Anteil sehr alter und sehr junger Bestände energische Maßnahmen zur Deckung der sich abzeichnenden Bedarfslücke erforderte.

Unabhängig von dieser internen Situation war man aber natürlich in den gesamten Branchenkontext eingebunden und von den generellen gesetzlichen Regelungen betroffen. Die nachweisbaren Anpassungsreaktionen sind nämlich zu einem bedeutenden Teil als Lösung eines fundamentalen ressourcenbezogenen Interessengegensatzes — und damit als Konfliktregelung — zu verstehen. Während es im Interesse des Unternehmens lag, die Produktion in der Papierfabrik durch eine neue Papiermaschine kostengünstig zu steigern, hatte es sich der Staat zum Ziel gesetzt, diese Steigerung — wenn überhaupt — nur unter solchen Bedingungen zuzulassen, die auch in einer längeren Perspektive im gesamtgesellschaftlichen Interesse lagen.

Grundsatz war dabei, eine Erhöhung des Verbrauchs einheimischer Rohstoffe zu verhindern und die vorhandenen Ressourcen rationeller auszunutzen. Innerhalb von Mehrbetriebsunternehmungen waren dabei Verlagerungen von Rohstoffströmen solange erlaubt, wie der Gesamtverbrauch nicht gesteigert wurde (es sei denn, für einzelne Anlagen waren schon Höchstverbrauchsmengen festgelegt).

Die Entwicklung der Papierfabrik Kvarnsveden war schon Anfang der 70er Jahre unter ähnlichen Prämissen vorgesehen gewesen. Aus zunächst wohl überwiegend betriebswirtschaftlichen Gründen war im „Strukturplan" zur Neuordnung der Holzindustrien von Stora Kopparberg geplant, die Produktion von mechanischem Halbstoff in Kvarnsveden, die von chemischem Zellstoff in Skutskär zu konzentrieren und im Zuge eines weiteren Ausbaus dortiger Kapazitäten die Sulfitfabriken in Grycksbo, Kvarnsveden, Mackmyra und Skutskär selbst nacheinander stillzulegen.

[131] Die Vorarbeiten für eine Aufbereitungsanlage für Altpapier begannen 1971. Die Pilotanlage mit einer Jahreskapazität von 35 000 t ging dann, wie geschildert, 1975 in Betrieb. Im gleichen Jahr sind im unternehmenseigenen Mitteilungsblatt „Bergslaget" erste Meldungen über eine Hackschnitzelfabrik auf Stubbenbasis zu finden, die in der 1976 stillzulegenden Sulfitfabrik von Mackmyra in Betrieb gehen sollte. Sie nahm dann auch 1978 als gemeinsame Tochter von Stora Kopparberg und Korsnäs-Marma unter dem Namen „Mackmyra Cellulosaflis AB" ihre Produktion auf (angestrebte Kapazität: 450 000 t/Jahr).

Die Ankündigung des Unternehmens, die Kapazitäten in Skutskär auf über 500 000 t/a erhöhen zu wollen, erfolgte zu einem Zeitpunkt, als der Inhalt des § 136a BL noch keine *rohstoff-*, sondern nur eine *standort*bezogene Konzessionsprüfung beinhaltete. Es ist jedoch offensichtlich, daß die am 19. 10. 1973 erteilte Ausbaugenehmigung nach § 136a BL von der in einem *nachträglich* eingereichten Zusatzschreiben erklärten Absicht des Unternehmens beeinflußt worden ist, die genannten *Sulfitfabriken stillzulegen und somit den Gesamtrohstoffverbrauch im Unternehmensbereich relativ konstant zu halten.*[132]

Damit waren aber auch wichtige Rahmenbedingungen für die weitere Entwicklung der Papierfabrik Kvarnsveden präjudiziert. Die nun nicht mehr zu umgehende Stillegung beider chemischen Zellstoff produzierenden Einheiten (Sulfit- und Halbzellstoffabrik) hatte nämlich zwei Konsequenzen: Einmal mußte der chemische Zellstoff — dessen Notwendigkeit als „Armierungshalbstoff" im mechanisch weniger festen Holzschliff schon unterstrichen wurde — von außen bezogen werden. Dies sollte durch Lieferungen aus Skutskär geschehen. Zum anderen aber gab es mit der Aufgabe der chemischen Zellstoffproduktion in Kvarnsveden keine Möglichkeit mehr, die recht bedeutenden Abfallmengen kostengünstig zu verwerten, die schon beim jetzigen Betrieb anfielen und beim Übergang zu „fallenden Längen"[133] einen erheblichen Teil der in die Fabrik gelieferten Faserrohstoffmengen ausmachen würden. Schließlich war die Sulfitfabrik in Grycksbo der Hauptempfänger beträchtlicher Mengen von Sägewerksabfällen, und das nächstgelegene unternehmenseigene Werk nach ihrer Stillegung war Kvarnsveden.

Aus diesen Gründen ergab sich der Zwang, in Kvarnsveden irgendeine Form der Verwertung aller dieser Restholzsorten zu finden, wollte man nicht eine große Menge von Rohstoff vergeuden und damit Einkommensverluste hinnehmen. Vor diesem Hintergrund teilweise divergierender, teilweise aber auch konvergierender Interessen von Staat und Unternehmen muß die sich über mehrere Jahre hinwegziehende Auseinandersetzung um den Ausbau der Papierfabrik gesehen werden. Sie spiegelt nicht nur charakteristische Schwerpunktverlagerungen der Ressourcen-Inwertsetzung wider, sondern auch die immer besseren Steuerungsmöglichkeiten, die dem Staat durch die ressourcenbezogene Gesetzgebung in den 70er Jahren in die Hand gegeben waren.

Für die bei einer Kapazitätserhöhung auf 530 000 t/Jahr nötige Zellstoffproduktion sind vom Unternehmen zwischen 1972 und 1978 drei Alternativen ernsthaft ins Auge gefaßt worden:

---

[132] In der Stellungnahme der obersten Forstaufsichtsbehörde zum Ausbauprojekt von Skutskär heißt es nämlich u. a. (Schreiben vom 7. 5. 1975): „Die Bedingung, unter der diese Alternative des Kapazitätsausbaus bewilligt werden kann, ist, daß die angegebene Stillegung der Sulfitzellstoffherstellung zustande kommt".

[133] Der Übergang von einheitlichen 3 m-Stücken zu fallenden Längen ist ebenfalls als Reaktion auf die Rohstoffverknappung aufzufassen. Die ungleich langen, dünnen Endstücke können jedoch aus technischen Gründen nicht mehr geschliffen, sondern nur noch gehäckselt werden. Die Verarbeitung der Holzschnitzel an Ort und Stelle ist dann natürlich sinnvoller als ein Transport dieser voluminösen Massen in eine andere Anlage.

— Erhöhung der Produktion von Altfaserstoff von 35 000 t auf 115 000 t/Jahr, zusätzlich 50 000 t thermomechanischer Zellstoff (ursprünglicher Plan),

— Erhöhung der Produktion von Altfaserstoff auf 70 000 t, der von thermomechanischem Zellstoff auf 75 000 t/Jahr (revidierter Plan 1978),

— unveränderte Produktion von Altfaserstoff (35 000 t/Jahr) bei 75 000 t/Jahr thermomechanischem Zellstoff (endgültiger Plan 1979).[134]

Die rohstoff- und energiebezogenen Rahmenbedingungen dieser Alternativen sowie der auf das Unternehmen wirksam werdende Druck durch das Agieren der Genehmigungsbehörde seien im folgenden näher erläutert.

Aus der Sicht der beginnenden 70er Jahre — es gab damals erst wenige konkrete Hinweise auf eine kommende Faserrohstoffverknappung — sind die schon im Konzessionsantrag von 1974 dargelegten Zielvorstellungen des Unternehmens für einen Kapazitätsausbau als sehr vorausschauend zu bezeichnen. Die für das Ende des Jahrzehnts vorgesehene Erhöhung der Kapazität auf 530 000 Jahrestonnen sollte durch Verfahren erreicht werden, die in hohem Grade ressourcenschonend waren. Geplant war einmal die in Schweden in diesem Maßstab für die Zeitungspapierproduktion noch nicht erprobte Verwertung von Altpapier (115 000 t/Jahr), zum anderen die Anwendung der ebenfalls noch neuen Technik der thermomechanischen Zellstoffherstellung (50 000 t/Jahr). Während durch das erstgenannte Verfahren ein erheblicher Teil der in Schweden weitgehend ungenutzten Altpapiermengen wieder aufbereitet werden konnte, war es nach dem zweiten Verfahren möglich, alle vorgehend genannten Restholzsorten mit einem Ausbeutegrad von nahezu 100 % zu verwerten, was eine bis dahin *unerreichte Ausnutzung des Rohstoffes bei gleichzeitiger nahezu völliger Eliminierung biologisch belastender Emissionen darstellt.*

Ausführlich wurde im Antrag die damalige und zukünftige Verfügbarkeit von Altpapier belegt und sogar ein Liefervertrag mit zehnjähriger Laufzeit angeführt, der mit dem größten Altpapiergrossisten des Landes abgeschlossen worden war.[135]

Die spezifische Eigenschaft des neuen thermomechanischen Zellstoffs — er zeichnet sich durch eine besondere Stärke aus — ließ es sogar als möglich erscheinen, den Anteil des als Armierungsmasse verwendeten chemischen Zellstoffs zu senken und damit indirekt zu einer noch größeren Rohstoffeinsparung beizutragen. Über den genauen Rohholzverbrauch nach erfolgtem Ausbau waren zum damaligen Zeitpunkt

---

[134] Flankierend zu diesen unterschiedlichen Alternativen sollte eine wechselnde Auslastung der Schleifereien kommen, die hier aber nicht näher erläutert werden muß.

[135] Es wird aber auch vorsichtig angemerkt (Anl. 3, S. 11): „Auf längere Sicht ist es denkbar, daß die verfügbaren Quantitäten an geeignetem Altpapier im Lande für den industriellen Bedarf nicht ausreichen. Ein eventueller Fehlbedarf kann dann ohne Zweifel durch Importe aus beispielsweise Dänemark, der Bundesrepublik Deutschland, den Niederlanden und Großbritannien gedeckt werden".

noch keine genauen Angaben möglich, da er sehr wesentlich von der Produktionspalette abhängt. Es wurden jedoch mehrere Alternativen durchgespielt, in denen der Rohholzbedarf sämtlich um einige Hunderttausend Festmeter niedriger lag als beim nahezu vollen Ausfahren der Anlagen im Jahre 1973. Falls der Markt es zulassen würde, wurden seitens des Unternehmens dabei solche Produkte favorisiert, für die relativ geringe Fasermengen erforderlich sind, etwa holzhaltige Feinpapiere. Das Unternehmen konnte deswegen auch anbieten, den Rohholzverbrauch in den beiden Werken Skutskär und Kvarnsveden zusammen auf maximal 2,69 Mio Fm o.R./Jahr zu beschränken, davon höchstens 0,75 Mio Fm o.R./Jahr in Kvarnsveden.

Die Verschärfung der Rohstoffverknappung und die dadurch ausgelösten gesetzlichen Regelungen von 1975/76 scheinen überdeutlich zu belegen, daß das Unternehmen mit seinem Ausbaukonzept auf dem richtigen Wege war. Es ist deswegen auch aus der Sicht des Unternehmens verständlich, daß der für die geplante Erweiterung Anfang 1976 notwendig werdende Antrag gemäß § 136a BL mit genau den geschilderten Zielvorstellungen eingereicht wurde (Alternative 1). Auch bezüglich des zukünftigen *Energieverbrauchs* wurden in diesem Antrag Angebote präzisiert, die ganz im Sinne von Gesetzgebung und Genehmigungsbehörde zu liegen schienen: Der Neubedarf von 165 GWh nach erfolgtem Ausbau sollte durch eine Leistungserhöhung beim Wasserkraftwerk Kvarnsvedsforsen, durch eine verstärkte Verfeuerung organischer Abfälle und schließlich durch den Einsatz von Gichtgas aus der Eisenhütte in Borlänge gedeckt werden. Durch diese Maßnahmen wäre der Heizölverbrauch trotz gesteigerter Kapazität konstant geblieben oder sogar verringert worden, und der Bezug externer Elektrizität hätte vermindert werden können. Insgesamt erschienen somit die Voraussetzungen für eine schnelle Genehmigung der Erweiterungsplanung als sehr günstig. Aus den Stellungnahmen der am Anhörungsverfahren beteiligten Instanzen geht auch hervor, daß das geplante Vorgehen größtenteils positiv bewertet wurde. *Mehrfach wurde aber auch gefordert, mit dem Einsatz neuer Faserrohstoffe dürfe nicht die Kapazität erhöht, sondern nur ein entsprechender Anteil des bis dahin benötigten Rohholzes ersetzt werden.* Eine glatte Ablehnung des beantragten Ausbaus kam dagegen von einer der gewichtigsten Instanzen, nämlich der 1973 eingesetzten forstpolitischen Gutachterkommission.[136] In der Tendenz ähnlich, wenn auch verbindlicher formuliert, ist die Stellungnahme der obersten Forstaufsichtsbehörde.

---

[136] Die Begründung verdient, hier in ihren zentralen Teilen wiedergegeben zu werden, weil sie die Problematik schlaglichtartig beleuchtet (Schreiben vom 24. 9. 1976):
„Die Kommission ... hat in früheren Stellungnahmen über geplante Erweiterungen und Neuanlagen der Holzindustrie mit Nachdruck jeden weiteren Ausbau solcher industrieller Kapazitäten abgelehnt, die eine größere Menge Faserrohstoffe erfordern, völlig unabhängig davon, woher dieser Rohstoff geholt werden soll. Der Grund für die negative Haltung der Kommission ist gewesen, daß mit Rücksicht auf den großen Fehlbedarf in der Rohstoffversorgung der Industrie jede zusätzliche Menge, die auf verschiedenen Wegen beschafft werden kann, dafür verwendet werden muß, den Rohstoffbedarf schon bestehender Industrien zu decken."
Eine ganz ähnliche Begründung enthält auch die Stellungnahme des schwedischen Naturschutzverbandes (Schreiben vom 22. 10. 1976).

Das Staatliche Industrieamt schließlich hält zwar die Vorstellungen des Unternehmens aus rohstoffpolitischen Gründen für begrüßenswert, unterstreicht aber den deutlichen Trend zur zunehmenden Konkurrenz um Altpapier.

Insgesamt sind es somit gewichtige Instanzen, die schwerwiegende Einwände geltend machen. Seitens des Unternehmens ist man sich natürlich über den möglichen Einfluß dieser Kritik bei der Genehmigungsbehörde im klaren und versucht, in einer zusammenfassenden Antwort auf die verschiedenen Stellungnahmen die angeführten Bedenken zu entkräften (Schreiben vom 28. 1. 1977).

Die aus der Holzindustrie insgesamt rücklaufenden Informationen über die Behandlung entsprechender Anträge für andere Betriebe dürften zu diesem Zeitpunkt aber schon deutlich gemacht haben, daß es um die Chancen des Antrags trotz prinzipiell günstiger Ausgangsbedingungen nicht gut stand. Nach der erneuten Novellierung des § 136a BL Anfang 1976 war bis Anfang 1978 nur eine einzige größere Kapazitätserweiterung genehmigt worden. Die übrigen Anträge wurden mit dem Hinweis auf die unklare Rohstofflage vorerst zurückgestellt. Diese Taktik der erklärten „Nicht-Entscheidung" seitens der Regierung übte natürlich auf Unternehmen mit ernsthaften Investitionsabsichten einen erheblichen Druck aus.[137]

Die Wirkung bei Stora Kopparberg ist ganz offensichtlich, wobei aber nochmals unterstrichen werden muß, daß aufgrund der früher schon erfolgten Weichenstellung auch deutliche Schwerpunktverlagerungen noch möglich waren.

Nachdem dem Unternehmen in informellen Kontakten mit der Genehmigungsbehörde klargemacht worden war, daß der Antrag vom 12. 4. 1976 wegen der unsicheren Versorgung mit Altpapier zunächst nicht bearbeitet würde, gab man der Ausbauplanung in kürzester Zeit eine völlig neue Richtung. Am 26. 4. 1978 reichte Stora Kopparberg einen Änderungsantrag ein, der nur im Zusammenhang mit dem Werk in Skutskär als auch mit der zwischenzeitlich erfolgten Übernahme des Holz- und Kraftwirtschaftsunternehmens „Bergvik och Ala" (vgl. dazu S. 66) gesehen werden kann.

Die Voraussetzungen der Neuorientierung waren:

— Möglichkeit eines verringerten Nadelholzverbrauchs in Skutskär bei gleichzeitiger entsprechender Erhöhung des Birkenholzeinsatzes (die Verbrauchsbegrenzung in Skutskär gemäß § 136a BL auf knapp 2,0 Mio Fm o.R./Jahr bezog sich lediglich auf Nadelholz!),

---

[137] Aufgrund der 1975/76 geschaffenen gesetzlichen Grundlagen konnte man eine restriktive Haltung praktizieren, die sich in sehr deutlichen Absichtserklärungen schon Jahre zuvor angekündigt hatte. So ließ der seinerzeit zuständige Innenminister in einer Pressemitteilung vom 18. 10. 1973 verlautbaren: „Bevor Möglichkeiten und Konsequenzen bedeutenderer Produktionserhöhungen in der Zellstoff- und Papierindustrie näher analysiert worden sind, hält die Regierung es für nötig, mit solchen Ausbaugenehmigungen zurückhaltend zu sein, die eine größere Steigerung des Holzverbrauchs mit sich führen."

— Reduzierung des Nadelholzverbrauchs in den Sägewerken der Unternehmensgruppe (bewirkt durch schwierige Absatzlage, teilweise aber auch durch die Verknappung von Schnittholz)[138] und schließlich die

— Inbetriebnahme der Stubbenschnitzelfabrik in Mackmyra an der Jahreswende 1977/78 (für 1978 angestrebte Produktion entsprechend 100 000 Fm o.R.).

Das durch diese Veränderungen innerhalb der Unternehmensgruppe freizusetzende Nadelholzvolumen war so groß, daß man entgegen den ursprünglichen Plänen auf den erhöhten Altpapiereinsatz verzichten konnte, ohne den insgesamt gesetzten Rohstoffverbrauchsrahmen überschreiten zu müssen. Zur Verarbeitung des nun hauptsächlich in Schnitzelform anfallenden Rohstoffes war jetzt folgerichtig eine Erweiterung der thermomechanischen Kapazitäten auf 75 000 t/Jahr vorgesehen. Immer noch aber machte man sich Hoffnungen, einen Teil der Produktionserhöhung durch eine gesteigerte Altpapieraufbereitung bei gleichzeitiger Rücknahme der Holzschliffproduktion bestreiten zu können (Zusatzantrag vom 7. 7. 1978).

In einem letzten Nachtrag schließlich vom 27. 3. 1979 gibt man mit Rücksicht auf die inzwischen deutliche Verknappung von Altpapier alle Pläne auf, in diesem Sektor zu expandieren. Da nun auch der Übergang zu fallenden Längen bevorsteht, entschließt man sich endgültig für die Ausbaualternative „3", d.h. 35 000 t/Jahr altpapierbasierten und 75 000 t/Jahr thermomechanischen Zellstoff. Um einen schnellen positiven Bescheid gemäß § 136a BL wird gebeten, er ist im Herbst 1979 schließlich auch für die letztgenannte Alternative erteilt worden.

2.1.3.1.7. Konfliktbereich „Abfallbeseitigung"

Die Beseitigung der festen Abfälle der Anlage ist zeit ihres Bestehens offensichtlich als so unproblematisch angesehen worden, daß hier keine größeren Auseinandersetzungen entstanden. Überwiegend handelt es sich auch um nicht wesentlich verunreinigtes organisches Material. Auch die seit 1975 bei der Altpapieraufbereitung tonnenweise anfallenden Verunreinigungen wie Heftklammern, Gummis, Plastikschnüre u.a.m. sind nicht problematischer als normale Haushaltsabfälle.

In der Regel wurden alle diese Abfälle zur kommunalen Mülldeponie gebracht.

Mit Rücksicht auf die vor allem bei einem weiteren Ausbau der Fabrik entstehenden Abfallmengen wurden sie aber auch bei der Planung der Zentraldeponie Fågelmyran miteinbezogen, deren Lokalisierung im

---

[138] Die Frage, ob diese Rücknahme eventuell einen Zusammenhang mit der geplanten Verbrauchserhöhung in den anderen genannten Anlagen zu tun hat, kann hier nicht beantwortet werden.

nahezu siedlungsleeren Waldgebiet wenige Kilometer östlich von Kvarnsveden jahrelang heftig umstritten war. Die Problematik dieser Deponie wird jedoch sowohl mengenmäßig als auch abfallspezifisch eindeutig von den Bedürfnissen der Eisen- und Stahlwerke Domnarvet bestimmt.

2.1.3.2. Räumliche Aspekte der Nicht-Aktualisierung gegebener Konfliktpotentiale

Wenn es das Ziel einer geographischen Konfliktanalyse u.a. sein soll, empirisches Material über Entstehung und Folgen ressourcenbezogener Auseinandersetzungen bereitzustellen, so ist es auch wichtig zu wissen, warum ein gegebenes Konfliktpotential unter bestimmten Umständen nicht aktualisiert wird. Diese Frage ist vor allem dort interessant, wo die Nicht-Aktualisierung in einen Zusammenhang mit räumlichen Parametern gebracht werden kann.

Die eingangs vertretene Auffassung, daß ein natur- oder human-ökologisch erhebliches Konfliktpotential über lange Zeiträume hinweg nicht aktualisiert zu werden braucht, wird durch den synoptischen Überblick über die vorgehend behandelten Konfliktbereiche bestätigt (Abb. 22).[139]

Umgekehrt ist zumindest am Beispiel der Abwasserproblematik zu sehen, daß ein abnehmendes Konfliktpotential einen praktisch gleichbleibenden Aktualisierungsgrad erfahren kann. Vollständige Parallelität herrscht nur beim Konfliktbereich „Rohstoff/Energie". Die auffälligsten Diskrepanzen zeigen sich bei den Konfliktbereichen „Wasser" und „Verkehr/Transporte", in etwas geringerem Maß auch bei „Luft/Lärm". Sucht man zunächst nach umweltpolitischen Rahmenbedingungen, die den Unterschied erklären könnten, so ist beim ältesten Problembereich, der Wasserqualität des Vorfluters, festzustellen, daß hier ein hohes Konfliktpotential schon zu einer Zeit vorlag, als derartigen Problemen noch wenig Aufmerksamkeit gewidmet wurde. Dies gilt jedoch schon ab Mitte der 60er Jahre für keinen der aufgeführten Konfliktbereiche außer „Rohstoffe/Energie" mehr. Die aufgezeigten Diskrepanzen bleiben also trotz einer immer größeren umweltpolitischen Sensibilisierung bestehen.

Die Bestimmungsgründe dürften somit mit hoher Wahrscheinlichkeit in anderen Rahmenbedingungen liegen. Sucht man deswegen nach gemeinsamen Nennern der geschilderten problematischen Bereiche, so ist folgendes deutlich:

---

[139] Abb. 22 ist eine schematische Darstellung, bei der die Gradierung des *Konfliktpotentials* sich am Ausmaß der Externalisierung betriebsintern entstehender Kosten, die *Aktualisierungsgradierung* dagegen am Grad der Aufmerksamkeit orientiert, die diese „Kostenabwälzung" bei Privatpersonen, Behörden und Massenmedien findet. Da keine quantitativen Schwellenwerte angewendet werden, ist die Darstellung subjektiv geprägt.

Konfliktbereich

Fläche

Wasser

Luft/Lärm

Verkehr/Transport

Rohstoff/Energie

Feste Abfälle

1945 1950 1955 1960 1965 1970 1975 1980

Konfliktpotential
- gering
- hoch
- sehr hoch

Aktualisierungsgrad
- gering
- hoch
- sehr hoch

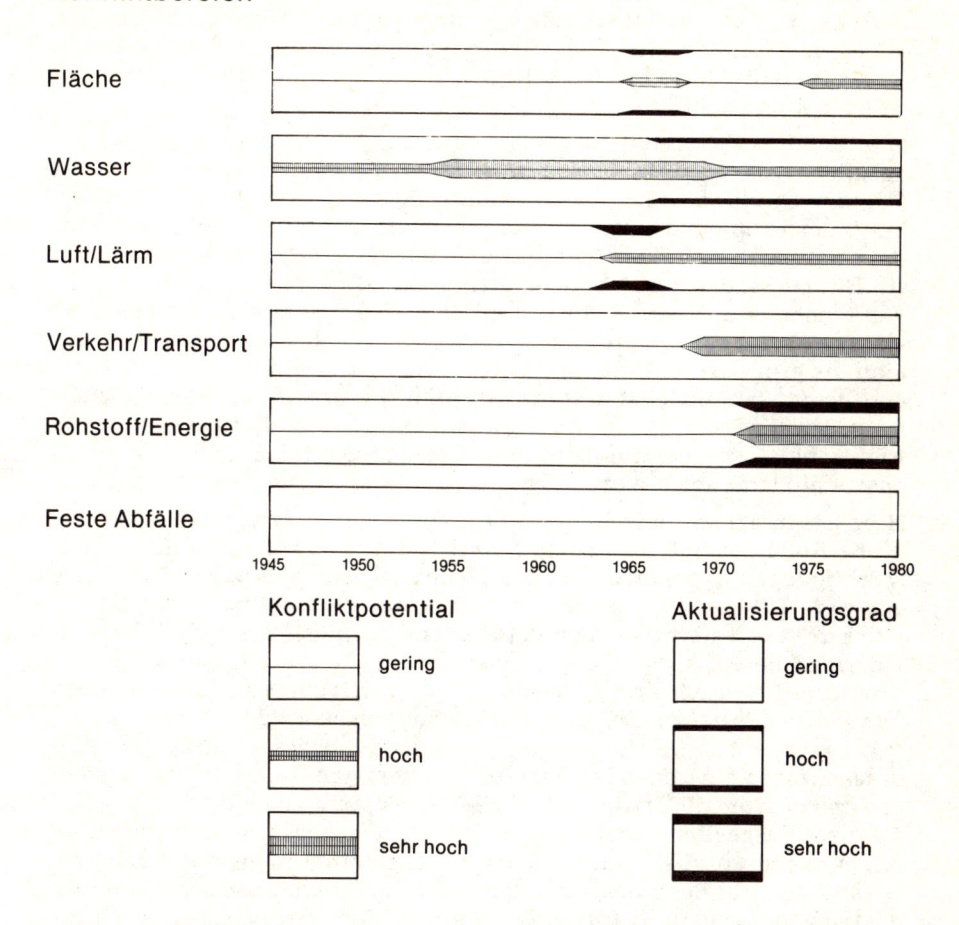

Abb. 22: Konfliktpotential und -aktualisierung am Standort der Papierfabrik Kvarnsveden 1950 — 1980

— wichtige direkte Beeinträchtigungen entziehen sich völlig der Sinneswahrnehmung (gelöste organische Substanzen und Chemikalien im Vorfluter, Schwefeldioxidrauchgase),

— wichtige direkte Beeinträchtigungen sind, soweit wahrnehmbar, in industrieexternen Belästigungen eingebunden, die hinzunehmen man lange bereit war (Verkehrslärm, Faserstoffe im auch durch kommunale Abwässer verschmutzten Vorfluter),

— wichtigen indirekt verursachten Auswirkungen wird — für den einzelnen in der Regel undurchschaubar — unter Inanspruchnahme des allgemeinen Steueraufkommens begegnet (z.B. erhöhte Aufwendungen für Straßenunterhalt, Trinkwasserversorgung, Kalkung versauerter Binnengewässer).

Hier dürften auch die Gründe dafür liegen, daß der erfolgte Konfliktausgleich von wenigen Ausnahmen abgesehen auf Expertenebene erfolgt ist. Die für alle genannten Punkte charakteristische ,,Unsichtbarkeit'' der Problematik sollte aber ebenfalls nicht überschätzt werden, da es natürlich eine Reihe von Indikatoren gab, die auch der unkritischste Bürger sehr konkret spürte. Neben den direkten Belästigungen in Werksnähe war dies vor allem die Beeinträchtigung verschiedener gewässergebundener Freizeitaktivitäten, wie Fischen und Baden. Wenn man die große Bedeutung insbesondere der Freizeitfischerei in Schweden kennt, ist zunächst erstaunlich, daß die drastische Verschlechterung der Wasserqualität im Dalälven und der dadurch verursachte Rückgang[140] ehedem im Übermaß vorkommender Fischbestände so passiv hingenommen worden ist.

Hier scheinen ganz entscheidende *räumliche* Rahmenbedingungen eine große Rolle gespielt zu haben, nämlich die *Konzentration der Beeinträchtigungen auf relativ kleine Flächen und nur schmale Bänder, die einen im übrigen als ,,unversehrt'' angesehenen Großraum nur linien- und punkthaft betrafen.* Die verbleibenden ,,Restflächen'' hielten im Übermaß bereit, was örtlich verlorengegangen war, ja teilweise war ihre Qualität durch Ereignisse des gleichen Wirkungszusammenhangs, nämlich den Forststraßenbau, erst zugänglich geworden: Nahezu unberührt erscheinende Waldflächen, artenreiche Gewässer und saubere Badeseen waren nun schon im Abstand von wenigen Autominuten erreichbar und dürften die örtlich spürbare Verknappung wichtiger Qualitätsfaktoren ausgeglichen haben. Schließlich ist sicher auch in die bewußte oder unbewußte Abwägung der Betroffenen eingegangen, daß man gewisse Auswirkungen des auch den privaten Wohlstand mehrenden industriellen Wachstums für unvermeidlich hielt und zu akzeptieren bereit war — viele der im engeren Einflußbereich des Werks wohnenden Menschen waren ja wirtschaftlich direkt von diesem abhängig.

Diese hier nicht näher belegbare *Hypothese der Kompensationswirkung von Ausgleichsflächen* im selben Raum bietet auch einen plausiblen Erklärungsansatz für die als zunächst übermäßig heftig erscheinenden Reaktionen der Öffentlichkeit auf die immer intensivere Inanspruchnahme des Waldlandes durch die Forstwirtschaft, die im Mittelpunkt des nächsten Hauptabschnittes stehen (2.2).

Schließlich sei darauf hingewiesen, daß auch durch die Nicht-Aktualisierung eines Konflikts unter Umständen eine zukünftige Raumwirksamkeit vorprogrammiert werden kann. Dies ist vor allem bei Entwicklungsplanungen der Fall, wenn zunächst noch verschiedene Alternativen gegeben sind, sich dann aber aufgrund von nicht entstehendem

---

[140] Als zusätzlicher Grund ist natürlich noch der Ausbau des Flusses für die Gewinnung von Wasserkraft zu nennen, der trotz der überall vorgeschriebenen Fischtreppen die Wanderungsmöglichkeiten einzelner Arten stark beschränkte.

Widerstand solche Lösungen konkretisieren, die zur Ursache späterer Konflikte werden können. Die Persistenz einmal geschaffener Raumstrukturen kann dann zu einer erheblichen Konfliktkostenlast führen, die sowohl den ursprünglichen Verursacher als auch die Betroffenen in schwierige Situationen bringen kann. Am Beispiel der Ausbauplanung für die Papierfabrik ließ sich die Möglichkeit einer solchen Entwicklung aufzeigen (siehe S. 126).

Insgesamt sollte mit diesen kurzen Ausführungen angedeutet werden, daß auch die Nicht-Aktualisierung eines an sich gegebenen ressourcenbezogenen Konfliktpotentials räumlicher Betrachtung zugänglich ist. Eine Vertiefung solcher Aspekte kann hier jedoch nicht erfolgen und ist wohl auch nur in enger Zusammenarbeit vor allem mit Wahrnehmungspsychologen zu leisten.

2.1.4. Die Raumwirksamkeit der standortnahen Konflikte und ihrer Regelung

Die Raumwirksamkeit der vorstehend dargestellten Konfliktabläufe und -regelungen läßt sich in mehrere Aspektgruppen gliedern, die jedoch in mannigfacher Wechselbeziehung miteinander stehen. Auffälligstes Korrelat, wenn auch nur teilweise eine direkte Folge der zunehmenden Inanspruchnahme verschiedener Ressourcen durch die Papierfabrik, ist die *Entstehung oder Änderung unterschiedlicher immaterieller Verknüpfungs- und Beziehungsmuster*. Die durch sie erzeugten oder ermöglichten, die von ihnen ausgehenden oder in ihnen kanalisierten Beziehungen führen im Laufe der Jahre zu charakteristischen *materiellen oder auch immateriellen* Veränderungen innerhalb der Papierfabrik. Diese wiederum bewirken einen *Wandel der anlagenspezifischen Standort- und Standraumbeeinflussung*, insbesondere also verschiedener Grenzlinien, Zonen und Felder. *Dadurch entstehen veränderte Raumstrukturen und -potentiale*, die teilweise völlig neuartig sein können, unter Umständen aber auch nur ein weitgehendes Wiederherstellen der Gegebenheiten bedeuten, die vor der verknappungs- und konfliktauslösenden Inwertsetzung bestanden hatten. Nicht immer ist durch die beschriebenen Anpassungsreaktionen vor allem des ursprünglichen Verursachers der Konflikt geregelt. Ein Rest alten Konfliktstoffs oder aber auch die Verlagerung der Konfliktursache auf ursprünglich nicht aktuelle oder übersehene Zusammenhänge kann nämlich u. U. zu mehreren ,,Durchläufen'' eines Ursache-Wirkungs-Impulses über die beschriebenen ,,Stationen'' führen. Auffällig schließlich an der so skizzierten Wirkungskette ist der *geringe Anteil leicht faßbarer physiognomischer Landschaftsveränderungen*.

Wenn hier von Wirkungskette gesprochen wird, so ist damit nicht einer einfachen Kausalbeziehung das Wort geredet. Die der Wirklichkeit am nächsten kommende Beschreibung wäre eher ein Kausalnetz oder besser noch eine Kausalstrangverdichtung auf einem im einzelnen nicht analysierbaren ,,Kausalfilz" (zu diesem Begriff vgl. K. LORENZ, zitiert nach WEICHHART, 1975, S. 52). Wichtige Nebenstränge auf diesem Filz sind etwa die Einflüsse, die vom Wandel der Beziehungsmuster oder verschiedener Auswirkungsfelder direkt auf Einzelgrößen des gesamten Gefüges zurückwirken, ohne daß der in den vorhergehenden Punkten geschilderte Ablauf der Wirkungskette jedesmal eingehalten wird. Ähnlich ist es auch schon in Abb. 1 angedeutet: Nicht jeder vom Verursacher ausgehende Impuls führt erst über die Stationen ,,Verknappung" und ,,Reaktion" zu den raumwirksamen Folgen — auch zwischen den Einzelgrößen können Beziehungen bestehen.

Jede systematische Behandlung dieses Wirkungsgefüges muß Schnitte ziehen, die Zusammengehöriges voneinander trennen. In der folgenden Darstellung wird in fünf Hauptabschnitten beschrieben, worin die wichtigsten Folgen der vorgehend behandelten Konflikte und ihrer Regelung zu sehen sind, nämlich

1. Veränderung von Verknüpfungs- und Beziehungsgefügen (vor allem immaterieller Außen- und Innenbeziehungen)

2. Veränderung werksinterner Prozeß- und Organisationsabläufe (einschließlich ihrer materiellen Voraussetzungen oder Korrelate)

3. Veränderung von Standort- und Standraumbeeinflussung

4. Veränderung von Raumstrukturen, -funktionen und -potentialen

5. Veränderung der Landschaftsphysiognomie.

2.1.4.1. Veränderung von Verknüpfungs- und Beziehungsgefügen[141]

Die Entwicklung der traditionellen und der jüngsten Konfliktbereiche hat gezeigt, wie das Werk in immer stärkerem Maße in Beziehungsgefüge eingebunden wurde, durch deren Funktionieren die ursprünglich sehr *weitgehende Selbständigkeit in gleichem Maße reduziert* wurde wie die *Abhängigkeit von externen Einflüssen zunahm*.

Am Beispiel unterschiedlicher Verknüpfungs- und Beziehungsmuster im Konfliktbereich ,,Wasser" sei sogleich konkretisiert, was zunächst sehr abstrakt klingen mag (Abb. 23). Während der Konfliktausgleich Mitte der 50er Jahre durch sporadische Kontakte zwischen Werk oder Unternehmen und einigen wenigen zentralen Instanzen erfolgte, ist daraus 15 Jahre später ein stark verdichtetes Verknüpfungsnetz mit einer Vielzahl von Beteiligten auf lokaler, regionaler und nationaler Ebene geworden. Dieses Geflecht ist nicht etwa nur ein isoliert zu sehender neutraler Hintergrund in einer durch zunehmenden Informationsaustausch geprägten Gesellschaft. Es ist in erster Linie ein wichtiges *Er-*

---

[141] Darunter seien hier vor allem Informations-, Kontakt- und Abhängigkeitsverflechtungen verstanden. Der Wandel materieller, also vor allem rohstoff- und anlagenbezogener Verflechtungen, wird in 2.1.4.3. behandelt.

gebnis ressourcenbezogener Auseinandersetzungen während der Nachkriegszeit. Natürlich ist dies nicht *allein* die Folge des in Kvarnsveden erreichten Konfliktausgleichs, aber es ist *auch* eine solche. Die Bedeutung des so entstandenen Verknüpfungsmusters ist gar nicht hoch genug einzuschätzen, da allein seine Existenz und sein Funktionieren wichtige neue Einflußgrößen auf den ursprünglichen Verursacher und sein Verhalten darstellen. Einige wichtige Aspekte mit starkem Raumbezug seien angesprochen.

Einmal läuft mit dieser Entwicklung eine *Vergrößerung des Informationsfeldes aller Beteiligten* einher, die kaum noch abzuschätzen ist. Durch die obligatorische Kurzschließung verschiedenster Informationspoole und Sachkompetenzen in institutionalisierten Verknüpfungsmustern, z. B. während eines Genehmigungsverfahrens, ist es so gut wie ausgeschlossen, daß ein Unternehmen eigene Spezialkenntnisse oder Kenntnislücken des Konfliktgegners zu seinen Gunsten ausnutzt. Vor diesem Hintergrund sind ganz offensichtlich auch die Vorleistungen zu sehen, mit denen das Unternehmen in die jüngsten Genehmigungsverfahren eingetreten ist. Sollte dagegen der Informationsvorsprung auf seiten eines anderen am Verfahren Beteiligten liegen, so kann dieser schon in einem frühen Stadium initiativ werden und Fehlentwicklungen bremsen. Auch sinkt die Wahrscheinlichkeit, daß eine verantwortliche Behörde technisch oder ökonomisch unrealistische Forderungen stellt. Schon allein das Wissen um diese Möglichkeiten hat, wie eindeutig zu belegen war, zu sachbezogeneren Auseinandersetzungen geführt als sie sonst denkbar und für die länger zurückliegende Vergangenheit auch nachweisbar sind. Ein gemeinsamer Irrtum aller ins Beziehungsgeflecht eingebundener Parteien ist zwar möglich, jedoch dürfte die Wahrscheinlichkeit mit zunehmender Zahl und Sachkompetenz der Beteiligten sinken.

Zum anderen ist mit der wachsenden Dichte des Verknüpfungsnetzes und der Verbesserung der Kommunikationsmöglichkeiten auch eine deutliche *Intensivierung* der Beziehungen zwischen den Beteiligten der verschiedensten Ebenen festzustellen.

Dafür sind mehrere Gründe verantwortlich zu machen:

— *Die gesetzes- oder verordnungsmäßig geregelten Vorgaben*: Zu den wichtigsten gehören die obligatorischen Anmeldungen von Veränderungen einer gewissen Größenordnung (u. U. mit Einleitung eines neuen Genehmigungsverfahrens), die Fristenbegrenzung von Genehmigungsbescheiden mit automatischer Wiederaufnahme von Verfahrens- und Aufsichtsakten und schließlich die Auflage regelmäßiger Kontrollberichte an die untere oder mittlere Aufsichtsbehörde.[142]

— *Der rasche Personalaufbau in den Behörden aller Ebenen*: Er ermöglichte und verursachte die Aufsplitterung relevanter Sachbereiche mit zunehmender Spezialisierung der Beteiligten.

---

[142] Diese Kontrollberichte setzen natürlich die Einführung oder Modifizierung entsprechender Organisationsabläufe innerhalb des Werks voraus (vgl. dazu S. 171 ff.).

— *Die rasche Veränderung der "Kompetenzstruktur" aller Ebenen:* Darunter sei hier nicht die "Zuständigkeit", sondern der Grad der fachlichen Kompetenz des mit Genehmigung und Kontrolle befaßten Personals verstanden. Grob gesprochen ist auf der untersten Ebene, nämlich der städtischen Gesundheitsbehörde, statt einer alle Bereiche abdeckenden Person jetzt für verschiedene Sachbereiche jeweils ein Verantwortlicher eingestellt worden, während aus den Einmannreferaten der oberen Behörden vielfach ganze Abteilungen hervorwuchsen. Als konkretes Beispiel sei hier nur das Gesundheitsamt der Stadt Borlänge genannt. Ende der 50er Jahre mußte ein Inspektor neben den klassischen Zuständigkeiten auch industrielle Luft-, Wasser- und Abfallprobleme bearbeiten, ohne von seiner Ausbildung her dazu die nötigen Voraussetzungen mitzubringen. Mitte der 70er Jahre waren nicht weniger als sechs Beamte mit den gleichen Fragen befaßt, jetzt in der Regel mit einer Grundausbildung, teilweise sogar auf Universitätsniveau, auch in der industriebezogenen Problematik versehen.

Das institutionalisierte Verknüpfungsnetz mit einer wachsenden Zahl obligatorischer und informeller Kontakte bei gleichzeitiger Anhebung der durchschnittlichen Sachkompetenz und einer breiten Rückendeckung durch eine ebenfalls besser informierte Öffentlichkeit führte zwangsläufig zu einer effizienten Einübung behördlichen Routineverhaltens selbst in solchen Bereichen, in denen keine administrativen Traditionen vorlagen. Im solcherart entstandenen Informations-, Kontakt- und Kompetenzgefüge läßt sich auch ein zumindest teilweise raumabhängiger Strukturdefekt leichter überwinden, der für die frühe Nachkriegszeit charakteristisch war: Direkte Mißstände, vor allem ephemere Störfälle u. ä., zu beobachten, ist nur auf lokaler Ebene möglich. Die mit Sachkenntnis und Sanktionskraft ausgestatteten Behörden lagen aber fernab in Stockholm und wurden auch nicht ohne weiteres vom Personal der untersten Aufsichtsbehörden kontaktiert. Fest institutionalisierte, relativ häufig benutzte Kontaktkanäle mit zwischengeschalteten, oft persönlich bekannten mittleren Instanzen, sind dagegen geeignet, die früher bestehenden entfernungs- und möglicherweise auch hierarchieabhängigen Hemmschwellen beträchtlich zu reduzieren. Dieser Sachverhalt dürfte in seinen Folgen für den Informationsfluß ähnlich zu beurteilen sein wie die Verminderung des Transportkostenaufwands beim Bewegen von Gütern.

Innerhalb und außerhalb formalisierter Verfahren sind heute häufig Querkontakte nachzuweisen, die in Einzelfällen offensichtlich auch zu aufeinander abgestimmten Stellungnahmen führen. Ähnliches gilt selbstverständlich auch für Absprachen innerhalb der Branchenorganisationen, wenn auch die oft unterschiedlichen Interessenlagen der einzelnen Unternehmen noch sehr verschiedene Verhaltensweisen gegenüber den Konfliktgegnern zulassen. Für den hier näher betrachteten Bereich ist jedoch auffällig, daß die geschilderten Veränderungen das Verhalten der untersten Aufsichtsbehörde nicht wesentlich beeinflußt haben. Dies steht in einem deutlichen Gegensatz zum Agieren *derselben* Personen und Behörden in der Problematik der Eisenhütte (vgl. dazu S. 283 ff.).

Bemerkenswert ist auch — vor allem im Vergleich mit der Entwicklung im Rohstoffraum des Werks — das relativ geringe Interesse, das die Problematik der Papierfabrik in der Öffentlichkeit einschließlich der Massenmedien gefunden hat. Hier haben zwar sehr durchlässige Verknüpfungsmuster bestanden, nur waren die darin aktualisierten Beziehungen stark eingeschränkt. *Die Auswirkungsproblematik der Papierfabrik ist somit bis heute nahezu ausschließlich eine Angelegenheit der Experten geblieben.*

Schließlich sei hier daran erinnert, daß der radikalste im Untersuchungszeitraum nachweisbare Wandel großräumiger Verknüpfungsnetze die Umstellung von der Flößerei zum Straßentransport des Rohstoffes ist. Er ist mit Sicherheit nicht ausschließlich konfliktbedingt, jedoch legt der prinzipiell bestehende Interessengegensatz zwischen Flößerei und Energiewirtschaft nahe, zumindest einen gewissen konfliktbewirkten Anteil anzunehmen.

Eine Ausweitung früher üblicher Beziehungsmuster ist aber auch beim Werk selbst festzustellen. Dies ist in der Regel die Folge einer stark erhöhten Abhängigkeit von Entwicklungen innerhalb des übrigen Unternehmensbereichs und außerhalb desselben, z. B. bezüglich der Rohstoffbeschaffung. Die tiefgreifendste Wirkung hieraus ergab sich für die Ausbauplanung der Papierfabrik.

Diese neu entstandene Abhängigkeit, die Diskussion und die Entscheidungsvorbereitung hiermit zusammenhängender Fragen u.a.m. hat aber auch innerhalb des Unternehmens veränderte Kontakt- und Beziehungsgefüge bewirkt, die zwar selbst räumlicher Betrachtung nur schwer zugänglich sind, aber entscheidende Voraussetzungen für die übrigen Bereiche konfliktbezogener Wirkungen darstellen. Ein bezeichnender Ausdruck hierfür ist die Ernennung eines technisch hochqualifizierten „Unternehmensbeauftragten für Umweltschutz" im Jahre 1969.

Wie aus seinem internen Umweltschutzplan vom Oktober des gleichen Jahres für die Zeit bis 1977 hervorgeht, hatte er sich binnen kurzem auf detaillierte Weise mit den spezifischen Problemen aller unternehmenseigenen Betriebe vertraut gemacht, was aber eine erhebliche Zuarbeit dieser Werke voraussetzte. Dies wiederum war nur möglich, weil zur gleichen Zeit jeweils auf Werksebene mit dem Aufbau entsprechender Organisations- und Kontrollstrukturen begonnen worden war,[143] die das Datenmaterial zur Verfügung stellen konnten. Auch aus dem Umweltschutzplan geht sehr deutlich hervor — wie es schon an anderer Stelle angesprochen worden ist (S. 135) —, wie man sich seitens des Unternehmens schon auf nur *mögliche* Auflagen zukünftiger Genehmigungsverfahren einzustellen beginnt. In zahlreichen Bemerkungen wird versucht, die *Erwartungshaltung* der Aufsichtsbehörden nach Inkrafttreten des Umweltschutzgesetzes vorauszusehen, um eine realistische Investitionsplanung betreiben zu können.

---

[143] Für die Eisen- und Stahlwerke Domnarvet wird gerade dieser Vorgang in einem späteren Abschnitt noch ausführlicher belegt (S. 293 ff.).

□ ● Privatperson, Experte

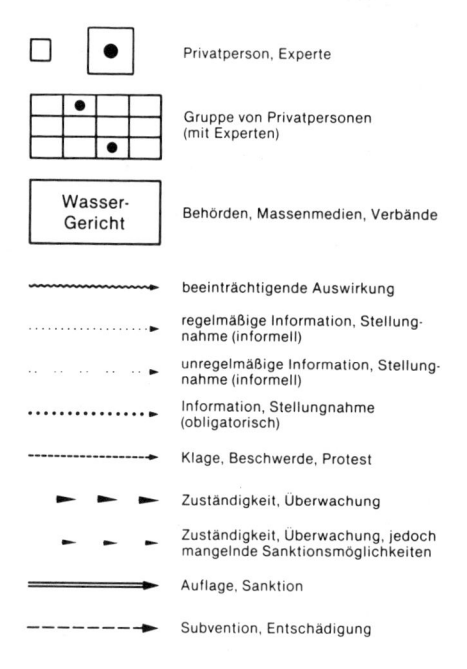

Gruppe von Privatpersonen (mit Experten)

Wasser-Gericht   Behörden, Massenmedien, Verbände

~~~► beeinträchtigende Auswirkung

······► regelmäßige Information, Stellungnahme (informell)

· · · · ► unregelmäßige Information, Stellungnahme (informell)

••••► Information, Stellungnahme (obligatorisch)

-------► Klage, Beschwerde, Protest

► ► ► Zuständigkeit, Überwachung

► ► ► Zuständigkeit, Überwachung, jedoch mangelnde Sanktionsmöglichkeiten

=====► Auflage, Sanktion

– – – ► Subvention, Entschädigung

Abb. 23: Papierfabrik Kvarnsveden: Raumwirksame Verknüpfungs- und Beziehungsgefüge als Folge ressourcenbezogener Konflikte

169

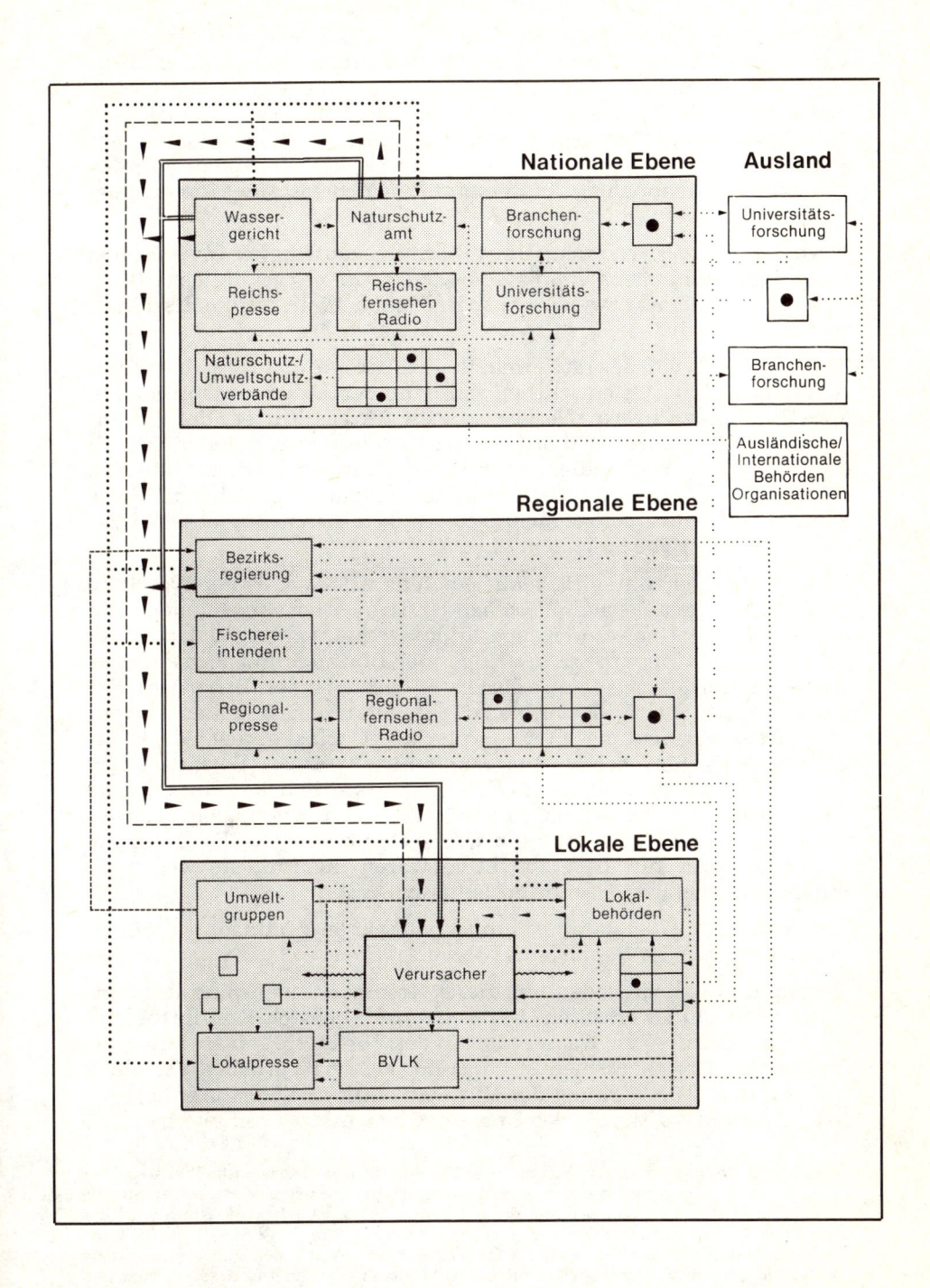

Nationale Ebene **Ausland**

- Wassergericht
- Naturschutzamt
- Branchenforschung
- Reichspresse
- Reichsfernsehen Radio
- Universitätsforschung
- Naturschutz-/Umweltschutzverbände

- Universitätsforschung
- Branchenforschung
- Ausländische/Internationale Behörden Organisationen

Regionale Ebene

- Bezirksregierung
- Fischereiintendent
- Regionalpresse
- Regionalfernsehen Radio

Lokale Ebene

- Umweltgruppen
- Lokalbehörden
- Verursacher
- Lokalpresse
- BVLK

Bezüglich der Papierfabrik wird so etwa eine deutliche Verschärfung der Auflagen bezüglich der Laugenrückgewinnungsquote in der Sulfitfabrik angenommen, und mit dem Hinweis auf den Präzedenzfall einer biologischen Kläranlage bei einer anderen großen Papierfabrik wird die Vermutung geäußert, daß ,,wahrscheinlich die gleiche Reinigungsstufe auch bei den anderen Zeitungsdruckpapierfabriken gefordert werden wird, unabhängig vom Vorfluter, in den das Abwasser eingeleitet wird" (Umweltschutzplan 1970-1977, S. 8).

Insgesamt werden von dem Umweltschutzbeauftragten Investitionen eines Gesamtvolumens von 65,3 Mio. SEK für notwendig gehalten — eine Summe, die nur zwei Jahre später schon allein für die Eisenhütte veranschlagt wird.

Es ist auffällig, daß der 1969 ernannte Beauftragte ab 1970 nicht mehr in Erscheinung tritt. Offensichtlich war dann der Aufbau entsprechender Fachabteilungen in den Werken so weit fortgeschritten, daß Verantwortlichkeit und Investitionsplanung diesen wieder zufielen. Mit Sicherheit hat aber auch dieses nur kurze Zwischenspiel des Unternehmensbeauftragten für Umweltschutz den Aufbau entsprechender Beziehungs- und Kontaktgefüge innerhalb des Unternehmens und seiner verschiedenen Betriebe beschleunigt.

In die bisher genannten Beziehungsgefüge wurde Ende der 60er Jahre noch ein Novum außerhalb bestehender Strukturen eingebunden, nämlich ein Informations- und Kooperationsgremium zwischen dem Unternehmen Stora Kopparberg, der Kommune Borlänge und auch einzelner zeitweise hinzugezogener Experten außenstehender Behörden, Forschungsinstitute u. ä. Es sei hier der Vollständigkeit halber genannt, obwohl seine Bedeutung für die Papierfabrik selbst gering war. Dieses ,,Borlänge Vatten— och Luftvårdskommitté" (etwa: ,,Borlänges Wasser- und Luftpflegekomitee", BVLK) konstituierte sich in einer Sitzung am 19. 9. 1967 und hatte ganz wesentlich die Verbesserung der Umweltsituation um die Eisen- und Stahlwerke Domnarvet zum Ziel.[144] Auslösendes Moment für diese Initiative waren die Proteste wegen der Staubniederschläge im Stadtteil Islingby.

Erst Anfang der 70er Jahre ist eine regelmäßigere Teilnahme auch von Repräsentanten der Papierfabrik zu vermerken.

Die unterschiedliche Bedeutung dieses Gremiums für Papierfabrik und Hütte ist leicht zu erklären: Für den wesentlichsten Konfliktbereich der Papierfabrik — die Wasserqualität des Vorfluters — waren die Konfliktregelungsmechanismen in Form der wasserrechtlichen Verfahren fest etabliert. Die Wirkung der Hütte auf Luft und Vorfluter dagegen fiel bis zum Inkrafttreten des Umweltschutzgesetzes von 1969 ganz we-

---

[144] An der Gründung waren zunächst nur beteiligt die Hütte sowie der Gesundheits- und der Bauausschuß der Kommune Borlänge. Anwesend war aber schon bei der ersten Sitzung ein designierter leitender Beamter des Staatlichen Naturschutzamts in Stockholm, das wenige Wochen vor seiner Gründung stand (vgl. dazu S. 289).
Später wurden noch als ordentliche Mitglieder hinzugewählt der Umweltbeauftragte des Unternehmens, ein Vertreter der Umweltschutzabteilung der Bezirksregierung und schließlich ein solcher der Papierfabrik.

sentlich in den Bereich des herkömmlichen Nachbarschaftsrechts, das für eine angemessene Lösung der schwerindustriellen Umweltprobleme schlicht ungeeignet war. Insofern füllte das BVLK hier eine echte Lücke und hatte auch bei der Regelung der stahlwerksbewirkten Konflikte eine wichtige Funktion, was im entsprechenden Abschnitt über die Hütte belegt werden wird (S. 290 ff).

2.1.4.2. Veränderung werksinterner Prozeß- und Organisationsabläufe (einschließlich ihrer materiellen Voraussetzungen oder Korrelate)

Der Aufbau der geschilderten Verknüpfungs- und Beziehungsgefüge als ein wichtiges Ergebnis ressourcenbezogener Auseinandersetzungen hat im gleichen Zuge die Einflußmöglichkeiten externer Ansprüche auf die Papierfabrik sehr wesentlich erhöht. Informationen, Kontakte, Abhängigkeiten, Vorschriften, Ratschläge, Geldmittel und nicht zuletzt Pressionen folgen den neu vorgezeichneten organisatorischen und informellen Bahnen und bewirken einen Wandel des Verursacherverhaltens und damit einen tiefgreifenden Wandel im Werk. Dieser ist als Anpassungsreaktion des den Verknappungsimpuls auslösenden Ressourcennutzers auf externen Druck anzusehen und hat, wie im einzelnen belegt wurde, die vielfältigsten Formen angenommen.

Zu den eindrucksvollsten materiellen Auswirkungen gehören:

— Stillegung auswirkungsintensiver Maschinen, Anlagen oder sogar Werksteile,

— Umstellung auf ressourcenschonende Prozeßverfahren, sei es nun bei der Anwendung von Chemikalien in bestimmten Prozeßschritten oder auch bei der Unschädlichmachung oder Wiederverwendung spezifischer Nebenprodukte,

— Umstellung auf ressourcenschonende Rohstoffe,

— Installation emissionsdämpfender Anlagen oder Vorrichtungen (etwa Klärwerke und Filteranlagen, Schließen von Stoffwasserkreisläufen, Einbau von Schalldämpfern an Maschinen und Fahrzeugen) und schließlich,

— Aufbau materieller und personeller Voraussetzungen für neue Organisationsstrukturen (z. B. zur Durchführung der vorgeschriebenen Kontrollprogramme).

Zusammengenommen haben diese Veränderungen auch die innere Differenzierung der Anlage verändert, wenn auch Lage und Funktion der zentralen Einheiten, also der Papiermaschinen und Schleifereien, aus technischen Gründen konstant geblieben sind. Zu den wichtigsten immateriellen Folgen sind Veränderungen charakteristischer Organisationsabläufe zu rechnen. Dazu gehören etwa:

— Anpassung an werksunabhängige Rhythmen oder unregelmäßig auftretende Situationstypen, z. B. in Form von Nachtfahrverboten im

Industriegelände, Abstellen von Berieselungsanlagen bei bestimmten Windrichtungen u.a.m.

— Einführung oder Duldung spezifischer Routinemaßnahmen wie Durchführung regelmäßiger Emissionsmessungen (etwa im Rahmen des sog. Kontrollprogramms), Auswertung und Weitergabe der so erhaltenen Daten an die Aufsichtsbehörden in Form monatlicher Berichte, Duldung externer Besuche, Besichtigungen und Kontrollmessungen, Aufbau spezifischer Bereitschaftskapazitäten für Störfälle u.a.m.

Es ist ganz offensichtlich, daß alle genannten Punkte einen — gegenüber einer theoretisch denkbaren Situation *ohne* Außendruck — wesentlich erhöhten Aufwand und damit Kosten darstellen, auch wenn in manchen Bereichen damit eine Steuerung erfolgt ist, die auch aus betriebswirtschaftlicher Sicht vorteilhaft ist (etwa Faserrückhaltung). Die in einem früheren Abschnitt (Tab. 7) genannten finanziellen Mittel für spezifische Umweltschutzmaßnahmen machen deswegen mit Sicherheit nur einen Teil der tatsächlich durch die Anpassungsmaßnahmen entstandenen Mehrkosten aus.

Als im Gesamtkontext besonders bedeutsam muß die deutlich der Außensteuerung unterliegende Ausbauplanung des Werks angesehen werden: Die rohstoff- und umweltpolitischen Entscheidungen der 70er Jahre — die ihrerseits als Regelung ressourcenbezogener Konflikte auf Landesebene aufzufassen sind — bewirkten innerhalb des Unternehmens eine Entwicklungskonzeption, bei der betriebswirtschaftlich optimale Lösungen im Korsett neuer, von außen aufgezwungener Rahmenbedingungen angestrebt werden mußten. Die absolute Höhe des möglichen Rohstoffverbrauchs und damit die obere Grenze des Kapazitätsausbaus, die möglichen Rohstofftypen und die wiederum von ihnen stark abhängigen technischen Aufschlußverfahren in der Papierfabrik werden ganz wesentlich bestimmt von den für andere Anlagen ebenfalls unter Außendruck getroffenen Grundsatzentscheidungen und den von ihnen ausgehenden Sachzwängen (z. B. von der Genehmigung des Kapazitätsausbaus in Skutskär, der dort angestrebten Konzentration chemischer Zellstoffproduktion und der damit verbundenen Verpflichtung zur Stillegung älterer Sulfitzellstoffabriken).

2.1.4.3. Veränderung von Standort- und Standraumbeeinflussung

Der Wandel immaterieller Beziehungsgefüge und der darüber wirksam werdende Anpassungsdruck auf Werk und Unternehmen mit allen seinen materiellen Konsequenzen verändert natürlich im gleichen Zug deren Einfluß auf Standort und Standraum. Die früher geschilderten Schwierigkeiten der Abgrenzung exakter Auswirkungsbereiche gelten hier sinngemäß. Ihre Festlegung setzt einen im Rahmen der vorliegenden Arbeit nicht zu leistenden Arbeitseinsatz mit biologischen, chemischen und physikalischen Meßmethoden voraus. Dagegen läßt es das aufbereitete empirische Material zu, wichtige Prinzipien konfliktbezogener Folgen herauszuarbeiten. Drei verschiedene Aspektbereiche von allerdings sehr unterschiedlicher Bedeutung sind anzusprechen.

Als *erstes* ist die Problematik der *direkten Flächeninanspruchnahme* durch das Werk *außerhalb* des ursprünglichen Industriegeländes zu nennen. Im Untersuchungszeitraum sind zwei kleinere Erweiterungen nach Norden realisiert worden, während eine wesentliche Expansion vor allem in westlicher Richtung noch in der Planungsphase ist. Die Raumwirksamkeit der in diesem Zusammenhang festgestellten Konflikte und ihrer Regelung ist gering. Die vom Werk zu den verschiedenen Zeitpunkten gestellten Flächenansprüche sind nicht oder erst zu einem zu späten Zeitpunkt in Frage gestellt worden. Die ersten Erweiterungen während der 60er Jahre haben aber immerhin solche Reaktionen bewirkt, daß der Konfliktausgleich zu Anpassungsmaßnahmen im Werksgelände selbst geführt hat (sowohl materieller Art als auch in Bezug auf spezifische Organisationsabläufe).

Bezüglich der zur Zeit geplanten Erweiterung nach Westen und Norden kann als wesentliches Ergebnis eines aktiven Konfliktausgleichs die *Verhinderung* einer Ausdehnung in das naturnahe Freizeitgebiet Äxuln hinein angeführt werden. Im übrigen liegt die Raumwirksamkeit des analysierten Verfahrens und seines Interessenausgleichs bisher fast ausschließlich im Bereich konfliktträchtiger Rahmenbedingungen für die zukünftige Entwicklung. Kritisch ist vor allem die Verlagerung kaum zu unterbindender Auswirkungen, vor allem Lärm, in bisher nicht betroffene Wohnsiedlungsbereiche sowie die *neue räumliche Verteilung auswirkungsintensiver Zonen und Bänder*, die zu einer *förmlichen Einschließung des bisher nur randlich gelegenen Stadtteils Övermora führen wird*. Hier zeichnet sich für die Zukunft eine Raumstrukturierung ab, die durch das heutige Konfliktvermeidungsverhalten aller Beteiligten verursacht sein wird.

Auch im anderen wichtigen Komplex der Flächeninanspruchnahme, nämlich der Verlagerung des Rohstofftransports auf die Straße, ist ein großes Konfliktpotential gegeben. Es wurde jedoch, wie geschildert, nur unvollkommen aktualisiert, und die Folgen der Konfliktregelung sind minimale Veränderungen von Fahrzeugen, Organisationsabläufen und Kompensationsleistungen (Fahrzeugge- und -verbote, Fahrzeuglängengrenzen, erhöhte Steuerlast u. ä.).

Zweitens sind als ohne Zweifel wichtigste Folgen der Auseinandersetzungen zwischen Werk und Umgebung die Veränderungen der *prozeßbedingten Auswirkungen* zu nennen. Die Ergebnisse des Konfliktausgleichs müssen allerdings aus dem Wandel der Emissionsverhältnisse beurteilt werden, da über die Immissionswirkung und ihre räumliche Differenzierung keine genauen Daten vorliegen. Vier Problemkreise können unterschieden werden:

Als wichtigste Folge des externen Drucks ist nach jahrzehntelangen Bemühungen endlich eine beachtliche *Intensitätsminderung* verschiedener Auswirkungstypen erreicht worden, insbesondere bei der Belastung des Vorfluters durch Faserstoffe, gelöste organische Substanzen und Chemikalien.

Eine nochmalige markante Verbesserung ist nach Inbetriebnahme der biologischen Reinigungsstufe ab 1981 zu erwarten. Auch der Staubausstoß, der Mitte der 60er Jahre durch die zunehmende Verlagerung der Entrindung ins Werk und die anschließende Verfeuerung stark angestiegen war, konnte wesentlich verringert werden. Diese Veränderung beider Auswirkungsfelder — das eine zwangläufig im Dalälven kanalisiert, das andere je nach Windrichtung und -stärke den Emissionspunkt umlaufend — ist wahrscheinlich auch mit einer *Reichweitenverringerung* verknüpft, d. h. der Nachweis anlagenspezifischer Verunreinigungen dürfte jetzt nur noch in geringerem Abstand vom Werk möglich sein als vor einigen Jahren. Quantitative Angaben sind aber auch hier nicht zu machen, da entsprechende Daten fehlen. Als dritter Problemkreis sind *Substanzveränderungen* zu belegen, was vor allem für die Belastung des Vorfluters mit unterschiedlichen Prozeßchemikalien gilt. Zu den wichtigsten Ereignissen in diesem Bereich ist der völlige Verzicht auf Präparate auf Quecksilber- und Pentachlorphenolbasis zu zählen. Für andere Mittel gilt die soeben angesprochene Intensitätsminderung, die indirekt durch den sinkenden spezifischen Einsatz pro Tonne produziertes Papier zu belegen ist. Auf der anderen Seite sind gerade im Chemikalienbereich eine Reihe neuer Stoffe eingeführt worden, vor allem nach Inbetriebnahme der Altpapieraufbereitungsanlage. Der vierte Aspekt schließlich ist eine charakteristische *Belastungsverlagerung*, die in einem direkten Zusammenhang mit externem Druck und den darauffolgenden Anpassungsbemühungen des Werks zu sehen ist. Die beiden eindrucksvollsten Beispiele sind im empirischen Teil kurz angesprochen worden, seien hier aber noch einmal zur Verdeutlichung genannt, nämlich einmal die Verminderung der Ablaugenemission in den Vorfluter durch die Einführung der Naßverbrennung (mit markantem Anstieg des SO_2-Ausstoßes der Anlage zur Folge), zum anderen die Verringerung der Faseremissionen durch ein zunehmendes Schließen der Stoffwasserkreisläufe (mit dem darauffolgenden Zwang eines erhöhten Chemikalieneinsatzes zur Schleimbekämpfung). Beide Fälle sind Musterbeispiele für die Art von Systemzusammenhängen, die es bei Eingriffen aller Art in komplexe Beziehungsgeflechte zu beachten gilt, will man nicht am Ende vor größeren Schwierigkeiten stehen als sie der Anlaß der versuchten Problemlösung waren. Der durch alle Jahre hindurch am wenigsten von Konfliktausgleich berührte Auswirkungstyp ist die Geräuschentwicklung der Anlage. Hier sind zwar an Fahrzeugen und einigen kritischen Anlageteilen wesentliche Verbesserungen vorgenommen worden — am monotonen Prozeßlärm der Papiermaschinen kann man aber nicht viel ändern, und dieses Auswirkungsfeld dürfte seit Inbetriebnahme der PM 10 im Jahre 1969 weitgehend unverändert geblieben sein.

Als *dritter* bedeutsamer Auswirkungstyp ressourcenbezogener Konflikte muß auf der Basis der vorstehenden Analyse der Wandel von *materiellen Verknüpfungs- und Beziehungsgefügen* angeführt werden, und zwar bezogen sowohl auf das Werk als auch auf das gesamte Unternehmen. Im Gegensatz zu den früher behandelten Verflechtungen sind hier vor allem die Änderungen im Fluß von *Rohstoffströmen* gemeint. Sie setzen nicht nur die beschriebenen Änderungen von Kontakt-, Informations-, Abhängigkeits- und Organisationsgefügen voraus, sondern sind vielfach auch direkt aus deren Wandel zu klären. An besonders wichtigen Folgen sind hervorzuheben:

— Veränderung bestehender industrieller Verbreitungsmuster: Stillegungen von Sulfitfabriken und Sägewerken zur Sicherung der Rohstoffversorgung in entwicklungsfähigen Anlagen; (zugleich ein wesentlicher Aspekt des strukturellen Wandels, s. u.).

— neue Ausrichtung auf die beiden Verarbeitungszentren Kvarnsveden und Skutskär. Der überwiegende Teil des in den stillgelegten Betrieben verwendeten Fichtenholzes fließt jetzt in die Papierfabrik, ebenso die Abfall- und Restholzmengen, die früher nach Grycksbo geliefert wurden;

— Lieferung wesentlicher Rohstoffmengen aus der Stubbenaufbereitungsanlage in Mackmyra nach Kvarnsveden — früher gab es zwischen diesen beiden Anlagen keine steten funktionellen Beziehungen;

— Änderung von Qualität und Quantität der Beziehungen zwischen Skutskär und Kvarnsveden mit Ersetzen der Sulfitzellstofflieferung durch erhöhte Sulfatzellstoffquantitäten bei gleichzeitiger Einstellung des Transports eingedampfter Dicklauge in die Sulfatfabrik;

— Funktionswandel der Sulfitfabrik Mackmyra in eine Anlage zur Stubbenaufbereitung (Stillegung der Sulfitzellstoffproduktion, Aufnahme der Stubbenverarbeitung);

— Änderung des Einzugsbereichs der ehemaligen Sulfitfabrik Mackmyra durch diesen Funktionswandel.

Auch wenn sich hier zumindest teilweise eine sinnvolle Anpassung an längerfristig wirksame ökonomische und technologische Trends widerspiegelt, so ist diese doch ganz wesentlich eine Folge der an den geschilderten Außendruck angepaßten Ausbauplanung der Papierfabrik.

2.1.4.4. Veränderung von Raumstrukturen, -funktionen und -potentialen[145]

Der in den vorangegangenen Abschnitten aufgezeigte Wandel hat in seinen positiven wie negativen Auswirkungen wichtige Raumstrukturen, -funktionen und -potentiale verändert. Hiermit zusammenhängende Prozesse laufen natürlich mit den geschilderten Veränderungen parallel und beeinflussen sie auch durch Rückwirkungen der verschieden-

---

[145] Unter „Raumstrukturen" seien dabei Art und Anordnung spezifischer räumlicher Elemente verstanden. Die jeweils charakteristische Kombination von „positiven" und „negativen" Eigenschaften, die verschiedene Inwertsetzungsmöglichkeiten zulassen, legt das „Raumpotential" fest.

sten Art. Aus darstellungstechnischen Gründen müssen die Ergebnisse dieser ineinander verwobenen Prozesse aber an den Schluß gestellt werden.

Der Wandel räumlicher Strukturgefüge ist in der Regel eine Folge von räumlichen und raumwirksamen Prozessen, also einer zeitlichen Abfolge der Veränderung irgendwie miteinander verbundener Sachverhalte. Alle vorgehend genannten Veränderungen können sowohl unter strukturellen als auch prozessualen Aspekten betrachtet werden. So ist es etwa möglich, den Aufbau von Kontrollinstanzen oder institutionalisierten Kontaktnetzen ebenso wie die in ihnen ablaufenden Beziehungen im zeitlichen Nacheinander als Prozeß zu studieren, dessen Ergebnis aber — das heute existierende Gefüge von so entstandenen Aufsichts- und Genehmigungsbehörden — als Struktur zu untersuchen. Dies soll aber hier nicht noch einmal im einzelnen für die beschriebenen Veränderungen geschehen. Es geht vielmehr darum, ganz spezifische Leitlinien der neu entstandenen Raumstrukturen zu verdeutlichen und die sich abzeichnenden Potentiale sowie Inwertsetzungsmöglichkeiten verständlich zu machen. Dabei ist es zweckmäßig, zwischen einem Nah- und einem Fernbereich der Anlage zu unterscheiden. Unter dem Nahbereich sei der Raum verstanden, dem die Anlage visuell oder durch spezifische Auswirkungen (etwa Lärm, Staub) noch deutlich ihr Gepräge gibt.

Als erstes sei hier angesprochen, was normalerweise mit störenden industriellen Auswirkungen verknüpft wird: der Wandel des Nutzungsgefüges in unmittelbarer Werksnähe. Er wird in der Regel eingeleitet durch raumwirksame Prozesse, die zunächst physiognomisch noch nicht faßbar sind, nach einiger Zeit aber meistens einen sichtbaren Niederschlag in der Kulturlandschaft finden, also etwa das Absinken ortsüblicher Miet- oder Immobilienpreise, Mobilisierungstendenzen mit langfristiger spezifischer Bevölkerungsumschichtung, Extensivierung im weitesten Sinne, also nicht nur Auflassen früher intensiv genutzter Areale, sondern etwa auch geringe Investitionstätigkeit für Unterhalt und Erneuerung u.a.m.

Ganz im Gegensatz zu solchen Tendenzen um die Eisenhütte (vgl. S. 303 ff.) ist jedoch die Raumstruktur um die Papierfabrik im wesentlichen stabil geblieben. Der Ortsteil Övermora ist zwar ein alter, aber keineswegs ein verfallender Wohnsiedlungsbereich. Der Mangel an Neubauten erklärt sich aus dem Fehlen von Bebauungsplänen (wobei dies allerdings eine abwartende Haltung zuständiger Behörden im Hinblick auf die unsichere Zukunft dieses Bereichs widerspiegeln könnte). Solche wurden jedoch für andere Gebiete ebenfalls in unmittelbarer Nähe des Werks erstellt, die dann mit den typischen Reihenhausteppichen der 70er Jahre bebaut wurden (in den Ortsteilen Bomsarvet und Medvåga, beide weniger als 1000 m vom Werk entfernt). Wegen dieser speziellen Situation wurden gezielte Strukturuntersuchungen in Övermora nicht durchgeführt, zumal dem Verfasser aus der persönlichen Kenntnis gerade dieses Bereichs bewußt war, wie sehr hier nicht Resignation im Schatten einer großen Industrie, sondern im Gegenteil Genugtuung über eine vergleichsweise beschauliche Idylle am Rande der Stadt vorherrscht.

Als Nebenergebnis einer umfangreichen Erhebung von Umzugswünschen und -realisierungen im gesamten Stadtbereich von Borlänge (vgl. S. 318) ist jedoch deutlich geworden, daß bezüglich dieses wichtigen Indikators weder in Övermora noch im Ortsteil Kvarnsveden irgendwelche Destabilisierungstendenzen festzustellen sind. Der gesamte Bereich gehört im Gegenteil zu den Gebieten der Stadt, die durch eine bemerkenswerte Identifikation ihrer Bewohner mit dem Wohnstadtteil auffallen und außerdem auch eine prozentual über dem Schnitt liegende Nennungsquote als gewünschtes Umzugsziel aufweisen. Dies ist sicher aus der Interferenz mehrerer sich überlagernder Trends zu erklären, deutet aber dennoch darauf hin, daß die Papierfabrik in ihrer derzeitigen Wirkung nicht sehr negativ bewertet wird. Auch von dieser Seite erfährt somit diese Interpretation, die schon aus der „Protestfrequenz" gezogen worden war, eine zusätzliche Stütze.

Davon unbenommen bleibt, daß die Situation für die wenigen in direktem Kontakt mit dem Werk wohnenden Anlieger nicht immer unproblematisch ist und die geringe Protest- und Mobilitätsbereitschaft aus Resignation ebenso resultieren könnte wie aus der Bindung an die gegebenen Sach- und Sozialwerte (Eigenheimbesitz, Nachbarschaftskontakte).

Insgesamt ist also festzustellen, daß bedeutendere, als negativ zu bewertende Prozesse mit raumstrukturell destabilisierender Wirkung im engeren Einwirkungsbereich der Papierfabrik nicht zu erkennen sind. Dagegen könnten bei der Realisierung des jetzt geplanten Ausbaus solche Prozesse in Gang kommen, die auf längere Sicht strukturverändernd wirken können. Dies ist dann jedoch nicht wegen einer Erhöhung der Auswirkungsintensität der Fall, sondern nur aufgrund des Übergreifens auf bisher unbeeinträchtigte Bereiche. In den Abschnitten des Nahbereichs, wo die Anlage flächenmäßig nicht expandiert, ist im Gegenteil aufgrund der insgesamt verringerten Standortbeeinflussung damit zu rechnen, daß eine höhere Nutzungsintensität möglich wird (etwa durch Erschließung neuer Wohnbereiche), insbesondere also auf dem östlichen Ufer des Dalälven.

Der Wegfall der hohen Schwefeldioxid-Emissionen (Aufgabe der Sulfitfabrik und damit auch der Laugenverbrennung) verbessert die lufthygienische Situation nicht nur für den Daueraufenthalt von Menschen, sondern hat zumindest theoretisch auch günstige Folgen für umliegende Oberflächengewässer, Böden und Nadelholzforste. Weder die heute verfügbaren Methoden noch die bisher bekannten Daten lassen es allerdings zu, diesen Effekt im Gesamtsystem zu quantifizieren. So ist es zwar keine Schwierigkeit, Datenserien zum Versauerungsgrad von Gewässern oder Böden zu erheben — ein überzeugender Nachweis damit zusammenhängender Zuwachsverluste im Waldland war damals noch nicht gelungen. Noch komplizierter wird die Situation dadurch, daß ein erheblicher Teil der örtlich wirksamen Belastung auf den unbeeinflußbaren und ständig wechselnden Ferntransport saurer Niederschläge west-, zentral- und osteuropäischer Herkunft entfällt.

Im Fernbereich der Anlage sind — neben der im vorangegangenen Abschnitt schon angesprochenen Veränderung im Verbreitungsmuster der Industriebetriebe — zwei Folgewirkungen hervorzuheben: *die Belastungsverringerung des Vorfluters* und der *Effekt veränderter Rohstoffansprüche*.

Der trotz stark gesteigerter Produktion merklich verminderte Ausstoß vor allem an biologisch wirksamen und sauerstoffverbrauchenden Substanzen wird die Möglichkeiten erheblich verbessern, einige Fischpopulationen im Dalälven systematisch wiederaufzubauen. Es bleibt aufgrund der irreversiblen Flußregulierungsmaßnahmen und der immer noch gegebenen Restverschmutzung aber fraglich, ob die früheren Zustände auch nur annähernd wieder erreicht werden können. Dennoch werden neue Fischbestände und die erhöhte Wasserqualität ganz allgemein nicht nur neue ökologische Potentiale schaffen, sondern auch Attraktivität und Nutzungswert des Flusses aus der Sicht wassergebundener Freizeitaktivitäten stark erhöhen. Hier könnte der Fluß wenigstens teilweise und örtlich wieder solche Funktionen übernehmen, die im Zuge der ansteigenden nachkriegszeitlichen Verschmutzung und Verbauung auf die kleineren Oberflächengewässer übergegangen waren, von ihnen aber aufgrund der immer noch ansteigenden Versauerung mit nachfolgendem Verlust der Edelfischbestände kaum mehr ausgefüllt werden können. Schon seit einiger Zeit liegt der pH-Jahresmittelwert des Dalälven mit nahezu 7 teilweise beträchtlich über dem vieler Seen im Großraum Borlänge.

In Anbetracht der überhaupt im Untersuchungsraum zur Verfügung stehenden Oberflächen- und Grundwasservorräte sowie der inzwischen aufgebauten Infrastruktur ist dagegen z.Zt. unwahrscheinlich, daß der Dalälven seine alte Bedeutung als direkter Frischwasserlieferant zurückgewinnt.

Ein wesentlicher Effekt ist von den beschriebenen Konfliktregelungen auch auf Struktur und Potential des Rohstoffraums zu erwarten, wobei hier nur solche Folgen angesprochen seien, die im Zusammenhang mit bisher behandelten Fragestellungen verständlich sind (weiteren Problemen des Rohstoffraums ist der gesamte folgende Hauptabschnitt gewidmet).

Als folgenschwerste Änderung ist das neu erwachte Interesse an bisher gering geschätzten Schwach- und Restholzsorten zu sehen, wobei aber zwei gegenläufige Entwicklungsrichtungen sorgfältig zu beobachten sind.

Der Zwang zur besseren Ausnutzung verfügbarer Rohstoffe und die in den Industrien vorgenommenen verarbeitungs- und prozeßtechnischen Modifikationen werden aller Voraussicht nach die Durchführung von Pflegehieben und die Verwertung bislang marginaler Sortimente rentabler machen (etwa Stubben, Schlagabraum). Damit erhält man nicht nur einen Rohstoffzuschuß aus den jeweils durchforstungsreifen Wäldern, sondern auch einen spürbaren Holz- und Wertzuwachs am verbleibenden Nutzholz. Bis zu einer bestimmten Grenze steigt somit das Nutzungspotential durch eine Nutzungsintensivierung — gleichzeitig ändern sich seine Funktionen —, was aus forstbetriebswirtschaftlicher wie auch forstbiologischer Sicht gleichermaßen positiv zu bewerten ist. Gleichzeitig muß man sich aber auch darüber klar werden, wie weit man die Rohstoffentnahme aus dem Wald erhöhen kann, ohne daß seine Produktionskraft nachhaltig geschädigt wird. Diese Grenze zu erkennen ist umso schwieriger, als die verstärkte Verwendung etwa von Schlagabraum und Stubben gleichzeitig eine hervorragende Bedeutung für den *Forstschutz* und damit wiederum für das Produktionsvermögen des Waldlandes hat. Eine systematische Entfernung dieser bisher fast ungenutzten Sortimente entzieht nämlich gerade den Schädlingspopulationen ihre Nahrungs- und Brutgrundlagen, die für die höchsten Holzverluste der 70er Jahre verantwortlich zu machen sind (*Hylobius abietis* in jungen Kulturen, *Blastophagus piniperda* und *Ips typographus* in älteren Beständen).

Die soeben angedeutete Möglichkeit zunehmender langfristiger Risiken bei einer über bestimmte Schwellenwerte hinaus gesteigerten Nutzungsintensität ist gleichzeitig als Auslöser neuer ressourcenbezogener Konflikte zu betrachten (vgl. 2.2.5.). Dieser Mechanismus der Konflikterzeugung durch Konfliktregelung wird in einem späteren Abschnitt noch einmal aufgenommen, da er unter bestimmten Rahmenbedingungen die Regel zu sein scheint.

Schließlich muß im Zusammenhang mit der durch Außendruck erzwungenen Anpassung des Unternehmens darauf hingewiesen werden, daß für die Entwicklung von Raumstruktur, -funktion und -potential auch *solche Ereignisse von Bedeutung gewesen sind, die gar nicht erst stattgefunden haben* oder im Zuge ressourcenbezogener Auseinandersetzungen *verhindert worden sind*, also etwa die Verhinderung der Werksexpansion in das Naturgebiet Äxuln hinein oder auch die Verhinderung spezifischer Ausbaupläne im Zusammenhang mit dem Verfahren gemäß § 136a BL.

2.1.4.5. Veränderungen der Landschaftsphysiognomie

Aus den vorhergehenden Abschnitten ist deutlich geworden, welche tiefgreifenden Veränderungen räumlicher Systeme als Folge von oder im Zusammenhang mit ressourcenbezogenen Konflikten und ihrer Regelung nachzuweisen sind. Dagegen ist ein entsprechender Wandel der Kulturlandschaftsphysiognomie nicht zu belegen, wenn auch bedacht werden muß, daß einige Folgen der beschriebenen Auseinandersetzungen erst in vielen Jahren sichtbar sein werden (etwa der Wandel eines Durchschnittsforstes in einer gegebenen Altersklasse im Vergleich zum heutigen Aussehen).

Am wichtigsten ist ganz offensichtlich der strukturelle und prozessuale Wandel in Bereichen wie Organisation, Information, Kontakt, Abhängigkeit, Sachkompetenz u.a.m. Hier sind nicht die veränderten Beziehungsgefüge selber sichtbar, sondern nur deren materielle Infrastruktur. Sofern diese dann allerdings in bestehenden Industrie- oder Verwaltungsgebäuden Platz findet, verursacht sie keine physiognomischen Änderungen. Ebenso schlecht ist es um die „Sichtbarkeit" anderer charakteristischer Folgen bestellt: entscheidende prozeßbezogene Änderungen etwa (auch an Einrichtungen oder Anlagen) sind in der Regel physiognomisch ebensowenig faßbar wie prozeßbezogene Auswirkungen und ihr Wandel (Schwefeldioxid, gelöste organische Substanzen und Chemikalien im Vorfluter). Und schließlich sind natürlich „Nicht-Ereignisse" auch nicht feststellbar, es sei denn, man hat eine genaue Kenntnis der Hintergründe verworfener Alternativen oder verhinderter Absichten. Auch an diesem Beispiel zeigt sich, daß die einst als vornehmste Methode der Geographie betrachtete Beobachtung unter bestimmten Voraussetzungen Rückschlüsse weder auf den prozessualen noch auf den strukturellen Wandel in der Landschaft zuläßt.

2.2. Der Rohstoffraum der Papierfabrik Kvarnsveden

2.2.1. Überlegungen zum spezifischen Einzugsbereich der Anlage

Große Teile Mittelschwedens von Uppland und Västmanland im Süden bis Härjedalen im Norden können als der Rohstoffraum der Papierfabrik Kvarnsveden bezeichnet werden (vgl. dazu auch Abb. 3), insgesamt gesehen also ein Raum von ca. 60 000 km², d. h. größenordnungsmäßig einem Viertel der Bundesrepublik Deutschland. In Abhängigkeit von Bestandsstruktur, Erschließung durch Forststraßen und Sortimentserfordernissen der Industrie werden die Beziehungen zu diesem potentiellen Rohstoffraum pro Jahr auf etwa einem Hundertstel der Fläche in ständigem raum-zeitlichen Wechsel in dem Sinne aktualisiert, daß durch Erntehiebe und den Transport des Rohholzes zum Werk die faktisch bestehenden funktionalen Beziehungen kurz aufscheinen.

Aus sowohl arbeitsökonomischen wie auch methodischen Gründen war es sinnvoll, die Untersuchung des Rohstoffraumes auf einen funktional wichtigen und zugleich repräsentativen Teil zu beschränken. Aussagen von Werksvertretern sowie eine Stichprobe auf der Basis von Original-Empfangsquittungen der Holzmeßstation in Kvarnsveden wiesen auf die überragende Bedeutung der beiden Verwaltungsbereiche Falun und

Vansbro als Rohstofflieferanten für das Werk hin.[146] Schließlich wurde die Forstverwaltung Falun als detailliert zu untersuchender Teilbereich des Rohstoffraumes ausgewählt, weil sie nicht nur nahezu siedlungsleeres Waldland, sondern auch Forste in der Nähe relativ dicht besiedelter Gebiete im Großraum Borlänge-Falun-Grycksbo umfaßt.

Vor der eingehenderen Darstellung dieser Forstverwaltung sind jedoch die in Schweden überhaupt umstrittenen forstlichen Maßnahmenbereiche zu erläutern.

2.2.2. Entwicklung und Austragung von Konflikten im Spannungsfeld zwischen forstlichen und anderen Ansprüchen

2.2.2.1. Systematische Übersicht über die umstrittenen forstlichen Praktiken (vgl. hierzu Abb. 24)

2.2.2.1.1. Mechanisierung

In den frühen 50er Jahren setzten in der Forstwirtschaft Mechanisierungstendenzen ein, die in drei Jahrzehnten zu einer tiefgreifenden Veränderung nicht nur dieses Wirtschaftszweiges, sondern auch anderer Gesellschaftsbereiche geführt haben. Damit einhergegangen ist ein tiefgreifender Wandel der traditionellen schwedischen Waldlandschaft, etwa bezüglich Bestandesdifferenzierung, Siedlungsdichte und Straßennetz und auch des Lebensstils ihrer Bewohner.

Alle in den folgenden Abschnitten angesprochenen Problemfelder hängen mehr oder weniger eng mit der zunehmenden Mechanisierung in der Forstwirtschaft zusammen und beeinflussen sie in einer Art, die es kaum mehr erlaubt, eindeutig zwischen Ursache und Wirkung zu unterscheiden.

Für den hier darzustellenden Bereich genügt die vereinfachende Feststellung, daß der hauptsächliche *Auslöser für die Mechanisierung im wachsenden Kostendruck* der letzten Jahrzehnte zu sehen ist, später sicher auch noch im Bemühen um bessere arbeitsmedizinische Bedingungen für das Personal. Vor allem die stark steigenden Lohn- und Sozialkosten bei nahezu stagnierenden oder wesentlich langsamer steigenden Erlösen erzwangen eine ständige Erhöhung der Produktivität. Diese — sie wird in Schweden traditionell in der Einheit ,,Tagewerk pro Festmeter mit Rinde'' gemessen — wurde zwischen 1950 und 1975 nahezu verzehnfacht (vgl. dazu die entsprechenden Angaben etwa in SOU 1978:6, S. 45). Den größten Anteil daran hatte der hohe Mechanisierungsgrad von Einschlag und Transport.

[146] Eine Totalerhebung für den als repräsentativ geltenden November 1977 ergab, daß die Papierfabrik von rund eintausend Holzlastzügen beliefert wurde, die eine Gesamtfahrstrecke von annähernd 100 000 Kilometern zurückgelegt hatten (durchschnittliche Ladung: 45-50 Festmeter Rundholz). Insgesamt 466 LKW lieferten Holz aus eigenen Beständen an, wobei die Forstverwaltungen Falun und Vansbro mit 151 bzw. 147 Wagen den größten Anteil stellten (im gleichen Zeitraum wurden nur etwa 10 % des insgesamt gelieferten Holzes mit dem Zug in das Werk gefahren).

Zu nennen sind aber auch die räumliche Konzentration der Erntehiebe, der höhere Anteil von Kahlhieben, eine erhöhte Holzentnahme pro Hektar (teilweise allerdings auch verursacht durch den Abtrieb überalterter Bestände), die Verlagerung der Entrindung in die Industrien und schließlich die Verkürzung der durchschnittlichen Transportstrecken im Gelände durch den Ausbau des Forststraßennetzes.

Die wichtigsten Maschinentypen, die diese Entwicklung ermöglichten, waren die Handmotorsäge und der geländegängige Forsttraktor für Rücke- und Bringungsarbeiten, beide ab Ende der 50er Jahre, sowie die ab Anfang der 70er Jahre eingeführten Spezialgeräte wie Fällscheren (zum Fällen), Prozessoren (zum Entasten und Ablängen) und schließlich Vollernter, die alle genannten Arbeitsgänge vollziehen können (zur Entwicklung des Maschinenbestandes vgl. Tab. 8). Einen guten Überblick über die Lage Mitte der 70er Jahre vermittelt BERGLUND (1974).

Tab. 8 Die Mechanisierung in der schwedischen Forstwirtschaft: Maschinentypen und Trends 1970 - 1978
(Quellen: SOS, 1978; SSR, 1978)

Maschinentyp	1970	1972	1974	1976	1978
Vollernter	—	—	—	5	50
Fällscheren	64	127	118	313	310
Entaster, geländegängig	35	113	145	144	140
Entaster-Ablänger (Prozessor)	16	132	273	650	550
Entaster-Ablänger (stationär)	26	11	8		
Forstschlepper mit Greifvorrichtung, geländegängig	2 900	2 415	2 615	2 557	4 000

Die Einführung dieser neuen Maschinengeneration ließ auf einmal das Ziel in erreichbarer Ferne erscheinen, das die Forsttechniker während der 70er Jahre nicht müde wurden zu wiederholen: „Ingen man på marken, ingen hand på trädet" (etwa: „Kein Mann auf dem Boden, keine Hand am Baum"). Zu Beginn der 80er Jahre ist man dennoch von diesem Ziel immer noch recht weit entfernt, und es ist fraglich, ob damit überhaupt jemals der zukünftige Regelfall umschrieben wurde. Je nach möglichem Kapitaleinsatz und vor allem auch den gegebenen Bestandsbedingungen können nämlich ganz unterschiedliche Systemkombinationen optimal sein. Für den Großwaldbesitz wird dabei naturgemäß

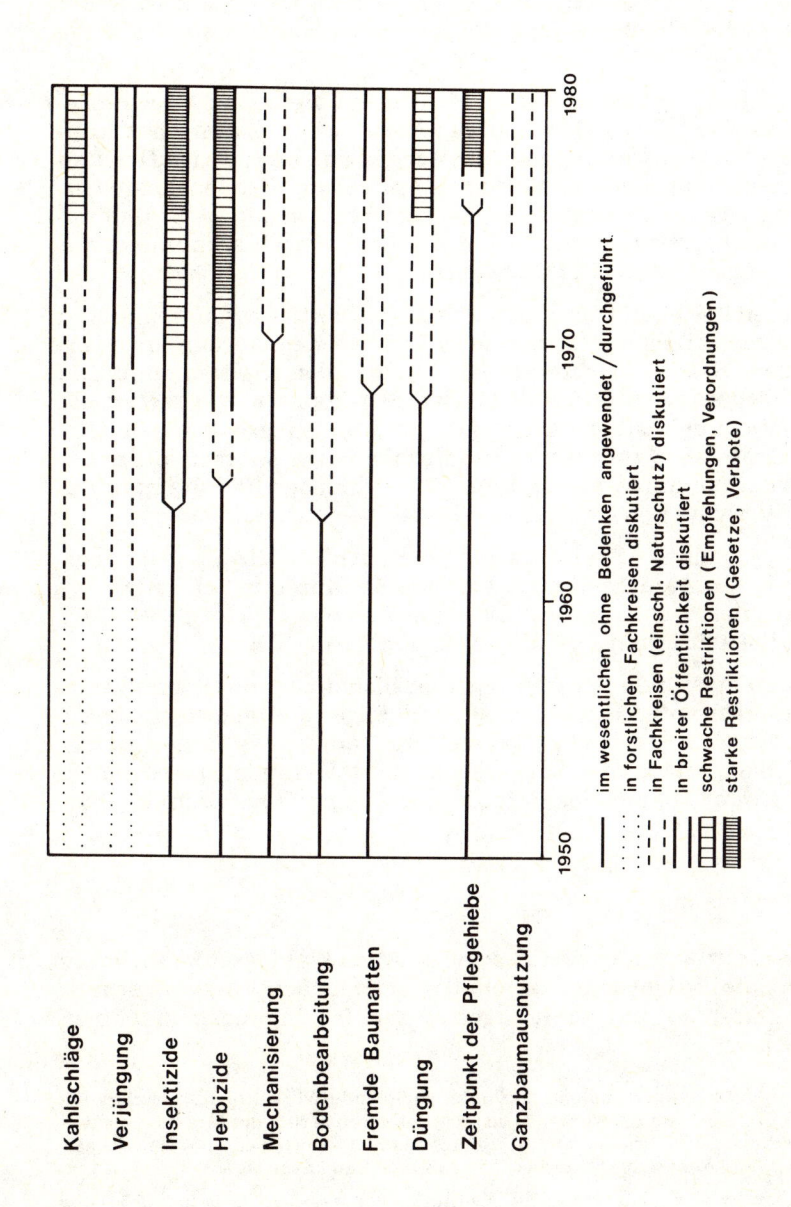

Abb. 24: Forstliche Maßnahmen in der kritischen Diskussion 1950 – 1980

immer ein höherer Mechanisierungsgrad möglich und sinnvoll sein als etwa im Kleinprivatwald. Gewicht und Größe der Elemente dieser ersten zwei bis drei Maschinengenerationen machten sie zunächst nur für Endhiebe auf relativ großen Schlägen einsatzfähig. Erst seit Ende der 70er Jahre stehen leichtere und schonendere Systeme auch für die Durchforstung zur Verfügung.

Mit diesem letzten Satz sind zugleich solche Probleme der Mechanisierung angesprochen, die zunächst nur aus Natur- und Umweltschutzkreisen kritisiert worden waren: schon aus der Maschinenkonstruktion und -auslegung sowie im Hinblick auf ihre Kapital- und Betriebskosten ergab sich ein starker *Zwang*, bei den Erntehieben die *völlige Schlagräumung der Durchforstung vorzuziehen*, am besten noch kombiniert mit hohen Volumenentnahmen pro Ernteort.[147]

So wurden jetzt Hiebsführung und Schlagzuschnitt sowohl den echten als auch vermeintlichen Erfordernissen der Mechanisierung angepaßt (vgl. dazu auch S. 189). Hinzu trat, daß Fahrschäden an Stammholz und Wurzeln oft ebensowenig vermieden werden konnten wie metertiefe Fahrspuren bei ungünstigen Witterungs- und Bodenverhältnissen (OLSSON, 1977). Später erst wurde man auf die möglichen Langzeitfolgen der Bodenverdichtung durch das Gewicht der Fahrzeuge und die kontinuierlichen Ölverluste von Geräten und Maschinen aufmerksam.[148]

Sowohl die genannten Systemzwänge als auch die direkten ökologischen Folgen der Mechanisierung werden seit Jahren in Schweden diskutiert (vgl. hierzu auch die Analyse von FRITZELL u. TÖNNERVIK, 1977 und zuletzt die kritischen Ausführungen von TAMM, 1979).

Eine zusammenfassende Beurteilung aller bisher bekannten und wahrscheinlichzumachenden Systemzusammenhänge liegt jedoch bis heute nicht vor. Deutlich ist jedoch seit einigen Jahren das Bemühen der Forstwirtschaft, sowohl die Entwicklung der Maschinentypen als auch das Vorgehen im Gelände den Erfordernissen einer bewußten Ressourcenschonung anzupassen.

2.2.2.1.2. Verjüngung

Seit dem Inkrafttreten des ersten schwedischen Waldgesetzes im Jahre 1903 besteht die Pflicht einer nachhaltig betriebenen Forstwirtschaft. Nach jedem Endhieb sind somit angemessene Verjüngungsmaßnahmen obligatorisch.

---

[147] Dies war einer der Hauptgründe für die völlige Umkehr des Verhältnisses zwischen diesen beiden Erntehiebstypen. Wurden in den 50er Jahren etwa 60 % des Erntevolumens in Schweden durch Durchforstung und 40 % durch Endhiebe gewonnen, so waren die entsprechenden Verhältniszahlen Ende der 70er Jahre 20 % zu knapp 80 %.

[148] In Naturschutzkreisen rechnet man mit Ölverlusten von insgesamt zwischen 15 000 und 20 000 m³/Jahr im schwedischen Waldland, 3/4 davon allein durch Motorsägen. Der durchschnittliche Ölverlust pro Quadratmeter Kahlschlag wird auf 5 Gramm beziffert (SNF, 1978, S. 24).
Einen Überblick über die Zuwachseinbußen durch mechanisierte Durchforstung in einem Versuchsbestand gibt KARDELL (1978 b).

Noch vor wenigen Jahren überwog auf den entsprechend geeigneten Standorten die natürliche Verjüngung (noch um 1960 auf mehr als 50 % des jährlichen Verjüngungsareals), entweder durch die Besamung von nahegelegenen Nachbarbeständen aus (bei kleinen Schlägen) oder durch locker gestreute Überhälter auf größeren Hiebsflächen. Die Entwicklung der letzten Jahre hat zu einem immer höheren Anteil der künstlichen Verjüngung geführt (vgl. dazu Jordbruksdepart. 1974:2, S. 58). Mitte der 70er Jahre waren über 60 % des gesamten jährlichen Verjüngungsareals mit verschulten Setzlingen bepflanzt, Saat spielte nur noch eine untergeordnete Rolle, und für die Mitte der 80er Jahre rechnete man mit ca. 80 % (ANDERSSON u. SVENSSON, 1976, S. 15).

Durch das Pflanzen von verschulten Setzlingen lassen sich Verjüngungszeitpunkt, Arten- und Alterszusammensetzung des neuen Bestandes, Provenienz des Pflanzguts, Verbandsdichte u.a.m. weitgehend kontrollieren. Im Gegensatz zu nahezu allen anderen Arbeitsmomenten ist das Pflanzen aber sehr personalintensiv, da geeignete Maschinen noch nicht verfügbar sind.

Unter dem sich hierdurch ergebenden Kostendruck hat man ab Ende der 60er Jahre eine Reihe von Neuentwicklungen eingeführt, um die spezifischen Pflanzkosten pro Setzling zu verringern. Während noch vor wenigen Jahren überwiegend mehrjährige verschulte Pflanzen mit Hilfe einer speziellen Hacke gesetzt wurden, sind Anfang der 70er Jahre viele Unternehmen dazu übergegangen, mit Hilfe nurmehr ,,einjähriger" (in Wirklichkeit lediglich ,,mehrmonatiger") getopfter Pflanzentypen zu verjüngen (in der Regel ,,Paperpot"-System).

Typisch ist weiter, daß die Zahl der Setzlinge pro Hektar durchschnittlich fast auf die Hälfte früher üblicher Werte gesenkt wurde, um dadurch die Kosten für spätere Pflege- und Erntehiebe zu verringern (zeitweise sprach man in Forstkreisen sogar vom Ziel einer ,,durchforstungsfreien" Forstwirtschaft, vgl. hierzu näher SNF, 1978).[149]

Zu Beginn der 70er Jahre wurde zunächst nur das erklärte Ziel der Forstwirtschaft kritisiert, für die Zukunft einheitliche, den mechanisierten Erntemethoden und den Sortimenterfordernissen der Industrien angepaßte Bestände zu schaffen. Eine Entwicklung führte dann jedoch dazu, daß eine viel grundsätzlichere Kritik am Gesamtkomplex der Verjüngungsmethoden aufkam: die bald als katastrophal zu bezeichnenden Abgänge der neu begründeten Bestände. Schon in den 60er Jahren waren nach den Kontrollen durch die Forstaufsichtsbehörden durchschnittlich Pflanzenabgänge in der Größenordnung von einem Drittel festzustellen. Eine erneute Stichprobeninventur 1975/76 im Groß- und Kleinprivatwald, die sich auf die 1973/74 begründeten Bestände bezog, ergab Abgänge im flächenbezogenen Landesdurchschnitt von 43 %, eine entsprechende Bestandsaufnahme in 1977 dann sogar von 47 % (zur Methode vgl. Skogsstyrelsen 1978b). Somit konnte da-

---

[149] Jordbruksdepart. 1974: 2, S. 109, Tab. 101, vgl. dazu auch die zu verschiedenen Zeitpunkten für die Staatsforste geltenden Empfehlungen, Skogsstyrelsen 1978 a, S. 26.

mals über Jahre hinweg rund die Hälfte aller Bestandsbegründungen als mißglückt gelten (und dies trotz der in der Regel schon erfolgten Nachbesserungen!).

Aus Forstwirtschaftskreisen wurde dies seinerzeit mit dem DDT-Verbot erklärt (ab 1. 1. 1975, vgl. dazu 2.2.3.2.3.), und man forderte mit Nachdruck die Wiedereinführung von Dispensbestimmungen für das Behandeln junger Setzlinge, um den gut dokumentierten Fraßschäden durch den Großen Braunen Rüsselkäfer *(Hylobius abietis)* vorzubeugen.

Eine Reihe von Untersuchungen hat inzwischen jedoch wahrscheinlich gemacht, daß eine große Zahl von Variablen in dem komplizierten Gefüge der Verjüngungsmethoden von großer Bedeutung und teils bis heute noch nicht eindeutig beherrschbar ist. Es seien hier nur genannt die Empfindlichkeit der jungen Setzlinge, insbesondere bei unsachgemäßer Lagerung, Transport und Pflanzung, die Selbststrangulierungstendenzen bei gewissen Paperpot-Typen, persönliche Unwägbarkeiten des oft nur provisorisch angeleiteten Pflanzpersonals (geringe Motivation, systematische Fehler bei der Auswahl der geeigneten Mikrostandorte für die Setzlinge) u.a.m.

2.2.2.1.3. Einführung fremder Arten

Bis vor wenigen Jahren sind in der schwedischen Forstwirtschaft — abgesehen von kleineren Einzelversuchen — nur einheimische Arten verwendet worden. Ab Ende der 60er Jahre ist jedoch, vor allem unter dem Eindruck des befürchteten Holzmangels und der offensichtlichen Pflanzerfolge innovationsfreudiger Großunternehmen, der Anteil der nordamerikanischen Drehkiefer *(Pinus contorta)* ständig gestiegen. Sie machte schon im Jahre 1975 15 % aller gepflanzten Setzlinge aus. Pro Jahr dürften zur Zeit ca. 20 000 ha neu hinzukommen (SNF, 1978, S. 32). Es wird damit gerechnet, daß bei Einhaltung der bestehenden Pflanzpläne in etwa 50 Jahren auf 6 % des schwedischen Waldlandes die Drehkiefer stocken wird. Dies erscheint nicht besonders viel, jedoch ist zu bedenken, daß die Art überwiegend in den nördlichen Landesteilen gepflanzt und dort von einigen landschaftsprägenden Holzwirtschaftsunternehmen fast ausschließlich verwendet wird, so etwa von ,,Iggesund" und ,,SCA" (SNF, 1978).

In der Forstwirtschaft besteht die Hoffnung, mit dieser Art bei einer um 15-20 Jahre kürzeren Umtriebszeit einen 25 % — 40 % höheren Ertrag als mit der einheimischen Kiefer erzielen zu können. (HAGNER u. FAHLROTH, 1974, REMRÖD, 1977). Naturgemäß weiß man jedoch über ihre Entwicklung in höherem Alter (oder gar nach mehreren Umtriebszeiten) und in größeren Beständen unter den in Schweden herrschenden natürlichen Bedingungen nichts.

Ökologische Langzeitrisiken durch die Einführung der *Pinus contorta* werden auch innerhalb der Forstwirtschaft gesehen, aber für beherrschbar gehalten, solange nicht allzu große Gebiete von dieser Art eingenommen werden. Für die forstexternen Kritiker dagegen ist dies ein weiteres charakteristisches Beispiel dafür, daß kurzfristige Rentabilitätsüberlegungen den maßgeblichen Kreisen der schwedischen Forst- und Holzwirtschaft den Blick für das ökologisch und damit langfristig auch ökonomisch Richtige verstellen (vgl. hierzu im einzelnen SNF, 1978, REMRÖD, 1977, SOU 1978:6).

2.2.2.1.4. Bodenbearbeitung

Alle Bodenbearbeitungsmethoden nach erfolgter Ernte haben zum Ziel, die angestrebte Verjüngung zu erleichtern und zu sichern, nämlich durch Freisetzung dringend benötigter Nährstoffe (insbes. Stickstoff), Verbesserung des Mikroklimas für die Pflanzen, Entfernung inaktiver Rohhumuslager und Hiebsabfälle, Auflockerung des Mineralbodens und Verminderung der Konkurrenz durch andere Pflanzen. Zudem erleichtert die Freilegung des Mineralbodens die Saat oder Pflanzung von Setzlingen auch aus rein technischer Sicht. Schließlich gibt es Hinweise darauf, daß frei im Mineralboden aufwachsende Pflanzen seltener von Schädlingen befallen werden.

Die heute vorherrschenden Bearbeitungsmethoden zur Bodenverbesserung sind Fleckenfreilegung sowie (in geringerem Umfang) das Eggen und Pflügen. *Fleckenfreilegung* wird heute in der Regel von speziell hierfür konstruierten Maschinen vorgenommen. In Rechtecken von ca. 30-40 cm Seitenlänge wird die Humusschicht entfernt und der Mineralboden aufgelockert. Insgesamt sind normalerweise weniger als 10 % der gesamten Schlagfläche betroffen. Ein entscheidender Nachteil ist, daß sich in den Vertiefungen Wasser ebenso wie Kaltluft sammeln kann. Das Auffrieren von jungen Setzlingen ist bei dieser Bearbeitungsmethode besonders häufig, vor allem in feinkörnigen Bodenarten.

Das *Eggen* von Kahlschlägen ist schon ein schwererer Eingriff. Hier wird durch scharfe, schiefgestellte Teller die oberste Humus- und Mineralbodenschicht in längeren Streifen bis in ca. 10 cm Tiefe aufgerissen. Bis zu einem Viertel der Gesamtfläche eines behandelten Schlags ist direkt betroffen. Der Furchenabstand beträgt zwischen 2 m und 2,5 m. Aufgrund des größeren Areals der freigelegten Flächen ist eine bessere Wahl des Pflanzenstandortes in der Mikrotopographie möglich. Auch ist das Risiko für Wasser- und Kaltluftansammlungen geringer als bei der Freilegung isolierter Flecken.

Die radikalste Bodenbearbeitungsmethode aber ist das *Pflügen* durch eine kräftige Schar, die von einem Raupentraktor gezogen wird (zu den Auswirkungen vgl. insbesondere SÖDERSTRÖM, 1975). Es sei hier der Vollständigkeit halber genannt, obwohl es im Unternehmensbereich von Stora Kopparberg nicht praktiziert wird. Es entstehen ungefähr halbmeterbreite und -tiefe Gräben, und an beiden Seiten werden dazu noch ca. 50 cm breite Streifen des Mineralbodens freigelegt. Das abgeschälte Material legt sich seitlich davon nochmals einige Dezimeter breit auf die ursprüngliche Bodenoberfläche. Bei einem Abstand von 5 - 6 m zwischen den Gräben können zwischen 40 % und 70 % des Gesamtareals betroffen sein. Die Methode des Bestandspflügens wird insbesondere auf hochgelegenen Böden mit einem kräftigen, inaktiven Rohhumuslager und oft auch einer Ortsteinschicht angewendet.

Die Umgestaltung der gepflügten Bereiche ist so kräftig, daß — je nach Bodenart und Blockgehalt — viele Jahre vergehen können, ehe die Folgen des Eingriffs nicht mehr zu sehen sind. Über Jahre hinweg sind somit Zugänglichkeit und Attraktivität derartiger Bereiche für andere Nutzungen stark herabgesetzt.

Von allen Bodenbearbeitungsmethoden ist das Pflügen auf die heftigste Kritik in der Öffentlichkeit gestoßen, zumal es anfangs relativ undifferenziert auch in dafür ungeeigneten Bereichen praktiziert wurde. Relativ starke Reaktionen sind auch auf das Eggen zu verzeichnen, insbesondere bezüglich der negativen Folgen für Landschaftsbild, Zugänglichkeit und ungeklärte ökologische Langzeitwirkungen (vgl. hierzu im einzelnen FRITZELL u. TÖNNERVIK, 1977).

2.2.2.1.5. Düngung

Ein entscheidender wachstumshemmender Faktor der schwedischen Wälder ist der Mangel an pflanzenverfügbarem Stickstoff. An eine systematische Waldbodendüngung dachte man jedoch erst, als zumindest lokal und regional eine gewisse Rohstoffverknappung absehbar war und somit die voraussichtlichen Rohstoffpreise bei relativ stabilen Düngemittelkosten die Intensivierung zu rechtfertigen schienen.

Nach einer längeren Anlaufphase in den 60er Jahren, in der noch stark mit verschiedenen Präparaten, Dosen und Repetitionsraten experimentiert wurde, haben in Schweden in den 70er Jahren schon vor allem die Großwaldbesitzer routinemäßig etwa 200 000 ha jährlich gedüngt, in der Regel aus der Luft mit Ammoniumnitrat (150 kg N/ha). Ernte- und Düngeplanung sind heute aufeinander abgestimmt, wobei die Behandlung meist bei Beständen im Alter von 30-40 Jahren beginnt und dann bis kurz vor der Ernte alle 6-7 Jahre wiederholt wird.[150]

Während an der düngungsbewirkten Ertragssteigerung kein Zweifel besteht (man rechnet mit 30-50 %), ist man erst mit der Zeit auf die negativen Folgen der Stickstoffdüngung aufmerksam geworden, die alle Teilbereiche der natürlichen Umwelt — Wasser, Boden, Flora, Fauna, Luft — betreffen. Hier wurden schon in den 70er Jahren herausgestellt:

---

[150] Nachtrag 1985: Nachdem inzwischen erwiesen ist, daß erhebliche Stickstoffmengen durch den Ferntransport von Luftverunreinigungen vor allem in die süd- und mittelschwedischen Wälder gelangen, sind eingreifende Düngungsrestriktionen erlassen worden, um die ökologischen Folgen (insbesondere bezüglich Bodenversauerung und Grundwasserbelastung) zu begrenzen (vgl. Skogsstyrelsens Författningssamling 1984:3, LINDEMANN u. SOYEZ, 1985).

— Erhöhung des Nitrat- und Nitritgehalts der Oberflächengewässer, kurzfristig auch über geltende Grenzwerte hinaus, mit dem Verdacht auf nachfolgende Nitrosaminbildung.

— Senkung des pH-Wertes der Gewässer, teils unter die für Edelfische notwendigen Werte.

— Verstärkung des Eutrophierungseffektes auf Oberflächengewässer.

— Senkung des Boden-pH bei Verwendung von Ammoniumnitrat.

— Effekte auch auf Boden- und Strauchschicht der Wälder sowie die hier lebenden Organismen.[151]

2.2.2.1.6. *Kahlhiebe*

Kahlhiebe, insbesondere Großkahlhiebe bis zu mehreren hundert Hektar Umfang, sind schon rein physiognomisch radikale Eingriffe in eine Landschaft. Es ist deswegen nicht verwunderlich, daß diese Hiebsart in der Zeit eines wachsenden Umweltbewußtseins erregte Debatten in der Öffentlichkeit, teils aber auch in der Fachwelt hervorgerufen hat.

Großkahlschläge sind heute ein charakteristisches Element vor allem der nördlichen Waldlandschaften Schwedens (nach einer zu Beginn der 70er Jahre durchgeführten landesweiten Inventur waren 25 % aller Kahlschläge — hier definiert als eine kahle oder mit Jungwuchs unter 1,5 m Höhe bestandene Fläche über 5 ha — 100 ha und größer, Jordbruksdep. 1974, S. 37).

Die regionale Differenzierung zeigt jedoch, wie sehr gerade Mittel- und Nordschweden bei den Großkahlschlägen in den höheren Arealklassen überrepräsentiert sind. Im lokalen und sogar regionalen Rahmen kann es durchaus vorkommen, daß ein Fünftel und mehr des Waldlandes als kahl bezeichnet werden können. Dies ist insbesondere dort der Fall, wo überalterte Bestände großflächig abgeräumt und der Pflanzenabgang der Bestandsbegründungen der 70er Jahre so bedeutend gewesen ist, daß die Verjüngungen teilweise über Jahre hinweg mißglückten (vgl. dazu im einzelnen S. 219 ff.).

Die Gründe für diese landschaftsprägende Entwicklung sind vielfältig, jedoch ist eine der Hauptursachen in den steil ansteigenden Kosten seit den 60er Jahren zu sehen.

Bei der Beurteilung des Kahlschlags als Hiebsart ist es aber wichtig zu wissen, daß die Mechanisierungsgewinne mit zunehmender Schlaggröße je nach Bestockungsgrad des Bestandes schon nach wenigen Hektar nur noch minimal sind. Für die vorratsreicheren Wälder Südschwedens kann als Maximalgröße ca. 5 — 10 ha, für Mittel- und Nordschweden bis 25 ha angegeben werden. Noch größere Schlagflächen können also allein aus der Sicht des möglichst rentablen Maschineneinsatzes nicht mehr begründet werden.

[151] RAMBERG et al., 1973, WIKLANDER, 1977, u.a.

Die wichtigsten Folgen eines Kahlhiebs sind nach übereinstimmender Meinung (vgl. dazu SÖDERSTRÖM, 1971; RAMBERG, 1973; INGELÖG, 1973; Jordbruksdep., 1974; Sveriges Skogsvårdsförbund, 1978):

— Veränderung des Mikroklimas, insbesondere erhöhte Einstrahlungs- und Windwirkung, in topographisch ungünstigen Lagen teils auch zunehmende Frostgefährdung; hinzu kommen andere Ablagerungs-, Drift- und Schmelzbedingungen des Schnees,

— Beschleunigung der mikrobiologischen Aktivität, v. a. der Zersetzungsvorgänge, mit temporär erhöhtem Nährstoffangebot (insbesondere Stickstoff),

— Veränderung des Wasserhaushalts, meist in Form verringerter Retention, also erhöhtem Abfluß, in abflußlosen Hohlformen aber auch Vernässungstendenzen,

— Erhöhte Auswaschung der Nährstoffe, insbesondere des Stickstoffanteils sowie pH-Senkung,

— Veränderung der Lebensbedingungen für Flora und Fauna.

Hinzu kommen die schwieriger zu fassenden Folgen aus landschaftsästhetischer Sicht.

Aus der Sicht der Forstwirtschaft sind insbesondere die zuerst genannten Folgewirkungen ausgesprochen erwünscht. Bei Kahlschlägen einer bestimmten Mindestgröße ergeben sich zudem, so die Vertreter der Forstwirtschaft, noch die folgenden Vorteile:

— Verkleinerung der Wurzelkonkurrenzzonen für den neuen Bestand,

— mechanisierungsgemäße und damit kostenminimierende Flächengröße und Flächenkonfiguration bezüglich Hiebsart, Bodenbearbeitung und schließlich Erntehieb nach der kommenden Umtriebszeit,

— totale Verjüngungskontrolle bezüglich gewünschter Art, Provenienz, Zusammensetzung und Bestockungsdichte,

— Bestandssanierung: schnelles Ersetzen überalterter Bestände durch produktiven Jungwuchs,

— Schaffung neuer attraktiver Wildbiotope (durch das plötzliche Nahrungsangebot der Pionierpflanzen),

— Schaffung freier Aus- und Fernblicke sowie von für Mensch und Tier gleichermaßen anziehenden Randzonen beträchtlicher Länge.

Die Argumente der Kahlschlagsgegner beziehen sich einmal auf die negativen Folgen für das Landschaftsbild. Kritisiert werden insbesondere unnötig große Schlagräumungen, ans Gelände schlecht angepaßte Hiebsgrenzen sowie mangelnde Rücksichtnahme in empfindlichen Höhenlagen oder auf Mooren und felsigen Grenzertragsbereichen. Im übrigen werden die aus der wissenschaftlichen Literatur bekannten Tatbestände wie Änderungen des Bestandsklimas, des Wasser- und Nährstoffhaushaltes, der Fauna und Flora aufgenommen und auf die in diesem Zusammenhang noch unbekannten Langzeitrisiken verwiesen. Dies gilt insbesondere für nachhaltige Ökosystemstörungen, von denen gerade beim Großkahlschlagbetrieb zumindest eine schon augenfällig und in ihrer Tragweite auch von den Forstleuten unbestritten ist: Die katastrophale Zunahme von Schädlingen, insbesondere des Großen Braunen Rüsselkäfers, dem die große Menge der auf den Kahlschlägen zurückgelassenen Stubben und Abfälle ideale Brutplätze bietet (vgl. dazu S. 219 ff.).

2.2.2.1.7. Ganzbaumausnutzung

Wie in früheren Abschnitten schon erwähnt, sind in den 70er Jahren in sämtlichen Produktionsstadien von Forstwirtschaft und verbrauchender Industrie verstärkte Bemühungen im Gange, die Ausbeute des verfügbaren Rohstoffes über das bisher übliche Maß zu erhöhen, um der erwarteten Rohstoffverknappung zu begegnen (vgl. die zusammenfassende Übersicht bei SOYEZ, 1980e).

Die gleichen Gründe bewirkten auch in der Forstwirtschaft ein größeres Interesse an einer besseren Verwertung selbst von bisher als marginal — weil zu kostenbelasteten — betrachteten Rohstoffsortimenten.

Man schätzt, daß bei einem durchschnittlichen jährlichen Bruttoeinschlag von 75 Mio. Fm m.R. (rd. 62 Mio. Fm o.R.) zusätzlich etwa 30 Mio. Fm m.R. in Form von Holz, Rinde, Nadeln und Blättern auf den Schlägen zurückbleiben. Nun ist es aus technischen und wirtschaftlichen, nicht zuletzt aber auch aus ökologischen Gründen unrealistisch, mehr als nur einen Teil dieser Menge wirklich auszunutzen. Man glaubt aber, daß die folgenden Quantitäten (ohne Brennholz und Abfall) ohne großen Aufwand zusätzlich gewonnen werden können:

— ca. 4,5 Mio. Fm m.R. Stubben

— ca. 2,2 Mio. Fm m.R. entastetes und entrindetes Schwachholz

— ca. 1,0 Mio. Fm m.R. Hiebsabfall,

insgesamt also ein Rohstoffzuschuß, der nicht weniger als 15 — 20 % des durchschnittlichen jährlichen Bedarfs der Holzindustrie bei normaler Kapazitätsausnutzung ausmacht (alle Angaben nach „Projekt Ganzbaumausnutzung", schwed. „Projekt helträdsutnyttjande", PHU, 1977).

Bei diesen Zahlen sind die nach Meinung der Projektbearbeiter notwendigen ökologischen Rücksichtnahmen schon eingeschlossen. Sie äußern sich insbesondere in einer standorts- und bonitätsangepaßten Durchführung der verschiedenen Alternativen. So ist zum Beispiel auf ohnehin mageren Standorten eine den Nährstoffhaushalt weiter belastende Entnahme von Stubben, Zweigen oder Nadeln nicht vorgesehen.

In Natur- und Umweltschutzkreisen, aber teilweise auch in der Forstforschung, ist man gegenüber allen Plänen zur Verwertung von Nadeln, Laub und kleinerem Astwerk kritisch eingestellt, weil über die potentiellen langfristigen ökologischen Wirkungen der ,,Ganzbaumausnutzung" nur wenig bekannt ist, ein vorsichtiges Vorgehen somit angebracht erscheint (vgl. dazu etwa PHU, 1977, S. 7; KARDELL, 1978a; SNF 1978).

2.2.2.1.8. Einsatz von Bioziden

Der Einsatz von Bioziden, insbesondere von Herbiziden, gehört in Schweden zu den umstrittensten Maßnahmen der Forstwirtschaft überhaupt und hat über Jahre hinweg eine öffentliche Diskussion einer Intensität bewirkt, wie sie aus mitteleuropäischer Sicht nur schwer verständlich ist. Da die verschiedensten Aspekte von Konfliktentstehung und Konfliktregelung einschließlich ihrer raumwirksamen Korrelate gerade hier besonders eindrucksvoll zu belegen sind, wird dieser Bereich im folgenden eingehender als die anderen besprochen.

Insektizide

Der Problemkreis ,,Insektizide" unterscheidet sich von anderen umstrittenen Maßnahmen in zwei wesentlichen Punkten: zum einen stand bei den öffentlichen Auseinandersetzungen um den Hauptwirkstoff DDT nicht die *Forst-*, sondern die *Land*wirtschaft im Zentrum der Kritik, zum anderen haben eben diese Auseinandersetzungen und die durch sie angeregten Forschungseinsätze mit ihren beunruhigenden Ergebnissen nicht nur zu *Restriktionen*, sondern zum *Totalverbot* eines Wirkstoffs und seiner Anwendung geführt (ab 1970). Zwar wurde der Forstwirtschaft aufgrund ihrer spezifischen Probleme zunächst noch ein mehrjähriger Dispens für genau festgelegte Applikationen gewährt. Die Aufhebung dieses Aufschubs aber ab 1. 1. 1975 war schließlich nur die logische Folge eines generell gut begründbaren Beschlusses, der aufgrund der nachgewiesenen ökologischen Folgen Rückhalt in fast der gesamten Öffentlichkeit fand.

Insektizide sind in der schwedischen Forstwirtschaft seit den 40er Jahren verwendet worden, wenn auch zunächst in vergleichsweise unbedeutenden Mengen. Die hauptsächlichen Anwendungsbereiche waren seit jeher der Schutz von Setzlingen sowie von Holzzwischenlagern.

Die künstlichen Bestandsbegründungen auf den ständig wachsenden Schlaggrößen erwiesen sich im Laufe der Zeit als besonders anfällig für den Schädlingsbefall, insbesondere durch den Großen Braunen Rüsselkäfer *(Hylobius abietis)*. Er wird in der sommerlichen Schwärmzeit durch den Geruch von frischen Stubben, aber auch des übrigen Hiebsabfalls, angelockt[152] und findet hier, vor allem auf offenen, durchsonnten Kahlschlägen, ideale Vermehrungsbedingungen. Die Zahl von einigen

---

[152] Hierdurch werden auch Pflegehiebe in der Nähe von neu gepflanzten Beständen problematisch. Sowohl Zeitpunkt als auch räumliche Lage solcher Eingriffe waren hieran anzupassen.

hundert Larven pro Stubbe, d. h. über 100 000 pro Hektar, ist nicht außergewöhnlich. Der Generationszyklus beträgt in der Regel in Südschweden zwei, im übrigen Lande zwei bis vier Jahre. Das aber bedeutet, daß die neue Generation beim Ausschwärmen als erstes und bestes Nahrungsangebot die jungen Setzlinge der Verjüngungsflächen vorfindet. Viele der jungen Pflanzen gehen an den Folgen der Fraßschäden ein, eine größere Zahl überlebt in der Regel den Angriff, wird aber so geschädigt, daß langfristige Zuwachsverluste, Formschäden und größere Empfindlichkeit, etwa gegenüber Dürre, die Folge sind. Die schwersten Schäden entstehen dabei in der Regel bei künstlicher Verjüngung.

Seit den 50er Jahren hat man die durch den Großen Braunen Rüsselkäfer verursachten Schäden durch die Verwendung von DDT relativ gut unter Kontrolle halten können. Die Standardbehandlung für normale Setzlinge war ein kurzes Eintauchen in eine etwa 1 %ige Lösung. Getopfte Setzlinge wurden noch in der Pflanzschule oder unmittelbar vor dem Einpflanzen mit DDT besprüht. Zu unterstreichen ist hier, daß es sich um eine pflanzenindividuelle Anwendung, nicht etwa um das Übersprühen ganzer Verjüngungsareale handelt.

Die geschilderte Vorsorgemaßnahme kann zwar einen Schädlingsbefall nicht verhindern, hält aber wegen der auf das nagende Insekt schnell einsetzenden Wirkung des Insektizids den Abgang in Grenzen. Dies wurde in der Regel durch eine um 10 % erhöhte Setzlingszahl pro Hektar ausgeglichen.

Vor dem Hintergrund der nachweisbaren Insektenschäden an stockendem und geerntetem Holz ist der unmittelbare Nutzeffekt der DDT-Anwendung unschwer zu belegen. Die Gegner des Insektizideinsatzes haben dennoch aus gewichtigen ökologischen Gründen das totale Verbot durchsetzen können. Durch die aus Forst- und Holzindustriekreisen regelmäßig vorgebrachte Forderung nach Wiederzulassung des DDT flammte die Debatte jedoch auch in der zweiten Hälfte der 70er Jahre immer wieder auf.

Herbizide

Die durch Kahlschläge verursachte (und auch beabsichtigte) temporäre Steigerung des Nährstoffangebotes auf der Verjüngungsfläche begünstigt natürlich nicht nur die Setzlinge des neuen Bestandes, sondern auch die übrige Vegetation. Besonders auf den bodenbearbeiteten Schlägen mit ihren zahlreichen freigelegten Bodenflächen stellen sich durch Samenanflug in kurzer Zeit schnell wachsende Laubhölzer ein, vor allem Birken. Die hierdurch erhöhte Konkurrenz um Licht, Wasser und Nährstoff kann im ungünstigsten Fall die jungen Nadelhölzer in ihrer Entwicklung hemmen oder gar unterdrücken. Hinzu kommt, vor allem bei stärkerem Wind, eine nicht unbeträchtliche mechanische Einwirkung durch Schlagen und Scheuern der festen Zweige auf die noch kaum verholzten Nadelbaumsetzlinge. Aus der Sicht der Forstwirtschaft ist neben diesen direkt bestandsschädigenden Wirkungen noch von Bedeutung, daß der sich bei natürlicher Sukzession einstellende Laubholzanteil normalerweise als zu hoch betrachtet wird. Die im Hinblick auf das Produktionsziel durch die künstliche Verjüngung angestrebte totale Kontrolle der Artenzusammensetzung des neuen Bestandes ist hier deutlich gefährdet.

Ein größeres Problem ist die Laubholzverbuschung der Verjüngungsflächen erst in der Nachkriegszeit geworden, als Schlaggrößen und Verjüngungsmethoden sich änderten, und außerdem auch die Nebennutzung des Waldes als Weideland — und der damit verbundene Verbiß des jungen Laubholzes — völlig aufhörte.[153]

Die im Prinzip mögliche mechanische Läuterung der Jungholzbestände erwies sich aus mehreren Gründen als zunehmend problematisch. Einmal ist, zumal mit der Motorsäge, das Arbeiten in den dicht verbuschten Beständen schwer, zeitraubend und nicht ungefährlich. Zum anderen muß die Läuterung aufgrund des schnellen Wachstums von Stock- und Wurzelausschlägen in der Regel mehrfach wiederholt werden, ehe der junge Nadelholzverband die Konkurrenz des Laubholzes überwunden hat.

Beides hat dazu geführt, daß die Kosten für diese sehr arbeitsintensive Pflegemaßnahme in der Nachkriegszeit so sprunghaft angestiegen sind, daß man früh nach alternativen Läuterungsmethoden suchte.

Ein ideales Hilfsmittel schien den Forstleuten ab Ende der 40er Jahre mit synthetisch hergestellten chemischen Wuchsstoffpräparaten in die Hand gegeben. Von kleineren Versuchen mit anderen Mitteln abgesehen, wurden dabei in der schwedischen Forstwirtschaft lediglich zwei Wirkstoffe angewendet, entweder allein oder kombiniert: die Phenoxyessigsäuren mit den international üblichen Standardbezeichnungen 2,4-D und 2,4,5-T (Dichlor- bzw. Trichlorphenoxyessigsäure).[154] Sie enthalten einen den natürlichen Wachstumshormonen ähnlichen Wirkstoff (deswegen auch oft als „Hormonpräparate" bezeichnet), der bei entsprechender Dosierung ein ungeregeltes, zum schnellen Absterben der Pflanze führendes Wachstum bewirkt. Der aus ökologischer Sicht wichtigste Unterschied zwischen den beiden Präparaten besteht darin, daß sich bei den gebräuchlichen industriellen Herstellungsverfahren von 2,4,5-T geringe Verunreinigungen durch den Wirkstoff 2,3,7,8-TCDD (Tetrachlor-dibenzo-p-dioxin) nicht vermeiden lassen. Hinter dieser Standardbezeichnung verbirgt sich das Dioxin, die zur Zeit wohl giftigste überhaupt bekannte Umweltchemikalie, die z. B. die Katastrophe von Seveso im Jahre 1975 verursacht hat.

Die Dioxin-Verunreinigungen der in Schweden verwendeten 2,4,5-T-Präparate lagen normalerweise wesentlich unter 0,1 ppm (NILSSON, 1975) und damit um das 50-100-fache (und mehr) unter dem Dioxingehalt des im Vietnamkrieg verwendeten sog. Entlaubungsmittels „Agent-

---

[153] Örtlich hat allerdings die in den letzten Jahren sehr stark gewachsene Elchpopulation einen entsprechenden Verbiß verursacht (vgl. Abb. 38).

[154] Viele Jahre hindurch wurden in Schweden vor allem in Öffentlichkeit und Massenmedien nicht diese Bezeichnungen, sondern der Markenname eines solchen Präparats, „Hormoslyr", gewissermaßen als Synonym für alle vergleichbaren Mittel verwendet. Die sog. „Hormoslyrdebatte" ist also in Wirklichkeit eine Debatte um die Wirkstoffe 2,4-D und 2,4,5-T gewesen.

Orange". Dennoch dürften die gerade hier möglichen Assoziationsketten die heftigen Auseinandersetzungen um 2,4,5-T (und schließlich auch sein Verbot im Juli 1977) wesentlich mitverursacht haben (vgl. dazu SOYEZ, 1980 b).

Die drei Haupttypen der Herbizidapplikation sind Blatt-, Stamm- und Stubbenbehandlung. Bei der *Blattbehandlung*, die auf nahezu 90 % aller behandelten Areale angewendet wird, besprüht man die unerwünschten Laubbäume mit einem Herbizidnebel, in der Regel aus einem Kleinflugzeug. Um Schäden an den jungen Nadelhölzern auszuschließen, ist man — nach anfänglich schlechten Erfahrungen mit dem Einsatz von Flugzeugen (vgl. BÄRRING, 1957) — dazu übergegangen, die Bestände erst im Spätsommer zu behandeln, d. h. zu einem Zeitpunkt *nach* Verholzung der Jahrestriebe.

Gerade hierdurch sind jedoch die *Konflikte mit anderen Nutzergruppen* vorprogrammiert. Zur gleichen Jahreszeit begeben sich nämlich Zehntausende von Schweden auch in sonst wenig besuchte Wälder, um Beeren und Pilze zu sammeln. Dies ist nicht nur ein mit Nutzen verbundenes Freizeitvergnügen, sondern oft, vor allem im dünn besiedelten Mittel- und Nordschweden, ein wichtiger Zuerwerb für viele Familien. Sie betrachten die Herbizide als Giftnebel, der ihre hergebrachten Rechte wesentlich beeinträchtigt (s. u.).

Stubben- und *Stammbehandlung* mit Herbiziden werden dagegen grundsätzlich manuell und individuenbezogen durchgeführt, entweder durch Aufpinseln oder Injizieren der Lösung, als deren Träger zur Erhöhung der Wirksamkeit oft auch Dieselöl verwendet wird.

Bis zum Ende der 60er Jahre war die Größe des jährlich mit Herbiziden behandelten Areals auf nahezu 100 000 ha gestiegen, sank aber nach den in den folgenden Jahren eingeführten Restriktionen drastisch ab (1977 — nach Wiederzulassung der Applikation aus der Luft — etwa 30 000 ha, vgl. zu den Hintergründen SOYEZ, 1980 c). In den Spitzenjahren lag der Verbrauch an aktiver Wirkstoffsubstanz bei ca. 125 t/a (SOU 1974: 35, S. 119 ff.).

Aus betriebswirtschaftlichen Gründen ist leicht zu erklären, warum die Herbizidversprühung aus der Luft zunehmend bevorzugt wird. Bei günstigen Witterungsbedingungen, sorgfältiger Planung und erfahrenem Personal können von einem Flugzeug aus bis zu 200 ha/Tag behandelt werden, vom Traktor aus bis zu 12 ha/Tag und manuell gar nur bis zu 4 ha/Tag. Die spezifischen Kosten pro Hektar behandelter Fläche lagen beim Flugzeug Ende der 70er Jahre nur bei ca. SEK 200,—, bei manueller Läuterung hingegen zwischen SEK 1500,— und 3000,—.

Wie einleitend unterstrichen, *hat keine forstliche Einzelmaßnahme so heftige öffentliche Reaktionen hervorgerufen wie die Herbizidanwendung.*[155] Man vermutet unkalkulierbare Risiken der Phenoxyessigsäuren auf Menschen, Tiere und Pflanzen und befürchtet vor allem die Ge-

---

[155] Wahrnehmungspsychologisch ist hier interessant, daß der wesentlich höhere spezifische und absolute Verbrauch an vergleichbaren Wirkstoffen in der Landwirtschaft bekannt, aber bis in jüngere Zeit hinein keiner vergleichbaren Kritik ausgesetzt ist.

fahr direkter Giftwirkung auch für Tiere und Menschen (etwa bei Verzehr von besprühten Beeren) und cancerogener und teratogener Effekte bei einem wie immer gearteten Kontakt mit den genannten Wirkstoffen.

Immer wieder sind in den vergangenen Jahren entsprechende Vermutungen in den Massenmedien, aber auch in der wissenschaftlichen Literatur geäußert und auch verschiedene Vorkommnisse innerhalb und außerhalb Schwedens als Belege dafür herangezogen worden (vgl. FRITZELL u. TÖNNERVIK, 1977; NILSSON, 1975 sowie die bezeichnenden Diskussionen von SOYEZ, 1980 b, c und WELLENSTEIN, 1980 a, b). Hier mag allein der Hinweis darauf genügen. Einzelangaben sind dem umfangreichen Schrifttum zu entnehmen (vor allem RAMEL et al., 1978).

Den genannten Befürchtungen werden von Forstwirtschaft und Behörden immer wieder die bisher zugänglichen Befunde diesbezüglicher wissenschaftlicher Untersuchungen entgegengehalten, wobei selten der Hinweis darauf fehlt, daß es kaum eine andere in ihren Wirkungen so intensiv untersuchte Umweltchemikalie wie die Phenoxyessigsäuren gibt. Über folgende Erkenntnisse besteht dabei weitgehende Einigkeit:

— Die direkte Giftwirkung der Phenoxyessigsäuren ist, außer bei direkter Einnahme hochprozentiger Lösungen, vernachlässigbar gering. Eine direkte Gefährdung durch die selbst auf frisch besprühten Arealen gegebenen Konzentrationen besteht für Menschen nicht, nicht einmal beim Verzehr dort gesammelter Pilze oder Beeren. Weniger ist über die Wirkungen der Präparate beim Einatmen von Dämpfen oder im Hautkontakt mit dem Wirkstoff sowie über die Langzeitwirkung bekannt.

— Eine Anreicherung des Wirkstoffes im Boden oder in Nahrungsketten geschieht nicht, da Phenoxyessigsäuren relativ rasch biologisch abgebaut werden.

— Alle bisher als Beweis für die Gefährlichkeit der verwendeten Präparate aufgeführten Vorkommnisse, die in der Öffentlichkeit eine große Unruhe erregt haben, hielten wissenschaftlicher Nachprüfung nicht stand. In keinem Fall konnte bisher eine ursächliche Beziehung zwischen festgelegten Schädigungen und Wirkstoff zweifelsfrei nachgewiesen werden. Das gilt auch für die vermuteten Zusammenhänge zwischen Herbizidbehandlung und Krebs sowie Fehlgeburten oder Mißbildungen Neugeborener. In Labor- und Tierversuchen haben sich allerdings unter bestimmten Bedingungen schwache Anhaltspunkte für eine verhaltensschädigende, cancerogene und teratogene Wirkung ergeben. Dies ist jedoch nicht unumstritten.

Das bisher Gesagte bezieht sich *allein* auf die Phenoxyessigsäuren. Anders verhält es sich mit dem in 2,4,5-T vorkommenden Dioxin. Wenn auch hier die Zusammenhänge bei den gegebenen, äußerst niedrigen Konzentrationen nicht eindeutig sind, so scheint inzwischen weitgehende Einigkeit darüber zu bestehen, daß ein Großteil der oft pauschal den Phenoxyessigsäuren zugeschriebenen schädlichen Wirkungen in Wirklichkeit ein Ergebnis des als Verunreinigung enthaltenen Dioxin sein könnten (vgl. etwa NILSSON, 1975).

Es bleibt somit festzuhalten, daß die Wirkungen von 2,4-D und 2,4,5-T auf Mensch und Tier zwar besser bekannt sind als bei den meisten anderen umweltwirksamen Chemikalien, dennoch eine Reihe beunruhigender Fragen offen bleibt.

Die Herbizidanwendung in der Forstwirtschaft hat schließlich noch in einem in Schweden als äußerst kritisch geltenden Bereich zu einer unerwarteten Grundsatzdiskussion geführt: in der Frage nach der Vereinbarkeit von Chemikalieneinsatz und dem ,,allgemeinen Nutzungsrecht" (schwed. ,,allemansrätt"). Es handelt sich hier um ein altes, aber nie kodifiziertes Recht, dessen Inhalt je nach Interessenlage verschiedene Interpretationen zuläßt (vgl. hierzu im einzelnen BENGTSSON, 1975). Nicht antastbarer Kernbereich ist jedoch, daß jedermann das Recht zu einem ungehinderten Zugang zur Natur hat und dabei auch fremden Grund und Boden betreten darf. Dabei wird natürlich vorausgesetzt, daß durch eine generelle Sorgfaltspflicht die unmittelbare Privatsphäre des Besitzers nicht beeinträchtigt und auch kein Schaden angerichtet wird. Integrierter Bestandteil des allgemeinen Nutzungsrechts ist es, daß wildwachsende Früchte (Beeren, Pilze) ohne Einschränkung gesammelt werden dürfen. Von den Gegnern der Herbizidanwendung wird nun teilweise geltend gemacht, daß dieses allgemeine Nutzungsrecht durch den Chemikalieneinsatz empfindlich und unzulässig eingeschränkt wird, da er für den Nutzer unübersehbare Risiken berge (z. B. Kontakt mit Wirkstoffen, Verzehr besprühter Früchte).

Es stehen sich also verschiedene Rechtsgüter gegenüber:
Das Recht (und nach dem Waldpflegegesetz auch die Pflicht) des Waldbesitzers auf eine angemessene forstliche Nutzung und Pflege des Bestandes auf der einen, das Recht eines jeden anderen auf allgemeine Nutzung des Waldlandes auf der anderen Seite.

Wenn auch dieser latente und bisweilen offene Konflikt bis heute noch nicht zu verbindlichen Grundsatzentscheidungen geführt hat, so scheint in Wirtschafts-, Verwaltungs- und Rechtskreisen weitgehende Einigkeit darüber zu bestehen, daß es einen echten Gegensatz im skizzierten Sinne nicht gibt, sondern daß beide Rechtsgüter — allerdings unter Beachtung gewisser Restriktionen für alle Beteiligten — miteinander vereinbar sind (siehe auch PAULSSON, 1978).

Zusammenfassender Überblick

Die große gesamtwirtschaftliche Bedeutung der Forstwirtschaft in Schweden und der auf ihr aufbauenden — oder von ihr abhängigen — Wirtschaftszweige hat lange bewirkt, daß man es ihr selbst überließ, ihre spezifischen Wirtschaftsziele zu formulieren und daraus die für angemessen gehaltenen forstlichen Nutzungsmethoden abzuleiten. Was die Forstwirtschaft für richtig hielt und tat, war — so die lange vorherrschende allgemeine Auffassung — auch gut für das Land insgesamt. Aus diesem Selbstverständnis heraus wurde der tiefgreifende Strukturwandel der 60er Jahre, insbesondere die Mechanisierung, von der Forstwirtschaft eingeleitet und durchgeführt, ohne daß man sich viel um eventuell betroffene andere Nutzer hatte kümmern müssen. Sofern an den forstlichen Methoden Kritik geübt wurde, kam sie von wenig einflußreichen Außenseitern. *Keine* der wesentlichen Neuerungen — vielleicht mit Ausnahme der ,,Ganzbaumausnutzung'' — ist in wirklich angemessener Weise auf ihre ökologischen Folgewirkungen untersucht worden, *bevor* die entscheidenden Weichen in bezug auf Methodenentwicklung, Investitionsplanung und Implementierung gestellt wurden.

Die Entwicklung der Beziehungen zwischen der Forstwirtschaft und den Vertretern des Naturschutzes (später auch des Umweltschutzes) und einer breiteren Öffentlichkeit können dabei in drei Phasen gegliedert werden (vgl. hierzu näher SOYEZ, 1980 d).

In der *frühen Nachkriegszeit* sah sich allein die Forstwirtschaft wenigen engagierten Naturschützern gegenüber, deren Forderungen sich auf vergleichsweise kleine Areale oder unbedeutende Maßnahmen richteten. Eine bis vor wenigen Jahren andauernde *zweite Phase* war durch die Auseinandersetzungen zwischen Forstwirtschaft und einer zunehmend aufmerksameren Öffentlichkeit geprägt, in der nacheinander die ganze Spanne forstlicher Einzelmaßnahmen in den Sog der Kritik geriet. *In jüngster Zeit* schließlich stehen sich Forst- und Holzwirtschaft auf der einen und eine breite Öffentlichkeit mit einer einflußreichen Naturschutzbewegung auf der anderen Seite gegenüber. In Frage gestellt sind heute grundsätzliche Prinzipien der modernen Forstwirtschaft und die von der holzverbrauchenden Industrie ausgehenden Steuerimpulse, im Grunde also die Richtigkeit der bisherigen Ressourcenpolitik in diesem Sektor überhaupt. Als selbstverständlich vorausgesetzt werden zudem teils beträchtliche Rücksichtnahmen der Forstwirtschaft nicht mehr in begrenzten ,,Reservaten'', sondern — zumindest potentiell — in beträchtlichen Teilen des gesamten Landes. Entsprechende Denkansätze und daraus abgeleitete Forderungen werden inzwischen in weiten Kreisen der Öffentlichkeit, der politischen wie sozialen Organisationen und auch der Behörden akzeptiert und könnten auf längere Sicht eine weiter wachsende politisch-gesellschaftliche Wirkung mit starken Rückwirkungen auf Forst- und Holzwirtschaft entfalten.

Es ist somit festzuhalten, daß einmal das Methodenspektrum der modernen Forstwirtschaft zur *Verknappung* von Gütern und Werten geführt hat, die für andere Nutzergruppen von Bedeutung sind. Umgekehrt haben aber auch die sich vor allem zwischen 1965 und 1975 entwickelnden und mit Hilfe des Gesetzgebers gesicherten Ansprüche von forstexternen Nutzergruppen den *Handlungsspielraum von Forst- und Holzwirtschaft eingeengt* (vgl. Abb. 24). In einem Sektor, nämlich der Rohstoffproduktion, hat dies sogar ebenfalls eine konkrete Verknappung zur Folge, wenn auch deren Ausmaß schwer zu quantifizieren ist.

Vor dem Hintergrund der in den vergangenen Abschnitten dargestellten Übersicht, in der räumliche Aspekte immer wieder angeklungen sind, ist nun die hier speziell interessierende Frage nach der *Raumwirksamkeit* der geschilderten Entwicklung zu stellen. Ausmaß und Folgen sind dabei ebenso zu untersuchen wie deren räumliche Bedingtheit.

Eine solche Analyse kann sich nicht darauf beschränken, sichtbar gewordene Landschaftsveränderungen aufzuzeigen, auch wenn dies eines der Ziele bleibt. Wichtiger noch ist es, aktuelle und eventuell auch zukünftige räumliche Prozesse und ihre Folgen herauszuarbeiten.

Derartige Zusammenhänge seien in der Folge exemplarisch für Teilbereiche des Unternehmens Stora Kopparberg aufgezeigt. Ein solcher Rückgriff auf konkretes Originalmaterial hat zudem noch den Vorteil, daß bezüglich wichtiger Fakten bessere Diskussionsgrundlagen vor allem in solchen Bereichen bereitgestellt werden können, in denen in der öffentlichen Debatte von *allen* Kontrahenten Tatsachen und Vermutungen oft so vermischt werden, daß eine objektive Meinungsbildung stark erschwert ist.

2.2.3. Konfliktpotential und -aktualisierung im Waldland des Unternehmens Stora Kopparberg (unter besonderer Berücksichtigung der Forstverwaltung Falun)

2.2.3.1. Zur unternehmensspezifischen Haltung in den umstrittenen Sachbereichen

„Die Produktion der Wälder ist auf grobes Nutzholz in großen zusammenhängenden Beständen auszurichten, die in erster Linie durch Endhiebe zu ernten sind. Dies steht in scharfem Gegensatz zur früheren Auffassung", heißt es in einer unternehmensinternen Anweisung zur Waldpflege vom März 1967.

Das Zitat ist in mehrfacher Hinsicht aufschlußreich. Zum einen kennzeichnet es prägnant die Umbruchszeit Mitte der 60er Jahre, die nicht nur für das hier zu behandelnde Unternehmen, sondern für die schwedische Forstwirtschaft insgesamt typisch ist. Man steht an der Schwelle zu vollmechanisierten Erntesystemen, was zusammen mit den Rohstoffanforderungen der Industrien vorher nicht gekannte Sachzwänge schafft. Die dem zitierten Leitsatz folgenden Erläuterungen belegen eindeutig, daß die Umstellung allein aus Rentabilitätserfordernissen erfolgt.[156]

Der zweite Satz des obigen Zitats deutet darauf hin, daß gegenüber den früher geltenden Grundsätzen eine rasche Kehrtwendung zu vollziehen war, die — wie Gesprächen mit älteren Forstleuten zu entnehmen ist — vielen schwergefallen sein dürfte.

---

[156] Vor diesem mit Sicherheit auch für die übrige Forstwirtschaft zutreffenden Hintergrund ist es aufschlußreich, daß einige ihrer Vertreter in der bald aufflammenden Naturschutzdebatte geltend zu machen versuchen, die neuen Methoden seien sozusagen der Natur abgeschaut (z. B. die Analogie: Kahlschlag-Waldbrand). ZETTERSTEN (1976, S. 423) hat auf der Forstwoche 1976 zu diesen ökologischen Verbrämungsversuchen aus der Sicht des Naturschutzes eindeutig Stellung bezogen.

Sowohl in seiner Gesamttendenz (Wald als Erzeuger von Nutzholz) als auch in seinen Einzelelementen (große Bestände, Endhiebe als vorherrschender Erntetyp) verkörpert der Leitsatz genau die Auffassung, die in der zur gleichen Zeit verstärkt einsetzenden Naturschutzdebatte auf das heftigste angegriffen wird.

Vor diesem Hintergrund scheint die hier vorwegzunehmende Feststellung erstaunlich, daß Stora Kopparberg in den folgenden Jahren weniger von den geschilderten Auseinandersetzungen betroffen war als der Durchschnitt vergleichbarer Waldbesitzer. Sieht man einmal von den eher zufälligen Faktorenkonstellationen ab, die dazu führen können, daß ein Unternehmen in den Brennpunkt der Kritik geraten kann, so scheint ein wichtiger Grund hierfür darin zu liegen, daß man sich den in den folgenden Jahren formulierten Ansprüchen anderer Nutzer nicht von vornherein verschließt.

So gehörte Stora Kopparberg zu den ersten Unternehmen, die interne sogenannte „Naturschutzinstruktionen" erließen (1971). Mit einem guten Blick für öffentlichkeitswirksame Informationen wurden diese Anweisungen schon ein Jahr später in ansprechender Form und hoher Auflage als Broschüre herausgegeben mit dem Titel „Willkommen im Wald" (Stora Kopparberg, 1972).[157]

Auch in den Naturschutzinstruktionen von 1971 (S. 1) ist deutlich ausgesprochen, daß es das Ziel der unternehmenseigenen Forstwirtschaft ist, „zu akzeptablen Kosten Holz für die eigenen Industrien zu erzeugen und deren Rohstoffbedarf langfristig zu sichern". Gleichzeitig sind jedoch eine Reihe sehr detaillierter — früher nicht in dieser Form ausgesprochener — natur- und landschaftsschutzbezogener Empfehlungen aufgeführt, wie sie dann Jahre später auch durch Novellierungen der einschlägigen Wald- und Naturschutzgesetze zur Regel gemacht wurden. Sie beziehen sich u. a. auf Planung, Hiebsführung und Erntemethoden sowie Bodenbearbeitungs- und Verjüngungsarbeiten nach forstlichen Eingriffen. Bezüglich der Bestandszusammensetzung ist angegeben, daß ein Laubholzanteil von 10 — 15 % in normalen Jungwuchsbeständen als angemessen anzusehen ist. Dieser Hinweis fehlt in der späteren Fassung.

Die revidierte Fassung dieser Instruktionen vom 5. 3. 1978 mit dem Titel „Naturschutzanweisungen" ist ähnlich angelegt, wenn auch knapper und allgemeiner formuliert. Es ist möglich, daß dies auf die inzwi-

---

[157] Im Vorwort (S. 1) heißt es dort: „Wir waren der Meinung, daß es der einfachste und beste Weg ist, in unveränderter Form, so wie es hier geschieht, über die Regeln zu sprechen, die wir anwenden".
Ganz so offen und unbefangen, wie man sich hier gibt, ist man allerdings in Wirklichkeit nicht, denn einige wichtige Eingeständnisse über die negativen Folgen der modernen Forstwirtschaft sind in der Tat gegenüber dem Original ausgelassen oder modifiziert. So heißt es in der Originalfassung (S. 1): „Das Programm (forstlicher Maßnahmen) verursacht jedoch bisweilen direkte Beeinträchtigungen aus der Sicht des Naturschutzes" — der Satz fehlt in der Broschüre. Aus der Formulierung: „Kahlschläge verursachen jedoch auch sichtlich häßliche Wunden" (Originalfassung, S. 2), wird in der Broschüre „vorübergehende Wunden".

schen von der Forstaufsichtsbehörde herausgegebenen Ausführungsbestimmungen zum novellierten Waldgesetz zurückzuführen ist (Skogsstyrelsen, 1975).

In beiden genannten Fassungen wird für den Unternehmensbereich die Maximalgröße zusammenhängender Kahlschlagflächen auf 200 ha begrenzt. Ebenso soll in empfindlichen Bereichen auf das Pflügen von Beständen verzichtet werden. Schon ein Jahr später wird die maximale Kahlschlaggröße auf 150 ha herabgesetzt, und vom Bestandspflügen soll internen Auskünften nach im Unternehmensbereich ganz abgesehen werden.

Im Hinblick auf eine zentral-periphere Zonierung der forstlichen Eingriffsintensität ist hier interessant, daß den genannten Instruktionen nach Großkahlschläge in die abgelegeneren eigenen Waldgebiete verlegt werden sollen. Damit zusammenhängende Probleme werden später noch einmal aufgegriffen.

Die in den Instruktionen formulierten Rücksichtnahmen sind nun keineswegs Absichtserklärungen auf Stabsniveau geblieben. Sie wurden vielmehr, z. B. anläßlich von Exkursionen auf Verwaltungsniveau, vor allem den Angestellten nähergebracht, von denen schließlich in der praktischen Planungs- und Durchführungsarbeit aufgrund ihrer Lokalkenntnisse die entscheidenden diesbezüglichen Initiativen ausgehen müssen (vgl. internes Exkursionsprotokoll „Forstwirtschaft/Umweltschutz", Falu förvaltning, 14. 3. 1974). Die in solcher Form dokumentierten Meinungen schon aus früheren Jahren bezeugen, wie praxisnah, undogmatisch und voller Verständnis für die Belange anderer Nutzer zumindest von manchen Forstleuten zu einem Zeitpunkt gedacht wurde, als sich das Image der Branche in weiten Teilen der Öffentlichkeit noch ständig verschlechterte.

Wenn es auch bei dem hier verfolgten Untersuchungsansatz nicht möglich ist, im einzelnen festzustellen, inwieweit die Anweisungen der erwähnten Instruktionen befolgt werden, so soll doch im folgenden versucht werden, einigen dieser Fragen nachzugehen. Nach Durchsicht des Materials und mit Rücksicht auf die allgemeine Zielsetzung dieser Arbeit bot sich eine detailliertere Auswertung in drei verschiedenen Maßnahmebereichen und bei drei ebenso verschiedenen Typen der externen Einflußnahme an, nämlich bezüglich

a) Hiebsrestriktionen als vorweggenommene Rücksichtnahme bei diffusem öffentlichen Druck. Dies ist ein potentiell konfliktträchtiger Bereich, in dem es jedoch zu erstaunlich wenigen Auseinandersetzungen gekommen ist.

b) Verjüngungsrestriktionen infolge eines speziellen Gesetzes (DDT-Verbot). Hier ist der Konflikt durch das endgültige Verbot eines Wirkstoffes geregelt, und die Folgen dieser Regelung können herausgearbeitet werden.

c) Herbizidrestriktionen durch kombinierten gesetzgeberischen und massiven öffentlichen Druck. Diesbezügliche Auseinandersetzungen waren im Untersuchungszeitraum in vollem Gange und können in Ablauf, Folgen und Teillösungen analysiert werden.

Die in einer solchen Analyse herausgearbeiteten Ergebnisse sollten dann klarere Aussagen über sowohl Ursachen wie Ablauf und Wirkungen der mit den soeben genannten Komplexen verbundenen Auseinandersetzungen erlauben.

Grundlage aller dieser Überlegungen muß die Darstellung der tatsächlichen forstlichen Verhältnisse und Eingriffe sein. Sie sei in den folgenden Abschnitten versucht, wobei je nach dem angesprochenen Sachverhalt entweder der gesamte Unternehmensbereich oder auch nur Teile davon, z. B. die Forstverwaltung Falun, behandelt werden.

2.2.3.2. Externe Reaktionen und interne Anpassung

2.2.3.2.1. Überblick über den Verwaltungsbereich

Die Forstverwaltung Falun, so benannt nach dem Sitz der zentralen Verwaltung, ist mit 69 350 ha produktivem Forstareal die drittgrößte der fünf unternehmenseigenen Forstverwaltungen und umfaßt etwa 16,5 % des Gesamtareals (vor der Übernahme des Holzindustrieunternehmens Bergvik och Ala). Der Blick auf die Übersichtskarte (Abb. 25) zeigt, daß drei große zusammenhängende Besitzblöcke um Korsån, Svartnäs und westlich von Falun unterschieden werden können, der Rest verteilt sich auf eine Unzahl kleinerer, meist langstreifiger Besitzparzellen südwestlich von Borlänge und um Rättvik östlich des Siljan. Ihnen entsprechen in der genannten Reihenfolge fünf Verwaltungsunterbezirke (in der Folge VUB 1 bis 5 genannt). Die VUB 1 und 2 umfassen allein annähernd zwei Drittel (62,5 %) des gesamten Verwaltungsareals, die Bezirke 4 und 5 lediglich etwa ein Fünftel (19,5 %).

Bei den großen zusammenhängenden Arealen handelt es sich im wesentlichen um die Wälder ehemaliger Hütten und Hammerwerke, die seit dem 18. Jahrhundert von Stora Kopparberg übernommen worden sind. Die schmalen Waldparzellen sind — typisch für das kaum von den großen Flurbereinigungsreformen der letzten Jahrhunderte erfaßte Dalarna — ehemaliger, vom Unternehmen aufgekaufter Bauernwald.

Es ist leicht einzusehen, daß sich aus diesen verschiedenen Parzellenmustern eine Reihe gewichtiger Unterschiede des Forstbetriebs ergeben müssen. Für eine räumlich differenzierende Behandlung der Verwaltung bietet sich deswegen zunächst eine Zweiteilung in die VUB 1 bis 3 auf der einen, 4 und 5 auf der anderen Seite an. In den folgenden Abschnitten werden bezüglich einiger Sachverhalte dennoch die VUB 1 und 2 sowie 3 — 5 jeweils zusammen betrachtet, weil ein anderer trennender Aspekt hier wichtiger erscheint als das Besitzparzellenmuster: Während die VUB 3 — 5 in unmittelbarer Nähe der Städte und größeren Ortschaften Borlänge, Falun, Grycksbo und Rättvik liegen und außerdem örtlich eine relativ dichte Besiedlung (einschließlich Ferienhäuser)

203

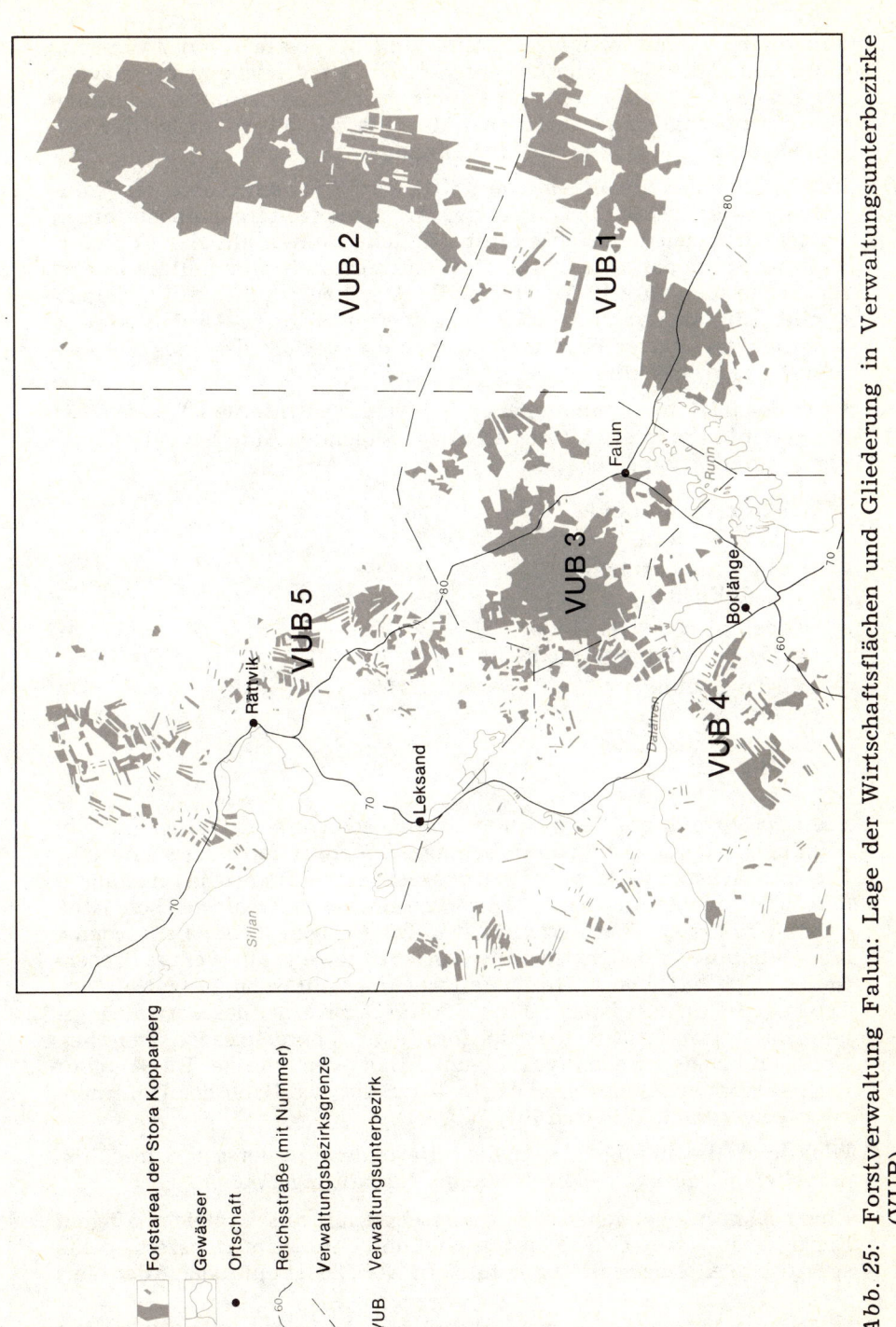

Abb. 25: **Forstverwaltung Falun: Lage der Wirtschaftsflächen und Gliederung in Verwaltungsunterbezirke (VUB)**
(Quelle: nach verwaltungsinternen Unterlagen und Plänen)

aufweisen, ist das Waldland östlich und nordöstlich von Falun nur dünn besiedelt oder nahezu menschenleer. Hier erscheint es reizvoll, der Frage eventueller zentral-peripherer Differenzierungen nachzugehen, etwa bezüglich der forstlichen Routinetätigkeit oder auch der verschiedenen Formen externer Einflußnahme.

Im Hinblick auf die allgemeine Kritik bezüglich der Größe der Kahlschlagareale und auf die früher angesprochenen unternehmensinternen Vorschriften seien zunächst diesbezügliche Fakten aus der Forstverwaltung Falun dargestellt. Der Untersuchungszeitraum umfaßt im wesentlichen die Jahre 1971 — 1978; alle Angaben beruhen auf Originalquellen, die an Ort und Stelle ausgewertet wurden. An den Anfang seien einige allgemeine Angaben über die Verhältnisse des Verwaltungsbereichs gestellt.

Nach der letzten vorgenommenen unternehmensinternen Taxation ist das gesamte Forstverwaltungsareal mit folgenden Anteilen verschiedener *Bestandsgruppen* besetzt:

— ‚Kiefernreinbestände'   36,7 %
  ($\geq$ 70 % Kiefern)
— ‚Fichtenreinbestände'   20,7 %
  ($\geq$ 70 % Fichten)
— ‚Nadelholzmischbestände'   30,6 %
  ($\geq$ 70 % Kiefern und Fichten)
— ‚Mischbestände'   11,1 %
  ($<$ 70 % Laubholz)
— ‚Laubholzbestände'   0,9 %
  ($>$ 70 % Laubholz)

Die *Standortgüte* im Verwaltungsbereich schwankt natürlich stark in Abhängigkeit vor allem von Höhenlage, Bodenart und Wasserhaushalt. Die am stärksten vertretene Bonitätsklasse ist 4 Fm pro ha und Jahr[158] (auf 35,8 % des Gesamtareals). Die ertragreicheren Areale der Bonitäten 5 und 6 umfassen 33,8 % bzw. 14,7 %. Die übrigen Klassen ziwschen 1 und 11 (höhere sind nicht vertreten) machen jeweils nur wenige Prozente aus (alle Angaben nach der unternehmensinternen „Taxation 70", Tab. 4.2). Im Schnitt ist somit die Bonität der Wälder des Verwaltungsbereichs repräsentativ für die forstliche Übergangszone zwischen Nord- und Südschweden (vgl. hierzu Atlas över Sverige, Bl. 91), aber auch — trotz etwas besserer Werte — für das Waldland des Unternehmens insgesamt („Taxation 70", Tab. 3.1).

Wichtig für die im folgenden zu diskutierenden Probleme ist schließlich die *Altersgliederung* der Bestände im Verwaltungsbereich.

Eine nachhaltig betriebene Forstwirtschaft mit relativ gleichmäßigem Ertrag setzt — je nach Produktionsziel und damit Umtriebszeit — eine spezifische Altersgliederung voraus. In Abb. 26 ist eine solche den Ver-

---

[158] Nach dem in Schweden allgemein gebräuchlichen JONSON-System, bezogen auf eine 100jährige Umtriebszeit bei ‚idealen' Bedingungen.

hältnissen der Forstverwaltung Falun angemessene Verteilung angedeutet. Die im gleichen Diagramm dargestellte tatsächliche Altersgliederung der Bestände zeigt, wie weit man von einer idealen Verteilung entfernt ist: Geht man von einer wünschenswerten Umtriebszeit von 100 Jahren oder gar — wie im Diagramm angedeutet — nur 80 Jahren aus, so ergeben sich *umfangreiche Arealanteile mit überjährigem*, also unproduktivem Wald, während vor allem die Bestände *mittleren Alters stark unter-*, die mit *Jungwuchs leicht überrepräsentiert sind*.

Auf die Gründe dieser Überalterung soll hier im einzelnen nicht eingegangen werden; eine wichtige Ursache — die Übernutzung vor etwa 100 Jahren — wurde schon genannt (S. 59). Wesentlich sind zudem die vorsichtigen Hiebssätze der frühen Nachkriegszeit, als zu grobe Taxationen ein ungenaues Bild sowohl des Holzvorrats als auch der jährlichen Zuwachsrate vermittelten, aber auch die in der Zwischenkriegszeit weit verbreitete Plenterwirtschaft, die eine schlagweise Erneuerung der Bestände verhindert hat.

Aus dem Diagramm ist auch zu ersehen, daß die langfristig wünschenswerte Normalisierung der Altersgliederung in den kommenden Jahren überdurchschnittliche Einschläge in den Wäldern der oberen Altersklassen voraussetzt.

Es zeigt schließlich deutlich, welche enorme Rohstofflücke in einigen Jahrzehnten zu erwarten ist, wenn vor allem die jetzt 20 — 60jährigen Bestände hiebsreif werden und zwischenzeitlich keine Mittel gefunden worden sind, hier für Abhilfe zu sorgen, sei es durch Produktivitätserhöhung der vorhandenen Bestände, verstärkten Rohstoffimport oder gar durch Kapazitäts*abbau* der holzverbrauchenden Industrie.[159]

Wie bei der Größe des betroffenen Raumes, den unterschiedlichen physisch-geographischen Bedingungen und der jeweilig variierenden Bestandsgeschichte nicht anders zu erwarten, ergeben sich bei einer Differenzierung dieser und anderer Fakten auf VUB-Ebene einige charakteristische Abweichungen vom Verwaltungsdurchschnitt. Eine weitergehende Analyse diesbezüglicher Unterschiede ist jedoch im Hinblick auf die hier interessierenden Fragen nicht nötig.

Die dominierende Forstbetriebsform der Verwaltung Falun wie auch im gesamten übrigen Unternehmensbereich ist der schlagweise Hochwald, die vorherrschende Hiebsart der Kahlschlag. Andere Betriebsformen und Hiebsarten kommen unter besonderen Bedingungen vor, sind aber im Gesamtsystem volumen- und flächenmäßig ohne Bedeutung.

Der größte Teil des Erntevolumens im Verwaltungsbereich, das in den 70er Jahren durchschnittlich 300 000 Fm/Jahr betrug, wird mit hoch-, aber noch nicht vollmechanisierten Erntesystemen gewonnen. Es überwiegt die sogenannte motormanuelle Methode, bei der die Bäume von Forstarbeitern mit Handmotorsägen annähernd parallel gefällt, dann mit einem Prozessor entastet und — je nach Eignung als Faser- oder

---

[159] Die hier für die Forstverwaltung Falun dargestellte Situation ist typisch für nahezu das gesamte Waldland der nördlichen Landeshälfte (vgl. SOYEZ, 1980a).

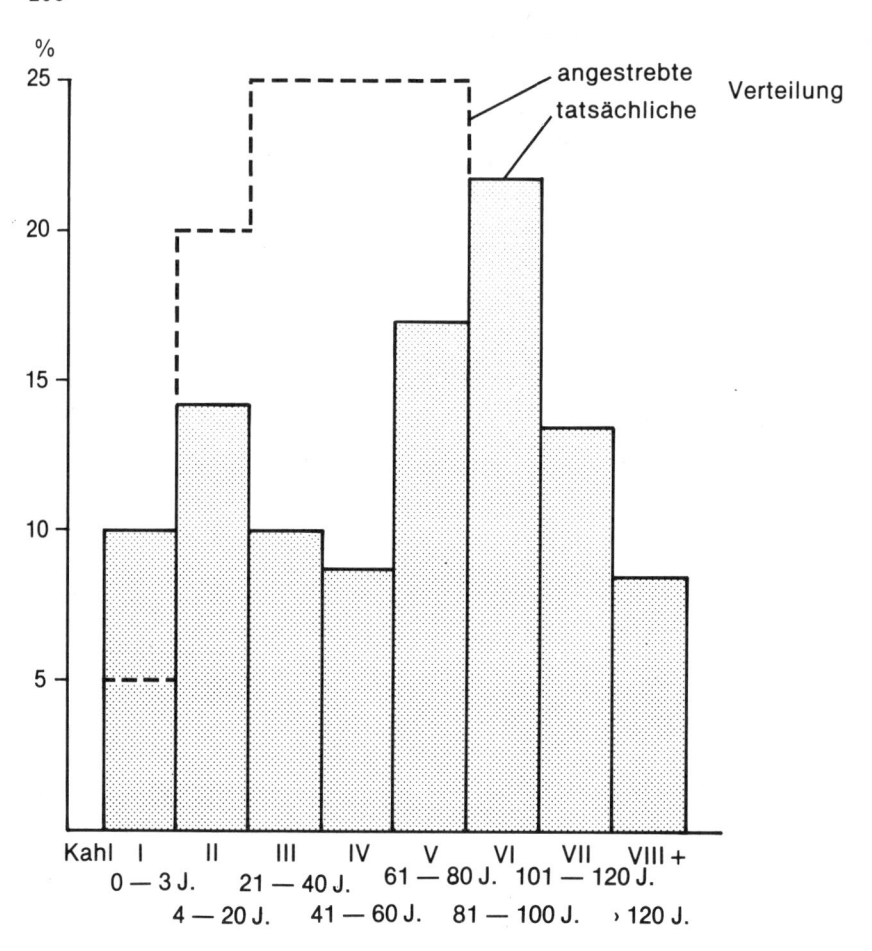

Abb. 26: Forstverwaltung Falun: Flächenanteile der Altersklassen
(Quelle: nach verwaltungsinternen Statistiken)

Schnittholz — abgelängt und sortiert werden. Das Holz wird anschließend mit speziellen Forsttraktoren (mit einer Ladefläche für zwischen 10 und 16 t) zum nächsten Forstweg transportiert, dort auf Lastwagen verladen und dann zum Ort der Weiterverarbeitung gebracht. Etwa 30 % des jährlichen Erntevolumens werden allerdings mit einem System gewonnen, bei dem auch noch der Fällvorgang mechanisiert ist.

Während somit der Mechanisierungsgrad bei den Endhieben sehr hoch ist, stößt die Anwendung leistungsfähiger Maschinen bei den Pflegehieben noch auf Schwierigkeiten. Bei der Läuterung dürfte es ohnehin kaum möglich sein, jemals den Forstarbeiter mit der Handmotorsäge zu ersetzen. Auch die Durchforstungen geschehen heute noch weitgehend motormanuell, wobei leistungsfähige funkgesteuerte Drahtzugsysteme die anstrengende Rückearbeit wesentlich erleichtert haben.

Inzwischen sind jedoch auch kleinere, leichtere und damit wendigere Maschinen auf den Markt gekommen, die auch im empfindlicheren Stangenholz ohne große Risiken für den Bestand eingesetzt werden können. 1979 waren zwei dieser Maschinen in der Forstverwaltung im Einsatz.

Aus rein technischer und betriebswirtschaftlicher Sicht scheint man dem Fernziel des Praktikers, nämlich der Anwendbarkeit der gleichen Maschinen sowohl für Pflege- als auch für Endhiebe, inzwischen sehr nahe gekommen zu sein.

2.2.3.2.2. Konfliktbereich „Hiebsarten"

Die heute völlig dominierende Hiebsart ist — wie einleitend erwähnt — der Kahlhieb. Im langjährigen Mittel werden zur Zeit zwischen 90 % und 95 % der gesamten jährlichen Ernte durch Kahlhiebe gewonnen, der Rest verteilt sich auf Pflegehiebe und — mit weniger als 1 % von sehr untergeordneter Bedeutung — auf den Einschlag von Überhältern nach erfolgreicher natürlicher Verjüngung.

Die Größe der Kahlschläge im Verwaltungsbereich reicht von einigen wenigen bis über einhundert Hektar, wobei die beiden größten Endhiebe während des Untersuchungszeitraumes knapp über 150 ha lagen. In Abb. 27 ist die absolute Häufigkeit verschiedener Kahlschlaggrößen für die VUB-Gruppen 1-2 und 3-5 in sechs Klassen dargestellt. Zum einen ist deutlich, daß der weitaus größte Teil der Endhiebe in die kleinsten Größenklassen fällt. Zum anderen zeigen sich zwischen den beiden VUB-Gruppen charakteristische Unterschiede, die zunächst ohne nähere Analyse mit dem erwähnten Kontrast des Parzellenmusters korreliert werden können. Während die unterste Größenklasse bis 19,9 ha in den VUB 1-2 lediglich ein knappes Drittel ausmacht, sind es in den VUB 3-5 nahezu zwei Drittel. Der Abstand würde sich noch beträchtlich vergrößern, wenn der VUB 3 der ersten Gruppe zugeschlagen worden wäre.

Aufschlußreicher als die absoluten Zahlen in den Häufigkeitsklassen sind deren prozentuale Anteile am Gesamtkahlschlagsareal, so wie sie in Abbildung 28 für die beiden VUB-Gruppen dargestellt sind. Sie zeigt für die VUB 1-2, daß im Untersuchungszeitraum Kahlschläge unter 60 ha Größe (67 % aller Endhiebe) durchschnittlich die eine Hälfte des Gesamtkahlschlagareals ausmachen, die von über 60 ha (nur 33 % aller Endhiebe) jedoch die andere Hälfte. Dieser in diesem Teil der Verwaltung deutlichen Dominanz der Großkahlschläge entspricht in den VUB 3-5 ein ebensolches Übergewicht der unteren Kahlschlagsgrößenklassen auch am Gesamtkahlschlagsareal. Kahlschläge von über 100 ha sind hier seit 1973 überhaupt nicht mehr vorgekommen.

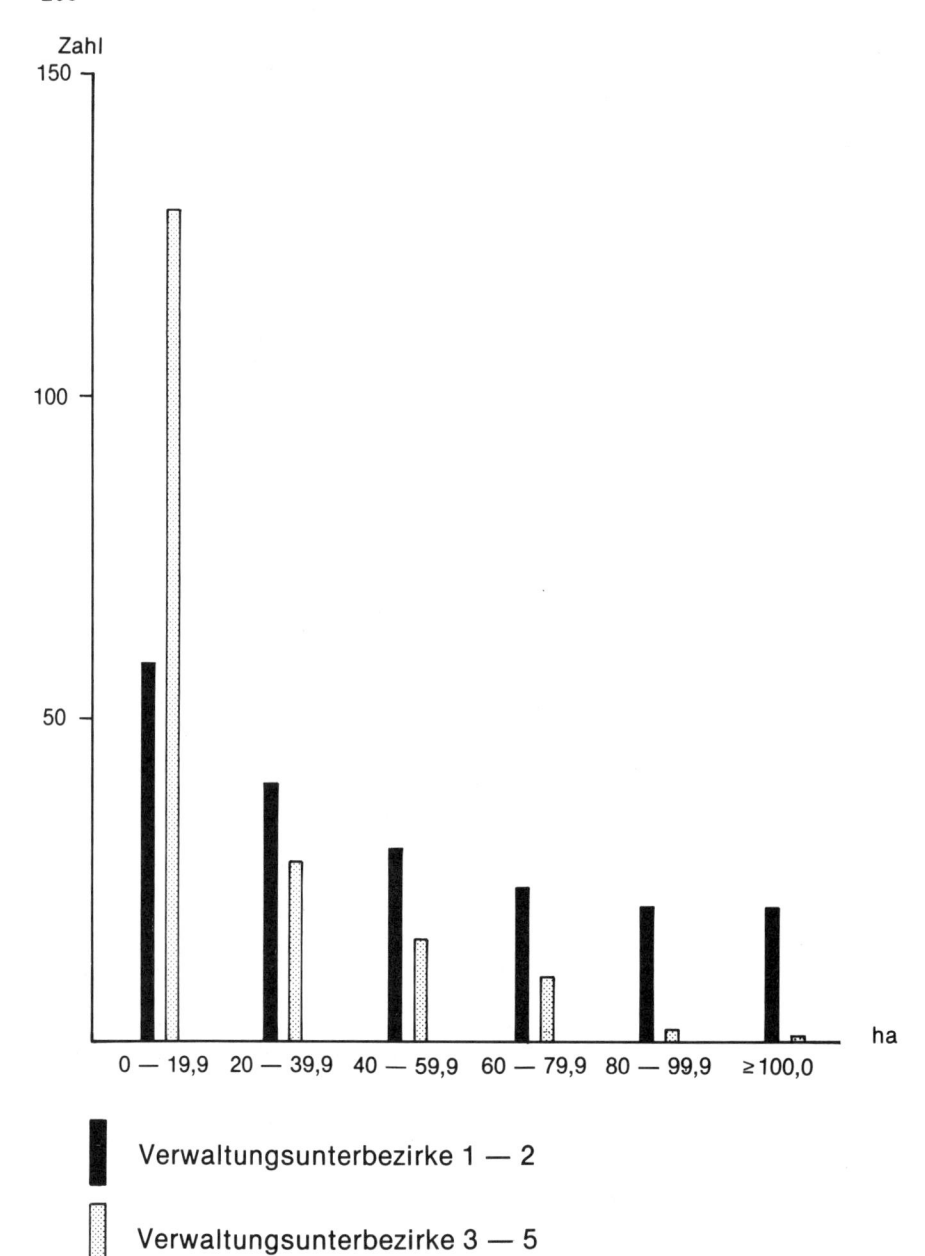

Abb. 27: Forstverwaltung Falun: Absolute Häufigkeit der Kahlhiebsgrößen 1971 — 1978
(Quelle: nach verwaltungsinternen Statistiken)

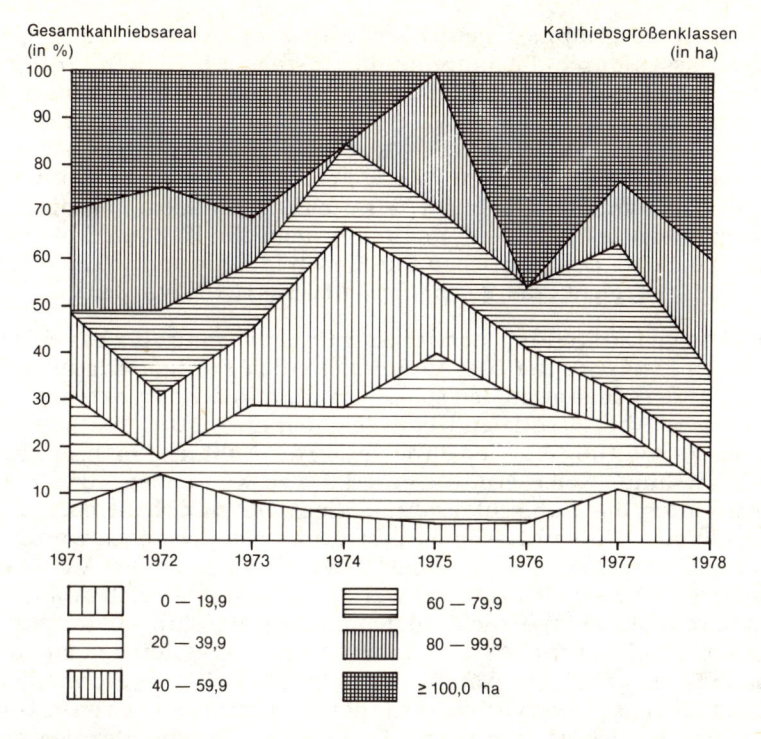

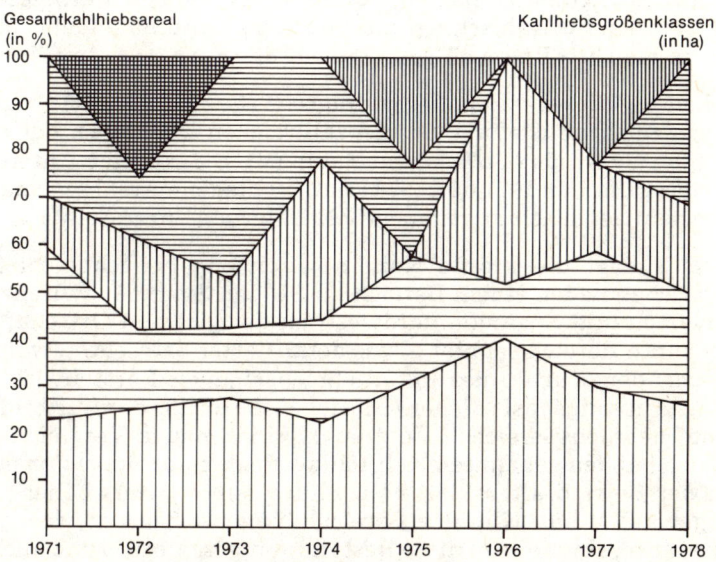

Abb. 28: Forstverwaltung Falun: Anteile der
Kahlhiebsgrößenklassen am gesamten Kahlhiebsareal
1971 — 1978 (VUB 1-2: oben; VUB 3-5: unten)
(Quelle: nach verwaltungsinternen Statistiken)

Aus beiden Diagrammen geht hervor, daß die Anteile der einzelnen Größenklassen durch die Jahre hindurch stark schwanken. Völlig eindeutige Tendenzen sind für beide VUB-Gruppen nicht auszumachen, wenn auch in jüngster Zeit in VUB 1-2 eine Zunahme der großen Hiebe festzustellen ist. Die Schwankungen scheinen jedoch eher betriebsbedingt als von übergeordneten Faktoren (etwa externer Einflußnahme) gesteuert zu sein. Die Übersicht zeigt schließlich auch, daß die unternehmensintern festgesetzten Maximalgrößen für Kahlschläge von zunächst 200 ha bei den jährlichen Endhieben nie, die von 150 ha nur ausnahmsweise erreicht oder geringfügig überschritten wurden.

Die bisherige Darstellung statistischer Daten vermittelt zwar schon einen ersten Eindruck der hier interessierenden Fakten, erlaubt jedoch noch nicht den Zugang zu den spezifisch räumlichen Aspekten des Problemkreises. Abb. 29 soll den Überblick über die im Untersuchungszeitraum im Verwaltungsbereich durchgeführten Endhiebe in ihrer räumlichen Verteilung erleichtern. Aufgrund des zu wählenden kleinen Maßstabs konnten die Kahlschlagsareale nicht mehr flächentreu, sondern nur in einigen Größenklassen dargestellt werden. Dennoch werden die früher angesprochenen Unterschiede zwischen den beiden VUB-Gruppen sehr deutlich. Die Karte zeigt weiter, daß die eigentlich problematischen Großkahlschläge nicht gleichmäßig gestreut, sondern in bestimmten Bereichen massiert auftreten. Hier interessieren nicht nur die genauen flächenmäßigen Anteile der in kurzer Zeit abgeräumten Areale. Es ist auch nach den Gründen für deren räumliche Konzentration zu fragen. Schließlich ist zu prüfen, ob die unternehmensintern gesetzten Maximalgrößen für Kahlschläge auch bei kurz hintereinander erfolgten Hieben im gleichen Raum eingehalten worden sind.

Zur Erhellung dieser und anderer Fragen (s. S. 216) sollen Abb. 30 und 31 dienen. In ihnen ist für zwei von zahlreichen Endhieben betroffene Gebiete um Svartnäs (VUB 2) und Falun (VUB 3, geringe Anteile von VUB 1) das zwischen 1971 und 1978 kahlgeschlagene Areal schematisch, aber flächentreu in seiner genauen Lokalisierung dargestellt.

Im VUB 2 liegt die größte Konzentration eng benachbarter Kahlschlagsflächen neben einem Bereich im SE von Svartnäs zwischen den Seen Svarten und Spaksjön nordwestlich der gleichen Ortschaft. Der letztgenannte Bereich sei hier etwas detaillierter betrachtet, wobei die entsprechenden Karten des unternehmenseigenen Forsteinrichtungswerks als Ausgangsbasis dienen (Blätter 27, 29 und 30 der Luftbildkarte des Unternehmensbereichs „Forsten"). Ein genauer Vergleich zeigt, daß es sich bei den genannten Kahlschlagsflächen *fast ausnahmslos* um Wälder der Betriebsaltersklasse VII+, d. h. eines Alters höher als 120 Jahre, gehandelt hat. Kleinere Bereiche jüngerer Klassen, doch selten unter 80 Jahre, sind teils in diese Bestände eingeschlossen und auch mitgeerntet worden. Im einzelnen lassen sich für den Einschlag aller genannten Altersklassen forstwirtschaftlich und/oder -biologisch einsichtige Gründe anführen. Die Bestände VII+ sind meist überaltert und als „Null-" oder „Minuswachstumsbestände" zu bezeichnen. Bei den jüngeren Klassen handelt es sich oft um früher in Form der Plenter-

211

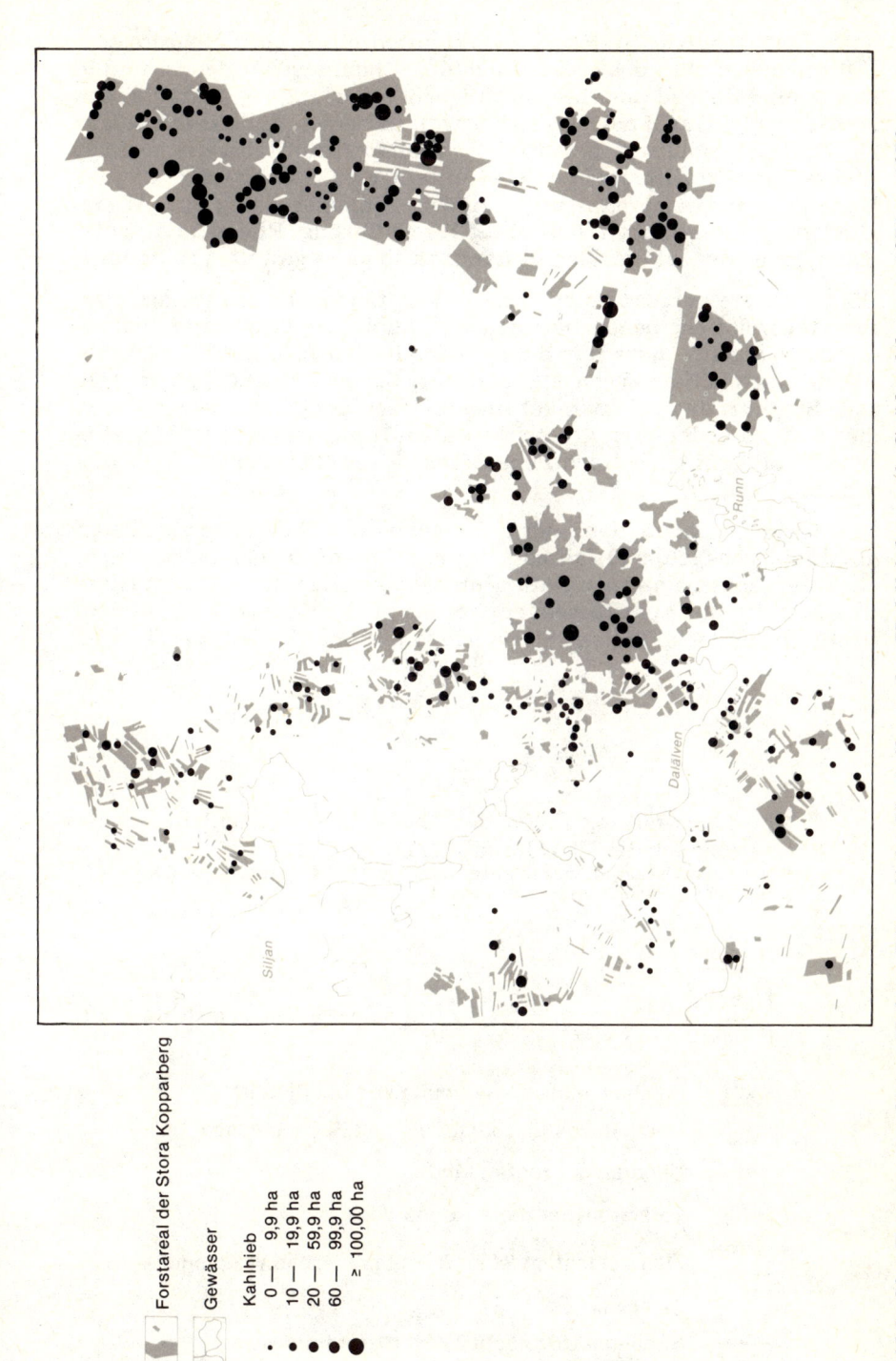

Abb. 29: Forstverwaltung Falun: Räumliche Verteilung der Kahlhiebe nach Größenklassen 1971 — 1978
(Quelle: nach verwaltungsinternen Unterlagen und Plänen)

wirtschaft genutzte Bestände, denen durch einen oder mehrere sog. „Dimensionshiebe" das grobe Nutzholz entnommen worden ist und in denen anschließend nur eine unzureichende Verjüngung stattgefunden hat (schwed. „tras-" oder „restskogar"). In beiden Fällen ist also das biologische Produktionspotential des Standorts nur teilweise genutzt. Andere jüngere Altersklassen sind miteingeschlagen worden, um auf längere Sicht Bestandszuschnitt, Artenzusammensetzung und Altersgliederung zu verbessern und somit Hiebsführung, Pflege- und Erntemaßnahmen des zukünftigen Bestands rationeller gestalten zu können.

Die durch die vorgenommenen Hiebe entstandenen Kahlschläge sind zwar teilweise eng benachbart, jedoch sind nur in Ausnahmefällen zusammenhängende oder nur durch schmale Kulissen getrennte kahle Areale von mehr als 150 ha entstanden (z. B. westlich des Spaksjön). Je nach Standort und Blickwinkel eines Betrachters können jedoch durch die Staffelung kleinerer, in einer Flucht und unterschiedlicher Höhe liegender Kahlschläge beträchtliche Bereiche des überschaubaren Geländes kahlliegen.

Dies ist insbesondere dann der Fall, wenn auch Ödland sowie Areale mit Jungwuchs unter 10 Jahren Alter miteinbezogen werden, wie es in der unternehmensinternen Naturschutzanweisung formuliert ist. Diese Überschreitungen selbstgesetzter Grenzen müssen jedoch auch vor dem Hintergrund der aktuellen Schwierigkeiten der Bestandsverjüngung

Abb. 30: Forstverwaltung Falun: Kahlhiebe und Überhalt in einem ▶
Teilbereich der VUB 1 und 2 (1971 — 1978)
(Quelle: nach verwaltungsinternen Unterlagen und Plänen, ergänzt durch eigene Luftbildauswertung)

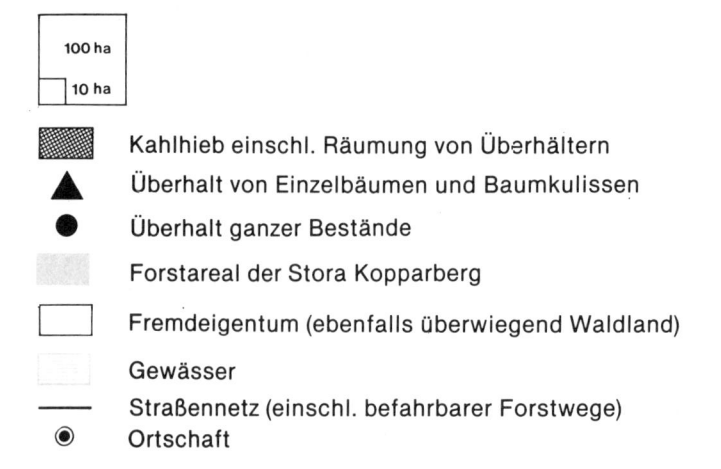

100 ha
10 ha

▩ Kahlhieb einschl. Räumung von Überhältern
▲ Überhalt von Einzelbäumen und Baumkulissen
● Überhalt ganzer Bestände
　 Forstareal der Stora Kopparberg
☐ Fremdeigentum (ebenfalls überwiegend Waldland)
　 Gewässer
— Straßennetz (einschl. befahrbarer Forstwege)
◉ Ortschaft

213

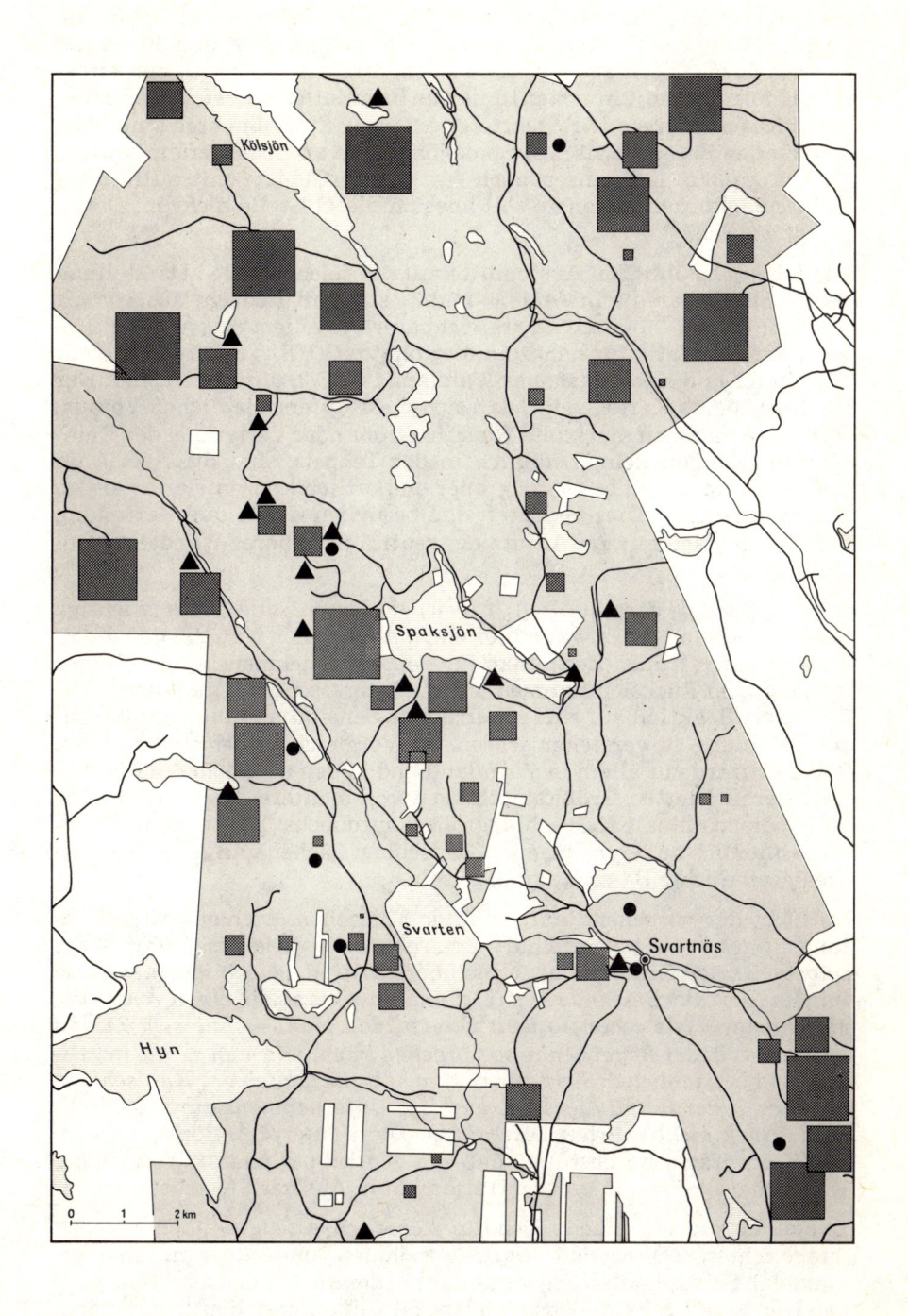

gesehen werden, auf die im nächsten Abschnitt eingegangen wird. Die Detailanalyse der Forsteinrichtungskarten zeigt weiter, daß die Hiebsgrenzen der Kahlschläge fast ohne Ausnahme den Umrissen der Altbestände folgen, somit in erster Linie das Resultat forstlicher Überlegungen, *nicht aber* irgendwie gearteter externer Einflußnahme sind. Was hier für den Bereich zwischen Spaksjön und Svarten ausgeführt wurde, gilt im großen und ganzen auch für andere Gebiete mit auffälligen Kahlschlagkonzentrationen, soll aber an dieser Stelle nicht im Detail belegt werden.

Die großmaßstäblichen Ausschnitte mit der flächentreuen Darstellung der Kahlschlagareale in Abb. 30 und 31 sind mit Bedacht ausgewählt worden, da sie — bei etwa vergleichbarer Parzellenstruktur — als jeweils repräsentativ für nahezu unbewohntes (VUB 2) und relativ dicht bewohntes und siedlungsnahes Waldland (VUB 3) anzusehen sind. Der Blick auf beide Karten zeigt, daß sich diese unterschiedlichen Voraussetzungen *nicht* auf markante Weise in Größe oder Verteilung der Kahlschläge widerspiegeln. Lediglich in der Tendenz sind die Areale im Waldland um Svartnäs etwas größer und örtlich konzentrierter als im Großraum Falun. Dies bedeutet, daß bezüglich Größe und Verteilung der Kahlschläge nur im Ansatz ein zentral-peripherer Wandel festzustellen ist.

Die vorgehend vorgestellten Tatsachen lassen eine erste wichtige Schlußfolgerung zu. Es war einleitend unterstrichen worden, daß die zu einem relativ frühen Zeitpunkt für den Unternehmensbereich intern festgesetzten Rücksichtnahmen auf die Interessen anderer Nutzer eindeutig als Reaktion auf eine zunehmende Sensibilisierung der öffentlichen Meinung zu verstehen waren. Im Vergleich zu den von anderen Waldbesitzern vor allem in Värmland und in den nördlicheren Landesteilen praktizierten Großkahlschlägen von mehreren hundert Hektar schien die maximale Kahlschlaggröße von zunächst 200 ha, dann 150 ha (einschließlich anderer jüngerer Kahlschlagsflächen und Aufforstungsareale) eine echte Beschränkung zu sein.

Im Licht der vorgehend dargestellten Tatsachen erscheint diese Deutung ausgesprochen zweifelhaft. Zwar wurden — wie ausgeführt — die selbstgesetzten Grenzen nur selten überschritten, *jedoch scheinen diese im Hinblick auf Bestandszuschnitt und -muster sowie einen rentablen Maschineneinsatz schon so weit gesetzt, daß man — ohne sich Zwang anzutun — in der Regel genau so vorgehen kann, wie man es aus forstlicher und betrieblicher Sicht für richtig hält. Bezüglich der Kahlschläge wird somit der Handlungsspielraum des Unternehmens durch öffentlichen Druck nicht spürbar beschränkt.* Diese Interpretation wird auch durch die Tatsache gestützt, daß ein zentral-peripherer Wandel bei Kahlschlagsgröße und -konzentration nur in Ansätzen festzustellen ist.

Der durch die öffentliche Debatte sicherlich erzeugte, aber dennoch „ungerichtete" Druck hat das Unternehmen somit zwar zu einer geschickten Selbstdarstellung veranlaßt, in der die Unterschiede des eigenen Handelns im Vergleich zu anderen Waldbesitzern deutlich werden. Von einem *Unterlassen der für notwendig erachteten forstlichen Maß-*

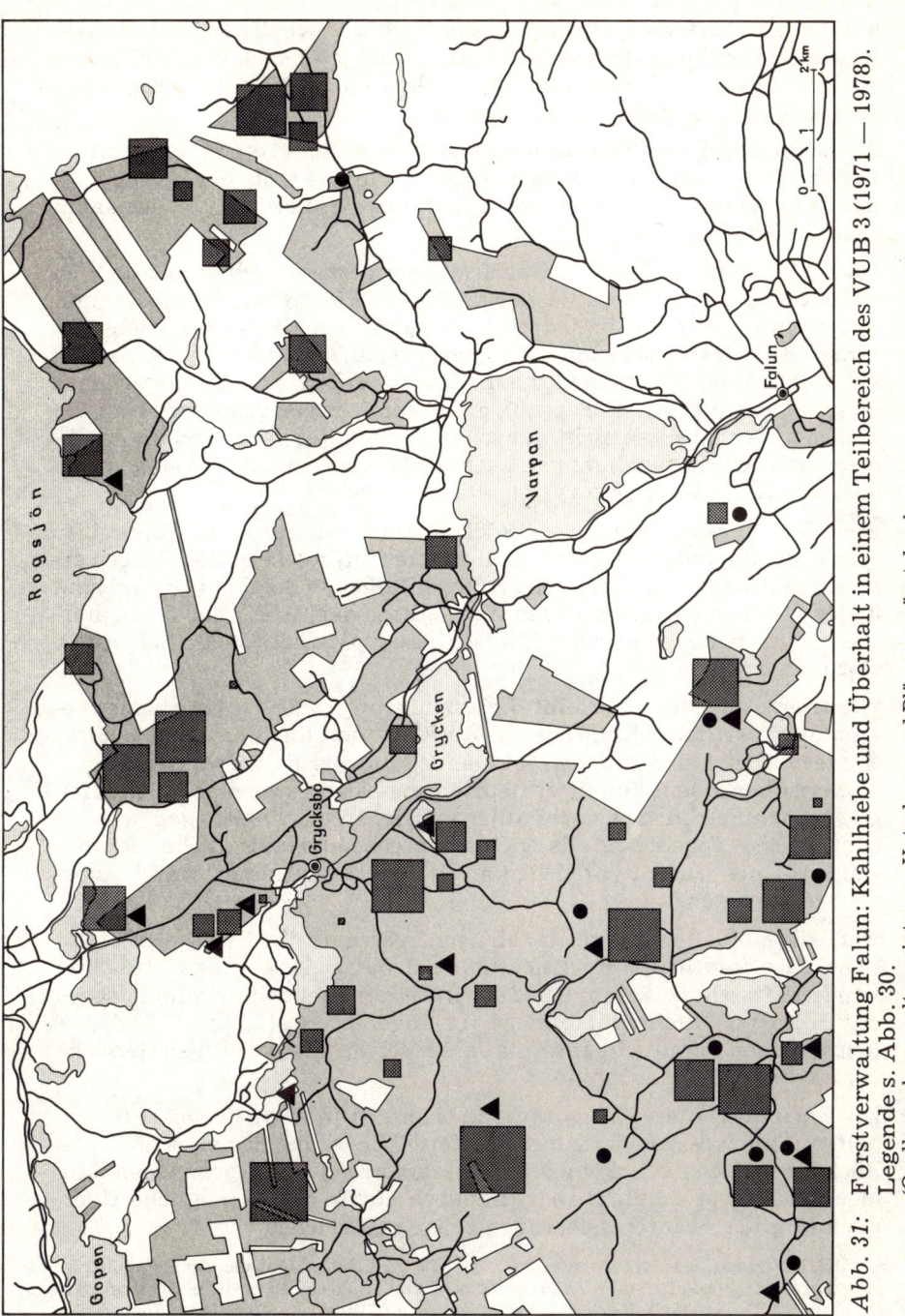

Abb. 31: Forstverwaltung Falun: Kahlhiebe und Überhalt in einem Teilbereich des VUB 3 (1971 – 1978). Legende s. Abb. 30.
(Quelle: nach verwaltungsinternen Unterlagen und Plänen, ergänzt durch eigene Luftbildauswertung)

nahmen aus Rücksicht auf die Interessen anderer Nutzer kann jedoch in diesem speziellen Bereich *kaum die Rede* sein. Auch die seit 1975 obligatorische Anmeldungspflicht aller Kahlschläge über 0,5 ha Größe hat weder seitens der Forstaufsichtsbehörde noch der Provinzialregierung zu irgendwelchen Eingriffen geführt.

Auffällig ist an diesem Problemkreis, daß es konkrete Konfliktsituationen um geplante oder verwirklichte Endhiebe trotz der heftigen öffentlichen Debatte, die auch Stora Kopparberg einschloß, bisher kaum gegeben hat.

Die bisherigen Fakten und Überlegungen bezogen sich ausschließlich auf Größe und Konzentration der Endhiebe. Wichtig aus forstlicher und außerforstlicher Sicht ist jedoch auch die Art und Weise der Hiebsführung selbst, der Anpassung der Hiebsarten an Geländeformen, Gewässer, bestehende Siedlungen u.a.m. Es war schon darauf hingewiesen worden, daß hier die Forderung einer vorsichtigen Anpassung an die örtlichen Verhältnisse nicht nur schon Bestandteil der ersten unternehmensinternen Naturschutzinstruktion war, sondern ab 1975 auch durch das novellierte Waldgesetz vorgeschrieben wurde.

Eine Totalinventur derartiger Rücksichtnahmen müßte das Ziel einer speziellen Untersuchung sein. Für die hier interessierenden Fragen erschien es ausreichend, das tatsächliche Vorgehen der Forstverwaltung in den gleichen repräsentativen Abschnitten der VUB 2 und 3 zu untersuchen, in denen schon das Kahlschlagsareal eingehender betrachtet worden war.

Wie früher angedeutet, bleibt die Ausführung (oder Unterlassung) bestimmter forstlicher Eingriffe aus Rücksicht auf die Interessen anderer Nutzer letztlich den mit den lokalen Verhältnissen vertrauten Hiebsplanern überlassen. Von ihrer Beurteilung hängt es auch ab, ob derartige Maßnahmen in den verbindlichen Hiebsplan eingetragen werden oder ob es — gegebenenfalls nach entsprechenden mündlichen Anweisungen — den Verantwortlichen am Hiebsort überlassen bleibt, angemessen vorzugehen.

Um beide Möglichkeiten einzufangen, geschah die Erfassung offensichtlicher forstlicher Rücksichtnahmen auf Belange des Natur- und Landschaftsschutzes einmal auf der Basis der Hiebspläne, zum anderen mit Hilfe von Reihenluftbildern im ungefähren Maßstab 1:30 000.[160] Hinzu kamen mündliche Informationen der für die jeweiligen Bereiche verantwortlichen Hiebsplaner.

Die Ergebnisse dieser Inventur sind ebenfalls in Abb. 30 und 31 festgehalten. Eine wesentlich differenziertere Gliederung der verschiedenen Rücksichtnahmen wäre wünschenswert, war jedoch im gegebenen Rahmen nur schwer durchführbar. Dennoch dürfte der so mögliche Überblick für die hier interessierenden Fragen ausreichen.

---

[160] Die hier interessierenden Areale sind nicht alle im gleichen Jahr von der Reihenbefliegung erfaßt worden, so daß der in den Abb. 30 und 31 dargestellte Stand nicht voll synchron ist. Der größte Teil des Raumes ist jedoch von Bildern aus dem Jahr 1976 gedeckt. Da auch 1977/78 mit Sicherheit entsprechende Rücksichtnahmen aktuell waren, geben die Karten nur ein „Minimalbild" wieder.

Die Abbildungen zeigen, daß bei einem Großteil der Kahlschläge ein Überhalt in irgendeiner Form stattgefunden hat. Am häufigsten sind sogenannte Sichtkulissen durch locker gestreute Kiefern, die als Samenbäume zwischen einem Kahlschlag und einem als empfindlich beurteilten Objekt belassen wurden, etwa an Stränden, Durchgangsstraßen oder in der Nähe von Dauer- oder Ferienhausbebauung.[161]

An markanten Grenzen zwischen produktivem Forstareal und Ödland (Moor, Felsen) sind häufig zum Schutz typischer Biotope nicht nur ältere Bäume, sondern auch vorhandene Jungwuchsbereiche ausgespart worden. In beiden Fällen handelt es sich im wesentlichen um den Überhalt einzelner Bäume auf kleineren Arealen, meist nur von einigen Zehnern von Metern Breite und nur in Ausnahmefällen mehr als einhundert Metern Länge.

Während es bei einem Schirmbestand von Kiefern meist um einen zeitlich begrenzten Überhalt geht (nach erfolgter Verjüngung können die Bäume noch geerntet werden), bedeutet ein Unterlassen des rechtzeitigen Einschlags von Fichten nicht nur deren endgültigen Verlust, sondern in der Regel auch den Verzicht auf eine angemessene Verjüngung.

Von wirtschaftlich größerer Bedeutung, aber auch seltener, ist in den erfaßten Bereichen der Überhalt ganzer Bestände von oft mehreren Hektar Größe. Ein wichtiges Beispiel hierfür ist etwa der Fichtenbestand nördlich von Svartnäs, der trotz hohen Alters bisher wegen seiner Ortsnähe noch nicht geerntet worden ist.

Es liegt in der Natur der Sache, daß eine Inventur der aus Landschaftsschutzgründen überhaltenen Bestände schwierig ist. Zum einen soll nicht ein erfolgter, sichtbarer Eingriff, sondern im Gegenteil ein „Nicht-Ereignis" erfaßt werden. Zum anderen ist nicht immer eindeutig feststellbar, ob ein Überhalt tatsächlich aus den hier interessierenden Rücksichtnahmen oder einfach aus nicht sofort augenscheinlichen forstlichen Erwägungen heraus geschehen ist. Auch dürfte es bei der Vielzahl meist gegebener forstlicher Alternativen und ihrer zeitlichen wie räumlichen Staffelung oft so sein, daß ein Überhalt aus den genannten Gründen auch aus rein forstwirtschaftlicher Sicht vorteilhaft oder zumindest kostenneutral ist. Für die in den Übersichten aufgenommenen Bestände wurden jedoch im einzelnen von den Hiebsplanern einsichtige Gründe vorgebracht. In der Regel handelt es sich um seit langem hiebsreife Bestände, von deren Einschlag wegen größerer benachbarter Kahlschlagflächen oder einer exponierten Lage noch einige Zeit abgesehen wird.

In den Abb. 30 und 31 sind bei weitem nicht alle Rücksichtnahmen auf die Interessen außerforstlicher Waldlandnutzer erfaßt, vor allem nicht solche sehr geringer Flächenausdehnung (Bewahren einzelner Nistbäu-

---

[161] Nicht immer ist hier ein Schirmbestand als solcher als bewußte Landschaftsschutzmaßnahme zu interpretieren. Eine starke Blockstreu, ein hoher Anteil an kahlen Felspartien oder auch nur eine starke Hängigkeit erschweren oft den Einsatz von Bodenbearbeitungsaggregaten so, daß man insbesondere auf den hierfür besonders geeigneten trockenen Standorten die Naturverjüngung von Kiefernbeständen der Kultur vorzieht. Derartige Gesichtspunkte müssen also im Einzelfall berücksichtigt werden.

me oder Quellvegetationsbereiche, Säubern von Waldpfaden vom Schlagabfall u. a. m.). Auch die aktiven landschaftspflegerischen Maßnahmen wie etwa Läuterungen zur Sichtverbesserung an viel befahrenen Straßen oder Aussichtspunkten müßten in einer Totalinventur erfaßt werden. Dennoch lassen die vorgestellten Fakten schon *eindeutig den Schluß zu, daß im hier aktuellen Bereich seitens der Forstwirtschaft auf spezifische Interessen außerforstlicher Nutzer routinemäßig und in örtlich landschaftsprägender Weise Rücksicht genommen wird.* Es kann zudem belegt werden, daß derartige Rücksichtnahmen schon Jahre *vor* Aufnahme entsprechender Gebote in die einschlägige Gesetzgebung praktiziert wurden. Ein typisches Beispiel im hier aktuellen Verwaltungsbereich sind etwa die ausgedehnten Schirmbestände beiderseits der Reichsstraße an der westlichen Ortseinfahrt von Falun, die vor etwa einem Jahrzehnt entstanden.

Die soeben gezogene Schlußfolgerung scheint zunächst im Gegensatz zu der vorgehend (S. 214) geäußerten Auffassung zu stehen, dem Unternehmen seien bei Planung und Durchführung von Kahlschlägen keine echten Beschränkungen auferlegt. Der Widerspruch ist jedoch nur scheinbar, da die beiden behandelten Maßnahmebereiche auf verschiedenen Ebenen liegen. Das Unternehmen hat sich *nicht beeinflussen lassen* durch die öffentliche Debatte bezüglich der *Forstbetriebsform* (schlagweiser Hochwald), der *Hiebsart* (Kahlhiebe) und der *hochmechanisierten Erntesysteme*. Als *anpassungswillig und -fähig* hat es sich dagegen in der feineren Ausgestaltung und Durchführung dieser forstlichen Eingriffe gezeigt, das heißt — um in der Sprache der Kritiker zu reden — in den „forstkosmetischen" Maßnahmen. Dieser letztgenannte Begriff ist zwar schlagkräftig, aber zumindest deswegen diskutabel, weil solchen eingriffslindernden Maßnahmen offensichtlich auch in den Augen einer kritischen Öffentlichkeit große Bedeutung zukommt.

Derartige Rücksichtnahmen dürften der Hauptgrund dafür sein, daß es im Unternehmensbereich bezüglich der Kahlhiebe als dominierender Hiebsart bisher zu keinem bedeutenden Konflikt gekommen ist. Wie bei den Kahlschlägen, kann auch bezüglich der soeben besprochenen forstlichen Rücksichtnahmen die Frage nach eventuellen räumlichen Differenzierungen gestellt werden. Ein Vergleich der beiden Abb. 30 und 31 zeigt bezüglich des Überhalts ebenfalls keine markanten Unterschiede. Zwar ist die gewählte Darstellungsform grob,[162] aber selbst eine Detailanalyse zeigt das gleiche Bild: Abgesehen von einer schwachen Tendenz eines verstärkten Überhalts ganzer Bestände in der Nähe von Ortschaften werden im nahezu menschenleeren Waldland offensichtlich ähnliche Rücksichtnahmen praktiziert wie in dichter besiedelten Bereichen.

Abschließend kann bezüglich der besprochenen Maßnahmenbereiche festgestellt werden, daß bei der forstlichen Routinetätigkeit in der hier

---

[162] Für eine exakte Quantifizierung der praktizierten Rücksichtnahmen müßten genaue Angaben etwa über Arealgröße, überhaltenes Holzvolumen, Alter und Bonität der Bestände zusammengestellt werden. Dies ist im Rahmen der vorliegenden Arbeit nicht möglich.

aktuellen Verwaltung zwar offensichtlich wichtige Rücksichtnahmen auf die Interessen außerforstlicher Nutzer praktiziert werden, angesichts der relativ kleinen hiervon betroffenen Areale die für das Unternehmen wirksamen Restriktionen aber kaum als übermäßig angesehen werden können. Die geschilderten Beschränkungen sind sicher kostensteigernd. Bedenkt man aber, auf welchen Arealen dagegen die forstlichen Eingriffe — wie belegt — so vorgenommen werden können, wie es rationeller im Augenblick nicht denkbar ist, so scheinen die durch diese Rücksichtnahmen entstehenden Belastungen eher marginaler Natur zu sein.

2.2.3.2.3. Konfliktbereich „Bestandsbegründung/Insektizide"

In der Öffentlichkeit nahezu ebenso umstritten wie der vorgehend behandelte Maßnahmenbereich ist die Verjüngung der abgeholzten Areale. Von einigen Kritikern der Forstwirtschaft wird sogar behauptet, vor allem die größten Waldbesitzer nähmen ihre gesetzlich geregelte Pflicht zur angemessenen Verjüngung der Bestände nicht ernst. Forstwirtschaft und Holzindustrie weisen einen solchen pauschalen Vorwurf zurück und machen geltend, daß auftretende Schwierigkeiten im wesentlichen durch das ab 1. 1. 1975 gültige DDT-Verbot und die dadurch bedingten Insektenschäden erklärt werden müssen. Maßgebliche Vertreter dieser Wirtschaftszweige und ihrer Verbände fordern deswegen seit Jahren die Aufhebung dieses Verbots. Eine detaillierte Analyse der tatsächlichen Verhältnisse in der Forstverwaltung Falun eignet sich vorzüglich, verschiedene Aspekte dieser Problematik zu beleuchten. Gleichzeitig ermöglicht eine solche Betrachtung, räumliche und andere Wirkungen einer erfolgten Konfliktregelung herauszuarbeiten.

An den Anfang gestellt sei die Darstellung der tatsächlich erfolgten Bestandsneugründungen. Aus Tabelle 9 ist ersichtlich, daß die Arealgrößen der jährlich neu begründeten Bestände innerhalb der einzelnen Verwaltungsunterbezirke beträchtlich schwanken können, die Betrachtung eines längeren Zeitraums somit unumgänglich ist. Ähnliches gilt für die in der gleichen Tabelle zusammengestellten Kahlschlagareale. Bezogen auf die Gesamtperiode kann jedoch eindeutig festgestellt werden, daß bis auf einige Hektar genau *ebenso große Bestände neubegründet wie kahlgeschlagen wurden*. Dies bedeutet jedoch noch nicht notwendigerweise, daß man auch der gesetzlichen Verjüngungspflicht Genüge getan hat, da eine *vorgenommene* und noch keine *gesicherte* Verjüngung ist. Wie notwendig es ist, den Verjüngungserfolg in die Betrachtung miteinzubeziehen, zeigt Abb. 32: Trotz der formal erfüllten Verjüngungspflicht ergibt sich für den dargestellten Zeitraum von acht Jahren und bezogen auf die in gleicher Zeit abgeernteten Areale ein Defizit von gut 4000 ha. *Etwa 40 % der in diesem Zeitraum vorgenommenen Bestandsneugründungen sind somit mißglückt.* Dies hat dazu geführt, daß über mehrere Jahre hinweg ein Teil oder sogar die Gesamt-

Tab.: 9 Forstverwaltung Falun: Kahlhiebs- und Verjüngungsareale in den Verwaltungsunterbezirken (VUB) 1-5 von 1969 bis 1976 (in ha)

VUB Jahr	1 K	1 V	1 V/K %	2 K	2 V	2 V/K %	3 K	3 V	3 V/K %	4 K	4 V	4 V/K %	5 K	5 V	5 V/K %
1969	188	134	71,3	308	403	131,0	179	202	113,0	80	55	68,8	99	51	51,5
1970	298	233	78,2	347	405	117,0	309	348	113,0	134	148	110,0	174	87	50,5
1971	269	305	113,0	587	687	117,0	160	219	51,0	200	76	38,0	84	184	219,0
1972	357	371	104,0	314	495	158,0	231	483	209,0	123	239	194,0	132	98	74,2
1973	239	236	98,7	630	694	110,0	170	326	192,0	105	194	185,0	206	107	51,9
1974	275	190	69,1	531	435	81,9	352	191	54,3	164	120	73,2	154	169	110,0
1975	306	119	38,9	640	447	69,8	232	77	33,2	125	122	97,6	63	59	89,9
1976	183	135	73,8	347	458	132,0	159	129	81,1	106	102	96,2	134	116	86,6
Insgesamt	2115	1723	⌀ 81,5	3704	4024	⌀ 109	1792	2107	⌀ 118	1037	1056	⌀ 102	1051	868	⌀ 82,6

Gesamtareal 1969 — 1976: Kahlhiebe (K):   9699 ha
                          Verjüngung (V): 9778 ha

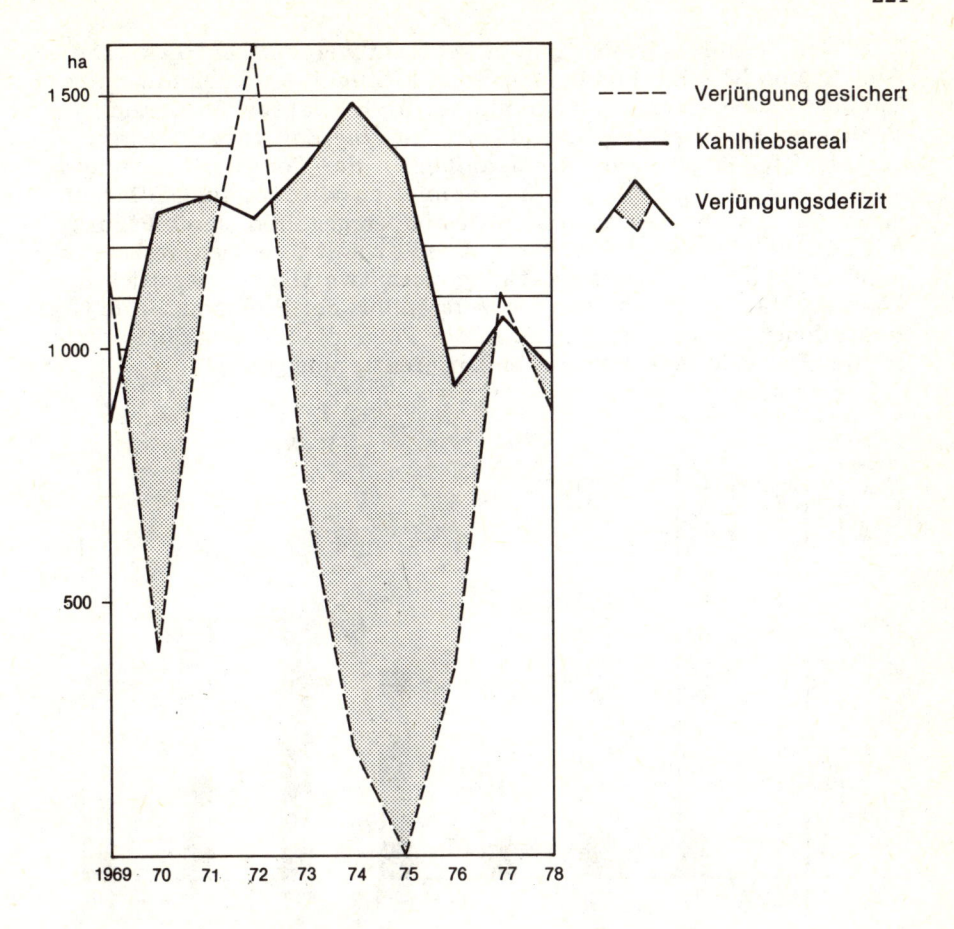

Abb. 32: Forstverwaltung Falun: Kahlhiebe und gesicherte
Verjüngung 1969 — 1978
(Quelle: nach verwaltungsinternen Statistiken)

heit der Verjüngungsmaßnahmen aus Nachbesserungen oder Wiederholungspflanzungen bestanden hat, wie auch Abb. 35 auf eindrucksvolle Weise belegt.[163]

Das Absinken des jährlich verjüngten Areals zwischen erster und zweiter Hälfte der 70er Jahre um rund ein Drittel ist vor allem durch die Einführung der obligatorischen mehrjährigen Schlagruhe nach erfolgtem Endhieb zu erklären (s. S. 223).

Es ist nun mehrfach darauf hingewiesen worden, daß die katastrophalen Verjüngungsresultate der letzten Jahre von Vertretern der Forst- und Holzwirtschaft in der öffentlichen Debatte immer wieder mit dem

---

[163] Diese Entwicklung ist nicht nur für den Verwaltungsbereich kritisch, sondern — weil die Probleme praktisch ubiquitär sind — auch für das ganze Unternehmen und die Forst- und Holzwirtschaft Schwedens insgesamt.

DDT-Verbot ab 1975 in Verbindung gebracht werden. Der Blick auf die Abb. 32 und 33 zeigt, daß derartigen Erklärungsversuchen mit großer Vorsicht zu begegnen ist, da zumindest im hier aktuellen Bereich *die Verjüngungsschwierigkeiten eindeutig in eine Zeit zurückreichen, in der die DDT-Applikation für Setzlinge in der Forstwirtschaft noch durchweg üblich war.* Sogar die kompletten Wiederholungspflanzungen der Jahre 1975/76 haben noch Beständen gegolten, deren Pflanzen mit DDT behandelt worden waren. Es gilt somit zu prüfen, welche anderen Ursachen oder Ursachenbündel verantwortlich gemacht werden könnten. Dazu und zum besseren Verständnis der Problematik im Gesamtrahmen dieser Arbeit seien in der Folge die bisher global vorgestellten Daten in ihrer räumlichen Differenzierung gezeigt.

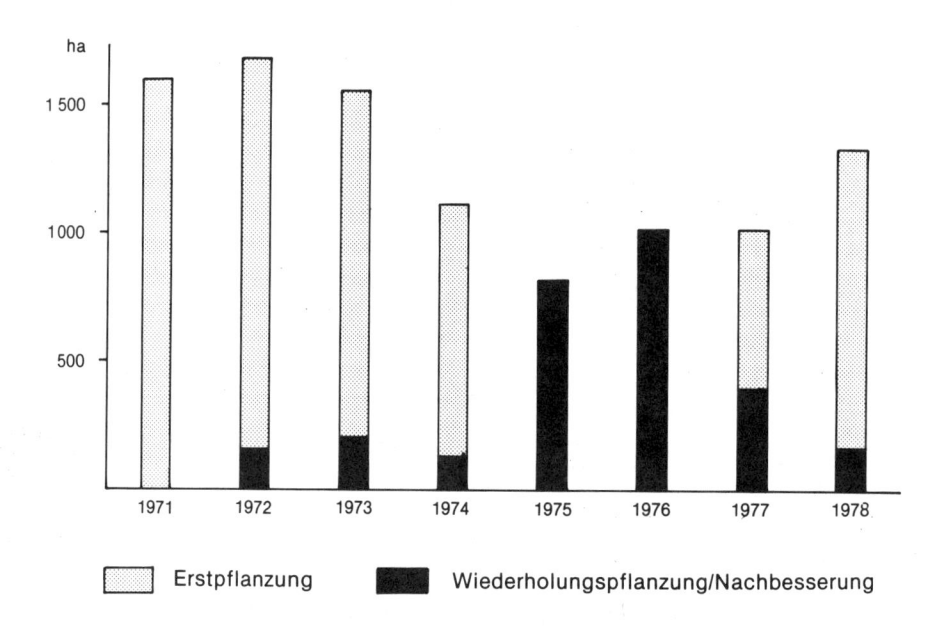

Abb. 33: Forstverwaltung Falun: Bestandsbegründung 1971 — 1978, differenziert nach Erstpflanzungen sowie Wiederholungspflanzungen/Nachbesserungen
(Quelle: nach verwaltungsinternen Unterlagen und Plänen)

Der Übersicht über die Kahlschläge entsprechend, zeigen Abb. 34 und 35 die Gesamtheit der in den Jahren 1971 bis 1978 im Bereich der Forstverwaltung Falun vorgenommenen Verjüngungsmaßnahmen. Wenn auch für detaillierte Aussagen die sich jeweils entsprechenden Teilbereiche genauer miteinander verglichen werden müßten, so zeigt die Übersicht jedoch deutlich, daß das Unternehmen nicht nur bezüglich der Größe der Verjüngungsflächen, sondern auch ihrer regionalen Verteilung ernsthaft bemüht ist, die geernteten Bestände angemessen wiederaufzuforsten.

Auffällig, um nicht zu sagen schockierend, ist jedoch die Notwendigkeit der im gleichen Zeitraum erfolgten Nachbesserungen und Wiederholungspflanzungen, so wie sie aus Abb. 35 hervorgehen.[164] Sie sind zwar im nahezu gesamten Verwaltungsbereich vorgenommen worden, jedoch fallen einige Bereiche mit besonders auffälligen Häufungen ins Auge, so etwa nordwestlich von Falun und nördlich von Svartnäs.[165] Es ist hier aufschlußreich, die raum-zeitliche Entwicklung von Kahlhieben, Bestandsbegründungen und Nachbesserungen örtlich etwas genauer zu betrachten. Anschließend lassen sich auf dieser Grundlage auch die möglichen Gründe für die jahrelangen Verjüngungsschwierigkeiten besser diskutieren.

In der frühen Nachkriegszeit war auf den meisten Kahlschlägen das Schlagabbrennen als bodenverbessernde und damit verjüngungserleichternde Maßnahme weitgehend üblich. Erforderlich waren jedoch ein genügendes Austrocknen des Hiebsabfalls, ganz bestimmte Wetterlagen (Hochdruck mit schwachem, aber stetigem Wind, um das Risiko von Waldbränden auszuschalten) sowie schließlich das Abwarten mehrerer Vegetationsperioden, um Wurzelschwammkalamitäten möglichst zu verhindern.

Alles zusammen führte in der Regel zu einer Schlagruhe von zwei, oft jedoch auch weit mehr Jahren. Die genannten Risiken, zu hoher Arbeitskräftebedarf und die neuen maschinellen Bodenbearbeitungsmethoden führten Ende der 60er, Anfang der 70er Jahre zur fast völligen Aufgabe des Schlagabbrennens. Wie sich auch aus den entsprechenden Unterlagen bei Stora Kopparberg ersehen läßt, wurde gleichzeitig die durchschnittliche Schlagruhe zwischen Abtrieb und Bestandsbegründung verkürzt: Viele Bestände wurden nach erfolgter Bodenbearbeitung schon in der ersten Vegetationsperiode nach dem Einschlag, manche sogar noch *im gleichen Jahr* wiederbegründet. In die gleiche Zeit fällt der massive Übergang zu nurmehr einjährigen Paperpot-Setzlingen anstelle der bis dahin ausschließlich verwendeten mehrjährigen und damit kräftigeren Normalpflanzen. Ein Großteil der unter diesen Bedingungen angelegten Kulturen überlebte die folgenden Jahre nicht.

Die zwischen Abb. 34 und 35 vorgenommene Trennung erlaubt es nicht, das Schicksal eines spezifischen Bestandes nachzuvollziehen. Wichtiger an dieser regionalen Übersicht ist aber auch, die Häufung von Nachbesserungen und Wiederholungspflanzungen in solchen Bereichen zu veranschaulichen, die durch eine charakteristische Abfolge forstlicher Eingriffe geprägt sind.

---

[164] Die kartographische Differenzierung von Nachbesserungen und Wiederholungspflanzungen wäre wünschenswert. Zum einen werden jedoch diese beiden Begriffe in der Praxis unterschiedlich gehandhabt, zum anderen ist es heute selbst mit Hilfe der ursprünglich Beteiligten kaum noch möglich, für Hunderte von Beständen die genauen flächenmäßigen Anteile von örtlichen Nachbesserungen oder kompletten Wiederholungspflanzungen zu rekonstruieren.

[165] Die überwiegende Zahl der Symbole ist lagerichtig gesetzt, lediglich bei größeren Konzentrationen am gleichen Ort wurden Verschiebungen notwendig.

224

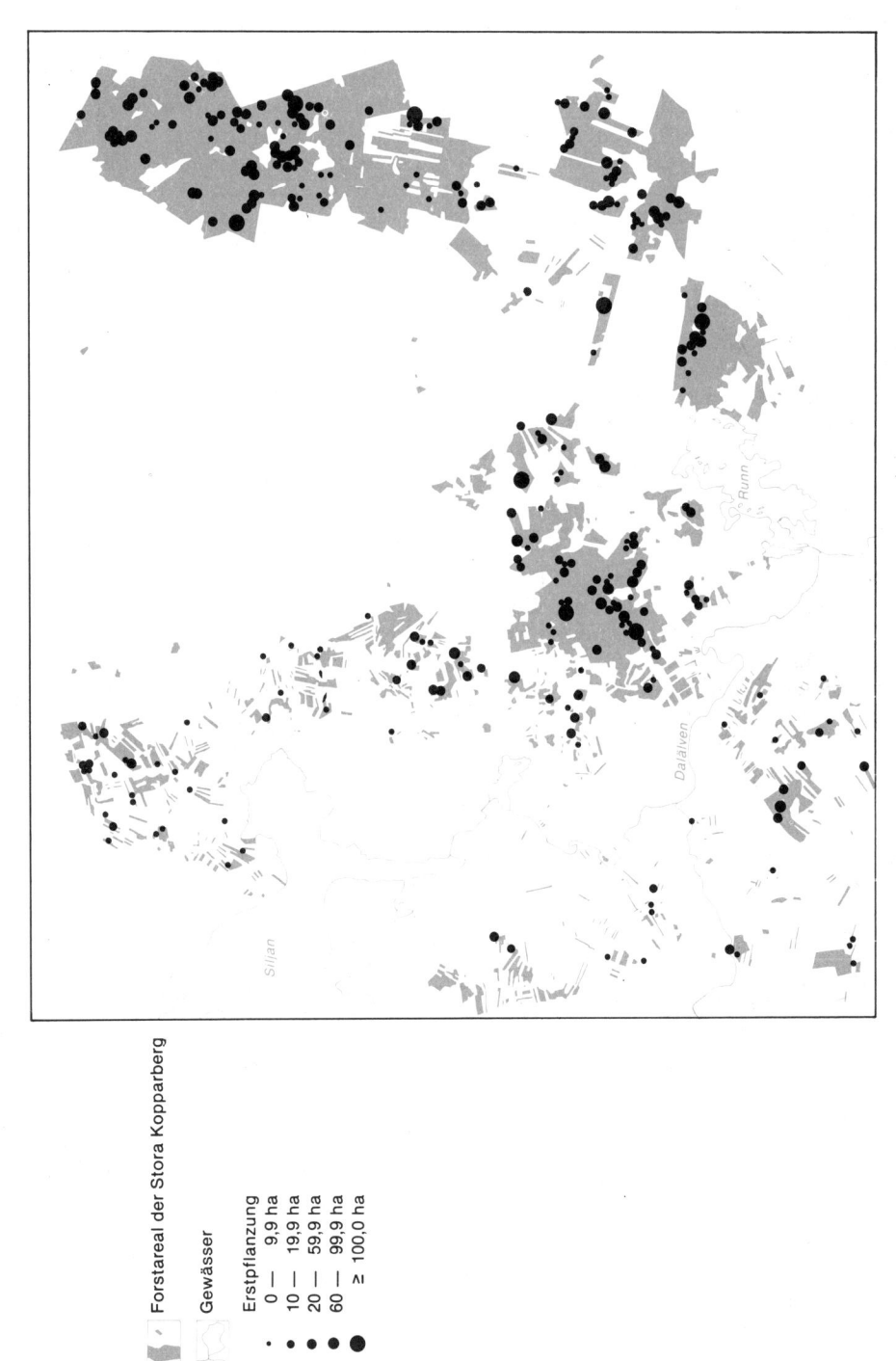

Forstareal der Stora Kopparberg

Gewässer

Erstpflanzung
 0 — 9,9 ha
10 — 19,9 ha
20 — 59,9 ha
60 — 99,9 ha
≥ 100,0 ha

Abb. 34: Forstverwaltung Falun: Räumliche Verteilung der Bestandsbegründungen nach Größenklassen 1971 — 1978 (Erstpflanzungen)
(Quelle: nach verwaltungsinternen Unterlagen und Plänen)

225

Abb. 35: Forstverwaltung Falun: Räumliche Verteilung von Wiederholungspflanzungen/Nachbesserungen nach Größenklassen 1971 – 1978
(Quelle: nach verwaltungsinternen Unterlagen und Plänen)

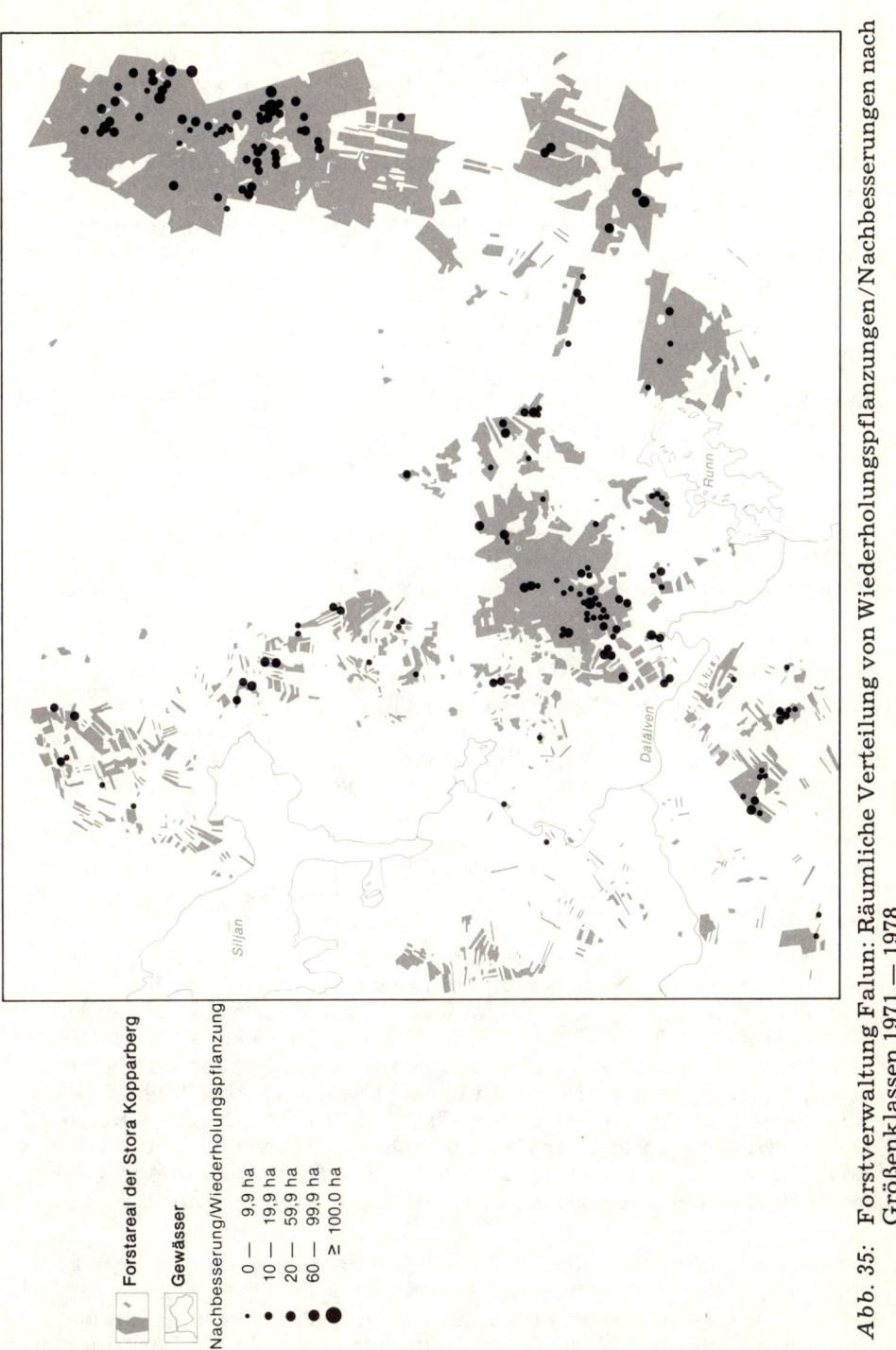

Nachbesserungen und Wiederholungspflanzungen betreffen zum großen Teil die in Abb. 34 dargestellten Verjüngungsareale der vorangegangenen Jahre, teils aber auch ältere Bestände der engeren und weiteren Nachbarschaft. Es sei noch einmal unterstrichen, daß die hier sichtbar werdenden Verjüngungsschwierigkeiten sehr wesentlich Kulturen betreffen, deren Setzlinge noch ohne Einschränkungen mit DDT behandelt worden sind.

Für den am stärksten von mißglückten Verjüngungen betroffenen Bereich nördlich der Seen Svarten und Mosjön sei das soeben Gesagte noch einmal auf Bestandesebene verdeutlicht (vgl. Abb. 37: A-D).

Der östliche Bereich des gezeigten Ausschnitts — Mörtåsen — war Anfang der 60er Jahre gekennzeichnet durch überalterte (VII+) Nadelwaldbestände mit einem hohen Fichtenanteil. Das großflächige Abräumen dieser etwa 900 ha umfassenden Bestände in Form zusammenhängender Kahlschläge begann 1963/64 im nördlichen Bereich. Der überwiegende Teil wurde in den Jahren 1968-1970 abgeholzt, ein letzter Rest von einigen wenigen Hektar schließlich im Jahre 1975 (Abb. 37 : C). Auf den zuerst eingeschlagenen Flächen wurden ab 1967, auf den später abgeräumten Arealen nahezu ausnahmslos 1970-1972 neue Kulturen gepflanzt (Abb. 37 : D). Von geringen Flächen abgesehen, mußten in den darauffolgenden Jahren bis 1977 in nahezu allen Kulturen eine oder gar mehrere Nachbesserungen oder Wiederholungspflanzungen vorgenommen werden. Erst Anfang der 80er Jahre war festzustellen, daß die Verjüngungen hier als gesichert betrachtet werden können.

Die Ausgangslage im westlichen Bereich — Spaksjöberget — des in Abb. 37 gezeigten Ausschnitts war wesentlich anders als am Mörtåsen. Auch hier gab es zwar einige VII+Bestände, jedoch war der überwiegende Teil Anfang der 70er Jahre den Altersklassen I-IV zuzuordnen. Von zwei kleineren, 1964 und 1971 abgeholzten Beständen abgesehen, wurden mehrere inselartig in den jüngeren Wald eingelassene Bestände sämtlich 1973 kahlgeschlagen und 1973/74 neu bepflanzt. Auch hier mußten anschließend fast ausnahmslos eine oder zwei Nachbesserungen durchgeführt werden.

Die beiden ausführlicher vorgestellten Beispiele Mörtåsen und Spaksjöberget fallen zwar flächenmäßig, nicht aber prinzipiell aus dem Rahmen des seit einigen Jahren Gewohnten. Entsprechende Bestandsgeschichten ließen sich auch aus den VUB 3-5 heranziehen. Es ist somit nicht verwunderlich, daß selbst mit den Grundzügen der Forstwirtschaft vertraute Beobachter immer wieder behaupten, die Waldbesitzer kämen vielfach ihrer Verjüngungspflicht nicht nach. In vielen Bereichen lagen noch Anfang der 80er Jahre die ein Jahrzehnt zuvor abgeholzten Flächen kahl, und für den Laien ist es nicht ohne weiteres ersichtlich, daß hier zwei oder gar drei Verjüngungsversuche hintereinander mißglückt sind.

Während somit in der ersten Hälfte der 70er Jahre eine längere Schlagruhe kaum noch üblich war, wurde sie durch das endgültige DDT-Verbot ab 1. 1. 1975 geradezu erzwungen. Da der überwiegende Teil der Pflanzenabgänge der vergangenen Jahre allgemein auf die Borkenkäfer-Kalamitäten zurückgeführt wurde, erschien es zu riskant, unbehandelte Setzlinge direkt an die Brutstätten dieser Schädlinge zu setzen.

Auch im Unternehmensbereich von Stora Kopparberg wurde eine zumeist zwei- oder dreijährige Schlagruhe auf allen ab 1974/75 abgeholzten Flächen obligatorisch. Die hierdurch freiwerdenden Pflanzkapazitäten werden für die in der gleichen Zeit sprunghaft ansteigenden Nachbesserungen und Wiederholungspflanzungen benötigt.

Ab 1977 kommen dann die normalen Bestandsbegründungen wieder in Gang und erreichen schon 1978 wieder fast den Umfang des Jahresdurchschnitts Anfang der 70er Jahre, allerdings mit einem charakteristisch veränderten räumlichen Verteilungsbild.

Während Kahlhiebe und Bestandsbegründungen traditionell in enger zeitlicher und räumlicher Nachbarschaft durchgeführt wurden (Abb. 36 : A), wird nun darauf geachtet, sie nicht nur zeitlich (Schlagruhe!), sondern auch räumlich zu trennen. Abb. 36 : B veranschaulicht dies deutlich für die Jahre 1976 bis 1978.

Die vorgehend besprochenen Verhältnisse betreffen zwar schon Areale von Zehntausenden von Hektar, aber die Frage nach der Repräsentativität der hier näher betrachteten Forstverwaltung ist dennoch berechtigt. Als Beleg dafür, daß die Probleme im ganzen Unternehmensbereich prinzipiell die gleichen sind, sei hier kurz auf die Ergebnisse der internen Verjüngungskontrollen eingegangen (Tab. 10).[166]

Etwa 1974 setzte sich die Erkenntnis durch, daß die örtlich festgestellten hohen Abgänge in neubegründeten Kulturen keine vorübergehende Kalamität, sondern deutlicher Ausdruck einer bedrohlichen Entwicklung waren. Trotz der damit verbundenen hohen Kosten war es somit für das Unternehmen lebensnotwendig, aufwendige Arbeitsroutinen für eine verstärkte, stetige Kontrolle des Verjüngungserfolges zu entwickeln. Sie wurden ab 1974/75 auf ständig steigenden Arealen angewendet.[167]

Aus Tab. 10 geht hervor, daß die Entwicklung im gesamten Unternehmensbereich ähnlich wie in der Forstverwaltung Falun verlief: Einem raschen Anstieg der Pflanzenabgangsquoten bis 1975 folgt ein noch schnellerer Rückgang zu nahezu normalen Überlebensquoten. Sowohl auf das gesamte Unternehmen wie auch speziell auf die Forstverwaltung Falun bezogen war damit der Höhepunkt der Krise überwunden.

Der in den 70er Jahren entstandene Rückstand an Bestandsbegründungen wird sich im Laufe der Jahre aufholen lassen. Nicht mehr wiedergutzumachen, wenn auch erst in Jahrzehnten direkt spürbar, ist dagegen der in vielen „Hektarjahren" zu bemessende Produktionsausfall durch den verspäteten Start der neuen Bestände, sei er nun auf direkt

---

[166] Ein entsprechender Vergleich mit landesweit erfolgten Verjüngungskontrollen der Forstaufsichtsbehörde würde prinzipiell zu den gleichen Ergebnissen führen.

[167] Die Methoden der Stichprobenerhebungen sind im dargestellten Zeitraum geändert worden. Dennoch dürften die in Tab. 10 genannten Werte größenordnungsmäßig miteinander vergleichbar sein (vgl. hierzu im einzelnen die Hausmitteilung, Unternehmensbereich Forsten, vom 7. 5. 1975 mit Anlagen).

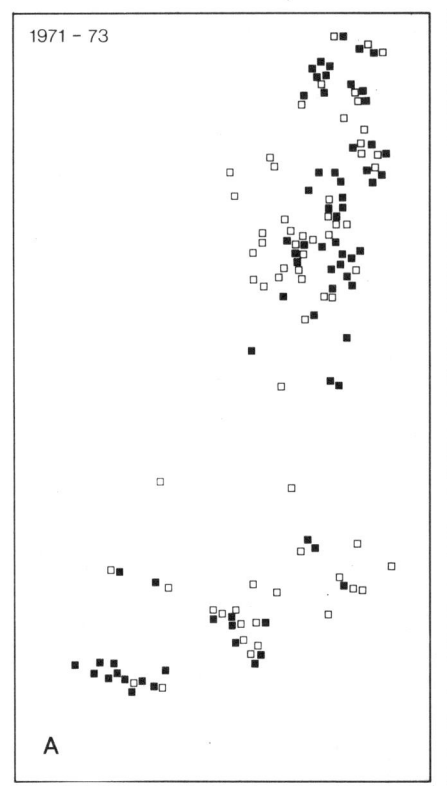

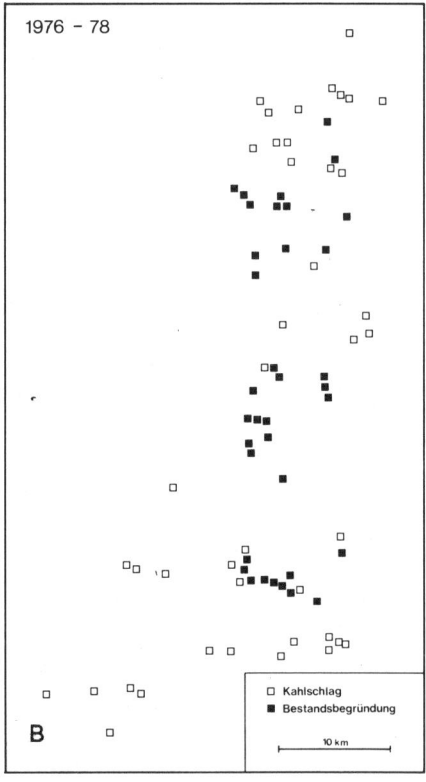

Abb. 36: Forstverwaltung Falun: Wandel des räumlichen Musters von Ernte und Bestandsbegründung nach Einführung des DDT-Verbots (dargestellt am Beispiel eines Teilbereichs der VUB 1 und 2)
(Quelle: nach verwaltungsinternen Unterlagen und Plänen)

mißglückte Verjüngungen oder auch nur auf die jetzt allgemein praktizierte mehrjährige Schlagruhe zurückzuführen. Gerade im Hinblick auf die sich abzeichnende Rohstofflücke gewinnen somit die Verjüngungsschwierigkeiten der 70er Jahre eine ganz eigene Dimension.

Denkbare Ursachen für die vorgehend belegten Verjüngungsschwierigkeiten sind schon verschiedentlich angeklungen (z. B. Abschaffen der Schlagruhe, Schädlingsbefall). Sie sollen hier abschließend noch einmal ausführlicher diskutiert werden, obwohl die Schlußfolgerungen aufgrund des Ansatzes dieser Arbeit nur auf indirektem Wege gezogen werden können, also durch die Auswertung von Original- und Sekundärmaterial, nicht aber etwa auf der Basis eigener ökologisch orientierter Gelände- oder Experimentalstudien.

Tab. 10 Inventuren zur Kontrolle des Verjüngungserfolgs im Unternehmensbereich von 1974 — 1977 (nach Unterlagen der Forstabteilung/Unternehmenshauptverwaltung)

Inventur/ Kontrolljahr	Jahr der Bestandsbegründung	Inventarisiertes Areal (ha)	Nachbesserung/Wiederholungspflanzung nötig (ha)	(%)
1975	1969	250	2	0,8
1975	1970	321	26	8,0
1975	1971	1 470	311	21,2
1975	1972	1 198	517	43,2
1974/75	1973	6 588	3 887	54,4
1976	1974	5 383	1 100	20,4
1977	1975	7 119	519	7,3

In der wissenschaftlichen wie in der öffentlichen Diskussion wird im wesentlichen die explosionsartige Vermehrung des Großen Braunen Rüsselkäfers (Hylobius abietis) für die hohen Abgangsquoten der Bestandsbegründungen in praktisch ganz Schweden verantwortlich gemacht (vgl. etwa Skogsstyrelsen, 1978a). Der Blick auf die tatsächlichen Verhältnisse im hier näher behandelten Raum zeigt, daß diese Deutung zutrifft, aber vereinfachend ist. Zwei auf verschiedenen Ebenen liegende Ergänzungen sind deswegen geeignet, ein etwas differenzierteres Bild zu vermitteln.

Zum einen sind bei den Verjüngungskontrollen neben eindeutigen, durch den Rüsselkäfer verursachten Fraßschäden immer wieder auch andere bestimmende Faktoren für den Pflanzenabgang nachzuweisen. Genannt seien etwa das Auffrieren der jungen Setzlinge in frosthubempfindlichen Bodenarten, Befall durch andere Insekten, Frost- und Dürreschäden sowie schließlich die durch Wühlmäuse verursachten Abgänge. Eine quantitative Aufschlüsselung ist nicht möglich, zumal oft verschiedene Ursachen zusammentreffen. Zum anderen bestehen offensichtliche Wirkungszusammenhänge zwischen den genannten und einer Reihe weiterer Faktoren, die am konkreten Objekt nachzuweisen nahezu unmöglich ist und zu deren Untersuchung während der forstlichen Routinearbeit weder Mittel, Methoden, Arbeitskräfte noch Kenntnisse vorhanden sind. Zusammenhänge dieser Art sind etwa die Empfindlichkeit der Setzlinge für Insektenschäden in ihrer Abhängigkeit von der Provenienz oder ihren Lagerungs-, Transport- und Pflanzbedingungen. Diese Empfindlichkeit kann gleichzeitig stark variieren mit dem aktuellen Zustand des Pflanzguts, der Bodenbearbeitungsmethode oder der Höhenlage des Bestands. An eingegangenen Setzlingen festgestellte *Fraßschäden* berechtigen somit noch *nicht* ohne weiteres, die *Ursachen für den Abgang monokausal im Insektenbefall* zu sehen.

Diesbezüglich multifaktorielle oder systemtheoretisch angesetzte Wirkungsanalysen fehlen völlig, wenn auch aufgrund des allgemeinen Erfahrungsschatzes des in- und ausländischen Forstschutzes die Bedeutung gewisser Rahmenbedingungen durchaus bekannt ist (Skogsstyrelsen, 1978a, Kap. 4.1-4.5).

Die während der kritischsten Periode, also etwa 1972-1976, vorgenommenen Bestandsbegründungen und Nachbesserungen geschahen vor diesem Hintergrund zunächst dennoch zwangsläufig in einer Art „trial-and-error"-Prozeß. Die Tatsache des Schädlingsbefalls wurde praktisch als gegeben hingenommen, und man versuchte zunächst lediglich, die jeweils lokal günstigen Verjüngungsbedingungen zu ergründen, bei denen die Insektenschäden minimiert werden konnten. Gleichzeitig und später in ständiger Rückkopplung mit den sich abzeichnenden Tendenzen versuchte man daraufhin, sinnvoll erscheinende Modifikationen im gesamten Methodenkomplex „Bestandsbegründung" vorzunehmen. Zu diesem Zweck wurden bei den verstärkten Verjüngungskontrollen im Unternehmensbereich von Stora Kopparberg ab 1974/75 u. a. die folgenden Variablen erhoben: Höhe ü. N. N., Bonität, Bodenbearbeitungsmethode, Setzlingstyp, Setzlingsalter, Provenienz, Pflanzungswoche und Schlagruhenlänge. Diese einzelnen Variablen wurden anschließend mit den Abgängen korreliert, um hier eventuell bestehende Zusammenhänge feststellen zu können.

Hieraus ergaben sich deutliche Hinweise darauf, daß der erwähnte monokausal orientierte Ansatz der Komplexität der Problematik unangemessen ist: Bei kaum einer der genannten Variablen sind bei den unterschiedlichen Ausprägungen signifikante Unterschiede bezüglich des Schädlingsbefalls festzustellen (aus unternehmensinternen Verjüngungskontrollen 1974/75, 1976, 1977, 1978). Zudem rächte sich hier der schnelle und nahezu vollständige Übergang zu spezifischen forstlichen Methoden (z. B. Paperpot-Setzlinge, geringes Setzlingsalter), da kaum noch Areale mit anderen Verhältnissen vorhanden waren, die zum gesicherten Vergleich hätten dienen können. Vor diesem Hintergrund ist es nicht erstaunlich, daß der Längsschnitt-Vergleich der verschiedenen Jahre für einzelne Variable sogar widersprüchliche Tendenzen aufzeigt. Um nur ein Beispiel zu nennen: Während die Abgangsquote bei manueller Bodenbearbeitung vor der Bestandsbegründung in Kulturen des Jahres 1972 einige Prozentpunkte niedriger liegt als bei der maschinell durchgeführten Fleckenfreilegung, sind die Verhältnisse bei 1974 begründeten Kulturen genau umgekehrt. Eine relativ deutliche, wenn auch nicht völlig einheitliche Tendenz zeigt dagegen in den letzten beiden Erhebungsjahren die Variable „Schlagruhe": Kiefernbestände weisen bis zu einer Schlagruhendauer von vier Jahren eine zunehmend höhere Überlebensrate auf.

Was hier bezüglich der Abgangsgründe für den Unternehmensbereich von Stora Kopparberg gesagt worden ist, gilt innerhalb einer gewissen Bandbreite auch für große Teile des übrigen Landes (Skogsstyrelsen, 1978a).

Im Vergleich zu den vorgehend genannten Daten ist jedoch auffällig, daß im Landesdurchschnitt die Überlebensrate in den während der Jah-

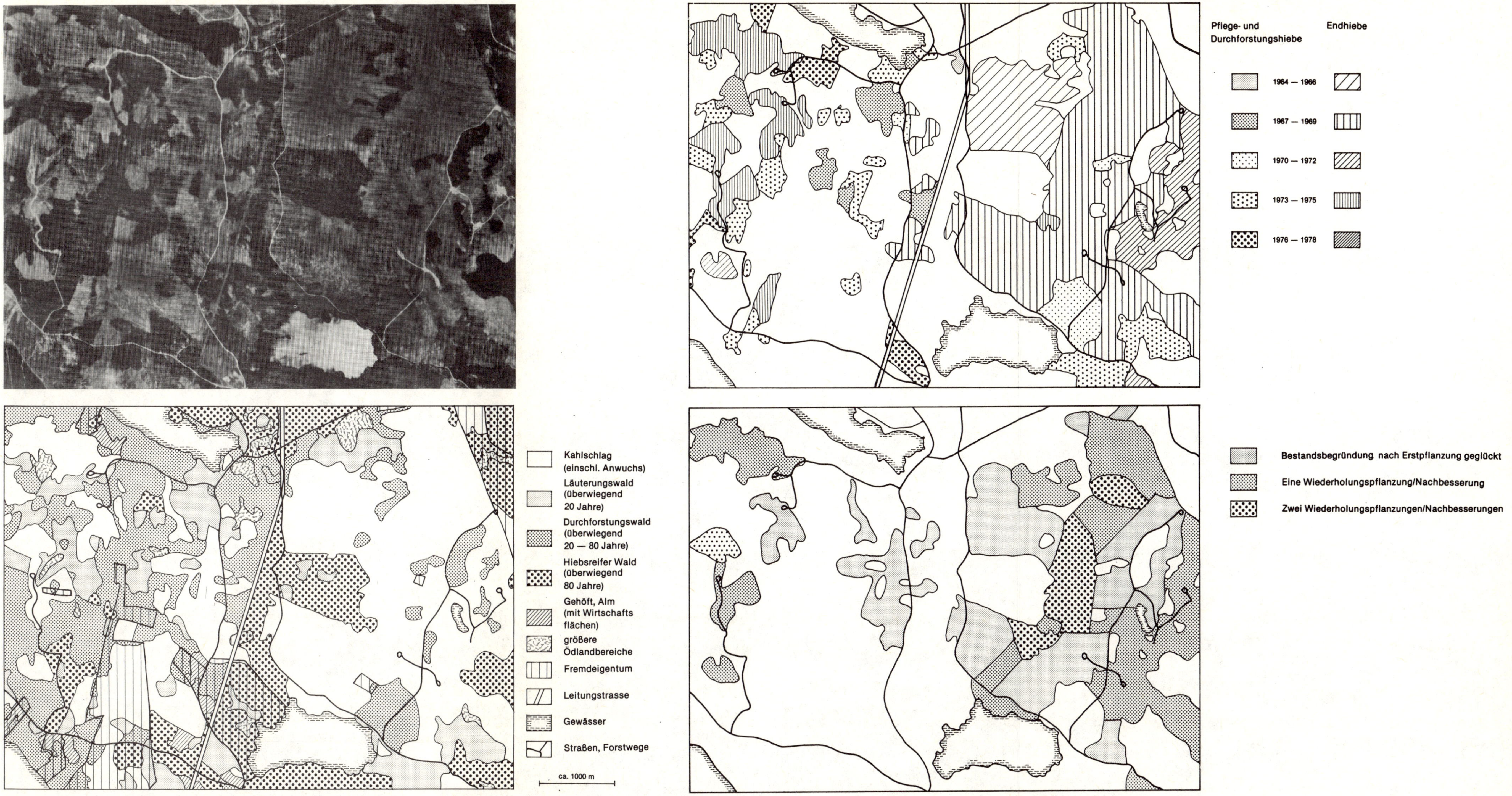

Abb. 37: Forstverwaltung Falun: Bestandsgliederung und forstliche Eingriffe zwischen 1964 und 1978 südlich
des Spaksjön (VUB 2)
(Quelle: Skizze auf der Grundlage des Luftbildpaares 75 Gd 123 32-33, Freigabe durch Statens Lantmäteriverk 1979-05-10, sowie nach
verwaltungsinternen Unterlagen und Plänen)

re 1975-1977 neubegründeten Kulturen geringer ist als bei Stora Kopparberg. Ohne eingehendere regionale Vergleiche ist nicht zu entscheiden, woran dies im Einzelfall liegen mag. Es ist jedoch möglich, daß die ab 1975 bei Stora Kopparberg getroffenen und hier beschriebenen Anpassungsmaßnahmen im Landesdurchschnitt nicht mit der gleichen Konsequenz durchgeführt worden sind.

Der Vereinfachung wegen war in den bisherigen Erläuterungen als Ursache der Verjüngungsschwierigkeiten der Befall durch den Großen Braunen Rüsselkäfer hingestellt worden. In einer weitergehenden Analyse muß selbstverständlich danach gefragt werden, wie es überhaupt zu der katastrophalen Vermehrung der Insektenpopulationen in den 70er Jahren gekommen ist. Von den Kritikern der Forstwirtschaft werden Schädlingsvermehrung wie Verjüngungsschwierigkeiten häufig auf den Großkahlschlagbetrieb zurückgeführt. Zumindest was die Insektenproblematik angeht, sind dafür auch in der forstlichen Spezialliteratur genügend Belege zu finden. Auch die geschilderten Verjüngungsschwierigkeiten im Großkahlschlagbereich Mörtåsen (Abb. 37) scheinen dies auf eindrucksvolle Weise zu zeigen, zumal eine Reihe ähnlicher Beispiele angeführt werden könnte.

Hier sollte man es sich jedoch nicht zu leicht machen, und es ist wichtig, zwischen der Situation Mitte und Anfang der 70er Jahre zu unterscheiden. Es liegt auf der Hand, daß einige Jahre günstiger Rahmenbedingungen nötig waren, um die Insektenpopulationen zu ihrer dann praktisch gegebenen Ubiquität heranwachsen zu lassen. Wenn *heute* eine enge Korrelation zwischen Kahlschlägen und Verjüngungsschwierigkeiten im gleichen Bereich festgestellt werden kann, so ist dies somit sicher auch eine Folge der langjährigen Entwicklung, nicht aber notwendigerweise ein Beleg für den *ausschließlichen* ursächlichen Zusammenhang zwischen Kahlschlagwirtschaft und Schädlingsvermehrung. Es sei daran erinnert, daß der Bereich Spaksjöberget westlich des Mörtåsen (Abb. 37) keine großen zusammenhängenden Kahlschlagflächen, aber die gleichen Verjüngungsschwierigkeiten aufweist. Sie mögen zumindest teilweise auf die Nachbarschaft der Großkahlschläge zurückzuführen sein, können aber auch allein mit den im gleichen Zeitraum durchgeführten *Pflegehieben* zusammenhängen.

Es ist früher betont worden, daß die monokausale Betrachtung unterschiedlicher Variablen bei Verjüngungsschwierigkeiten keinen klaren Beleg für die überragende Bedeutung *eines* Faktors ergeben hat. Das im vorliegenden Abschnitt zusammengestellte Material in Verbindung mit den aus der Literatur bekannten Fakten deutet somit auf ein komplexeres Ursachengefüge hin, was insgesamt folgende weitreichende Schlußfolgerung nahelegt: Wenn heute eine wesentlich geringere Abgangsquote junger Kulturen im Unternehmensbereich von Stora Kopparberg durch kräftige Modifikationen des *gesamten* forstlichen Maßnahmebündels (s. u.) erreicht wird (und zwar bei Fortbestehen des DDT-Verbots!), so ist dies ein sehr starkes Indiz dafür, daß die Forstwirtschaft in früheren Jahren die Verjüngungsschwierigkeiten durch ein entsprechend *inadäquates* Maßnahmenbündel *selbst* verstärkt, wenn nicht sogar *erzeugt* hat.

Ende der 60er, Anfang der 70er Jahre kann man von einem bedeutenden Innovationsschub in der Forstwirtschaft sprechen, der teils nur ungenügend erprobte Methoden beinhaltete: Großkahlschläge wurden immer häufiger, der volumen- und flächenmäßige Anteil von Pflegehieben begann kräftig zu sinken, das Schlagabbrennen und damit die Schlagruhe verschwand, manuelle Bodenbearbeitungsmethoden wurden durch maschinelle ersetzt, getopfte und kleine Setzlinge verdrängten nahezu auf einen Schlag das herkömmliche kräftigere Pflanzenmaterial und die Bestandsbegründungen schließlich erfolgten in enger zeitlicher und räumlicher Nachbarschaft von gerade abgeernteten Flächen.

Heute dagegen wird bei jeder Bestandsbegründung wesentlich besser als früher auf sachgerechtere Lagerung, Transport und Pflanzung geachtet, der Anteil der mehrjährigen Setzlinge ist höher als vor einigen Jahren, es wird großer Wert auf Setzlinge in guter Kondition gelegt, Bodenbearbeitung und Schlagruhe sind obligatorisch, und schließlich wird eine enge räumliche und zeitliche Nachbarschaft von End- oder Pflegehieben und jungen Kulturen so weit irgend möglich vermieden.

Nicht ein *einziger* Faktor, sondern das damalige Spektrum forstlicher Maßnahmen *insgesamt* muß als günstig für die Vermehrung von Insektenpopulationen bezeichnet werden, die an spezifische Baumartenkonzentrationen und forstliche Eingriffe gebunden sind. Für die Verjüngungsschwierigkeiten insgesamt mögen dabei eher singuläre Ereignisse wie flächenhafte Windwürfe (1969) oder Sommerdürre (1976) noch verstärkend gewirkt haben.

Die hier gezogene Schlußfolgerung erscheint vor dem Hintergrund der im Prinzip seit einiger Zeit bekannten Fakten nicht überraschend, jedoch besteht in den einschlägigen Fachkreisen eine große Scheu, sie in dieser dezidierten Form auszusprechen, nicht zuletzt wohl auch aus Angst, den Kritikern der modernen Forstwirtschaft weitere unangenehme Argumente zu liefern.[168] Vor diesem Hintergrund dürfte auch die immer wieder aus Forst- und Holzwirtschaftskreisen vorgebrachte Forderung nach Wiederzulassung des DDT zu beurteilen sein.

---

[168] Eine ständig wiederkehrende Redensart unter schwedischen Forstleuten ist: ,,Vi har dukat för kusarna", sinngemäß ungefähr zu übersetzen mit ,,Wir haben den Tierchen (den Schadinsekten, Anm. d. Verf.) den Tisch geradezu gedeckt". Rein intuitiv scheint es somit auch unter den Forstleuten eine weit verbreitete Meinung zu sein, daß die Forstwirtschaft selbst für die Schwierigkeiten verantwortlich ist, denen sie sich seit Jahren ausgesetzt sieht.
In der umfassenden Expertise über die Insektenschäden in der schwedischen Forstwirtschaft, die jüngst von einer Kommission vorgelegt worden ist, die aus nahezu allen an der Frage interessierten Gruppen zusammengesetzt war, steht zwar die folgende, der oben gezogenen Schlußfolgerung ähnliche Aussage: ,,Diese Insektenschäden sind somit eine Folge der Methoden, die die moderne Forstwirtschaft anwendet" (Skogsstyrelsen, 1978a, S. 58). Inhaltlich ist die Stellung des Satzes jedoch doppeldeutig, da er auch als erläuternder Kommentar eines unmittelbar vorangehenden Zitats aus einem deutschen Standardwerk des Forstschutzes, nicht aber notwendigerweise als die ausdrückliche Stellungnahme der Expertenkommission gedeutet werden kann.

Für den hier aktuellen Raum ist jedoch zweifelsfrei nachzuweisen, daß der Höhepunkt der Pflanzenabgänge in Bestandsneugründungen noch in die Zeit *vor* dem DDT-Verbot fällt. Dies mag — wie aus dem Material der Forstaufsichtsbehörde ersichtlich — für andere Landesteile oder Waldbesitzer nicht im gleichen Umfang gelten. Unbestritten bleibt jedoch auch hier, daß die Abgänge noch zu Zeiten der DDT-Anwendung schon erschreckend hoch waren. Man kann sich deshalb des Eindrucks nicht erwehren, daß hier teilweise nur deswegen auf die Wiedereinführung des DDT gedrängt wird, weil man hofft, auf diese Weise eine grundsätzlichere Diskussion über die ökologische oder auch nur forstbiologische Zweckmäßigkeit des heute weitgehend angewandten Methodenspektrums dämpfen zu können. Für die Mehrzahl der Waldbesitzer ist es zweifellos bequemer, einen für harmlos gehaltenen Wirkstoff anzuwenden, als radikal umzudenken und vertraute, in vielen Jahren für richtig erachtete Methoden durch andere zu ersetzen. Dies wäre keine speziell für die schwedischen Waldbesitzer, sondern eine für jede soziale Gruppe charakteristische Verhaltensweise.

Für die spezielle Thematik der vorliegenden Arbeit bleibt festzuhalten, daß der Regelung eines Konflikts zwischen Forstwirtschaft und externen Ansprüchen, nämlich dem DDT-Verbot, nachweislich eine große *Raumwirksamkeit* zugekommen ist: *Struktur, Potential und Physiognomie* der Waldlandschaft haben sich ebenso nachhaltig geändert wie das *Verhalten der primären Ressourcennutzer.*

2.2.3.2.4. Konfliktbereich „Herbizidanwendung"

Im Unterschied zu den bisher behandelten Problemkreisen handelt es sich hier um einen auf lokaler Ebene periodisch aktualisierten Konfliktbereich mit zahlreichen *konkreten* Auseinandersetzungen.[169]

Sie wurden in steter Regelmäßigkeit aktuell, weil kaum einer der großen Waldbesitzer auf die Möglichkeit verzichten wollte, die von Laubhölzern überwucherten Nadelholzsetzlinge der Verjüngungsflächen kostengünstig freizustellen.

In der allgemeinen Übersicht (S. 193 ff.) war angedeutet worden, wie diese Konflikte ab Ende der 60er Jahre entstanden und wie der Gesetzgeber während der 70er Jahre eingegriffen hat. Im folgenden soll an Beispielen aus dem hier aktuellen Untersuchungsraum belegt werden, wie sich die Konfrontation zwischen den verschiedenen Konfliktgegner im einzelnen abgespielt und zu welchen Folgen sie geführt hat.

Jedem außenstehenden Beobachter ist während der 70er Jahre aufgefallen, welch breiter Raum in den Regional- und Lokalzeitungen der schwedischen Waldprovinzen (schwed. „skogslänen") jeden Herbst der Herbizidproblematik gewidmet war. Dies gilt sowohl für den redaktio-

---

[169] Die stärksten Konfrontationen fanden in der Regel in der Zeit zwischen vorgeschriebener Ankündigung (s. u.) und Abschluß der Herbizidanwendung statt, also je nach Landesteil zwischen Juli und September.

nellen Teil als auch für die Leserbriefspalten.[170] Es drängt sich der zunächst völlig subjektive Eindruck auf, als gebe es für die Menschen in diesem Raum kaum ein beunruhigenderes Problem.[171] Repräsentative Meinungsumfragen (Skogsbrukets informationsgrupp/Skogsindustrins informationskommitté, 1973) wie auch viele Alltagsgespräche bestätigen den hohen Stellenwert der Problematik.

In einem krassen Gegensatz zum Grad hier deutlich werdender Unruhe scheinen die Fakten der Herbizidbehandlung zu stehen. Die behandelten Areale im hier aktuellen Unternehmensbereich lagen in den 60er Jahren durchschnittlich bei einigen hundert Hektar pro Jahr, stiegen aber gegen Ende des Jahrzehnts auf ca. 2000 Hektar pro Jahr.

Die dann folgende Entwicklung zeigt Tabelle 1:

Tab. 11 Herbizidbehandelte Areale im Unternehmensbereich von Stora Kopparberg 1968 — 1978 (in ha)

1968	1969	1970	1971	1972	1973	1974	1975	1976	1977	1978
2 039	2 009	2 179	170	291	1 332	2 664	649	988	1 397	694

Deutlich ist der Einbruch nach dem Verbot der Anwendung von Herbiziden aus der Luft 1971. Die Unsicherheit über die Formulierung neuer Anwendungsbestimmungen und die dann tatsächlich erfolgten Restriktionen, die erst im Frühjahr 1975 bekannt wurden, hatten den neuerlichen Einbruch 1975 zur Folge. Seitdem sind die alten Durchschnittswerte nicht mehr erreicht worden. Eine solche Entwicklung, wie sie hier für Stora Kopparberg gezeigt wurde, ist auch bei anderen großen Waldbesitzern charakteristisch. Die Übersicht zeigt, daß die Größe der jährlich mit Herbiziden behandelten Areale in der Regel zwischen 0,1 % und 0,3 % der gesamten unternehmenseigenen Forstflächen gelegen hat. Berücksichtigt man weiter, daß die Anwendung immer nur im Rahmen jeweils geltender gesetzlicher Bestimmungen erfolgt ist,[172] so ist offensichtlich, daß hier noch weitere Einflußgrößen für die kräftige Reaktion gegen Herbizide verantwortlich zu machen sind.

Der Problemkreis sei hier am Beispiel der Herbizidkampagnen 1976-1978 ausführlicher besprochen. Die folgenden Aspekte und ihre Raumbezüge stehen dabei im Vordergrund:

— Reaktionen/Aktionen von betroffenen Behörden, Privatpersonen und Organisationen,

---

[170] Auffällig ist dabei die häufige Verwendung von unverbrämten Kampf- oder gar Kriegsmetaphern, vgl. hierzu auch die Analyse von SAMUELSSON, 1978.

[171] Die Frage der möglichen gegenseitigen Beeinflussung von Lesern und Massenmedien sei hier noch nicht gestellt (vgl. dazu S. 243 ff.).

[172] Nur in einigen wenigen Fällen wurden während der 70er Jahre durch Fehler der Piloten oder besondere Wind- oder Thermikverhältnisse herbizidverursachte Schäden auf Fremdgebieten festgestellt.

— Reaktionen/Aktionen im Spiegel und vor dem Hintergrund der Berichterstattung in den Regionalzeitungen,

— Anpassungsreaktionen des Herbizidanwenders.

Auf der Basis des in Regierungsauftrag erstellten Gutachtens „Verbreitung chemischer Mittel" (SOU 1974: 35) wurden im Sommer 1975 die gesetzlichen Grundlagen zur Wiederzulassung der Herbizidapplikation aus der Luft auf forstlichen Verjüngungsflächen geschaffen. Die Ausführungsverordnungen des Produktkontrollausschusses legten die umfassende Informationspflicht durch die Anwender fest (Produktkontrollnämnden, PKFS 1975: 8,9 und 10, später noch einmal überarbeitet und endgültig als PKFS 1976: 1 veröffentlicht). Im einzelnen wurde für alle Gebiete, „zu denen die Allgemeinheit freien Zutritt hat", gefordert:

— schriftliche Unterrichtung von Gesundheitsamt und Polizeibehörde der betroffenen Kommune spätestens zwei Monate vor der geplanten Maßnahme[173]

— Ankündigung der Herbizidapplikation in der Orts- und Regionalpresse mit Angaben u. a. über Zeit, Ort, Methode und Ziel der Applikation,

— Kennzeichnung des zu behandelnden Areals im Gelände (deutliche Beschilderung an Straßen, Wegen, Pfaden),

— schriftliche, in Einzelfällen auch mündliche Unterrichtung eventueller Anlieger,

— schriftliche Unterrichtung des Produktkontrollausschusses (eine Genehmigung dieser obersten Aufsichtsbehörde ist nur in Gebieten mit Rentierwirtschaft erforderlich).

Folgende Sicherheitsabstände wurden bei der Applikation aus der Luft vorgeschrieben:

— bei Bebauung: mindestens 100 m,

— an Gewässern (mit Ausnahme von Gräben und kleineren Bächen): mindestens 50 m

— an Straßen je nach Rechtsstatus: zwischen 10 u 50 m.

Nahezu alle genannten Vorschriften bedeuten gegenüber dem in den 60er Jahren praktizierten Vorgehen erhebliche, kostensteigernde Einschränkungen für den Anwender, ebenso aber auch einen größeren Schutz für den unbeteiligten Bürger und besonders empfindliche Naturbereiche. Die Reaktion des Gesetzgebers ist somit als ein Versuch des Interessenausgleichs oder, anders ausgedrückt, der Regelung eines seit Ende der 60er Jahre ständig aktualisierten Konflikts zwischen forstlichen und anderen Ansprüchen anzusehen.

Die unmittelbar nach der Wiederaufnahme der Besprühungen aus der Luft aufflammenden Proteste der Herbizidgegner zeigten jedoch, daß der Konflikt damit noch keineswegs endgültig gelöst war. Es gab im

---

[173] Die Information mußte im einzelnen enthalten: Anwender, Durchführer (in der Regel ein Luftfahrtunternehmen), genaue Lage der zu behandelnden Areale, Ziel der Behandlung, Methoden, Bezeichnung des Wirkmittels, Präparatname, Dispersionsflüssigkeit, spezifische Ausbringungsmenge, Start- und Landeplätze der Herbizidflugzeuge u. a. m.

Gegenteil deutliche Anzeichen für weitaus heftigere Konfrontationen als früher. So wurden auch im Unternehmensbereich von Stora Kopparberg erstmals Herbizidflugzeuge am Start gehindert und sogar Sabotageakte durchgeführt.

Wegen der relativ späten Wiederzulassung der Applikation aus der Luft waren jedoch weder Anwender, Behörden oder Gegner richtig auf die Saison 1975 vorbereitet. Die Analyse der Ereignisse von 1976-1978 ergibt deshalb ein besseres Bild.

Zunächst ist die Haltung der Aufsichtsbehörden zu besprechen. Die lokale Aufsicht über die Anwendung toxischer Mittel obliegt nach der „Hälsovårdsstadga" (ungef. „Gesundheitsverordnung") den kommunalen Gesundheitsbehörden (schwed. „Hälsovårdsnämd" bzw. „-byrå").

In einer besonderen Auslegung gültiger Rechtsvorschriften hatten Anfang der 70er Jahre einige Gesundheitsämter des Landes in ihren Zuständigkeitsbereichen die Anwendung auch solcher Herbizide verboten, die vom für das ganze Land zuständigen Produktkontrollausschuß ordnungsgemäß zugelassen waren (großes Aufsehen erregten im ganzen Land entsprechende Aktionen etwa der Ämter in Sorsele und Vindeln).

Im Unternehmensbereich von Stora Kopparberg hat lediglich das Gesundheitsamt der Kommune Älvkarleby zeitweise versucht, einen entsprechenden Rechtsstandpunkt einzunehmen. Es verbot im Jahre 1973 die Applikation gewisser Phenoxyessigsäuren und versuchte, dies auch nach Wiederzulassung der Anwendung aus der Luft 1975 durchzusetzen. Wie aus den 1975/76 erfolgten Klärungen durch die zuständigen Behörden hervorging, haben die Gesundheitsämter in solchen Fällen ihre Befugnisse überschritten (vgl. etwa Statens Naturvårdsverk, Produktkontrollbyrån, Schreiben vom 11. 5. 1976 an die Gesundheitsämter). Die lokalen Behörden haben danach lediglich darauf zu achten, daß die *konkrete Anwendung* zugelassener Bekämpfungsmittel im Rahmen gültiger Gesetze und Verordnungen erfolgt, also etwa bezüglich Lagerung, Transport, Ausbringung, Konzentration, Dosis, Einhalten von Schutzabständen u.a.m. Alle Gesundheitsämter der in den Jahren 1976-1978 von Herbizidapplikationen betroffenen Kommunen haben sich an diesen vorgegebenen Rahmen gehalten. Dennoch gibt es deutliche Unterschiede, wie die Aufsichtspflicht über das Unternehmen ausgeübt wird. Hierin dürfte sich die unterschiedliche politische Einstellung und auch verschiedene Grade des persönlichen Engagements der einzelnen Amtsträger widerspiegeln.[174]

Wichtig erscheint aber auch das Ausmaß der Sensibilisierung der Bevölkerung in den verschiedenen Kommunen. In solchen Gebieten besteht ganz offensichtlich die Tendenz, den Anwender stärker zu kontrollieren.

Aus den Sitzungsbeschlüssen verschiedener Ämter geht hervor, daß nach erfolgter Anmeldung einer bevorstehenden Herbizidapplikation die Unterlagen in der Regel lediglich zu den Akten genommen und die

---

[174] Gerade von den jüngeren Gesundheitsinspektoren sind viele in Umwelt- und Naturschutzorganisationen aktiv.

wichtigsten Bestimmungen gültiger Verordnungen wiederholt werden.[175] In einigen Fällen erfolgt eine genaue Abstimmung mit dem Anwender auch bezüglich einzelner Objekte, teilweise verbunden mit dem Versuch, über die geltenden Bestimmungen *hinausgehende Auflagen* durchzudrücken (z. B. größere Schutzabstände, zusätzliche Informationspflichten u. a.).[176]

Die vorliegenden Unterlagen vermitteln insgesamt aber den Eindruck überwiegend sachlicher Beziehungen zwischen dem Herbizidanwender und den lokalen Gesundheitsbehörden. Während der Herbizidanwender sich offensichtlich um eine peinlich genaue Einhaltung der Informationspflicht bemüht, ist es ebenso offensichtlich den Gesundheitsbehörden bei entsprechend begründeter Argumentation möglich, die ursprünglichen Applikationspläne noch zu modifizieren. Auf dieser Ebene kann der Konfliktausgleich somit als gelungen gelten.

Die dergestalt ausgehandelten Kompromisse finden dann ihren konkreten räumlichen Niederschlag etwa in der veränderten Grenzziehung oder gar im Verzicht des Anwenders auf die Behandlung vorgesehener Areale (vgl. dazu auch S. 251).

Das Agieren von *Behörden* ist in der Regel aktenkundig. Wesentlich schwieriger ist es, Stimmungslage, Argumente und Protestaktionen von *privater Seite* zu erfassen. Eine Durchsicht diesbezüglicher Unterlagen bei verschiedenen Gesundheitsämtern zeigte, daß Beschwerden über geplante oder durchgeführte Herbizidapplikationen nur sporadisch eingehen,[177] wobei jedoch das wahre Ausmaß telefonisch vorgebrachter Einwände schwierig zu beurteilen ist. Vielen Bürgern erscheint — aus welchen Gründen auch immer — der direkte Protest an Anwender oder Massenmedien offensichtlich erfolgversprechender. Auf besondere Anweisung der Unternehmensleitung wurden entsprechende Proteste bei Stora Kopparberg im Jahre 1977 zentral gesammelt und konnten für die vorliegende Arbeit ausgewertet werden.[178] Sie sind in mehrfacher Hinsicht aufschlußreich. Zunächst erstaunt die geringe absolute Zahl (18), auch wenn manchen von ihnen lange Unterschriftenlisten beigefügt sind (eine davon mit 2119 Namen). Erstaunlicher noch ist die regionale Herkunft der Protestschreiben: Nur acht kommen aus dem Großraum, in dem 1977 eine Herbizidanwendung durch Stora Kopparberg aktuell war (vier davon anscheinend auf derselben Maschine geschrieben), sieben aus großen Städten der südlichen Landeshälfte einschließlich des Großraums Stockholm.

[175] Zum Beispiel Gesundheitsamt Smedjebacken, Protokoll vom 12. Mai 1976; Leksand, Prot. vom 18. 5. 1976; Falun, Prot. vom 27. 06. 1977; Hedemora, Prot. vom 25. 7. 1977; Gagnef, Prot. vom 7. 6. 1977.

[176] Zum Beispiel Ludvika, Prot. vom 14. 6. 1976 und 15. 6. 1977.

[177] Einer der wenigen Versuche im Berichtszeitraum, eine Herbizidanwendung unter Einschaltung auch höherer Aufsichtsbehörden und Gerichte zu verhindern, erfolgte 1977 in der Gemeinde Vansbro, wurde jedoch in allen Instanzen abschlägig beschieden (Schreiben der Bezirksregierung vom 27. 7. 1977, Az.11.44-2050-77 und Jordbruksdepartementet, 9. 8. 1977, Az. 1768/77).

[178] Nach Angaben der Informationsabteilung enthielt die Akte alle eingegangenen schriftlichen Äußerungen von Herbizidgegnern (bis auf einige Schreiben ohne Datum sämtlich vom August 1977).

Inhalt, Grad der Sachlichkeit und Argumentationsschwerpunkte sind naturgemäß in allen Schreiben unterschiedlich. Fast allen gemeinsam ist jedoch die Vorstellung, es würden sehr große Areale mit Herbiziden behandelt, sowie die Sorge vor schädlichen Auswirkungen der Präparate auf Mensch, Tiere und Pflanzen. In der Mehrzahl der Schreiben wird schlicht von „Gift" geredet. Insofern können die Proteste als repräsentativer Spiegel der allgemeinen Herbiziddebatte in Schweden gelten, der sowohl undifferenzierte Schlagwörter wie auch mannigfache ökologische und psychologische Argumente entnommen sind[179] (vgl. dazu S. 248 ff.).

Festzuhalten bleibt hier einmal die geringe Reaktion überhaupt und vor allem die geringe Protestneigung der *direkt* betroffenen Menschen im hier aktuellen Raum. Zum anderen wird deutlich, daß der sich auf diesem Wege äußernde Protest die Handlungsweise des Unternehmens kaum beeinflussen dürfte.[180]

Kritischer für jeden Herbizidanwender, auch in den direkten Folgen, sind dagegen ohne Zweifel die spektakulären Direktaktionen von Herbizidgegnern bis hin zur Gewaltanwendung gegen Sachen und Personen. Dazu gehören etwa Schadensverursachung an Einrichtungen (Lagern, Absperrungen) und Flugzeugen, Behinderung des Flugverkehrs, Besetzen von zur Behandlung vorgesehenen Beständen oder schließlich Belästigung und Bedrohung der mit der Durchführung der Applikation betrauten Personen. Sämtliche genannten Aktionen sind in den Jahren 1976-78 im Unternehmensbereich (und außerhalb) zu belegen. Sinn und Zuverlässigkeit vergleichbarer Protestäußerungen sind jedoch unter den Herbizidgegnern stark umstritten, und es ist ohne Zweifel nur eine kleine Minderheit, die solche Aktionen am Rand oder außerhalb der Legalität befürwortet. Eine Protestaktion ganz eigener Qualität — nämlich das Läutern eines zur Herbizidbehandlung vorgesehenen Bestands durch Demonstranten — erregte im August 1977 Aufsehen in ganz Schweden. Der Ablauf dieser direkten Konfrontation sei später als Beispiel für ein ungewöhnliches „Konfliktmanagement" noch ausführlicher dargestellt (S. 253).

Die direkten Kosten solcher Auseinandersetzungen sind sicher beträchtlich, wenn auch darüber keine genauen Angaben zugänglich sind. Von wesentlich größerer Tragweite — auch aus räumlicher Sicht — ist dagegen offensichtlich die *Berichterstattung der Massenmedien* über

---

[179] Interessant ist ein Schreiben eines Aktionärs des Unternehmens, der eine zu große Diskrepanz zwischen den seiner Ansicht nach eher marginalen Gewinnen durch die Herbizide und den langfristig bedeutsamen „good-will"-Verlusten beklagt.

[180] Vor diesem Hintergrund ist die in Forst- und Industriekreisen oft vertretene Meinung zu sehen, die Proteste gegen die Herbizidanwendung kämen nicht von den eigentlich Betroffenen, sondern von verschrobenen Einzelgängern auf der einen und politisch motivierten (sprich: antikapitalistisch eingestellten) Personen und Gruppen auf der anderen Seite. Auch der Gedanke einer „einheitlichen Fernsteuerung" erwächst aus diesem Umfeld, bestärkt noch durch die Feststellung „fremder" (d. h. nicht in den betroffenen Landesteilen zugelassener) Autos bei massiveren Aktionen der Herbizidgegner (s. u.). Ohne nähere Untersuchungen ist hier aber mit Sicherheit nicht zu entscheiden, aus welchen Motiven sich vor allem weit entfernt wohnende Menschen um die Herbizidapplikation in den Forsten des Unternehmens kümmern, während die direkt Betroffenen nicht oder in anderer Form reagieren.

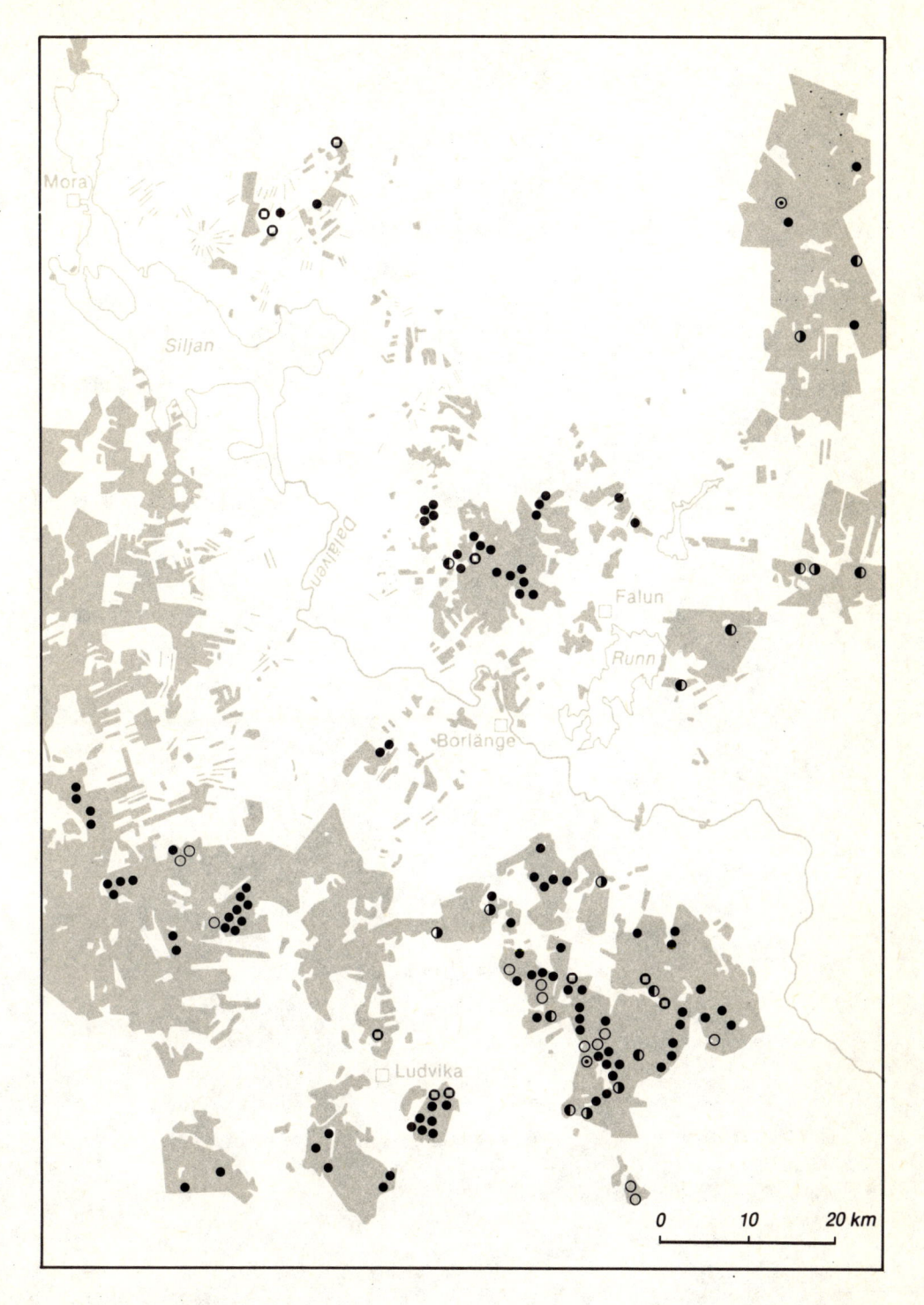

- wie geplant durchgeführt
- mit Rücksicht auf externe Ansprüche nur in modifizierter Form durchgeführt

Unterlassene Applikationen (mit Angabe des Hauptgrundes)

- Nähe zu Fremdbesitz (öffent. Straßen, Ferienhäuser) oder besondere Eignung für Freizeit und Erholung
- Gewässerschutz
- Protestaktionen
- Unterlassungsgrund unbekannt/Applikationsgrund hinfällig (z. B. Verbiß durch Elche)
- Forstareal der Stora Kopparberg (generalisiert)
- Gewässer
- Größere Ortschaften

Abb. 38: Herbizidanwendung in den Forsten der Stora Kopparbergs Bergslags AB 1977 und 1978: Durchgeführte und unterlassene Applikationen
(Quelle: nach Unterlagen und Plänen der Forstabteilung des Unternehmens)

solche Ereignisse. Es sei im folgenden versucht, wesentliche Aspekte hier vorliegender Wirkungsgefüge mit räumlichen Folgen herauszuarbeiten. Ausgehend von der erwähnten Diskrepanz zwischen der Größe der jährlich tatsächlich mit Herbiziden behandelten Areale und der kräftigen Reaktion in den Massenmedien erscheint es denkbar, daß die in den Waldprovinzen verbreitete Auffassung, jährlich würden beträchtliche Anteile des Waldlandes besprüht, durch die Art der Berichterstattung in den Massenmedien verstärkt, wenn nicht sogar verursacht wird.[181]

Wie einleitend erwähnt, wird über die mit der herbstlichen Herbizidkampagne zusammenhängenden Tatsachen und Probleme vor allem in den Orts- und Regionalzeitungen ausführlich berichtet. Der überwiegende Teil auch der Bevölkerung im hier aktuellen Untersuchungsraum dürfte seine Informationen hauptsächlich auf diesem Wege erhalten. Dem „Lokal- und Regionalrundfunk" standen im Berichtszeitraum noch wenig Sendezeit zur Verfügung, während die reichsumfassenden Medien lokale Probleme in der Regel kaum behandeln. Es muß deshalb gefragt werden, auf welche Weise die Information vermittelt wird.

Um diesen Problemkreis näher untersuchen zu können, wurden als repräsentatives Basismaterial sämtliche herbizidbezogenen Berichte der beiden Regionalzeitungen „Dala-Demokraten" (DD) und „Falu-Kuriren" (FK) im Monat August 1977 ausgewertet.[182] Sie betreffen überwiegend das Unternehmen Stora Kopparberg, untergeordnet auch die Staatsforstverwaltung und andere größere Forstwirtschaftsunternehmen. Politisch steht der „Dala-Demokraten" der sozialdemokratischen Partei, der „Falu-Kuriren" den bürgerlichen Parteien nahe. Vor dem Hintergrund der einleitend genannten Vermutung ist zunächst die Frage zu stellen, auf welche Weise und mit welcher Genauigkeit die Informationen über Lage und Größe der mit Herbiziden zu behandelnden Bestände vermittelt werden.

Die Auswertung aller normalen redaktionellen Beiträge[183] (also ohne Leitartikel, Leserbriefe u. ä.) ergibt, daß überwiegend mit drei Typen (oder Kombinationen dieser Typen) von Arealangaben gearbeitet wird:

[181] HULTMAN (1977) hat hier aufschlußreiche Daten einer Befragung der Mitglieder von Naturschutzgruppen sowie Studierenden der Forsthochschule und einer Volkshochschule vorgelegt. Ein sehr hoher Prozentsatz aller Befragten war der Meinung, es würden pro Jahr 25 % und mehr des gesamten Waldlandes mit Herbiziden behandelt!

[182] Sie sind außerhalb randlich gelegener Großstadtbereiche (etwa Västerås, Gävle oder Uppsala) die beiden einzigen Provinzzeitungen mit regionaler Verbreitung im Untersuchungsraum. Ihre Auflagen betrugen im ersten Halbjahr 1977 34 500 bzw. 29 900 Exemplare. Ihre Verbreitung in den hier vor allem betroffenen A-Regionen Schwedens ist wie folgt (alle Angaben nach „Media-Pocket", 1978):

A-Region	Einwohner	Haushalte	Verbreitung in % aller Haushalte	
			FK	DD
52 Borlänge/Falun	146 862	58 055	44	28
53 Avesta/Hedemora	44 104	17 747	—	21
54 Ludvika	46 599	18 853	—	29
55 Mora	45 785	17 432	32	20

[183] Ingesamt handelt es sich um jeweils 27 Ausgaben mit durchschnittlich zwei bis drei diesbezüglichen Artikeln pro Tag.

— exakte Angaben von Hektargröße und Ort (etwa: 4,3 ha 3 km nordöstlich des Sees Flogen im nördlichen Regierungsbezirk von X-Stadt)
— undifferenzierte Summierung von Hektarangaben mit der Nennung des Großraums (etwa: ,,2170 ha... in Dalarna, Härjedalen und Nord-Uppland'') sowie schließlich
— unscharfe Ortsangaben ohne Hektarzahlen (etwa: ,,in den Wäldern der Kirchspiele Särna-Idre''.[184]

Die beiden letztgenannten Typen sind dabei die Regel. Die Schwächen aller drei Arealbezeichnungstypen sind offensichtlich, wenn man ein normales räumliches Vorstellungsvermögen beim durchschnittlichen Zeitungsleser voraussetzt. Die genaue Ortsangabe der vorgesehenen Herbizidapplikation, die der Anwender auch den Massenmedien zur Verfügung stellt, hat für eine Regionalzeitung keinen großen Informationswert, zumal nicht eine, sondern hunderte entsprechender Meldungen abgesetzt werden müßten.[185]

Wo solche genauen Angaben gemacht werden, ist der Informationsgehalt für einige wenige Ortskundige sehr hoch, für die übrigen zumindest in seinen exakteren Teilen gering, da sie den Ort nicht genau lokalisieren können. Sie werden sich höchstens die übergeordnete Ortsangabe, also etwa die Gemeinden, merken können und wollen.

Dies ist wohl auch der Grund dafür, daß in der Regel von vornherein bei der Berichterstattung die exakte Lage durch eine immer noch korrekte, aber wesentlich unschärfere Ortsangabe im Sinne der Typen 2 oder gar 3 ersetzt werden. Dadurch wird zwar die Information sofort auf *der* räumlichen Ebene gegeben, die für den Durchschnittsleser identifizierbar ist. Gleichzeitig werden jedoch so *notwendigerweise die Möglichkeiten selbst ortskundiger Leser beschnitten*, sich *genaue Vorstellungen* von Größe und Lage der in Frage kommenden Areale zu machen.

Der überwiegende Teil der die Herbizidanwendung betreffenden Ortsangaben besteht somit aus raumbezogenen Informationen, in denen wesentliche Elemente fehlen oder nahezu zwangsläufig verdrängt werden. Dies ist in der Wirkung einer ,,raumbezogenen Desinformation'' (SOYEZ, 1978, S. 58) gleichzusetzen. Es fällt nicht schwer, sich vorzustellen, wie die ,,mental map'' des Zeitungslesers aussehen kann, der tagtäglich solche ,,unscharfen'' Arealbezeichnungen aufnimmt, aber entweder keinen Zugang zu anderen Quellen hat oder sich keine besonderen Gedanken über die beschriebenen Mechanismen der Informationsvermittlung macht. Wenige Tage Zeitungslektüre Anfang August können bei einem nicht allzu nachdenklichen Leser genügen, die Vorstellung flächendeckender Herbizidapplikation in weiten Räumen Mittelschwedens zu festigen.

---

[184] Dies ist ein Raum von etwa der doppelten Größe des Saarlands!

[185] Allein die 1977 von Stora Kopparberg insgesamt behandelten 2163 ha verteilen sich auf 116 Teilgebiete.

Neben diesen Schwächen verbaler raumbezogener Informationsvermittlung sind auch solche visueller Art wahrscheinlich zu machen. Aus den Angaben über Gesamtgröße und Zahl herbizidbehandelter Areale während der Saison 1977 ist zu errechnen, daß die Durchschnittsgröße unter 20 ha liegt oder — nimmt man die neun Areale mit über 50 ha aus — sogar nur bei ca. 10 ha. Sie verteilten sich auf ein produktives Forstareal von knapp 800 000 ha. Jeder Versuch einer übersichtlichen Karten-Darstellung der zu behandelnden Bestände führt also zwangsläufig zu Signaturen, da die meisten Areale nicht mehr flächentreu darzustellen sind. Je nach Größe der gewählten Symbole kann dies jedoch — wie auch aus Abb. 38 ersichtlich — zum Eindruck einer hohen Dichte der Herbizidapplikation führen.[186] Schon der Blick auf eine solche Übersichtskarte kann vor allem dem im Umgang mit Karten Ungeübten einen falschen Eindruck von der wirklichen Größe bestimmter Flächen vermitteln. Erschwert wird die Problematik unter Umständen noch durch Maßstabssprünge: Während nämlich in den Massenmedien oft Übersichtskarten vom Typ der Abb. 38 gezeigt werden (also in 1:500 000 oder kleiner), trifft der Leser im Gelände auf die obligatorischen Informationstafeln mit *Detailkarten* über die genaue Ausdehnung des herbizidbehandelten Bestands, z. B. im Maßstab 1:5 000. Im ersten Fall ist der Eindruck flächenhafter Herbizidapplikation nur scheinbar, im zweiten aber korrekt. Hier muß man sich fragen, ob es nicht für die meisten Menschen ohne längeres Nachdenken unmöglich ist, korrekte Bezüge zwischen den beiden extremen Maßstabsgruppen herzustellen. Ist man auch hier nicht zu einer maßstabsgerechten Beurteilung der Arealgrößen in der Lage, muß man eine falsche Vorstellung von ihrer Ausdehnung erhalten. Für empirische Studien über spezifische Probleme räumlicher Wahrnehmung eröffnet sich hier ein interessantes Feld, jedoch ist das nur noch randlich eine geographische Aufgabe.

Die Ausgangshypothese von der Rolle der Zeitungen bei der Vermittlung raumbezogener Information kann hier zwar nicht mit Sicherheit verifiziert werden, erscheint jedoch vor dem Hintergrund der aufgezeigten Möglichkeiten „raumbezogener Desinformation" verbaler und visueller Art als durchaus plausibel.

Direkt oder indirekt raumwirksame Reaktionen hängen aber nicht nur von der spezifisch *raumbezogenen*, sondern auch der übrigen *inhaltlichen* Qualität vermittelter Informationen ab. Deshalb ist es ebenso von Bedeutung, Näheres über die von den Massenmedien dargebotenen Inhalte in der Herbizidproblematik zu wissen. Diese und ihre Wirkung wiederum hängen natürlich in hohem Grade auch von der Quantität der Meldungen und den Wiederholungsfrequenzen ab. Insofern ist es z. B. von Bedeutung, auf welche Weise und wie oft die wichtigsten Kontrahenten in der Herbizidproblematik in den Regionalzeitungen zu Wort

---

[186] Für einen der Bereiche, die auf der kleinmaßstäblichen Übersicht nahezu flächendeckend betroffen erscheinen, zeigt Abb. 39 eine flächentreue Darstellung — man sieht, daß es sich, von Ausnahmen abgesehen, um sehr kleine Areale handelt.

kommen. Bei der Auswertung der genannten Texte wurden insgesamt drei Kategorien der Berichterstattung unterschieden, nämlich:
— „direkte Zitate"
— „Bericht über Ansichten/Meinungen"
— „Bericht über Handlungen"
und zwar jeweils bezogen auf *Gegner* und *Befürworter* der Herbizide sowie *Behörden*. Hinzu kam eine Restgruppe nicht eindeutig zuzuordnender Inhalte. Eine gewisse Subjektivität und in Einzelfällen auch Unsicherheit bei der Klassifizierung der Berichterstattung nach den genannten Kategorien und Gruppen ist natürlich nicht zu vermeiden. Der überwiegende Teil der zugrundeliegenden Texte aus den Augustausgaben des „Dala-Demokraten" und „Falu-Kuriren" konnte jedoch ohne größere Schwierigkeiten klassifiziert werden.

Beide Zeitungen enthalten im genannten Monat etwa 6400 Zeilen Berichterstattung über Herbizide in der Forstwirtschaft, wobei der überwiegende Teil einen direkten Bezug zu den Ereignissen im Verbreitungsgebiet der Blätter hatte. Die Verteilung der unterschiedlichen Kategorien geht aus Abb. 40 hervor: Es wird deutlich, daß den Äußerungen und Handlungen der Herbizidgegner mehr als 50 % der Berichterstattung gewidmet ist, ca. die Hälfte davon in Form direkter Zitate.[187] Die Anwender (vor allem Stora Kopparberg und die Staatsforstverwaltung) hingegen kommen nur in 10 % der Texte zu Wort, über ihre Äußerungen und Handlungen wird in weiteren 16 % berichtet. Eine untergeordnete Rolle in der Berichterstattung spielen die Behörden (Gesundheitsämter, Aufsichtbehörden u. a.). Die Auswertung belegt, daß es den Befürwortern der Herbizidanwendung in der kritischen Phase der Applikation trotz einer sehr offensiven Informationspolitik kaum gelingt, sich in den Zeitungen Gehör zu verschaffen und ihren Standpunkt darzulegen. Anders ausgedrückt: Der Neuigkeitswert der oft spektakulären Aktionen der Herbizidgegner ist so hoch, daß darüber ausführlicher berichtet wird als über die ursprünglich auslösende Tatsache einer Herbizidbehandlung und ihre Gründe. Ähnliches gilt für den „emotionalen" Wert der bürgernahen Berichterstattung über die Ansichten betroffener oder sich betroffen fühlender Menschen.

Auch hier liegt ein strukturelles Problem der Neuigkeitsvermittlung vor. Der Verursacher des umstrittenen Sachverhalts wird nur zu Beginn der Auseinandersetzung aktiv, nämlich als „Auslöser". Danach reagiert er nur noch auf die verschiedenen, aktiv eingeleiteten Gegenzüge der Kontrahenten. Diese aber müssen von einer Presse, die ihre Pflicht zu informieren ernst nimmt, aufgenommen werden. Dafür, ob dies in einer angemessenen Weise geschieht oder nicht, gibt es dann keine eindeutigen Regeln mehr und kann je nach Standort sehr unterschiedlich beurteilt werden.

Vor allem vor dem Hintergrund des nachweisbaren quantitativen Ungleichgewichts der Berichterstattung ist die Frage der inhaltlichen Qualität von größter Bedeutung. Eine strengen Ansprüchen genügende

---

[187] Auf eine getrennte Darstellung der beiden Zeitungen wurde verzichtet, da zwischen ihnen keine wesentlichen Unterschiede festzustellen waren.

247

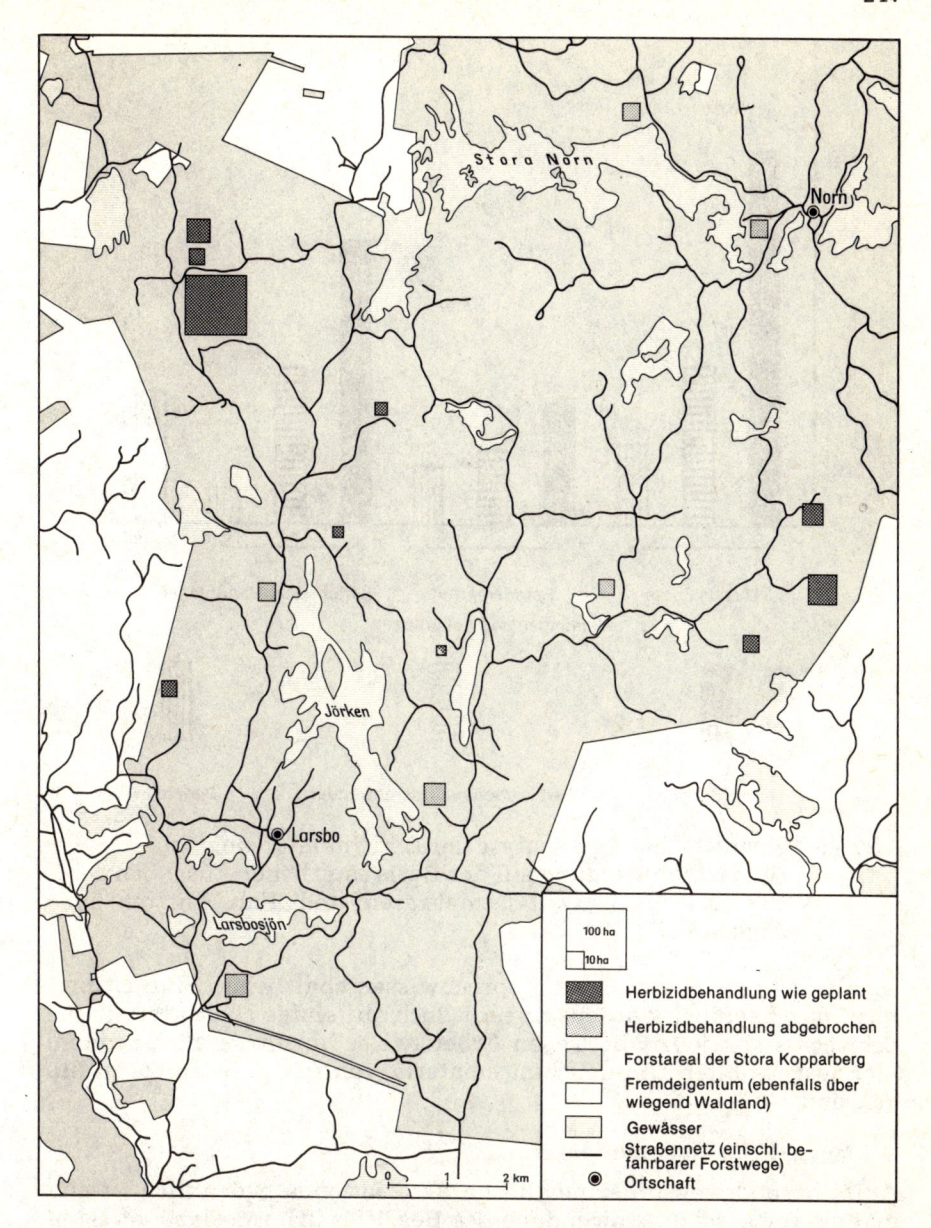

Abb. 39: Herbizidanwendung in einem Teilbereich der
Forstverwaltung Ludvika 1977
(Quelle: nach Unterlagen und Plänen der Forstabteilung des Unternehmens)

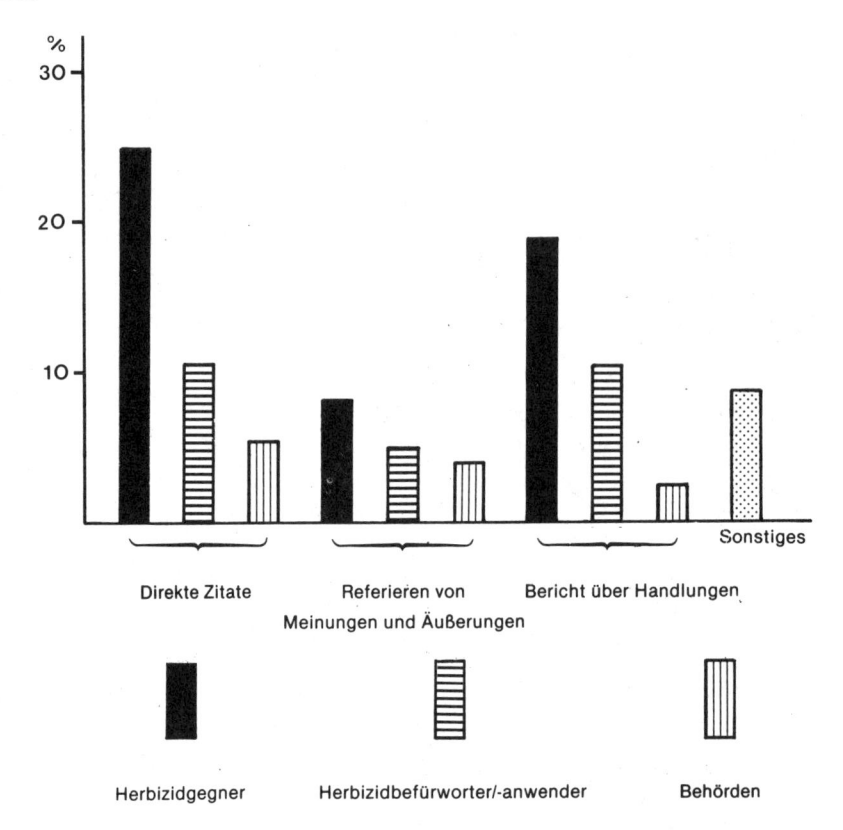

Abb. 40: Quantitative Textanalyse der Berichterstattung über Herbizidanwendung auf der Basis sämtlicher Ausgaben der Tageszeitungen „Dala-Demokraten" und „Falu-Kuriren" im August 1977

Inhaltsanalyse im sozial- oder sprachwissenschaftlichen Sinn ist hier nicht durchgeführt worden. Es sei jedoch auf einige charakteristische Schwächen der journalistischen Arbeitsweise hingewiesen, für die im hier ausgewählten Untersuchungsmaterial zahlreiche Beispiele zu finden sind:

— *Begriffliche Ungenauigkeit*

Auffällig und wegen der möglichen Assoziationen bedenklich ist einmal die fortgesetzte Anwendung des Begriffes „Hormoslyr" als Sammelbezeichnung für sowohl verschiedene Herbizidwirkstoffe als auch Präparatnamen. „Hormoslyr" (ein Markenname) mit dem Wirkstoff 2,4,5-T war gerade wegen der unvermeidlichen Dioxinspuren in die Diskussion gekommen und deswegen schließlich auch im Sommer 1977 wie alle anderen vergleichbaren Präparate verboten worden. Die Weiterverwendung des Begriffs mußte bei nicht allzu sehr mit der Problematik vertrauten Lesern den Eindruck hervorrufen, als habe sich nichts geändert.

Charakteristisch ist weiter die sorglose Verwendung des Begriffs „Gift" für alle Präparate (entweder allein oder in Komposita wie „Giftbesprühung", „Giftdusche", „Giftflugzeug" usw.). Zwar ist zu verstehen, daß in einer lesernahen Berichterstattung nicht durchweg die in der Fachwelt gebräuchlichen Termini benutzt werden. Dennoch macht man sich — gewollt oder ungewollt — Ausdrucksweise und Assoziationsfelder der erklärten Herbizidgegner zu eigen, wenn man ohne weitere Erläuterungen ausschließlich oder überwiegend von „Gift"[188] spricht.

— *Unüberprüfte Wiedergabe von Behauptungen bezüglich aktueller Ereignisse*

Aus der quantitativen Analyse der Zeitungsberichte ist schon hervorgegangen, wieviel Raum der direkten Wiedergabe der Äußerungen von erklärten Herbizidgegnern oder anderen Personen gegeben wird. Immer wieder ist dabei festzustellen, daß Behauptungen oft erheblicher Tragweite kommentarlos zur Grundlage ausführlicher Berichte gemacht werden.[189]

— *Unkommentierte Wiedergabe von Ansichten zur Wirkung der Herbizide*

Auch zweifelhafte, stark verallgemeinernde oder offensichtlich unrichtige Ansichten werden ohne direkten Versuch einer Relativierung dargestellt. Ausgewogene Kommentare oder Richtigstellungen sind entweder an völlig anderen Stellen der gleichen Ausgabe oder erst Tage später zu finden. Der Bezug zur ursprünglichen Meldung ist damit für den durchschnittlichen Leser nicht mehr ohne weiteres erkennbar.

Insgesamt ist somit deutlich, daß auch die seriöse Regionalpresse den Meinungen, Aktionen und Ängsten[190] der von der Herbizidapplikation direkt betroffenen oder sich betroffen fühlenden Bevölkerungsgruppen viel Platz einräumt und somit der Forderung nach umfassender Information gerecht wird. Gleichzeitig ist aber offensichtlich, daß gerade die Berichterstattung über die Herbizidproblematik neben in jeder Beziehung kritischen und im besten Sinne des Wortes ausgewogenen Beiträgen auch *deutliche Züge eines auf Wirkung bedachten Sensationsjournalismus enthält.*

---

[188] Es ist bekanntlich eine Definitions- und Mengenfrage, was noch und was kein Gift mehr ist. Es wäre denkbar — wenn auch diskutabel —, daß eine Redaktion nach reiflicher Überlegung zu der Auffassung gelangt, Herbizide seien nicht nur für Pflanzen, sondern wahrscheinlich auch für andere Organismen giftig und man darauf den Beschluß faßt, konsequenterweise immer von Gift zu reden. Eine solche bewußte Stellungnahme in einer kontroversen Frage ist jedoch bei den hier analysierten Zeitungen offensichtlich nicht beabsichtigt.

[189] Ein Beispiel: Ein Herbizidflugzeug überfliegt in einiger Entfernung von einer Hofgruppe ein Wasserschutzgebiet. Die gesamte Berichterstattung dreht sich darauf um die *Ansicht* der Augenzeugen, es seien dort Herbizide versprüht worden, das Trinkwasser folglich ungenießbar. In solchen und anderen Fällen ist selten ersichtlich, ob der Berichterstatter sich bemüht hat, den Wahrheitsgehalt oder auch nur die Plausibilität solcher Behauptungen zu prüfen. Unter Umständen folgt erst Tage später eine kleine Meldung, die das ganze Ereignis stark relativiert.

[190] also den sog. „Gegenartikulationen" im Sinne JÄNICKE's (vgl. S. 27).

Die durch wichtige Medien im hier aktuellen Raum vermittelten Inhalte bezüglich der Herbizidproblematik sind somit in quantitativ bedenklichem Maße ungeeignet, ein korrektes Bild der tatsächlichen Verhältnisse zu geben. Dieses Urteil bezieht sich — das sei noch einmal unterstrichen — *nicht* auf solche Sachverhalte, die auch unter den Experten umstritten sind, sondern auf im Prinzip korrekt darstellbare Tatsachen. Es gilt auch gleichermaßen für Zeitungen unterschiedlicher politischer Richtung.

Dennoch ist es offensichtlich ungerechtfertigt, die Presse insgesamt der „Hetzkampagne" gegen die Herbizidanwender zu bezichtigen, wie es immer wieder von forstlicher wie auch industrieller Seite geschieht. Die Sachverhalte sind komplex, und die Berichterstattung leidet nahezu zwangsläufig unter prinzipiell wirksamen Strukturdefekten einer jeden Informationsübermittlung. Gerade deswegen aber sollte auf eine wesentlich reflektiertere Art recherchiert und berichtet werden.

Der geschilderte externe Druck auf das Unternehmen führte zu charakteristischen Anpassungsreaktionen. Am eindeutigsten zu beurteilen ist dies im Bereich des in den letzten Jahren für alle Herbizidanwender *gesetzlich eingeengten Handlungsspielraumes*. Die restriktive Zulassung der Präparate durch die Aufsichtsbehörden, das Verbot bestimmter Wirkstoffe (etwa des 2,4,5-T ab 1977), die umfassende Informationspflicht der Anwender und schließlich die genauen Vorschriften über Schutzabstände bei der Applikation setzen einen eindeutigen Rahmen. Ihn zu überschreiten birgt für jeden Herbizidanwender so große rechtliche und finanzielle Risiken, daß er sich in der Regel den Vorschriften entsprechend verhalten wird. Die zunehmende Wachsamkeit von Behörden, Öffentlichkeit und Massenmedien hat hier sicher auch ihre Wirkung getan.

Der durch die heute gültigen Auflagen verursachte höhere Organisationsaufwand und dadurch entstehende Kosten gehen voll zu Lasten der Herbizidanwender. Dies im einzelnen zu quantifizieren ist kaum möglich, jedoch seien hier einige wichtige Aspekte genannt. Unternehmensintern sind heute wesentlich intensivierte Absprachen über die zu behandelnden Areale zwischen Revier und Zentralverwaltung nötig, wobei Notwendigkeit und Opportunität spezifischer Applikationen auf eingehendere Weise gegeneinander abgewogen werden müssen als früher. Wesentlich erhöht ist auch der Aufwand für die Detailplanung und externe Information.[191] Der Zuschnitt der zu behandelnden Areale ist mit Rücksicht etwa auf Straßen, Gewässer, Bebauung, Besitzgrenzen und Gelände vorzunehmen (im Hinblick auf Thermik, Abtriebsgefahr des Herbizidnebels u. ä.).

Im Gelände entstehen zusätzliche Kosten etwa durch das Aufstellen von Informationsschildern, genauere Kennzeichnung der Arealgrenzen (sie erfolgt in der Regel durch die Markierung von „Grenzbäumen" mit Plastikhauben vom Hubschrauber aus, die später auf dem gleichen Weg

---

[191] Allein die Zeitungsannoncen über geplante Herbizidapplikationen verursachten 1977 im Unternehmensbereich Kosten von rund SEK 11 600,— (ca. DM 5000,—).

wieder entfernt werden müssen), intensivere Einweisung der Piloten vor Beginn der Applikation[192] und schließlich spezielle Rücksichtnahmen auf Witterungsverhältnisse (Windrichtungen, Thermik).

Dies alles betraf lediglich die *Voraussetzungen* von Planung und Durchführung einer Herbizidanwendung. Schon der völlig normale *Ablauf* einer Herbizidkampagne macht darüberhinaus zusätzliche Aufwendungen erforderlich, etwa Verhandlungen und Ortsbegehungen mit Vertretern kommunaler Gesundheitsämter oder der obersten Naturschutzbehörde der Provinz. Auch kann danach eine erneute Abstimmung mit der betroffenen Revierverwaltung aktuell werden.

Die auf dieser sozusagen öffentlichen Ebene erfolgten Modifikationen der ursprünglichen Planung sind in der Regel aktenkundig und deswegen leicht erfaßbar. Eingeschränkt gilt dies auch noch für solche Änderungen, die durch besonders spektakuläre Aktionen von Herbizidgegnern erzwungen werden, etwa dann, wenn die vorgesehene Behandlung eines Bestands durch Demonstranten verhindert wird (vgl. Abb. 38). Es ist *jedoch völlig irreführend, an solchen Einzelfällen das ganze Ausmaß unternehmensspezifischer Anpassungsreaktionen zu beurteilen.* Für einen Gesamtüberblick müßten nämlich auch *solche Anpassungsmaßnahmen* erfaßt werden, die *unternehmensintern im Vorfeld oder während des Entscheidungsprozesses* über die Herbizidanwendung geschehen. Wie auch schon im Abschnitt über die Kahlschläge belegt, kann es sich dabei sowohl um *Modifikationen ursprünglicher Absichten* als auch um den *völligen Verzicht auf eine geplante Maßnahme* handeln.

Es liegt auf der Hand, daß es schwierig ist, solche Fälle zu erfassen und die dahinterstehenden Handlungsmotivationen zweifelsfrei zu klären. Dies sei hier dennoch versucht, weil gerade solche Fälle ein charakteristisches Merkmal der im Mittelpunkt stehenden Auseinandersetzungen sind (Abb. 38). Grundlage der Darstellung sind die unternehmenseigenen Originalunterlagen über Planung und Durchführung der Herbizidkampagne 1976 — 1978.[193]

Es zeigt sich, daß bei einem beträchtlichen Teil der dargestellten Objekte die ursprünglichen, auf Revier- und Hauptverwaltungsebene bestehenden Absichten modifiziert worden sind. Aus der hier — naturgemäß generalisierten — Angabe der Gründe wird deutlich, daß es sich überwiegend um im weitesten Sinne ökologisch motivierte Rücksichtnahmen handelt.

---

[192] zum Beispiel um festzustellen, ob sich dort fremde Personen aufhalten.

[193] Die Daten wurden wie folgt erhoben: Die jeweils frühesten kartographischen Darstellungen über geplante Applikationen wurden systematisch mit der tatsächlich erfolgten Behandlung verglichen. Aus den auf Karten und übrigen Unterlagen ersichtlichen Anmerkungen wurde auf die Gründe für erfolgte Modifikationen geschlossen. Anschließend wurden die so gewonnenen Erkenntnisse im Gespräch mit dem für die Herbizidapplikation im Unternehmensbereich verantwortlichen Mitarbeiter überprüft und ergänzt. Auch diese Übersicht dokumentiert aber keineswegs das ganze Ausmaß der erfolgten Anpassung, da ein erster Auswahlprozeß auch schon auf der Ebene der einzelnen Forstverwaltungen, teilweise schon in mündlicher Absprache mit der Hauptverwaltung geschieht.

Damit steht zweifelsfrei fest, daß unternehmensintern die aus forstlicher Sicht für notwendig gehaltene Herbizidbehandlung in Arealgröße und Zuschnitt beträchtlich modifiziert wird. Über das auf dieser Basis wahrscheinlich zu machende Gesamtausmaß bestehen außerhalb des Unternehmens unklare oder offensichtlich falsche Vorstellungen. Vor dem Hintergrund der alljährlich wie geschildert ablaufenden Auseinandersetzungen ist erstaunlich, daß hier seitens des Unternehmens oder auch anderer Herbizidanwender nie versucht worden ist, das Ausmaß tatsächlich erfolgter Selbstbeschränkung zu dokumentieren. Die hier deutlich werdenden Rücksichtnahmen sind natürlich als Versuch einer Konfliktminimierung (oder -regelung) schon im Vorfeld der Auseinandersetzungen aufzufassen und als solcher auch charakteristisch.

Ebenso aufschlußreich ist jedoch auch das Vorgehen des Unternehmens und seiner Vertreter in konkreten Konfliktsituationen. Die Bedeutung, die man solchen Auseinandersetzungen (und ihrem Echo in den Massenmedien) beimißt, ist allein daraus ersichtlich, daß seit 1975 unternehmensintern *Verhaltensregeln für die am häufigsten vorkommenden Aktionsformen der Herbizidgegner bestehen.*[194]

Leitgedanke ist dabei, direkte Konfrontationen durch erhöhte Information und Gesprächsbereitschaft wenn nur irgend möglich zu vermeiden oder abzubauen. So besteht ab Beginn der Herbizidkampagnen eine „erhöhte Informationsbereitschaft" sowohl der Unternehmungssparte „Forsten" als auch der Presse- und Informationsabteilung. Als kompetente Gesprächspartner für demonstrierende Gruppen im Gelände müssen sich leitende Angestellte bereit halten. Polizeischutz soll nur in extremen Fällen, also etwa bei erfolgter Gewaltanwendung (z. B. gegen Flugzeuge) angefordert werden. Soweit möglich, sollen zur Vermeidung oder Abwiegelung direkter Konfrontationen auch alle organisationstechnischen Ausweichmöglichkeiten ausgenutzt werden (Änderung von Befliegungsreihenfolge und -zeitpunkt, evtl. Aufschub der Applikation, Umdirigieren der Flugzeuge auf andere Flugplätze u.a.m.).

Die für die Herbizidanwender kritischste Situation entsteht ohne Zweifel bei „Bestandsbesetzungen", weil hier am schnellsten die aus der Sicht der Unternehmen unerwünschten Solidarisierungseffekte mit einer sensibilisierten Öffentlichkeit auftreten können. Meldungen vom Typ: „Demonstranten unter Giftdusche" werden in der Regel von den Massenmedien im ganzen Land aufgegriffen und lassen das verantwortliche Unternehmen in einem sehr ungünstigen Licht erscheinen, wie immer die Situation auch entstanden sein mag. Die Anwesenheit fremder Personen in der Nähe von zur Herbizidbehandlung vorgesehenen Arealen löst deshalb besondere Vorsichtsmaßnahmen aus. Zunächst werden zusätzliche Erkundungsflüge mit dem verantwortlichen Unternehmensangehörigen durchgeführt. Steht zweifelsfrei fest, daß sich jemand im möglichen Einwirkungsbereich des Herbizidnebels befindet,

---

[194] Sie entsprechen im großen den Empfehlungen, die von den mit der Entwicklung adäquater Informationsstrategien betrauten Spezialausschüssen ausgearbeitet wurden (vgl. auch schon Domänverket et al., 1974). Sie dürften in vergleichbarer Form auch bei den meisten anderen Herbizidanwendern berücksichtigt worden sein.

so daß die Applikation nicht erfolgen kann, haben daraufhin zwei kompetente Angestellte die Personen im Gelände aufzusuchen, über die bevorstehende Applikation zu informieren und zum Verlassen des Bereichs aufzufordern.

Weigern diese sich jedoch, so darf den unternehmensinternen Instruktionen nach der aktuelle Bereich nicht besprüht werden, sondern das weitere Vorgehen wird dann durch die Abteilungsleitung bestimmt.[195]

An einem Beispiel sei kurz gezeigt, wie diese Strategie der Konfliktdämpfung praktiziert wird. Ende Juli 1977 kündigte das Unternehmen ordnungsgemäß die Herbizidbehandlung u. a. eines 9,1 ha umfassenden Bestandes an der Nordspitze des Sees Jörken in der Gemeinde Smedjebacken an. Am 17. 8. wurde das Areal von einer Gruppe jugendlicher Demonstranten aus Ludvika besetzt. Sie erboten sich, den Bestand von Hand zu läutern. Stora Kopparberg ging auf dieses Angebot nicht ein, machte aber andererseits auch keine Anstalten, gegen die Besetzung des Bestands vorzugehen. Daraufhin wurde nahezu das ganze Areal von den Herbizidgegnern manuell geläutert, was formalrechtlich natürlich eine Gesetzesübertretung war und auch ein polizeiliches Eingreifen gerechtfertigt hätte. Staatsanwaltschaft und Unternehmen ließen aber offensichtlich das Verhältnismäßigkeitsprinzip gelten. Schließlich entspann sich zwischen Demonstranten und Unternehmen sogar noch ein nahezu freundlicher Briefwechsel um Sinn und Notwendigkeit chemischer Läuterung. Nach etwa einer Woche hatten die Demonstranten den Bestand geläutert, und eine Gruppe von Unternehmensangehörigen mit dem Forstpflegechef an der Spitze reiste zur Inspektion an. In einer Pressemitteilung ließ das Unternehmen am 26. 8. 1977 verlautbaren, man nehme wegen der im wesentlichen abgeschlossenen Läuterung von einer Herbizidapplikation Abstand.[196]

Es ist leicht vorstellbar, mit welchen Eskalationsmöglichkeiten eine - formaljuristisch korrekte — polizeiliche Räumung des Bestandes hätte verbunden sein können. Dabei ist unerheblich, ob die nach außen hin so offensichtlich zur Schau getragene Gelassenheit der Unternehmensvertreter echt war. Auf den Ablauf der direkten Konfrontation hat sie sicher einen großen Einfluß ausgeübt.

Zusammenfassend ist im Herbizidsektor somit festzustellen: Die angemessene Inwertsetzung des unternehmenseigenen Waldlandes setzt nach Auffassung der Forstleute[197] den Einsatz von Herbiziden auf jähr-

---

[195] Formaljuristisch gesehen ist der Waldbesitzer berechtigt, nach einer solchen Information die Herbizidapplikation zu beginnen. Ein Verbleiben auf dem Gelände geschieht somit auf eigene Gefahr.

[196] In der gleichen Mitteilung wird der Forstpflegechef folgendermaßen zitiert: „Sie (die Demonstranten) haben eine schwere und engagierte Arbeit verrichtet. Die Läuterung ist jedoch so durchgeführt worden, daß wir jetzt die Pflanzen freilegen müssen, die mit Hiebsabfall bedeckt wurden. Dies ist ein Beispiel dafür, daß diese Laubholzläuterung durch ausgebildetes und erfahrenes Personal zu erfolgen hat. Wir können die Verantwortung für die Forstpflege nicht verschiedenen Umweltschutzgruppen überlassen, wie stark auch deren Engagement sein mag".

[197] Vielleicht wäre es besser zu sagen: „der die Entscheidungen des Unternehmens beeinflussenden Forstleute", denn innerhalb der gesamten Berufsgruppe gibt es durchaus davon abweichende Meinungen.

lich einigen Promille des produktiven Forstareals voraus. Von der tatsächlichen und der angenommenen Wirkung dieser Chemikalien fühlen sich andere Nutzer des Waldes beeinträchtigt, da besonders geschätzte Werte — Unberührtheit, Giftfreiheit u.a.m. — in ihren Augen knapp werden. Als Reaktion versuchen sie, alle ihnen zur Verfügung stehenden Machtmittel einzusetzen, um den Verursacher zur Änderung seiner Haltung zu zwingen. Drei dabei aktualisierte Konfliktformen wurden vorgehend näher besprochen: Mündliche und schriftliche Proteste bei Herbizidanwender und Aufsichtsbehörden, direkte Aktionen gegen Anwender und — mit Hilfe aller dieser Protestäußerungen — Sensibilisierung der Massenmedien und des Gesetzgebers.

Wie die in der Regel raumwirksamen Anpassungsreaktionen des Herbizidanwenders belegen, ist der sich so äußernde Druck nicht ohne Folgen geblieben. In Teilbereichen — so z. B. bezüglich gesetzlicher Bestimmungen und Anpassung des Anwenders — ist dabei der Zusammenhang zwischen Ursache und Wirkung eindeutig. Eine entsprechend klare Beziehung zwischen *öffentlicher Debatte* und *spezifischen Anpassungsreaktionen* eines Unternehmenes ist jedoch nicht herzustellen, wenn auch, vor allem auf der Basis unternehmensinterner Unterlagen, wahrscheinlich zu machen. Auch angesichts des Mißverhältnisses zwischen dem räumlichen Umfang des die Wirkungskette auslösenden Effekts und den erfolgenden Anpassungsreaktionen muß noch eindringlicher nach den bestimmenden Einflußfaktoren gefragt werden.

Auf der Basis der dargestellten Fälle sei in Abb. 41 versucht, ein plausibles Erklärungsmodell der im Problemkomplex „Herbizidanwendung" bestehenden Wirkungszusammenhänge zu entwerfen. Zunächst einmal liegt die vorgehend belegte Tatsache zugrunde, daß die verschiedenen Konfliktgegner sowie Massenmedien, Behörden und politische Instanzen in ein gemeinsames Kommunikationsnetz eingebunden sind, in dem Informationen und sozialer wie politischer und wirtschaftlicher Druck übermittelt werden können. Wie in den allgemeinen und unternehmensspezifischen Abschnitten dargelegt, hielten zunächst die meisten Anwender, Politiker, Wissenschaftler und Aufsichtsbehörden die verwendeten Präparate für gesundheitlich und ökologisch unbedenklich, zumal sie nur auf sehr kleinen Flächen und in — im Verhältnis zur Landwirtschaft — relativ geringen absoluten Mengen ausgebracht werden. Von einer anfangs kaum wahrgenommenen Minderheit wurde zunächst die erste Prämisse — gesundheitliche Unbedenklichkeit — infragegestellt. Mit der Aufnahme der Problematik durch die Massenmedien stieg die Zahl der informierten[198] Bürger binnen kurzem rasch an und umfaßt heute praktisch die *gesamte Öffentlichkeit*.

Gleichzeitig wurden informationsspezifische Selbstverstärkungsmechanismen ausgelöst, die den Anteil der nur unzureichend oder gar falsch informierten[199] Bürger stark erhöhten. Dies dürfte an den vorgehend wahrscheinlichgemachten Deformationsmöglichkeiten speziell räumlicher Informationen, aber auch an der teilweise fragwürdigen inhaltlichen Qualität und der quantitativen Unausgewogenheit der Be-

[198] im Sinne von: „davon wissen"
[199] im Sinne von: „darüber Bescheid wissen"

255

Geplante, wirkliche und wahrgenommene Größe des herbizidbehandelten Areals

Informationen, Beeinflussung, Pressionen

Perzeptionsfilter

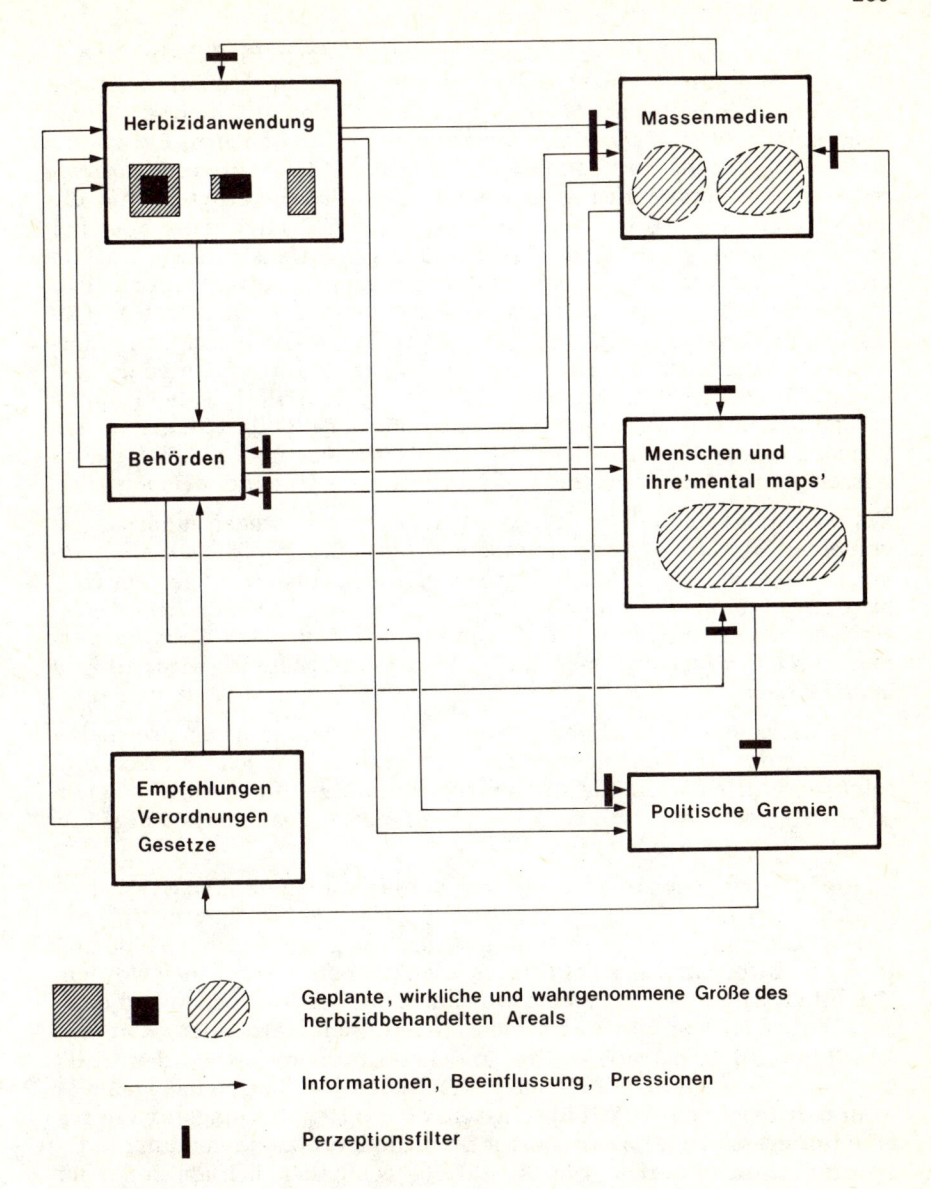

Abb. 41: Systemzusammenhänge im Problemkomplex „Herbizidanwendung"

richterstattung in den Massenmedien gelegen haben. Im Erklärungsmodell ist dies durch die wachsende Größe der herbizidbehandelten Areale auf der rechten Seite angedeutet. Unabhängig von Faktenwissen, Überzeugungen und gültigen Rechtspositionen bei Anwendern, Politikern und Aufsichtsbehörden beginnt der sich in der Öffentlichkeit formierende Widerstand Wirkung zu zeigen. Bei *allen* Beteiligten sind die Möglichkeiten der Überschätzungen gegebener Sachverhalte oder der Fehleinschätzung beabsichtigter Handlungen offensichtlich, was im Schema durch die zwischengeschalteten *Perzeptionsfilter* verdeutlicht werden soll: genau wie die meisten Menschen die forstlichen Maßnahmen durch ihren individuellen (oder gruppenspezifischen) Filter wahrnehmen, sehen auch die Entscheidungsträger im Unternehmen den externen Druck durch ihren speziellen Perzeptionsfilter. Alle Gruppen handeln nicht notwendigerweise auf eine der Realität angemessene Weise, sondern oft mit Rücksicht auf etwas, was man glaubt oder zu wissen glaubt. Entsprechendes gilt auch für Politiker oder Behörden.

Ein noch nicht zweifelsfrei nachgewiesener und deswegen zunächst nur von einer Minderheit angenommener *Effekt einer forstlichen Maßnahme*, nämlich die negativen gesamtökologischen Auswirkungen der Herbizidanwendung, *ist folglich imstande gewesen, die räumlichen Vorstellungen und das räumliche Verhalten von Teilen der Bevölkerung, einflußreichen Institutionen und wichtigen Unternehmen nachhaltig zu beeinflussen.*

Diese Wirkung ist natürlich nur wegen der sich ständig gegenseitig beeinflussenden Größen im vermaschten System möglich gewesen und setzt wesentlich mehr als nur einen ,,Rundlauf" über die Stationen ,,Verursacher — Folgewirkung — Betroffener — Reaktion — Folgewirkung — Verursacher" voraus.

Schließlich sei noch ein wichtiger Aspekt einer im gezeigten System erfolgten *Konfliktregelung* herausgestellt. Im Jahre 1975 war im Zuge der Wiederzulassung der Herbizidapplikation aus Luftfahrzeugen eine umfassende Informationspflicht durch die Anwender verordnet worden. Die Intention des Gesetzgebers war ausdrücklich, daß ,,niemand ohne sein Wissen in Kontakt mit diesen Mitteln (den Herbiziden) kommen oder die Gebiete betreten sollte, in denen sie versprüht worden sind" (Formulierung aus SOU 1974: 35, S. 26). In den 60er Jahren dagegen war es in der Regel dem Zufall überlassen, ob die Bevölkerung etwa durch einen interessierten Lokalreporter über die Herbizidanwendung in ihrem Raum informiert wurde. Ab 1975 jedoch haben sich als Folge der nun obligatorischen Informationskontakte sowohl Volumen als auch Frequenz herbizidbezogener Nachrichten stark geändert[200] (vgl. auch Abb. 42). Gleichzeitig wird — bedingt durch die verstreute Lage der zur Behandlung vorgesehenen Areale — die gesamte Bevölkerung eines Großraums über die bevorstehenden Applikationen unterrichtet. Im

---

[200] Nicht nur das hier aktuelle Unternehmen, sondern jeder Herbizidanwender, vom Großprivatwaldbesitzer über Forstaufsichtsbehörde und Staatsforstverwaltung bis hin zu den anderen Firmenwaldeigentümern, ist etwa im hier aktuellen Raum an der Annoncenflut im Frühherbst beteiligt.

Extremfall führt dies dazu, daß Zehntausende von Menschen durch derartige Meldungen sensibilisiert werden, obwohl faktisch auf vielen hundert Quadratkilometern um sie herum keine Herbizide versprüht werden. Ein Beispiel: Stora Kopparberg mußte im Jahre 1977 für die Herbizidbehandlung von *0,004 % des schwedischen Waldlandes nahezu ein Zehntel der Gesamtbevölkerung des Landes informieren.*[201]

- ■ Provinzregierung
- ◉ Unternehmensverwaltung
- ○ Forstamt
- ● Gemeindeverwaltung
- ■ Polizei
- ▲ Lokalzeitung
- ••• Privatpersonen
- ▨ Herbizidbehandlung
- ++++ Gemeindegrenze

Informationsflüsse
(jeweils unternehmens-intern/-extern)⁺

- ·····▶ informelle Information
- ◀---- obligatorische Unterrichtung
- ⟶ Genehmigung
- ▒ Deckungsbereich herbizidbezogener Zeitungsberichte
- **PKN** Produktkontrollausschuß (Stockholm)

⁺externe Genehmigung nur in speziellen Fällen

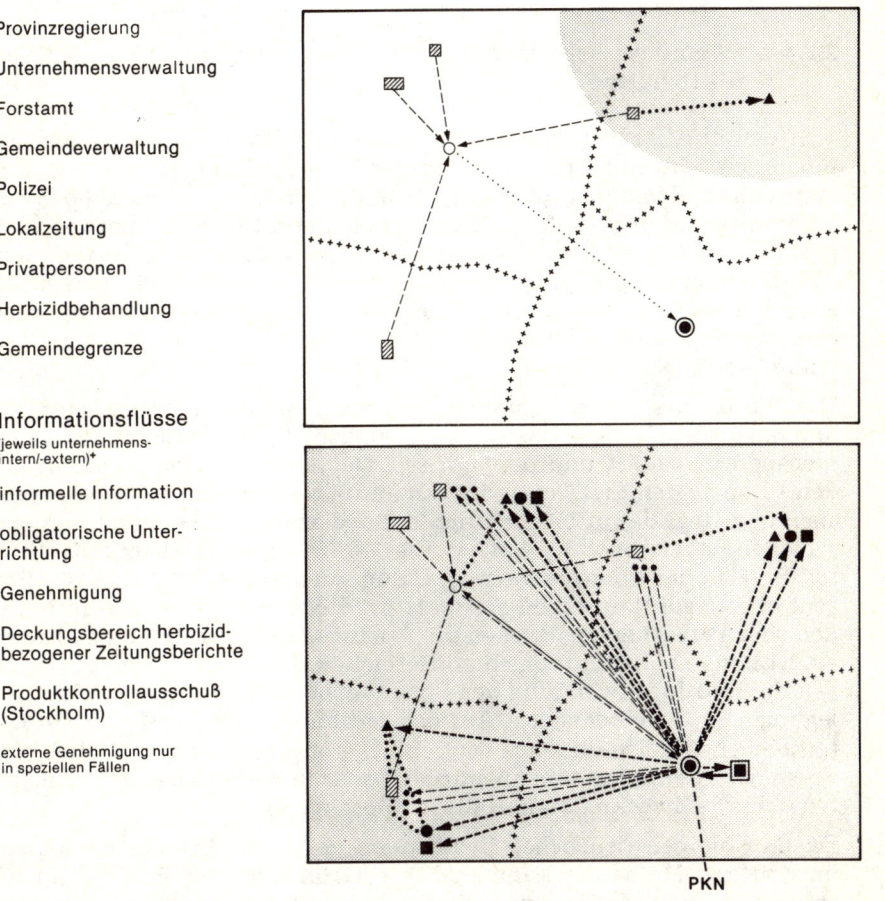

Abb. 42: Der Wandel von Informations- und Kontaktgefügen im Problemkomplex „Herbizidanwendung" vor 1970 (oben) und nach 1975 (unten)

---

[201] Für die Behandlung der im früheren Unternehmensbereich von Stora Kopparberg (also ohne Bergvik och Ala) aktuellen ca. 900 ha wurden durch zehn Provinzzeitungen mit einer Gesamtauflage von 278 000 Exemplare mehr als 250 000 Haushalte in den Großregionen Uppsala, Västerås, Sala, Borlänge/Falun, Avesta/Hedemora, Ludvika, Mora und Gävle/Sandviken informiert.

Es ist die Frage, ob nicht durch diesen, ausdrücklich zum Schutz des Bürgers verordneten Aufwand (und die darauf einsetzende Berichterstattung) viele Menschen erst sensibilisiert und einige von ihnen zu kräftigen Reaktionen angeregt werden.[202]

2.2.3.3. Räumliche Aspekte der Nicht-Aktualisierung potentieller Konfliktbereiche

Von den einleitend aufgeführten kritischen Maßnahmebereichen der modernen schwedischen Forstwirtschaft ist die Problematik von Erntesystemen, Bestandsbegründungen und Herbizideinsatz eingehend an Beispielen aus dem Unternehmensbereich von Stora Kopparberg dargestellt worden. Es verbleiben somit die potentiellen Konfliktbereiche „Einführung fremder Arten", „Bodenvorbereitung", „Waldbodendüngung" und „Ausbeuteerhöhung", die in der Folge noch kurz angesprochen seien (der Konfliktbereich „Mechanisierung" ist bei praktisch allen präsent).

Die Einführung der nordamerikanischen Drehkiefer (*Pinus contorta*) und die praktizierten Bodenvorbereitungsmethoden sind im Unternehmensbereich relativ unproblematisch. Der Anteil der *Pinus contorta* an den Pflanzungen der 70er Jahre dürfte insgesamt einige Prozent erreichen und liegt damit beträchtlich unter dem Anteil bei anderen nordschwedischen Großwaldbesitzern (vgl. S. 186). Im hier näher untersuchten Bereich der Forstverwaltung Falun wird insgesamt kaum ein Prozent aller Neupflanzungen erreicht. An direkten Aktionen von Behörden oder Privatpersonen gegen die Ausbringung dieser fremden Baumart ist in den näher untersuchten Bereichen ebensowenig belegt wie gegen die Routineanwendung der Bodenvorbereitung durch Fleckenfreilegung oder Scheibeneggen. Auf das radikale Pflügen hat man im Unternehmensbereich ohnehin verzichtet, wobei unklar ist, ob dies eine Folge des geschilderten Außendrucks oder lediglich kritischer Ansichten über die Zweckmäßigkeit dieser Methode ist.

Das Ausbleiben deutlicher Reaktionen gegen im Prinzip landesweit umstrittene Methoden kann mehrere Gründe haben. Mit Sicherheit spielt eine große Rolle, daß sich die Aufmerksamkeit einer kritischen

---

[202] Diese Gefahr scheint auch der Produktkontrollausschuß in seiner ersten Instruktion nach der 1975 erfolgten Neuregelung gesehen, aber gleichzeitig unterschätzt zu haben. Es heißt dort: „Annoncen in der Presse sowie Warnungsschilder und andere Formen von Bekanntmachungen, die auf die Anwendung von Bekämpfungsmitteln hinweisen, könnten am Anfang für viele Menschen erschreckend wirken. Der einzelne Bürger könnte glauben, daß dies ein Zeichen für neue Risiken und die Anwendung neuer gefährlicher Mittel ist.
Dies ist aber nicht der Fall! Die Absicht ist, wie zuvor ausgeführt, die Wahlfreiheit für die Bürger, z. B. ein behandeltes Gebiet zu meiden, zu erhöhen und sicherzustellen, daß die Menschen soweit möglich nicht ohne ihr Wissen Bekämpfungsmittel ausgesetzt sein sollen — ungeachtet der Eigenschaften der verschiedenen Präparate" (PKFS, 1975, S. 5).

Öffentlichkeit die ganzen Jahre hindurch auf die spektakuläre Biozid- und Kahlschlagproblematik konzentriert hat. Es ist aber auch möglich, daß eine relative „Unsichtbarkeit" sachlicher und räumlicher Art bei gleichzeitigem Fehlen stark emotionalisierender Momente für die Nicht-Aktualisierung verantwortlich zu machen ist. So dürften etwa für den Durchschnittsbesucher des Waldlandes noch viele Jahre vergehen, bevor er eine Drehkieferkultur von einer mit einheimischen Kiefern bestockten Verjüngungsfläche unterscheiden kann. Zudem sind im hier aktuellen Raum die *Contorta*-Pflanzungen ebenso wie die stärkeren Eingriffe der Bodenvorbereitung häufig in relativ peripheren Bereichen gelegen. Wenn sich schließlich das Verhalten des Waldbesuchers ändert, weil man das Resultat mancher forstlichen Eingriffe, wie etwa Kahlschläge, als negativ empfindet und ihnen deswegen bewußt ausweicht, so könnte dies dazu führen, daß später hinzukommende zusätzliche Negativfaktoren gar nicht mehr wahrgenommen werden.

Diese allgemeine Überlegungen bezüglich der Verwendung von Baumarten und Bodenbearbeitungsmethoden können hier nicht mehr vertieft werden, weil die entsprechenden Daten aus dem hier untersuchten Unternehmensbereich nicht vorliegen.

Auch bezüglich der beiden letzten noch verbleibenden potentiellen Konfliktbereiche — Waldbodendüngung und Ausbeuteerhöhung — sind im hier untersuchten Raum keine bemerkenswerten externen Reaktionen zu verzeichnen. Neben der hier ebenfalls vorliegenden relativen „Unsichtbarkeit" der Problematik dürfte aber eine Rolle gespielt haben, daß das Unternehmen sich schon einer gewissen Selbstbeschränkung unterworfen hatte, bevor überhaupt der Außendruck einen wesentlichen Umfang annahm. Hier liegt somit der interessante Fall einer vorbeugenden Konfliktregelung mit antizipierender Anpassung vor.

Schon Anfang der 70er Jahre nämlich hatte eine Expertengruppe aus Vertretern der Forstaufsichtsbehörde und des Staatlichen Naturschutzamts genaue Anweisungen für die Verbreitung von Stickstoffdünger im Forst aus der Luft erarbeitet.[203] Sie waren nicht sehr detailliert formuliert und zudem rechtlich unverbindlich. Dennoch sind diese Empfehlungen von vielen Großwaldbesitzern offensichtlich nahezu unverändert übernommen worden, was auch für den hier aktuellen Unternehmensbereich zutrifft. Dieser von unverbindlichen Empfehlungen ausgehende Druck führte zu einer Reihe von räumlich wirksamen Effekten:

— Entwicklung und Verwendung von Granulatdünger mit solchen Korngrößen, daß eine genaue Applizierung selbst bei ungünstigen Witterungsverhältnissen möglich wurde,

---

[203] Es heißt dort im Vorwort bezeichnenderweise (Skogsstyrelsen, 1972): „Das Zustandekommen der Anweisungen ist nicht dadurch bedingt, daß Stickstoffdünger des hier aktuellen Typs eine direkte Gefahr für die Umwelt bedeutet, sondern durch die Tatsache, daß man mit großen Mengen gleichzeitig in begrenzten Gebieten hantiert, wobei der gesammelte Effekt bei ungeschicktem Vorgehen ungünstig sein kann".

— Verlegung der Applikation in die thermikarmen Tageszeiten oder ihre Einstellung bei zu starkem Wind,[204]

— routinemäßige Aussparung spezifischer Schutzzonen, Gewässer, Feuchtgebiete, öffentlicher Straßen und von Fremdeigentum sowie obligatorische Information von Öffentlichkeit und Behörden, wie es ähnlich schon bei der Herbizidapplikation beschrieben worden ist.

Alle genannten Restriktionen prägen nachweislich auch das Vorgehen des hier behandelten Unternehmens. Das Konfliktpotential dieses Bereiches ist durch diese Anpassungsreaktionen ganz offensichtlich reduziert worden. Anders als im Herbizidbereich haben auch die in den Tageszeitungen veröffentlichten Ankündigungen über bevorstehende Düngungsmaßnahmen keine solchen Reaktionen hervorgerufen, daß das Unternehmen sich zu weiteren Einschränkungen veranlaßt sah.

Betrachtet man schließlich den Konfliktbereich ,,Ausbeuteerhöhung'', so ist ebenfalls festzustellen, daß externe Reaktionen fehlen. Im hier behandelten Unternehmensbereich ist im Untersuchungszeitraum nur die Gewinnung von Baumstümpfen von Bedeutung gewesen.[205] Allerdings handelte es sich Mitte der 70er Jahre noch um erste, örtlich sehr begrenzte Versuche. Selbst heute — die Verwertungsanlage in Mackmyra hat nahezu ihre Kapazität von etwa 400 000 Fm im Jahr erreicht — werden auf nicht mehr als einigen Prozent der jährlichen Kahlschlagsflächen die Stöcke gerodet. Neben dieser räumlichen Beschränkung dürfte auch noch eine Rolle spielen, daß die Auswahl der zu rodenden Schläge ohnehin unter Berücksichtigung des Standorttyps erfolgt, um eine Schädigung des Nährstoffhaushaltes von ärmeren Böden von vornherein auszuschließen. Zwar wird man die ökologischen Folgen der Stockrodung erst nach längeren Zeiträumen beurteilen können, aber die hier im Unternehmen auch im eigenen Interesse spürbare Vorsicht bewirkt natürlich ebenfalls, daß man sich relativ wenige Angriffsflächen gibt.

Zusammenfassend kann somit gefolgert werden, daß die hier kurz geschilderten Konfliktpotentiale aus einer Vielzahl und meist auch aus einer Kombination von Gründen nicht ebenso aktualisiert worden sind wie in den ausführlicher erläuterten Bereichen. Psychologische, nutzungsspezifische und auch räumliche Faktoren spielen hier eine wichtige Rolle.

---

[204] Beide Maßnahmen lagen natürlich auch im Interesse einer kostengünstigen und möglichst effizienten Applikation.

[205] Auch bezüglich der sich zur Zeit stürmisch entwickelnden Methoden einer nahezu vollständigen Inwertsetzung der forstlichen Biomasse, also einschließlich des Schlagabraums nimmt das Unternehmen noch eine abwartende Haltung ein.

2.2.4. Die Raumwirksamkeit der im Rohstoffraum ablaufenden Konflikte und ihrer Regelung

2.2.4.1. Veränderung von Verknüpfungs- und Beziehungsgefügen

Die im entsprechenden Abschnitt über die Papierfabrik gezogenen Schlußfolgerungen gelten sinngemäß auch für die im Rohstoffraum aktualisierten Konfliktbereiche. Wo früher unternehmensintern oder auch in den Außenbeziehungen sporadische Kontaktaufnahmen und Informationsflüsse üblich waren, sind heute als direkte Konfliktfolge institutionalisierte und informelle Beziehungsgefüge festzustellen, denen eine außerordentliche Bedeutung für die Möglichkeiten externer Einflußnahme und für das Handeln des Unternehmens zukommt. Die Dichte des Netzes und die Intensität der in ihnen aktualisierten Kontakte jeder Art ist jedoch in den einzelnen Konfliktbereichen sehr unterschiedlich. Bezogen auf einen spezifischen Bereich, etwa Herbizidanwendung, ist der Aufbau der Beziehungsgefüge unternehmensextern und -intern aber weitgehend proportional, d. h., daß einer hohen oder niedrigen Netzdichte und Kontaktintensität in den Außenbeziehungen ähnliche Verhältnisse innerhalb des Unternehmens entsprechen. Wo also der tatsächliche oder erwartete Außendruck hoch ist, sind innerhalb des Unternehmens wesentlich intensivere Kontakte und Absprachen nachzuweisen als in einem in der Öffentlichkeit weniger beachteten Bereich.

Im Konfliktbereich ,,Hiebsarten'' sind dabei die geringsten Folgen festzustellen. Die früher erfolgten unternehmensinternen Regelungen zur ,,Selbstbeschränkung'' auf Kahlschlaggrößen unter 150 ha haben wahrscheinlich bewirkt, daß Protestintensität und der Grad externer Einflußnahmen im Vergleich zu anderen Landesteilen gering geblieben sind. Die Kontakte zu Behörden beschränken sich in diesem Konfliktbereich nahezu ausschließlich auf die formelle Anmeldung eines jeden Kahlschlags über 0,5 ha. Reaktionen seitens der Aufsichts- oder anderer Fachbehörden sind die Ausnahme.

Der außerhalb dieser lockeren Beziehungen geltend gemachte Druck ist gering. Unternehmensintern sind folglich auch keine spezifischen Kontaktgefüge aufgebaut worden. Die Verantwortlichkeit der vorbeugenden Konfliktregelung liegt nahezu ausschließlich bei den Hiebsplanern und Revierverwaltern vor Ort.

Wesentlich stärker ist die externe Einflußnahme im Biozidbereich. Von einfacher Struktur ist dabei die Problematik der DDT-Verwendung. Ihr endgültiges Verbot ab 1975 schaffte klare Verhältnisse ohne großen Spielraum für die potentiellen Anwender. Die größten Folgen liegen hier im Bereich der durch das Verbot ausgelösten Anpassungsmaßnahmen und ihrer sachlichen wie organisatorischen Vorbereitung.

Die ganze denkbare Breite und Tiefe möglicher Veränderungen von sowohl Verknüpfungs- als auch Beziehungsgefügen liegt dagegen im Herbizidbereich vor. Hier sind nicht nur neue, durch fachspezifische Gesetze institutionalisierte Gefüge entstanden. Im Unterschied zu den bei der Papierfabrik behandelten Konfliktbereichen sind hier auch die lokalen Behörden teilweise sehr aktiv an Entstehung, Ausweitung oder Regelung von Konflikten beteiligt. Ebenso wichtige oder teilweise noch bedeutendere Folgen erwachsen aus Beziehungen, die sich abseits der institutionalisierten Bahnen behördlich gesteuerter Konfliktregelungen gebildet haben. Dies ist auch der einzige Konfliktbereich, aus dem wichtige Inhalte von den Massenmedien aller Ebenen in steter Regelmäßigkeit aufgegriffen werden und ein entsprechender Einfluß der Berichterstattung auf Ablauf und Ausgang des Konflikts wahrscheinlich gemacht werden kann. Spektakuläre Ereignisse auf lokaler Ebene haben hier sogar zu einer länger andauernden *Ausweitung außerbehördlicher Kontakt- und Informationsfelder auf das ganze Land geführt.*

Deutliche Belege hierfür sind etwa die aus völlig unbetroffenen, weit entfernt liegenden Räumen eingehenden Proteste sowie die Aktivitäten „ortsfremder" Herbizidgegner. Was von den betroffenen Unternehmen teilweise als politisch motivierte „Fernsteuerung" interpretiert wird, ist *unabhängig von der Richtigkeit dieser Auffassung ein an Beweiskraft kaum zu überbietender Beleg für die konfliktbezogene Ausweitung räumlich relevanter Informations- und Beziehungsgefüge und ebenso für die daraus resultierende Vergrößerung des Aktionsraumes spezifischer Gruppen.*[206]

2.2.4.2. Veränderung von Verursacher- und Nutzungsverhalten

Während die wichtigsten Folgen der Veränderung von Beziehungsgefügen in der Papierfabrik selbst die Anpassungsreaktionen in Form prozeßbezogener materieller Änderungen waren, sind es im Rohstoffraum charakteristische Änderungen des Handelns im Raum bezüglich traditioneller Nutzungsmuster. Die tiefgreifendsten Veränderungen betreffen ohne Zweifel die Forstwirtschaft. Immer wieder ist in den vorangegangenen Abschnitten auf raumwirksame konfliktbezogene Aktivitäten hingewiesen worden. Von räumlich begrenzten Ausnahmen abgesehen (etwa Abb. 30/31) ist in den einzelnen Bereichen keine Totalinventur derartiger Vorgänge und Folgen gemacht worden, da es zunächst einmal darum ging, Ursachen und Bestimmungsgründe der wichtigsten Konfliktsituationen klarzulegen. Der Wert einer genauen und vollständigen Erfassung und Verortung solcher Sachverhalte — wie etwa landschaftsgerechte Schirmschlagstellungen, durch das DDT-Verbot verursachte Schlagruhen oder verhinderte Herbizidapplikationen — ist ohnehin aus zwei Gründen fragwürdig: zum einen ist der Untersuchungs-

---

[206] Schon ein kurzer Blick auf mitteleuropäische Verhältnisse, nämlich die räumliche Herkunft von Teilnehmern an Demonstrationen gegen Nuklearanlagen, zeigt, daß hier kein singulärer, sondern ein charakteristischer Sachverhalt ressourcenbezogener Auseinandersetzungen in besonders umstrittenen Bereichen angesprochen ist.

raum mit über 400 000 ha unternehmenseigenen Forstwirtschaftsflächen zu groß für eine detaillierte Aufnahme, zum anderen sind die angesprochenen Sachverhalte im Prinzip ubiquitär. Daraus ergeben sich Zwang und Zweckmäßigkeit einer modellhaften Darstellung, die hier in Abb. 43 versucht sei. Sie ist hinreichend abstrakt, um wesentliche Prinzipien aufzuzeigen, aber auch nahe genug an der Wirklichkeit, um direkte Bezüge zu beliebigen Ausschnitten des mittelschwedischen Waldlandes zuzulassen. Jedem mit forstlichen Sachverhalten Vertrauten ist klar, welche Maßnahmen in einem so strukturierten Gebiet im Verlauf einiger weniger Jahre aktuell werden (etwa Läuterung von Jungwuchs, Durchforstungs- und Endhiebe, Wiederbegründung von Beständen u.a.m.).

Nicht ersichtlich ist aus einer solchen Darstellung der forstlichen Strukturmerkmale — oder auch aus einer Begehung eines entsprechenden Geländes —, welches *Netz von letztlich konfliktbewirkten Restriktionen hier die Handlungsfreiheit der Forstwirtschaft drastisch einschränkt*. Physiognomisch ansprechbar sind nämlich lediglich die Überhälter in Gewässer- und Siedlungsnähe, die hier offensichtlich als „Kulisse" dienen sollen. Da von forstlichen Rücksichtnahmen auf die Interessen externer Nutzer nicht mehr als dies direkt zu erschließen ist, wird die Meinung des nicht mit den Einzelheiten vertrauten Bürgers verständlich, die Forstwirtschaft mache trotz aller gegenteiliger Beteuerungen doch nahezu ausschließlich, was sie für richtig hält.

Ein wirklichkeitsnäheres Bild der tatsächlich wirksamen Restriktionen zeigt der Aufdruck der konfliktbezogenen „*Nicht-Ereignisse*" in dem gleichen Landschaftsausschnitt (Abb. 43). Es wird deutlich, daß *in Wirklichkeit in beträchtlichen Teilen auch des primär forstwirtschaftlich genutzten Waldlandes freiwillig oder gezwungenermaßen auf die Ansprüche forstexterner Nutzer Rücksicht genommen wird*. Auch wenn solche „Wirkungen" in der Landschaft physiognomisch nicht direkt greifbar sind, so ist doch offensichtlich, daß sie für ihre Struktur und Entwicklung eine wesentlich größere Bedeutung besitzen als die aus der gleichen Abb. 43 erschließbaren oder in Abb. 30/31 dargestellten „sichtbaren" Rücksichtnahmen.

Man kann davon ausgehen, daß sich häufig selbst der Fachmann nicht über Umfang und Häufigkeit solcher Sachverhalte klar ist, da die Restriktionen zu verschiedenen Zeitpunkten verschiedene Abteilungen oder Arbeitsgruppen innerhalb des gleichen Unternehmens betreffen und die gedankliche „Überlagerung" in der Regel nur unvollkommen geschehen dürfte. Um wieviel schwieriger muß es für den Laien oder nur randlich interessierte Bürger sein, diesen Typ von Rücksichtnahmen oder „Nicht-Ereignissen" richtig einzuschätzen![207] Hinzu kommen dann noch die mit den besprochenen Konflikten verbundenen *Zusatzaktivitäten* bei Planung, Durchführung, Kontrolle oder Durchsetzen

---

[207] Aus methodologischer Sicht ist an der Abb. 43 aufschlußreich, daß sie einmal mehr die Risiken einer im wesentlichen von der Landschaftsphysiognomie ausgehenden Betrachtungsweise zeigt. Ihr können, wenn sie nicht durch andere Methoden ergänzt wird, ganz entscheidende struktur- und prozeßbestimmende Aspekte auch der gerade ablaufenden Landschaftsentwicklung entgehen.

bestimmter Maßnahmen. Sie sind hier jedoch nicht mehr dargestellt worden.

Die Verhaltensänderungen und Nutzungsmodifikationen der Forstwirtschaft können somit relativ deutlich gemacht werden. Eine entsprechende Darstellung für die anderen Waldlandnutzer ist dagegen zur Zeit noch nicht möglich. Grundsätzlich ist festzustellen, daß eine pauschale Bewertung des forstlichen Methodenspektrums aus der Sicht etwa von Freizeit und Erholung nicht möglich ist (vgl. hierzu etwa HULTMAN, 1976). Dies liegt einmal an der unterschiedlichen subjektiven Bewertung gleicher forstlicher Zustände oder Eingriffe durch verschiedene Personen. Während der eine etwa einen „naturnahen" Wald bevorzugt, fühlt sich der andere eher durch einen gepflegten Forst angesprochen. Zum anderen liegen nutzungs- und zielbezogene Wertungsunterschiede vor: Ein Kahlschlag ist für den einen Ästheten ein Ärgernis, für den anderen wegen des ermöglichten Fernblicks ein positiver Sachverhalt, für den vorbeikommenden Beerensammler aber schließlich unabdingbare Voraussetzung für den angestrebten Zweck. Zum dritten muß jeder waldbauliche Zustand oder Eingriff auch im Kontext seiner Umgebungsbedingungen gesehen werden. Während ein radikaler Kahlschlag in einem gepflegten Hochwald als negativ empfunden werden kann, könnten ihm von dem gleichen Personenkreis durchaus positive Seiten abgewonnen werden, wenn die Nachbarbestände aus undurchdringlichem Jungwuchs bestehen und man unbedingt das dahinter liegende Seeufer erreichen will.

Dies alles macht aber eine generelle Bewertung von umstrittenen forstlichen Maßnahmen oder den aus einer Konfliktregelung resultierenden Eingriffsmodifikationen unmöglich. Die sich aus der räumlichen Differenzierung von Nutzungseignung und Nutzungsziel ergebenden Unterschiede und ihre Wirkung auf das Verhalten spezifischer Nutzergruppen bieten somit ein offenes Feld für forstwissenschaftliche, wahrnehmungspsychologische, nutzungsspezifische und verhaltensräumliche Studien.

Zwei Aspekte seien dennoch herausgegriffen, bei denen das Verhalten des durchschnittlichen Waldnutzers vor dem Hintergrund zur Zeit in Schweden vorherrschender Präferenzen und Ängste prognostizierbar erscheint. Zum einen ist wahrscheinlich, daß Bereiche mit relativ behutsam vorgenommenen Eingriffen (also etwa reliefangepaßte Hiebsführung, Belassen von Überhältern oder Kulissenbeständen, Säubern von Pfaden und Wegen u.a.m.) attraktiver sind als radikal abgeräumte Schläge mit geraden Grenzen und reichlich Hiebsabfall. *Wo also eine Konfliktregelung in Form erhöhter Rücksichtnahme* auf andere als forstliche Interessen *durchgesetzt oder routinemäßig praktiziert worden* ist, kann *eine höhere Nutzungsfrequenz* erwartet werden als in anderen Bereichen. Potentielle Nutzer werden folglich ihre Aktivitäten in solche Areale hineinverlegen oder dorthin erweitern.

Verhaltensänderungen in entgegengesetzter Richtung, also ein bewußtes Vermeiden bestimmter Bereiche, sind dagegen mit Sicherheit dort zu erwarten, wo die vorgeschriebenen Warnschilder auf eine durchgeführte Herbizidapplikation hinweisen. Die beschriebene Sensibilisierung weiter Teile der Öffentlichkeit in Bezug auf die Verwendung von Herbiziden im Forst dürfte jedoch auch dazu führen, daß *unbehandelte* Areale gemieden werden, sei es, daß man Abdrift auf Nachbarbereiche oder Kontamination von Gewässern befürchtet, sei es, daß man aufgrund der beschriebenen Wahrnehmungsdeformationen ein größeres Areal als beeinträchtigt ansieht als es der Wirklichkeit entspricht. Umgekehrt erlaubt die im Rahmen von Konfliktregelungen verhinderte Besprühung spezifischer Areale weiterhin ihre direkte Nutzung, wobei dem Durchschnittsbesucher natürlich nicht klar ist, daß er von den Folgen eines konfliktbewirkten Nicht-Ereignisses profitiert.

Dieser ganze Problemkomplex ist jedoch noch von keiner der an diesen Fragen prinzipiell interessierten Disziplinen bearbeitet worden.

Mit diesen kurzen Hinweisen sei wenigstens angedeutet, daß die beschriebenen Mechanismen von Konflikt und Konfliktregelung deutliche Konsequenzen nicht nur für das Verhalten der Forstwirtschaft, sondern auch der anderen Waldnutzer hat.

2.2.4.3. Veränderung der Standraumbeeinflussung

Da die Eingriffe der forstlichen Tätigkeit immer dauernd wechselnde Standorte betreffen, ist es gerechtfertigt, den gesamten forstlichen Wirtschaftsraum des Unternehmens hier sofort übergreifend als Standraum zu betrachten. Seine Veränderung als Folge ressourcenbezogener Konflikte und ihrer Regelung kann summarisch behandelt werden, da die wesentlichen Punkte — wenn auch aus einem anderen Blickwinkel — schon im vorigen Abschnitt angesprochen worden sind.

Im Grunde kann der Wandel unter ähnlichen Kategorien subsumiert werden wie schon im Bereich der Papierfabrik, wobei alle Wirkungen die Folge einer verringerten Eingriffsintensität sind (bis hin zu den Konsequenzen nicht erfolgter oder verhinderter Eingriffe).

Von relativ geringer Bedeutung sind dabei die Kategorien der *Flächeninanspruchnahme* und der *Reichweitenverringerung:* Von wenigen Ausnahmen abgesehen, bleibt das gesamte Waldland Objekt der forstlichen Tätigkeit. Lediglich bei der Ausbringung von Chemikalien ist — zumindest theoretisch — bei verringertem Einsatz auch eine verminderte Reichweitenwirkung anzunehmen. Hierzu liegen jedoch aus dem Untersuchungsraum keine Daten vor.

Wesentlichster Aspekt der verringerten Eingriffsintensität ist die mehr oder weniger starke *Methodenmodifikation* bei Ernte, Bestandsbegründung, Pflege und Schutz der Forste, was auch schon im vorigen Abschnitt belegt worden ist. Auch sind unter dem Anpassungsdruck, dem der primäre Ressourcennutzer ausgesetzt war, *Substanzveränderungen* nachweisbar, so z. B. beim Übergang zu Herbiziden geringerer Toxizitätsstufen.

Belastungsverlagerungen sind wahrscheinlich zu machen, jedoch nicht so offensichtlich wie bei der Papierfabrik. Als Beispiel sei hier die erhöhte Inanspruchnahme von früher nicht beachteten Marginalsortimenten angeführt (etwa Stubben), obwohl die langfristigen ökologischen Auswirkungen einer erhöhten Biomassenentnahme unter gewissen Rahmenbedingungen kritisch beurteilt werden müssen.

2.2.4.4. Veränderung von Raumstrukturen, -funktionen und -potentialen

Der Wandel von Beziehungsgefügen und die daraus resultierenden Anpassungsreaktionen des Unternehmens haben — wie das ähnlich auch schon bei der Papierfabrik belegt worden ist — eine deutliche Auswirkung auf die Struktur des betroffenen Raumes und damit auch auf sein Potential.

Eine der bedeutendsten strukturverändernden Folgen der beschriebenen Konfliktbereiche ist der seit Einführung der Herbizidrestriktionen fast auf das Doppelte angestiegene durchschnittliche Laubholzanteil in den Nadelholzverjüngungen. Geht man davon aus, daß aus der Sicht der heutigen Industrie- und Nachfragestruktur die höchste Wertschöpfung durch Nadelhölzer erreicht werden kann, so ist der kräftig gestiegene Laubholzanteil als eine wesentliche Veränderung gegebener Ertragsmöglichkeiten zu verstehen. Selbst wenn in den kommenden Jahren weit überdurchschnittliche Läuterungsbeträge erreicht werden sollten, dürften Produktionsausfall und Zuwachsverlust bei den verbleibenden Nadelhölzern kaum mehr aufzuholen sein. Es ist aber eher damit zu rechnen, daß der höhere Laubholzanteil in beträchtlichem Maße in die kommenden Altersstufen mitgeschleppt werden wird.[208] Die Nutzung des Waldes hat sich folglich in den kommenden Jahrzehnten auf dieses wichtige Strukturelement, das zugleich eine Potentialänderung beinhaltet, einzustellen. Folgende Szenarien längerfristiger Entwicklung sind denkbar:

— zunehmende Schwierigkeiten der auf Nadelholzproduktion und -veredlung eingestellten Forst- und Holzwirtschaft:
  So wäre etwa die kostengünstige Ernte großflächiger Einheitsbestände nicht mehr in gleichem Maße möglich wie heute, die Versorgung nadelholzverarbeitender Industrie würde erschwert. Eine mögliche Anpassungsreaktion wäre ein zunehmendes Ausweichen auf laubholzverarbeitende Prozeßtechniken und Produktsortimente. Wie vorgehend belegt, ist eine derartige Umstrukturierung im Unter-

---

[208] Dafür sprechen das 1980 erneut erfolgte Verbot aller Herbizide im Forst und die enormen Kosten manueller Läuterungsmaßnahmen.

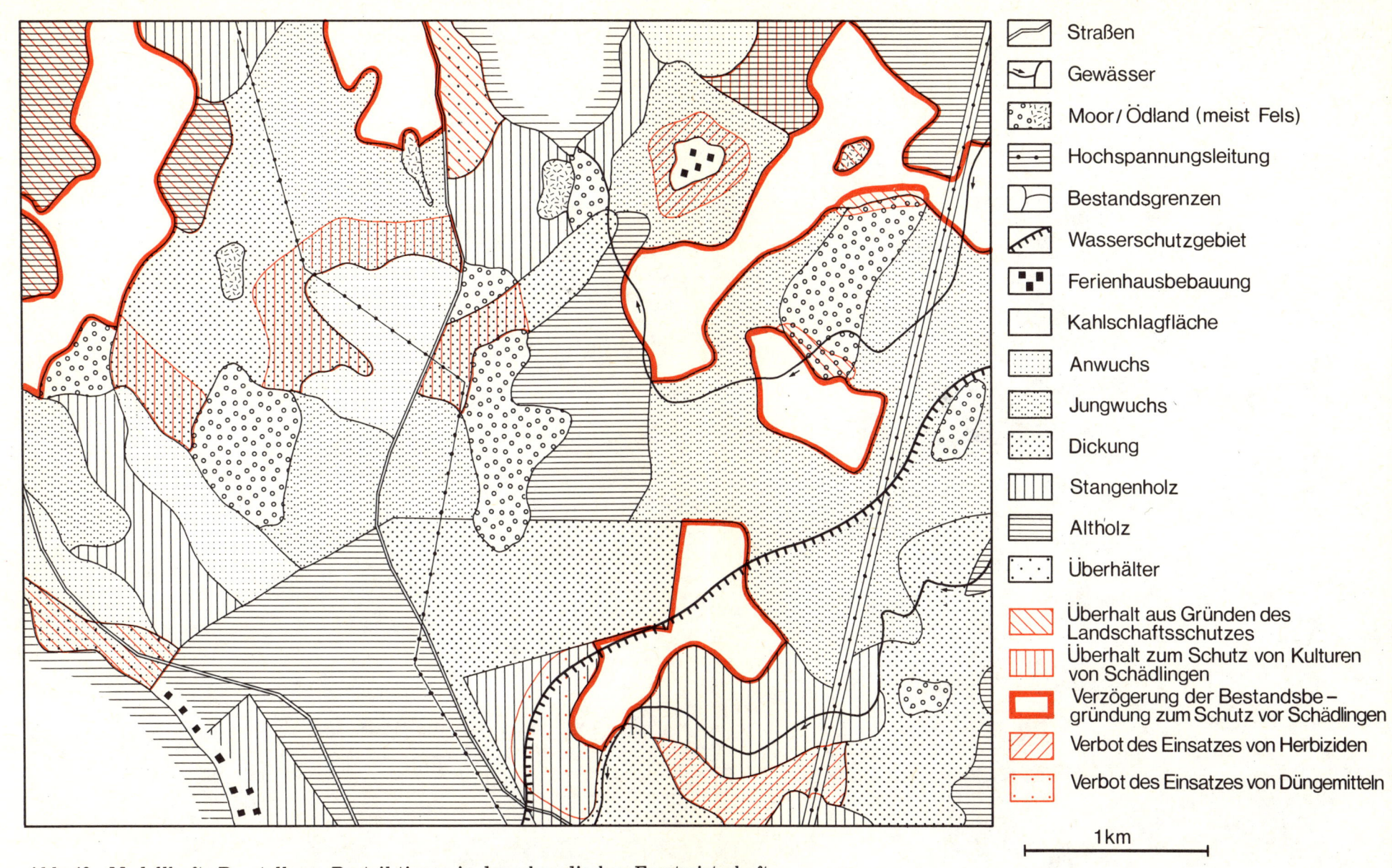

Abb. 43: Modellhafte Darstellung: Restriktionen in der schwedischen Forstwirtschaft

	Straßen
	Gewässer
	Moor/Ödland (meist Fels)
	Hochspannungsleitung
	Bestandsgrenzen
	Wasserschutzgebiet
	Ferienhausbebauung
	Kahlschlagfläche
	Anwuchs
	Jungwuchs
	Dickung
	Stangenholz
	Altholz
	Überhälter
	Überhalt aus Gründen des Landschaftsschutzes
	Überhalt zum Schutz von Kulturen von Schädlingen
	Verzögerung der Bestandsbegründung zum Schutz vor Schädlingen
	Verbot des Einsatzes von Herbiziden
	Verbot des Einsatzes von Düngemitteln

1 km

nehmensbereich von Stora Kopparberg schon im Gange. Da aufgrund der verschiedensten Sachzwänge die Substitutionsmöglichkeiten von Nadelholz durch Laubholz begrenzt sind, ist der Rahmen für eine solche Anpassung aber eng.

— *rasche Expansion des sog. Energieholzsektors mit neuen Inwertsetzungsmöglichkeiten bisher marginaler Sortimente* (Laub- und Schwachholz, Schlagabraum): Damit steigen nicht nur die Möglichkeiten einer kostengünstigen Mitverwertung traditioneller Industrieholzsorten, sondern auch — innerhalb noch nicht bekannter Grenzen — die einer standortgerechten Ausnutzung der Produktionskraft des Waldlandes. Beides würde der erwähnten Verknappungstendenz entgegenwirken.

Diese beiden Entwicklungsmöglichkeiten spiegeln sehr eng Ängste und Hoffnungen von Forst- und Holzwirtschaft wider. Diese gehen jedoch unter Umständen von falschen oder zumindest nur ungenügend erkannten Voraussetzungen aus,[209] was kurz mit einigen zusätzlichen Anmerkungen belegt werden soll.

Die als Folge von ressourcenbezogenen Auseinandersetzungen eingeführten Restriktionen werden von Forst- und Holzwirtschaft nahezu ausnahmslos als ,,Kosten" und damit als ,,Schaden" betrachtet (Entwicklungsmöglichkeit 1, s. o.). Neue Rahmenbedingungen, wie die Kostenentwicklung auf dem Energiesektor, können aber den ,,Nutzen" erhöhen, wenn auch noch nicht übersehbar ist, ob er den Schaden aufwiegen oder gar übertreffen wird (Entwicklungsmöglichkeit 2, s. o.).

Nichts davon braucht in der geschilderten Form richtig zu sein: Es ist nämlich auch denkbar, daß die auferlegten Restriktionen auf längere Sicht die Produktionskraft des Waldlandes besser bewahren oder sogar erhöhen als dies bei einer unveränderten Nutzung im Sinne von Forst- und Holzwirtschaft der Fall wäre. Ebenso ist es möglich, daß eine auf kurze Sicht auch forstbiologisch sinnvollere Ausnutzung der Wälder das ökologische Potential langfristig gefährdet.

Diese zuletzt skizzierten Möglichkeiten sind im Argumentationsrepertoire ökologischer Vulgärpropaganda ebenso zu finden wie in ernstzunehmenden Analysen. Niemand ist jedoch heute in der Lage, entsprechende Wirkungszusammenhänge so zu quantifizieren, daß unterschiedliche Alternativen gegeneinander abgewogen werden können. Hinzu kommen die Schwierigkeiten einer angemessenen räumlichen Differenzierung.

So unbefriedigend es sein mag: Der aus dem Vorstehenden zu ziehende Schluß ist zwar, daß die ressourcenbezogenen Konflikte hier die räumliche Struktur und damit das Potential verändert haben — eine zwingende Vorprogrammierung zukünftiger forstlicher Inwertsetzungsmethoden und Funktionen ist damit jedoch noch nicht geschehen, da in

---

[209] Diese Bemerkung darf nicht als billiger Vorwurf an die Adresse von Forst- und Holzwirtschaft verstanden werden. Die hier offensichtlich gegebenen Schwierigkeiten sind nicht allein aus den heutigen Wirtschaftsinteressen zu erklären, sondern auch aus einer ungenügenden allgemeinen Kenntnis vorliegender Wirkungszusammenhänge.

Abhängigkeit von wechselnden Rahmenbedingungen und unübersehbaren Rückkopplungseffekten diametral entgegengesetzte Entwicklungen möglich sind.[210]

Sieht man vom speziellen Bereich forstlicher Nutzung ab, so haben die beschriebenen Konflikte und ihre Regelung in allen ihren Formen das Nutzungspotential des Waldlandes auch für andere Ansprüche erheblich verändert. Dies ist so offensichtlich, daß hier nur noch einmal einige Aspekte genannt, nicht aber mehr ausführlicher besprochen werden sollen, zumal hier ein enger Zusammenhang zu den im vorigen Abschnitt näher analysierten Verhaltensänderungen forstexterner Nutzer besteht.

Während die aus der Sicht außerforstlicher Ansprüche *negativen* Konfliktfolgen, d. h. unveränderte Anwendung oder nur geringe Modifizierung umstrittener Methoden, den potentiell verfügbaren Raum mit faktischen oder psychologisch wirksamen Restriktionen überziehen, erhöhen die im Sinn außerforstlicher Nutzer *positiven* Konfliktfolgen, wie etwa die Verhinderung von Herbizidapplikationen, das räumliche Potential erheblich. Dies kann sich in einem erhöhten materiellen Nutzen (unbeeinträchtigtes Genießen von Waldfrüchten, Wild und Fischen) wie auch in einem gesteigerten psychischen Wohlbefinden bei der Ausübung waldlandgebundener Freizeitaktivitäten äußern. Über die sich tatsächlich aus solchen Potentialänderungen ergebenden Inwertsetzungsunterschiede in ihrer räumlichen Differenzierung liegen jedoch noch keine Untersuchungen vor.

Abschließend sei noch ein weiterer möglicher *Struktureffekt* angesprochen, der in einem *sehr engen Zusammenhang mit den für die Geographie fundamentalen Grundvorstellungen des zentral-peripheren Wandels zusammenhängt*.

Noch Anfang der 70er Jahre hatten Forst- und Holzwirtschaft die ein ungewohntes Mitspracherecht begehrenden Vertreter von Natur- und Umweltschutz nicht sonderlich ernst genommen. In einem schmerzlichen, immer noch nicht abgeschlossenen Lernprozeß hat man viele der Ansprüche übriger Nutzer weitgehend akzeptiert, da man durchgreifende Revisionen bestehender Einschränkungen zur Zeit wohl kaum für möglich hält (weitere Verschärfungen dagegen wohl!). Man beginnt folglich, sich der neuen Situation auf realistische Weise anzupassen. Damit aber wird über die unmittelbaren, vorstehend dargestellten Konfliktfolgen hinaus eine weitere *konfliktinduzierte Raumdifferen-*

---

[210] Nachtrag 1985: Eine solche überraschende Entwicklung und Funktionsänderung sei angesprochen. Der heutige Laubholzanteil in den Nadelwaldforsten — verursacht durch die Herbizidrestriktionen mit nachfolgenden Läuterungsrückständen — wird aus Kreisen der Forst- und Holzwirtschaft seit Jahren beklagt und als Hemmnis einer intensiven, industriegerechten Waldwirtschaft bezeichnet. Angesichts der seit 1984 rapide zunehmenden Waldschäden, als deren Ursache man ferntransportierte Luftverunreinigungen ansieht, findet hier zur Zeit eine Umwertung statt: Ein angemessener Laubholzanteil hat gerade gegen versauernde Substanzen eine abpuffernde Wirkung, und zur Zeit wird untersucht, ob die Widerstandskraft von Böden und Bäumen gegen solche Belastungen durch einen noch höheren Laubholzanteil vergrößert werden kann (vgl. LINDEMANN u. SOYEZ, 1985).

zierung wahrscheinlich, die im Bemühen um ein möglichst *aufwands- und kostenminimierendes* Verhalten ihren Ursprung hat. Erste Ansätze solcher raumstruktureller Veränderungen sind heute zu erkennen und sollen kurz angesprochen werden.

Es ist gezeigt worden, daß die meisten der heute gültigen Einschränkungen forstlicher Tätigkeit im peripheren Waldland ebenso wirksam werden wie in der Nähe besiedelter Bereiche (vgl. Abb. 30/31). Lediglich bei der Kahlschlaggröße war im Bereich der näher untersuchten Forstverwaltung Falun die Andeutung eines zentral-peripheren Wandels festzustellen (S. 214). Nimmt man jedoch nicht eine solche Einzelmaßnahme, sondern alle forstlichen Maßnahmebereiche zusammen und berücksichtigt auch den noch unterhalb der Schwelle gesetzlich verordneter Restriktionen wirkenden Druck, *so ist deutlich, daß die Forstwirtschaft heute im peripheren Waldland einen größeren Handlungsspielraum besitzt als in der Nähe der dichter besiedelten Gegenden.*[211]

Sollten die zur Zeit herrschenden Rahmenbedingungen noch längere Zeit bestehen bleiben, so dürften sich daraus deutliche Konsequenzen ergeben. Es sei daran erinnert, daß sich die meisten großen Forstwirtschaftsunternehmen heute in einem Raum bewegen, der noch stark durch die überkommene Zonierung forstwirtschaftlicher Intensitätszonen geprägt ist: in der Nähe der verarbeitenden Anlagen, der vergleichsweise dichtbesiedelten Gebiete und der ehemaligen Flößwege sind die Wälder relativ intensiv und in normalen Umtriebszeiten genutzt worden, während sich in den peripheren Bereichen größere Holzvorräte in überalterten Beständen angesammelt haben. Im Unternehmensbereich von Stora Kopparberg sind hier die VUB 1 und 2 der Forstverwaltung Falun charakteristisch, die erst seit einigen Jahren intensiver durch den Forstwegebau erschlossen und in großen Endhieben genutzt werden (Abb. 30).

Man muß sich fragen, ob es nicht bei einem weiteren Anstieg der „Konfliktkosten" (im weitesten Sinne die durch Restriktionen aller Art entstehenden Zusatzkosten oder Ertragseinbußen) *für das Unternehmen zunehmend günstiger wird, den intensivsten (sprich: hochmechanisierten, chemikaliengestützten) Waldbau jeweils in die peripheren Bereiche seines Waldbesitzes zu verlegen, statt der Transportkostenminimierung also eine Konfliktkostenminimierung anzustreben.*

Ein zusätzliches Indiz für den hier möglicherweise einsetzenden strukturellen Wandel kann man auch in dem Bemühen des Unternehmens sehen, *siedlungsnahe Forstareale* möglichst gegen solche in *peripheren Gebieten* einzutauschen, wofür es insbesondere im Raum Borlänge charakteristische Beispiele gibt (etwa Liegenschaftstausch mit der Kommune). Dazu trägt auch die augenblicklich herrschende Unsicherheit

---

[211] Was im hier behandelten Raum im kleinen gilt, ist auch für Schweden insgesamt festzustellen. Die offensichtlich größere Bewegungsfreiheit in der nördlichen Landeshälfte dürfte aber auch daraus resultieren, daß Forst- und Holzwirtschaft dort örtlich und regional die völlig beherrschende Wirtschaftskraft darstellen und deswegen von den Behörden und Bürger vieles großzügiger beurteilt wird.

bei, inwieweit es den Kommunen (gestützt von der Naturschutzgesetzgebung) gelingen wird, in größeren Bereichen um die Ortschaften herum forstliche Rücksichtnahmen *unterhalb* der Entschädigungsschwelle durchzusetzen.

In der Doppelkarte Abb. 44 ist versucht worden, hier erfolgte Änderungen schematisch darzustellen, wobei die jüngste Phase im angesprochenen Sinn eine augenblickliche Tendenz charakterisieren soll, über deren endgültige Durchsetzungskraft zur Zeit noch wenig gesagt werden kann.

2.2.4.5. Veränderung der Landschaftsphysiognomie

Wie schon angedeutet, spielte der im Zusammenhang mit ressourcenbezogenen Konflikten zu sehende physiognomische Landschaftswandel auch im Rohstoffraum nur eine untergeordnete Rolle, wenn man sie mit der Bedeutung der übrigen geschilderten Effekte vergleicht. Örtlich ist jedoch der Einfluß der beschriebenen Konfliktregelungen deutlich zu erkennen, etwa an überhaltenen Beständen in der Nähe von Siedlungen, Straßen oder Gewässern oder in exponierten Geländeabschnitten. Auch bei diesen Indikatoren muß jedoch vor einer solchen Interpretation geprüft werden, ob nicht rein forstliche Erfordernisse den Erklärungshintergrund bilden können.

Der ohne Zweifel bedeutendste Anteil landschaftsprägender Konfliktwirkungen liegt jedoch in den Folgen der beschriebenen Nicht-Ereignisse, die ohne eine detaillierte Kenntnis des betroffenen Raumes und der in ihm ablaufenden Prozesse nicht erschließbar sind.

2.2.5. Zusammenfassende Wertung der Konflikte zwischen Forstwirtschaft und externen Nutzern

Für die Entwicklung der Auseinandersetzungen ist charakteristisch, daß lange Jahre hindurch immer nur forstliche Einzelmaßnahmen kritisiert wurden (vgl. den Überblick über die nachkriegszeitliche Entwicklung in Soyez, 1980d). Typisch für die frühen Diskussionsphasen ist auch, daß die Gegner moderner forstlicher Methoden sowohl auf sicherer wissenschaftlicher Basis wie auch — häufiger — mit Hilfe unbewiesener Behauptungen oder reinen Vermutungen argumentiert haben. Auch wenn dies mit Rücksicht auf den Forschungsstand zu den jeweils gegebenen Zeitpunkten verständlich war, so führte dies jedoch lange zu charakteristischen Reaktionen seitens der Forstwirtschaft: oft konnte man die Kritik als maßlos übertrieben, falsch oder unsachlich zurückweisen. Waren aber die angeführten negativen Effekte unbestritten, so wurden die wirtschaftlichen Vorteile der Maßnahme quantifiziert und

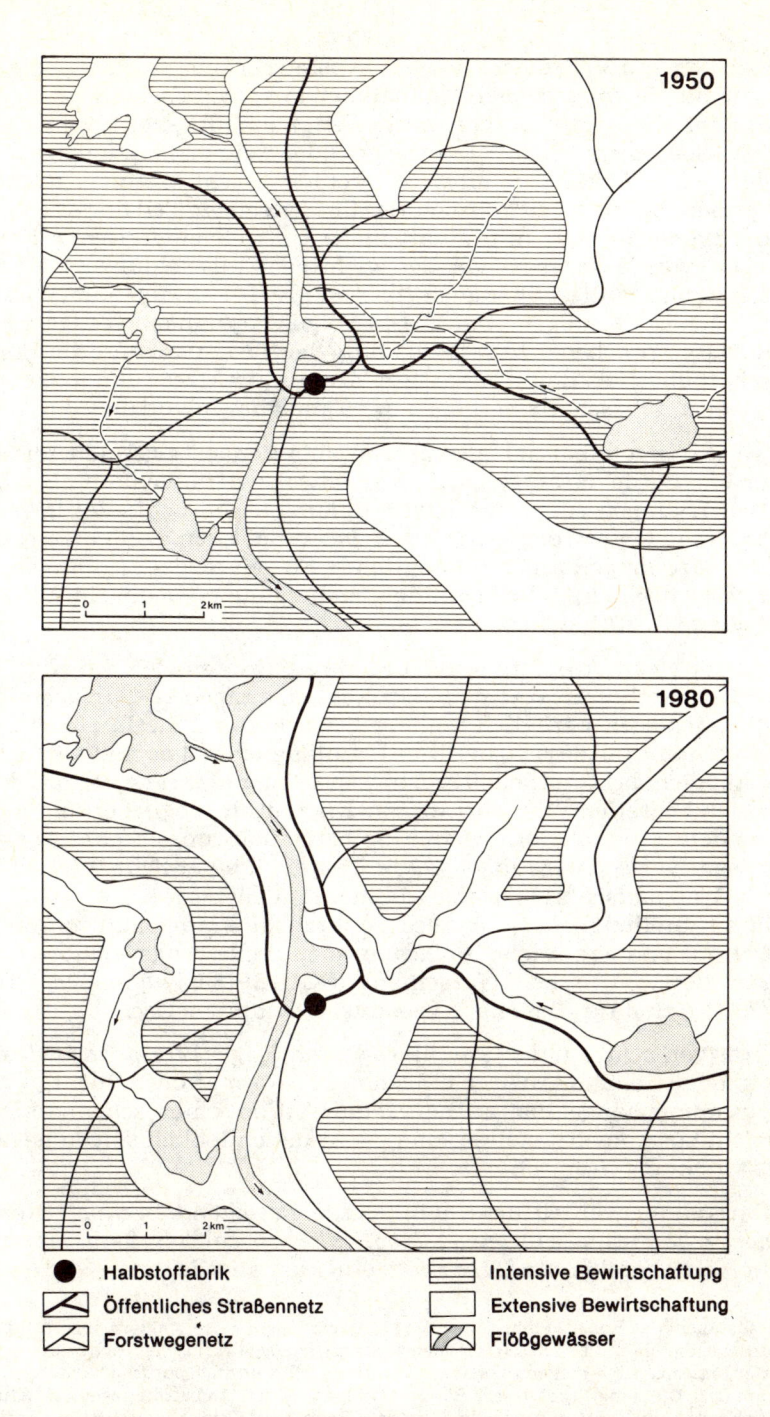

- Halbstoffabrik
- Öffentliches Straßennetz
- Forstwegenetz
- Intensive Bewirtschaftung
- Extensive Bewirtschaftung
- Flößgewässer

Abb. 44: Nutzungsschema: Intensitätszonen forstlicher Bewirtschaftung 1950 und 1980

den meist um ein Mehrfaches höheren Kosten gegenübergestellt, die ein Verzicht auf die umstrittenen Maßnahmen mit sich bringen würde. Wer vor diesem Hintergrund dann noch weiter auf die meist wenig eindrucksvollen, nicht quantifizierbaren oder sehr diffusen negativen ökologischen Wirkungen hinwies, konnte leicht als weltfremder Schwärmer abgestempelt werden. Der überwiegende Teil der Kritik gegen die immer stärker in die natürliche Umwelt eingreifende Forstwirtschaft wurde deswegen von den wichtigen Entscheidungsträgern in Wirtschaft und Politik, aber auch von vorsichtiger abwägenden Wissenschaftlern nicht ernst genommen. Die Folge war, daß man es trotz hier und da ausgesprochener Bedenken völlig der Verantwortung der Forstwirtschaft überließ, den Übergang zu den als effektiver und lohnender angesehenen Wirtschaftsmethoden der 60er Jahre zu vollziehen.

Ebenso wenig wie bei der gleichzeitig ablaufenden großindustriellen Expansion wurde daran gedacht, die Umweltverträglichkeit absehbarer Auswirkungen zu prüfen. Oder anders ausgedrückt: Völlig unerprobte Methoden wurden großräumig verwendet, ohne daß man Näheres über ihre langfristigen ökologischen Folgen wußte. Als Beispiele dafür seien noch einmal die Waldbodendüngung oder die Einführung der *Pinus contorta* genannt.

Erst in der zweiten Hälfte der 70er Jahre befreiten sich die Kritiker forstlicher Methoden von dem Denken in einfachen ,,Ursache-Wirkung''-Kategorien bezüglich isoliert betrachteter Einzelmaßnahmen. Sie versuchten stattdessen, bei aller Unzulänglichkeit derzeit verfügbarer Methoden, das forstliche Nutzungsspektrum als stark vermaschtes System zu begreifen. Von dort bis zur Erkenntnis möglicher und letztlich vielleicht unkontrollierbarer Selbstverstärkungseffekte spezifischer negativer Auswirkungen war es nur ein kleiner Schritt (etwa bezüglich Großkahlschlagbetrieb und Chemikalieneinsatz). Die mehrfach erwähnte Stellungnahme des schwedischen Naturschutzverbandes (SNF, 1978) und zahlreiche Äußerungen im Anhörungsverfahren des jüngsten forstpolitischen Gutachtens (SOU 1978:6, vgl. auch Prop. 1978/79:110) sind für diese neue Denkweise symptomatisch.

Es wurde versucht, auf der Grundlage einschlägiger Literatur sowie der während der Geländearbeiten eingeholten Informationen wichtige Systemzusammenhänge der angedeuteten Art in einer schematischen Übersicht zusammenzustellen, und zwar ausschließlich solche negativer Entwicklung (Abb. 45).[212]

Die Darstellung verdeutlicht, daß gerade *zwischen den umstrittenen Maßnahmebereichen zahlreiche Möglichkeiten solcher Selbstverstärkungseffekte* gegeben sind. Da kaum einer der angedeuteten Systemzu-

---

[212] Dies ist nicht das Resultat einer einseitig gefilterten Sichtweise, sondern beruht auf der Tatsache, daß über die meisten forstlichen Eingriffe aus ökologischer Sicht zunächst in erster Linie negative Folgen zu nennen sind. Natürlich sind auch positive Wirkungen bekannt (z.B. Düngung — kräftigere Bäume — bessere Widerstandskraft gegen Schädlinge oder Krankheit — höhere Ausbeute — größere Rentabilität usw.). Ihre Bedeutung ist jedoch — soweit sich das heute abschätzen läßt — geringer als die der Regelkreise mit negativen Effekten.

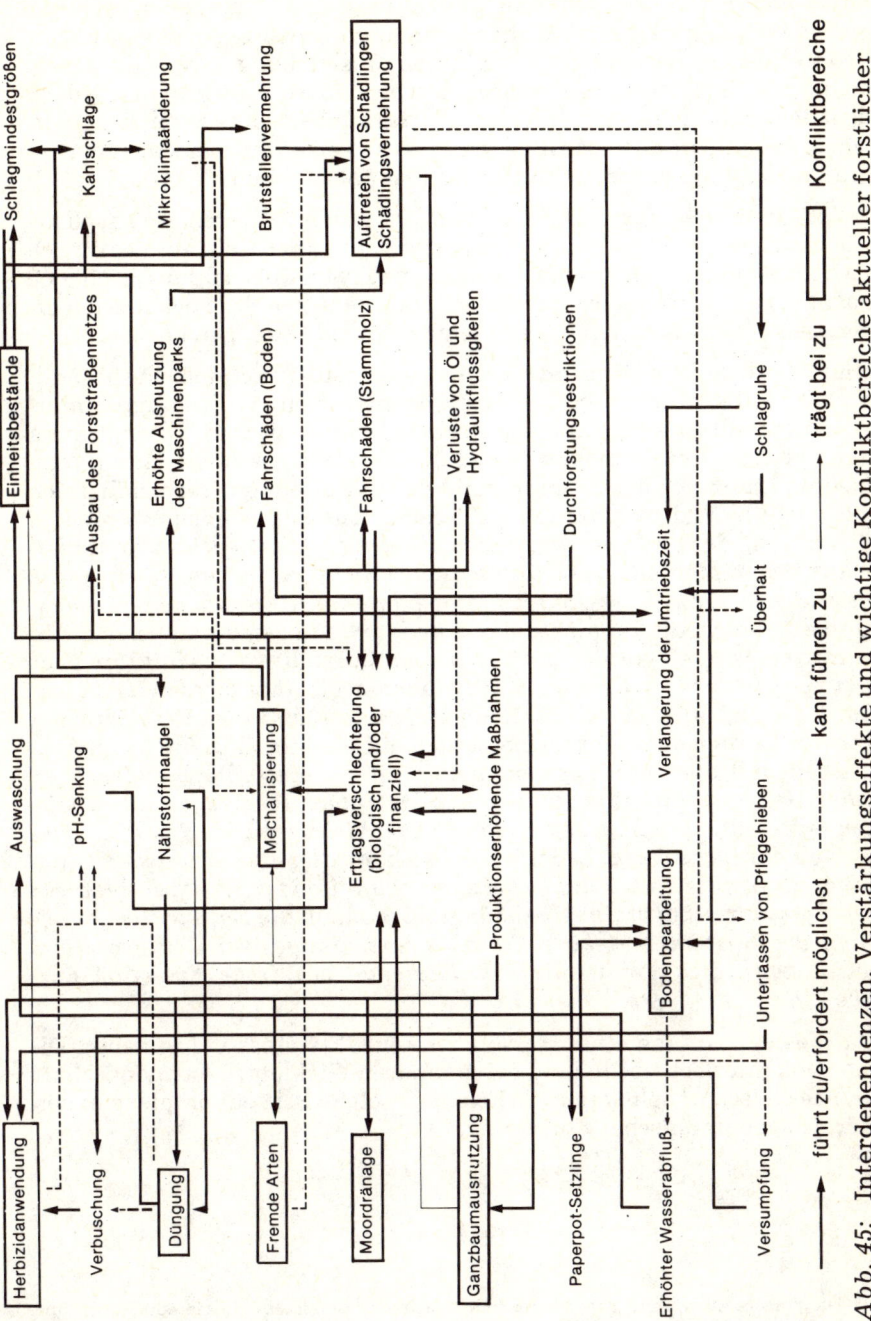

Abb. 45: Interdependenzen, Verstärkungseffekte und wichtige Konfliktbereiche aktueller forstlicher Maßnahmen

sammenhänge schon als ausreichend untersucht gelten kann, ist es nicht möglich, die Entwicklung des Systems als Ganzes oder auch nur einzelner Subsysteme hinreichend genau vorauszusagen, zumal natürlich bei den offensichtlichen negativen Auswirkungen ständig gegensteuernde Eingriffe vorgenommen werden. In Teilbereichen ist jedoch deutlich, daß die negativen Selbstverstärkungseffekte zumindest zeitweise nicht mehr beherrschbar waren. Hier sei lediglich noch einmal an die Verjüngungsschwierigkeiten der 70er Jahre erinnert.

Es ist somit nicht auszuschließen, daß das gezeigte System sich auch als Ganzes negativ entwickeln könnte, wobei über den Zeitraum natürlich nichts gesagt werden kann. Ob bei einer solchen Entwicklung noch eine nachhaltige, ertragreiche Forstwirtschaft heutigen Stils betrieben werden kann, wird von vielen Naturschützern und Ökologen bezweifelt.

Hiermit zusammenhängende Fragen sind selbst von den diesbezüglichen Fachdisziplinen noch nicht zu beantworten. Vor diesem Hintergrund scheint es vermessen, sie in einer geographischen Untersuchung aufzugreifen. Der Grund dafür, daß dies dennoch geschieht, ist sehr einfach und muß vor dem Hintergrund der vor allem im Herbizidbereich aufgezeigten Wahrnehmungs- und Reaktionsmuster gesehen werden. *Zielsetzung der vorliegenden Arbeit ist es nicht, die heutigen forstwirtschaftlichen Methoden aus ökologischer Sicht zu werten, sondern die räumlichen Folgen ressourcenbezogener Konflikte zu untersuchen.* Und eine solche *Raumwirksamkeit kann,* wie in den vorstehenden Abschnitten gezeigt wurde, *auch von den Vorstellungen einflußreicher Gruppen in der Gesellschaft entscheidend beeinflußt werden. Dabei ist unerheblich, ob diese Vorstellungen den tatsächlichen Verhältnissen gerecht werden oder nicht.* Übertragen auf die hier aktuelle Problematik bedeutet dies: *wenn es genügend politisch einflußreiche Menschen (oder Gruppen) gibt, die glauben — oder davon überzeugt sind zu wissen —, daß die langfristigen ökologischen Wirkungen des Systems „moderne Forstwirtschaft" negativ sind, so kann dies eine hinreichende Bedingung für die Entstehung weiterer eingreifender Restriktionen für die Forstwirtschaft sein. Unabhängig davon, ob die Entwicklungsrichtung des Systems auf korrekte oder unzulässige Weise interpretiert wird, kann dies somit eine entscheidende politische Funktion ausüben.*[213]

Da dies der Anfang eines Ressourcenkonflikts einer völlig neuen Dimension mit noch völlig unüberschaubaren Wirkungen auf Landschaft und Gesellschaft sein kann, rücken auch solche Fragenkomplexe in den Bereich geographischer Forschung.

---

[213] Die jüngste Entwicklung gerade im forstpolitischen Bereich zeigt, wie sehr Natur- und Umweltschutz es trotz eines für drastische Kursänderungen noch völlig unzureichenden ökologischen Forschungsstandes vermocht haben, Öffentlichkeit und Politiker so zu sensibilisieren, daß man im Zweifel zunehmend gegen das Risiko entscheidet.

3. Ressourcenverknappung und Konflikt am Standort der Eisen- und Stahlwerke Domnarvet

3.1. Vorbemerkung und Strukturskizze des Betriebs

Die Analyse der Papierfabrik und ihres Rohstoffraumes hat ergeben, daß die Raumwirksamkeit der beschriebenen verknappungs- und konfliktbewirkten Impulse sich ganz wesentlich in fünf Bereichen belegen läßt, nämlich bezogen auf:

— Verknüpfungs- und Beziehungsgefüge (sowohl Außen- als auch Innenbeziehungen)

— Verursacher- und Nutzungsverhalten[214]

— Standort- und Standraumbeeinflussung

— Raumstrukturen, -funktionen und -potentiale

— Landschaftsphysignomie

Die Aussagekraft dieser Schlußfolgerung soll am Beispiel der Eisenhütte in Borlänge überprüft werden, um die Generalisierbarkeit der herausgearbeiteten Ergebnisse beurteilen zu können.

Interessant ist dieser Vergleich vor allem deswegen, weil zwar auf der einen Seite dieselbe Stadt, dieselbe Bevölkerung, dasselbe Unternehmen und teilweise auch die gleichen Behörden wie bei der Papierfabrik betroffen sind, auf der anderen Seite aber viele Rahmenbedingungen ganz entscheidend von den vorgehend geschilderten Verhältnissen abweichen. Dem Nachweis vergleichbarer und abweichender Prinzipien der Raumwirksamkeit verknappungsinduzierter Impulse kommt unter diesen Umständen eine ganz besondere Bedeutung zu.

Wie früher kurz erwähnt, ist die Hütte in der Nachkriegszeit so stark ausgebaut worden, daß ihre Kapazität von rund 200 000 t Fertigprodukten im Jahr in 1950 auf 1,2 Mio t/Jahr in 1972 stieg. Den folgenden Erläuterungen, die nicht ohne teilweise sehr detaillierte sachliche und räumliche Hinweise verständlich sind, soll deswegen eine kurze Strukturskizze des Werks und seines engeren Standortbereichs um die Mitte der 70er Jahre vorangestellt werden; die inhaltliche und kartographische Darstellungsweise ist dabei an die bei der Papierfabrik gegebenen Erläuterungen angepaßt, um Quervergleiche zu erleichtern.

---

[214] Im Industriegebiet selbst genauer zu bezeichnen als: Wandel von Prozeß- und Organisationsabläufen (einschl. deren materieller Voraussetzungen oder Korrelate).

Die Betrachtung des in einem einleitenden Abschnitt gezeigten Schrägluftbildes (Abb. 7) und der wesentlichen Flächennutzungen um das Werk (Abb. 46) verdeutlicht, daß es nahezu völlig von Wohnsiedlungsbereichen umgeben ist (wie dies auch für die meisten älteren Werke auf dem Kontinent zutrifft). Das eigentliche Stadtzentrum, der Ortsteil Östermalm, schließt unmittelbar an die westliche Werksgrenze an. Auffällig ist der Kontrast zwischen der dispersen Einzelhausbebauung von Islingby südöstlich des Werks und dem Plangrundriß des Ortsteils Hushagen nördlich desselben, die die ursprüngliche Werkssiedlung darstellt.

Ältere Pläne zeigen, daß dieser heute gegebene enge Kontakt zwischen Werk und Wohnbebauung lediglich in Hushagen ursprünglich ist. Der Schwerpunkt der industriellen Tätigkeit lag zwar von Anfang an direkt an der Brücke über dem Dalälven, jedoch war das Industriegelände immer schon nahezu so groß wie heute (zumindest westlich des Flusses). Die *engen Kontaktflächen zwischen Werk und Stadt* sind erst das Ergebnis der *zunehmenden Inanspruchnahme des Industriegeländes* und der *gleichzeitigen Siedlungsverdichtung im Umfeld*. Diese Entwicklung war aber erst in den 60er Jahren abgeschlossen. Frühen Versuchen, zwischen Hütte und übrigen Flächennutzungen einen breiten „Schutzabstandsgürtel" zu legen (etwa in den älteren Generalplanverfahren), war wenig Erfolg beschieden, woran das Desinteresse von Behörden und Unternehmen etwa gleichen Anteil hatte.

Die sich in Gebäuden, Leitungen und Verkehrswegen äußernde innere Struktur des Werks ist das Ergebnis sowohl von rationalen Entscheidungen als auch von den Zwängen, die bei fortschreitendem Wachstum von der Persistenz einmal geschaffener Anlagen und der zunehmenden Flächenverknappung ausgingen. In den 60er Jahren schließlich wurde auch der Bereich östlich des Dalälven in Anspruch genommen. Die heute aus Strukturen und prozeßgebundenen Organisationsabläufen entstehenden Güterbewegungen innerhalb des Werks sind wenig ideal und deswegen mit hohen Kosten belastet.

Abb. 47 ermöglicht es, solche Zusammenhänge zu erschließen, auch wenn dies hier nicht näher erläutert werden kann. Die wichtigsten Werksteile sind im Kartenaufdruck benannt, die verschiedenen Raster der Kartengrundlage weisen die Zugehörigkeit einzelner Gebäude und Anlagen zu funktionalen Großeinheiten aus. Es geht aus der Karte insbesondere hervor, daß die *auswirkungsintensivsten Werksteile*, nämlich die verschiedenen Stadien und Typen der Rohstoffvor- und aufbereitung sowie vor allem der Rohstahlerzeugung, in einem *Band an der nördlichen Werksgrenze entlangziehen* (Feinerzhalden, Sinteranlagen, Hochofenwerk, Stahlwerke, Rohstoffempfang, Thomasmühle). Mit der Anlage zur Aufarbeitung von Stahlwerksschlacken, also einem besonderen Typ der Kuppelproduktverwertung, auf der Ostseite des Flusses ist jedoch auch in die Nähe von Islingby eine emissionsträchtige Tätigkeit gerückt. Die direkten Kontaktflächen des Werks mit der Innenstadt dagegen sind durch die großen Hallen der weiterverarbeitenden Produktionsstadien geprägt, also vor allem durch die Walzwerke.

Es ist verständlich, daß sich aus diesem spezifischen Muster der räumlichen Verteilung von auswirkungsintensiven Anlagen und bestimmten Flächennutzungen außerhalb des Werks die Grundzüge der im folgenden beschriebenen Auseinandersetzungen ableiten lassen.

3.2. Entstehung und Entwicklung der stahlwerksbezogenen Konflikte

Der wichtigste Unterschied zwischen den hier behandelten großen Industrien, der die Entwicklung in der zweiten Hälfte der 60er Jahre völlig gesteuert hat, ist schon mehrfach angeklungen: Während die Expansion der Papierfabrik und die dadurch verursachte Ressourcenbeanspruchung nach 1945 von Anfang an in ganz wesentlichen Punkten unter eine Genehmigungspflicht nach dem Wassergesetz fiel, war das Wachstum der Hütte nahezu abgeschlossen, als durch das Umweltschutzgesetz von 1969 erstmals auch Eisen- und Stahlwerke einer stärkeren Kontrolle unterworfen wurden. Da somit die während der 60er Jahre allgemein zu vermerkende Stärkung des Umweltbewußtseins mit kräftigen Expansionsschüben in der Hütte zusammenfiel, entstand hier ein von den Verhältnissen bei der Papierfabrik völlig abweichender Konfliktverlauf mit ebenso verschiedenen Konfliktträgern.

Dabei ist bezeichnend, daß die Gegenreaktionen nicht langsam kräftiger wurden, sondern plötzlich und heftig auf einen spezifischen, gut wahrnehmbaren Auswirkungsparameter erfolgten, nämlich auf die Immission von Grobstäuben. Die räumliche Differenzierung von Auswirkungsbereichen und ausgelösten Prozessen, aber auch von nicht erfolgten Reaktionen, läßt wichtige Schlüsse über charakteristische Wirkungszusammenhänge zu, zumal hier auch die *Immissionslage* wesentlich besser rekonstruiert werden kann als bei der Papierfabrik.

Nach Inkrafttreten des Umweltschutzgesetzes im Jahre 1969 gleichen sich die im Rahmen der Konfliktbewältigung geschaffenen Strukturen und die in ihnen ablaufenden Prozesse weitgehend den von der Papierfabrik beschriebenen Verhältnissen an. Ein wichtiges Mittel staatlicher Einflußnahme auf den Wandel im Werk gewinnt aber in der Hütte eine wesentlich größere Bedeutung, nämlich die Subventionen für umweltschützende Investitionen in Prozeßtechnik, Verfahrensabläufe und auswirkungsdämpfende Anlagen. Hier konnte das Unternehmen die Vorteile voll ausschöpfen, die der Staat ab 1969 in einer kurzen Übergangsperiode gewährte.

Die Entwicklung ressourcenbezogener Auseinandersetzungen um die Hütte ist deutlich in drei Phasen zu gliedern.

Die erste Phase von 1945 bis zur Inbetriebnahme des neuen KALDO-Stahlwerks im Jahre 1965 ist nur durch vereinzelt und sehr vorsichtig geübte Kritik an der Ressourcenbeanspruchung durch die Hütte gekennzeichnet. Aus den Ende der 60er Jahre erschienenen Jahresberichten des Gesundheitsausschusses der Stadt ist aber zu entnehmen, daß man schon 1955 versuchte, gemeinsam mit der Hütte Lösungen für die damals dringlichsten Umweltprobleme zu finden (Borlänge stad, 1970, S. 18/19).

Diese — und eventuelle weitere — frühe Maßnahmen sind jedoch weder im Werk noch in den Unterlagen der Behörden aktenkundig. Auch die ergänzende Analyse der Zeitungsberichterstattung legt den Schluß nahe, daß in den 50er Jahren keine ernsthaften Versuche gemacht worden sind, sich öffentlich mit der Problematik auseinanderzusetzen, weder seitens der Presse noch des Werks. Fast ausschließlich werden Staubemissionen angesprochen, von Lärm, Rauchgasen im engeren Sinne oder Abwässern ist kaum die Rede (vgl. hier etwa die Berichterstattung im Dala-Demokraten v. 25. 4. 1950 oder Borlänge Tidning, 20. 8. 1952).

Ab 1955/56 ist aber — wenn auch nur in wenigen Artikeln pro Jahr — eine verstärkte Unruhe zu vermerken. Anläßlich erster Klagen aus der Bevölkerung wird mit Argumenten, die heute peinlich wirken, damals aber keine öffentliche Reaktionen verursachten, mehrfach darauf hingewiesen, daß der rote Thomasstaub lediglich eine verschmutzende, nicht aber eine giftige Wirkung hat (Borlänge Tidning, 22. 2. 1956; 28. 9. 1956, vgl. hierzu ausführlicher SOYEZ, 1978, S. 26).

Später erst scheint auch die Verärgerung über die verschmutzende Wirkung des Staubes zu steigen. Es wird berichtet von Bewohnern des Stadtteils Islingby, die wegen der Emissionen gezwungen seien, ihre Häuser zu verkaufen und den Stadtteil zu verlassen (Ny Dag, 19. 3. 1959), von Hausbesitzern „in der Nähe des Stahlwerks, die über die schwere Verkäuflichkeit ihrer Besitztümer seufzen" (Dala-Demokraten, 20. 10. 1964) und schließlich auch vom Gesundheitsausschuß der Stadt, der Rauch und Geruch für eine „Bedrohung der Gesundheit" der Bürger besonders betroffener Stadtteile hält (Borlänge Tidning, 2. 4. 1963). Diese beiden letzten Meldungen sind ganz offensichtlich im Zusammenhang mit dem schlechten Funktionieren eines neu eingebauten Filters im KALDO-Werk 1 zu sehen.

Trotz somit vorhandener einzelner Ansätze hat es, wie auch aus den Akten des Gesundheitsamtes hervorgeht, keine umfassende öffentliche oder behördliche Kritik an der Belastung von Natur und Umwelt durch die Hütte gegeben. Auch wenn dies sicher nicht unabhängig von der wirtschaftlichen Machtposition des größten Arbeitgebers in der Stadt gesehen werden darf, so scheint der Hauptgrund doch darin zu liegen, daß Umweltprobleme seinerzeit nur begrenzt wahrgenommen oder relativ gering bewertet werden.

Diese Situation änderte sich schlagartig mit dem Beginn der *zweiten Phase*, unter der hier die Zeit zwischen 1965 und 1969 verstanden sei.

Im Jahre 1965 wurden nämlich ein neues großes KALDO-Stahlwerk mit zwei 80 t-Konvertern und gleichzeitig eine neue Anlage zur Schlackenaufbereitung in Betrieb genommen. Beide Anlagen wiesen in wichtigen

Prozeß- und Verarbeitungsschritten Filtervorrichtungen auf, die dem damaligen Stand der Technik entsprachen. Dennoch führten bald Betriebsstörungen der verschiedensten Art und in ihrer Auswirkungsintensität unterschätzte Prozeßschritte, vor allem aber die schnell gesteigerte Produktion (vgl. Abb. 48) zu erhöhten Staubemissionen und entsprechend verschlechterten Immissionsbedingungen. Dies ist durch die ab 1965 veröffentlichten Werte von 14 Meßstationen in den das Werk umgebenden Stadtteilen gut belegt (Abb. 54).[215] Die Messung der Staubniederschläge war ursprünglich ganz offensichtlich in der Absicht eingeleitet worden, die erwartete Verbesserung der lufthygienischen Situation nach Inbetriebnahme des neuen KALDO-Werks (und der nachfolgenden Abwicklung der Thomasstahl-Produktion) zu dokumentieren.

Die von den Hauptbetroffenen in den östlich und südöstlich des Werks gelegenen Ortsteilen (Domnarvet, Barkargärdet, Islingby, Kälarvet) als dramatisch empfundene Verschlechterung der Immissionslage beruhte auf der Kombination mehrerer Faktoren: Zum einen war die neu errichtete, sehr staubträchtige Anlage zur Aufbereitung von Stahlwerksschlacken auf der östlichen Seite des Dalälven sehr nahe am Ortsteil Islingby gelegen (vgl. Abb. 47). Zum anderen hatte sich aufgrund der Abfilterung die durchschnittliche Korngröße und damit die Transportstrecken der Stahlwerksstäube stark verändert. Schließlich führten die neuen Korngrößen und ein beträchtlicher Anteil von gebranntem Kalk zu einer hohen Haft- und Quellfähigkeit der Stäube insbesondere bei feuchter Witterung. Die wahrgenommene verstärkte Verschmutzung von Fassaden, Fenstern, Gartenmöbeln und Autos war folglich auch objektiv gegeben.

Noch bevor die Immissionswerte weiter gestiegen waren, war den Verantwortlichen im Werk angesichts der angestrebten Produktionserhöhungen klar, daß ganz energische Maßnahmen zur Eindämmung der Staubemissionen getroffen werden mußten, wollte man nicht in Kürze mit einer völlig unhaltbaren Situation konfrontiert sein (nach Unterlagen einer betriebsinternen Sitzung zum „Staubproblem" am 9. 3. 1966).

Zur gleichen Zeit formierte sich auch außerhalb des Werks erster ernsthafter Widerstand gegen die sich abzeichnende Entwicklung, und zwar sowohl bei der Stadt selbst als auch bei den direkt betroffenen Bürgern.

Es ist heute ohne Spezialstudien nicht mehr zuverlässig zu rekonstruieren, zu welchem Zeitpunkt welche Initiative von wem ausgegangen ist. Offensichtlich ist jedoch, daß sich die entscheidenden Schritte zu Kontaktaufnahmen und Informationsaustausch im Jahre 1967 so verdichte-

---

[215] Die Messungen wurden zwar 1963 schon eingeleitet, ab 1965 jedoch in einem *veränderten* Meßnetz weitergeführt und auch erst ab diesem Zeitpunkt öffentlich dokumentiert. Über die Gründe dieses Vorgehens konnte keine Klarheit gewonnen werden. Als Meßmethode wurde nach Diskussionen mit dem brancheneigenen Forschungsinstitut in Stockholm das englische Verfahren des „Standard Deposit Gauge" gewählt. Es ist vom Prinzip her dem deutschen „Bergerhoff"-Verfahren vergleichbar, jedoch ist die Maßeinheit „Gramm pro 100 m² und 30 Tage".

ten, daß deutliche Effekte sichtbar wurden. Zu den wichtigsten gehören (eine detailliertere Wertung erfolgt im nächsten Abschnitt):

— Intensivierung und Ausdehnung der Meßtätigkeit unter Heranziehung externer Experten,

— Bildung des früher schon genannten ,,Borlänge Wasser- und Luftpflegekomitees'' (BVLK),

— Verhandlungen zwischen den Bewohnern des besonders betroffenen Ortsteils Islingby und dem Werk über eine sog. ,,Staubentschädigung''.

Keine dieser Reaktionen auf den werksbewirkten Verknappungsimpuls ist in einer auch nur annähernd vergleichbaren Größenordnung bei der Papierfabrik festzustellen. Symptomatisch für die hier vorliegenden Wahrnehmungsprozesse ist gleichzeitig, daß die starke Verschmutzung des Dalälven durch die Hütte, insbesondere durch Öle und Fette, noch in der zweiten Hälfte der 60er Jahre weder vom Werk noch von der sensibilisierten Öffentlichkeit als drängendes Problem gesehen wurde, obwohl die Belastung seit Mitte der 50er Jahre bekannt war (vgl. etwa Protokoll vom 7. 12. 1960, Domnarvets Jernvetk, Techn. Register, Nr. 403.101/99.005 sowie Schreiben der Wasserinspektion an das Werk vom 6. 2. 1961, Az. W: 81/600 680, PM med anledning av överläggningar vid Domnarvets Jernverk den 2. — 5. 3. 1960. Stockholm, den 7. 3. 1960, Techn. Reg. der Hütte 99-005).

Dies geschah erst in der *dritten Phase*, die mit dem Inkrafttreten des Umweltschutzgesetzes 1969 begann und bis heute andauert. Obwohl eine Gesamtprüfung der Umweltwirkung der Hütte zunächst noch gar nicht zur Diskussion stand — auch hier galt das Prinzip, daß nur der Bau neuer oder eine wesentliche Veränderung alter Anlagen genehmigungspflichtig war —, ist die Wirkung des Gesetzes im Werk anhand interner Unterlagen sehr deutlich zu belegen, vor allem auf der Abwasserseite (vgl. dazu S. 298).

Alle in den 70er Jahren ablaufenden Auseinandersetzungen sind dann geprägt von den formalisierten Verfahrensabläufen, wie sie bezüglich der Papierfabrik ausführlich beschrieben wurden. Deutlich ist allerdings auch hier die wesentlich stärkere Mitwirkung der lokalen Gesundheitsbehörde. Dies ist offensichtlich nicht nur eine Folge der formellen Einbindung bei der üblichen Anhörung, sondern muß aus dem traditionell stärkeren Engagement und der größeren Kompetenz für die Beurteilung hüttenbewirkter Probleme erklärt werden.

Im folgenden seien die konfliktbewirkten Veränderungen in den Hauptgruppen belegt, die schon bei der Papierfabrik herausgearbeitet werden konnten.

3.3. Die Raumwirksamkeit der standortnahen Konflikte und ihrer Regelung

3.3.1 Veränderung von Verknüpfungs- und Beziehungsgefügen

Auch bei der Hütte ist im hier betrachteten Zeitraum ein charakteristischer Wandel vor allem der Außenbeziehungen festzustellen. Auslöser war hier wie dort eine als unzumutbar empfundene Verknappung wichtiger natürlicher Ressourcen bzw. ihrer Qualität. Im Unterschied zur Situation bei der Papierfabrik waren es bei der Hütte zunächst *nicht fachspezifische Zentralbehörden*, sondern *besonders betroffene Bevölkerungsgruppen* und die *lokalen Gesundheitsbehörden*, die auf den Verknappungsimpuls im Sinne der Abb. 1 reagierten und Konfliktregelungen in ihrem Sinne herbeizuführen suchten.

Mit den geschilderten Phasen der Auseinandersetzungen geht also auch hier der Aufbau völlig neuer Kontaktgefüge einher, wobei dann die um 1975 bestehenden Kontaktgefüge bezüglich beider Werke vergleichbar sind (vgl. Abb. 23). Die Beziehungen sind jedoch zunächst noch locker und eher sporadischer Natur, so bezüglich der Staubproblematik Mitte der 50er Jahre zwischen Werk und lokaler Gesundheitsbehörde sowie Anfang der 60er Jahre zwischen Werk und zentraler Fachbehörde (Wasserinspektion) bezüglich der Abwassersituation. Der auf diese Weise aktualisierte Außendruck war aber so gering, daß ein wesentlicher Einfluß auf das Verhalten von Unternehmen und Werk nicht spürbar ist.

Eine entscheidende Erweiterung des Kontaktgefüges mit einer gleichzeitigen Intensivierung darin ablaufender Beziehungen ist in den Jahren nach 1965 festzustellen. Auslösender Faktor dieses Wandels ist vor allem der auf lokaler Ebene wesentlich verstärkte Außendruck durch die Stadt und durch die Bewohner der besonders von Staubniederschlägen betroffenen Ortsteile.

Entscheidende und auch aktenkundige Veränderungen geschahen im Jahre 1967, wobei dem ersten gemeinsamen Treffen aller Konfliktgegner am 12. 5. 1967 die größte Bedeutung zukommt: Hier liegt ein Wendepunkt in den Beziehungen zwischen Hütte und ,,Außenwelt'' vor, auf dem zugleich entscheidende Weichen für die weitere Entwicklung gestellt werden.

Der wichtigste dem Treffen vorausgehende Grundsatzbeschluß des Werks war es, die Problematik selbst anzuerkennen — eine entscheidende Veränderung gegenüber dem bisherigen Verhalten! — und die Diskussion stärker in die Öffentlichkeit zu tragen.

Während bis dahin die Ergebnisse der Immissionsmessungen zwar dem Gesundheitsausschuß der Stadt zugestellt worden waren, wurden sie nun vor anderen relevanten Behörden (Stadtplanung, Bauausschuß u. a.) sowie vor allem auch vor den am härtesten betroffenen Bürgern erläutert. Diese waren damit erstmals in die Lage versetzt, sich auf der Grundlage lokalisierbarer Meßdaten eine objektivere Auffassung über

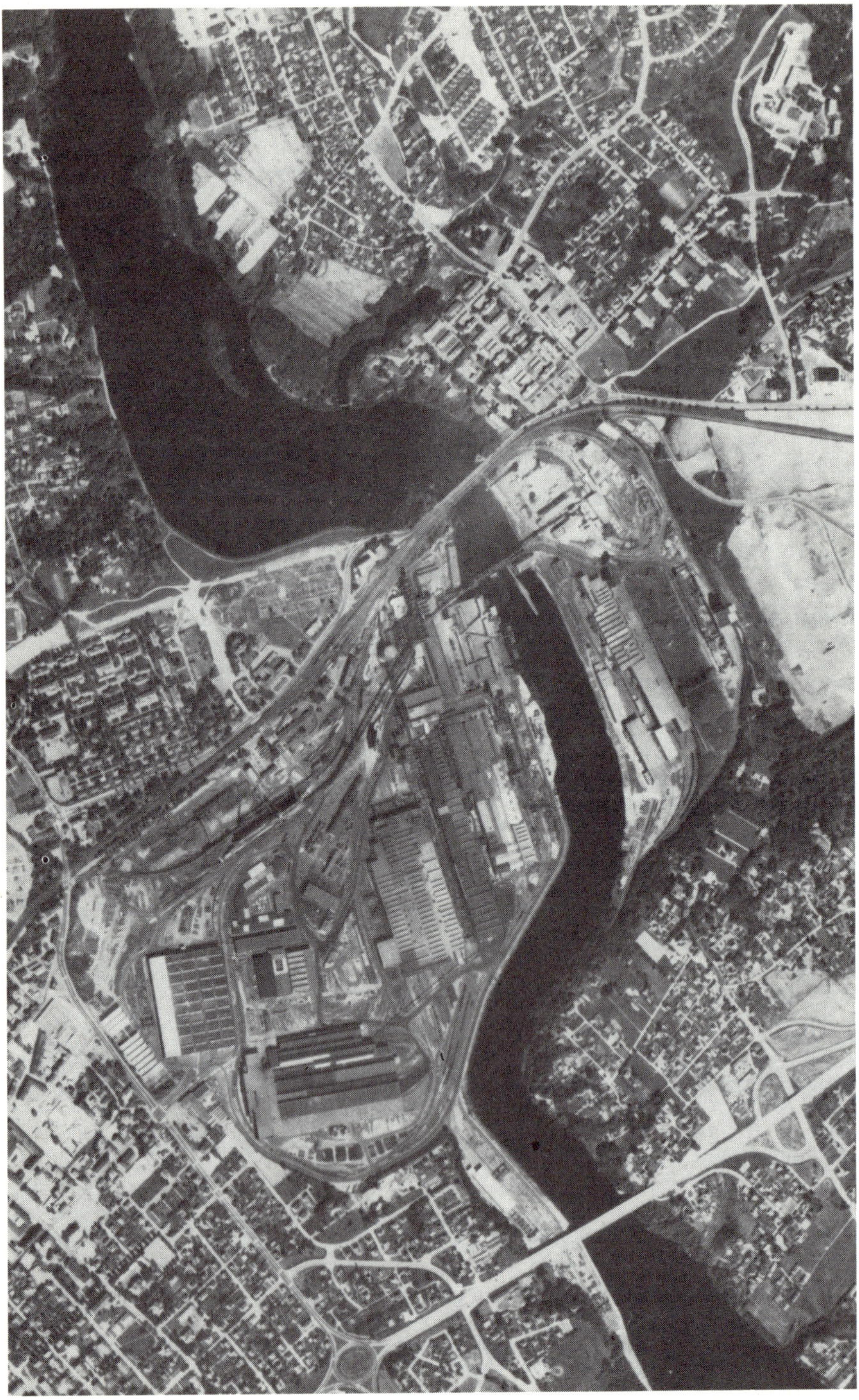

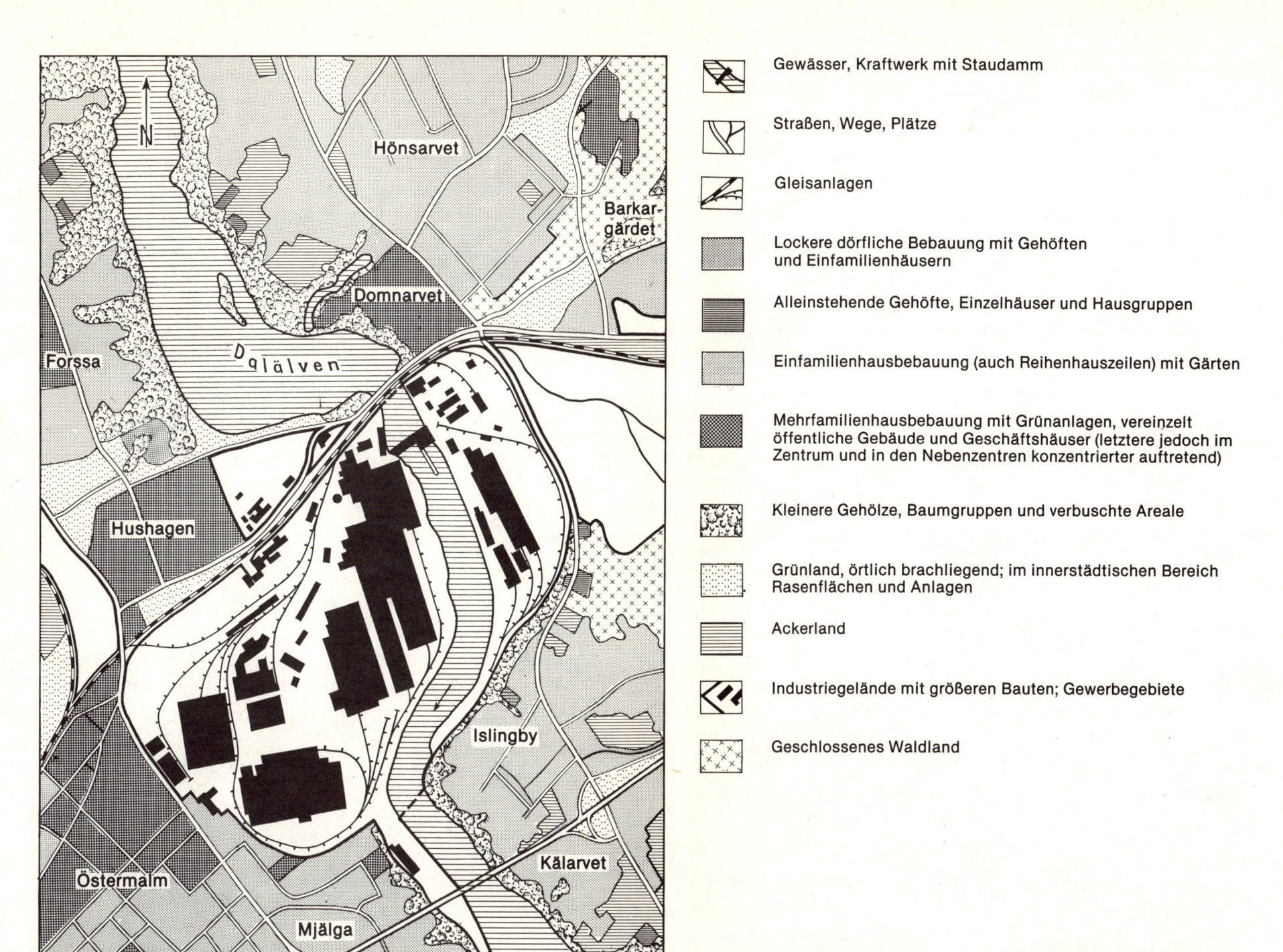

	Gewässer, Kraftwerk mit Staudamm
	Straßen, Wege, Plätze
	Gleisanlagen
	Lockere dörfliche Bebauung mit Gehöften und Einfamilienhäusern
	Alleinstehende Gehöfte, Einzelhäuser und Hausgruppen
	Einfamilienhausbebauung (auch Reihenhauszeilen) mit Gärten
	Mehrfamilienhausbebauung mit Grünanlagen, vereinzelt öffentliche Gebäude und Geschäftshäuser (letztere jedoch im Zentrum und in den Nebenzentren konzentrierter auftretend)
	Kleinere Gehölze, Baumgruppen und verbuschte Areale
	Grünland, örtlich brachliegend; im innerstädtischen Bereich Rasenflächen und Anlagen
	Ackerland
	Industriegelände mit größeren Bauten; Gewerbegebiete
	Geschlossenes Waldland

Abb. 46: **Der Standort der Eisen- und Stahlwerke Domnarvet**
(Quelle: Eigene Geländeerhebungen, Skizze auf der Grundlage der Luftbilder Nr. 73 Ff 108 42-44, Freigabe durch Statens Lantmäteriverk 1980-03-06)

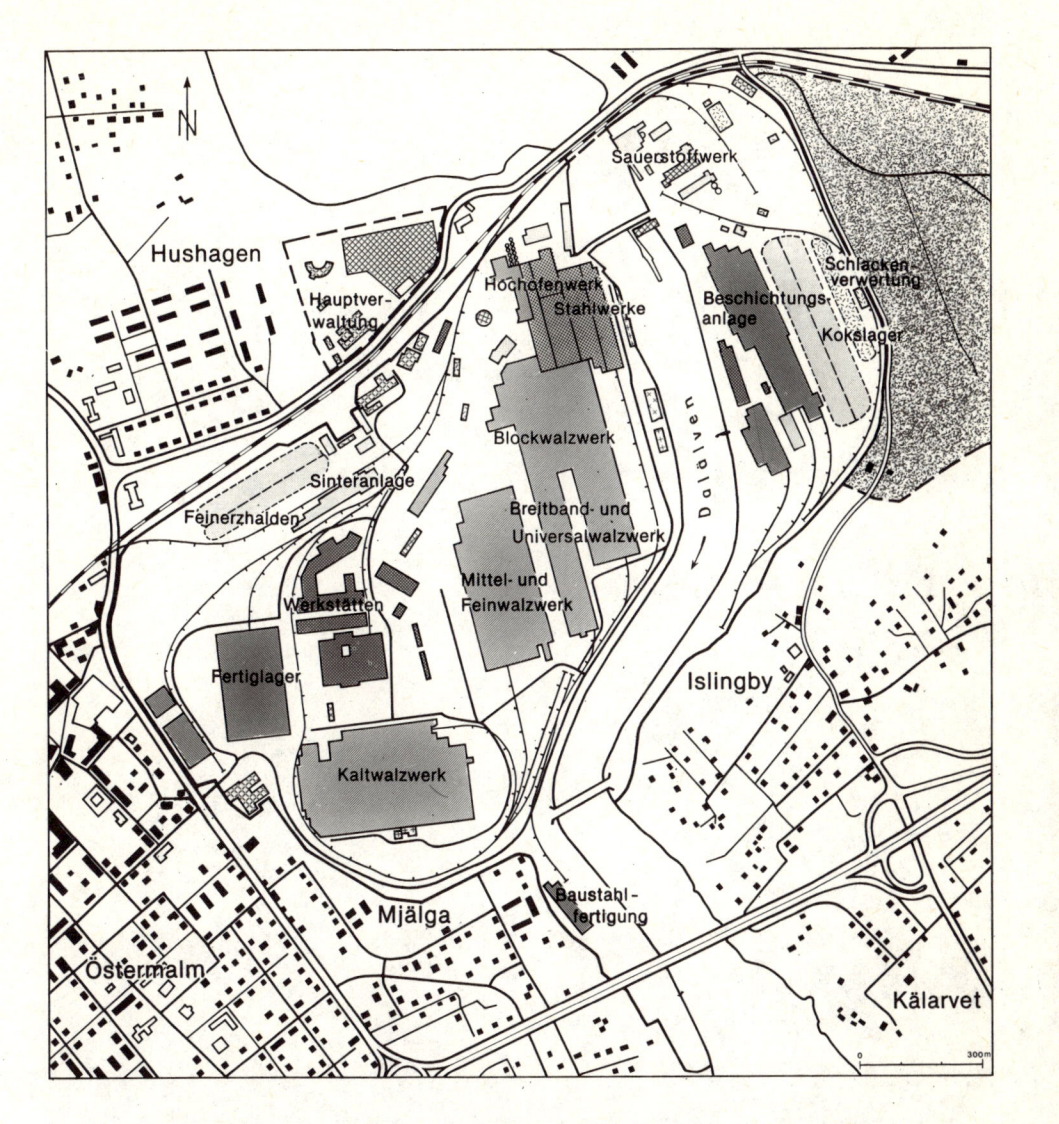

Abb. 47: Eisen- und Stahlwerke Domnarvet: Lage der wichtigsten Werksteile und innere funktionale Differenzierung um 1975
(Quelle: nach werksinternen Unterlagen und Plänen)

einen Sachverhalt zu bilden, den sie bis dahin nur passiv und subjektiv erlitten hatten. Durch den Beschluß der Sitzungsteilnehmer, auch die Ortspresse vom Inhalt des Gesprächs zu informieren, war fortan eine weitgehende Öffentlichkeit der wichtigsten Fakten und Meinungen hergestellt.

War dies alles gegenüber den früheren Verhältnissen schon wichtig genug, so erscheint ein weiterer Aspekt von noch größerer Bedeutung: Aus der Anwesenheitsliste des Sitzungsprotokolls geht hervor, daß einer der wichtigsten Experten des Landes für Fragen der Luftverschmutzung an dem Treffen teilgenommen hat.[216]

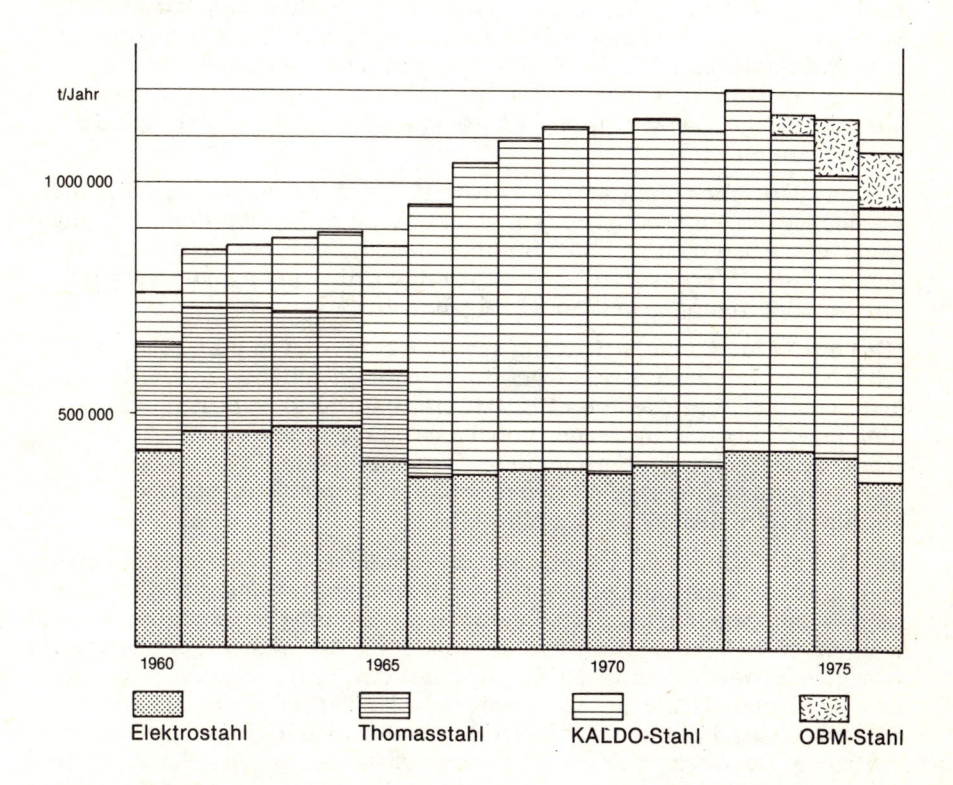

Abb. 48: Eisen- und Stahlwerke Domnarvet: Entwicklung der Rohstahlproduktion nach Stahltypen 1960 — 1976
(Quelle: nach werksinternen Statistiken)

---

[216] Es handelte sich um den Sekretär (also etwa den wissenschaftlichen Koordinator) des „Statens Luftvårdsnämnd" (etwa: „Staatlicher Luftpflegeausschuß"), eines mit Forschungs- und Erhebungsaufgaben betrauten Gremiums, das aber über keinerlei Sanktionsmöglichkeiten verfügte. Wichtig war jedoch die auch der Werksleitung bekannte Tatsache, daß dieses Gremium in seiner Gesamtheit in die Immissionsschutzabteilung des wenige Wochen später seine Arbeit aufnehmenden Staatlichen Naturschutzamtes, also der neuen obersten Aufsichtsbehörde auch für Industrien, integriert werden sollte.

Seine Anwesenheit in der ersten Sitzung der Konfliktgegner in Borlänge bedeutete für das Eisenwerk Verpflichtung und Chance zugleich: Verpflichtung, weil die Tatsachen ungeschönt dargelegt werden mußten — Chance, weil so die Möglichkeit bestand, dem zukünftigen Aufsichtsbeamten die Probleme aus der Sicht des Werks näherzubringen und gleichzeitig eine verständnisvolle Haltung gegenüber den am stärksten betroffenen Bürgern der Stadt zu demonstrieren.

Die Werksvertreter machten auch keine Einwände, als der externe Fachmann schließlich vorschlug, zur sachgerechten Lösung der aufgetretenen Probleme ein Kooperationsgremium zu bilden, dem Vertreter der Industrie und der Kommune angehören sollten. Die Mitwirkung auch zentraler Behörden wurde in Aussicht gestellt. Daraus entstand in der nächsten Sitzung am 19. 9. 1967, wiederum im Beisein des jetzt in leitender Position im Staatlichen Naturschutzamt stehenden Experten, das ,,Borlänge Wasser- und Luftpflegekomitee", in der Folge kurz BVLK genannt.

Der aus deutscher Sicht erstaunlichste Punkt der Sitzung war, daß die Forderung der Vertreter von Islingby nach einer *Entschädigung* für die negativen Auswirkungen des Staubniederschlags ohne sichtlichen Widerstand der Werksvertreter akzeptiert wurde, wenn man sich auch über die Bedingungen erst noch einigen wollte.[217]

Hier dürfte auch von Bedeutung gewesen sein, daß in dem 1966 vorgeschlagenen Immissionsschutzgesetz solche Entschädigungszahlungen (oder auch das Einlösen von Besitztümern) unter ganz bestimmten Bedingungen vorgesehen waren, wobei das Jahrzehnte zuvor aus der deutschen Gesetzgebung übernommene Ortsüblichkeits-Prinzip zum Vorteil der Immissionsgeschädigten modifiziert werden sollte (vgl. dazu im einzelnen SOU 1966:65, S. 274 ff.).

Es wird nur schwer zu klären sein, warum das Werk in diesem prinzipiell überaus wichtigen und vor allem kostenverursachenden Punkt so schnell nachgegeben hat. Das Bemühen um ein möglichst großes Wohlwollen von Behörden und Bevölkerung sowie die Absicht, die noch erwarteten Probleme im Geist der Kooperation und nicht der Konfrontation zu lösen, darf sicher nicht unterschätzt werden. Man darf aber davon ausgehen, daß nicht nur Gefühle, sondern auch kluges Kalkül das Vorgehen des Werks beeinflußt haben. Dazu seien noch zwei Aspekte näher ausgeführt; der erste, weil er mit den sich hier entwickelnden Kontaktgefügen zusammenhängt, der zweite, weil er von prinzipiellem Interesse für die Art von Sachzwängen ist, die für ein Unternehmen aktuell werden können.

Der Politologe L. LUNDQVIST (1971) hat überzeugend herausgearbeitet, wie sehr die Vertreter der in Schweden in den 60er Jahren entstehenden Umweltbehörden bemüht waren, ihre Legitimation und Durchset-

---

[217] Vergleichbare Forderungen sind auch in deutschen Hüttenstädten erhoben worden, z. B. in Völklingen/Saar Mitte der 50er Jahre, ohne daß generelle Kompensationszahlungen an Privatleute jemals ernsthaft erwogen worden sind. Nicht nur die *Industrien*, sondern *bezeichnenderweise auch die zuständigen Aufsichtsbehörden wiesen derartige Ansinnen unter Hinweis auf das Prinzip der Ortsüblichkeit sofort zurück.*

zungsfähigkeit gegenüber den industriellen Interessen durch das Herstellen einer „technokratischen Wertgemeinschaft" zu begründen, d. h., sie machten sich weitgehend die technische und betriebswirtschaftliche Problemstruktur der Industrievertreter zu eigen und beurteilten aus dieser Sicht die „Machbarkeit" spezifischer Umweltauflagen. Mangels politischer Sanktionsmöglichkeiten — oder aus einer anfangs bestehenden Scheu vor ihnen — versuchten sie also, auf der technischen *Expertenebene* zu überzeugen, *politische und ökologische Argumente waren zunächst vielfach nachrangig.*

Nun war aber in der Aufbauphase der 60er Jahre nahezu der gesamte technische Sachverstand des Landes nicht bei den Behörden, sondern bei der Industrie konzentriert, also *nicht bei den Kontrolleuren, sondern bei den zu Kontrollierenden.* Zur schnellen Überwindung dieser strukturellen Benachteiligung wurde die intensive Zusammenarbeit mit den Branchen oder den von ihnen benannten Vertretern gesucht mit dem Ziel, gemeinsam praktikable Lösungen zu erarbeiten. Eine entsprechende Arbeitsgruppe für die eisenschaffende Industrie bildete das Staatliche Naturschutzamt im Dezember 1967. Sie sollte die „technischen Möglichkeiten der Emissionsbegrenzung bei der Eisen- und Metallindustrie" und gleichzeitig die „verschiedenen wirtschaftlichen Konsequenzen unterschiedlicher technischer Lösungen" untersuchen (vgl. Vorwort, SNV 1969, S. 3). Es liegt auf der Hand, daß es für die gewichtigsten Unternehmen der Branche von höchstem Interesse war, die Arbeit einer solchen Kommission zu prägen, wenn nicht sogar zu steuern. Schaut man sich daraufhin die Zusammensetzung der sechsköpfigen Arbeitsgruppe an, so ist festzustellen, daß ihr *Vorsitzender derselbe Werksdirektor von Domnarvet war,* der auch die vorgehend näher besprochene Sitzung über die Staubprobleme der Hütte in Borlänge geleitet hatte. Vor diesem Hintergrund darf man annehmen, daß dem Unternehmen Stora Kopparberg und der Hütte sehr viel daran gelegen gewesen sein muß, einen ihrer Experten in verantwortlicher Position der Arbeitsgruppe zu sehen. Es wäre deshalb nur plausibel, wenn das Verhalten von Unternehmen und Werksdirektor, insbesondere das überraschend schnelle Nachgeben in der Entschädigungsfrage, von *taktischen Überlegungen im Hinblick auf die zukünftige Zusammensetzung und den Vorsitz der wichtigen Kommission geprägt gewesen wäre.*

Der zweite Grund, warum das Werk an einer möglichst reibungslosen Beilegung der in Borlänge auftretenden Konflikte, und zwar auch an einer Beseitigung ihrer Ursachen, interessiert war, wird einige Jahre später in einer betriebsinternen Stellungnahme zum Umweltschutz vom 27. 5. 1969 (Techn. Reg. 99.521) angesprochen: Das in Domnarvet entwickelte KALDO-Sauerstoffblasverfahren wurde in den 60er Jahren von einer Vielzahl von Stahlwerken in Europa und Übersee übernommen. In Anbetracht der überall steigenden Umweltschutzanforderungen mußte das Unternehmen ein großes wirtschaftliches und psychologisches Interesse daran haben, den potentiellen Kunden des KALDO-Verfahrens am Beispiel des Mutterwerks zu demonstrieren, daß die *Emissionen in allen Prozeßschritten, also auch bei der Aufbereitung der Schlacken, voll beherrschbar waren.* Die Taktik in Borlänge mußte es somit sein, möglichst rasch die technischen Probleme der Staubentwicklung zu lösen und — in einer Übergangszeit — die entstandenen Konflikte schnell beizulegen.

Beide Wege wurden in den Jahren darauf beschritten. Unabhängig von den wahren Handlungsmotivationen von Unternehmen und Werk sind aber die Folgen der Sitzung vom 12. 5. 1967. Sie lassen sich unter dem hier besonders interessierenden Aspekt sich entwickelnder Kontaktgefüge wie folgt zusammenfassen:

— die Öffentlichkeit der Immissionsproblematik ist auf eine Weise hergestellt, die dem Werk zunächst weder Rückzug noch taktische Winkelzüge erlaubt,

— die Problematik ist in den Augen aller Beteiligten unbestritten von einer solchen Größenordnung, daß von der Hütte wesentliche Eingriffe in bestehende Prozeßabläufe und spürbare Investitionen in auswirkungsdämpfende Anlagen erwartet und von dieser auch zugesichert werden,

— die Berechtigung der Schadenersatzansprüche aus besonders betroffenen Ortsteilen ist vor diesem Hintergrund prinzipiell anerkannt, wobei die Immissionslage von den örtlichen Politikern und Fachbehörden als so schlecht beurteilt wird, daß sich binnen kurzem der Gedanke durchsetzt, der Ortsteil Islingby sei auf längere Sicht aufzulösen (Antrag im Rat der Stadt vom 25. 5. 1967),

— die Bildung eines gemeinsamen Kooperationsgremiums zur sachgerechten Lösung entstandener und noch entstehender Probleme wird von allen Teilnehmern der Sitzung — zumindest nach außen hin — befürwortet (und am 19. 9. 1967 auch realisiert).

Damit ist in Borlänge selbst eine Schaltstelle geschaffen, durch die nicht nur die alten Konfliktgegner (v. a. Werk und Kommune) verbunden sind. Es werden vor allem über Schlüsselpersonen solche externen Informationsstränge angeschlossen, die die bisherige strukturelle und fachliche Unterlegenheit der schwächsten Konfliktgegner auf einen Schlag stark mildert. Schon vor der Verabschiedung entsprechender Fachgesetze ist somit bezüglich der Hütte in wichtigen Fragen ein Zustand erreicht, der bei der Papierfabrik im Grunde erst ab 1969 festzustellen ist. Die wesentliche Informationsfelderweiterung und Kontaktintensivierung entsteht durch:

— relativ breite Offenlegung technischer Zusammenhänge und Probleme,

— sachbezogene Diskussion alternativer Lösungsmöglichkeiten,

— Einbinden und Ausnutzen externer Fachkompetenzen nicht nur aus dem nationalen, sondern auch dem internationalen Raum.[218]

---

[218] Nur so wird man z. B. auf die Problematik von Feinstäuben, Schwefeldioxid und Schwermetallen aufmerksam und läßt entsprechende Untersuchungen anstellen (BROSSET, 1969, SCHUISKY, 1975). Von der gleichen Erweiterung der Beziehungs- und Informationsgefüge profitiert auch die Hütte.

Schließlich stand das gesamte in Schweden vorhandene Sachwissen der Branche dem Werksdirektor nicht zuletzt durch seinen Vorsitz in der erwähnten Kommission des Staatlichen Naturschutzamtes zur Verfügung. Entsprechende juristische, soziale oder sozialmedizinische Implikationen der Problematik waren über die übrigen schon genannten Experten und vor allem durch den Direktkontakt mit der Fachabteilung des Naturschutzamtes zu beurteilen.

Dies war die Situation zwischen 1967 und 1969. Nach Inkrafttreten des Umweltschutzgesetzes verliert das BVLK naturgemäß an Bedeutung, da der normale Informationsfluß jetzt durch verfahrensmäßig institutionalisierte Kanäle erfolgt. Neben der Einbindung weiterer, früher nicht oder nur in Ausnahmefällen gehörter Instanzen, ist die größte Änderung darin zu sehen, daß jetzt nicht mehr die informellen, sondern die obligatorischen Kontakte vorherrschen.

Es dürfte deutlich geworden sein, daß die geschilderte Entwicklung der Verknüpfungs-, Kontakt- und Beziehungsgefüge den *Erklärungshintergrund* für die meisten der in der Folge feststellbaren raumwirksamen Maßnahmen und Prozesse in der Hütte und ihrer Umgebung bildet.

Von wenigen Ausnahmen abgesehen sind auch die in den 60er und 70er Jahren im Werk selbst feststellbaren umweltrelevanten Veränderungen in einen direkten Bezug zu den neu aufgebauten Verknüpfungs-, Kontakt- und Beziehungsgefügen zu setzen. Diese wiederum entstanden, wie vorgehend belegt, aus *Anpassungsreaktionen des die Verknappung natürlicher Ressourcen bewirkenden Verursachers*, sei es auf direkten Konfliktdruck hin, sei es auch im Bemühen, Konflikte erst gar nicht entstehen zu lassen oder sie von vornherein zu minimieren. In der Regel sind die Veränderungen eine direkte Folge der in den neuen Gefügen aktualisierten oder weitergegebenen Informationen, Pressionen und Subventionen. *Damit ist eine der wesentlichsten Folgen des Konfliktdrucks bei der Papierfabrik auch beim Stahlwerk zu belegen.*

Aus Gründen der Übersichtlichkeit ist es auch im Werk selbst zweckmäßig, zwischen materiellen und immateriellen Veränderungen zu unterscheiden, obwohl sie natürlich eng miteinander verbunden sind und auch der immaterielle Wandel häufig materielle Äußerungen hat.

Der entscheidende Wandel im Werk ist zunächst — wie auf der Makroebene auch — organisations-, informations- und kompetenzbezogen, d. h. die Veränderung der Beziehungsgefüge (und ihrer inhaltlichen

Da Lösungsvorbilder für viele der aufgetretenen Probleme in Schweden nicht zu finden waren, war es den in das neue Beziehungsgeflecht eingebundenen Experten ein leichtes, neue Anregungen dort zu erhalten, wo man schon längere Zeit unter entsprechenden Verhältnissen gelitten hatte, z. B. in der Bundesrepublik Deutschland: Nach dem Beispiel eines Großversuchs in Duisburg wurden Espenbestände als Sicht- und Staubschutz zwischen Schlackenaufbereitung und Islingby gepflanzt; Informationen über die schädlichen Auswirkungen von Schwefeldioxid wurden bei der nordrhein-westfälischen Landesanstalt für Immissions- und Bodennutzungsschutz eingeholt; die entscheidende Anregung zur technischen Lösung des Staubproblems bei der Schlackenaufbereitung erhielt ein Stahlwerksingenieur auf einer zu diesem Zweck durchgeführten Reise zu einer deutschen Hütte.

Qualität) geht auch hier dem im engeren Sinne materiellen Wandel voraus. Es sei im folgenden nur der Zeitraum nach 1965 betrachtet, da damals die wichtigsten Entwicklungen einsetzten.

Als erste wichtige Folge des Konfliktdrucks ist der Aufbau einer werksinternen Umweltschutzorganisation festzustellen, die in besonderen Situationen durch von außen verpflichtete Experten ergänzt wird. Zunächst ist das Organisationsgefüge noch locker. Es handelt sich fast ausschließlich um eine erhöhte Bereitschaft und sporadische Einsätze von Personal und Material, das ansonsten für andere Routineaufgaben im Werk zur Verfügung steht. Eine charakteristische Ausnahme für diese Zeit um 1965 ist jedoch die Institutionalisierung der monatlichen *Immissions*messungen von Staub an 14 festgelegten Meßpunkten um das Werk. Systematische *Emissions*messungen wurden dagegen zu dieser Zeit noch nicht durchgeführt, nicht zuletzt auch aus Mangel an diesbezüglich ausgebildetem Personal, Meßgeräten und Methodenkenntnis. Zu dieser Zeit erfolgende Angaben über die Emissionen des Werks beruhen auf groben Schätzungen.

Eine erste (?) interne Konferenz über die Staubemissionen verschiedener Werksteile fand am 9. 3. 1966 statt. (Protokoll im Techn. Reg., Nr. 99.008). Die schon ab 1963 mit der Vorbereitung und Durchführung der Immissionsmessungen betraute ,,Wärmetechnische Abteilung" hat aber zu diesem Zeitpunkt noch keine übergreifenden Funktionen auch im Emissionsbereich. Ab 1. 1. 1968 aber ist der Leiter der Wärmetechnischen Abteilung offiziell mit der Koordination der Umweltschutzarbeit des Werks betraut. Diese organisatorische Änderung und die nahezu unmittelbar darauf einsetzenden ersten Emissionsmessungen durch die Abteilung müssen aber auch ganz wesentlich im Zusammenhang mit der erwähnten Kommission über die Luftverunreinigungen der eisenschaffenden Industrie gesehen werden (vgl. S. 291). Da der Werksdirektor hier den Vorsitz führte, mußte er und sein Betrieb den anderen Hütten und Metallwerken natürlich mit gutem Beispiel vorangehen. Diese ersten Berechnungen und Messungen in Domnarvet flossen auch sofort in die Kommissionsarbeit ein und sind später im Abschlußbericht veröffentlicht worden (SNV, 1969, Anl. 1, Werks-Nr. 5).[219]

In die gleiche Zeit fällt — wie früher schon erwähnt — die Ernennung einer ,,Umweltschutzbeauftragten" für den gesamten Unternehmensbereich.

---

[219] Die angegebenen Gesamtemissionswerte (ca. 6 000 t/Jahr in Domnarvet) erwiesen sich nur wenig später als wesentlich zu niedrig. Selbst wenn man die zwischen 1968 und 1969/70 erfolgte Produktionserhöhung berücksichtigt, muß die faktische Emission bedeutend mehr als das Doppelte betragen haben. Mit an Sicherheit grenzender Wahrscheinlichkeit liegt hier keine Taktik seitens des Werks vor, da die Nennung eines möglichst niedrigen Werts nicht im Sinne der Industrie gelegen haben kann: Der Durchschnitt der spezifischen Emissionsmenge (kg Staub pro t Fertigprodukt) wurde dann nämlich bei den Überlegungen über die zulässigen Grenzwerte berücksichtigt. Je höher er lag, desto größere anfängliche Rücksichtnahme konnte seitens der Aufsichtsbehörde erwartet werden.

3.3.2. Veränderung werksinterner Prozeß- und Organisationsabläufe

Im Jahre 1970 ist der systematische Aufbau des werkseigenen Meßtrupps durch personelle Aufstockung, Einstellung besonders qualifizierten Personals und Anschaffung moderner Meßgeräte weitgehend abgeschlossen. Es werden spezielle Instruktionen für den reibungslosen Betrieb und die sachgerechte Wartung der umweltschützenden Anlagen ausgearbeitet, spezielle Ausbildungskurse für das Personal angeordnet und schließlich Kontrollbücher für sämtliche auswirkungsdämpfenden Anlagen vorbereitet.

Bezüglich der wässrigen Emissionen, die man unter dem Eindruck der Staubproblematik jahrelang aus den Augen verloren hat, werden im Vorgriff auf erwartete Auflagen umfangreiche Untersuchungen angestellt, mit denen jedoch mangels eigenen Fachpersonals renommierte ausländische Ingenieurbüros betraut werden. Die von ihnen festgestellten Schwachstellen (Ölverluste!) wurden umgehend schärfer kontrolliert und mit ersten provisorischen Auffang- und Abscheidevorrichtungen versehen.

Mit den ersten Teilgenehmigungen nach dem Umweltschutzgesetz von 1969 werden dann in den frühen 70er Jahren immer mehr „Kontrollprogramme" für die einzelnen Anlagen festgelegt, deren Durchführung in Abstimmung mit der Bezirksregierung festen Regeln unterliegt und über die den Aufsichtsbehörden regelmäßig berichtet wird.[220] Vor allem die Bewältigung dieses Kontrollprogrammes erfordert feste innerbetriebliche Routinen und entsprechende Organisationsformen, die ohne eine eigene kompetente Umweltschutzabteilung nicht hätten bewältigt werden können. Daß es sich bei den Kontrollprogrammen um ganz erhebliche Eingriffe in die normalen Betriebs- und Organisationsabläufe des Werks handelt, sei mit der Darstellung in Abb. 49 belegt.

Schließlich müssen in diesem Zusammenhang auch die Veränderungen von Organisations- und Prozeßabläufen genannt werden, die aus Rücksicht auf die nähere Werksumgebung festzustellen sind. Hierher gehören etwa Nachtfahr- oder Abladeverbote (auf der zentralen Deponie Savelgärdet östlich des Dalälven), vorsichtigeres und damit zeitraubenderes Hantieren beim Verladen oder Umlagern von Stahlblechen mit Magnetgreifern, Verlegen der Schrotthantierung an den östlichen Rand des Werks, sowie schließlich regelmäßiges und häufiges Reinigen des werksinternen Straßennetzes.

Dazu gehört aber auch das umweltpolitisch fragwürdige Gebot an gewisse Abteilungen, spezifische Arbeitsphasen mit kräftiger Staubentwicklung zur Vermeidung ungünstiger optischer Wirkungen in die

---

[220] Die Kosten für die Durchführung der Kontrollprogramme und die periodisch stattfindenden Besichtigungen durch neutrale Gutachter trägt der Betreiber einer Anlage.
Das — außer bei den zuletzt genannten Besichtigungen — geltende Prinzip der „Eigenkontrolle" wurde jahrelang als Zeichen einer vertrauensvollen *kooperativen* Bewältigung der Umweltproblematik unterstrichen. Einige in der zweiten Hälfte der 70er Jahre aufgedeckte Umweltskandale in Schweden verdeutlichten aber Politikern und Öffentlichkeit die Mißbrauchsmöglichkeiten. Bei einer Novellierung der Umweltschutzgesetzgebung ist deswegen mit verschärften Überwachungsbestimmungen zu rechnen.

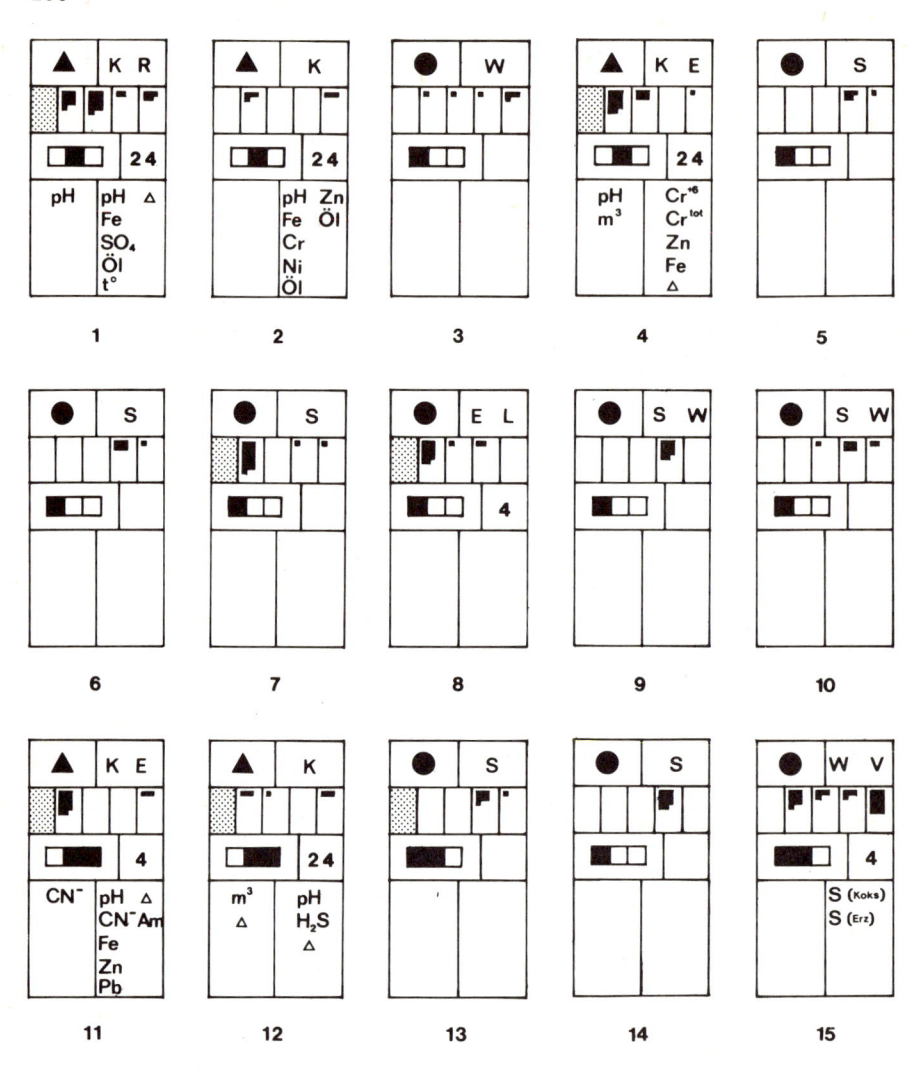

1 Kaltwalzwerk
2 Fein- und Mittelwalzwerk
3 Flämmputzerei
4 Beschichtungsanlage
5 Eisengießerei
6 Blockwalzwerk
7 KALDO-Stahlwerk 2
8 Elektro-Stahlwerk 2
9 Thomasmühle
10 Schlackenverwertung
11 Gichtgaswäsche
12 Schlackengranulierung
13 Kokssortierung
14 Rohstoffempfang
15 Sinteranlage

Abb. 49: Eisen- und Stahlwerke Domnarvet: Auflagen im Rahmen der Kontrollprogramme nach dem Umweltschutzgesetz
(Quelle: nach Unterlagen des Werks und des Koncessionsnämnden för miljöskydd, Stockholm)

A *Anlagentyp*

B *Funktionskontrolle*

C *Emissionsüberwachung*

D *Analyse emittierter Stoffe*

A *Anlagentyp*
1 ▲ Rauchgasreinigung (nur Stäube)   K — Kläranlage
   ● Abwasserreinigung   R — Regenerierungsanlage
2 S — Schlauchfilter   E — Entgiftungsanlage
   EL — Elektrofilter
   W — Wirbler (Zyklonabscheider)
   V — Venturiwäscher

B *Funktionskontrolle* (■ = eine Kontrolle)
3 Selbstregistrierende Instrumente
4 Zahl der vorgeschriebenen Kontrollen pro Schicht
5 Zahl der vorgeschriebenen Kontrollen pro Tag
6 Zahl der vorgeschriebenen Kontrollen pro Woche
7 Zahl der vorgeschriebenen Kontrollen pro Monat

C *Emissionsüberwachung*
8   Visuelle Überwachung
9   Manuelle Probeentnahme
10 Automatische Registrierung quantitativer Werte
11 Meldefristen von Störfällen (in Stunden) beim diensthabenden Ingenieur oder der werksinternen Umweltschutzabteilung (bei schwerwiegenden Funktionsausfällen zugleich Meldefrist für zuständige Aufsichtsbehörde bei Bezirksregierung)

D *Analyse emittierter Stoffe*
12/13 Kontinuierliche, regelmäßige, quantitative und/oder qualitative Analyse bezüglich

pH   — Wert   S   — Schwefel
m^3 — Menge in Kubikmetern NH_3 — Ammoniak
△   — Trübe oder Schwebstoffe   Pb   — Blei
Cr   — Chrom   Cn   — Cyanid
Zn   — Zink H_2S — Schwefelwasserstoff
Fe   — Eisen   Öl   — Öle/Fette
SO_4 — Sulfat   t°   — Temperatur
Ni   — Nickel

Nachtstunden zu verlegen — wie es eine Zeitlang zu den Instruktionen der Schlackenaufbereitung gehörte.[221]

Offensichtlicher als solche Änderungen von Organisationsabläufen, wenn auch in der Regel von außen ebenfalls nicht sichtbar, sind die *materiellen* Veränderungen, die im hier betrachteten Zeitraum innerhalb der Hütte festzustellen sind (z. B. Einbau von Filtern, Schalldämpfern u.a.m.). Sie sind so zahlreich, daß sie nicht im einzelnen aufgeführt werden können. Wichtig ist auch hier nur der Nachweis, daß durch den beschriebenen Außendruck und über die entstandenen Kontaktgefüge große Investitionen in umweltschützende Anlagen erzwungen oder beschleunigt wurden.

In den Abb. 50 und 51 sind die wichtigsten Angaben zusammengestellt, aus denen sich der erzwungene Wandel ablesen läßt. Die Darstellungen beginnen zu einem Zeitpunkt, als über sämtliche Emittenten nicht nur geschätzte, sondern gemessene Werte vorlagen. Es ist aber schon betont worden, daß an einzelnen Anlagen oder Emissionspunkten in den Jahren zuvor ganz erhebliche Emissionssenkungen erreicht werden konnten, so etwa beim Ausstoß von Ölen und Fetten.[222] Wenn auch für diese Zeit keine Gesamtdarstellung möglich ist, kann ohne Übertreibung gesagt werden, daß die Situation von 1971 schon vergleichsweise günstig ist, die Kurven für die Jahre zuvor also nochmals steil nach oben zu verlängern wären. Aus den Abbildungen gehen im einzelnen hervor die Höhe der jährlichen Gesamtemissionen in Luft und Vorfluter, die spezifischen Emissionswerte pro Tonne Fertigprodukt, die wichtigsten umweltschützenden Anlagen, die für diese entstandenen Gesamtinvestitionskosten und schließlich der Anteil zweckgebundener staatlicher Subventionen an ihnen.[223] Eine Aufschlüsselung der Emissionen 1970 und 1976 auf einzelne Werksteile ist den Abb. 52 und 53 zu entnehmen.

Bisher war fast ausschließlich von wässrigen und staubförmigen Emissionen die Rede. Auch der *Lärmschutz* ist im gleichen Zeitraum nicht vernachlässigt worden, jedoch sei hier auf eine Darstellung verzichtet.

---

[221] So berechtigt derartige Maßnahmen im Einzelfall aus Werksicht erschienen sein mögen — sie sind mit Sicherheit nicht geeignet gewesen, das Vertrauen zwischen Werk und Umgebung zu vergrößern. Auf diese Weise werden die um alle emittierenden Anlagen herum festzustellenden Standardmeinungen gefestigt, der Einbau von Filtern sei Augenwischerei, da man es nachts ohnehin abstelle.

[222] Die bei den Messungen Ende der 60er Jahre nachgewiesenen Werte lagen so hoch, daß man es offensichtlich nicht wagte, damit in die Konzessionsverhandlungen zur Gesamtprüfung der Anlage zu gehen (Antrag vom 28. 7. 1971). Durch energischere Überwachung und erste technische Verbesserungen wurde zunächst der Ölverlust um viele hundert Tonnen pro Jahr gesenkt.

[223] Mit dem Inkrafttreten des Umweltschutzgesetzes wurde den Industrien die Möglichkeit gegeben, 25 % (höchstens jedoch 2,5 Mio SEK pro Anlage) Gesamtinvestitionskosten für Umweltschutz als einmalige staatliche Beihilfe zu erhalten, wenn bestimmte Voraussetzungen erfüllt waren; so z. B. öffentliches Interesse, Inbetriebnahme der betroffenen Werksteils vor 1969 u.a.m. Ab 1972 konnten bis zu 50 %, in Ausnahmefällen noch mehr der Kosten beantragt werden (vgl. hierzu im einzelnen SFS 1969: 356, SFS 1972: 281, SFS 1974: 421).

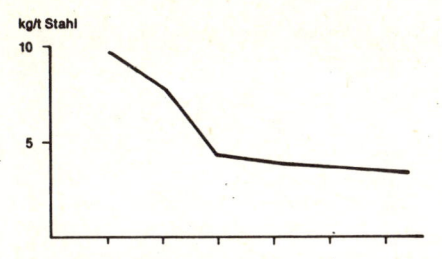

A. Spezifische Staubemission (in kg/t Stahl)

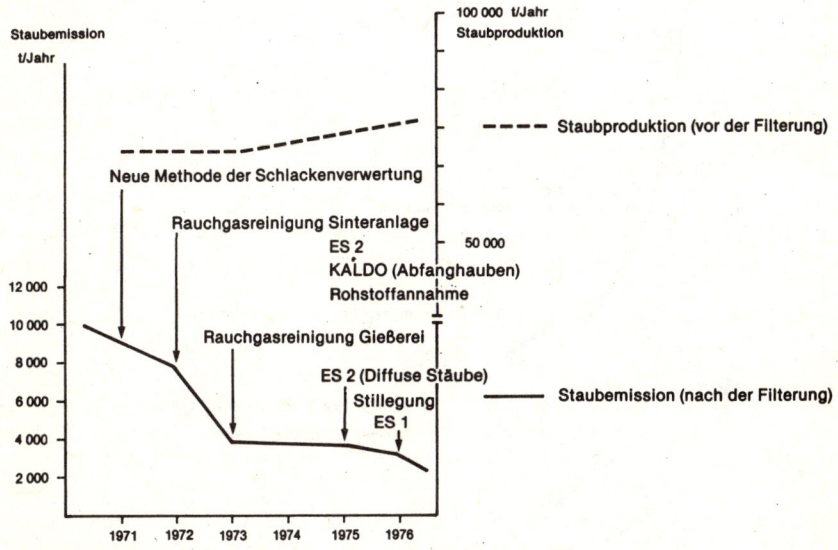

B. Absolute Staubproduktion und -emission (in t/Jahr)

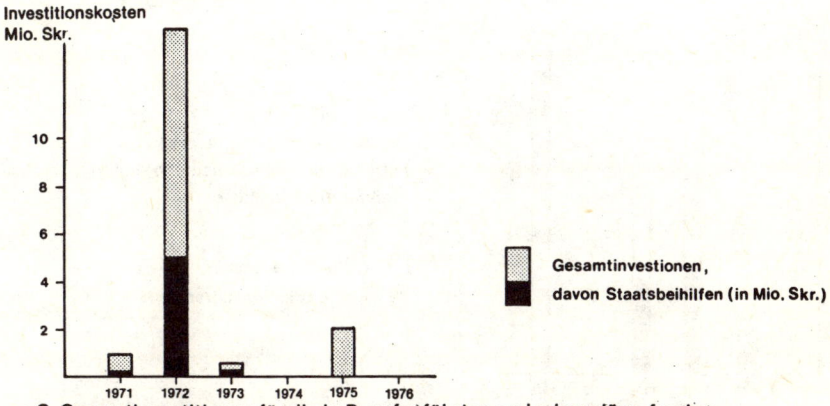

- - - - Staubproduktion (vor der Filterung)
——— Staubemission (nach der Filterung)

Neue Methode der Schlackenverwertung
Rauchgasreinigung Sinteranlage
ES 2
KALDO (Abfanghauben)
Rohstoffannahme
Rauchgasreinigung Gießerei
ES 2 (Diffuse Stäube)
Stillegung ES 1

C. Gesamtinvestitionen für die in B. aufgeführten emissionsdämpfenden Maßnahmen (in Mio. Skr.)

Gesamtinvestionen, davon Staatsbeihilfen (in Mio. Skr.)

Abb. 50: Eisen- und Stahlwerke Domnarvet: Entwicklung der absoluten und spezifischen Staubemissionen sowie Investitionskosten für wichtige emissionsvermindernde Maßnahmen 1971 — 1976
(Quelle: nach werksinternen Unterlagen)

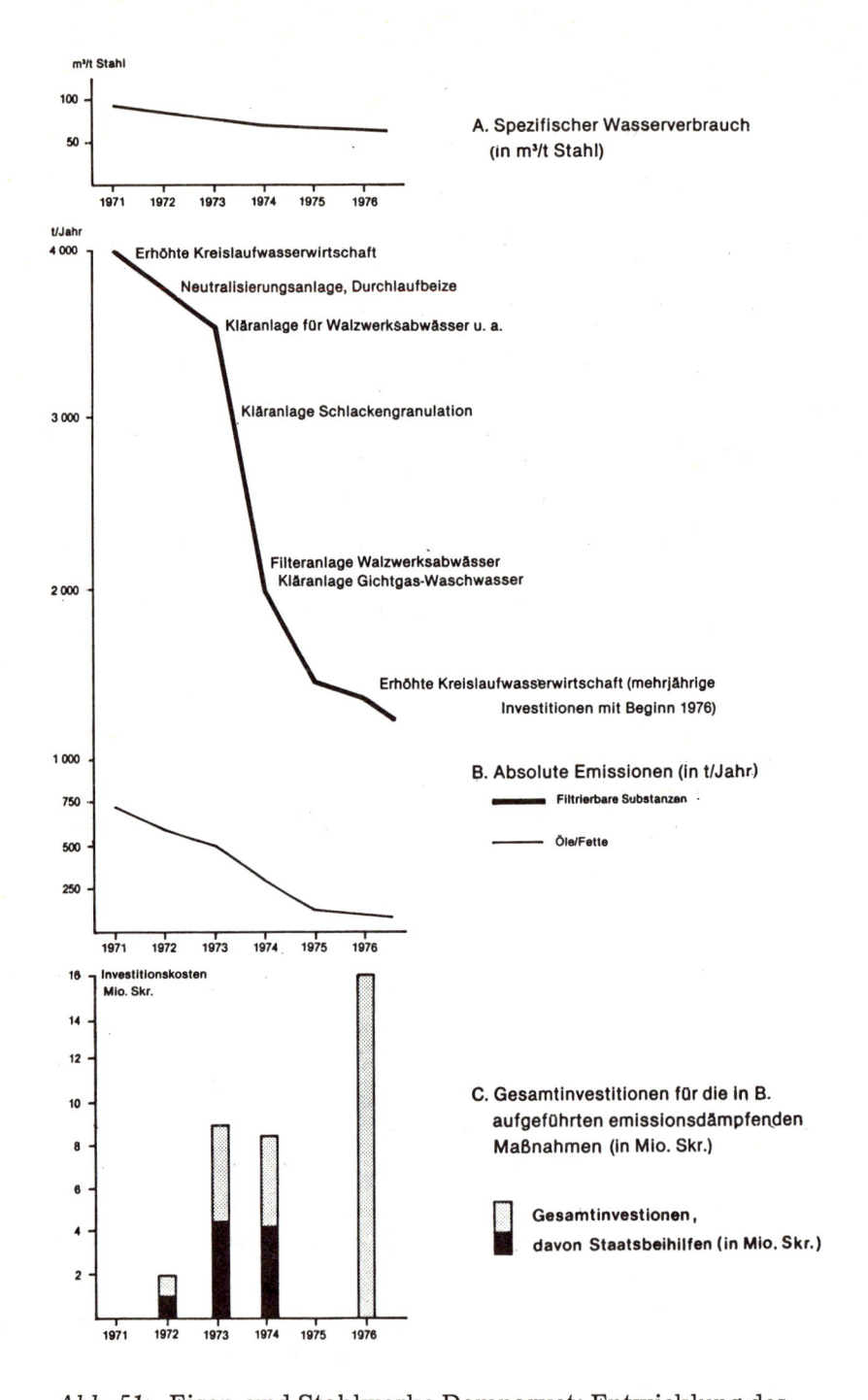

Abb. 51: Eisen- und Stahlwerke Domnarvet: Entwicklung des spezifischen Wasserverbrauchs, der absoluten Verunreinigungsmengen in den Abwässern sowie Investitionskosten für wichtige emissionsvermindernde Maßnahmen 1971 — 1976
(Quelle: nach werksinternen Unterlagen)

Zusammengenommen hat das Unternehmen nach eigenen Angaben in den Jahren 1970-76 über 130 Mio SEK in umweltschützende Anlagen investiert (16 Mio SEK davon sind allerdings durch die genannten Subventionen gedeckt worden). Deren Betriebs- und Kapitalkosten erreichten Mitte der 70er Jahre nahezu 30 Mio SEK pro Jahr.

Insgesamt ist aus den vorstehenden Erläuterungen deutlich geworden, welchen tiefgreifenden Wandel der Außendruck, aber auch die von außen kommende Hilfe im Werk innerhalb weniger Jahre herbeigeführt haben.

3.3.3. Veränderungen von Standort- und Standraumbeeinflussung

Eine Darstellung der durch den Konfliktdruck verursachten Veränderung von Standort- und Standraumwirkung (hier nur bezogen auf prozeßgebundene Auswirkungen) setzt genaue Kenntnisse über die Ausgangssituation voraus. Da aber der Konfliktdruck, die produktionsbedingte Steigerung der Emissionen und erste Maßnahmen zu ihrer Verminderung gleichzeitig stattfanden, ist eine saubere Trennung von Ausgangs- und Folgesituation nicht überall möglich. Dennoch sind vor allem in der Staubproblematik Leitlinien der Veränderungen herauszuarbeiten, da die Immissionsentwicklung zumindest in ihren großen Zügen rekonstruierbar ist.

Wie bei der Papierfabrik sind die wesentlichen Veränderungen der staub- und gasförmigen sowie der wässrigen Emissionen der Hütte durch *Intensitätsabnahme* und *Reichweitenverringerung* zu kennzeichnen. Sie sind aufgrund einer wesentlich besseren Datengrundlage bei der Hütte deutlich zu belegen (Abb. 54).

Die absoluten Höhen der Staubniederschläge und die dokumentierte Zunahme Ende der 60er Jahre sind teilweise beträchtlich. Vor allem südöstlich des Werks werden über einige Jahre hinweg Werte zwischen 1 500 und knapp 4 000 g/100 m² und 30 Tage erreicht. Das ist eine wesentliche Überschreitung des Wertes von 500 g/100 m² und 30 Tage, der als „Grundniveau" schwedischer Städte gilt und auch noch der 1 000 g/100 m² und 30 Tage, die man als obere zumutbare Grenze für Wohngebiete ansieht (diese Grenze ist in Abb. 54 durch eine Strichlinie angedeutet).[224]

Geht man von der plausiblen Annahme aus, daß auch in Hushagen die Staubniederschläge von 1968/69 bis Mitte der 70er Jahre um etwa zwei Drittel abgenommen haben, so ergibt sich, daß in diesem Ortsteil Ende der 60er Jahre nicht wesentlich bessere Verhältnisse bestanden haben

---

[224] Die von der Kommune im Jahre 1976/77 mit einem abweichenden, aber inzwischen in Schweden standardisierten Verfahren durchgeführten Staubniederschlagsmessungen zeigen auch für den Ortsteil Hushagen noch Werte um 1 000 g/100 m² und 30 Tage (umgerechnet aus der Maßeinheit g/m² und 30 Tage), während für Islingby in der gleichen Zeit nach dem alten Verfahren Werte zwischen 1 300 und 1 400 g belegt sind (Borlänge kommun, 1978).

können als in Islingby. Dies festzustellen, ist im Hinblick auf die so unterschiedliche Entwicklung der beiden Ortsteile von großer Bedeutung (vgl. dazu 3.3.4.).

Auch wenn die verwendeten Meßmethoden nicht völlig mit dem in Deutschland üblichen Bergerhoff-Verfahren vergleichbare Ergebnisse erbringen dürften, so gibt doch eine Umrechnung der genannten Immissionswerte auf die Maßeinheit „g/m² und Tag" deutliche Anhaltspunkte für die Größenordnung der Staubbeaufschlagung in Borlänge: Danach wurden in den kritischen Jahren in Islingby Höchstwerte bis 1,3 g/m² und Tag erreicht. *Ausgelöst aber wurde die vorgehend geschilderte Diskussion über die Hüttenemissionen bei einem Niveau, das nochmals um nahezu die Hälfte niedriger gelegen hat.*[225]

Vergleicht man dies mit der Situation etwa in den saarländischen Hüttenstädten in den 60er Jahren, so muß die Belastung in Borlänge selbst in den werksnahen Bereichen als relativ bescheiden angesehen werden. Dies gibt eine Vorstellung von der niedrigen Reaktionsschwelle von Bürgern, Verwaltung *und* Industrie.

Daß die für Borlänge genannten Höchstwerte nicht nur bei einzelnen Meßstationen, sondern zumindest teilweise auch auf Arealen beträchtlicher Größe erreicht wurden, scheint eine andere Meßserie zu belegen. Sie wurde von der Kommune in den Winterhalbjahren 1967/68 und 1968/69 in Form von „Schneeprobenmessungen" durchgeführt, um ein besseres Bild über die räumliche Differenzierung der Staubniederschläge in ihrer Abhängigkeit von verschiedenen Witterungssituationen (insbesondere Windrichtungen) zu erhalten.[226] Auch wenn die Einzelergebnisse nicht direkt mit denen des anderen Meßprogramms vergleichbar sind, so erlaubt doch der systematischere Ansatz bei der Auswahl der Meßpunkte eine zuverlässigere flächenhafte Interpolation. Als Beispiele seien zwei Perioden mit unterschiedlichen Windrichtungsdominanzen herausgegriffen (Abb. 55 und 56).[227]

---

[225] Entsprechende Durchschnittswerte galten in Völklingen, Saarbrücken-Burbach, und Neunkirchen in wesentlich größeren Bereichen und wurden in den werksnahen Ortsteilen bis zum Zehnfachen übertroffen. Die in Islingby erreichten Höchstwerte galten in Deutschland jahrelang als erstrebenswertes Grenzniveau für Industriestädte, die in Borlänge an den übrigen Punkten gemessenen Durchschnittswerte wurden in der Bundesrepublik Deutschland für industrialisierte Ballungsgebiete als wünschenswerter Minimalwert betrachtet und wurden teilweise bis Anfang der 80er Jahre noch nicht erreicht (vgl. dazu TA Luft, 1964, 1974, Staatl. Institut für Hygiene u. Infektionskrankheiten, 1968 ff.).

[226] In Form eines Quadratfeldnetzes mit Kantenlängen von 1000 m (in Islingby 500 m) zwischen den Meßpunkten wurden an 83 Stellen des Stadtgebiets Blechplatten von 0,25 und einem Quadratmeter Größe ausgelegt. Der sich hier ablagernde Schnee wurde dann mehrmals während eines Winters mit Hilfe von genormten Meßzylindern ausgestochen, geschmolzen und eingedampft. Die verbleibenden Festbestandteile wurden gewogen und auf der Basis des Zylinderquerschnittsfläche und des Meßzeitraumes auf die Maßeinheit „g/100 m² und 30 Tage" umgerechnet.

[227] Die Schneeprobenwerte liegen im Schnitt deutlich höher als die des Meßprogramms der Hütte, so wie sie aus dem Jahresmittel in Abb. 54 hervorgehen. Vergleicht man jedoch die Monatswerte miteinander, so bestehen nur noch geringe Unterschiede.
Ohne systematische meßtechnische Vergleichsuntersuchungen ist nicht zu klären, welches der beiden Verfahren die näher an der Wirklichkeit liegenden Werte liefert. Da auch die Originaldaten der Messungen nicht verfügbar waren, ist eine kritische Analyse der hier übernommenen Isolinienkonstruktion nicht möglich.

Völlig ungeachtet der absoluten Höhe der angegebenen Staubniederschläge zeigen die beiden Karten, daß die Zonen größter Belastung bei entsprechenden Windrichtungen alle dem Werk benachbarten Ortsteile voll erfassen können.

Nun ist der Grobstaub zwar als wichtigster Auslöser der hüttenbezogenen Konflikte in Borlänge ab 1965/66 zu betrachten. Wesentlich für die Gesamtqualität der lufthygienischen Situation sind jedoch auch die Parameter „feiner Schwebstaub" (Partikelgröße 0,1 — 10μm), „Schwebstaub" (Partikelgröße 10 — 100μm) und „Schwefeldioxid". Sie wurden in Borlänge 1968/69 (BROSSET, 1969) und 1976/77 im Rahmen des kommunalen Meßprogramms untersucht (Borlänge kommun, 1978).

Eine Gegenüberstellung der Meßergebnisse ausgewählter und vergleichbarer Stationen zeigt leichte Verbesserungen sowohl der Schwebstaub- als auch der SO_2-Konzentration in Hushagen und Mjälga, während die Lage in Domnarvet praktisch unverändert ist (Borlänge kommun, 1978, S. 11-14 und 33). Bezogen auf die in den gleichen Übersichten genannten Grenzwertempfehlungen in Schweden sind die Durchschnittswerte akzeptabel. Die Einzelanalyse beider Meßserien zeigt jedoch bis in die jüngste Zeit hinein zahlreiche Episoden während des Winterhalbjahres, in denen die zulässigen Grenzwerte der Tagesmittelwerte überschritten werden. Dies gilt vor allem für Hushagen, das 1976/77 eindeutig die schlechtesten lufthygienischen Verhältnisse aller Meßstellen aufweist und vor allem dann nicht hinter Islingby zurücksteht, wenn es — bezogen auf die Hauptwindrichtung — im Lee der Hütte liegt.

Bei der Betrachtung des Gesamtzeitraums zwischen 1965 und 1976 ist jedoch deutlich, *daß — vor allem angesichts der in dieser Zeit erfolgten drastischen Produktionserhöhung — eine wesentliche Verminderung der Staub- und (wenn auch in geringerem Maße) der Schwefeldioxidimmissionen zu verzeichnen ist.*

Diese stark veränderte Standort- und Standraumwirkung der Hütte ist ganz eindeutig eine Folge der im Werk im gleichen Zeitraum durchgeführten emissionssenkenden Maßnahmen, die ihrerseits als wesentlicher Effekt des Konfliktdrucks belegt worden sind. Sie kann ähnlich auch auf der Gewässerseite belegt werden.

3.3.4. Veränderung von Raumstrukturen, -funktionen und -potentialen

Raumstrukturelle Veränderungen im Umfeld einer stark emittierenden Industrie erscheinen zumindest überall dort naheliegend zu sein, wo diese sich in einem direkten Kontakt mit auswirkungssensiblen Flächennutzungen befindet, vor allem also mit Wohnbebauung oder Erholungsgebieten und -einrichtungen.

Auch der Ansatz der vorliegenden Arbeit ging von der zunächst unüberprüften, aber durch zahlreiche Vergleichsfälle gleichwohl plausiblen Annahme aus, daß ressourcenbezogene Konflikte am Standort von auswirkungsintensiven Großindustrien gehäuft auftreten müßten.

Das Konzept von den sich „überlagernden Anspruchsfeldern" suggeriert auch rein vorstellungsmäßig deutliche Interessenkollisionen mit der Möglichkeit dadurch ausgelöster Auseinandersetzungen.

Bei der Analyse der Papierfabrik ist hervorgehoben worden, daß von Prozessen, die im Umfeld der Anlage destabilisierend wirken könnten (etwa Flächennutzungswandel, erhöhte Mobilität der Anlieger u.a.m.), kaum etwas zu bemerken ist. Die Gründe dafür wurden unter anderem gesehen in der auch aus objektiver Sicht relativ geringen Auswirkungsintensität, in der relativen „Unsichtbarkeit" wichtiger Parameter und schließlich in dem geringen Anteil sensibler Nutzungen im Umfeld der Anlage.

Vor diesem Hintergrund erscheint es von Bedeutung, am Beispiel der Hütte in Borlänge nachweisen zu können, daß *raumstrukturelle Stabilität und Labilität bei ein- und derselben Anlage unmittelbar nebeneinander auftreten können, auch wenn sich dort die Intensität der verschiedenen Auswirkungsparameter objektiv gesehen nur unwesentlich unterscheidet und dies auch der Mehrzahl der Betroffenen bekannt ist!*

Wenn im folgenden somit den beiden Ortsteilen Islingby und Hushagen eine große Aufmerksamkeit gewidmet wird, so ist es nicht das Ziel, das unterschiedliche Schicksal irgendwelcher Ortsteile in einer beliebigen schwedischen Industriestadt zu beschreiben. Ziel ist vielmehr, an einem aufgrund der guten Materiallage analysierbaren Beispiel die *Wirkung solcher Einflußfaktoren offenzulegen, die nichts mit der objektiv gegebenen Intensität vorhandener Belastungsparameter zu tun haben.*

An dieser Stelle kann somit auch für den spezifisch industriellen Bereich die Wirksamkeit eben solcher Bestimmungsgründe nachgewiesen werden, die auch im Rohstoffraum der Papierfabrik die Struktur und das Potential der Landschaft zu prägen beginnen.

Die Entwicklung des Ortsteils Islingby unter dem Eindruck der durch die Staubniederschläge bewirkten Auseinandersetzungen muß aus zwei Aspekten heraus gesehen werden, die sich gegenseitig beeinflussen: Stand am Anfang die Empörung der Ortsteilbewohner über als unzumutbar empfundene Verhältnisse, so gewann schnell eine noch größere Bedeutung, daß Werksleitung, Politiker und planende Verwaltung den Ortsteil praktisch abschrieben.

Die Reaktionen der Bewohner von Islingby war schon kurz angesprochen worden. In der Sitzung vom 12. 5. 1967 forderten sie in erster Linie das Einlösen ihrer Besitztümer, sodann Entschädigungen für den erhöhten Reinigungs- und Instandsetzungsaufwand von Häusern, Gärten, Personen- und Wohnwagen.

Die erste Forderung bekam zunächst keine praktische Bedeutung, da ein prinzipieller Beschluß der Kommune über die Zukunft des Ortsteils noch ausstand und das Werk sich unter diesen Umständen offensicht-

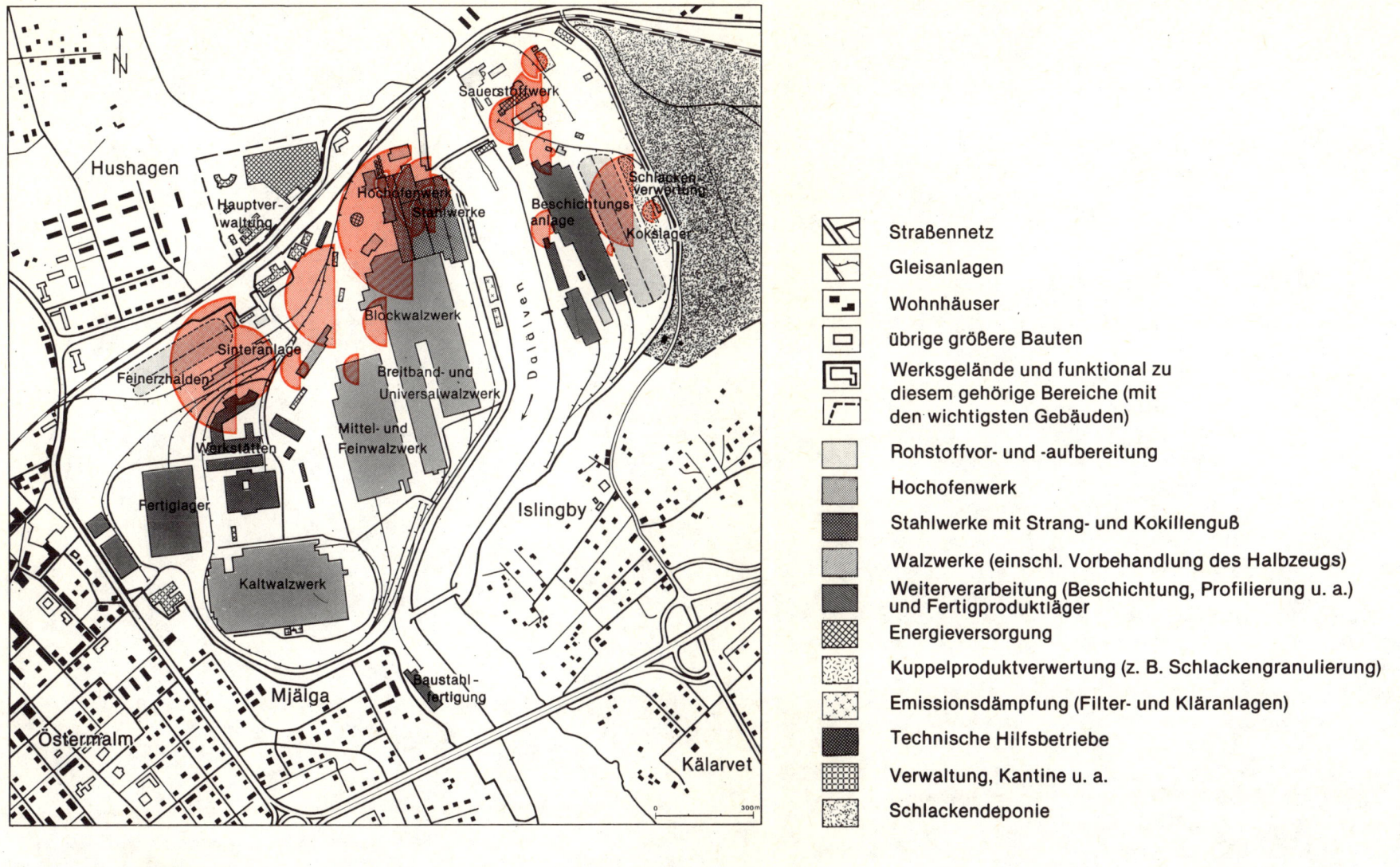

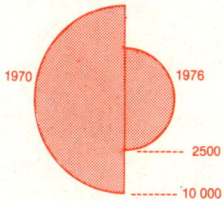

Abb. 52: Eisen- und Stahlwerke Domnarvet: Räumliche Verteilung und Entwicklung der Staubemissionen 1970 und 1976 nach Hauptemittenten (in kg/Tag)
(Quelle: nach werksinternen Unterlagen, Plänen und Statistiken)

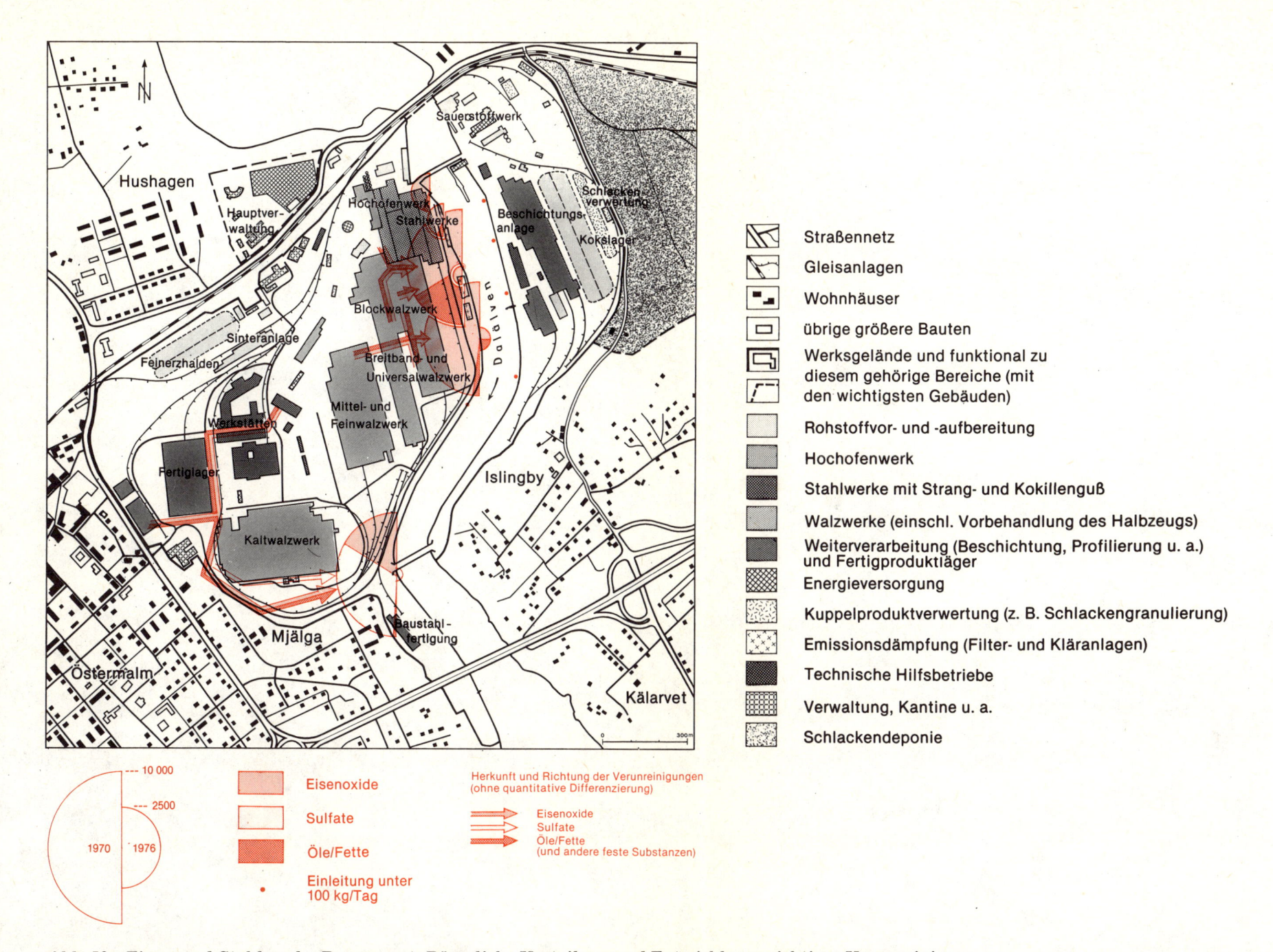

Abb. 53: Eisen- und Stahlwerke Domnarvet: Räumliche Verteilung und Entwicklung wichtiger Verunreinigungen in den Abwässern 1970 und 1976 nach Haupteinleitern (in kg/Tag)
(Quelle: nach werksinternen Unterlagen, Plänen und Statistiken)

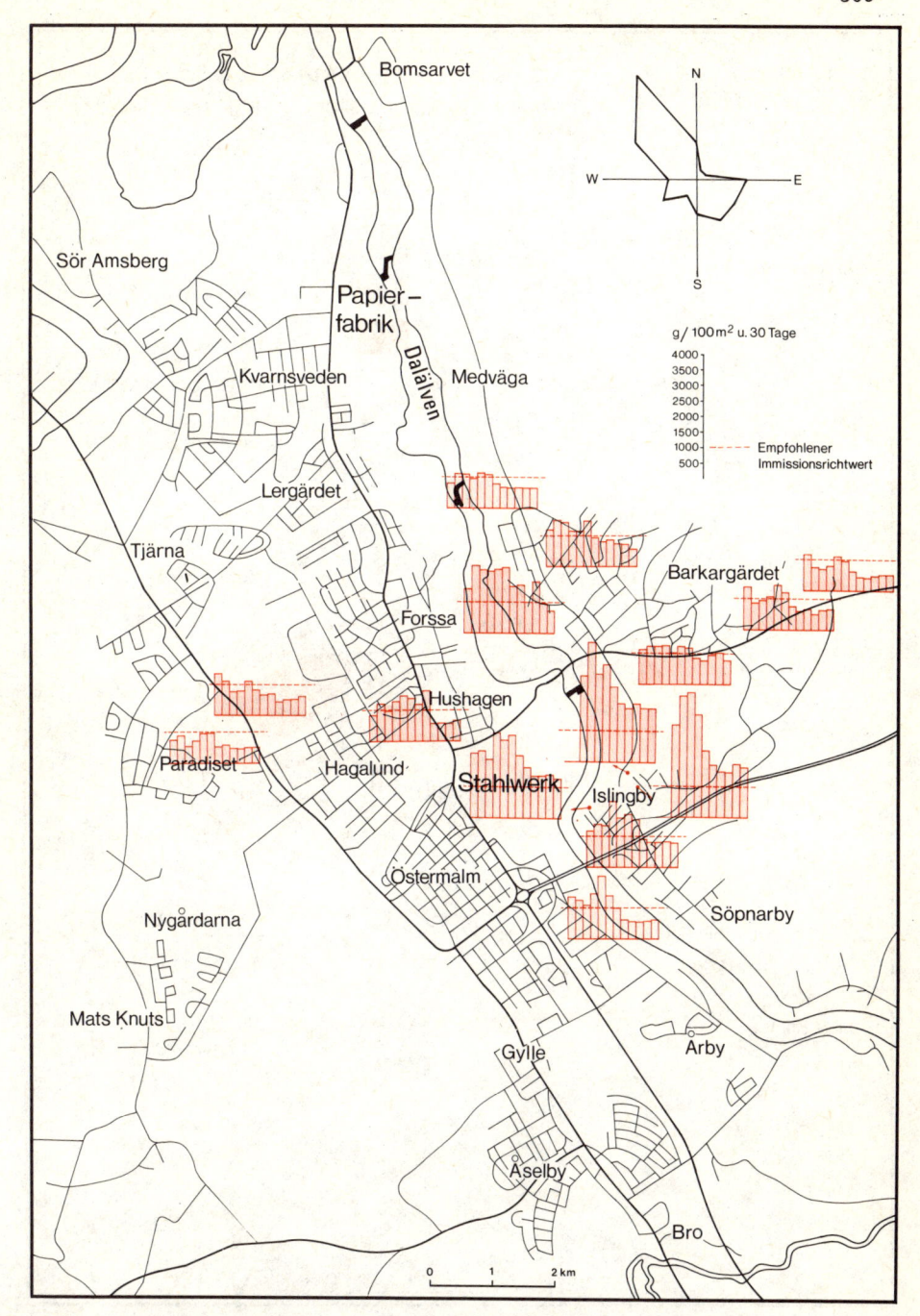

Abb. 54: Eisen- und Stahlwerke Domnarvet: Entwicklung der
Immissionsbelastung in Werksnähe 1965 — 1976
(Jahresmittelwerte in g/100 m² u. 30 Tage)
(Quelle: nach werksinternen Unterlagen und Plänen)

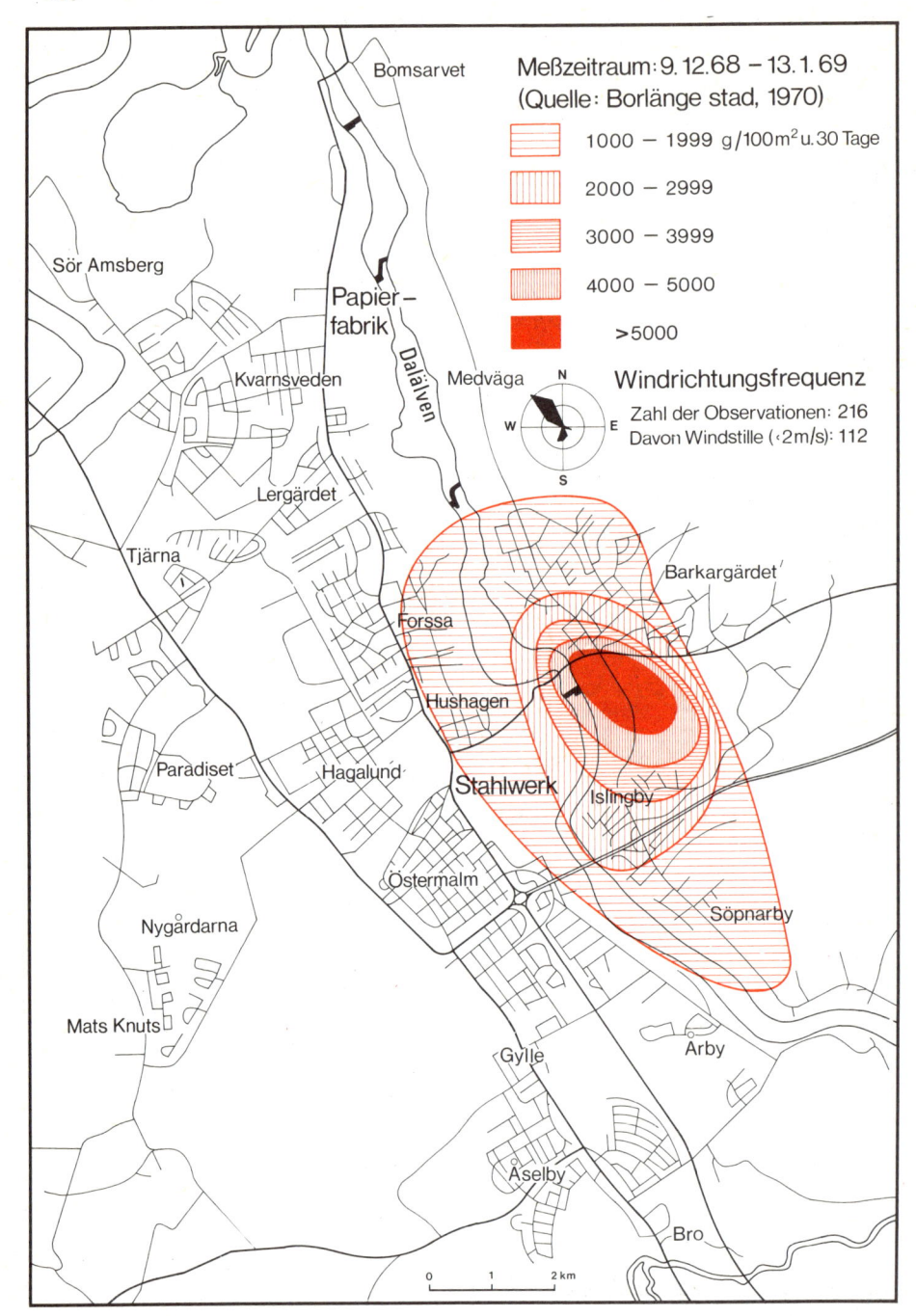

Abb. 55: Eisen- und Stahlwerke Domnarvet: Immissionsfeld bei
vorherrschenden West- und Nordwestwinden
(in g/100 m² u. 30 Tage)
(Quelle: nach Unterlagen und Plänen des Gesundheitsamts der Stadt Borlänge)

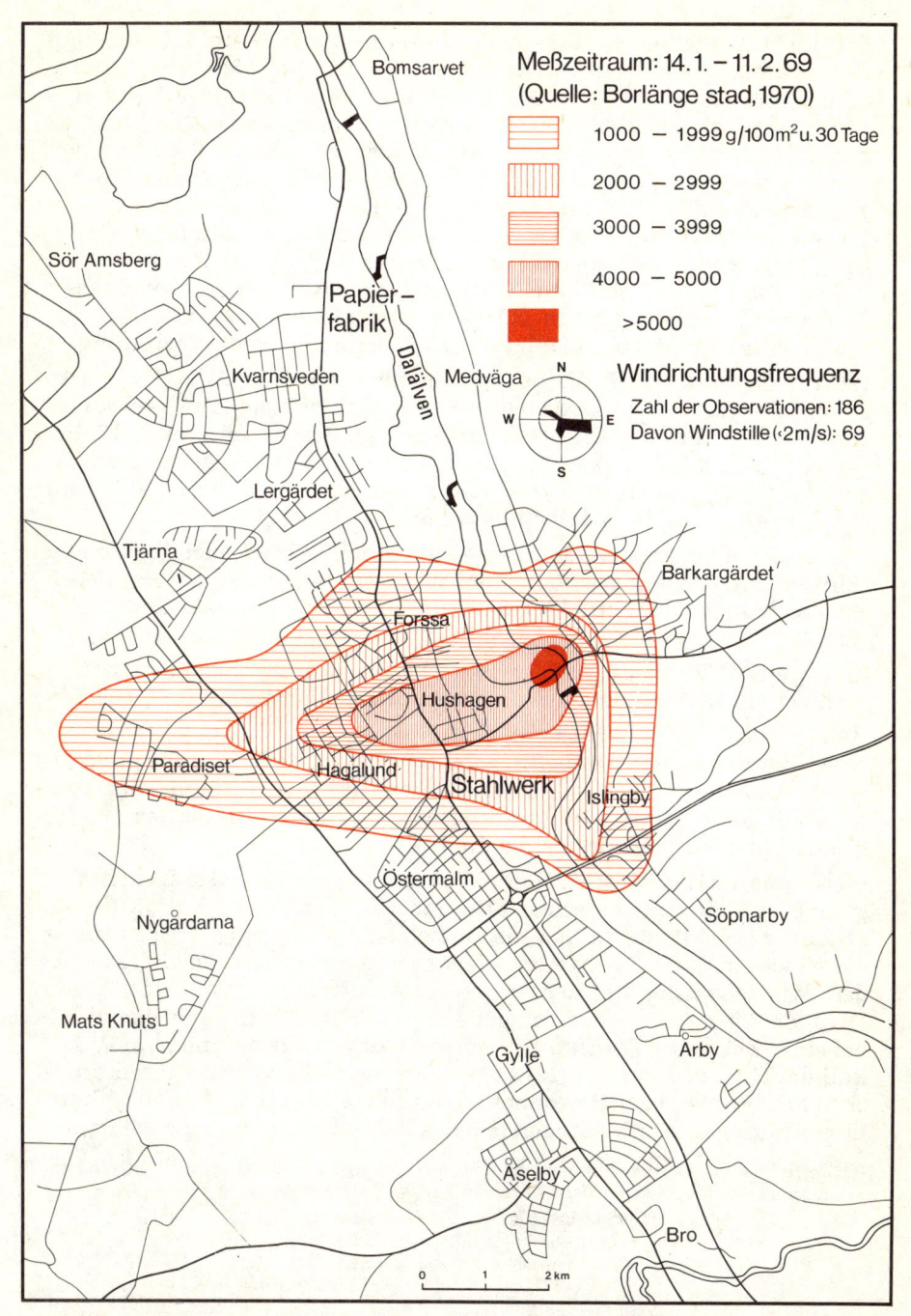

Abb. 56: Eisen- und Stahlwerke Domnarvet: Immissionsfeld bei vorherrschenden Ostwinden (in g/100 m² u. 30 Tage)
(Quelle: nach Unterlagen und Plänen des Gesundheitsamts der Stadt Borlänge)

lich nicht auf einen systematischen Ankauf von Grundstücken und Häusern einlassen wollte. Auch war der Vorschlag der „Immissionsschutzsachverständigen" (SOU 1966:65), in dem für solche Fälle eine Übernahmepflicht durch den Verursacher von schweren Beeinträchtigungen vorgesehen war, noch nicht Gesetz geworden. Relativ rasch einigte man sich jedoch mit den Vertretern des Ortsteils über die Abgrenzung eines sog. „Schmutzgebiets" (schwed. „sotområde"), dessen Bewohner rückwirkend ab 1. 1. 1966 eine jährliche „Staubentschädigung" (schwed. „stoftersättning") erhalten sollten. Dieses erste „Islingby- Abkommen" mit einer Gültigkeit von 6 Jahren unterzeichneten 61 Hauseigentümer des am stärksten betroffenen nordöstlichen Bereichs (Islingbyholn, unmittelbar südlich der Schlackenaufbereitung.[228]

1968/69 forderten auch die übrigen Hausbesitzer des Ortsteils — also außerhalb des ursprünglich abgegrenzten „Schmutzgebiets" — eine entsprechende Entschädigung. Sie wurde schließlich in weiteren 88 Fällen gewährt, allerdings wegen der gegenüber der Kernzone geringeren Beeinträchtigung *räumlich differenziert* und *in Höhe von nur 50 % und 30 % der ausgehandelten Grundbeträge.*

Die zunächst steigenden, dann aber sinkenden Immissionen in Islingby führten bald zu einer Erhöhung (um 30 %), später aber zu unterschiedlichen Kürzungen der Grundbeträge (50 % und weniger), auch dies wieder räumlich differenziert nach der Intensität der Staubbeaufschlagung.

Eine weitere Vertragsverlängerung für die Jahre 1976-78 basiert trotz geringer Modifikationen und einer neuerlichen Erhöhung der Grundbeträge auf den gleichen Prinzipien.

Während Anfang der 70er Jahre rund 150 Haushalte in Islingby eine solche Staubentschädigung erhielten, waren es 1976 aufgrund der zwischenzeitlich erfolgten Hausverkäufe (s. u.) und weiter abnehmender Immissionswerte nurmehr etwa die Hälfte.

Insgesamt hat das Werk im Rahmen dieser ungewöhnlichen Konfliktregelung im Zeitraum zwischen 1966 und 1976 mehr als 1,3 Mio SEK an „Staubentschädigungen" an die Bewohner von Islingby ausgezahlt — der Niedergang des Stadtteils ist jedoch dadurch nicht aufgehalten worden. Wie schwierig die Situation für die Betroffenen vor allem gegen Mitte der 70er Jahre wurde, machte man selbst auf unfreiwillige Weise bei einer Zusammenkunft mit Vertretern des Werks deutlich. Im Protokoll der Sitzung vom 5. 4. 1973 sind dort nacheinander die gegensätzlichen Forderungen der Bewohner an die Hütte festgehalten, den Ankauf ihrer Häuser zu beschleunigen (§ 5 des Protokolls) bzw. umgekehrt die

---

[228] Im Rahmen des ersten Abkommens und der Verlängerungen 1973 und 1976 (in Klammern) galten folgende jährliche Entschädigungsgrundbeträge:

Für Wohnungen bis 60 m²:	SEK 1000,— (1200,—; 1450,—)
von 60—90 m²:	SEK 1400,— (1700,—; 2050,—)
von 90—125 m²:	SEK 1800,— (2150,—; 2600,—)
» 125 m²	SEK 2200,— (2600,—; 3100,—)

Pro PKW wurden SEK 280,— (325,—; 400,—) und pro Wohnwagen SEK 100,—; (100,—; 125,—) pro Jahr gezahlt.

Wichtig ist, daß mit dieser Entschädigung eventuell auftretende gesundheitliche Beeinträchtigungen *nicht* abgegolten wurden.

Kommune zu beeinflussen, bezüglich Neubauten und Renovierungen in Islingby weniger restriktiv zu sein, da doch die lufthygienische Situation sich stetig verbessere (§ 6)!

Dieser letzte Appell kam jedoch um Jahre zu spät, da der prinzipielle Beschluß, den Stadtteil aufzulösen, schon längst gefaßt war. Damit ist der zweite anfangs genannte Punkt angesprochen, nämlich das Agieren von Politikern und planender Verwaltung in der Islingby-Frage.

Auslöser diesbezüglicher Reaktionen war offensichtlich die schon mehrfach angesprochene Sitzung vom 12. 5. 1967 und der unter ihrem Impuls erfolgte Antrag einiger Abgeordneter im Stadtrat, den Ortsteil Islingby in ein Industriegebiet umzuwandeln. Von den darauf angehörten Fachausschüssen wurde allerdings zum damaligen Zeitpunkt eine so radikale Maßnahme für verfrüht gehalten; so wurde jedenfalls nach der Stellungnahme des Gesundheitsausschusses jede Entscheidung zurückgestellt, um das Ergebnis der eingeleiteten Immissionsuntersuchungen abzuwarten. Es wird auch deutlich, daß man eine zu schnelle Aufgabe des Ortsteils für fragwürdig hielt, da er durch eine gute zentrumsnahe Wohnlage ausgezeichnet sei und man im übrigen erwarten könne, daß der Industrie durch das vorgesehene Immissionsschutzgesetz wirksame Auflagen zur Reinhaltung der Luft gemacht würden (Stellungnahme des Gesundheitsausschusses an den Finanzausschuß der Stadt vom 2. 8. 1967).

Als dann der gleiche Antrag — eben weil zunächst keine Entscheidung getroffen worden war — im Jahre 1969/70 wieder auf der Tagesordnung erschien, war die Auflösung des Ortsteils längst in vollem Gange: Ohne einen formellen Beschluß des Stadtrats hatten offensichtlich Verwaltungsspitzen und Planer schon Sachzwänge geschaffen, die niemand ernsthaft in Frage stellte (vgl. hierzu etwa Sitzungsprotokoll des Finanzausschusses vom 10. 2. 1970, § 45).

Für diese Entwicklung ist wahrscheinlich entscheidend gewesen, daß in den gleichen kritischen Wochen im Sommer 1967 eine übergreifende Flächennutzungsplanung für die Stadt Borlänge und die angrenzende Kommune Stora Tuna in Angriff genommen wurde (offizieller Beginn der Arbeit am 1. 8. 1967).

Der verantwortliche Stadtplanungsarchitekt war in der Sitzung vom 12. 5. 1967 (vgl. S. 292) ebenfalls anwesend und dürfte von der negativen Schilderung der lufthygienischen Situation südöstlich der Hütte, die weder von den Werksvertretern noch dem Experten des „Statens Luftvårdsnämnd" bestritten wurde, nicht unbeeindruckt gewesen sein. Eine offizielle politische Anweisung im Hinblick auf die für Islingby anzustrebende Planung konnte nicht belegt werden, was aber nicht ausschließt, daß eine solche im Rahmen informeller Kontakte zwischen Verwaltungsspitze (oder Fachausschüssen) und den Planern erfolgt ist. Tatsache ist aber, daß schon im ersten Entwurf des Flächennutzungsplanes vom Oktober 1968 der gesamte Wohnsiedlungsbereich von Islingby als industrielles Reservegebiet ausgewiesen ist und hiergegen im Anhörungsverfahren kein einziger Einspruch geltend gemacht worden ist. Der endgültige Vorschlag von 1969 ist dann in dieser Beziehung auch unverändert (vgl. Översiktsplanering für Borlänge-Stora Tuna, o. J., S. 181).

Etwa gleichzeitig mit dem Entwurf werden die Ergebnisse der Immissionsuntersuchungen bezüglich der Schwebstaub- und Schwefeldioxidkonzentration in Borlänge bekannt (der Abschlußbericht von BROSSET datiert vom 10. 4. 1969, geht einen Tag später beim Gesundheitsamt der Stadt ein und wird vom Gutachter am 24. 6. 1969 in einer Sitzung des BVLK erläutert).

Die dadurch bis zum Frühsommer 1969 bekanntgewordenen Werte zeigten zwar, daß die Situation bezüglich Grobstaub, Schwebstaub und Schwefeldioxid in den werksnahen Stadtteilen nicht besonders gut war. *Als bedrohlich erscheinen sie aber ebensowenig.* Dennoch scheint man nur noch das Gutachten von Prof. BROSSET abgewartet zu haben, denn in der *zweiten Jahreshälfte setzte der systematische Aufkauf von im Ortsteil Islingby angebotenen Besitztümern ein*, womit auch der zweiten ursprünglichen Forderung der Bewohner Genüge getan wurde. In der Regel trat dabei zunächst die Kommune als Käufer der Grundstücke und Häuser auf und veräußerte sie später im Rahmen größerer Liegenschaftstausche an das Unternehmen Stora Kopparberg. Bis Ende 1977 übernahm man für fast 6 Mio SEK über 90 Besitztümer, das ist mehr als die Hälfte des Ausgangsbestandes zehn Jahre zuvor, und verfügte in der Regel den sofortigen Abbruch der teilweise schon in recht schlechtem Zustand befindlichen Wohnhäuser (Abb. 57). Dieses „Ausdünnen" des Ortsteils, verbunden mit der Aussicht einer baldigen totalen Auflösung, hatte zwangsläufig drastische Folgen für die noch Verbleibenden: Die Bevölkerungszahl sank rasch, das Dienstleistungsangebot nahm ab, Neuinvestitionen wurden vielfach für unnötig gehalten und wurden in größerem Stil auch gar nicht genehmigt. Mitte der 70er Jahre dann begann sich dieser bewußt in Kauf genommene Niedergang des Ortsteils auch physiognomisch auszuwirken (vgl. hierzu Kartierung in SOYEZ, 1978, S. 30).

Zusammenfassend ist zu sagen, daß die wesentliche Verschlechterung der lufthygienischen Situation in den Ortsteilen südöstlich der Hütte ab 1965 einen tiefgreifenden Wandel bewirkt hat: Verknappungsimpulse, Widerstand und schließlich auch Resignation der Betroffenen, politische Entscheidungen und ausgelöste raumwirksame Prozesse müssen in einem engen ursächlichen Zusammenhang gesehen werden. Entscheidend war jedoch, wie heute deutlich ist, nicht der Konflikt mit den Bewohnern des Ortsteils. Die ihnen zugemutete Beeinträchtigung ihrer Lebensbedingungen wurde offensichtlich in den Augen vieler durch die Staubentschädigungen zumindest für eine Übergangszeit kompensiert, zumal sich die Situation ab 1971/72 wieder deutlich verbesserte. *Entscheidend war vielmehr die Problemwahrnehmung der einflußreichsten Politiker und Planer sowie die Eigendynamik des von ihnen einmal ausgelösten Auflösungsprozesses.* Die positiven Folgen des auch von ihnen gleichzeitig auf das Werk ausgeübten Drucks dagegen, nämlich die beträchtliche Emissionsverminderung mit nachfolgender geringerer Immissionsbelastung, wurden nicht gesehen oder unter-

315

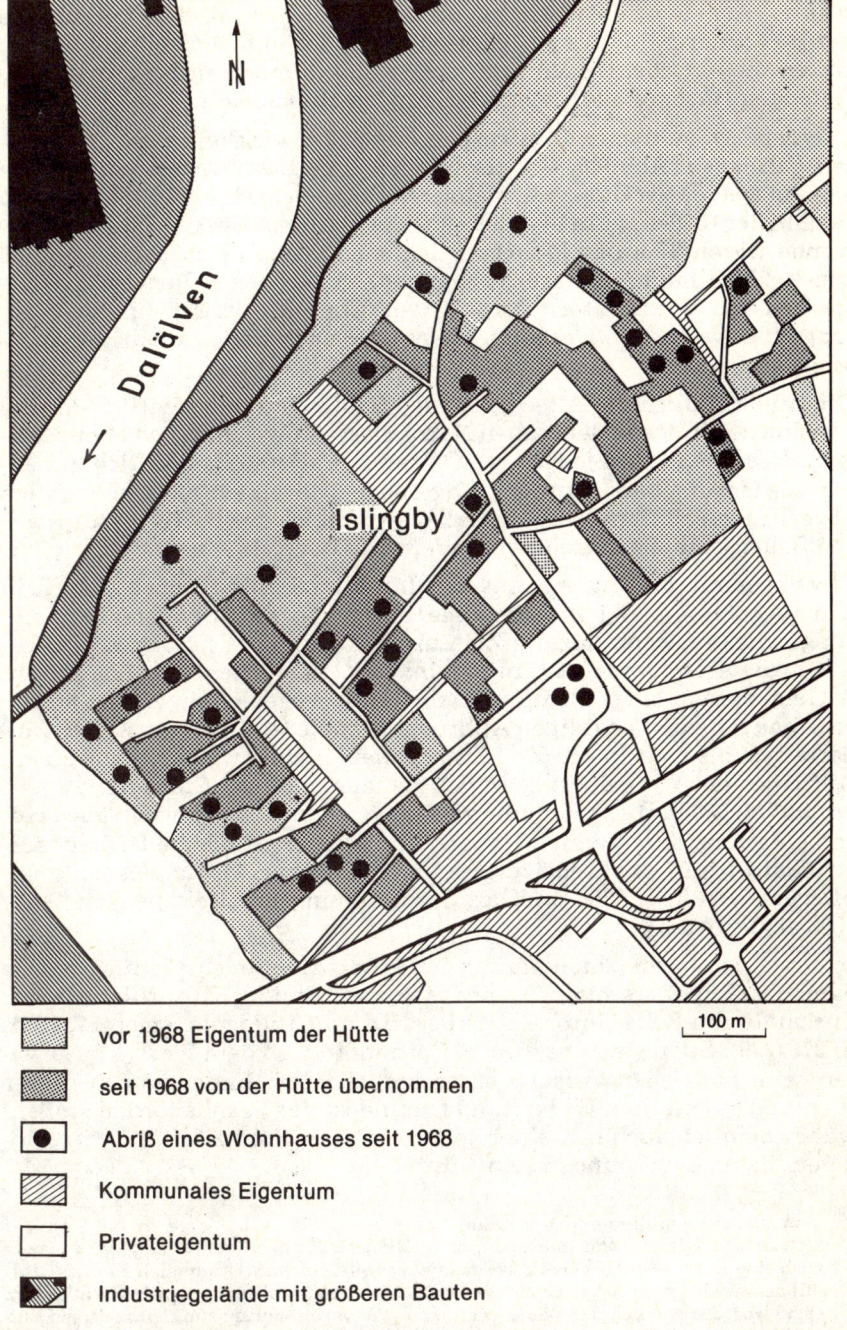

☐ vor 1968 Eigentum der Hütte

☐ seit 1968 von der Hütte übernommen

● Abriß eines Wohnhauses seit 1968

☐ Kommunales Eigentum

☐ Privateigentum

☐ Industriegelände mit größeren Bauten

Abb. 57: Borlänge-Islingby: Grundstücksverkäufe und Abriß von Wohnhäusern seit 1968 (Stand: 1978)
(Quelle: nach Unterlagen und Plänen der Stadtverwaltung in Borlänge und der Eisen- und Stahlwerke Domnarvet)

schätzt. Als sie offensichtlich wurden und sich zumindest bei einigen der Bewohner Islingbys der Wunsch regte, doch im Ortsteil zu bleiben, waren die entscheidenden politischen und administrativen Instanzen Gefangene ihrer einmal gefaßten Grundsatzbeschlüsse.[229]

In einem erstaunlichen Kontrast zu dieser Entwicklung steht der Ortsteil Hushagen (Abb. 46, 47), also die ursprüngliche Werkssiedlung von Domnarvet, deren Häuser in mehreren Etappen nach zwei Plantypen ab Beginn der 1870er Jahre bis 1900 errichtet wurden. Um die Jahrhundertwende waren 21 große Mehrfamilienhäuser (sog. „Kasernen") und 39 Ein- bis Zweifamilienhäuser vorhanden, letztere in der Regel den Angestellten und Vorarbeitern vorbehalten. Charakteristisch für die Siedlung sind weiter die zu jedem Haus gehörigen Zeilen niedriger Wirtschaftsgebäude.

Die früher südlich der Allee gelegenen Bauten mußten sämtlich der Expansion der Hütte in der frühen Nachkriegszeit weichen, zwei der dortigen „Kasernen" sind jedoch am Ostrand des Ortsteils nördlich der Allee wiederaufgebaut worden. Abgesehen von einem zwischenzeitlich abgerissenen Einfamilienhaus am Westrand ist das übrige ursprüngliche Bauensemble nahezu unverändert erhalten geblieben.

Physiognomie und innere Ausstattung aller Bauten ließen jedoch in den 60er Jahren viel zu wünschen übrig, da umfassendere Renovierungsarbeiten schon längere Zeit zurücklagen. Hier ist offensichtlich, daß man seitens der Hütte größere Investitionen scheute, da das gesamte Gebiet schon lange als industrielles Reservegebiet angesehen wurde und man mit einem baldigen Abbruch rechnete.[230] An dieser Absicht änderte sich bis weit in die 60er Jahre hinein nichts, wie etwa aus einem Schreiben der Werksleitung an den Bauausschuß der Stadt hervorgeht (vom 17. 6. 1965). Diese Planung war lange unumstritten, wenn auch einzelne Fachinstanzen einige Häuser als Beispiel gründerzeitlicher Industriekultur für bewahrenswert hielten (Schreiben des Landesdenkmalpflegers vom 3. 1. 1958 und des Stadtplanungsarchitekten vom 14. 2. 1963 an die Stadt).

In der ersten Übersichtsinventur der Physischen Reichsplanung wurde dann das Gebiet erstmals in seiner Gesamtheit als „Kulturhistorisches Ensemble von Reichsinteresse" klassifiziert (Civildepartementet, 1971, S. 278/279). Spätestens zu diesem Zeitpunkt muß dem Werk klargewesen sein, daß jeder Versuch einer industriellen Expansion in dieser Richtung auf starken Widerstand zumindest der Fachbehörden stoßen, wahrscheinlich auch mit einer sehr negativen Publizität in überregionalem Rahmen verbunden sein würde.

[229] Man muß sich vor diesem Hintergrund fragen, inwieweit es die Sorge um das Wohl der Menschen in Islingby war, die zu dieser Radikalkur für den Ortsteil führte. Es könnte auch eine Rolle gespielt haben, daß man gleichzeitig einen irritierenden Konfliktstoff mit dem wichtigsten Arbeitgeber der Stadt eliminieren wollte. Dieser Verdacht drängt sich insbesondere auch dann auf, wenn man Querverbindungen zur gleichzeitigen Entwicklung des auf der anderen Seite des Werks gelegenen Ortsteils Hushagen herstellt.
[230] Auf allen frühen Generalplanentwürfen für die Stadt ist Hushagen als Industrie- oder Industrieerweiterungsgebiet ausgewiesen (vgl. Generalplan för Borlänge; 1938, Generalplan, 1958, Zeichnung Nr. B-50626, Kartenarchiv der Hütte).

Vor dem Hintergrund der damals schon landesweit beachteten Islingby-Problematik kann dies nicht im Interesse des Unternehmens gelegen haben. In Anbetracht der Expansionsmöglichkeiten auf dem Ostufer des Dalälven (Savelgärdet) scheint man deswegen ab spätestens 1971 nicht mehr an Hushagen interessiert gewesen zu sein. Da unter diesen Umständen eine Beibehaltung der Wohnfunktion erhebliche Neuinvestitionen erforderlich gemacht hätte, bot man Gelände und Baubestand der Stadt zum Kauf an (Protokoll eines Informationstreffens zwischen Werk und Stadt vom 8. 11. 1972, rechn. Reg. Nr. 99.500). Diese lehnte jedoch ab, wohl ebenfalls im Hinblick auf die entstehenden Kosten. Als aber bekannt geworden war, daß für eine umfassende Renovierung und Modernisierung solcher Wohngebiete beträchtliche staatliche Zuschüsse zur Verfügung standen, wurden sich Werk und Kommune innerhalb weniger Tage einig, die Voraussetzungen für ein solches Vorhaben zu prüfen. 1973 wurde das Gebiet dann von der kommunalen Wohnungsbauorganisation übernommen und die Gebäude unter pietätsvoller Bewahrung des äußeren Charakters renoviert. Insgesamt entstanden so 200 moderne Wohnungen.

Wenn auch im Ortsteil Hushagen niemals eine permanente Meßstation für Staubniederschläge und andere Immissionen bestanden hat, so muß doch allen Verantwortlichen klar gewesen sein, daß der Bereich zu den am stärksten durch die Hütte belasteten Teilen der Stadt gerechnet werden mußte (vgl. hierzu die Überlegungen auf S. 301/302).

Es mag nun verständlich, wenn auch diskutabel sein, daß man sich lange um die Beeinträchtigungen des engeren Wohnumfeldes der dort lebenden Menschen wenig gekümmert hat, da man den ganzen Bereich als räumlich und funktional zum Industriegelände gehörig empfand und zudem bald mit seiner Auflösung rechnete. *Erstaunlich ist jedoch, wie wenig die Umweltsituation auch in dem Augenblick berücksichtigt wurde, als man sich anschickte, direkt neben dem Werk praktisch ein neues Wohngebiet zu erschließen.*[231]

Wir stehen hier somit vor dem Paradox, daß auf der einen Seite der Hütte ein Ortsteil — Islingby — trotz wieder stetig abnehmender Umweltbelastung aufgelöst wird (mit allen damit verbundenen Härten für die verbleibenden Bewohner), während man auf der anderen Seite trotz einer belastungsmäßig im wesentlichen vergleichbaren Situation einen schon recht heruntergekommenen Ortsteil — Hushagen — trotz der unmittelbaren Nähe einiger der auswirkungsintensivsten Werksteile mit Millionenaufwand wieder renovierte.

Hier kann mit an Sicherheit grenzender Wahrscheinlichkeit angenommen werden, daß die Bewertung des Gebiets aus kultur- und wirtschaftshistorischer Sicht alle eventuell bestehenden Bedenken überlagert hat.[232]

---

[231] Was nicht zuletzt auch im Gegensatz zu allen programmatischen planerischen Erklärungen der späten 60er und frühen 70er Jahre steht.

[232] Es dürfte auch nicht ohne Bedeutung gewesen sein, daß das damalige „Stadtoberhaupt" (schwed. „Kommunstyrelsens ordförande") in Hushagen aufgewachsen ist und auch ein persönliches Interesse an der Bewahrung gehabt haben dürfte.

In Anbetracht der Erfahrungen in Islingby und des sich auch während der 70er Jahre weiter schärfenden Umweltbewußtseins war dies ein Wagnis mit hohem Risiko, da nicht vorauszusehen war, wie der Ortsteil nach seiner Renovierung (und deutlich erhöhten Mieten) angenommen werden würde.

In der zweiten Hälfte der 70er Jahre — die Renovierung war ebenso in vollem Gange wie die Immissionsmessungen des Gesundheitsamtes — wies zudem ein heftiger Streit um die Lokalisierung eines neuen Gymnasiums in Hushagen die Öffentlichkeit sehr deutlich darauf hin, daß *der Ortsteil neben Islingby der am stärksten belastete der Stadt war.* Die Vertreter der zuständigen Lokal- und Bezirksbehörden lehnten deswegen den Bau einer Schule auch unter Hinweis auf die Umweltbeeinträchtigungen des Gebiets durch die Hütte ab, und aus den Stellungnahmen ist deutlich abzulesen, daß man Hushagen unter den gegebenen Umständen auch für die Wohnfunktion nicht als geeignet ansah (vgl. Schreiben der Naturschutzabteilung der Bezirksregierung vom 5. 8. 1977, Az. 89.11087-1720).

Vor diesem in der Stadt wohlbekannten Hintergrund ist erstaunlich, daß Hushagen mit seinen renovierten Häusern binnen kurzem zu einem der attraktiveren Wohngebiete Borlänges wurde, nicht nur für ältere Werksangehörige oder ehemalige Bewohner der Werkssiedlung, sondern ganz allgemein. Selbst wenn man berücksichtigt, daß Hushagen nahe am Zentrum gelegen ist und auch die erhöhten Mieten im Vergleich zu Neubaugebieten noch relativ niedrig sind, so kann immerhin festgehalten werden, daß der *bekannt hohe Grad der Umweltbelastung nicht wahrgenommen* oder von *anderen Faktoren kompensiert wird.* Hier wie schon bei Planern und Politikern ist die Vermutung naheliegend, daß der Wert des Gebiets im Hinblick auf Kulturgeschichte und Lokalidentifikation so hoch veranschlagt wird, daß negative Umweltfaktoren an Bedeutung verlieren.

Entsprechende Kompensationsfaktoren spielen offensichtlich auch in den übrigen im Nordwestquadranten der Hütte gelegenen Ortsteilen eine Rolle: Sie gelten — im Vergleich zu vielen anderen Stadtteilen — als laut und staubbelastet, sind aber als Wohnlage dennoch begehrt, weil hier Zentrumsnähe, Servicedichte, relativ geringe Mieten (aufgrund eines hohen Altbaubestandes) und das stabile Sozialgeflecht alteingesessener Haus- und Viertelsgemeinschaften zusammentreffen: Die von der Hütte ausgehenden negativen Auswirkungen haben somit nur einen begrenzten Einfluß auf die Ortspräferenzen wohnungssuchender Bürger.[233] Durch Umweltbelastungen hervorgerufene Wanderungsbewegungen aus den hüttennahen Stadtteilen sind nur in Ausnahmefällen nachzuweisen.

---

[233] Diese weitgehenden Schlußfolgerungen sind auf der Grundlage einer detaillierten Auswertung von Ortsteilpräferenzen möglich, die umzugswillige Bürger den Wohnungsvermittlungen von Hütte und Kommune genannt haben (analysiert wurden die im April 1977 vorliegenden 2 620 Anträge, die nahezu sämtlich aus den Jahren 1976 und 1977 stammten). Bei insgesamt 1 444 Fällen wurden eindeutig lokalisierbare Präferenzen angegeben, in 183 Fällen zudem explizite Ortsteilablehnungen (vgl. dazu im einzelnen SOYEZ, 1978, S. 37 ff.).

Das ausführlich besprochene Beispiel Islingby belegt auf der anderen Seite, daß diese Aussagen unter bestimmten Rahmenbedingungen räumlich differenziert werden müssen, und zwar sowohl bezüglich der Umgebungswirkung der Hütte als auch der darauf erfolgenden Reaktionen.

Es kann somit zusammenfassend festgestellt werden, daß um die Hütte ab spätestens Mitte der 60er Jahre ein deutlich verknappungsbewirktes Konfliktpotential entstanden ist, das jedoch nur in Teilbereichen mit tiefergehenden Folgen aktualisiert worden ist. In den übrigen Bereichen ist gerade die *„Nicht-Aktualisierung"* des Konfliktpotentials und die *ausbleibende Raumwirksamkeit* dieses Wirkungsgefüges charakteristisch.

Abschließend sei noch einmal modellhaft versucht, einige der herausgearbeiteten Zusammenhänge zu illustrieren (Abb. 58). Die dreidimensionale Darstellung unter Beschränkung auf Umweltauswirkungen und Bodenmobilität soll die Entwicklung der Hütte in Zeit und Raum verdeutlichen.[234] Man kann hier das Werk und seinen Auswirkungsbereich als einen Fremdkörper in der Stadtstruktur begreifen, der im Laufe der Jahre wächst, in „auswirkungssensiblen" Bereichen destabilisierend wirkt und schließlich traditionelle Flächennutzungen verdrängt. Andere Bereiche zeigen sich dagegen widerstandsfähiger oder völlig unempfindlich gegen prinzipiell vergleichbare Beeinträchtigungen. Der Grund hierfür ist in belastungskompensierenden Faktoren der verschiedensten Art zu suchen. Der konflikterzeugte Außendruck bewirkt im Laufe der Zeit, daß die spezifischen Auswirkungsbereiche in Reichweite und Intensität reduziert werden und dadurch industrielle und andere Nutzungen sich nicht mehr wesentlich beeinträchtigen. Ein solcher Zustand war Ende der 70er Jahre in Borlänge nahe bevorstehend,[235] wobei das Werk jetzt von der Pufferzone profitiert, die man sich mit Hilfe der Stadt durch die Grundstückskäufe in Richtung der deutlichsten Belastung geschaffen hat.

Einhergegangen mit dem beschriebenen Strukturwandel ist zugleich eine Veränderung wichtiger räumlicher Potentiale, über deren zukünftige Inwertsetzung aber zur Zeit noch keine Aussagen gemacht werden können. So wird es ganz von anderen außengesteuerten Entwicklungen (Stahlkonjunktur, Konkurrenzfähigkeit der schwedischen Werke u.a.m.) abhängen, ob das Werk die im Rahmen des auch für die Hütte entwickelten Generalplans vorgesehenen Flächen noch benötigen wird (vgl. dazu Vattenbyggnadsbyrån, 1976). Eine Erneuerung oder Intensivierung der traditionellen Wohnfunktion auch in Islingby selbst scheint auch nicht mehr unmöglich.

---

[234] Die Darstellung ist angelehnt an T. Hägerstrand's (1975 und später) zeitgeographische Diagramme, in denen ein die Zeit durchlaufender Pfeil die „Lebenslinie" („projekt") eines beliebigen Objekts zeigt, in diesem Fall also von Grundstücken.

[235] Dies gilt zumindest für die klassischen, in der Umweltschutzarbeit der frühen 70er Jahre im Vordergrund stehenden Auswirkungsparameter wie Staub oder Lärm. Es ist eine ganz andere Frage, ob man auch schon eine zufriedenstellende Minimierung anderer Effekte erreicht hat, die man nicht als Belästigung wahrnimmt, z. B. von Schwermetallimmissionen.

Für die übrigen, mit deutlich verringerten Immissionen in Luft und Wasser (SO_2, Beizsäuren, Eisenoxide u.a.m.) zusammenhängenden Potentialänderungen gelten die gleichen Überlegungen, wie sie in den entsprechenden Abschnitten über die Papierfabrik angestellt worden sind (S. 175 ff.).

3.3.5. Veränderung der Landschaftsphysiognomie

Der im Zusammenhang mit Konfliktverlauf und -regelungen zu sehende physiognomische Landschaftswandel ist auf die Hütte und ihren unmittelbaren Nahbereich beschränkt. Die deutlichsten Folgen sind bei entsprechender Kenntnis der Hintergründe in Islingby, in geringerem Maße in Mjälga feststellbar. Wie ausführlich beschrieben wurde, haben die hier ablaufenden Prozesse nach einiger Zeit auch landschaftlich ihren Niederschlag gefunden.

Von größter Bedeutung, aber nur für den Fachmann zu erschließen, sind dagegen alle Veränderungen im Hüttengelände selbst. Größere Immissionsschutzpflanzungen, Klärbecken oder Elektrofilter-Anlagen sind noch sichtbar, die zahlreichen übrigen Maßnahmen materieller und immaterieller Art jedoch nicht. Gerade hier aber ist, wie schon unterstrichen wurde, der wichtigste Effekt des konfliktbewirkten Außendrucks durch Bevölkerung, Politiker und Behörden geschehen.

Schließlich gilt auch in diesem Bereich, daß im gleichen Zusammenhang einige wichtige „Nicht-Ereignisse" nachzuweisen sind, die sich zwar in einer historisch angelegten Detailanalyse, nicht aber beim Studium der Landschaftselemente erschließen lassen. Darunter fallen etwa die bisher noch nicht angesprochene verhinderte Expansion des Werks in Mjälga (südlich der Reichsstraße 60 am Fluß entlang und in den ganzen Bereich nördlich der Reichsstraße) oder auch zahlreiche Modifikationen von geplanten Prozeßabläufen, wie sie durch das Eingreifen der Aufsichtsbehörden in den 70er Jahren geschehen sind.

Zusammenfassend ist aber auch hier festzustellen, daß *die wahrnehmbaren Veränderungen im und um das Werk in keinem Verhältnis zur Bedeutung des übrigen konfliktinduzierten Wandels stehen. Raumwirksamer Wandel ist auch hier im wesentlichen ein landschaftsphysiognomisch nur schwer erfaßbarer Wandel.*

321

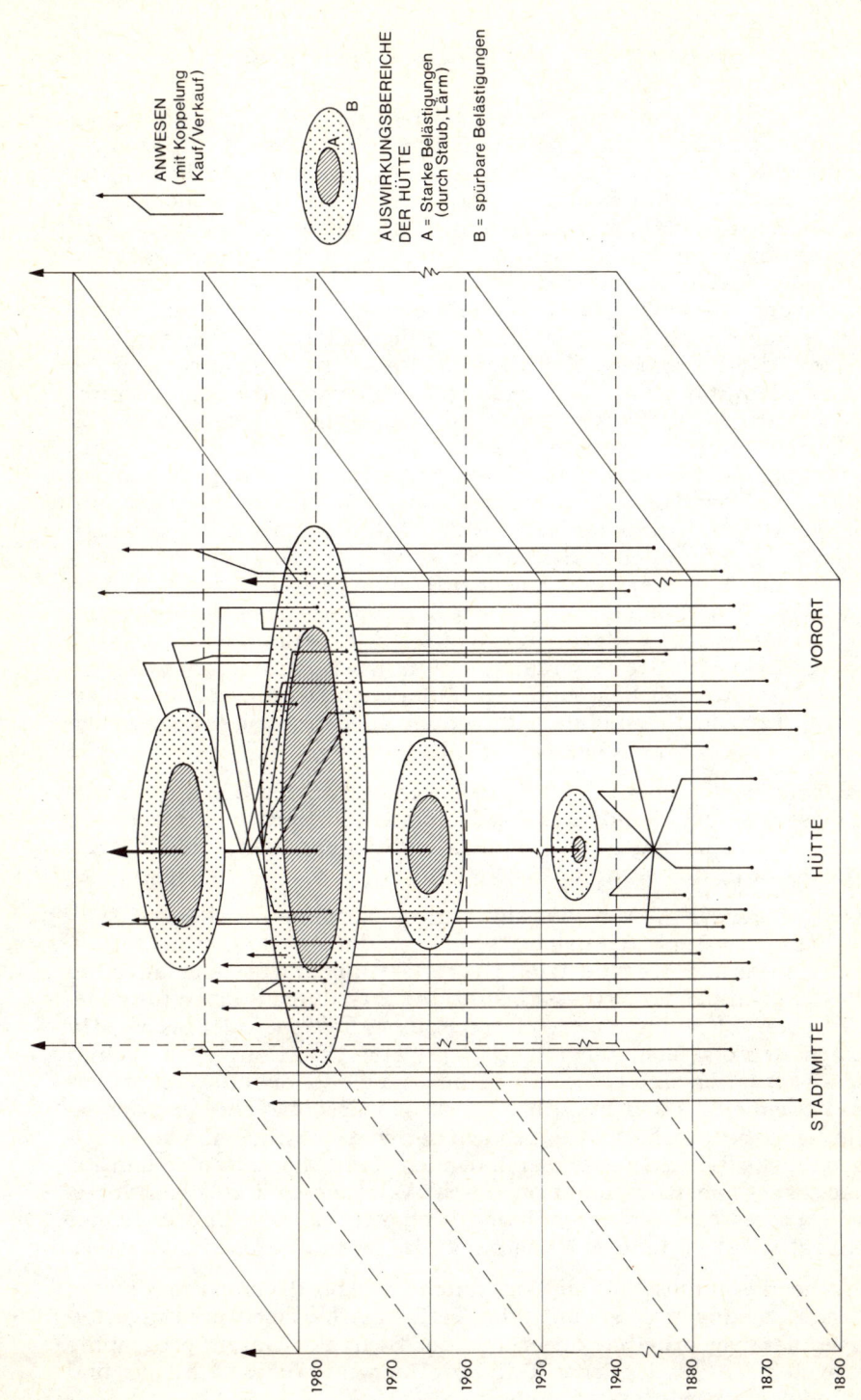

Abb. 58: Eisen- und Stahlwerke Domnarvet: Raum-Zeit-Diagramm 1860 — 1980

4. Zusammenfassende Schlußbetrachtung

Ziel der vorliegenden Arbeit ist es, am Beispiel landschaftsprägender Industrien zu untersuchen, welche Raumwirksamkeit Konflikten zukommt, die aus einer steigenden Inanspruchnahme natürlicher Ressourcen und den dadurch ausgelösten Verknappungssituationen entstehen. Solche Auseinandersetzungen, die im Grunde eine spezielle Ausprägung von Verteilungskonflikten sind, prägen seit einiger Zeit den politischen Alltag der industrialisierten Welt. Dabei ist bezeichnenderweise in der Regel nicht die Knappheit solcher Güter auslösend, die zur unmittelbaren Sicherung der wirtschaftlichen Existenz benötigt werden. Im Mittelpunkt der Konflikte stehen solche Ressourcen, die im *Prinzip ubiquitär* sind, aber erhebliche Unterschiede bezüglich ihrer Qualität oder Verfügbarkeit aufweisen, also etwa die Ressourcen ,,Fläche", ,,reine Luft", ,,sauberes Wasser" oder ,,naturnaher Wald". Dies liegt daran, daß die natürlichen Gegebenheiten und — in Anlehnung an diese — die Inwertsetzung durch den Menschen auf eine charakteristische Weise räumlich differenziert sind. Das Zusammenspiel zwischen bestehenden ,,räumlichen Strukturmustern" — also etwa der Verteilung von Land, Wasser, Industrie oder Siedlungen — und den sich überlagernden ,,Prozeßmustern" im weitesten Sinne — also den Bewegungen von Menschen, Gütern, Informationen, Energie oder Schadstoffen — ist in hohem Grad geprägt von räumlichen Parametern wie etwa der topographischen Lage und den räumlichen Distanzen zueinander. Dies führt zu Dichte- und Intensitätsunterschieden sowie zu zahlreichen Überlagerungserscheinungen.

Auseinandersetzungen um natürliche Ressourcen entstehen nicht nur aus diesem Gefüge räumlicher Gegebenheiten, sondern wirken auch auf diese zurück. Hierin liegt die Raumbedingtheit und die Raumwirksamkeit der Konflikte begründet.

Ausgelöst werden die Konflikte hingegen — bei einer deutlichen Schärfung des Problembewußtseins breiterer Bevölkerungsschichten — durch eine veränderte industrielle Inwertsetzung, die bestehende räumliche Strukturen oder Prozesse beeinflußt. Hierdurch können für andere Gruppen von Nutzern des gleichen Raumes negative oder als negativ betrachtete Folgen entstehen. Die wichtigsten Reaktionstypen in einer solchen Situation sind resignative Anpassung oder aber aktiver Widerstand gegen eine als unzumutbar angesehene Beeinträchtigung der gewohnten Lebensverhältnisse. Je nach der wirtschaftlichen oder politischen Stärke der sich gegenüberstehenden Kontrahenten entstehen aus einer derartigen Konfrontation durch Aktionen und Gegenaktionen solche Prozesse, die raumverändernd wirken. Dies — und nicht der Konflikt selbst — steht im Mittelpunkt des geographischen Interesses.

Ausgehend von diesem einleitend durch die Abb. 1 veranschaulichten Beziehungsgefüge werden im ersten Teil der Arbeit mehrere Fragestellungen herausgearbeitet, denen aus der Sicht der Gesamtgeographie wie auch ihrer verschiedenen Teildisziplinen ein großes sachliches und methodologisches Interesse zukommt.

Von größtem Gewicht erschien es zunächst, nicht nur einfach die Beziehungen zwischen Impuls und Wirkungen zu untersuchen, sondern die gesamte Kette zu verfolgen, also schematisch: Verursacher — Effekt — Wirkung auf Betroffene — Reaktion der Betroffenen — Wirkung auf den Verursacher — Veränderung des Effekts — Wirkung auf Betroffene usw.

Die so dargestellte Kette ist natürlich eine gedankliche Abstraktion eines wesentlich komplexeren Wirkungsgefüges, was in den einzelnen Abschnitten auch herausgearbeitet wird.

Nach Meinung des Verfassers läßt sich nur durch ein solches Vorgehen, das bezüglich der hier verfolgten Fragestellung bisher weder in der Geographie noch in Nachbardisziplinen konsequent an umfangreichen räumlichen Systemen erprobt worden ist, die Raumwirksamkeit ressourcenbezogener Auseinandersetzungen belegen.

Die Untersuchung solcher Wechselwirkungen ist in der methodologischen Literatur der Industriegeographie oft gefordert worden und gehört in den klassischen Bereich der Standortswirkungsanalytik. *Das lange vorherrschende Interesse aber an Fragen wie Standortvoraussetzungen und Standortwahl sowie die Schwierigkeiten der Materialbeschaffung haben dazu geführt, daß Probleme des „Zusammenspiels" einer Industrie mit dem sie umgebenden Raum bis heute unzureichend bearbeitet ist.* Die vorliegende Arbeit soll als Beitrag auch zu dieser speziellen industriegeographischen Problematik verstanden werden.

Damit ist zugleich jedoch auch ein weiteres industriegeographisches Problem angesprochen: Ebenso wie beim historisch arbeitenden Agrargeographen diskussionslos vorausgesetzt wird, daß er mit Fragen älterer Flurverfassungen vertraut ist, kann man vor allem bei auswirkungsbezogenen industriegeographischen Fragestellungen nicht ohne eine detaillierte Kenntnis des Produktionsprozesses und wichtiger betriebsinterner Organisationsabläufe arbeiten. Ohne einen solchen Hintergrund ist die Wechselwirkung zwischen einer Industrie und dem sie umgebenden Raum nicht angemessen nachzuvollziehen. Entsprechendes gilt für Voraussetzungen, Typen und Folgen der Rohstoffgewinnung.

Dies setzt eine Vorgehensweise voraus, die Ansatz und Durchführung der vorliegenden Arbeit ganz wesentlich prägt:

Die industriellen Tätigkeiten wie auch die sie umgebenden Nutzungen werden von Individuen und Gruppen mit ganz spezifischen Zielsetzungen getragen. In der Regel versuchen sie alle, die in ihrem Bereich jeweils als optimal angesehenen Wirtschafts- oder Lebensweisen zu verwirklichen, auch wenn diese zu Beeinträchtigungen Außenstehender führen. Dabei kann Gruppenegoismus oder krasses Machtstreben eine ebenso große Rolle spielen wie Rationalität, Gewinnoptimierung und Sachbezogenheit. Das eine wie das andere ist ohne Rückgriff auf Originalunterlagen, aus denen Ziele, Handlungen und günstigenfalls auch Motivationen der Akteure hervorgehen, nicht angemessen zu erklären. Bei der hier speziell verfolgten Fragestellung kommt hinzu, daß in der

Regel kein Interesse daran besteht, die Hintergründe des eigenen Agierens erkennen zu lassen. Aus dieser Schwierigkeit ist zu verstehen, warum bei der vorliegenden Arbeit in einer für geographische Untersuchungen unüblichen Weise versucht wird, interne Stellungnahmen und Schriftwechsel aller Beteiligten wie auch Unterlagen von Genehmigungsverfahren auszuwerten. In der Rückschau wird deutlich, daß es ohne diese Materialien unmöglich gewesen wäre, den Erklärungshintergrund für die wichtigsten Zusammenhänge aufzudecken.

Charakteristisch für wichtige Einflußfaktoren des hier untersuchten Gefüges ist auch der sich innerhalb einiger Jahrzehnte vollziehende Wandel von Technologie, Raumstrukturen oder Anspruchshaltungen. Viele der angesprochenen Problembereiche sind nur aus dem Entwicklungsprozeß dieser sich gegenseitig beeinflussenden Bestimmungsgründe verständlich. Dies erklärt, warum ein Untersuchungszeitraum von mehreren Jahrzehnten zweckmäßig war.

Alle vorstehend genannten Teilaspekte schließlich sind für das Erkennen von Konfliktpotentialen sowie die Deutung von Aktualisierung und Nicht-Aktualisierung erforderlich.

Die detaillierte Analyse der genannten Aspekte dient dazu, die Raumwirksamkeit des Wirkungsgefüges von Verknappung und Konflikt belegen und begründen zu können. Dabei war von vornherein klar, daß sich die Beurteilung der Einflüsse auf den Raum nicht in einer Darstellung der physiognomischen Landschaftsveränderungen erschöpfen durfte. Anzustreben war vielmehr, solche Kategorien in den Mittelpunkt zu stellen, die die Funktionsfähigkeit eines Raums bestimmen: also die Struktur gewordenen Verbreitungs- und Verknüpfungsmuster sowie die prozessual zu betrachtenden Kontaktbeziehungen oder Auswirkungsfelder und schließlich Flüsse von Informationen, Pressionen, Gütern und Geld, die verändernd auf die Struktur zurückwirken.

Als empirische Untersuchungsobjekte für den so skizzierten Ansatz wurden die größte schwedische Zeitungspapierfabrik — Kvarnsvedens Pappersbruk — und das größte skandinavische Stahlwerk — Domnarvets Jernverk — mitsamt ihren Rohstoffräumen ausgewählt. Aus methodischer Sicht erschien es dabei zweckmäßig, die Wirkungskette vom Verursacher zum Betroffenen bis hin zurück zum Verursacher lediglich bei der Papierfabrik und ihrem Rohstoffraum bis in die relevant erscheinenden Einzelheiten hinein zu belegen. Vom Stahlwerk dagegen wurden nur die Ergebnisse dargelegt, die aus den auf die gleiche Weise aufgearbeiteten Materialien gewonnen werden konnten. Die Darstellung ist dabei in einer Weise strukturiert worden, daß eine weitgehende Vergleichbarkeit mit den Abschlußkapiteln der übrigen Hauptteile gewährleistet ist.

Die beiden genannten Betriebe sind im Verhältnis zu anderen europäischen Industrien nur von mittlerer Größe, aus funktionaler Sicht aber raumbeherrschend. Der gesamte räumliche Kontext — die Lage am Nordrand der geschlossenen schwedischen Siedlungsgebiete und inmitten eines gewässerreichen Waldlandes — sind sogar geeignet, beim Mitteleuropäer eher den Eindruck eines Erholungsgebietes denn einer Industrieregion zu vermitteln. Im Hinblick auf die spätere Übertragbarkeit der Erkenntnisse ist dies nur ein scheinbarer Nachteil: Nicht das Erfahrungsobjekt eines individuellen Landschaftsraums, sondern das Erkenntnisobjekt inhärenter raumbestimmender Kategorien im Sinne zentraler Grundbegriffe der Geographie sind das Ziel der Untersuchung. Diese aber zeichnen jeden Landschaftsraum einer bestimmten Größenordnung und Ausstattung aus.

In der Untersuchung aller drei Teilbereiche — Papierfabrik, Rohstoffraum der Papierfabrik, Eisen- und Stahlwerke Domnarvet — lassen sich die folgenden, prinzipiell übereinstimmenden raumprägenden Wirkungen belegen:

1. Wandel räumlicher Verbreitungs-, Verknüpfungs- und Beziehungsgefüge

Der Wandel vor allem von Verknüpfungs- und Beziehungsgefügen ist nicht nur das erste unmittelbare Ergebnis ressourcenbezogener Konflikte, sondern auch die Voraussetzung für nahezu alle anderen raumwirksamen Folgen. Damit untrennbar verbunden ist eine charakteristische Ausweitung bestehender Informations- und Aktionsräume, das Entstehen neuer Abhängigkeiten oder einer früher nicht gegebenen Fremdbestimmung, die Aufstockung des für zusätzliche Aufgaben benötigten Personals, eine deutliche Erhöhung der fachlichen Kompetenz sowie eine zunehmende Intensivierung der Kontaktbeziehungen innerhalb des neu entstandenen Verknüpfungsmusters.

Die aufgezeigten Änderungen betreffen nicht nur den ursprünglichen Verursacher einer als Beeinträchtigung empfundenen Auswirkung, sondern auch die Betroffenen und vor allem die zum Zweck des Konfliktausgleichs geschaffenen Behörden. Die in den neuen Gefügen ablaufenden Beziehungen waren zunächst häufig Kontakte informeller Art, später wurden sie vielfach obligatorisch, etwa im Rahmen institutionalisierter Anhörungen in Genehmigungsverfahren oder auch in unternehmensinternen Arbeits- und Organisationsroutinen, die nach einem zeitlich und räumlich genau festgelegten Schema abzulaufen haben.

Ein weiterer Typ veränderter Beziehungen konnte innerhalb der untersuchten Unternehmung im Konfliktbereich „Rohstoff" nachgewiesen werden: Der Wandel des Verbreitungsmusters von Industrien sowie die damit zusammenhängenden neuen Funktionsverflechtungen, etwa in Form verlagerter oder neu entstehender Rohstoffströme.

2. Wandel des Verursacherverhaltens (vor allem in Form veränderter betriebsinterner Prozeßabläufe und Nutzungsmuster)

In die unter dem Konfliktdruck veränderten Muster von Verbreitungs-, Verknüpfungs- und Beziehungsgefügen sind alle Konfliktpartner eingebunden. Dadurch entstehen völlig neue Möglichkeiten der gegenseitigen Einflußnahme, die durch Informationen, finanzielle Zuwendungen oder sozialen und politischen Druck erfolgen kann. Die größten Änderungen haben sich hier für die Industrie ergeben: Während sie schon immer auf den verschiedensten Wegen Einfluß auf ihre Umgebung genommen hatte, stiegen jetzt die Möglichkeiten der Einwirkung externer Nutzer auf die Industrien deutlich an.

Diese Veränderungen haben zum zweiten hier unterschiedenen Komplex raumwirksamer Konfliktfolgen geführt, der ebenfalls in allen drei bearbeiteten Teilbereichen nachzuweisen ist: die unter dem steigenden Außendruck erfolgende Anpassung des ursprünglichen Verursachers einer Beeinträchtigung an die Forderungen industrieexterner Nutzer.

In den Industriebetrieben äußert sich dieser Wandel auf sowohl materielle als auch immaterielle Weise: Anlagen, Umbauten, Neubau, Einbau emissionsdämpfender Vorrichtungen, prozeßtechnische Veränderungen und modifizierter Rohstoffeinsatz, aber auch die Umstellung bestehender Organisationsabläufe oder gar ihre völlige Neuordnung.

Im untersuchten Rohstoffraum sind es vorwiegend solche Organisations- und Nutzungsmuster, die sich unter dem Außendruck teilweise radikal geändert haben: Typisch sind die Modifizierung früher üblicher oder die Einführung neuer Nutzungsmethoden sowie aufschlußreiche Veränderungen des Nutzungsverhaltens in Zeit und Raum.

3. Wandel der Standort- und Standraumbeeinflussung

Die unter dem zweiten Punkt genannten Veränderungen haben ihrerseits zur Folge gehabt, daß sich die ursprünglich konfliktauslösende Wirkung des Verursachers auf Standort und Standraum drastisch verändert hat: Die absolute und spezifische Höhe der verschiedensten Emissionen (bei den Industrien) oder der bewußt ausgebrachten Fremdstoffe (in der Forstwirtschaft) hat sich erheblich verringert. Vielfach ist eine Substanzveränderung damit einhergegangen, etwa der Übergang zu Mitteln einer niedrigeren Toxizitätsklasse. Die verschiedenen Maßnahmen zur Emissionsdämpfung haben Reichweiten und Feldstärken der industriellen Auswirkungen deutlich verringert. Die Anpassungsmaßnahmen im Rohstoffraum haben zu einer prinzipiell vergleichbaren Verminderung der ursprünglichen Eingriffsstärke geführt.

4. Wandel von Raumstrukturen, -funktionen und potentialen

Der vom Verursacher ausgehende beeinträchtigende Impuls, die dadurch ausgelösten Konflikte und schließlich auch ihre Regelung haben zunächst charakteristische Änderungen von Raumstrukturen bewirkt. Herauszustellen sind hier vor allem raumwirksame Prozesse mit deutlich strukturdestabilisierender Wirkung im engeren Umfeld der Anlage, Veränderungen im Verbreitungsmuster von Industrien und Gefügewandel im Waldland durch die Inwertsetzung früher vernachlässigter Rohstoff- und Bestandstypen.

Dieser strukturelle Wandel hat, verbunden mit der im gleichen Wirkungsgeflecht geschehenen Verminderung von Intensität und Reichweiten der Beeinflussung, die Funktionen und Potentiale des betroffenen Raums nachhaltig verändert: Früher gemiedene Wohnsiedlungsbereiche im engeren Umfeld der Industrien beginnen wieder attraktiv zu werden, nachlassende Gewässerverschmutzung erlaubt die Rückkehr zu traditionellen Nutzungen, die abschreckende Wirkung forstlicher Eingriffe ist auf noch kleinere Flächen begrenzt, die Funktionsvielfalt des Waldlandes wird für alle Ressourcennutzer erheblich vergrößert. Insgesamt liegt diesem erhöhten Nutzungspotential auch ein verändertes ökologisches Potential zugrunde, im wesentlichen durch die Verminderung der Schadstoffbelastung. Diesen Wandel im einzelnen auch quantitativ zu belegen, bedarf es spezifischer ökologischer Studien, die nicht das Ziel der vorliegenden Arbeit waren.

5. Wandel der Landschaftsphysiognomie

Einige der angesprochenen Entwicklungen haben deutliche Landschaftsveränderungen bewirkt. Sie sind jedoch im Verhältnis zum physiognomisch nicht ohne weiteres erschließbaren Wandel, wie er in den ersten vier Punkten belegt worden ist, von geringer Bedeutung.

Bezüglich aller herausgearbeiteter Hauptgruppen ist abschließend zu betonen, daß einer der wichtigsten Folgetypen ressourcenbezogener Konflikte in der Verhinderung oder Unterlassung spezifischer Tätigkeiten zu sehen ist, also in räumlich relevanten „Nicht-Ereignissen". Als wichtige Einflußfaktoren auf die analysierten Wirkungsgefüge seien schließlich noch einmal herausgestellt die vielfach zu belegenden Wahrnehmungsdeformationen, die — im Vergleich zur Bundesrepublik — niedrigere Reaktionsschwelle von Industrien und Bevölkerung, die möglichen großen Diskrepanzen zwischen einem gegebenen Konfliktpotential und seiner Aktualisierung und die auch aus räumlichen Parametern zu erklärenden Kompensationseffekte, die dazu führen können, daß selbst bekannte Belastungen nicht wahrgenommen oder sehr niedrig bewertet werden.

Das Ausmaß der von Verknappung und Konflikt ausgehenden Impulse auf Strukturen, Prozesse, Funktionen und Potentiale eines Raumes ist nach der vorliegenden Untersuchung als bedeutend zu betrachten. Wichtige Akteure sind hier nicht nur der Staat und seine Vertreter (etwa in Form handelnder Behörden), sondern vor allem auch einzelne Bürger oder Gruppen wechselnder Zusammensetzung, Ziele und Durchsetzungsstrategien. Damit ist offensichtlich, daß im hier behandelten Bereich das Konzept der ,,raumwirksamen Staatstätigkeit" um ein solches der ,,raumwirksamen Bürger- und Lobbytätigkeit" zu ergänzen ist. Hier entstehende Impulse und die von ihnen beeinflußten Wirkungsgefüge gehören heute offensichtlich zu den wichtigsten Steuerfaktoren des räumlichen Wandels und verdienen eine wesentlich größere Aufmerksamkeit als ihnen bisher in der Geographie zuteil geworden ist.

Summary

Resource Scarcity and Conflict: Origin and Spatial Impact with Examples from the Central-Swedish Industrial Region

The purpose of this study is to analyse and to interpret the interrelationships between specific resource scarcities and the entailing conflicts and spatial impacts. The objects of study are two large industrial operations influencing significant parts of Central Sweden and its resource use: first the Kvarnsveden pulp and paper mill and the Domnarvet steel plant. During the study period (from the 1950s to the late 1970s) both were the biggest and fastest growing plants of their type in Scandinavia and both were owned by Sweden's oldest industrial company, the Stora Kopparbergs Bergslags AB of Falun. As a result of the restructuring of the Swedish steel industry during the late 70s, however, the Domnarvet steel plant merged with two other steel companies to form the publicly owned Swedish Steel AB; the Kvarnsveden pulp and paper mill still represents a very important asset in the growing ,,STORA" hydro-power and forest product enterprise.

This research contributes to a still neglected field of industrial geography where important issues of physical and human geography converge: the interdependence of large plants and multiplant companies not only with their economic, but also with their political, social and ecological environments. The conceptual framework of the study is the following: each type of industrial resource use and processing operations produces annoying or even dangerous externalities for other users of the same area (or resources). Reactions to these external effects range from resignation to conflict, both heavily influenced by the preceding perceptions of individuals, groups, organizations and public authorities. If opponents to the industrial activity acquire sufficient political power, the resulting conflict pressure on the enterprise may change its resource use and processing principles and thereby its spatial behaviour. This interaction, as well as its outcome in the form of various types of conflict resolution has significant spatial effects.

The study relies heavily on an analysis of internal documents of both industry and public authorities as well as private organizations. The first chapter contains a methodological and regional introduction. In the second chapter the evolution of the Kvarnsveden pulp and paper mill is analysed with regard to its area-organizing power, its internal functional differentiation, its environmental impact, the entailing conflicts and their resolution. A similar analysis is carried out with regard to the bundle of forestry operations that are functionally dependent upon the needs of the paper mill. A particular emphasis is laid on specific problems associated with harvesting practices (especially clear-cutting), the regeneration of harvested areas, and the use or non-use of insecticides and, finally, the application of herbicides.

A similar perspective is used in the third chapter to screen the postwar evolution of the Domnarvet steel plant. The results corroborate the findings of the forest industry study and pave the way for generalizations. According to a broad empirical basis, the present study gives clear evidence of the following types of spatial impact resulting from resource shortage situations and entailing conflicts:

1. Change in spatial linkages patterns
2. Change in company behaviour
3. Change in impact on the locational environment
4. Change in spatial structure, function and potential
5. Change in landscape physiognomy.

1. Change in spatial linkage patterns

Changing patterns, intensities and qualities of linkages (both potential and existing) are not only the initial result of resource conflicts, but also a pre-condition for practically all other types of spatial impacts. These changes are intimately connected to a whole set of other processes, e. g. a characteristic expansion of information and action spaces, the emergence of new dependences or a formerly unknown external control (these latter are particularly important for all industrial activities), increased personnel resources and professional competence acquired for new tasks and, finally, an increasing intensity of contacts within the newly formed linkage network.

Such changes are not only important for all the resource users concerned but also for those authorities, preexisting or explicitly created, whose task is to regulate resource utilization and to resolve conflicts.

At first, the contacts within the linkage network are mostly informal, but they become more and more mandatory over time, e. g. hearings or negotiations within the framework of permit procedures or internal regulations concerning working and monitoring routines inside the company or authority.

Another type of linkage change (combined with another distribution pattern) can be demonstrated as a result of pulpwood shortages and entailing public and industrial regulations: the spatial pattern of plants and their functional and material linkages within and outside the company are significantly changed.

2. Change in company behaviour

All conflicting parties are integrated in the linkage network formed by conflict pressure. This creates unprecedented possibilities of mutual influence and control which are realized by flows of information, money, or political and social pressure. The most important changes concern the industry itself: While a larger company always has various means to influence different sectors of its external environment, it is now society as a whole or various groups and individuals who can exert an increased external control on the industry, leading to considerable modifications of corporate behaviour in its largest sense. This is demonstrated in the plants by both material and immaterial changes: new buildings, reconstruction, installation of new or modification of conventional facilities and equipment to reduce emissions, introduction of new processing techniques and raw materials, and new organizational structures and procedures.

Pressures exerted by growing conflicts also alter the traditional patterns of organizational procedures and utilization techniques in the raw material space.

3. Change in impact on the locational environment

The above mentioned changes result in a significantly reduced or modified impact on the firm's nearest and more distant environments, i. e. the original conflict-generating effects are decreased or eliminated. This is true for both the total (e. g. tons/day) and relative (e. g. kg/ton of steel) amount of emissions discharged by industry and for chemicals applied by forest companies. In many instances the critical component of environmentally significant compounds has been replaced by a less toxic agent. Both the range and the intensity of various industrial externality fields have been reduced. Forestry practices that were characteristic at the beginning of the 70s have been adjusted to better meet the needs and demands of other forest users, often resulting in considerable restrictions and economic losses for the industry. In turn, some of these conflict-induced adjustment processes have led or may lead to new impacts of still unknown range and consequences, which then become the origin of new conflicts (i. e. ,,conflict genesis" by ,,conflict resolution").

4. Change in spatial structure, function and potential

The whole series of conflict-causing externalities, the conflict itself and finally its resolution by the adjustment processes described result in characteristic changes in spatial structures, e. g. the destabilizing effect on residential areas in specific industrial emission fields, a changed pattern of plant distribution that is better adapted to the utilization of new raw materials or modified flows or, finally, a changed forest stand pattern because of a new interest in formerly neglected wood resources.

Both the functions and the potential of regions and resources can change profoundly as the range and intensity of specific impacts are reduced: formerly shunned residential areas gain a new attractiveness, a reduced pollution of inland waters permits a return to traditional professional and recreational uses, the deterrent effect of certain forestry practices is mitigated or restricted to smaller and more peripheral areas, or capabilities and functions of the forest for both forestry and other users are significantly changed. In the latter example, the forest industry benefits from the change in the case of a mixed species stand where formerly useless categories are now a valuable resource, whereas the potential for industrial use may be reduced in a case where the claims of external users have been met.

5. Change in landscape physiognomy

Some of the above mentioned processes have also changed the landscape physiognomy. Compared to the extent of the less apparent changes, however, this is of relatively small significance.

Finally, it is important to underline that a most significant effect of scarcity and conflict-induced processes lies in the occurence of spatially relevant ,,non-events", i. e. the hindrance or omission of specific activities. It can be demonstrated, too, that deformations in the perception of externalities frequently occur and, as a result, latent conflicts do not develop their full potential. Some types of externalities can apparently be compensated for by other perceived qualities with the effect that acknowledged annoyances are either ignored or downgraded. Compared to the situation in the Federal Republic of Germany, the low reaction levels of citizens, industries and authorities in Sweden are as astonishing as their ability to settle conflicts and making compromises.

The range of stimuli emerging from scarcity and conflict situations as well as their influence on spatial structures, processes, functions, and potentials is remarkable. Important actors in this context are not only public authorities but particularly individuals or groups with various compositions and enforcement strategies. Thus, in the present context, it is apparent that the concept of the "spatial activity of state" (,,raumwirksame Staatstätigkeit") has to be complemented by that of the "spatial activity of citizens" (,,raumwirksame Bürgertätigkeit") and the "spatial activity of pressure groups/lobbies" (,,raumwirksame Lobbytätigkeit"). Today, such interactions and their impacts should be regarded as some of the most important factors influencing spatial change. They deserve much greater attention in the geographical discipline than they have been accorded to date.

Literaturverzeichnis

Vorbemerkung: Wie mehrfach betont, basiert die vorliegende Arbeit in hohem Grad auf unveröffentlichten Unterlagen. Sie sind — soweit dies möglich war — im Text ausreichend präzisiert und werden deswegen nicht noch einmal im Literaturverzeichnis aufgenommen. Die folgende Liste enthält somit — von wenigen Ausnahmen abgesehen — nur gedruckte Literatur oder in höheren Auflagen vervielfältigte Schriften.

Die Terminologie der Arbeit richtet sich im Bereich der Holzindustrie nach den Festlegungen der Schwedischen Standardisierungskommission (SIS/TNC, 1980), im Bereich der Forstwirtschaft überwiegend nach dem mehrsprachigen Lexikon von SIMONEN (1967).

Abkürzungen:

PKFS	Produktkontrollnämndens Författningssamling — Schriftenreihe mit den Verordnungen des Ausschusses für die Kontrolle umweltrelevanter Produkte
Prop.	Regeringens (früher: Kungl. Maj:ts) proposition — Regierungsvorlage
SFS	Svensk Författningssamling — Schwedisches „Gesetzblatt"
SNF	Svenska Naturskyddsföreningen — Schwedische Naturschutzvereinigung
SNV	Statens Naturvårdsverk — Staatl. Naturschutzamt
SOS	Sveriges Officiella Statistik — Schwedens Amtliche Statistik

ABEL, U. u. F. BOUKAL (1979): Über die Analyse von Nutzungskonflikten. — Landschaft u. Stadt, *11*, S. 128 — 134.

ANDERSSON, P. O. u. S. A. SVENSSON (1976): Skogsvård i Norden — nuläge och framtidsbedömning. — Forskningsstiftelsen Skogsarbeten, Nr. 8.

ANDRITZKY, E. W. W. u. U. WAHL-TERLINDEN (1978): Mitwirkung von Bürgerinitiativen an der Umweltpolitik. — Berichte 6/78 des Umweltbundesamts.

ARELL, N. (1977): Rennomadism i Torne Lappmark — markanvändning under kolonisationsepoken i fr a Enontekis socken. — Skytteanska Samfundets Handlingar, Nr. 17, Umeå.

AUSTIN, M., T. E. SMITH u. J. WOLPERT (1970): The implementation of controversial facility-complex programs. — Geogr. Analysis, *2*, S. 315 — 329.

BACHFISCHER, R. (1978): Die ökologische Risikoanalyse. Eine Methode zur Integration natürlicher Umweltfaktoren in die Raumplanung. — Diss. München.

BACHFISCHER, R., J. DAVID, H. KIEMSTEDT u. G. AULIG (1977): Die ökologische Risikoanalyse als regionalplanerisches Entscheidungsinstrument in der Industrieregion Mittelfranken. — Landschaft u. Stadt, *9*, S. 145 — 161.

BÄRRING, U. (1957): Om flygbesprutning i barrträdsföryngringar. — Skogen, *44*, S. 12 — 14.

BECHMANN, A. (1977): Ökologische Bewertungsverfahren und Landschaftsplanung. — Landschaft u. Stadt, *9*, S. 170 — 182.

BECHMANN, A. (1978): Zum Verhältnis von Ökonomie, Ökologie und Landschaftsplanung. — Landschaft u. Stadt, *10*, S. 86 — 90.

BECKER, Chr. u. W. H. REUTER (1975): Grundfragen der Bestimmung der Raumwirksamkeit und der Erfassung raumwirksamer Mittel. — Veröff. d. Akademie für Raumforschung u. Landesplanung, Forschungs- u. Sitzungsber., Bd. 98, S. 1 — 25.

BENESCH, H. (1981): Wörterbuch zur Klinischen Psychologie. — München.

BENGTSSON, B. (1975): Miljörätt. — Uppsala.

BERGLUND, O. (1974): Mechanisierungslage und Entwicklungstendenzen in der schwedischen Forstwirtschaft. — Allg. Forstzeitung, *29*, S. 614 — 619.

BIERHALS, E., KIEMSTEDT, H. u. H. SCHARPF (1974): Aufgaben und Instrumentarium ökologischer Landschaftsplanung. — Raumforschung u. Raumordnung, *32*, S. 76 — 88.

BILLWITZ, K. (1973): Nutzungsprobleme des Luftpotentials im Agglomerationsraum Halle — Merseburg. — Geogr. Berichte, *68*, S. 186 — 195.

BMI (Bundesministerium des Innern) (1974): Verfahrensmuster für die Prüfung der Umweltverträglichkeit öffentlicher Maßnahmen. — Umweltbrief Nr. 11.

BOESLER, K.-A. (1969): Kulturlandschaftswandel durch raumwirksame Staatstätigkeit. — Abhandl. des 1. Geogr. Instituts d. Freien Univ. Berlin, Bd. 12.

BOLIN, G. (1949): Bakvattenförhållanden och fiberåtervinning i ett tidningspappersbruk. — Svensk Papperstidning, *52*, S. 214 — 216.

Borlänge kommun (1978): Luftundersökning okt. 76 — sept. 77. — Borlänge.

Borlänge stad (1958): Översiktsplanering för Borlänge — Stora Tuna. — O. O.

Borlänge stad (1970): Berättelse över Borlänge stads hälsovårdsnämnds verksamhet år 1969. — Borlänge.

BOULDING, K. (1962): Conflict and defense: A general theory. — New York.

BRINK, P., T. CEWE, E. OLERUD, C. RAMEL u. H. SJÖRS (1971): Miljövårdens juridik, ekonomi och administration. — Stockholm.

BROSSET, C. (1969): Rapport över luftföroreningsmätningar i Borlänge 9/5 1968 — 27/2 1969. — (als Manuskript vervielf.) Göteborg.

Bundesraumordnungsgesetz vom 8. April 1965. — BGBl I, S. 306.

BUTZIN, B. (1982): Elemente eines konfliktorientierten Basisentwurfs zur Geographie des Menschen. — In: P. SEDLACEK [Hrsg.]Kultur-/Sozialgeographie, Paderborn — München — Wien — Zürich, S. 93 — 124.

BYLUND, E (1977): Kollisionen mellan svenskt och lapskt näringsfång. — Inst. f. sammenlign. Kulturforskning, Ser. A, XXVII, Oslo, S. 108 — 115.

BYWALL, E. (1949): Pappersbruket vid Kvarnsveden. — Bergslaget (= Stora Kopparbergs Bergslags Aktiebolags Personaltidning), *4*, S. 9 — 17.

Civildepartementet (1971): Miljöer och större områden av betydelse för kulturminnesvården. — Förarbeten för Fysisk Riksplanering, Underlagsmaterial Nr. 23, Stockholm.

COSER, L. A. (1964): The functions of social conflict. — New York (2. Aufl.).

COX, K. R. (1973): Conflict, power, and politics in the city: A geographical approach. — New York.

COX, K. R. [Hrsg.] (1978): Urbanization and conflict in market societies. — London.

COX, K. R., D. R. REYNOLDS u. St. ROKKAN [Hrsg.] (1974): Locational approaches to power and conflict. — New York.

CREDNER, W. (1926): Landschaft und Wirtschaft in Schweden. — Breslau.

CRENSON, M. A. (1971): The un-politics of air pollution: a case study of non-decision-making in the cities. — Baltimore.

DEUTSCH, M. (1976): Konfliktregelung. Konstruktive und destruktive Prozesse. — [Hrsg. u. bearb. von H. R. Lückert] München — Basel.

Domänverket et al. (1976): Kemisk lövslybekämpning i skogsbruket. — O. O.

DORAN, Ch. F., M. HINZ u. P. C. MAYER-TASCH (1974): Umweltschutz — Politik des peripheren Eingriffs. — Neuwied — Berlin.

ECKENSBERGER, L. H. u. P. BURGARD (1976): Ökosysteme in interdisziplinärer Sicht. — Arbeiten d. Fachrichtung Psychologie, Univ. d. Saarlandes, Nr. 49, Saarbrücken.

ECKENSBERGER, L. H. u. H. REINSHAGEN (1980): Kohlbergs Stufentheorie der Entwicklung des moralischen Urteils: Ein Versuch ihrer Reinterpretation im Bezugsrahmen handlungstheoretischer Konzepte. In: L. H. ECKENSBERGER u. R. K. SILBEREISEN [Hrsg.], Soziale Kognitionen, Stuttgart, S. 65 — 131.

ENGSÅS, J. (1975): Framtidsperspektiv på utnyttjandet av naturresursen skog. — Sveriges Skogsvårdsförb. Tidskrift, *73*, S. 587 — 593.

ERIKSSON, E. (1974): Snart blir det lönsamt att avfärga returpapper. — Teknisk Tidskrift, *20*, S. 1 — 3.

ERIKSSON, G. A. (1955): Bruksdöden i Bergslagen efter år 1850. — Uppsala.

FÖRSTER, H. (1979): Zielkonflikte in der Raumplanung. Dargestellt am Beispiel des Rheinischen Braunkohlenreviers (Hambach). — Geogr. Rundschau, *31*, S. 230 — 235.

FREDÉN, E. (1956): Preliminära resultat från Biltransportutredningen 1955. — Skogen, H. 7, S. 314.

v. FRIESENDORFF, P. (1969): Landsvägstransporter och trafikpolitik. — Skogen, H. 6, S. 202 — 203 u. 240 — 241.

FRITZELL, G. u. O. TÖNNERVIK (1977): Konflikter kring skog — virkesproduktion kontra andra önskemål. — Troedssonska Forskningskuratoriet, Rapport Nr. 1/1977, Garpenberg.

GIESEN, B. (1975): Konflikttheorie. — In: H. REIMANN, B. GIESEN, D. GOETZE u. M. SCHMID |Hrsg.|, Basale Soziologie: Theoretische Modelle, München, S. 175 — 185.

GLÄSSER, E. (1978): Norwegen. — Darmstadt.

GRANLUND, E. (1916): Borlänge. En egenartad svensk stadstyp. — Ymer, *36*, S. 39 — 40.

GROSCH, P., R. MÜHLINGHAUS u. H. STILLGER (1978): Rechtliche und organisatorische Instrumente für eine Steuerung der Landschaftsnutzung. Teil 1: Zusammenfassender Bericht. — Veröffentl. d. Akademie f. Raumforschung u. Landesplanung, Beitr., Bd. 20.

GUGGENBERGER, B. u. U. KEMPF |Hrsg.| (1978): Bürgerinitiativen und repräsentatives System. — Opladen.

HAASE, G. u. H. LÜDEMANN (1972): Flächennutzung und Territorialforschung. — Geogr. Berichte, *62*, S. 13 — 25.

HÄGERSTRAND, T. (1974): Tidsgeografisk beskrivning — syfte och postulat. — Svensk Geogr. Årsbok, *50*, S. 86 — 94.

HÄGERSTRAND, T. (1976): Geography and the study of interaction between Nature and Society. — Geoforum, *7*, S. 329 — 334.

HAGNER, S. u. S. FAHLROTH (1974): Om contortatallen och dess odlingsförutsättningar i Norrland. — Svenska Skogsvårdsförb. Tidskrift, *72*, S. 477 — 528.

HAMMOND, K. A., G. MACINKO u. W. B. FAIRCHILD (1978): Sourcebook on the Environment. — Chikago u. London.

HARD, G. (1973): Die Geographie. Eine wissenschaftstheoretische Einführung. — Berlin u. New York.

HARD, G. (1976): Physical Geography — its function and future. A reconsideration. Tijdschrift voor Econ. en Soc. Geografie, *67*, S. 358 — 368.

HEDBORG, F. (1970): Miljövårdsplan för Stora Kopparberg. — Bergslaget, *25*, S. 20 — 23.

v. HEIDEKEN, F. (1959): Skogsbrukets transportutredning (STU). — Skogen, Nr. 20, S. 406 — 408.

HEIDTMAN, E. u. W. SCHNELL (1976): Ökologische Planungsaufgaben, erörtert am Beispiel der Stadtentwicklungsplanung. — Landschaft u. Stadt, *8*, S. 1 — 7.

HELLER, W. (1979): Flächennutzungskonkurrenzen. Dargestellt am Beispiel der Auseinandersetzung um den Alpen- und den Nationalpark Berchtesgaden. — Geogr. Rundschau, *31*, S. 450 — 464.

HELLSPONG, M. (1973): Borlänge. Studie av ett brukssamhälle. — Falun.

HELLSTRAND, G. (1965): Flottningsföreningen. — Bergslaget, *20*, S. 12 — 17.

HELMFRID, St. (1978): Arealkonflikter vid tätortstillväxt — problem för en samordnad regional och fysisk planering. In: Att forma regional framtid, en rapport från ERU, Stockholm, S. 125 — 150.

HILDEBRAND, K. G. (1970): Erik Johan Ljungberg och Stora Kopparberg. — Uppsala.

HÖRTH, M. (1978): Methodischer Beitrag zur Erfassung und Bewertung von Nutzungskonflikten in der Landschaft. — Landschaft u. Stadt, *10*, S. 11 — 23.

HOLM, K. (1970): Verteilung und Konflikt. Ein soziologisches Modell. — Stuttgart.

HOTTES, K. (1967): Die Naturwerkstein-Industrie und ihre standortprägenden Auswirkungen. — Gießener Geogr. Schriften, H. 12, S. 233 — 246.

HULTMAN, S.-G. (1976): Skogsbrukets inverkan på friluftslivets miljö. — SNV PM 706, Stockholm.

HULTMAN, S.-G. (1977): Svenskarna och deras kunskaper. Vad man vet och vad man tycker om skogsbruket. — Skogen, H. 10, S. 508 — 512.

INGELÖG, T. (1973): Ekologiska effekter av kalhuggning. — SNF Årsbok, *64*, S. 125 — 138.

ISENBERG, G. (1956/57): Regionale Wohlstandsunterschiede, Finanzausgleich und Raumordnung. — Finanzarchiv, N. F., Bd. 17.

JÄNICKE, M. (1978): Umweltpolitik im kapitalistischen Industriesystem. — In: M. JÄNICKE |Hrsg.|, Umweltpolitik, Opladen, S. 9 — 35.

Jordbruksdepartementet (1974): Kalhyggen. — Ds Jo 1974:2, Stockholm.

Jordbruksdepartementet (1975): Virkesbehov och virkestillgång. Betänkande avgivet av 1973 års skogsutredning. — Ds Jo 1975:1, Stockholm.

KARDELL, L. (1978): Ecological aspects of the Swedish search for more wood. — Ambio, 7, S. 84 — 92 (= 1978a).

KARDELL, L. (1978): Traktorskador och tillväxtförluster hos gran — analys av ett 10-årigt försök. Svenska Skogsvårdsförb. Tidskrift, 76, S. 305 — 322 (= 1978 b).

KEMPF, U. (1978): Bürgerinitiativen — der empirische Befund. — In: GUGGENBERGER, B. u. U. KEMPF |Hrsg.|, Bürgerinitiativen und repräsentatives System, Opladen, S. 358 — 374.

KOCH, E. R. u. F. VAHRENHOLT (1978): Seveso ist überall. — Köln.

KÖSER, H. (1978): Bürgerinitiativen in der Regionalpolitik. — In: GUGGENBERGER, B. u. U. KEMPF |Hrsg.|, Bürgerinitiativen und repräsentatives System, Opladen, S. 278 — 297.

KOHLHEPP, G. (1977): Zum Problem von Interessenkonflikten bei der Neulanderschließung in Ländern der Dritten Welt. — Frankfurter Beiträge z. Didaktik d. Geographie, Bd. 1 (= Festschr. K. Fick), S. 15 — 31.

KOLB, A. (1951): Aufgaben und System der Industriegeographie. — In: Landschaft u. Land (= Festschr. E. Obst), Remagen, S. 207 — 219.

Kommunförbundet (1977): Byggnadslagen och byggnadsstadgan. — Kristianstad.

KRYSMANSKI, H. J. (1972): Soziologie des Konflikts. Materialien und Modelle. — Reinbek.

KÜPPER, U. I. u. R. WOLF (1974): Umweltschutz in Raumforschung und Raumordnung. — Mitteilungen aus d. Inst. f. Raumordnung, H. 79, S. 1 — 79.

Kvarnsvedens Pappersbruk (1975): Kvarnsveden 75 år. — O. O.

Kvarnsvedens Pappersbruk (1977): Förslag till generalplan. — O. O.

LANDER, K.-H. (1973): Entwicklungsstand und Tendenzen der Verflechtung nichtstörender Produktionsstätten mit dem Wohnbereich. — Wissenschaftl. Zeitschr. d. Techn. Univ. Dresden, 22, S. 611 — 613.

LESCZYCKI, S. (1972): The geographers' participation in solving protection problems of the human environment. — Geographica Polonica, 22, S. 145 — 160.

LESER, H. (1978): Landschaftsökologie. — Stuttgart (2. Aufl.).

LESER, H. (1980): Geographie. — Braunschweig.

LINDBERG, C.-O. (1975): Ändringar i naturvårds - och skogsvårdslagstiftningen. — Svensk Lantmäteritidskrift, 67, S. 109 — 123.

LINDBERG, O. (1951): Studier över pappersindustrins lokalisering. — Uppsala.

LINDE, O. (1958): Vedhanteringen vid Kvarnsveden. — Bergslaget, 13, S. 20 — 26.

LINDEMANN, R. u. D. SOYEZ (1985): Binnengewässer und Waldland — Bedrohte Ressourcen der Skandinavischen Halbinsel. — Geogr. Rundschau, 37, S. 504 — 511.

LOB, R. E. (1977): Sozialräumliche Aspekte von Umweltbelastungen in Verflechtungsgebieten von Schwerindustrie und Wohnbebauung. — In: LOB, R. E. u. H.-W. WEHLING |Hrsg.|, Geographie und Umwelt (= Festschr. P. Schneider), S. 155 — 181.

LÖTTGERS, R. (1974): Die Holzveredelungsindustrie in Schweden, Finnland und Norwegen im Vergleich. Voraussetzungen, Entwicklung seit 1950 und gegenwärtige Situation. — Diss. Bochum.

LUNDÉN, Th. (1977): Land-use decisions in a time-space framework — some Stockholm examples. — Geografiska Ann., Ser. B., 58, S 1 — 13.

LUNDÉN, Th. u. U. SPORRONG, 1975, Engelsberg ironworks — estate and community in the 20th century. — In: HOLTZE, B., NISBETH, Å., ADAMSON, R. u. M. NISSER |Hrsg.|, Swedish Industrial Archaeology. Engelsberg Ironworks. A pilot project, Stockholm, S. 250-363.

LUNDQVIST, L. (1971): Miljövårdsförvaltning och politisk struktur. — Lund.

MACK, R. W. u. R. C. SNYDER (1957): The analysis of social conflict — toward an overview and synthesis. — Journ. of Conflict Resolution, 2, S. 17 — 19.

MAIER, J., R. PAESLER, K. RUPPERT u. F. SCHAFFER (1977): Sozialgeographie. — Braunschweig.

MAUNSBACH, T. u. B. MÅRTENSSON (1978): Samhällsplanering — 6 fallstudier. Planeringens förhållande till sociala problem och miljöproblem. — Byggforskningen 31:78.

MAYER-TASCH, P. C. (1976): Die Bürgerinitiativbewegung. — Reinbek.

MAYER-TASCH, P. C. (1978): Umweltrecht im Wandel. — Opladen.

Media-Pocket (1978). — Stockholm.

MEYNEN, E. (1985): International Geographical Glossary. — Deutsche Ausg., Stuttgart.

MIKUS, W. (1978): Industriegeographie. — Darmstadt.

MITCHELL, B. (1979): Geography and resource analysis. — London — New York.

MÜLLER, P. (1974): Was ist Ökologie? — Geoforum, *18*, S. 78 — 81.

MÜLLER, P. (1977): Biogeographie und Raumbewertung. — Darmstadt (= 1977 a).

MÜLLER, P. (1977): Tiergeographie. Struktur, Funktion, Geschichte und Indikatorbedeutung von Arealen. — Stuttgart (= 1977 b).

MÜLLER, P. (1980): Biogeographie. — Stuttgart.

NEEF, E. (1972): Geographie und Umweltwissenschaft. — Peterm. Mitteilungen, *116*, S. 81 — 88.

NEEF, E. (1974): Zur Kartierung von Umweltstörungen. — Geogr. Berichte, *70*, S. 1 — 11.

NEEF, E. (1976): Nebenwirkungen der gesellschaftlichen Tätigkeiten im Naturraum. — Peterm. Mitteilungen, *120*, S. 141 — 145.

NILSSON, R. (1975): Klorerade fenoxisyror. — SNV PM 527, Stockholm.

NUHN, H. u. J. OSSENBRÜGGE [Hrsg.] (1982): Wirtschafts- und sozialgeographische Beiträge zur Analyse der Regionalentwicklung und Planungsproblematik im Unterelberaum. — Wirtschaftsgeogr. Abt. d. Inst. für Geographie u. Wirtschaftsgeographie d. Univ. Hamburg, Arbeitsberichte u. Ergebnisse zur wirtschafts- u. sozialgeographischen Regionalforschung.

OECD (1977): Environmental politics in Sweden. — Paris.

OLSSON, M. T. (1977): Körskador i skogsbruket — ett markvårdsproblem. — Sveriges Skogsvårdsförb. Tidskrift, *75*, S. 233 — 247.

OSSENBRÜGGE, J. (1982): Industrieansiedlung und Flächennutzungsplanung in Stade-Bützfleth und Drochtersen — Lokale Interessen und Politikverflechtung im kommunalen Entscheidungsprozeß. — In: NUHN, H. u. J. OSSENBRÜGGE [Hrsg.], Wirtschafts- und sozialgeographische Beiträge zur Analyse der Regionalentwicklung und Planungsproblematik im Unterelberaum. — Wirtschaftsgeogr. Abt. d. Inst. für Geographie u. Wirtschaftsgeographie d. Univ. Hamburg, Arbeitsberichte u. Ergebnisse zur wirtschafts- u. sozialgeographischen Regionalforschung, S. 33 — 88.

OSSENBRÜGGE, J. (1983): Politische Geographie als räumliche Konfliktforschung. — Hamburger Geographische Studien, H. 40.

OTREMBA, E. (1953): Allgemeine Agrar- und Industriegeographie. — Stuttgart.

OTREMBA, E. (1975): Einführung in die Vortragssitzung „Industriegeographie". — 40. Deutscher Geogr. Tag, Innsbruck, Tagungsbericht u. wissenschaftl. Abhandl., S. 121 — 123.

PAULSSON, V. (1978): Allemansrätten. — SNV PM 1020, Stockholm.

PINARD, J. (1975): Une grande société industrielle implantée en milieu rural: la Stora Kopparberg (Suède). — Norois, *22*, S. 595 — 607.

Presse- und Informationsamt der Bundesregierung (1962): Grundsätze für die raumbedeutsamen Maßnahmen des Bundes und ihre Koordinierung. — Bulletin.

PREUSSER, H. (1979): Raumnutzungskonkurrenz im oberen elsässischen Munstertal. — Geogr. Zeitschrift, *67*, S. 61 — 76.

Produktkontrollnämnden (1975): Information med anledning av bekämpningsmedel inför sommarsäsongen 1975, vom 23. 6. 1975.

PKFS 1975:9: Kungörelse med allmänna föreskrifter rörande spridning av bekämpningsmedel m fl från luften. — Stockholm.

PKFS 1975:10: Kungörelse med särskilda föreskrifter rörande spridning från luften av buskbekämpningsmedel (herbicider) inom skogsbruket. — Stockholm.

PKFS 1976:1: Kungörelse med föreskrifter om spridning av bekämpningsmedel m m över område där allmänheten får fritt färdas. — Stockholm.

Projekt Helträdsutnyttjande (1977): Helträd. Sammanfattande slutrapport 1977. — Vaxjö.

Prop. 1972:111: Regional utveckling och hushållning med mark och vatten. — Stockholm.

Prop. 1978/79:110: Riktlinjer för skogspolitiken, m m. — Stockholm.

QUASTEN, H. (1979): Begriffe der Industriegeographie. — Bearbeitet für das im Auftrag des Zentralverb. d. Dt. Geographen von E. Meynen herausgegebene International Geographical Glossary, s. MEYNEN, E., 1985 (als Manuskript vervielf.).

QUASTEN, H. u. D. SOYEZ, (1975): Erfassung und Typisierung von industriell bewirkten Flächennutzungskonkurrenzen (mit Beispielen aus dem Raum Völklingen/Saar). — 40. Deutscher Geogr. Tag, Innsbruck, Tagungsbericht u. wissenschaftl. Abhandl., Wiesbaden 1976, S. 188 — 201.

QUASTEN, H. u. D. SOYEZ, (1976): Völklingen-Fenne: Probleme industrieller Expansion in Wohnsiedlungsnähe. — Berichte z. deutschen Landeskunde, Bd. *50*, S. 245 — 284.

RAMBERG, L. (1973): Skogsgödsling och kalhuggningseffekter på mark och vatten. — SNF, Årsbok, *64*, S. 195 — 198.

RAMBERG, L. et al. (1973): Effekter på vattenkvalitén i bäckar vid skogsgödslingar med ammoniumnitrat och urea. — Scripta Limnologica Uppsaliensia 320, Uppsala.

RAMEL, C. |Hrsg.| (1978): Chlorinated phenoxy acids and their dioxins. Mode of action, health risks and environmental effects. — Stockholm.

RATHJENS, C. (1973): Mensch und Umwelt. Bemerkungen zur Tätigkeit der IGU-Kommission „Man and Environment". — Geogr. Zeitschrift, *61*, S. 47 — 52.

REMRÖD, J. (1977): En produktionsmodell för contortatal i norra och mellersta Sverige. — Sveriges Skogsvårdsförb. Tidskrift, *75*, S. 3 — 32.

RYDBERG, S. (1979): 1000 år vid Stora Kopparberget. — Stockholm.

SAMUELSSON, K. (1978): Skogsbruk och miljödebatt. — Sveriges Skogsvårdsförb. Tidskrift, *76*, S. 181-210.

SCHEMEL, H.-J. (1978): Methodische Ansätze und Verfahren zur Analyse von Belastungen. — Landschaft u. Stadt, *10*, S. 61 — 72.

SCHEYNIUS, J.-I. (1976): Skyddsområden kring fyra miljöstörande industrier. — Byggforskningen, Rapport R 45:1976, Stockholm.

SCHMIDT-RENNER, G. (1972): Über Regelungen zum Schutz von Naturressourcen und -potenzen der gesellschaftlichen Reproduktion und Rekreation vor Störfunktionen in der DDR. — Peterm. Mitteilungen, *116*, S. 99 — 116.

SCHMITHÜSEN, J. (1964): Was ist eine Landschaft. — Erdkundl. Wissen, H. 9, Wiesbaden.

SCHMITHÜSEN, J. (1974): Was verstehen wir unter Landschaftsökologie. — 39. Deutscher Geogr. Tag, Kassel, Tagungsber. u. wissenschaftl. Abhandl., Wiesbaden, S. 409 — 416.

SCHUISKY, G. (1975): Tungmetallundersökning i Borlängetrakten. — (als Manuskript vervielf.) Uppsala.

SEDLACEK, P. (1976): Industrieansiedlung und Umweltschutz. Das Ansiedlungsvorhaben der VEBA-Chemie bei Rheinberg. — Zeitschrift f. Wirtschaftsgeographie, *20*, S. 173 — 179.

SFS 1941:844, 1946:684, 1949:105, 1954:24, 1969:356, 1972:281, 1972:781, 1974:421, 1976:213, 1976:678, Stockholm.

SIEBERT, H. |Hrsg.| (1979): Umwelt und wirtschaftliche Entwicklung. — Darmstadt.

SIEBERT, H. (1979): Einleitung. — In: SIEBERT, H. |Hrsg.|, Umwelt und wirtschaftliche Entwicklung, Darmstadt, S. 1 — 12.

SIMONEN, M. E. (1967): Skogslexikon Svenska — Engelska — Tyska — Franska. — Uppsala (3. verb. Aufl.).

SIS/TNC (Standardiseringskommissionen i Sverige/Tekniska Nomenklaturcentralen) (1980): Pappersordlista. — Stockholm.

SKAWINA, T. (1972): Änderungen des natürlichen Milieus in den städtisch-industriellen Ballungen. — Peterm. Mitteilungen, *116*, S. 198 — 207.

Skogsbrukets Informationsgrupp/Skogsindustrins Informationskommitté (1973): Skogsbranschen i svenskens ögon. Sammanfattning av en kunskaps - och attitydundersökning i juni månad 1973. — Stockholm.

Skogsstyrelsen (1972): Preliminära anvisningar för lagring, hantering, och spridning av kvävegödselmedel vid skogsgödsling med flyg. — Stockholm.

Skogsstyrelsen (1975): Skogsvårdslagen med tillämpningsanvisningar. — Stockholm.

Skogsstyrelsen (1978): Utredningen om skydd mot insektsskador på skogsplantor (Snytbaggeutredningen). — Göteborg — Stockholm (= 1978 a).

Skogsstyrelsen (1978): Resultat av 1977års återväxttaxering. — Cirk. skrivelse C Nr. 6 vom 1. 2. 78 (vervielf.) (= 1978 b).

Skogsstyrelsens Författningssamling 1984:3, Allmänna råd till ledning för användning av kvävegödselmedel på skogsmark. —

SNF (1978): Levande skog. Naturvårdens synpunkter på skogsbruket. — Stockholm.

SNV (1969): Luftvårdsproblem vid järn-, stål- och ferrolegeringsverk. — Publik. 9, Stockholm.

SÖDERSTRÖM, V. (1971): Varför hyggen? — Ymer Årsbok, 91, S. 161 — 175.

SÖDERSTRÖM, V. (1975): Ekologiska verkningar av hyggesplogning. — Sveriges Skogsvårdsförb. Tidskrift, 73, S. 443 — 470.

SOS (1978): Skogsstatistisk årsbok 1976. — Stockholm.

SOU 1961:25: Flygbuller som samhällsproblem. — Stockholm.

SOU 1962:36: Naturen och samhället. — Stockholm.

SOU 1964:47: Friluftslivet i Sverige. Del. 1. Utgångsläge och utvecklingstendenser. — Stockholm.

SOZ 1964:60: Vattenvårdens organisation m m. — Stockholm.

SOU 1965:19: Friluftslivet i Sverige. Del 2. Friluftslivet i samhällsplaneringen. — Stockholm.

SOU 1966:33: Friluftslivet i Sverige. Del 3. Anläggningar för det rörliga friluftslivet m m. — Stockholm.

SOU 1966:65: Luftföroreningar, buller och andra immissioner. — Stockholm.

SOU 1967:43: Miljövårdsforskning. Del I. Forskningsområdet. — Lund.

SOU 1967:44: Miljövårdsforskning. Del II. Organisation och resurser. — Lund.

SOU 1971:75: Hushållning med mark och vatten. — Stockholm.

SOU 1972:14: Revision av vattenlagen. Del 2. Ersättningar, avgifter m m. — Stockholm.

SOU 1974:35: Spridning av kemiska medel. — Stockholm.

SOU 1978:6: Skog för framtid. — Stockholm.

SOU 1979:54: Hushållning med mark och vatten 2. Del I Överväganden. — Stockholm.

SOYEZ, D. (1978): Resurskonflikter i Bergslagen. — Kulturgeografiskt Seminarium, 14/78, Stockholm.

SOYEZ, D. (1980): Zur Rohstoffverknappung in der Holzindustrie Schwedens — Konflikte und räumliche Auswirkungen. — Mannheimer Geogr. Arb., Bd. 7, S. 195 — 231 (= 1980 a).

SOYEZ, D. (1980): Herbizide in der Forstwirtschaft. Anmerkungen zur Rechtslage und zum Stand der Debatte in Schweden. — Der Forst- u. Holzwirt, 35, S. 105 — 108 (= 1980 b).

SOYEZ, D. (1980): Ergänzende Bemerkungen zum Beitrag von G. Wellenstein. — Der Forst- u. Holzwirt, 35, S. 140 (= 1980 c).

SOYEZ, D. (1980): Zur Entwicklung der Interessengegensätze zwischen Forstwirtschaft und Umweltschutz in Schweden. — Forstwissenschaftl. Centralblatt, 99, S. 185 — 197 (= 1980 d).

SOYEZ, D. (1980): Die Faserrohstoffverknappung in Schweden. Ursachen, Ausmaß und Folgen. — Allg. Forstzeitschrift, 35, S. 1151 — 1154, 1188 — 1190 (= 1980 e).

SPITZER, H. (1971): Landnutzung in der Massenkonsumgesellschaft. — Berichte z. deutschen Landeskunde, Bd. 45, S. 29 — 68.

SSR (Sveriges Skogsägareföreningars Riksförbund) (1978): Skogsåret 1978. — Stockholm.

Staatl. Institut für Hygiene u. Infektionskrankheiten Saarbrücken, Schriftenreihe, 1968 ff.

Statens Lantmäteriverk (1975): Reglering av markanvändning. 16 exempel. — Medd. 1975:4, Stockholm.

Stora Kopparberg (1972): Välkommen ut i skogen! — Grycksbo.

STRÖMDAHL, J. u. R. SVENSSON (1972): Makt och miljö. — Stockholm.

Sveriges Skogsvårdsförbund (1978): Skogsbrukets metoder. — Karlskrona.

TA Luft (1964): Allgemeine Verwaltungsvorschriften über genehmigungsbedürftige Anlagen nach § 16 der Gewerbeordnung (Technische Anleitung zur Reinhaltung der Luft) vom 8. Sept. 1964. — GMBl S. 433.

TA Luft (1974): Erste Allgemeine Verwaltungsvorschrift zum Bundesimmissionsschutzgesetz (Technische Anleitung zur Reinhaltung der Luft — TA Luft —) vom 28. August 1974. — GMBl, S. 425, 525.

TAMM, C. O. (1979): Högmekanik kontra ekologi i skogen? — Skogen, H. 1, S. 19 — 21.

TERNSTEDT, B. (1956): Lastbilen som transportmedel i svenskt skogsbruk samt förhållandena kring dess utnyttjande. — Skogen, H. 10, S. 313 — 314.

TIMMER, R. u. K. TÖPFER (1975): Zur Regionalisierung des Bundeshaushalts: Raumordnungspolitische Bedeutung und empirische Ergebnisse. — Veröffentl. d. Akademie f. Raumordnung u. Landesplanung, Forschungs- u. Sitzungsberichte, Bd. 98, S. 213 — 251.

Vattenbyggnadsbyrån (1958): Dalälven recipientundersökning. PM rörande vattenbeskaffenheten i Dalälven. — O. O. (als Manuskript vervielf.).

Vattenbyggnadsbyrån (1976): Förslag till Generalplan Domnarvets Jernverk industriområde i Borlänge. — O. O. (als Manuskript vervielf.).

WAHLSTRÖM, L. (1977): Naturvården i regional och lokal planering. — Medd. från Göteborgs Universitets Geografiska Institutioner, Ser. B., Nr. 59, Kungälv.

WEICHHART, P. (1975): Geographie im Umbruch. Ein methodologischer Beitrag zur Neukonzeption der komplexen Geographie. — Wien.

WELLENSTEIN, G. (1980): Ergänzende Bemerkungen zum Aufsatz von D. Soyez: „Herbizide in der Forstwirtschaft". — Der Forst- u. Holzwirt, 35, S. 108 — 109 (= 1980 a).

WELLENSTEIN, G. (1980): Nachwort zu Punkt 4. — Der Forst- u. Holzwirt, 35, S. 140 (= 1980 b).

WENNERGREN, B. (1976): Eine skandinavische Konzeption des Informationsrechts. — Mitteilungen d. Europarats, H. 3, S. 10 — 11.

WIKLANDER, G. (1977): Skogsgödslingens inverkan på mark och vatten. — Sverigs Skogsvårdsförb. Tidskrift, 75, S. 179 — 187.

WINDHORST, H.-W. (1975): Die kulturgeographische Bedeutung von Mischkonzernen — dargestellt am Beispiel der schwedischen Uddeholm AB. — Zeitschrift f. Wirtschaftsgeographie, 19, S. 202 — 211.

WINDHORST, H.-W. (1978): Geographie der Wald- und Forstwirtschaft. — Stuttgart.

WINDHORST, H.-W. (1979): Die Forst- und Holzwirtschaft der Vereinigten Staaten. — Wiesbaden.

WINKLER, E. (1941): Stand und Aufgaben der Industriegeographie. — Zeitschrift f. Erdkunde, 8, S. 585 — 600.

WIRTH, E. (1979): Theoretische Geographie. — Stuttgart.

ZETTERSTEN, G. (1976): Vad skall naturvården tåla av skogsbruket? — Sveriges Skogsvårdsförb. Tidskrift, 74, S. 417 — 423.

ZIMMERMANN, E. W. (1951): World resources and industries. — New York.

**Arbeiten aus dem Geographischen Institut
der Universität des Saarlandes**

Band 1: CHAMPIER, L.: La Sarre. Essai d'interprétation géopolitique. 72 Seiten, 10 Fig. — CHAMPIER, L.: Les principaux Types de Paysages humains en Saare. 6 Seiten, 6 Abb. — FISCHER, F.: Bemerkungen zur Morphologie der Hochflächen zwischen der unteren Saar und der Mosel. 7 Seiten, 1 Karte, 2 Abb. — RIED, H.: Beiträge zur Kenntnis der Ortslage Saarbrückens. 12 Seiten, 1 Karte — Saarbrücken 1956 (vergriffen)

Band 2: FISCHER, F.: Beiträge zur Morphologie des Flußsystems der Saar. 92 Seiten, 26 Abb., 2 Tab. — Saarbrücken 1957 (vergriffen)

Band 3: RIED, H.: Die Siedlungs- und Funktionsentwicklung der Stadt Saarbrücken. 185 Seiten, 7 Abb., 23 Fig. — Saarbrücken 1958 (vergriffen)

Band 4: RATHJENS, C.: Menschliche Einflüsse auf die Gestaltung und Entwicklung der Tharr. Ein Beitrag zur Frage der anthropogenen Landschaftsentwicklung im Trockengebiet. 36 Seiten, 2 Karten, 8 Abb. — CHAMPIER, L.: La paysannerie française au milieu du XXe siècle. 22 Seiten, 3 Fig. — CHAMPIER, L. und FISCHER, F.: La poche karstique de Hirschland (Moselle). Etude morphopédologique. 7 Seiten, 1 Fig. — Saarbrücken 1959 DM 6.—

Band 5: BORCHERDT, Ch.: Fruchtfolgesysteme und Marktorientierung als gestaltende Kräfte der Agrarlandschaft in Bayern. 292 Seiten, 42 Abb. — Kallmünz 1960 DM 26.—

Band 6: RATHJENS, C.: Probleme der anthropogenen Landschaftsgestaltung und der Klimaänderungen in historischer Zeit in den Trockengebieten der Erde. 10 Seiten — BORCHERDT, Ch.: Die Innovation als agrargeographische Regelerscheinung. 38 Seiten, 38 Abb. — CHAMPIER, L.: Die Wirtschaft der Länder des Zollvereins nach der französischen Untersuchung von 1867. 32 Seiten — CHAMPIER, L.: Etudes agraires en Bourgogne méridional. L'importance de l'exploitation dans l'étude du milieu rural. 41 Seiten, 13 Fig. — BORCHERDT, Ch. und SCHÜLKE, H.: Die Marktorte im Saarland. 11 Seiten, 1 Karte — LEINER, D.: Die Aufforstung landwirtschaflicher Nutzflächen im Saarland in geographischer Sicht. 6 Seiten — Saarbrücken 1961 (vergriffen)

Band 7: HARD, G.: Kalktriften zwischen Westrich und Metzer Land. Geographische Untersuchungen an Trocken- und Halbtrockenrasen, Trockenwäldern und Trockengebüschen. 176 Seiten, 1 Karte, 3 Abb., 28 Fig. — Heidelberg 1964   DM 19.80

Band 8: Beiträge zur Landeskunde des Saarlandes I.
SORG, W.: Grundlagen einer Klimakunde des Saarlandes nach den Messungen von 1949 -1960. 30 Seiten, 8 Abb. — LIEDTKE, H.: Geologisch-geomorphologischer Überblick über das Gebiet an der Mosel zwischen Sierck und Remich. 21 Seiten, 6 Abb. — JENTSCH, Ch.: Einige Daten zur Bevölkerungsgeographie des Saargaues und der Nachbargebiete. 13 Seiten, 10 Abb. — BORCHERDT, Ch.: Die agrargeographischen Wesenszüge des nördlichen Saar-Mosel-Gaues. 37 Seiten, 7 Abb. — JENTSCH, Ch.: Die Bevölkerungsverhältnisse des Birkenfelder Landes zwischen 1817 und 1961. 23 Seiten, 13 Abb. — GROSS, M.: Die Nahrungsmittelindustrie im Saarland. Eine wirtschaftsgeographische Untersuchung der gegenwärtigen Situation. 10 Seiten — BORCHERDT, Ch.: Eine Arbeit über die Erholungsgebiete im Saarland. 4 Seiten, 1 Abb. — Heidelberg 1965   DM 18.—

Band 9: Beiträge zur Landeskunde des Saarlandes II.
BERNATH, V.: Landwirtschaftliche Spezialkulturen im mittleren Saartal. 160 Seiten, 11 Abb. — Saarbrücken 1965
(vergriffen)

Band 10: RATHJENS, C.: Kulturgeographischer Wandel und Entwicklungsfragen zwischen Turan und dem Arabischen Meer. 17 Seiten, 2 Abb. — JENTSCH, Ch.: Typen der Agrarlandschaft im zentralen und östlichen Afghanistan. 46 Seiten, 15 Abb. — Saarbrücken 1966
(vergriffen)

Band 11: SCHÜLKE, H.: Morphologische Untersuchungen an bretonischen, vergleichsweise auch an korsischen Meeresbuchten. Ein Beitrag zum Riaproblem. 192 Seiten, 28 Abb. — Saarbrücken 1968   DM 18.—

Band 12: WEYAND, H.: Untersuchungen zur Entwicklung saarländischer Dörfer und ihrer Fluren mit besonderer Berücksichtigung der Gemeinde Schiffweiler. 215 Seiten, 15 Karten, 53 Abb. — Saarbrücken 1970
(vergriffen)

Band 13: QUASTEN, H.: Die Wirtschaftsformation der Schwerindustrie im Luxemburger Minett. 268 Seiten, 76 Abb. — Saarbrücken, 1970   DM 26.—

Band 14: BORN, M., LEE, D. R. und RANDELL, J. R.: Ländliche Siedlungen im nordöstlichen Sudan. 92 Seiten, 29 Karten, 12 Abb., 6 Tab. — Saarbrücken 1971   DM 15.—

Band 15: SCHÜLKE, H.: Abtragungserscheinungen auf quartären Küstensedimenten Korsikas mit besonderer Berücksichtigung der Oberflächenverdichtung. 72 Seiten, 24 Abb., 10 Fig. — Saarbrücken 1972   DM 10.—

Band 16: KROESCH, V.: Die Sierra de Gata. Ein Beitrag zur Abgrenzung submediterraner und eumediterraner Räume auf der Iberischen Halbinsel. 109 Seiten, 3 Karten, 28 Abb. — Saarbrücken 1972   DM 12.—

Band 17: DEUTSCH, K.: Kulturlandschaftswandel im Kraichgau und Oberen Nahebergland. 200 Seiten, 23 Abb. — Saarbrücken 1973   DM 20.—

Band 18: SCHMITHÜSEN, J.: Landschaft und Vegetation. Gesammelte Aufsätze von 1934 bis 1971. 543 Seiten, 32 Karten, 50 Abb. — Saarbrücken 1974   DM 70.—

Band 19: FLIEDNER, D.: Der Aufbau der vorspanischen Siedlungs- und Wirtschaftslandschaft im Kulturraum der Pueblo-Indianer. Eine historisch-geographische Interpretation wüstgefallener Ortsstellen und Feldflächen im Jemez-Gebiet, New Mexico (USA). 63 Seiten, 31 Abb. — Saarbrücken 1974   DM 17.—

Band 20: PAULY, J.: Völklingen. Studien zur Wirtschafts-, Sozial- und Siedlungsstruktur einer saarländischen Industriestadt. 229 Seiten, 8 Karten, 28 Abb. — Saarbrücken 1975   DM 32.—

Band 21: FLIEDNER, D.: Die Kolonisierung New Mexicos durch die Spanier. 106 Seiten, 18 Abb., 25 Fig. — Saarbrücken 1975   DM 15.—

Band 22: EBERLE, I.: Der Pfälzer Wald als Erholungsgebiet unter besonderer Berücksichtigung des Naherholungsverkehrs. 303 Seiten, 38 Karten — Saarbrücken 1976   DM 42.—

Band 23: HERRESTHAL, M.: Die landschaftsräumliche Gliederung des indischen Subkontinents. 173 Seiten, 9 Karten — Saarbrücken 1976   DM 23.—

Band 24: MATHEY, H.: Tourrettes-sur-Loup. Siedlungs- und wirtschaftsgeographische Auswirkungen des Fremdenverkehrs im Hinterland der westlichen Côte d'Azur. 232 Seiten, 5 Karten, 29 Abb., 22 Tab. — Saarbrücken 1977   DM 32.—

Band 25: BRÜSER, G.: Die Landwirtschaftsformationen in Alta Extremadura. 125 Seiten, 4 Karten, 30 Abb., 11 Tab. — Saarbrücken 1977   DM 17.—

Band 26: PREUSSER, H.: Die Hochweidewirtschaft in den Vogesen. Jüngere Entwicklungstendenzen und heutige Struktur. 100 Seiten, 30 Abb., 6 Tab. — Saarbrücken 1978   DM 14.—

Band 27: HABICHT, W.: Dorf und Bauernhaus im deutschsprachigen Lothringen und im Saarland. 452 Seiten, 35 Karten, 57 Abb., 40 Fig., 19 Tab. — Saarbrücken 1980   DM 40.—

Band 28: QUASTEN, H.: Zur Deskription und Erklärung von räumlichen Siedlungsmustern - erläutert an Beispielen aus Israel   (im Druck)

Band 29: Höhengrenzen in Hochgebirgen. Vorträge und Diskussionen eines DFG-Rundgespräches am 15. und 16. Mai 1979, herausgegeben von Ch. JENTSCH und H. LIEDTKE; Carl Rathjens zum 65. Geburtstag. 398 Seiten, 19 Karten, 5 Abb., 48 Fig., 18 Tab. — Saarbrücken 1980   DM 60.—

Band 30: BORN, M.: Neue siedlungs- und wirtschaftsgeographische Forschungen im Saarland   (im Druck)

Band 31: FLIEDNER, D.: Society in Space and Time, 291 pp., 27 fig., 3 tab., Index — Saarbrücken 1981   DM 30.—

Band 32: STRUNK, H.: Zur pleistozänen Reliefentwicklung talferner Areale der Eifel-Nordabdachung. 116 Seiten, 28 Abb., 11 Fotos, 3 Tab., Tabellenanhang. — Saarbrücken 1982   DM 18.—

Band 33: LEINENBACH, C.: Die Rolle der Automobilindustrie im Industrialisierungsprozeß von Kolumbien und Venezuela. Ökonomische, soziale und räumliche Aspekte. 346 Seiten, 87 Abb., 56 Tab. — Saarbrücken 1984   DM 52.—

Band 34: FLIEDNER, D.: Umrisse einer Theorie des Raumes. Eine Untersuchung aus historisch-geographischem Blickwinkel. 114 Seiten, 3 Abb., 3 Tab. — Saarbrücken 1984   DM 18.—

Band 35: SOYEZ, D.: Ressourcenverknappung und Konflikt. Entstehung und Raumwirksamkeit mit Beispielen aus dem mittelschwedischen Industriegebiet. 345 Seiten, 58 Abb., 10 Tab. — Saarbrücken 1985   DM 55.—

**Arbeiten aus dem Geographischen Institut
der Universität des Saarlandes**

Sonderserie:

Sonderband 1: LIEDTKE, H.: Die geomorphologische Entwicklung der Oberflächenformen des Pfälzer Waldes und seiner Randgebiete. 232 Seiten, 48 Abb., 6 Bilder. — Saarbrücken 1968
    DM 30.—

Sonderband 2: FAUTZ, B.: Die Entwicklung neuseeländischer Kulturlandschaften, untersucht in vier ausgewählten Farmregionen. 160 Seiten, 32 Fotos, 28 Ktn., 1 Farbkt. — Saarbrücken 1970
    DM 30.—

Sonderheft 3: FLIEDNER, D.: Physical Space and Process Theory. 44 pp., 7 fig., 4 tab. — Saarbrücken 1980
    DM 5.—

Sonderheft 4: AUST, B.: Die staatliche Raumplanung im Gebiet der Saar-Lor-Lux-Regionalkommission. 98 Seiten, 1 Kte., 9 Fig. — Saarbrücken 1983
    DM 19.—

Bezug und wissenschaftlicher Schriftenaustausch:

Geographisches Institut
der Universität des Saarlandes
D-6600 Saarbrücken
Federal Republic of Germany
République Fédérale d'Allemagne